教育部社科基金重大招标项目“中国古代科技文献整理与研究”（19JZD042）
子项目

中国古典科技文献学

丁海斌　陈　凡　刘维贵　著

科学出版社
北　京

内 容 简 介

本书系统介绍了中国古典科技文献的定义、发展沿革、特点、组成、载体形态、形成方式与过程、分类、目录、检索、鉴别与整理、典藏与传播等。书中所言之古典科技文献，除科技图书外，还包含了古代科技档案和后期产生的期刊。

本书既是一部研究性的著作，也可作为在科技史、文献学、科技哲学等领域中进行古典科技文献教学用的教材。

图书在版编目（CIP）数据

中国古典科技文献学/丁海斌，陈凡，刘维贵著. —北京：科学出版社，2020.3

ISBN 978-7-03-064641-5

Ⅰ.①中… Ⅱ.①丁… ②陈… ③刘… Ⅲ.①科技文献-古文献学-中国 Ⅳ.①N092 ②G256.1

中国版本图书馆 CIP 数据核字（2020）第 038639 号

责任编辑：李春伶 李秉乾 / 责任校对：韩 杨
责任印制：赵 博 / 封面设计：黄华斌
编辑部电话：010-64005207
E-mail: lichunling@cspm.com.cn

科学出版社出版
北京东黄城根北街 16 号
邮政编码：100717
http://www.sciencep.com
北京厚诚则铭印刷科技有限公司印刷
科学出版社发行 各地新华书店经销
*
2020 年 3 月第 一 版 开本：720×1000 B5
2025 年 1 月第三次印刷 印张：35 3/4
字数：500 000

定价：168.00 元

（如有印装质量问题，我社负责调换）

目　录

第一章 概 述

本章对中国古代科技文献本身和人们对它的研究（中国古代科技文献学）进行导引性概述，以期读者了解诸如概念、范畴等前提性、基础性知识，是全书的导论性内容。

第一节 中国古典科技文献概述

任何一门学科都有其研究的客体，也就是它的研究对象、研究学科领域和范围。当然，古典科技文献学也不例外。中国古典科技文献学的研究对象就是中国古典科技文献。所以要想了解什么是中国古典科技文献学，首先就必须要了解什么是中国古典科技文献。古典科技文献是文献的一种，更确切地说它是古典文献的一种，是整个文献大家族中的一员。中国古典科技文献的起源比较早，不仅具有文献的一般属性，也具有自身独特性。

一、相关定义

中国古典科技文献是与文献和古典文献密切相关的一个概念。要想了解中国古典科技文献，我们可以从文献和古典文献这两个比较大的概念入手。

（一）文献的定义

“文献”一词始见于《论语·八佾》篇：“子曰：夏礼，吾能言之，杞不足征也。殷礼，吾能言之，宋不足征也。文献不足故也。足，则吾能征之矣。”[①]《礼记·礼运》篇也有类似的文字：“言偃复问曰：‘夫子之极言礼也，可得而闻与？’孔子曰：‘我欲观夏道，是故之杞，而不足征也，吾得《夏时》焉。我欲观殷道，是故之宋，而不足征也；吾得《坤乾》焉。《坤乾》之义，《夏时》之等，吾以是观之。’”[②]

可见，孔子所谓“文献”，实际是基于“礼”而言的。我们知道，儒家的“礼”是囊括国家典章制度、历史文化乃至个人伦理道德规范、行为准则的庞大概念。仅从大的方面讲，就有吉、嘉、宾、军、凶五类，如果细分，则号称“礼经三百，威仪三千”。如此广泛的内容，代代相承延续，显然既需要有成文的记录，还需要有熟悉相关掌故和具体操作规程的贤才。故郑玄注《论语·八佾》篇：“献，犹贤也。我不以礼成之者，以此二国之君文章贤才不足故也。”[③]这就是以文章、贤才诠释“文献”。清刘宝楠《论语正义》说得更明白：“文谓典册，献谓秉礼之贤士大夫。子贡所谓贤者识大，不贤识小，皆谓献也。”[④]由此可见，文献的早期含义，包括历史典籍、档案等文字资料和博学多识、熟悉掌故的贤才两方面。所谓贤才，主要是着眼于其文化记忆和口传议论，实际相当于活材料。

元代马端临的《文献通考》，最早以“文献”二字题作书名。该书自序阐释文献的意义云：

> 凡叙事则本之经史，而参之以历代会要以及百家传记之书，信而有证者从之，乖异传疑者不录，所谓“文”也。凡论事则先取当时臣僚之奏疏，次及近代诸儒之评论，以至名流之燕谈，稗官之纪录，凡一话一言可以订典故之得失，证史传之是非者，则采而录之，所谓“献”也。[⑤]

显然，马氏对于文献的理解仍取义于《论语》，但是其作为“献”收录的诸臣奏疏、诸儒议论，实际已经用“文”的形式表现，二者已经趋于一致，而且孔子所说的文献仅限于礼制。《文献通考》则分田赋、钱币、户口、职役、征榷、市籴、土贡、国用、选举、学校、职官、郊社、宗庙、王礼、乐、兵、刑、经籍、

① 南怀瑾. 论语别裁（上）［M］. 上海：复旦大学出版社，2016：119.

② 俞天鹏，俞昕言，俞天喜，等. 礼记新编［M］. 成都：四川大学出版社，2015：34—35.

③ （三国）何晏注，（宋）邢昺疏. 论语注疏［M］. 北京：中国致公出版社，2016：36.

④ 陈志坚主编. 诸子集成，第 1 册［M］. 北京：北京燕山出版社，2008：40.

⑤ 田晓娜. 四库全书精编·集部［M］. 北京：国际文化出版公司，1996：309.

帝系、封建、象纬、物异、舆地、四裔二十四考，几乎囊括了各项社会制度的历史沿革状况，可谓广义的文献。元人杨维桢《送僧归日本》诗引用秦方士徐福东渡求仙，携带典籍赴日的典故，有“我欲东土访文献，归来中土校全经”句，“文献”之意几乎等同于典籍。明代之后，更是经常用文献指代典籍资料，如明初编的《永乐大典》原名《文献大成》、署焦竑之名的《中原文献》、程敏政所编的《新安文献志》等。但是，仍有书名沿用“献”的本义来指代传记资料，如明代焦竑的《国朝献征录》、清代钱林的《文献征存录》、清代李桓的《国朝耆献类征》之类。

近现代以来，文献的内涵不断扩展，先是被概括为具有历史价值的图书档案资料，《辞海》《辞源》则定义为具有历史价值的图书文物资料，把文物也包括在内。1983 年颁布的中国国家标准《文献著录总则》（GB37921—83）把“文献”定义为“记录有知识的一切载体”。《中国大百科全书·图书馆学·情报学·档案学》在此基础上加了“信息”两个字，把“文献”界定为：“记录有知识和信息的一切载体。”[①]赵国璋、潘树广主编的《文献学辞典》中的“文献”词条，根据《文献著录总则》的定义也进一步指出：

> 随着技术手段的革新，文献的形式突破了图书文物资料的范围（如磁盘、缩微平片等的出现），并且其内涵总是随着科学、技术的发展而不断丰富和扩大。……因此，所谓文献，就是指任何具有一定历史或科学价值的含有知识信息的物质载体。[②]

这样对“文献”的释义，显然是当代人站在当代科学技术发展背景下对“文献”概念的一种把握，其概括性和普遍性更强。上述解释反映了“文献”的初意与今天的释义是有一定的区别的，我们对于“文献”的内涵应该用发展的观点全面地加以理解。

全面的“文献”定义，“文”指知识记录的符号，包括文字、图画、图形、符号、音像等；“献”指知识记录依托的载体，包括图书、文物、胶片、胶卷、录音、录像带、磁盘、光盘等。换句话说，“文”和“献”都在发展。“文献”

① 中国大百科全书总编辑委员会《本卷》编辑委员会，中国大百科全书出版社编辑部. 中国大百科全书·图书馆学·情报学·档案学［M］. 北京：中国大百科全书出版社，1993：465.

② 赵国璋，潘树广. 文献学辞典［M］. 南昌：江西教育出版社，1991：186.

二字，分开来看，是一个联合词组，这是古义；合起来看，不应当分割，乃是今义。重新界定的"文献"含义，简言之，就是"人类知识的记录"，它总是通过一定的记录方式（即"文"），并附在一定的可以被感知的载体（即"献"）上的。"文"与"献"是迥异而又不能分割的。可以预料，未来的科技发展还会出现我们预想不到的知识记录形式和载体，但它都将统一在"人类知识的记录"这一界定的含义中。但迄今为止，有文字记录的图书仍是文献的主体，而且还是文献学研究的主要对象。因此，"文献"一词的原有意义不能割断，尤其是在传统的古典文献学的用语中，更是只有原本的意义。换句话说，"文献"一词，可以有广义和狭义两种解释。广义文献，就是由一定载体所表现的全部人类知识的记录；狭义文献，专指传统的古典文献，也就是原本的含义。总之，对于文献的定义我们要以发展的、全面的眼光来看待，从整体上把握其含义。

（二）古典文献的定义

文献的类型很多，按照载体形式的不同，文献可以划分为印刷型文献、缩微型文献、机读型文献；按照内容性质的演变过程和加工深度的不同，可划分为零次文献、一次文献、二次文献和三次文献。

但是人们谈到"文献"时，习惯于把它看作历史文献或古典文献。在某种意义上，历史文献学或古典文献学也被习惯性地简称为"文献学"。赵国璋、潘树广主编的《文献学辞典》解释"文献学"词条时说：

> 即研究文献的产生、发展、整理和利用的专门学科。在我国通常有两个含义，一是指传统意义上的文献学（或称古典文献学），一是指现代文献学。我国古时称从事文献整理和研究的学者为校雠学家。传统文献学正是在综合校雠、目录、版本诸学的基础上发展起来的，是指研究我国古典文献的源流、特点、处理原则和方法（如分类、目录、版本、辨伪、校勘、注释、编纂、辑佚等）及其利用的一门学科。①

所谓古典文献是指1919年新文化运动白话文兴起以前产生的文献。它们基本上是以文言文和繁体字书写的文献。对于古典文献在书写、编集、著录、印

① 赵国璋，潘树广. 文献学辞典［M］. 南昌：江西教育出版社，1991：186.

刻、流传过程中诸环节的文本形式（包括物态形式，有时也涉及文本的意义内容）的研究，构成了古典文献学的主体内容。

（三）古典科技文献的定义

中国是世界文明古国之一，有着悠久的历史。早在四千年前的夏代社会就已跨进了文明的历史，两千年前的中国就已成为一个统一的多民族国家。长期以来，我国各族人民在社会生活实践中创造出了辉煌灿烂的文化。中国作为历史悠久的文明古国，不仅有着绚丽多姿的思想史、军事史、艺术史、社会史，而且有着光彩夺目的科学技术史。它在天文、数学、农学、医学等各个学科领域，曾经取得了许许多多的科技成就，尤其是在15世纪以前，中国的科技发展水平长期居于世界科技的领先地位。英国著名的学者李约瑟致力于中国科技史的研究，最终在20世纪50年代推出了鸿篇巨制《中国科学技术史》，这是西方学者研究中国科技史最全面、最权威的成果。在这部著作中，李约瑟对中国的科学技术成果做出了高度的评价，确认古代中国在公元三世纪到公元十三世纪之间保持着一个西方所望尘莫及的科学知识水平。美国学者罗伯特·坦普尔更是坦言：现代社会赖以建立的基础，有一半以上要依赖中国人的发明。

古代中国在科学技术上取得的辉煌成就是如何得以继承下来的呢？这就不能不谈到中国古典科技文献了。中国古典科技文献是记载中国古代天文、气象、农业、手工业、医学、建筑、水利、数学、物理等方面科学技术成就的各种文献的总称。从地域范围上讲，中国古典科技文献是中国地域范围内所有文献的总称；从时间范围上讲，中国古典科技文献是从中国原始社会到近代社会产生的所有科技文献的总称。由于在中国进入文明社会以前所产生的科技文献数量非常有限，所以本书所指的古典科技文献主要是指从夏代到清代（鸦片战争以前）的科技文献。中国古典科技文献作为中国古典文献的重要组成部分，是中国古代文化遗产中的重要组成部分。

中国古典文献内容极其广泛，包括政治、经济、民族、语言、文学、艺术、史学、哲学、法学、外事、科技、农学、医药、方志、民俗、谱牒以及宗教经典等。中国古典文献卷帙浩繁，内容丰富，绚丽多彩，在人类文化史上占有重要地位。

二、中国古典科技文献的起源与发展

科技文献是记载科学技术的文献，那科学技术又起源于何时呢？

我们知道，人类的历史是从制造工具开始的。人类利用自己制造的工具，开始有意识的生产活动。从某种意义上说，这些生产活动也就开始了科学技术。这就是说，人类科学技术史的开端也就是人类史的开端，人类在原始社会就有了科学技术。当然，这里是指从某种意义上说的。严格说来，原始社会还只有原始的技术，谈不上什么科学。不妨说，科学还寓于技术之中。比如，人们在选择石料、打制和使用石器的过程中，就蕴含着力学和矿物学、地质学知识。在采集、狩猎和原始农牧业中，也包含着植物学和动物学的知识。在火的使用、制陶和原始冶铜技术中，也隐含着化学知识。而农牧业发展的需要又促成了物候、天文学和数学知识的萌芽，所以恩格斯（1820—1895 年）说科学的发生和发展一开始就是由生产决定的。科学从技术中开始分化出来，则是进入阶级社会以后的事。

由于原始社会时期还没有严格意义的科学，技术、生产力以至整个社会的发展都很缓慢，因而经历了几百万年的漫长岁月。自从有了人类社会实践活动以后，特别是有了科学技术活动以后，就需要不断总结自己在科技活动中所取得的成绩，并需要进行传递和交流。于是就产生了这样一种方法，即用一种一般人都能理解的某种记号、符号把所获得的经验、知识用利器刻画在一定的物体上，以便记载、保存、传递和交流，如刻画在泥板上、石头上、树皮上、甲骨上等。这些符号就是最早的文字，这些物质就是今天所说的载体。这样，最早的科技文献就产生了。

古典科技文献作为中国古典文献的一种，和其他文献一样，其文字就是一些记号、符号，而其最初的载体是一些没有经过加工的自然的物品，如石板、树皮、骨头、竹、木。之后就有了经过人加工的载体，如泥板、金、竹简、羊皮、丝帛等。到了汉朝，公元 105 年，蔡伦经过多年的努力，在总结前人经验的基础上，发明了对世界文明产生巨大影响的纸，使得记录知识、信息的载体得以统一。在此后人类近 1900 年的历史长河中，纸一直被当作知识、信息的最好的载体，并迅速、广泛地传到全世界，且占据着载体的主导地位。纸的发明，大大促进了科技文献在数量上的增长，对科技文献的发展起了重大的推动作用。

1041—1049 年，另一件对世界文明产生巨大影响的事发生了，即我国的毕昇经过多年的实践，发明了活字印刷术。纸和印刷术的发明从根本上改变了文献生产的方式，是文字记载交流史上的两个里程碑，这使得科技文献在技术上和数量上实现了两次飞跃。到了 16、17 世纪，科学技术、文化有了空前的发展，除了已有的图书、档案之外，还出现了期刊和专利文献等新型文献。科技文献促进了科学技术的发展，反过来，科学技术的发展又促进了科技文献在数量上、质量上的发展，促进了科技文献载体的发展。

三、中国古典科技文献的内容构成

一般来说，有什么样的科学技术活动，就有什么样内容的科技文献。中国古代科学技术非常注重实用性，因此，中国古典科技文献的内容也具有明显的实用性。从内容上看，中国古典科技文献主要有地理文献、天文文献、农业文献、医药文献、手工业文献、建筑文献、气象文献、水文文献等。

（一）地理文献

地理文献是人类最早产生的文献之一。王庸认为："地图的起源很早，可能在人类发明象形文字以前就有地图了。"①在文字发明之前，人类就有了地理与天文方面的记录，如许多民族在有文字之前就有了地图。

中国古代地理文献不仅数量惊人，而且内容各异，类型多样。按体例可划分为地志、图集汇编、游记等；按内容可划分为山川地貌、河流水利、城郭风俗、物产风物、名胜古迹、潮汐洋流、航海路线、矿物岩石等；按地理学体系可分为自然地理、人文地理、经济地理、政治地理、城市地理等；按所载区域范围可分为全国性地理著作、地方志（包括省、州、府、县、乡、里等）、域外地理类等；按存在形式又可分为综合性著作、专著和其他文献中的地理篇章等。

（二）天文文献

中国古代天文学同数学、医学、农学一道成为中国古代科技史中最有成就的四门学科之一。随着天文学的形成、发展和完善，相应地产生了天象记录、历法等天文文献。中国古代的天文文献主要集中在官方，因为它是"天子"权力。中国古代天文文献从甲骨档案开始逐渐大量出现，它们主要是天文观测与历书文献。特别是中国古代天文观测记录，是中华民族献给世界人民的宝贵的文化遗产。

天文观测文献是人们观测星空，记录各种天文现象而形成的文献，其内容

---

① 王庸. 中国地图史纲［M］. 北京：商务印书馆，1959：1.

包括太阳黑子、极光、陨石、日食、月食、月掩行星、新星、超新星、彗星、流星雨、流星等。历书文献是指按照一定历法排列年、月、日、节气等供参考查阅的文献，它包括历法与历谱。历法是一种推算年、月、日的时间长度和它们之间的关系，制定时间的序列的方法。简单来说，就是人们为了社会生产的需要而创立的长时间的计时系统。历谱即经天文计算编排得出年、月、日的表。

（三）农业文献

中国自古以来就是农业大国。有关农业文献的记载也很丰富，历代农书名著甚多，如汉代的《氾胜之书》《四民月令》、南北朝的《齐民要术》、唐朝的《四时纂要》、宋朝的《农书》、元朝的《农桑辑要》、明朝的《便民图纂》《农政全书》以及清朝的《授时通考》等。

根据20世纪20年代编的《中国农书目录汇编》记载，中国农书有2000种左右，内容包括土地垦殖、水利灌溉、耕作技术、农业工具、气候节令与花、果、蔬菜、园艺、林木、水产、牧畜等，记录了中国古代各族人民群众在农业生产中积累起来的经验教训，是研究中国古代农业发展史的必要参考文献。整理与总结农书文献，继承中国古代农学遗产对中国农业的发展是十分有意义的。

（四）医药文献

医药文献也是中国古代科技文献中数量较大且独具特色的组成部分。在大量医药文献中，蕴藏着我们祖先长期与疾病做斗争的丰富的治疗经验和理论知识，它与中华民族同生共长，对中华民族的繁衍与发展做出了巨大的贡献。

按内容分，医药文献可以分为医理类、本草类、方剂类、医案类等几个方面。医理类文献是指记载各类疾病的治疗理论与方法的文献。本草类文献是记载各种药物的性味、产地、采制、形态、制作方法、作用和主治等内容的文献。方剂类文献就是以记载方剂为主要内容的文献，其内容包括药物的名称、种类、用量、用法等方面。医案又称诊籍、方案、病案，是记录患者的病症发展与治疗状况的文献，医案类文献就是记载病人的姓名、性别、年龄、住址、职业、病因、症状、诊断、治疗及疗效等情况的文献。

（五）手工业文献

手工业是指依靠手工劳动，使用简单手工工具从事小规模生产劳动的工业。

中国古代的手工业主要包括纺织、陶瓷、造纸、冶矿、机械等几个部门。手工业文献的种类非常庞杂，为了便于区分，我们可以按照手工业文献所涉及的行业进行划分，这样，中国古代手工业文献就可划分为纺织业文献、陶瓷业文献、造纸业文献、冶矿业文献以及机械类文献。中国古代手工业文献的内容非常丰富，比如纺织业文献涉及桑蚕的养殖，各类丝、棉、麻制品的制作和漂染等技术。再比如作为先秦古籍中重要的科技代表著作——《考工记》，该书中论及的工种达 30 多种之多，包括攻木之工七、攻金之工六、攻皮之工五、刮摩之工五、抟埴之工二，涉及运输、建设、工具、皮革、染色、乐器和玉器等多个手工业部门。总之，中国古代手工业文献反映了各个时期中国手工业生产的经验和技术，是中国古代人民生产智慧的集中代表。

（六）建筑文献

从中国最早的建筑产生到中国古代社会结束，在延绵几千年的时间里，中国建筑始终完整地保存和发展了体系的基本特性。中国古代建筑文献是涉及中国古代各类建筑的设计、选材、施工、管理，以及建筑业本身及与之相关的装潢、装修等内容的文献。其涉及的建筑包括各类城池、宫阙、衙署、寺观、桥梁、园林、山水等。

现存可考的最早的建筑史料为战国时期的《尚书》，它是我国现存最早的一部史书，被奉为儒家经典。书中保存了大量殷周时期的原始资料，不仅记载了当时的历史事件和人物言论，而且反映了古代社会制度、阶级矛盾及古代天文地理等内容，自然也涉及建筑的内容，其中的《顾命》记述了西周成王临终和康王即位时的典礼，文中较为具体地描述了周代宗庙的大致布局与形制，是了解宗庙建筑布局的重要史料。

（七）气象文献

智慧的中国人民在很早以前就知道通过观察自然寒暑天气总结气象规律，以便于农业生产和生活。所谓气象文献，指以研究、记载古代气象现象、气象观测方法及相关管理制度、物候变迁为重要内容的档案、图书等记录。中国古代的先人通过对自然寒暑的观测并将观测结果记录在甲骨、竹简、缣帛和纸张等载体上，从而形成以旱、风、云、雨等大气现象为主的气象观测文献。这些气象文献记载了中国气象气候的变化和规律，对探究古代气候变迁规律、中西方文化交流历史和气象灾害统计等都具有重要的科学文化价值和作用。

（八）水文文献

“水文”是自然界中水的各种变化和运动的现象。水是人类生命的必备元素，从人诞生伊始，就与人类关系极为密切，在生产生活中可谓无处不在，因此，水文也无处不在。

人们对水性方面的认识，主要集中于对地表水、地下水和水循环的认识。最早描述地表水的著作是成书于战国时期的《山海经》和《禹贡》。被称为古代人们日用百科全书的《山海经》中描述了很多河流的特征和面貌。《禹贡》将全国分为九个大州，分别叙述各州的山岭、河流、湖泊等情况，可以说是第一部水文地理的著作。

水文作为一门单独学科设置是在中国近现代时期。在中国古代，水文现象的记载与研究地理和水利密不可分，因此，对于水文现象的记录与研究多存于地理和水利著作中。水文作为科技现象的一部分，与其他科技现象存在千丝万缕的联系，因此，在其他科技史文献中，也存在相关研究。据目前所搜集到的资料，关于中国古代水文的记录多在《水文学》一书中。

四、中国古典科技文献的种类构成

从种类上看，中国古典科技文献主要包括科技档案、科技图书和科技期刊三种。其中科技档案和科技图书是中国古典科技文献的主要组成部分，而科技期刊则是中国古典科技文献中极具特色的组成部分之一。

（一）档案

“档案”一词在我国出现得较晚，大约在清初，但档案本身却产生得很早。最新地下考古资料和文字学研究成果显示，可推断档案发端于远古人类的原始记事，成熟于夏商伊始的阶级社会。档案历史的源远流长，充分说明了档案是我国古代灿烂文化的重要组成部分。

那么，档案是什么呢？

关于“档案是什么”这一问题，最简洁、最直接的回答就是档案的定义。本书所采用的档案定义，是笔者近年提出的新定义，即档案是人们有意识保存起来的人类活动的原始性符号记录。[①]上述档案定义包含了理解档案事物的四个基本要点，即档案是人类活动的记录、档案记录是通过符号实现的、档案是被人们有意识保存起来的、档案具有原始记录的本质属性。

当社会从低级原始阶段向前发展时，为适应日益复杂的社会生产和生活的需要，人们开始以实物帮助记忆，即在物件上做出一些标记或符号来表达思想或记事。我国历史上主要有结绳记事和刻契记事等原始记事方法。《易·系辞》："上古结绳而治，后世圣人易之以书契。"[②]唐李鼎祚的《周易集解》引《九家易》："结之多少，随物众寡，各执以相考，亦足以相治也。"[③]《庄子·胠箧》："昔者……伏羲氏、神农氏，当是时也，民结绳而用之。"[④]

刻契记事比结绳记事更进一步。所谓刻契记事，即在石料、木片、骨片或玉片刻上符号以记事。刻木的行为称刻，所刻之木称契。这种记事方法在我国古籍中也有记载。西汉学者孔安国的《尚书·序》："古者伏羲氏之王天下也，始画八卦，造书契，以代结绳之政，由是文籍生焉。"[⑤]

利用实物记事是一个历史阶段，原始人还逐渐利用图画来记事。应该说，图画记事比实物记事更进了一步。图画是“文字的先驱”。远古传说中也有“龙书”“鸾书”“穗书”之类记录祥瑞的记载，大概就是通过画鸟兽或禾穗的形状来记录当时发现的新奇或吉祥的事物的。

尽管结绳、刻契、图画等一些记事代替了部分语言，并且与一定的思想联系了起来，在一定范围内有约定俗成的作用，可以保存，可以传递，但它们毕竟都是标记和简单符号，只能帮助人们唤起对某些具体事物的记忆，还不能表达确切、完整、抽象的意思。所有原始记事有一个共同点，即都脱离语言，没有记录语言，与有声语言不相联系。因此，原始记事都具有记事人的随意性，其意义是不确定的。原始记事的这种不确定性只能帮助当事人记忆，不能成为

① 丁海斌，方鸣，陈永生. 档案学概论［M］. 沈阳：辽宁大学出版社，2012：10.

② 南怀瑾. 易经系传别讲，第3版［M］. 上海：复旦大学出版社，2016：305.

③ （清）李道平撰，藩雨廷点校. 周易集解纂疏［M］. 北京：中华书局，1994：632.

④ （战国）庄周. 庄子［M］. 长沙：岳麓书社，2016：47.

⑤ （南朝梁）萧统编. 昭明文选，第5册［M］. 北京：华夏出版社，2000：1802.

普遍的社会交往工具。因此，历史学家、语言学家把这一时代称为“助记忆时代”。“助记忆时代”之后，中国还产生了陶文和骨刻文，但它们缺乏系统性。

甲骨档案的出现标志着真正具有管理学意义上的档案出现了。公元前 21 世纪至公元前 11 世纪的夏商时期，是我国奴隶社会的形成时期，当时的各种公务文书均以甲骨作为存储工具。甲骨档案主要集中于商代，现在保藏的甲骨多为盘庚迁殷到纣王的 273 年间的遗迹。商代的甲骨档案，是我国目前能见到的最古老的历史文字档案，从其载体材料和记录方式来研究，可以看出当时甲骨档案已经达到相当可观的程度，也反映了当时社会发展的水平。新中国成立后，西周甲骨档案也陆续被发现。

甲骨是龟甲和兽骨的简称。所谓甲，是指龟的背甲或腹甲；所谓骨，是指牛的肩胛骨或其他兽骨，如猪骨、羊骨、鹿角、兽头等。甲骨档案是将信息内容用玉石或刀笔刻写在甲骨上而形成的原始记录物。据考古发掘所知，甲骨档案最早形成于商代后期，距今大约有 3300 年的历史，甲骨档案是商代档案的重要组成部分。甲骨文多是王室占卜及与其有关的记事文字，所以又叫“卜辞”。殷商甲骨档案中，卜辞的数量最多。甲骨卜辞的形成需经过一系列的程序。甲骨文的内容相当丰富，记载了商王朝的许多事迹，反映了王令、臣仆、巡游、征战、犁田、渔猎、天象、医药等各方面的情况。这些甲骨档案，多是比较集中地保存在宗庙所在地。

目前发现的西周甲骨档案形成的时间，多为灭商以前的文王时期和武王及武王克商以后时期，其内容主要是直接记载周初王室最高统治阶层的政治情况。西周甲骨档案上的文字与殷墟甲骨文相比，文字一般都很少，而且字迹纤小。总之，甲骨档案既是人类文明的文化瑰宝，也是社会历史的珍品，对档案史的研究具有极其重要的意义。

中国古代的青铜器文化历史源远流长，萌芽于原始社会后期，夏代初步发展，商周鼎盛，春秋战国繁荣。青铜器在其漫长的发展过程中作为一种特殊用途，即作为金文档案的载体材料而存在。金文档案的出现、发展依附于青铜，离开青铜，金文档案也无从谈起。历史上青铜被称为“金”，把铸刻在青铜器上的铭文称为“金文”。有铭文的青铜器始于商代，但数量较少。从商代后期到西周早期是金文档案的初起阶段。

到了西周时期，随着铸造技术日趋完善，青铜器手工业大有发展，青铜器的大量冶炼为金文档案提供了充足的载体材料。青铜器数量增多，许多青铜器铸造出来的主要目的不是欣赏，而是记事。从铭文的内容来看，叙事翔实，涉及祭祀、赏赐、征伐、礼仪、职官等诸多方面，有明显的书史性质，此时这种具有书史性质的青铜器铭文才可称为金文档案。铭文数量大量增多，普遍成篇，少则20来字，多则三四百字。例如，西周宣王时代的毛公鼎，铸字就有497个，这时也是金文档案的发展成熟阶段。春秋战国时期，金文档案逐渐衰微直至终结。战国时期，铭文终于进入终结阶段，青铜器的铸造与铭文的铸刻都日趋简陋，书史性质消失。因此，具有明显书史性质的金文档案就此完成了其最辉煌的历史时期。

金石档案虽然坚固耐久，但其载体比较笨重，制造铭刻也很费工，并且不便于传递。因此，自商周直至东晋时期，特别是周代到汉代的1000余年间，多用竹片和木板撰写文书与保存档案，这些档案统称简牍档案。简牍档案是一个特定的历史时期特有的文化现象，它生动地记载和反映了当时社会生产、阶级斗争、人民生活以及文学艺术的发展情况，是历史面貌的真实再现。

简牍通常被称为“简策”（也称“简册”）、“简书”等，包括简和牍两种类型。东汉许慎在《说文解字》中说：“简，从竹，间声。”“牍，书版也，从片。”由此可见，早期的简是竹质的，牍是木质的。简牍指的是用以书写文字的竹木条。简是把竹子削成片，记上文字，简的长度不一，二尺①四寸②、二尺、一尺四寸、一尺二寸、八寸的都有。所承载的字数也不同，有40字、30字、25字、22字不等，最少的只有8字。一简写一行字，写一篇文章或一部书，当然要用很多的简，把这些简按照文字内容的顺序串联起来，称策或册。根据文献记载和对甲骨文的分析，至少在殷商时期，我国就使用简牍作为书写材料了。1926年在西北居延旧地发掘出土的1万余枚汉简，被称为“居延汉简”，因这是中华人民共和国成立前出土简牍最多的一次而闻名中外。1966年10月，湖南长沙文物工作队在长沙市走马楼西侧的古文化遗址的第22号古井内发现了三国孙吴纪年简牍数万枚，共20余万字。这次出土的吴简如此之多，堪称三国时代考古的惊人发现。我国至今仍能保存有2000多年前的、如此丰富的竹木载体的古代档案，为世界所罕见，也是人类文化史上的一大奇迹。

---

① 1尺≈33.33厘米。

② 1寸≈3.33厘米。

帛为丝织品的总称，缣是双丝的细绢。据有关专家推测，帛书可能与典册一样，在殷商时期即已有之。从考古发掘的材料得知，商代织物除麻布之外，还有丝织品和刺绣，如在商代遗址中曾发现过黏附在青铜器上的织造精美的丝织物遗迹，说明丝织业在商代已发展到一定的水平。西周以后，缣帛已相当普遍。春秋战国之际，纺织业较以前更为发达，既可作衣着，又可作书写绘画材料，因而出现了“帛书”“缣书”等称呼。随着生产力的发展，到了秦汉以后，一些贵重文书用丝织的缣帛书写的情况逐渐增多。出土的汉代缣帛档案有马王堆帛书和帛地图。汉代的帛地图有三幅，分别为地形图、驻军图和域邑图。帛地图的出土，为中国和世界地图史的研究提供了珍贵的资料。

我国虽然在西汉时期已有了纸质材料，但尚显粗糙，不便于书写。社会上比较普遍地以纸质文书取代简帛文书，经过了很长一段时间。东汉末年，随着造纸技术的提高，纸张的质量得到改进，开始用于书写。东汉的字纸于 20 世纪初在新疆已有出土。东晋以后，我国造纸技术发展迅速，造纸原料除用麻之外，还用稻草、麦秆、藤皮等，纸的质量更高，产量也大幅度增加。东晋末年，朝廷颁令在政府工作中停止使用简牍，标志着纸最终取代了简牍，成为国家文书的正式书写材料，纸质档案也开始普及起来。宋代的造纸术已十分发达，纸张质量有很大提高，种类也比前代增多。当时已有黄纸、白纸、绫纸等多种公文用纸，这类纸张质地柔软坚韧，颜色经久不变，是一种价格低廉、使用方便又能较长时间保管的载体材料。

纸张作为档案的载体材料，给档案和档案工作都带来了重大而深远的影响。一方面，由于纸张经济实用，其书写和印刷都很方便，档案的数量也因此大大增加。另一方面，随着档案数量增加和传递的频繁，档案管理活动也变得越来越复杂。因此，对档案的分类、整理、鉴定、保管和保护等环节都提出了新的要求。

如果把纸张的发明看作档案载体的第一次飞跃，那么 19 世纪技术革命以来出现的新型档案载体，则是档案信息载体的第二次飞跃。随着科学技术的发展和现代化技术的广泛应用，19 世纪 20 年代以来，出现了高分子复合材料制成的唱片、胶片、磁带等音像档案。

（二）图书

在中华几千年的文明中，图书的出现要比档案晚得多。因为图书是经过加工的一种著作物，是以原始记录为依托、较高级的文学产品，它的产生“已是文字发生很久以后的事了”[①]。我国古代图书的形成并不是一蹴而就的，它最初是由甲骨、金石之类为辅助记忆而形成的档案，到六经之类“述而不作”的档案汇编，再到现代意义的图书，可以说是一个渐进的过程。目前图书馆界对于图书起源较为一致的观点是：“孔子删定六经，它标志着我国图书的正式产生。”[②]钱存训先生说：“一般认为在战国以前的著述，大部分都是官方文件。”[③]这里的文件即指档案。此后，战国时期学术上的百家争鸣产生了私家著述，我国的图书便正式形成了。

“图书”一词最早出现于《史记·萧相国世家》。刘邦攻入咸阳时，“何独先入收秦丞相御史律令图书藏之。沛公为汉王，以何为丞相。……汉王所以具知天下厄塞，户口多少，强弱之处，民所疾苦者，以何具得秦图书也”[④]。这里的图书指的是地图和文书档案，它和我们今天所说的图书是有区别的。进一步探求“图书”一词的渊源，可追溯到《周易·上系辞》记载的“河出图、洛出书”这个典故上来，它反映了图画和文字的密切关系。虽然是神话传说，但却说明了这样一个事实：文字起源于图画。图画和文字确实是紧密相连的。古人称各种文字形态为书体，写字的方法为书法。“书”字还被作为动词，当“写”讲，如罄竹难书、奋笔疾书、大书特书等。以后，“书”便进一步被引申为一切文字记录，如书信、文书、刑书、诏书、盟书等。

在我国古代，人们曾对图书下过不同的定义。例如，从图书的内容方面出发的有“百氏六家，总曰书也”（《尚书·序疏》）。从图书形式上出发的则认为：“著于竹帛谓之书”（《说文解字·序》）。显然，这些定义是时代的产物，是就当时的实际情况而言的，不可能对以后的发展作全面的概括。但上述定义已经正确地揭示了当时书籍的内容和形式特征，并且把“书”看作一种特指概念，把它与原始的文字记录区别开来。

随着历史的发展，人们对于图书的认识也在不断地发生变化。到了今天，人们已经不再把文字记录都称作“书”了。例如，文书、书信、诏书、盟书，

---

① 刘国钧. 中国书史简编［M］. 北京：书目文献出版社，1982：14.

② 王信东. 我国图书起源论［J］. 山东图书馆学刊，1988（2）：20.

③ 钱存训著，郑如斯增订. 印刷发明前的中国书和文字记录［M］. 北京：印刷工业出版社，1988：8.

④ （汉）司马迁. 史记·卷五十三·萧相国世家［M］. 北京：中华书局，1999：2014.

虽然都带有“书”字，但已不包括在图书的范围之内。古文记载，其内容多是记事性质的，如甲骨卜辞、青铜器铭文等，都是属于这一类的，其作用主要是帮助记忆，以便需要时检查参考，其性质相当于后世的档案。以后人们从实践中认识到，这些记录的材料可以改变成总结经验、传授知识的工具。于是便出现了专为传授知识、供人阅读的著作。这样，“图书”一词便取得了较新而又较窄的意义。到后来，凡不以传播经验、传授知识、供人阅读为目的的文字记录就不算图书了；随着生产力的发展和社会的进步，人们开始有意识地运用文字来宣传思想，传播知识，同时也逐步形成了一套书籍制度，而处理日常事务的文件又形成了一套文书制度。于是，图书与档案就逐渐被区分开了。

经过长达数千年的演变，作为图书内容的知识范围扩大了，记述和表达的方法增多了，使用的物质载体和生产制作的方法发生了多次的变化。因而，也就产生了图书的各种类型、著作方式、载体、书籍制度及各种生产方式。所有这些，促使人们对图书有了较系统而明确的概念，如联合国教育、科学及文化组织对图书的定义是：凡由出版社（商）出版的不包括封面和封底在内 49 页以上的印刷品，具有特定的书名和著者名，编有国际标准书号，有定价并取得版权保护的出版物称为图书。

直到今天，图书仍有广义和狭义之分。在实际生活中，我们常常会见到这样一些有趣的现象：对于“图书馆”和“图书情报工作”等概念来说，“图书”是广义的，泛指各种类型的读物，既包括甲骨文、金石拓片、手抄卷轴，又包括当代出版的书刊、报纸，甚至包括声像资料、缩微胶片（卷）及机读目录等新技术产品；而在图书馆和情报所的实际工作中，人们又要把图书同期刊、报纸、科技报告、技术标准、视听资料、缩微制品等相互区别。在图书与期刊等有所区别的时候，图书所包括的范围就大大缩小了，这是狭义的“图书”。

从竹木简牍到今天的各类图书，无论是图书的内容，还是图书的形式和功能都发生了各种变化，但只要认真地加以考察和分析，就可以看出它们都具有下面这样几个要素：

（1）要有被传播的知识信息。

（2）要有记录知识的文字、图像信号。

（3）要有记载文字、图像信号的物质载体。

（4）图书的生产技术和工艺也是产生图书的基本条件。

图书的种类繁多。人们根据不同的情况、不同的目的和不同的需要对图书的种类有多种划分的方法。例如，按照知识的内容可以划分为社会科学图书、自然科学图书；按照其印刷的文种可以划分为中文图书、日文图书、西文图书、俄文图书等；按照其作用可以划分为一般图书、工具书、教科书、科普书等；按照其著作的方式可以划分为专著、编著、译著、文集、汇编等；按照其知识内容的深浅程度可以划分为学术专著、科普图书、儿童读物等；按照其生产方式可以划分为写本书、抄本书、铅印本书、打印本书、排印本书、照排本书、影印本书等；按照其装帧的形式可以划分为精装书、平装书等；按照其刊印的情况可以划分为单行本图书、丛书、抽印本图书等；按照其出版卷可以划分为多卷书、单卷书等；按照其版次和修订情况可以划分为初版书、再版（重版）书、修订本书、增订本图书等；按照其载体可以划分为纸质图书、感光材料图书、磁性图书、电子图书等；按照其内容所属学科范围可以划分为数学图书、物理学图书、化学图书、生物学图书、医学图书、文学图书、历史图书、哲学图书、政治图书、军事图书等；按照图书的珍贵程度可以划分为一般图书、善本图书、珍本图书等。

图书作为文献中最古老、最重要的出版品之一，是人类的社会交往、生产、科学技术发展到一定阶段的必然产物。图书自产生以来，对于人类记载和储存知识，表达思想感情，传递知识、信息，发挥了巨大的、不可替代的特殊作用，它是人类精神文明的象征。

（三）期刊

期刊作为一种特定类型的出版物，从诞生到现在已经历了 300 多年。它和一切事物一样，有其自身产生和发展的过程。随着人类科学文化知识的发展、科学家人数的大量增多和人们的文化科学知识的不断提高，各种科学技术和文化教育团体、机构相继建立，学者之间、团体之间迫切要求能够有一种新型的出版物作为互通情报、交流经验的媒介。这种出版物的内容要新颖、出版周期要短，还能同时发表多位作者不同的论著。期刊就是在这样的历史背景下，为承担这项使命应运而生的。

期刊在我国广大的读者中又被称为杂志，是指那些定期或不定期连续出版，每期有固定的名称和版式，有连续的出版序号，发表多位作者的多篇文章，由专门的编辑机构编辑出版的一种连续出版物。

中国期刊的发展源远流长，它萌芽于汉唐时期封建王朝的记事性文书——邸报。邸报是发布皇帝谕旨诏书、朝廷法令等内容的官方文书，一方面发挥着传播消息的新闻媒介作用，另一方面又蕴含“连续出版”的趋势。虽然中国最早发明了纸、制版和印刷术，但由于封建统治及其思想的长期禁锢，科学技术显著落后，中国期刊的产生不仅迟于欧洲，而且发展缓慢。

中国最早的科技期刊创刊于当时文化发达、医家荟萃的苏州。1792 年唐大烈编撰民学论坛刊物《吴医汇讲》，该刊不分学派，广征诸家文稿，博采精收，分卷号刊印，刊载稿件，强调先到先载，不以刊载先后论优劣，在编者与读者之间开展学术讨论，促进了各学派的交流。该刊共出版 11 卷，先后由 40 余位医家供稿，多为学术论著，也有专题讨论、医学常识、经验交流和考据、随笔等方面的文章，甚至还有编者对读者提出问题的解答，内容相当丰富。《吴医汇讲》的出现正值“乾隆盛世”时期，而中国医药学的研究早在明代就已取得举世瞩目的成就。1578 年李时珍创作完成《本草纲目》，此后医药学的研究日趋繁荣，医药学文献日渐丰富。由此，清代医药学领域产生了中国最早的期刊并广为流传。可见，期刊是科学文化发展的产物，并推动着科学文化事业的发展。

清嘉庆、道光年间，西学东渐，外国侵略者把报刊作为对中国进行文化侵略的一项重要工具，在中国创办了一批报刊。1815 年 8 月 5 日，英国传教士马礼逊和米怜在马六甲出版《察世俗每月统记传》，这是外国人在国外创办的第一种中文期刊，该刊除宣扬宗教外，也登载一些宣传伦理道德、介绍西方科学知识及世界各国情况的文章。1833 年，郭士立在广州创办《东西洋考每月统记传》，这是外国人在中国境内创办最早的期刊。鸦片战争以后，为配合帝国主义的文化渗透，大批传教士涌入中国，在中国境内创办各种杂志。1868 年由外国传教士林乐知在上海创办的《万国公报》是外国传教士所办的中文期刊中发行最久、发行量最大、影响最大的一种。1872 年在北京创办的《中西闻见录》，于 1876 年迁至上海出版，改名为《格致汇编》，“格致”一词为清末对声、光、化、电等自然科学部门的总称，因而被视为中国最早的自然科学期刊。中日甲午战争之后，以康有为、梁启超为代表的维新派以报刊作“武器”，大力宣传新学、新政和救亡图存主张。1895 年，康有为等人在北京创办《中外纪闻》，这是国人出版的最早的政治性期刊，紧密配合了维新变法运动。进入 20 世纪以来，民主革命思潮逐渐兴起，提倡科学的声浪日益高涨，为宣传革命思想，介绍科学知识，传播教育文化的期刊得到较快发展。1900 年 4 月，由国人创办的最早的科学期刊《亚泉杂志》诞生。1903 年，中国最早的科普性期刊《科学世界》在上海问世。五四运动前后，各种期刊不断诞生，期刊的数量和质量有了较大发展。

五、中国古典科技文献的特点

中国古典科技文献的特点与中国古代科技活动的特点是密切相关的，纵观我国古代科技文献，可以发现其呈现出以下特点。

（一）实用性

中国古代科技文献表现出很强的实用性。考察历代农书，以粮食生产和蚕桑为其内容主体的农书占很大比例，因为在自给自足的小农经济中，农家的基本作业着眼于“衣食”二字，故不论是综合性农书，还是专科性农书，多围绕农业生产和生活的实际需要而编写。中国古代的地理学文献数量不少，区域地理、域外地理、地图、方志等，许多是为了适应统治者对全国各地区的出产、贡赋、风土民情的了解以及改造社会和军事斗争的实践需要而作。中医药学与人们的生活联系更为密切，其内容的实用性自不必多说，而且各种科技文献数量的多少与该学科在古代社会中治国安邦、资生益民作用之大小成正比。因此，中国古代科技文献中医学文献数量最多。据日本人丹波元胤的《中国医籍考》记载，自秦汉至道光年间，大约有 3000 种医学文献。而农业是国计民生之本，农学文献也十分丰富。据张芳、王思明主编的《中国农业古籍目录》统计，中国农书存目和佚目共 2368 种，真可谓洋洋大观。

（二）连续性

中国古代社会历史一直绵延不断，不曾发生像罗马帝国那样中断无继的历史悲剧。中国古代科技因而也在汉代开创的模式和框架基础上持续不断地发展：天文学方面，《汉书·律历志》及其中所载录的三统历成为其后历代律历志及各种历法的模式和样板；数学方面，以算筹为主要计算工具、以解决实际应用问题为主要的《九章算术》成为后代数学文献的主要内容和模式；医药学方面，以《黄帝内经》《伤寒杂病论》为代表的经典医学理论和以《神农本草经》为代表的传统药物学体系成为后世医药学文献的主要内容；地理学方面，以《汉书・地理志》为模板的疆域沿革地理学成为后世“正史”中地理志的楷模，等等。这种持续约两千年不变的学科框架和模式，保证了中国古代科技文献内容的连续性。诚如伏尔泰在《风俗论》写道：“全世界各民族中，唯有他们（中国人）的史籍，持续不断地记录下日食与星球的交会，我们的天文学家在验证他们的计算后，惊奇地发现，几乎所有的记录都真实可靠。”①

（三）人文性

在中国古代，许多科技资料的记载是由于其他原因，而非科学研究之目的，如史部政书类下《荒政丛书》《熬波图》《捕蝗考》《营造法式》等许多文献，多是为维护统治阶级利益、巩固其统治地位而作；《竹谱》《洛阳牡丹记》等许多谱录类文献，多是作为怡情遣兴的文学作品而写起来的；又如明代《徐霞客游记》是徐霞客在旅行中用日记体写成的，内容涉及地貌、地质、水文、气候、生物、人文地理、民族、风俗等，不仅是一部文辞优美的游记，而且是一部地理学巨著，为我们留下了丰富的地貌学、水文学、生物地理学、人文地理学记载，等等。此外，古代许多科学家在诸多领域都有突出成就，如张衡、祖冲之等不仅是伟大的科学家，而且是著名的文学家，但由于中国古代社会历来重文轻理，在正史的传记中常常把他们归入文学家行列，但其中又自然免不了对其科技成就的记述。因此，古代科技文献具有较强的人文性。

（四）汇编性

中国古代科技文献对科技成果的论述经验色彩浓厚，理论色彩淡薄。古代科技文献多属于对当时生产经验的直接记载或对自然现象的直观描述，极少进行科学理论的探讨。如中国古代对天文现象的观察和记录极为仔细而系统，其完整程度为古代和中世纪欧洲所不可比拟，但是，中国古代科学家却没有对这些天象进行深入分析以探求规律。所以中国古典科技文献虽然留下了哈雷彗星出没的 29 次详细记录，但发现其平均周期的却是 17 世纪的英国天文学家哈雷。中国古代农学著作也是比较多的，但其内容相互沿袭，材料像滚雪球一样越滚

① 伏尔泰著，梁守锵等译. 风俗论［M］. 北京：商务印书馆，1994：85.

越多，但这些农书大体上都是各种农业生产具体经验的记载，几乎未曾做出理论性的概括和总结，更没有形成理论体系。这种现象越到后来越为明显，以至于明清时期的许多农书几乎成了前人文献资料的汇辑。明代的《本草纲目》《农政全书》《天工开物》是中国古代医药学、农学、工艺三大领域的最高水平总结，但也只局限于对生产经验的记录、归纳和总结，理论方面的概括与升华比较匮乏。中国古代科技文献的这一特点，在一定程度上限制了中国古代科学向近代科学的转化，但它对古代科技的发展在材料的汇辑、经验的总结方面所做的贡献是不可低估的。

第二节　中国古典科技文献学概述

中国古典科技文献学是以中国古典文献为研究对象的专门学科。中国古典科技文献学是文献学的一门分支学科，也是一门新兴学科。研究中国古典科技文献学具有重要的历史价值、科学研究价值、生产建设价值、文化价值和社会价值。

一、中国古典科技文献学的定义

在我国古代，人们在进行科学技术研究活动和社会交流过程中，同时也进行了相当的文献的研究和整理工作，总结和积累了收藏、整理和利用文献的丰富的实践经验。我国古代的藏书家在这方面做出了积极的贡献。从我国古代对文献研究的情况来分析，其研究的内容相当广泛，除了对一般文献发展的历史进行研究外，还对有关文字进行了校订，对一些版本进行了鉴别，对文献的内容进行了有成效的品评，成功地进行了文献目录的编制等，所有这些为中国的文献学的形成铺下了基石。

早在公元前 15—前 14 世纪，我国的殷商时期，史官就把记录当时经济、政治、文化的文献进行了集中保藏。为了便于查找和使用，按照一定的次序对它们加以排列，并且编制出相应的号码。在这个过程中他们不断总结经验，得出了固定的方式和规律，另外编成单据，这就产生了简单的著录文献的目录，就有了我国古代文献检索的萌芽。在古代的一些甲骨上刻有“入”“示”和一些数码，这就是文献保管者所做的记号，这与另外的简单的目录是相应的，代表着我国古代文献检索工作的起源。在我国黄河流域一个距今约3000年的窖穴里，发现有两万块刻着象形文字的牛肩胛骨、龟甲片有序地垒在一起，并有编号。春秋战国时期奴隶社会已到末期，文献的积累和保存更加丰富，孔子学派校书的大序、小序，经过战国秦汉诸子百家著书的自序和校书的叙录，是我国古代文献目录提要或题解从发生到发展的形成过程，那些大序、小序实际上起着提要的作用。陈同顺先生在《中华医学图书馆杂志》1997年第1期发表的《老子任图书馆"馆"长二三事》一文中介绍，春秋时期的思想家老子在做周朝"守藏之吏"（图书馆馆长）期间，对文献的收集、整理、保存、检索、利用都有过重要的贡献。

公元前1世纪末，由于经济、政治、军事、科学、文化发展的需要，汉代的刘向编写出《别录》，这是中国第一部综合性的图书目录。刘向之子刘歆编写的《七略》是中国第一部图书分类目录，提供了较为丰富的文献内容的说明，便于人们参考使用。后来郑玄为群经作注也对文献进行了整理。公元618—1380年，以政府的官修目录为基础，编成了《汉书·艺文志》《隋书·经籍志》《开元群书四部录》《古今书录》《崇文总目》等，均各有自己的特色，在文献的收集、整理、利用方面已达到了前所未有的高度，也为文献学的研究提供了丰富的资料。

最早以专著形式系统地讨论文献的是南宋的郑樵，他在所著的《通志·校雠略》中从理论上阐明了文献工作中的收集、真伪鉴别、分类编目、流通等问题；马端临的《文献通考·经籍考》也是文献目录方面的巨著。对文献学的系统理论进行了比较深入研究的要算清代的章学诚，在他所撰写的《校雠通义》中明确地提出对文献工作的要求："辨章学术，考镜源流。"就是要求在文献整理过程中，要明确地反映并仔细地剖析各种学术思想的发生、发展的过程及相互关系等，以达到较高的水平。

中国文献学，作为一个学科的探讨是从20世纪初开始的。具体而言，"文献学"一词始见于1920年梁启超的《清代学术概论》一书，"全相望亦私淑宗羲，言'文献学'者宗焉"[①]。三年后，梁启超在《中国近三百年学术史》之"清

① （清）梁启超. 清代学术概论［M］. 长沙：岳麓书社，2010：19.

初史学之建”一章中又说：“明清之交各大师，大率都重视史学——或广义的史学，即文献学。”[①]梁启超的这一观点代表了后来许多学者的共同看法，即文献学是研究中国古代学术的基础，所做的工作是校勘注释，去粗取精，去伪存真等，为各学科提供材料，但它还不是一门学科，只能谓之广义的史学，或是史学的基础。

在中国，最早以“文献学”作为书名的是郑鹤声、郑鹤春先生，他们在《中国文献学概要》一书的“例言”中认为：“结集翻译编纂诸端，谓之文；审订讲习印刻诸端，谓之献。叙而述之，故曰文献学。”[②]该书以结集、审订、讲集、翻译、编纂、刻印为主要内容，这与梁启超对文献学的理解不同，因此有人认为该书没有廓清中国文献的结构内涵。另外，该书的体系结构缺少内在的逻辑性，理论研究上表现出了片面性和迷茫性，因而该书问世以后未能引起学术界的重视，和真正意义上的文献学还有一段距离。

20 世纪 50 年代末，王欣夫先生的《文献学讲义》油印本问世，其内容主要是口录、版本、校勘的知识介绍。王欣夫先生把文献学看作一种方法的掌握，似乎范围有点过于狭窄。

笔者在前文也说过，人们谈到“文献”时，习惯于把它看作历史文献或古典文献，在某种意义上历史文献学或古典文献学也被习惯性地简称为“文献学”。赵国璋、潘树广主编的《文献学辞典》解释“文献学”词条时说：

> 即研究文献的产生、发展、整理和利用的专门学科。在我国通常有两个含义：一是指传统意义上的文献学（或称古典文献学），一是指现代文献学。我国古时称从事文献整理和研究的学者为校雠学家。传统文献学正是在综合校雠、目录、版本诸学的基础上发展起来的，是指研究我国古典文献的源流、特点、处理原则和方法（如分类、目录、版本、辨伪、校勘、注释、编纂、辑佚等）及其利用的一门学科。[③]

《文献学辞典》的“前言”中又说：

---

① （清）梁启超. 中国近三百年学术史（新校本）［M］. 北京：商务印书馆，2011：107.

② 郑鹤声，郑鹤春. 中国文献学概要［M］. 上海：上海书店出版社，1929：例言.

③ 赵国璋，潘树广. 文献学辞典［M］. 江西：江西教育出版社，1991：186.

> 古典文献学一般指广义的校雠学，即由西汉末年刘向、刘歆父子所开创，又为历代学者不断发展扩充的，以研究古代典籍的分类、编目、版本、校勘、辨伪、辑佚、注释、编纂、校点、翻译和流通等为主要内容的学科。①

《中国大百科全书·图书馆学·情报学·档案学》中的“文献学”词条指出：传统意义上的中国文献学实际上是以考证典籍源流为核心内容的中国古典文献学。这种提法也很精要，只是有点过于简略。

了解了中国古典文献学的历史以后，我们就不难理解中国古典科技文献学的含义了，中国古典科技文献学是综合运用版本、校勘、目录、注释、考证、辨伪、辑佚、编纂、检索等方面的理论与方法，科学地分析、整理、研究中国古典科技文献，进而探讨古典科技文献的产生、分布、交流和利用的规律，并总结对古典科技文献进行分析、整理、研究工作的规律与方法的学科。中国古典科技文献学是以中国古典科技文献学为研究对象的专门性学科。

二、中国古典科技文献学的研究内容

作为一门新兴的学科，中国古典科技文献学与许多学科既有联系，又有区别。就其与文献学的关系而言，便是如此。中国古典科技文献学是文献学的一门分支学科，因而它应该接受文献学一般理论原则的指导，它们的研究途径与方法在许多方面应该是基本相同的。但是，古典科技文献学与文献学在研究对象方面又是有所区别的。

中国古典科技文献学所要研究的内容十分丰富，具体而言，有以下四个方面。

（一）研究古典科技文献的特征与功能

（1）研究古典科技文献的性质和古典科技文献的定义。

（2）研究古典科技文献的整体，不同种类的古典科技文献，以及个体古典科技文献等在其产生发展和传播的过程中的内容、形式，它的特点和价值。

（3）古典科技文献在整个人类社会发展史上所处的地位，它的作用和意义。

① 赵国璋，潘树广. 文献学辞典［M］. 江西：江西教育出版社，1991：前言.

（二）研究古典科技文献、古典科技文献学的产生和发展历史

（1）古典科技文献的产生及发展过程。

（2）古典科技文献的集散、保存、遗失现象及其规律性。

（3）不同的地区和不同的时代、不同的民族、不同的人对古典科技文献整理和研究的情况、成就及存在的问题。

（4）古典科技文献和古典科技文献学发展的趋势和前景。

（三）研究古典科技文献的交流

古典科技文献交流的研究内容包括文献的发展变化和分布规律，如文献数量的增长与知识信息发展的关系；文献的老化与知识信息更新的关系；文献分布规律；与学科的相互交叉、相互渗透的关系；文献的相互引用频率与知识信息的继承和利用的关系；文献利用的频率与文献价值的关系；文献的利用与产出成果的关系，等等。对这些方面进行研究，不仅有利于掌握文献的特征和功能，以便更好地搜集、整理和充分地开发利用文献，还对了解学术发展的动态和趋势、对研究整个科学知识信息增长的规律，都有十分重要的意义。

（四）研究古典科技文献的某些方面的问题

古典科技文献某些方面的问题包括目录问题、版本问题、校勘问题等。目录、版本、校勘是古典文献学的三大主干知识。概括地讲，所谓目录，是指按照一定次序编排的一批书名（或篇名）及其叙录，它是简介图书内容和形式，反映文献出版、收藏等情况，指导阅读和检索图书等文献资料的工具。所谓版本，是指同一种文献在编辑、传抄、刊刻、装订、传播过程中所形成的各种形态的文本。所谓校勘，是指改正文献在形成和流传过程中因各种原因而出现的字句篇章上的错误，使之尽可能地恢复或接近文献的原来面目。

三、中国古典科技文献学的研究方法

在上文中我们说过，中国古典科技文献学作为文献学的一个分支学科，在研究方法和途径上与文献学是基本相同的。中国古典科技文献学的研究方法主要是借鉴文献学和其他学科的研究方法，主要有以下六种。

（一）时间分段法

这种研究方法就是将整个中国古典科技文献学或古典科技文献学的某个方面按时间分成若干个历史阶段，用历史唯物主义的观点来考察研究对象，分析研究其不同的历史阶段中所表现出的不同特点，然后从理论的高度去加以总结和升华。

（二）调查方法

这种方法是很多学科普遍采用的研究方法，特别是人文科学。在古典科技文献工作和古典科技文献学等领域内这种方法应用比较普遍，比如 20 世纪 80 年代以来的各种古典文献资源的调查、古典文献资源利用状况的调查，以及古典文献工作各个系统、各个环节的调查等均采用这种方法。这种方法就是要对事物进行认真、仔细的观察，搜集有关材料、数据、资料，并对其进行综合分析研究，根据客观具体情况得出科学的结论。这种方法又分为普遍调查法和抽样调查法。由于古典科技文献工作和古典科技文献涉及的范围很广，且比较复杂，到底应当采用哪种办法好，应当根据所调查的主客观情况，经过充分、认真的考虑以后再行决定。

（三）统计方法

统计方法在古典科技文献工作和古典科技文献学的研究中被广泛采用。由于古典科技文献工作和古典科技文献学研究往往要进行定量分析，这就必须采用统计学的方法，对各项工作的各个方面的数量进行统计，使之量化，特别是在古典科技文献的管理，古典科技文献的计量，古典科技文献的检索、流通、藏书建设等方面都要利用统计方法进行研究，使其达到最优化的要求。

（四）系统法

利用系统法对科学进行研究，早在大约 150 年前马克思和恩格斯就提出了关于“系统”概念和“系统”思想，但以后的几十年中没有形成它独特的思想理论体系，也并未形成一门学科。到了 20 世纪 20 年代，美籍奥地利生物学家贝塔朗菲经过认真总结前人的经验，并进行了研究后提出了他的“系统论”的理论和科学体系。他强调，把有机体视为一个整体或一个系统。1945 年，他发表了《关于一般系统论》一文，文中强调把研究的对象看作系统。这时的系统科学还是逻辑学和数学领域的方法科学，后来逐步发展形成了西方科学的方法论流派，它的目的是要找出适应一切系统的模式、原则、规律等，并试图统括一般系统论、控制论、自动化理论、信息论、网络理论、集合论、系统数学理论、判定论的理论和方法等内容。我国著名的科学家钱学森等人在 20 世纪 80 年代就提出了“系统科学”和“系统科学方法论”，它们有自己的完整的概念、原则和方法。

古典科技文献学的研究就是要借助于上述一般系统论或系统方法，这种方法要求人们必须按照事物本身的系统性，把要研究的对象放在系统的形式中进行研究。古典科技文献和古典科技文献工作既可以从整体系统的角度进行考察，也可以分成若干个子系统来加以考察，从而观察到其整体性和内在与外在的各种有机的联系。人们利用系统论作为指导，优化各种文献系统，开展文献工作和文献学的研究。

（五）控制法

控制法在一些书上被称为“控制论”，也有人称之为“控制论方法”，这种理论方法是 20 世纪 20 年代美国的数学家维纳（N. Wiener）开始探索的，后来，由于科学技术的迅速发展，特别是电子计算机的问世，加速了控制论的诞生。1948 年维纳出版了他撰写的《控制论》一书，正式创立了控制论这门学科。古典科技文献学的研究亦可利用控制论这种以控制规律理论和方法为对象的新的科学方法。古典科技文献的创制和利用是整个社会行为和活动的需要，古典科技文献创制的目的主要是帮助人们制约自己的行为和活动，以免造成不应有的损失。古典科技文献的创制、收藏、管理、提供利用等，都可以应用控制方法，以达到工作的最优化。

（六）比较法

比较法就是将同一类或性质相近的事物进行一一对应、一一比较推理，是和调查研究方法同时进行的方法。事物总是相比较而存在、相比较而发展的，有比较才能有鉴别，没有比较也就无法鉴别，也就难以判定事物的好与坏。只有对同类事物进行比较、分析、研究，才可能揭示出它们之间存在的内在的矛盾和本质差别，从而进行科学研究。对事物内在矛盾运动的研究，最能够触及事物的本质并更加显得深刻。

在研究古典科技文献与其他事物之间的关系、研究古典科技文献各种类之间的关系、研究古典科技文献工作的各个环节之间的关系等关系中，往往都采用比较法。因此，这种方法也是人们普遍使用的一种方法。

四、研究中国古典科技文献学的意义

任何事物的产生都有其产生的意义所在，中国古典科技文献学产生的意义或者说它存在的价值在于何处呢？在于中国古典科技文献的巨大价值之中。“没有文献的产生和积累，至今人类的发展仍处在一种混沌蒙昧的洪荒状态中。”① 没有古典科技文献学，就没有对古典科技文献的研究，更无法发挥其内在的巨大价值。中国古典科技文献的价值具体体现在以下几方面。

（一）历史价值

任何历史研究对原始材料的依赖都是不言而喻的，科技史也不例外。正如文献学家、历史学家尤里乌斯·鲁斯卡（Julius Ruska）所说：“各门学科的历史将继续依赖于当时所支配的原始材料。”②笔者在前文已经说过，图书和档案是中国古典科技文献的主要组成部分，无论是图书还是档案，作为中国数千年历史文化沉积物，具有重要的历史文化价值。郑天挺先生说过：“历史档案在史料中不容忽视，应该把它放在研究历史的最高地位，就是说，离开了历史档案无法研究历史。”③对于研究中国古代科学技术历史而言，中国古代科技档案具有重要的凭证价值。

原始材料分为两类：符号性的原始材料和非符号性（事物性）的原始材料。赫尔奇·克拉夫解释道：

> 李比希实验室的曲颈瓶是非符号性原始材料；有该实验室的记录的笔

① 贺港超. 文献价值论——现代文献学的价值论解读［M］. 北京：光明日报出版社. 2008：25.
② 转引自〔丹〕赫尔奇·克拉夫. 科学史学导论［M］. 任定成译. 北京：北京大学出版社，2005：130.
③ 郑天挺. 清史研究和档案［J］. 历史档案，1981（1）：5.

记本是符号性原始材料。[①]信件和其他书面文献是典型的符号性原始材料。与非符号性的原始材料不同，它们包含着一种规范的信息……与科学史最相关的原始材料主体上就属于这一类。[②]

以上叙述反映了西方科技史界对于档案文献之于科技史研究的重要价值认识。而对于中国人来说，由于传统的悠久和遗存的丰富，人们的认识和感受更深刻。正如国家档案局原局长、中央档案馆原馆长毛福民先生所言："档案是历史的记录。……历史的脚印，在一页页档案上留下了深刻的印记，虽历经风雨，依然清晰可辨。"[③]

科学技术并不是一项孤立的社会活动，它是在社会大环境中进行的。所以，反映古代科学技术的古典科技文献也必然涉及社会的其他问题，特别是与其关系紧密的问题，如经济问史、社会史、政治史、文化史等。

（二）科技研究价值

今天的科学技术研究活动中，中国古典科技文献仍具有特殊的价值，发挥了一些基础作用。如中国古代医药文献对继承和发展中国中医药学具有不可或缺的价值。中医药学是一种经验积累的学科，它的发展离不开文献的积累，特别是医案、本草方剂档案文献的积累。正因为如此，古今中医药界人士做了大量的工作，编纂了大量文献汇编，充分彰显了中国古代医药文献的科学技术价值。再如，古代遗留的地震档案数量相当庞大，特别是清代地震档案比较完整地保存下来了，而且内容十分丰富翔实，这为我们今天的科学工作者研究相关领域的问题提供了十分宝贵的资料。

通过使用古典科技文献，中国科技界可以参与到世界性的科学研究活动中。如在谈到中国古代的天文观测活动时，中国科学院院士席泽宗指出：

在中国，不但皇家天文台持续了几千年，而且天文记录也持续了几千年。……二十四史中以"天文志"命名的篇章绝大部分是记录奇异天象和与它相关联的政治事件。这批记录，抛除其星占部分，就成了一份宝贵的

① 〔丹〕赫尔奇·克拉夫. 科学史学导论［M］. 任定成译. 北京：北京大学出版社，2005：130.
② 〔丹〕赫尔奇·克拉夫. 科学史学导论［M］. 任定成译. 北京：北京大学出版社，2005：130.
③ 国家档案局，中央档案馆. 中国档案文献遗产名录［M］. 北京：中国档案出版社，2002：序.

遗产，对当今的天文学研究还有重要的作用，至今已在超新星遗迹、太阳活动、地球自转等方面取得了一些成果。[①]

（三）生产建设价值

科学技术是第一生产力，科学技术研究（特别是技术研究与应用研究）与经济、生产建设活动密切相关。科学技术与经济、生产活动的这种必然关系，使作为其内容承载者的古典科技文献本身也必然具有经济、生产价值。

中国古典科技文献以实用科技文献内容为主，这就更加强了其对经济、生产活动有关的价值指向。通过研究而解决经济、生产活动中的相关问题，科技文献的这种经济、生产价值得到了较好的发挥。如在治理黄河、长江、海河、永定河、金沙河、洪泽湖等的工程中，都利用过清代的水文文献。再如，查得黄河、长江最大的洪水量和最少的枯水期，成为设计黄河三门峡水库和长江三峡水利枢纽工程的重要依据。在进行筑路、架桥等基本建设中，也要参考很多古代地震、地质方面的材料；在发展农业生产中，曾广泛查阅清代晴雨录等档案材料，掌握了二百多年的气候变化规律和水旱灾害等情况，为制定中国农业发展规划提供了有益的参考资料。

1956—1958 年，水利水电科学研究院 20 多名同志，在第一历史档案馆的大力支持下，从该馆百万余件清官奏折中，采用抄写、打字、拍照等方法，整理成近 14 万张照片，2 万余件抄件。这部分资料在全国水利水电系统中发挥了重要作用。正如这批资料的整编者所言：“多年来，前来我院利用这份资料的水利水电系统以及有关科研、教学等单位，几遍全国，这说明这个资料对社会主义建设是有价值的。”[②]

（四）文化价值

从大概念而言，科学技术是文化的组成部分，科学技术文献自然可以归入人类文化遗产的范围内。在这里为了与其他价值相区别，我们采取最为狭义的具体而微的文化概念——文学艺术。就文学艺术而言，中国古典科技文献具有两个方面的基本价值：第一，许多中国古典科技文献本身就是艺术品；第二，

① 科学史论集［M］. 合肥：中国科学技术大学出版社，1987：195.

② 水利水电科学研究院. 清代海河滦河洪涝档案史料［M］. 北京：中华书局，1981：前言.

中国古典科技文献为文学艺术的创作提供了重要的养料。

关于第一点，仅举三个例证：中国古代地图多数是以手绘的形式完成的，它们是地图，也是绘画作品；中国古代陶器既是生活用品，也是艺术作品，制作这些陶器所依据文件，如“官样”（制作陶器的标准图样），多是精美的艺术品；中国古代的园林建筑艺术被世界所称道，而相关的建筑档案也是美轮美奂的艺术品，如圆明园的图纸。

文学艺术创作离不开相关的人和事，这些人和事自然也包括科学技术方面的人和事。为了力求创作不脱离生活，保持艺术的真实性，求助于相关科技文献就是必然的了。由于科技方面的文献专业性较强，内容难以被大众了解，并且涉及文学艺术创作时，对这部分的真实性要求也比较高。所以，当艺术家创作有关作品时，查阅相关的科技文献有时也是必不可少的。如描绘战争的艺术品，查阅当时的地图、战图，都是十分必要的。否则，张冠李戴、南辕北辙就贻笑大方了。

（五）社会价值

中国古典科技文献对于一些社会事务也是颇有价值的，尤其是某些科技档案。联合国教育、科学及文化组织总干事穆鲍指出：“人们可以设想一个国家没有海军，但不可能想象一个国家没有货币、没有金库、没有基金，以及没有档案……它们构成了最基本最广泛的国家财产，因此，可以说它们是国家存在的衍生物。”[①]

宋代曾发生过沈括利用地图档案与辽国进行疆界谈判获得胜利的故事。[②]而这样的故事在当代也曾多次发生，中国古代地图档案等在维护国家主权问题上发挥了重要作用。如西藏问题一直是一些对中国怀有敌意的西方国家和人士攻击中国的敏感问题，但中国保存有大量历史档案，都不容置疑地证明了自元朝以来，中国中央政府一直对西藏实施着有效的管理；在中国与印度、中苏、中俄的边界谈判中，中国都出具了古代地图档案，有力地维护了中国的国家主权。

在一些社会性的宣传、教育活动中，我们也常常可以看到科技文献的内容，可见其社会价值得到了各方面人士的认可。

---

① 国家档案局，中央档案馆. 第十三届国际档案大会文件报告集［M］. 北京：中国档案出版社，1997：96.

② （元）脱脱等. 宋史 • 卷三百三十一 • 沈遘［M］. 北京：中华书局，2000：10655.

第二章 中国古典科技文献的组成（一）——科技图书

中国古典科技图书是中国古典科技文献的重要组成部分。中国古典科技图书数量大、种类多，内容覆盖了生产和生活的诸多方面。中国古代科技注重实用，与实际生产和生活密切相关的农业、天文、气象、医药、地理、手工业等部门是中国古代科技产生的主要领域。同时这些领域也是中国古典科技图书产生的主要领域。按照图书的内容划分，中国古典科技图书可以分为天文图书、地理图书、农业图书、手工业图书、建筑图书、医药图书、气象图书、水文图书等。

第一节 天文图书

关于天文学的产生，恩格斯是这样描述的："必须回顾和研究自然科学各个部门的顺序发展。首先是天文学——游牧民族和农业民族为了定季节，就已经绝对需要它。"[①]中国古代天文方面的图书种类不一，有的是天文方面的专门著作，有的只是将天文作为其中的一部分进行论述。但很多原始形成的图书已经失传，大多是后代翻印而成，因此也无从查考。总之，中国古代天文图书无论从内容上，还是形式上都很丰富。在此，笔者将其划分为以下几种类型进行论述。

---

① 〔德〕马克思，恩格斯. 马克思恩格斯全集 • 卷二十［M］. 中共中央马克思恩格斯列宁斯大林著作编译局译. 北京：人民出版社，1971：523.

一、专门性天文著作

在中国古代，天文观测一直被统治阶级掌握着，天学也一直为天子所垄断。明代中叶以前，中国古代对私习天文的禁令执行的比较严格，私人收藏天文图书属于违禁，更谈不上著述。偶有例外，但为数甚少。因而中国古代天文著述主要是官修的，其中一部分属于私家著述。

（一）官修天文著作

依据实际的天文观测记录和前代天文档案，历代官方组织编撰了各种大型的天文著作。现存的这类由官方修订的专门天文著作主要属于明清两代。所谓的“官修大型天学著作”，一般指以下三种情况：由官方组织人力、物力进行撰修的天文著作（包括大型类书中的天学部分）；由某个人奉敕编撰的天文著作；皇家天文机构人员撰写之著作。以下对这三种情况的天文著作分别举例加以介绍。

第一，官方组织撰修的天文著作。

《崇祯历书》，明末徐光启主编，徐光启去世后，李天经续成。明崇祯二年（1629 年）《大统历》推日食不验，礼部奏请改历，于是成立历局，开始编撰。从崇祯二年到七年前后共用五年时间完成。它从多方面引进了欧洲古典天文学知识，内容包括天文学基本理论、三角学、几何学、天文仪器、日月和五大行星的运动、交食、全天星图、中西单位换算等，共四十六种，一百三十七卷。可惜书成后明朝灭亡，新法未能施行于当朝。

《御制历象考成》，四十二卷，清康熙五十二年（1713 年）御定，由钦天监内外人员加以修订，分上、下两编。上编十六卷，名《揆天察纪》，阐明理论；下编十卷，名《明时正度》，讲计算历法，又表十六卷。该书系统地整理了欧洲古典天文学的全部理论，消除了《西洋新法历书》中图表不合的缺点，并根据实际测量修改了一些数据。

第二，特旨奉敕编撰的天文著作。

《历象考成后编》，由《御制历象考成》增修后编成，清乾隆二年（1737 年）奉敕撰，乾隆七年完成，十卷，分计算原理、计算方法和运算表部分。该书增补了关于视差、蒙气差的比较详细的理论，对各差的数据有所改正。

《仪象考成》，是中国清代中期的一部以星表为主的工具书，三十二卷，清乾隆九年（1744 年）奉敕撰，乾隆十七年告成，由钦天监西洋监正、日耳曼人耶稣会士戴进贤为实际主编。星表中列有 300 个星座、3083 颗星的黄道坐标和赤道坐标值以及每颗恒星的赤道岁差和星等。

《仪象考成续编》，由钦天监对《仪象考成》星表进行复测、修订而成，三十二卷，清道光二十四年（1844 年）敬征等奉敕编撰。它是清代由中国人独立考测、编算的第一部星表。表中较《仪象考成》新增 163 颗星，减去未观测到的 6 颗星，共收 3240 颗星。它提供了一批年代可靠的新测恒星坐标值，是今天仍在沿用的恒星中文名称的主要依据。

第三，皇家天文机构人员撰写的天文著作。

《乙巳占》，唐代著名星占家李淳风占星学代表作。现存的《乙巳占》共十卷 100 篇，前八卷 50 篇基本上是天文星占内容，包括天体、太阳、月亮、行星、流星、彗星的占卜条文；后二卷是云气、风方面的占验，有不少气象学的知识。关于天文学的知识，卷一《天数》篇记述其改进后浑仪的具体结构，很有价值。书中的星占条文多来自古代星占书，而关于天文、历法、仪器等内容多是他本人的研究。

《新仪象法要》，宋代天文学家苏颂为水运仪象台所做的设计说明书，成书于宋神宗绍圣初年到三年（1094—1096 年）。此书首有《进仪象状》一篇，报告造水运仪象台的原因、经过和它与前代类似仪器相比的特点等。正文以图为主，介绍水运仪象台总体和各部结构。各图附有文字说明。全书共分三卷，卷上介绍浑仪，卷中介绍浑象，卷下介绍仪象台总体，台内各原动和传动机械、报时机构等。全书共有图六十种。

（二）私家天文著述

由于古代统治阶级对天学的垄断，私人学习和利用天文文献的机会甚少，只有接触图书、档案的官员才能利用，因此他们撰写了一部分著述，但由于其官职的缘故，这部分著述不属于私家著述。明朝中叶对天文开禁，现在留存的私家天文著述大都是明中叶以后的，从类型上分有普及类的天文著作，考证中国古代传统天学的著作，研究、翻译西学的著作等。其中一部分有很高的科学价值，一部分属于天文著作的末流。

第一，明代私家天文著述介绍。

《圣寿万年历》二卷、《万年历备考》三卷附《律历融通》四卷，明朱载堉撰。《大统历》在明推用270多年没有改动过，成化以后，交食往往不验，很多人都商议修改历法。朱载堉撰写成这两本书献上。《明史·历志一》称其“深得《授时》之意，而能补其不逮”①。

《古今律历考》，七十二卷，邢云路著。其主要内容是对古代经籍中的历法知识以及各部正史律历志或者历志中的问题进行总结和评议，如书中对元代天文学家郭守敬的谬误进行了校正。《四库全书总目提要》称其书：“详于历而略于律，七十二卷中言律者不过六卷，亦罕所发明。其言历六十六卷，持论立法亦皆不及朱载堉密，但在历法敝坏之日，独能起而攻其误，其识加人一等矣。”②

《乾坤体义》二卷、《经天该》一卷，意大利耶稣会传教士利玛窦撰。《乾坤体义》是西法传入中国的开始，分为上、下卷，上卷言天皆得实测，下卷言算亦取以捷法。《经天该》以七言韵文概括全天星座，被称为西洋的《步天歌》。

《表度说》一卷、《简平仪说》一卷，熊三拔撰；《天文略》一卷，阳玛诺撰。他们是明万历年间来华的耶稣会传教士，他们的著述主要介绍西方古典天文学中的基础知识。

《浑盖通宪图说》二卷，李之藻与利玛窦同译。其法出自熊三拔的《简平仪说》，即从对一种西洋仪器的结构和使用原理的介绍中，认识到中国古代浑天、盖天两种宇宙图像的相通性。

第二，清代私家天文著述介绍。

清代的私家天文著述，大致分前后两个时期。前期以王锡阐、薛凤祚、梅文鼎为代表，此时期的天文著述或以中法为主，或以西法为要，或中西结合。其中有王锡阐、薛凤祚、梅文鼎及江永等著述杰出者，也有如游艺、揭暄等天文普及类的天文著述者。清代后期的天文著述自戴震以后，风格大变。钱大昕、李锐、罗士琳、顾观光、汪曰桢等皆专心于中国古代传统天学的考证。此外，还有其他天文学者产生的天文著作，笔者在此不一一列举，现只选有代表性的著述加以介绍。

① （清）张廷玉. 明史·卷三十一·志第七·历一［M］. 北京：中华书局. 1974：516.

② 《中华文化通志》编委会. 中华文化通志·天文志［M］. 上海：上海人民出版社，2010：188.

王寅旭，名锡阐，号晓庵，他自著《晓庵新法》六卷。前一卷论述勾股割圆诸法，即天文学所需的几何学预备知识；后五卷皆推步日月五星交食、凌犯之术。焦循的《晓庵遗书》将王锡阐比之“唐之一行，汉之刘洪”，可见其被推崇的程度。除此之外，他还有《大统西历启蒙》《丁未历稿》《三辰晷志略》《五星行度解》等著述。

李锐的《〈三统术〉注》三卷、《〈四方术〉注》一卷、《〈乾象术〉注》一卷等，钱大昕的《廿二史考异附：三史拾遗、诸史拾遗》中有关“历书”“天官书”等考异内容均属于对中国古代传统天学考证的著述。游艺的以问答形式探讨有关天学问题的《天经或问》及揭暄的《璇玑遗述》均属普及类的天文著述。

二、历代史书中的“天学三志”

中国古代记录资料最系统、最完整、最丰富的天文著述，应当为历代史书中的“天学三志”。西汉司马迁作《史记》，“欲以究天人之际，通古今之变，成一家之言”（《汉书·司马迁传》），共一百三十篇，分十二本纪、三十世家、七十列传、十表、八书，成为中国古代第一部纪传体通史。自此之后，历代有了编史的传统。从第一部《史记》至最后一部《明史》共二十四部，称为《二十四史》。它是一部规模巨大、卷帙浩繁的史学丛书，内容非常丰富，包含大量的历史资料。它记载了历代政治、经济、文化艺术和科学技术等各方面的事迹。后多数地方将《清史稿》列入其中，称为《二十五史》。

《天官书》是《史记》中的一篇，可算是当时有关天文知识的总结，它记录了当时所认识到的全天恒星，还有行星、分野、日月占侯、奇异天象、云气、岁星纪年、天象记录和占验等。《史记·天官书》开创了后代史书中撰写天文志的传统，后代史书中的天学三志《律历志》《天文志》《五行志》，便是从《史记》八书中的《律书》《历书》《天官书》演绎而成的。它们作为史书的一部分，虽然不是专门的天文著述，但属于官修，所以保存系统、完整，为研究中国天文学史提供了丰富的资料。

历代《二十五史》，其中十八史有志，现将此十八史中天文、律历（如律与历分为二志，则只列《历志》）、五行三志的情况一览如下（三志先后按各史原来顺序）。①

《史记》：《历书》《天官书》

《汉书》：《律历志》《天文志》

《后汉书》：《律历志》《天文志》《五行志》

《晋书》：《天文志》《律历志》《五行志》

《宋书》：《历志》《天文志》《符瑞志》《五行志》

《南齐书》：《天文志》《祥瑞志》《五行志》

《魏书》：《天象志》《律历志》《灵征志》

《隋书》：《律历志》《天文志》《五行志》

《旧唐书》：《历志》《天文志》《五行志》

《新唐书》：《历志》《天文志》《五行志》

《旧五代史》：《天文志》《历志》《五行志》

《新五代史》：《司天考》

《宋史》：《天文志》《五行志》《律历志》

《辽史》：《历象志》

《金史》：《天文志》《历志》《五行志》

《元史》：《天文志》《历志》《五行志》

《明史》：《天文志》《五行志》《历志》

《清史稿》：《天文志》《灾异志》《时宪志》

从以上可看出历代史书中“天学三志”的大致情况，其中有的史书中三志名称稍有变化，但其所述内容仍与传统相符。现将“天学三志”的内容作简单介绍。

第一，《五行志》。

东汉班固编撰《汉书》，最先创立了《五行志》，它是班固在《史记》编撰体例基础上的创新，后世之正史多数仿而设“五行”“符瑞”等志。《五行志》专述该朝灾异、祥瑞的情况，为各地灾异、祥瑞报告的文献汇总。此内容与天文、历法相关不大，但基本理论统一于中国古代天人感应、天人合一的基本思想。兹以《汉书·五行志》为例，对其加以介绍。

《汉书·五行志》共五卷，它系统地记载了自《春秋》记事起至西汉末年间

---

① 此表引自江晓原，钮卫星. 中华文化通志·天学志［M］. 上海：上海人民出版社，1998：177.

的自然灾异现象和其间历代学者的相关解释。此志：

> 所记内容非常丰富，包括天文、地学、天象、生命现象、科学技术、昆虫等方面均有涉猎，其中仅自然现象的材料就有200余条，怪异现象50余条，包括地震、日食、水灾、旱灾、雹灾、蝗灾、怪雨、太阳黑子、陨石、男女转化、冶炼事故等。①

由于其中充斥着大量“推阴阳、言灾异”的内容，所以此志受到历代诸多学者的冷遇和批评。但是，它以一定的记事为依托，因而也保存了大量极有历史价值的材料。如它载有世界上太阳黑子的最早记录，“河平元年三月乙未，日出黄；有黑气大如钱，居日中央”，把太阳黑子的位置和时间叙述得很详尽。

第二，《律历志》。

《律历志》是关于该朝律与历的文献汇总。“律”指“乐律”，“历”指“历法”。《史记》分律书与历书，到东汉班固著《汉书》，将“律书”“历书”结合在一起，合成《律历志》。到两唐开始，专设《历志》。从之前所述历代“天学三志”设置表中可看出，律、历时分时合，可能是古代天学家们相信它们之间有某种联系的缘故。在此对律志不再加以描述。

> 各史历志记述的内容大体分为两部分。第一部分按时间顺序叙述该朝历法的沿革情况，包括大臣对历法的议论、围绕某部历法的争论、有关部门提请改历的奏疏、皇帝下达的改历诏书等与历法有关的文献资料。第二部分记录了当朝颁行的主要历法的推步原理和基本数据。其中《晋书·律历志》收录了后汉刘洪《乾象历》，《隋书·律历志》收录了刘焯《皇极历》，是两个例外。历志记录的历法原理和数据是后人研究古代历法重要的来源。②

第三，《天文志》。

《天文志》所记录的史料包括该朝发生的天文大事、天象记录以及对应的星占占辞等，但各史中《天文志》包含的具体内容各有不同，多寡不一。现统计各史中《天文志》的数量。《史记·天官书》一卷、《汉书·天文志》一卷、《后

① 赵濛.《汉书·五行志》的历史价值［J］. 古籍整理研究学刊，2007（3）：29.

② 江晓原，钮卫星. 中华文化通志·天学志［M］. 上海：上海人民出版社，1998：178.

汉书·天文志》三卷、《晋书·天文志》三卷、《宋书·天文志》三卷、《南齐书·天文志》两卷、《隋书·天文志》三卷、《旧唐书·天文志》两卷、《新唐书·天文志》三卷、《旧五代史·天文志》一卷、《新五代史·司天考》两卷、《宋史·天文志》十三卷、《金史·天文志》一卷、《元史·天文志》两卷、《明史·天文志》三卷、《清史稿·天文志》十四卷。各史中《宋史·天文志》数量最多，现以它为例，列其主要内容如下。[①]

《天文志》卷一：仪象、极度、黄赤道、中星、土圭

《天文志》卷二：紫微垣、太微垣、天市垣

《天文志》卷三：二十八舍（上）

《天文志》卷四：二十八舍（下）

《天文志》卷五：七曜、景星、彗孛、客星、流星、妖星、星变、云气、日食、日变、日煇气、月食、月变、月煇气

《天文志》卷六：月犯五纬、月犯列舍上

《天文志》卷七：月犯列舍下

《天文志》卷八：五纬犯舍列

《天文志》卷九：岁星昼见、太白昼见经天、五纬相犯、老人星

《天文志》卷十：流陨一

《天文志》卷十一：流陨二

《天文志》卷十二：流陨三

《天文志》卷十三：流陨四

《宋史·天文志》共十三卷，介绍仪象制造，叙述天体坐标、天体测量、三垣二十八宿各星官介绍及对应之星占含义、各种天象记录及星占含义等。记录按时间顺序。其他各史中的天文志没有《宋史·天文志》所列条目详细，但基本内容大致相同。

三、文件、档案类汇编

除上述官修大型天文著述和私家天文著述属于专门的天文图书外，还有一

① 江晓原，钮卫星．中华文化通志·天学志［M］．上海：上海人民出版社，1998：179.

类图书也属于专门的天文图书。它是由已形成的天文档案汇总编纂而成的，属于档案汇编类的图书，因而将其列为一类。现列举如下。

第一，观测记录类天文档案汇编。

《春秋》为六经之一，它记述了自鲁隐公元年（公元前 722 年）至鲁哀公十四年（公元前 481 年）计 242 年间的重要史实，是中国现有最早的一部编年体史书。儒家经典之《春秋》是孔子以鲁国《春秋》为底本编纂而成的。《春秋》一书中有诸多天象记录，如日食、彗星、陨石、流星雨等。

《春秋》一书对日食的记录较为详尽，共记有 37 次日食事件，是孔子依据鲁国天文学家的观测与鲁国史家的记录编定的。

《春秋》对于彗星的记录为公元前 613 年、公元前 525 年和公元前 482 年三次。

《春秋》中有中国古代关于陨石的最早记载。鲁僖公十六年（公元前 644 年）“春，王正月戊申朔，陨石于宋，五”。意思是：这一天，在宋国境内，落下了 5 颗陨石。对于流星雨现象，《春秋》中也有记述。鲁庄公七年（公元前 687 年）“夏四月辛卯，夜，恒星不见，夜中，星陨如雨”。

第二，星经类天文档案汇编。

《甘石星经》是战国时期甘德、石申将自己和前人的观测记录及根据记录绘制的星表汇总编纂而成的，属于档案汇编类的天文图书。在长期观测天象的基础上，甘德编有《天文星占》八卷，石申编有《天文》八卷，后人把这两部档案汇编合为一部，称《甘石星经》。

《甘石星经》由于形成久远，又历经辗转，在宋代以后失传，今天只能从唐代的天文书籍《开元占经》中见到它的一些片段摘录。书中详细记载了金、木、水、火、土五大行星的运行情况以及它们的出没规律，并肉眼观察记录了木卫二（甘德所载，1981 年席泽宗指出，但国际上未承认）；书中还记录了 800 多颗恒星的名字，并划出其星官，测定了 121 颗恒星的方位，这是中国也是世界上最早的恒星表，比希腊天文学家伊巴谷测编的欧洲第一个恒星表大约早 200 年；书中还提及了日食、月食是天体相互掩食的现象。

第三，历法类天文档案汇编。

《夏小正》，中国现存最早的一部农事历书，原为《大戴礼记》中的第 47 篇。它是按时间顺序将有关社会生产活动中长期观测所得的物候记录和星象记录汇编在册的档案汇编。《夏小正》原文在唐宋时期散佚，现存的《夏小正》为宋朝傅嵩卿由当时所藏的两个版本《夏小正》文稿汇集而成的《夏小正传》。全文十二章，共四百多字，每章标题的月份，从正月到十二月，共有 118 条简明扼要的"条文"。体例分经、传两部分，依照各月次序，每条先列经文于前，再附传文于后。

第四，星占类天文档案汇编。

《开元占经》，全名《大唐开元占经》，120 卷，唐瞿昙悉达奉敕撰，成书于唐玄宗开元六年到十四年（718—726 年）。《开元占经》成书后，传世极少，唐以后失传，直到明神宗万历四十四年（1616 年），安徽歙县人程明善在佛腹中发现了抄本。它是一本唐以前天文星占档案汇编，把当时能见到的古代七十多种天文星占文献按内容分别摘录编撰，保存了唐以前大量的天文、历法资料和纬书，还介绍了 16 种历法有关纪年、章率等基本数据。此外，还包括天文方面的名词解释、宇宙理论、日月行星运动以及甘德、石申、巫咸三家对全天恒星名称、星数、位置的描述和占验等。由于《开元占经》的辑录，许多古代失传的天文星占档案内容得以保存下来，它在天文史上有很大的科学价值。

四、地方志中的天文部分

地方志是按一定体例全面记载某一时期某一地域的自然、社会、政治、经济、文化等多方面情况的书籍文献。现存最早的全国地方志是公元 813 年唐代李吉甫编的《元和郡县志》，共 40 卷，后有部分散佚。它以唐代的 47 镇为纲，每镇一图一志，详细记载了全国各州县的沿革、地理、户口、贡献等。南宋以后，地方志大量增加，尤以明清两代最多。据 1976 年统计，我国仅现存的地方志即达 8000 多种，约 12 万卷。

地方志按记述的内容不同可分为两类。其中一类是综合性志书。它的内容是记述时空的方方面面，从自然到社会、从经济到政治、从美德到陋习，无所不包。一统志、省志、县志等即属此类。因此一部完善和成功的地方志是一个地区的综合性资料书，它是该地区的全部已有事业、客观条件、社会状况的如实记载。可以说，地方志是"一方之全史"，也可以称它为地方的百科全书。因而它作为地方史，可以同正史中的记录互为补充。

地方志中有很多关于天象的记录，可以同正史中的记录进行印证、补充。如《永州府志》《通州直隶州志》《兰州府志》《顺天府志》《蓬莱县志》《吴县志》《福州府志》等地方志中都有大量天象记录。这些记录散存于地方志的自然现象或灵异现象之中，记录语言有较强的文学性，但是不够严谨科学，有的仅是一小段，有的仅存一句话。例如，有关太阳黑子的记录，明太祖洪武元年（1368年）自正月至十二月间有“日中有黑子”的记载。地方志中保存的天象记录虽然过于零散，不够详细，但它们数量巨大，记录范围广，可以同正史互为补充，因而也具有很大的科学价值。《中国古代天象记录总集》就辑录了大量古代地方志中保存有太阳黑子、极光、陨石、日食、月食、月掩行星、彗星、流星、流星雨、新星和超新星的天象记录。

五、实录中的天文部分

实录是编年体史书的一种，专记某一皇帝统治时期的大事。它按年、月、日记述当朝政治、经济、军事、文化、灾祥等，并依次插入亡殁臣僚的传记。实录起于南北朝，至唐朝形成官修实录之定制，至清末光绪为止，撰有大量实录。据统计，历朝共编实录一百余部。但元以前实录多已散失，仅存唐《顺宗实录》、宋《太宗实录》残卷，明清两朝实录基本保存下来。

我国历代朝廷向来重视观测天文现象。皇家天文台有大量专业人员昼夜不停地监视天空，记录天象变化，上报皇帝并占卜吉凶。部分天象记录因此载入“起居注”、奏章之类的文件，在皇帝死后编入实录。正因如此，大量的天象记录得以留存至今。《明实录》《清实录》中就记录有大量天文资料，可以补正史之不足。例如，《明实录》记载的隆庆六年（1572年）十月客星在《明史·天文志》中就没有记载。而且，从实录的天文记录中又可以获悉天文在宫廷里所扮演的角色及在政治上所起的作用。现以《明实录》为例，对其进行介绍。

《明实录》记录了明太祖朱元璋到明熹宗朱由校十五代皇帝的史实，全书共十三部，二千九百零九卷。其中有大量的天象记录，对于我们今天研究中国天文学史，甚至研究现代科学的某些问题，都十分有用。如《崇祯实录》中就有关于日食、月食、流星雨、彗星等的记载。“三月辛巳（二十）昧爽，陕西天赤如血，射牖隙皆赤。”①“五月，是月西安府城夜坠火数十，大如碾，次如斗，时出入民舍。民各禳之，不为害，七月止。”②

六、其他古籍中的天文部分

除上述几类书中含有天文资料外，还有一些古籍当中也含有天文资料，只是比较零散，如《尚书》《吕氏春秋》《淮南子》《逸周书》《梦溪笔谈》《纬书》等。此外，由于数学与天文学之间的关系，古代一些数学书籍中也含有天文方面的知识，如《周髀算经》等，现选其中一二进行介绍。

《梦溪笔谈》，北宋沈括的笔记体著作，成书于1086—1093年。《梦溪笔谈》包括《笔谈》《补笔谈》《续笔谈》三部分，内容涉及天文、历法、天象、地质、地理、物理、化学、生物、农业、水利、建筑、医药、历史、文学、艺术、人事、军事、法律等诸多领域，被西方学者称为中国古代的百科全书。

在天文学方面，《梦溪笔谈》阐释了沈括自己对浑仪、漏刻、圭表等天文仪器研制方面的许多创见，记述了他的“日有盈缩”这一重要发现以及他关于实行阳历“十二气历”的建议。书中还准确描述了五星运动轨迹，计算出了月道与黄道交角每月后退度数更为精确的数值，正确说明了月亮的盈亏生光现象，发明了准确测定极星位置的方法，详细记录并描述了陨石特征及陨落过程，指出了铁陨石的存在，等等。这些都是天文学史上值得一提的重要成就。

《周髀算经》是中国流传至今的一部最早的数学著作，同时也是一部天文学著作。约成书于公元前1世纪，是算经的十书之一。据考证，现传本《周髀算经》大约成书于西汉时期（公元前1世纪）。南宋时的传刻本是目前传世的最早刻本，收藏于上海图书馆。历代许多数学家都曾为此书作注。其中最著名的是唐李淳风等人所做的注。《周髀算经》还曾传入朝鲜和日本，在那里也有不少翻刻注释本行世。

《周髀算经》的天文部分重点讲述当时的一种宇宙结构学说——盖天说，详细阐述盖天说计算天地结构、历法、二十八宿距度、各节气晷影、日月运动、太阳视轨道大小、周天星数、北极璇玑的方法，还有圆形盖天式星图的制作等。对于了解2000多年前的天算知识，实为最宝贵的典籍。“但不少研究者也指出，

---

①②　刘次元，刘瑞. 崇祯实录及长编中的天文资料［J］. 陕西天文台台刊，1998（2）：77.

书中的许多数据和立论常有矛盾之处，读者不可不详加鉴之。”①

第二节 地 理 图 书

中国古代图书典籍类地理文献不仅数量惊人，而且内容各异，类型多样。按体例划分为地志、图集汇编、游记等；按内容划分为山川地貌、河流水利、城郭风俗、物产风物、名胜古迹、潮汐洋流、航海路线、矿物岩石等；按地理学体系划分为自然地理、人文地理、经济地理、政治地理、城市地理等；按所载区域范围划为全国性地理著作、地方志（包括省、州、府、县、乡、里等）、域外地理类等；按存在形式又可划分为综合性著作、专著和其他文献中的地理篇章。

按体例划分记述形式有别，按内容划分侧重点不尽相同，等等。对于中国古代的地理文献，不管用哪种方式划分都不是绝对的，因为各个类别均有交叉，有些地理文献还在发展过程中由于记述形式或特点有所演变，称谓在不同时期不尽相同，如图经类文献本是地志、地记类著作过渡而来，在 6—12 世纪最为兴盛，到了后来图经向大量文字记载方向发展，到了南宋时期，重经不重图，又改称地方志。

下面，笔者主要介绍几类比较系统典型的图书典籍类地理文献。

一、地理志类

地志类地理文献按它记述的空间不同可以分为行政区域志和非行政区域志两大类。前者主要是以行政区域为单位，叙述其疆域、山川、建置、沿革、户口、田赋、物产、城郭、风俗、人物、职官、方技、名胜、古迹、水利、桥梁、祠庙、艺文、灾异等情况，这是编写此类著作的一般体例，由这种体例及其内容的繁简不一所构成的各种地志类文献，有的主要是历史事实的叙述，有的则偏重于地理现象的记载。总之，其特点是将一地方、一区域的地理和历史等情况包罗于一书之中，内容庞杂。按照记载的区域范围，可分为全国性总志、省

---

① 刘金沂，赵澄秋. 中国古代天文学史略［M］. 石家庄：河北科学技术出版社，1990：29.

志（通志），省以下有府、厅、州、县志，还有都邑志、镇志、道志、卫志、乡村志、里志等。记述空间不是行政区域或跨行政区域的有：山志、江（河）志、海域志、海岛志、寺（庙）志等。下面，笔者主要从正史中的地理文献及全国性总志、地记和地方志对此类地理文献进行概述总结。

（一）正史中的地理文献及全国性总志

《汉书》中的《地理志》两卷（卷二十八和卷二十九）是我国第一部以“地理”命名的著作，也是我国第一部疆域志，其开创的体例为此后两千年来的封建社会所沿用。自此之后，中国历代官修史书中，绝大多数都有“地理志”篇章，记述各朝郡县疆域政区及山川状况，且基本都是依据《汉书·地理志》体例写作的，表 2-1 为各朝代正史中纂修地理志的基本情况：

表 2-1 历代正史地理志一览表①

正史名称	“地理志”名称	主修	备考
《史记》	缺	司马迁	清刘文淇有《楚汉诸侯疆域志》
《汉书》	《地理志》	班固	正史中首创“地理志”
《后汉书》	《郡国志》	司马彪	《郡国志》的作者
《三国志》	缺		清洪亮吉有《补三国疆域志》
《晋书》	《地理志》	房玄龄等	清毕沅有《地理志新补正》。洪亮吉有《补东晋疆域志》及补《十六国疆域志》
《宋书》	《州郡志》	沈约等	
《南齐书》	《州郡志》	萧子显等	
《魏书》	《地形志》	魏收等	
《梁书》	无		清洪齮孙有《补梁书疆域志》
《陈书》	无		
《北齐书》	无		
《周书》	无		
《隋书》	《地理志》	魏徵等	
《南史》	无		
《北史》	无		
《旧唐书》	《地理志》	刘昫等	原为魏莹等修
《新唐书》	《地理志》	欧阳修等	

① 萧樾. 中国历代的地理学和要籍［M］. 桂林：广西师范大学出版社，2002：92—94.

续表

正史名称	"地理志"名称	主修	备考
《旧五代史》	《郡县志》	薛居正等	
《新五代史》	《职方考》	欧阳修等	
《宋史》	《地理志》	脱脱等	
《辽史》	《地理志》	脱脱等	
《金史》	《地理志》	阿鲁图等	
《元史》	《地理志》	宋濂等	
《新元史》	《地理志》	柯劭忞	
《明史》	《地理志》	允禄等	
	《地理志》	张廷玉	
《清史稿》	《地理志》	赵尔巽	

由表 2-1 可知，大多数朝代正史中均有地理篇章，且多称《地理志》，也有些称《郡国志》或《州郡志》，如《后汉书》《南齐书》《宋书》等，有些为后人补修，如《补三国疆域志》《补梁书疆域志》等。

各朝《地理志》虽有详略之别，但大体上仍依《汉书·地理志》体例编写；《郡国志》或《州郡志》在意义上与《地理志》有些差异，《地理志》可以包括郡国，而《郡国志》并不一定包括地理，《后汉书·郡国志》所记录的，就限于各郡国名称沿革的更易与户数多寡，而且仅限于顺帝以前的建置沿革，缺顺帝以后的改置，《晋书·地理志》《宋书·州郡志》《南齐书·州郡志》《魏书·地形志》与其相似。各朝正史《地理志》中，欧阳修《五代职方考》是风格比较独特的一种，采用表的形式来记载州郡的设置，这一发展，似乎是开了地理沿革表编制的先河。

除了正史中的《地理志》篇章，还产生了许多全国性区域总志，如东汉应劭的《十三州记》，隋代《区宇图志》129 卷和《诸郡物产土俗记》。唐宋时代有《括地志》550 卷、《元和郡县图志》40 卷、《太平寰宇记》200 卷、《元丰九域志》10 卷、《舆地广记》38 卷、《舆地纪胜》200 卷、《方舆胜览》70 卷。

元代创修一统志，明因之，清则三修一统志。分别为《大元一统志》、《大明一统志》和《大清一统志》，三者均在全国各地普修方志的基础上成书，所采用的材料相当广泛，内容比宋代全国性地志更为丰富、浩繁。《大元一统志》前后两次纂修，以每路和行省直辖的府、州为纲，分建置沿革，城郭乡镇、里志、山川土产、风俗、古迹、人物等，在全国性区域志中是卷帙最为浩繁的一部，可惜原书已散佚，后经金毓黻收集整理，只有残本 15 卷、辑本 4 卷流传下来。[①]《大明一统志》是以《大元一统志》为蓝本，书成于天顺五年（1461 年），90 卷。《大清一统志》三次纂修，最后书成于道光二十二年（1842 年），560 卷，是一部比较完善的区域志。不过这几部“一统志”并非严格的地理著作，其终极目标在于显示王朝一统之盛，但其分别代表元、明、清三个不同朝代，记载了当时的大小行政区域情况，其中很多地理资料，不仅是当时的地理知识，而且对今天历史地理研究还有重要的参考价值。

（二）地记和地方志

地记指专门记载地方的山川、风土、物产、人物等情况的著作，又称“记”“传”“谱”。[②]西汉之后，由于地方经济的发展和地方豪族的成长，记载地方情况（如山川、风土、物产、人物等）的地记著作开始出现，并不断增多。东汉三国时期撰写了不少异物志的著作，如东汉杨孚的《南裔异物志》是最早见于古籍著录的。现存最早以“记”命名的地记是三国时期吴国顾启期的《娄地记》，其后，还有谯周的《巴蜀异物志》、万震的《南州异物志》、沈莹的《临海水土异物志》等。这些著作主要记长江以南地方的事物，内容多属草木、禽兽以及矿物，由于不同于中原所见，故以“异物”命名。

三国魏晋以后，地记著作的撰写明显增多，各个重要的地区都有“风俗记”“风土记”，边远地区则有“异物志”，此外，还有记山水的“水道记”和“山水记”等。论其内容，大都属“风土记”与“风俗传”性质，或者侧重地理物产。就其叙述的地域范围来讲，仍以长江流域南方各州郡为多，如朱育的《会稽土地记》、周处的《风土记》等。

这些大量的地记和杂记，单是《隋书》著录就有 100 多部，1400 多卷，但多已失传。此类地理文献记载内容大体可分为“述地”和“记人”两类，前者为地理内容，后者为人物传记。“述地”类地记按内容可分为山水记、

① 中国科学院自然科学史研究所地学史组. 中国古代地理学史［M］. 北京：科学出版社，1984：337—338.

② 唐锡仁，杨文衡. 中国科学技术史·地学卷［M］. 北京：科学出版社，2000：223.

风土记、异物志和城镇记四种。山水记是以记载一方山水为主要内容的地记，如东晋袁山松的《宜都山水记》；风土记是以记载一方地理风俗为主要内容的地记，如三国东吴沈莹的《临海水土异物志》（1卷）；异物志多记长江以南地方的事物如草木、禽兽和矿物等，因其不同于中原，故以“异物”名之，如万震的《南州异物志》；城镇志是记述一个城镇的地记，也可称为城坊志或都会志，都会是指人口和物资比较集中的城市，也是一地的政治经济中心，此类地记便是有关都会或城市的专志，如《三辅黄图》和杨衒之所撰的《洛阳伽蓝记》。

现存魏晋南北朝时期地记类典籍以东晋常璩的《华阳国志》和西晋张华的《博物志》最为著名。《华阳国志》全书13卷，前3卷叙述四川的地理沿革，其余各卷多为人物传记，虽然历代都把此书归入霸史类或杂史类，但它是现存最早以“志”命名的方志，取材广泛，内容丰富，所载郡县不局限于某一特定时期的版籍，收入了昔日曾有、后已省并的县，较好地反映了政区演变，并且详细地叙述了蜀汉和晋代，弥补了正史地理志之不足，同时重视西南少数民族的情况，从而成为后世编修四川、云南方志的典范，在我国方志类地理文献发展过程中占有极其重要的地位。《博物志》则是以另一种形态出现的地记类著作，内容庞杂，全书共10卷，与地理相关3卷，行文中夹带着浓厚的谶纬和巫术迷信色彩。

宋代以后，以地方各级政府区域为对象的地方志日渐增多，特别是明、清两朝数量甚为可观。其发达情况，从1976年3月天象资料组所编《中国地方志综录》（草稿）的初步统计看，明代约有931种，其中嘉靖、万历两朝纂修最多，各有300多种。清代约有5518种，其中康熙、乾隆、光绪三朝纂修数量最多，各有1000多种。[①]在地区分布上，无论内地还是边远地区都有自己的地方志，数量上一般来说内地多于边远地区，而内地尤以经济文化发达的地区为最多。如河北、江苏两省各有500多种，浙江、四川、江西、山东、河南、广东5省都在400种以上。陕西、山西、湖南、安徽4省各有300余种。

---

① 中国科学院自然科学史研究所地学史组. 中国古代地理学史［M］. 北京：科学出版社，1984：342.

二、图经和图集类

（一）图经

图经包括“图”和“经”两部分，图描绘地方土地、物产等形象，经是图的文字说明。最早的图经是以图为主体，而附以必要的说明。由于图经既有对地物描绘的地图，又有附加的文字说明，在形式上和内容上与地记类文献有诸多不同，内容比之完备得多。

用图和经表示地方情况的图经，在东汉时候已经出现，但在晋宋以前，方志地记著作极少附图，而地图虽有文字说明，但在名目上还以图称。《巴郡图经》是现在见于著录的最早图经，已佚。魏晋南北朝时期，中国各地逐步纂修图经；隋、唐、北宋时期，图经最为发达，成为当时方志的通称。现存最早的图经是《沙州都督府图经》（残卷）（简称《沙州图经》）和《西州图经》（残卷），两书大约都成于 8 世纪中叶，现均只见经不见图。唐代的大部分图经著作，依然保留着一图一说、图说并举的体裁，但有些也开始向图少文多的趋势发展，如卢求纂的《成都记》（5 卷，855 年，原书已佚）。北宋对编纂图经的注意，不亚于唐代，如哲宗元祐三年（1088 年）4 月，朝廷下令各路编制图经，据《通志》记载，当时全国十八路一府共修图经 1430 多卷，不过这时编修的图经开始大量的向文字记载方面发展。南宋时，图便退居于附录地位，图经向方志过渡。元代编修简易图经一度较为普遍。明代间有以图经为名的志书，清代及以后以图经命名的志书极少。

（二）图集类

图集类著作在明清时最为多见，主要分为两种，一是地志图集类，图说并重，和图经类文献相似，二是地图汇编，以图为主，文字说明为辅。

《历代地理指掌图》是中国现存最早的一部历史地图集，又称《地理指掌图》。北宋税安礼撰，南宋赵亮夫增补，一般多见为明刻本，共有图 44 幅，每幅图都有图名，图后均附说明。上自帝喾，下至宋朝，各代地图至少一幅，多则五幅。第一幅是“古今华夷区域总要图”。图中海岸线、河流、长城等的轮廓，与伪齐刘豫阜昌七年（1136 年）上石的《华夷图》很相似，特别是第一幅图后附的图说与《华夷图》上注记的文字说明基本一致。

明代图集类文献比较著名的有李默的《天下舆地图》：图志并重，以图为主，辅以说，重各地形势、险要、赋役的记述；罗洪先的《广舆图》：以图为主，辅以说，是明代传世的图籍代表作；张天复的《皇舆考》：以说为主，凡10卷，每卷附图一幅，地志体，附论各地形势、险要和域外地区；汪作舟的《广舆考》：图说并重，详沿革；陈祖绶的《皇明职方地图》：图说并重，地志体，详沿革、险要、赋役，颇为著名；吴国辅的《古今舆地图》：历史图集，图44幅；吴学俨、朱绍本等的《地图综要》：共3卷，图说并重；潘光祖的《舆图备考》：全书18卷，图说并重，图以经纬度法绘制，卷末附《天文躔度图说》；郑若曾的《筹海图编》：沿海防务的专著，13卷，有地图114幅，约26万字。图以志形胜，编以纪经略（胡宗宪《筹海图编序》），图文结合。这一时期此类文献还有桂萼的《皇明舆地图》、程百二等的《方舆胜略》、程道生的《舆地图考》等。

清代图集类著作有杨守敬、饶敦秩的《历代舆地沿革险要图》：此图系在清同治年间杨守敬、邓承修合编的《历代舆地沿革险要图》基础上增补、重绘而成的，杨守敬在自述的《年谱》中表明全图是与饶敦秩共同绘制的，应有图67幅，因“宋四裔图”未刻，实为66幅，并略著说于图隙，光绪五年（1879年）首次刊行；张人骏主持编制的《广东舆地全图》：为省级地图集，图集分装为两册，广东石经堂墨印，开本纵36厘米，横31厘米，基本按照会典馆规定编制，地图方位为上北下南左西右东，有统一的图式符号，国家基础地理信息中心（兼国家测绘档案资料馆）、广东省国土资源测绘院、中国国家图书馆有收藏；刘庆长的《文登威海等地古迹图说》：彩绘本，册页一册，每开纵37.3厘米，横36.2厘米，比例尺不详，未标明标识方向，从所绘图形看，为上北下南左西右东，每开一图一文，共收图8幅，即同时有图说8幅，其图说举凡名胜古迹、村名道里，一一详明，尤其是各村保甲情况，诸如某村某甲某牌某户某口等，现藏于天津市图书馆。

清末有邹代钧编制的《中外舆地全图》：世界地图集，于光绪二十九年作为“大学堂审定中等课本”刊印了68幅地图，计有总图3幅，全国图1幅，分省图24幅，各州各国图38幅，群岛图2幅。在表现方法上，采取经纬度、圆锥投影法，用晕滃法绘山脉，居民点还按人口多少分级表示。此外还有《冀赵深定易五直隶州属河图》和官方组织编制的《大清会典舆图》。

三、行役类和域外地理类

中国古代形成的行役类地理文献主要是指各个时期官员、使节、地学家、僧人、外籍人士等出使、旅行、航海、求经、传教等活动过程中通过实地考察和研究编撰的行役或游记类著作。域外地理类文献主要包括正史中的域外地理篇章和域外地理著作，与行役类文献有比较大的交叉。

（一）游记类文献

1. 官员出使形成的著作

中国古代游记类地理文献在秦以前就已经出现，成书于战国的《穆天子传》又名《周穆王游行记》，记载了中亚地区的地形、物产、植被状况、河湖等地理内容。“三国时期吴国的朱应、康泰出使扶南、寻等东南亚国家，回国后，著《扶南异物志》和《扶南传》。原书早佚，在《水经注》、《艺文类聚》、《通典》、《太平御览》中保留若干引文。”[①]隋代常俊出使赤土国（今马来半岛南部），写成《赤土国记》，原书早佚。唐代李翱的《来南录》，记载了自洛阳去广州的路线、里程及沿途地理状况；杜环因战争被大食军抓做俘虏，后获得旅游非洲某些国家的机会，并于公元762年乘商船回国，著《经行记》，原书早佚，部分内容保存在《通典》中，记载了亚非若干国家的地理状况。后晋张匡邺、高居海出使于阗（今新疆和田），著《行程记》。

北宋王延德出使高昌（今吐鲁番），著有《西州程记》，又名《使高昌记》《高昌行记》，全文收入《宋史·高昌传》中；徐兢随团出使高丽，著《宣和奉使高丽图经》；沈括出使辽时写了《熙宁使辽图钞》，记载了辽的生产、生活、气候、习俗、建筑以及驿道的方位里程。此外，还有路振的《乘轺录》、王曾的《契丹志》、陈襄的《神宗皇帝即位使辽语录》、张棣的《金虏图经》、许亢宗的《宣和奉使行程录》、邹伸之等的《使鞑日录》都是奉使回来时撰写的实地考察报告。南宋范成大出使金时写了《揽辔录》，之后他写的两部著作《骖鸾录》和《吴船

① 杨文衡. 中华文化通志·地学志［M］. 上海：上海人民出版社，1998：245.

录》分别是他出任静江（今桂林市）知府时所记的自苏州去桂林的沿途地理风貌和他从成都回江苏吴县时写的地理游记。

元代耶律楚材的《西游录》、李志常的《长春真人西游记》、刘郁的《西使记》，主要记载中亚各国地理情况。明代陈诚出使西域，回国后写成《使西域记》，记载了中亚十七个国家的地理。旅行家王士性著有《五岳游草》《广游记》《广志绎》。明末著名旅行家徐霞客著《徐霞客游记》，记载他游历过地区的地理面貌，内容涉及地貌、地质、水文、气候、生物、城市、民族、风俗、物产、交通运输、工农业生产等。

清代康熙年间，郁永河著《裨海记游》（又名《采硫日记》），以日记形式记载台湾的自然地理、经济地理、地质以及台湾海峡的水文、气象等。图理琛出使土尔扈特（今伏尔加河下游、里河北岸），著《异域录》，记载俄罗斯的地理面貌。樊守义康熙年间去意大利求学，回国后写成《身见录》，记载意大利、西班牙等国地理。

2. 僧人取经和外籍人士在中国活动形成的著作

东晋法显去天竺取经求法，回国后写成著名的《佛国记》，又名《法显传》，大部分篇幅记述印度、巴基斯坦、阿富汗、斯里兰卡等国地理风貌。继法显之后，智猛也去天竺取经，著《游行外国传》，书早佚。南北朝时，昙无竭去天竺求法，陆路去，海路归，著《外国传》，书已失传。惠生、宋云去西域取经，著《惠生行纪》和《宋云家纪》，原书已佚，但在《洛阳伽蓝记》中保存了部分内容。

唐代高僧玄奘去天竺取经，著《大唐西域记》；王玄策于贞观至显庆年间（627—661 年）三次出使印度，著有《西域行传》，原书已佚，部分内容保存在《法苑珠林》中。义净于咸亨至证圣年间（670—695 年）去印度取经，前后二十五年，著有《南海寄归内法传》和《大唐西域求法高僧传》，记载了南海各国及印度的地理状况。外籍人士形成的著作有意大利教士普兰诺·卡尔平尼的行役报告《蒙古行纪》、法国教士威廉·鲁布鲁克的《东方行纪》、意大利商人马可·波罗的《马可·波罗游记》、亚美尼亚（今土耳其境）国王海屯一世的《海屯行纪》等。

（二）域外地理类

1. 正史中的域外地理篇章

司马迁在《史记》里首为边疆少数民族地区以及和我国有着密切经济文化联系的外国立了一些列传，自此以后，历朝正史多效此例，随着民族融合与国际交往的发展，这类著作内容日渐丰富，前者多称夷、蛮、戎、狄，后者多称外国。《后汉书》中的《东夷列传》，记载了夫余、高句丽、倭等国的风俗、部族、山川、农业、户数，倭国的物产、气候、风俗等；《三国志·魏书》中的《东夷列传》记载了倭国的地理位置、物产、风俗、气候、建筑、婚姻、礼仪、交易、刑法，以及中倭海上交通路线等。

之后各朝正史绝大部分都有域外地理篇章，如《晋书·四夷列传》《宋书·夷蛮传》《魏书·高句丽传》《梁书·诸夷列传》《周书·异域列传》《南史·夷貊传》《北史·高丽传》《北史·百济传》《北史·新罗传》《北史·真腊传》《北史·乌孙传》《北史·波斯传》《北史·大秦》《隋书·外国列传》《新唐书·流鬼列传》《旧五代史·外国列传》《新五代史·四夷附录》《宋史·外国列传》《辽史·高丽传》《金史·高丽传》《元史·外夷列传》《明史·外国传》《清史稿·邦交志》《清史稿·属国列传》等。

2. 域外地理著作

中国古代形成的域外地理著作，源头为《山海经》，其《海经》和《大荒经》虽有部分边疆内容，但大多是域外地理，所记域外地理知识有浓厚的神话色彩。

> 元代周达观的《真腊风土记》、汪大渊的《岛夷志略》就是亲身见闻。南宋周去非的《岭外代答》、赵汝适的《诸蕃志》则来自外商的口述和见闻。①

明代郑和航海的各类人员撰写的域外地理著作主要有马欢的《瀛涯胜览》、费信的《星槎胜览》、巩珍的《西洋番国志》、匡愚的《华夷胜览》，前三部流传至今，最后一部已佚。它们记载了郑和航海时所到各国的地理面貌。此外还有严从简的《殊域周咨录》、黄衷的《海语》、张燮的《东西洋考》、罗曰褧的《咸

① 杨文衡. 中华文化通志·地学志［M］. 上海：上海人民出版社，1998：247.

宾录》，这几部著作主要记述东亚、东南亚、南亚各国的地理。薛俊的《日本考略》、郑若曾的《日本图纂》、李言恭和郝杰的《日本考》、侯继高的《日本风土记》及郑舜功的《日本一鉴》等，均是单记日本地理的。

虽然清朝实行闭关锁国的政策，但是由于东西方交流加大和受帝国主义侵略的影响，清代仍然产生了大量域外地理著作。康熙年间，郁永河的《海上纪略》(《舟车所至・采硫日记附》）一卷，记载了欧洲、东南亚、日本等国和地区的地理，以及中国与亚洲的航线。乾隆年间，陈伦炯的《海国闻见录》，大部分篇幅记载东亚、东南亚、西亚、非洲、欧洲某些国家的地理。王大海的《海岛逸志》，记载爪哇及其附近岛屿的山川形势、物产、名胜。嘉庆年间，航海家谢清高口述，杨炳南著《海录》一卷。魏源的《海国图志》介绍了世界各国的地理概况。徐继畬的《瀛环志略》介绍了世界上八十多个国家和地区的地理状况。

此外，还有释大汕的《海外纪事》、徐延旭的《越南山川略》、傅云龙的《游历日本图经》和《游历美利加图经》、林则徐的《俄罗斯国纪要》、汪文泰的《红毛蕃英吉利考略》、王韬的《法国志略》、曾纪泽的《出使英法俄国日记》、何秋涛的《朔方备乘》、萧应椿的《五洲述略》等近百种域外地理著作。

第三节　农 业 图 书

中国自古以来就是农业大国，在悠久的传统农业历史中，中国人民不仅创造了丰富的物质基础，也积累了丰富的农业生产技术和经验，形成了数量众多、种类庞杂的图书。这些图书既有综合性的，也有专业性的；既有全国性的，也有地区性的。它们都反映了当时农业发展的时代特点、生产力发展水平、农业生产技术经验等情况。了解这些珍贵的文化遗产及价值，不仅有利于我们更好地探究中国的农业历史，更有利于我们结合历史发展探索出具有中国特色的现代农业发展之路。

一、按体裁和内容划分的中国古代农业图书的类型

（一）综合性农书

这类农书以土壤耕作、粮食、蚕桑、果树、蔬菜、畜牧以及农产品加工等

技术知识为基本内容，着重于各项生产经验的系统记录，时令安排包括在内，有的还纳入农具、水利、救荒、植树等内容，一般不包括花卉。规模有大有小，其中《齐民要术》为代表性著作。

《齐民要术》成书于北魏永熙二年（533 年）至武定二年（544 年）这十一年间，是我国 6 世纪最完整、最有系统、内容最丰富的农业百科全书，也是世界农学史上最早的农学名著。此书的作者贾思勰是北魏时期杰出的农学家。他非常重视农业生产，认真考察和研究各地的农业生产技术，向一些具有丰富经验的老农请教，获得了不少农业方面的生产知识。中年以后，他回到自己的故乡，开始经营农牧业，亲自参加农业生产劳动和放牧活动，对农业生产有了亲身体验，掌握了多种农业生产技术，在此基础上他写成了《齐民要术》。

《齐民要术》分为 10 卷，共 92 篇，约 11 万字；其中正文约 7 万字，注释约 4 万字。另外，书前还有“自序”“杂说”各一篇，其中的“序”广泛摘引圣君贤相、有识之士等注重农业的事例，以及由于注重农业而取得的显著成效。所谓齐民，就是指平民百姓。所谓要术，就是谋生的主要方法。《齐民要术》书名的意思，就是使百姓走上富裕道路的重要方法。书中内容相当丰富，涉及面极广，包括各种农作物的栽培，各种经济林木的生产，以及各种野生植物的利用等；同时，书中还详细介绍了各种家禽、家畜、鱼、蚕等的饲养和疾病防治，并把农副产品的加工（如酿造）以及食品加工、文具和日用品生产等形形色色的内容都囊括在内。正因为如此，有人将《齐民要术》称为中国古代的农业百科全书。《齐民要术》总结了黄河流域农业生产的主要经验和自西汉至北魏期间我国黄河流域在农业生产上所取得的重大成就。我国北方农业生产技术的基本经验已被贾思勰在《齐民要术》中系统地总结出来了。因此《齐民要术》可以说是我国农学发展史上一块具有划时代意义的里程碑。

除此之外《陈旉农书》《农桑辑要》《王祯农书》《农政全书》《授时通考》等重要农书，也都是综合性农书。

（二）农家月令书

重视农时是中国农业生产的传统，由此出现了许多月令体裁的农书。这类书的特点是以时系事，安排农家生活和生产，是一种重要的农书体裁，至今仍值得珍视和借鉴。商周时成书的《夏小正》可看作农家月令书的萌芽状态，东汉崔寔的《四民月令》标志着这种农书已真正形成。元代的《农桑衣食撮要》、清代的《农圃便览》等均属此类。

《四民月令》这部农家月令书已经散失，现在存在的，只是后人辑佚的。它的著者崔寔，字子真，一名台，字符始，是涿郡安平（今河北境）人，生卒年代可能是公元103—170年。用“月令”体裁写成的古代农书，以崔寔《四民月令》为最早，它的内容除涉及当时有关“四民”的家庭日用，包括祭祀、礼俗、教育、药物、卫生和一些杂项外，相当多一部分是叙述农业和跟农业有关的业务。一向都把它视为“农书”之一。其成书期可能在东汉顺帝末年至桓帝初年或更前一些。《四民月令》是农家月令书的开创者，也是一种代表作。严格说来，几乎所有的农家月令书，都不是为广大农民安排生产和生活服务的。它们主要是为士大夫们的地主经济服务，是他们经营的手册。但是《四民月令》这部书中，关于每月的农业生产安排，如耕种、整地、播种、分栽、耘锄、灌溉、保护、收获、储藏以及果树、林木的经营等，却的确是农业生产技术知识，而且各个月的安排次序细致合理，也可作为典范。

（三）通书型农书

这类书由农家月令书蜕变而来，实则是农家生活的日用百科全书，其特点是将各种技术约略地集中在同一个时令中，而将占卜、祈禳等迷信事项扩充到占据主要地位。唐代韩鄂《四时纂要》开其端，元代《居家必用事类全集》、明代《便民图纂》《多能鄙事》等继之而出。这类书中记载了许多真正来自民间的生产实践，且不见于著名农书的技术经验，所以也颇受重视。

《四时纂要》出现于唐朝末年，作者韩鄂。他的生卒年代无法考证。《四时纂要》这部书在我国早已散佚。自1960年日本发现明代万历十八年（1590年）的朝鲜刻本以后，我国据日本1961山本书店的影印本整理出版。

韩鄂写《四时纂要》时，大部分采用前人著作中的资料，如贾思勰的《齐民要术》，氾胜之的《氾胜之书》，崔寔的《四民月令》及一些医药书籍；少部分是他自己的经验。编写方式是分四季按月列举农家应做的事项，即月令式的农家杂录。全书分五卷，关于农业方面的内容主要有以下几方面。

农业生产技术，包括粮食作物，油料作物，纤维作物，蔬菜、染料作物以及果、木、竹、茶等的种植与栽培技术，水产养殖技术，养蚕、养蜂技术，家禽、家畜饲养技术等，这些是全书的主体，约占一半以上篇幅。

农副产品加工、制造和贮藏技术，包括沤麻，动植物纤维织造和染色，酿造酒、酱、醋，植饴糖、动物胶，乳、油、脂、淀粉的加工，食物腌藏和贮藏等。篇幅虽然只占全书的十分之二，但内容丰富多彩。特别是酿造方面，有不少发展和创新。

（四）关于天时、耕作、屯垦及农田水利的专著

这类书中的有关内容在综合性农书中占重要地位，并且与粮食生产密切相关，属于这方面的书有《田家五行》《国脉民天》《营田辑要》《筑围说》等，其中尚包括农学理论书如马一龙的《农说》和许多特殊耕作法如区田法的专书。

《田家五行》是一部农业气象和占候方面的著作，一说作者是元朝娄元礼。中国国家图书馆藏有此书的明刻大本，题“田舍子娄元礼鹤天述”。也有说作者是明初陆泳的。《古今图书集成·理学汇编·经籍典·诸子部·五行家类》所载明陈氏《续书目》就著录有陆泳《田家五行》卷，其注文说：“明陆泳撰。《松江府志》：泳，字伯翔，隐居，尽心农书，采方言习俗，作《田家五行》，以占丰歉。杨维桢、陆居仁序而传之。”尽管作者是谁难以考证，但大致可以肯定是元末明初人。该书是作者入吴之后所作，所以书中所述都是吴中的情形。该书分上、中、下三卷，每卷分为若干类。上卷自“正月类”至“十二月类”，每月都按日序记载占候；中卷是天文、地理、草木、鸟兽、鳞鱼等类，大部分属于物候性质；下卷是三旬、六甲、气候、涓吉、祥符等类。

（五）各种专谱

按照传统观点，花卉被排斥在农学范围之外，所以在综合性农书之外，便衍生出许多以各种花草为对象的谱录。同时依照其体裁，又写出各种果木、蔬菜以及竹木、茶甚至还有谷类作物的谱录。一些关于水产、农产加汇以及农具的著作实际上也是这种性质。这一类书数量很大，可列于各种专业性农书之首，其特点是着重描述各种作物的品名、性状，栽培技术等则退居其次，尤其是很多花果谱的内容部分或大部分往往与农学无关，仅着意于品评欣赏，技术内容很有限。

谱录在宋朝最为盛行，由于宋代统治者相当重视农业生产，宋真宗曾命令

皇家刻印厂刻过《齐民要术》和《四时纂要》分发给全国兼“劝农使”的地方行政官，作为他们指导农业生产的根据。由于这一时期刻印书籍的技术已经完全成熟，出现了不少专业性农书：畜牧方面，医马、相马乃至医骆驼的书；出现了十多种论种茶、制茶的茶书；牡丹、芍药两种名花，各有几种专门谱录，花卉园艺专书到这时候才真正开始，其中具有代表性的有韩彦直的《橘录》。宋代著名抗金将领韩世忠的儿子韩彦直特别喜爱橘树，他看到文人墨客纷纷修谱写志，却无人为橘树编撰专书，认为自己责无旁贷，因此在淳熙五年（1178 年）撰写成《橘录》一书。该书分为上、中、下三卷。上卷记载“柑”8 种；中卷有“橘”14 种，以及香橼等。下卷专讲橘树栽培技术，其中谈到柑橘树最喜温润、肥沃的土地。在这样的土地上种植的橘树结果大而多，味道也好。书中还谈到浇灌、采摘、收藏、制治、入药等问题。在“入药”中，韩彦直谈到“橘皮最有益于药”，而对于橘子本身，韩彦直却赞成医家的观点，不宜吃得过多，这是很有道理的。

陈景沂的《全芳备祖》。陈景沂，浙江天台人，年少时云游四方。好读书，常常晨窗夜灯，孜孜不倦。而且在读书时特别注意做笔记，将要点摘出以备查阅。陈景沂的读书笔记中，最详细的是有关植物的文摘记载，用他自己的话说是“独于花果树木，尤全且备”。凡是能够搜集到的古人诗句等可以说是“毕录无遗”。他于南宋宝祐四年（1256 年）编成了《全芳备祖》一书。此书分前后两集。前集 27 卷，分记各种花卉。如卷一为《梅花》，卷二为《牡丹》，卷三为《芍药》等。各花之下又分两大部分，《事实祖》记载古今图书中所见的各种文献资料，而《赋咏祖》收集的则全是文人墨客的诗、词、歌、赋。后集 31 卷，内容较杂，有果树、禾部及药材。最后 3 集记载了人参、茯苓、白术、丁香等 30 多种药，其中包括有辰砂、钟乳石这样的矿物药。由于《全芳备祖》内容丰富，因此有人夸张地将它称为“世界最早的植物学辞典”。

（六）蚕桑专书

蚕桑事业兼跨植物生产和动物生产两个领域，是个独特的生产部门。我国传统农业向来农桑并重，栽桑养蚕不仅在综合性农书中占据大量篇幅，而且这方面的专书也很多，甚至远远超过有关狭义农学的著作，在明清时期与商品经济的发展有关，其数量增长速度尤为迅猛。

蚕桑专书中具有代表性的是《农桑经》，约成书于康熙十四年（1675 年），作者蒲松龄（1640—1715 年），字留仙，号柳泉，山东淄川（今淄博）人。他长期家居农村，熟悉农业生产，写过不少与农业生产有关的诗文和著作。

《农桑经》分为《农经》和《蚕经》二部分。《农经》采用月令体裁编写，到九月而止。据作者说是在韩氏《农训》的基础上增删而成的。[①]后附“杂占”和“御灾”二节，总共七十一则。《蚕经》共二十一则，是博采古今蚕桑资料而成的。附有“补蚕经”和“蚕岁书”各十二则，“种桑法”十则。其中“御灾”各节，据说是经验之谈，有一定价值。此外，蒲松龄尚有一种传为《农桑经残稿》的著作，收有十二个月的农家月令、“耕田”“畜养”“诸花谱”“书斋雅利”“字画”“装潢”“珍玩”“石谱”等目，内容与《农桑经》差别较大，也许是另一种著作，也许是不同的人在不同时期过录的。

《农桑经》一直以抄本的形式流传，直到 1962 年路大荒才把它收入《蒲松龄集》中，由中华书局正式出版。《农桑经残稿》自 1950 年蒲松龄九世孙蒲文珊捐赠以来，一直珍藏于辽宁省图书馆。1977 年广东农林学院农业历史文献室（即今华南京农业大学农史研究室）曾将其中农圃部分油印。1982 年农业出版社出版李长年的《农桑经校注》，其中一并收载《农桑经》和《农桑经残稿》中与农业生产有关的部分。

（七）畜牧兽医书籍

畜牧方面的著作，主要是一些相牛、相马专书，有关饲养管理的书可以说是寥若晨星，其有关内容往往附于兽医专书之中。兽医书则洋洋大观，内容精湛。在古代畜牧生产和畜禽疾病治疗中发挥过重要作用，其中记载的兽医学理论和诊疗技术，至今仍被借鉴和应用。

古时国防所需大宗军用马匹的侍养和治疗，政府设有“太仆寺卿”、“移中监”[②]、“骅骝丞”、“飞龙监”等官员来主管；相马、医马的书出现很早。晋初，豪族讲究养“快牛”，也导出过一些相牛、医牛的专书。这些牛马书与狭义的农业生产无关。古代相兽、医兽专书，虽曾收录在《子部·农家》项下，可是失

① 车吉心，梁自絜，任孚生. 齐鲁文化大辞典［M］. 济南：山东教育出版社，1989：324.

② 苏武曾做过“移中监”。（汉）刘向编著，赵仲邑选注. 新序选注［M］. 长沙：湖南人民出版社，1983：142.

传的多，保存的少。农村中畜养的役畜，自然有民间的兽医治疗。民间的兽医书到底是否曾被采入书目，还不知道。

兽医从来就被认为是一种贱业，记载兽医知识的书，一直不为上层阶级所重视。我国旧时兽医书的流传和发展与其他农书大不一样，完全走着“民间”这一条真正的群众路线。一般以传抄为主，用书的人，随抄随修改。刻印的兽医书则总是将当日已有大小各种发展、改进，掺进旧本中。因此新书一出，旧书就随时“失传”。刻出的书，一般都不标作者姓名；许多不同的刻本，内容也往往大同小异。因此，失传与收录不能用正规“目录学”上的观点来看待。

直到明中叶以后才有一部马的医方书，称为《疗马集》，题有“直隶庐[①]州府六安州喻仁、喻杰合著”。事实上，这部书未见得完全是喻氏兄弟两人的创作，而只是自从我国有兽医经验以来，群众公积、公修、公用的手册。各家书目中相传为南宋李石编定的《司牧安骥集》和《司牧安骥方》，全部材料几乎都包括在《疗马集》中。《齐民要术》《四时纂要》中的医方，也有一些收录在《疗马集》和《疗牛集》中。可以说明这一部书的根源，正是群众经验的积累。

（八）野菜专书

这类书历来被看作农书处理。其原因在于古代天灾人祸频繁，抗御灾害的能力又很薄弱，五谷歉收、食难果腹为常见之事，只有依靠野菜、野果这种天然产物充食疗饥，弥补粮食的欠缺，这样便逐步积累许多采食野生植物的知识和经验。从这种意义上看，野菜类著作的性质毕竟和纯粹的植物学书有所区别，以致有“救荒本草”之称，并在传统农学中占有特殊地位。《四库全书总目提要》“农家类”，仅著录十种农书，属于这方面的就有两种。

中国古代有关野菜的著述，学术界将其归入《农书·救荒赈灾》之中，现存 13 种[②]，分别收藏于北京、上海、广州、沈阳等地图书馆。《救荒本草》和《野菜博录》就是其中最重要的两部。

《救荒本草》是中国现存最早的野菜专著，作者是明太祖朱元璋的第五子朱橚。全书分五部，共记录野菜 414 种，其中草部 245 种、木部 80 种、米谷部 20

① 现有各本多作“卢”，依《明史·地理志》，应是“庐”字。

② 中国农业科学院，南京农业大学，中国农业遗产研究室. 中国农业古籍目录［M］. 北京：北京图书馆出版社，2003 年：177—188.

种、果部 23 种、菜部 46 种。每部根据可食部位分为叶可食、茎可食、根可食等若干类，每类中包括若干种，每种都有文字说明和实物绘图，文字说明包括名称，产地，根茎、叶、花、果的形状大小、颜色性味和食用方法。作者的封地在开封，在那里他广泛搜集各种野生植物，并亲自在自己的园圃里栽培观察，品味研究，记下每一种的可食部分，编撰成书。因此，该书具有很高的可信度和科学研究价值。明清都有刻本，永乐四年（1406 年）初刻，已不存；现存以明嘉靖四年（1525 年）本为最早，另有明人徐光启的《农政全书》本、1959 年中华书局影印嘉靖本等版本传世。

明人鲍山的《野菜博录》可算是野菜古籍的集大成之作。作者曾在黄山白龙洞隐居七年之久，亲口尝遍各种野菜，在此基础上分析写成该书。刊行于明天启壬戌年（1622 年），比永乐本《救荒本草》晚出 216 年。该书现存明天启年间刻本、《四部丛刊三编》本、上海古籍出版社缩印《四库全书》本等版本。

除了以上两种，比较重要的野菜古籍还有明代王磐的《野菜谱》、周履靖的《茹草编》、姚可成的《救荒野谱》和清代顾景星的《野菜赞》。

（九）治蝗书

古代对农业生产危害最大的虫害是蝗灾，劳动人民一直与蝗灾进行着不懈的斗争，史籍中常见防治蝗虫的记载。治蝗因此成为荒政的重要内容，由地方行政官员收集有关蝗灾防治经验而编写的治蝗书得以广为流传和应用，成为中国古代农书的又一特别组成部分。

南宋董煟的《救荒活民书》中有最早的治蝗专篇。明徐光启的《屯田疏稿·除蝗第三》是论述治蝗珠奏疏，提出了八条除蝗意见。作者还运用历史统计方法，得出蝗类最盛于夏秋之间的正确结论，并根据统计资料基本划定中国蝗区，提出根治蝗灾必先消灭蝗虫滋生基地的正确主张。到清代，陆续出现了 20 余种治蝗专书，既收录了有关历史资料，也总结了当时当地农民的治蝗经验。其中陈世元汇辑的《治蝗传习录》，收录了明万历二十五年（1597 年）陈经纶所写的《治蝗笔记》，该书是中国放鸭除蝗的最早记载。在治蝗类农书中，清顾彦所辑的《治蝗全法》，虽然基本上辑录前人成说，但辑者也加了一些夹注和眉批，该书是篇幅最多、内容最全的一部治蝗专书。

二、按撰修者和地域性划分的中国古代农业图书的类型

古代农学研究一直有官方和民间两条道路，故农书可从撰修情况上分为官修农书和私修农书。与农业生产的地域性相联系，农书还可从其内容所适应的地域范围上分为全国性农书和地区性农书。

（一）官修农书和私修农书

官修农书，即由封建政府统一组织编撰的农书。其编写是出于统治阶级的需要，重农劝农。一般由全国各地征集材料，许多人集体撰写，汇总各种农业生产技术经验，可适应于全国或大部分地区的农业生产。从历史上看，最早的官修农书是唐代武则天编定的《兆人本业》，随后，北宋时又有宋真宗组织编写的十二卷《授时要录》，上述两种书均已失传。据推测，两书都属于月令体裁。现存最早的官修农书是元政府颁行的《农桑辑要》，这部书“详而不芜，简而有要”，对指导黄河流域的农业生产有过一定作用。清代乾隆间的《授时通考》则是最后一部官修农书。这部官书取统治者“敬授民时”之意，由许多内廷词臣搜集有关资料编成，规模宏大，体裁严谨，征引周详，以文献资料性取胜。官修农书常由官府以行政手段散发到州县乡村，用以教导农业，往往流传较广。

私修农书由私人收集或辑录有关农业生产的材料撰著而成。除有限的几部官修农书外，其他所有的农书均可看作私人作品，其形式多样，内容丰富。中小型综合性农书如《氾胜之书》《陈旉农书》以及大量的专业性农书一般均出自私人手笔，大型的全国性农书，如贾思勰的《齐民要术》、王祯的《王祯农书》、徐光启的《农政全书》亦是私家著作。一些私人写作的小型地区性农书广度虽不够，但常对某一方面的农业生产问题有深入、详尽的探讨，具有重要价值。私修农书的作者有朝廷官员、经营地主、文人学者、村夫野老，几乎包括了社会各个阶层、各种身份的人，甚至隐士也写有可资山居之乐的农书，所以若从这个角度看，私修农书还可再划分为若干类型。这类书的写作动机虽各有不同，或为农业经营，或为图名谋利，或为寄情养性，但在客观上均记载了古代大量珍贵的农业生产知识。由于农书向来不受重视，所以私家农书散佚很严重，很多农书的流传也不广泛。

（二）全国性农书和地区性农书

全国性农书指内容可适用于较大地区乃至全国农业生产的著作，与一定历史时期的政治经济状况相联系，这里的全国概念是相对的。北魏贾思勰的《齐民要术》主要讲述北方旱作农业适应于黄河流域广大地区的农业生产，可称作全国性农书，元代的《农桑辑要》同样如此。王祯之后，大型农书均兼顾南方、北方农业，适应的地区范围更加广泛，这主要与宋元之后，南方农业迅速发展，南北两地地区性农书普遍增加有很大关系。

地区性农书立足于总结某一具体地区的农业生产知识或技术经验，地域色彩鲜明，实用性也较强。一般说来，唐宋之前，北方地区农业经济发达，农书侧重于笼统地反映黄河流域的生产技术。此后，全国政治经济重心南移，南方农业后来居上，有关稻作农业技术的著作从无到有，不断涌现。到明清时期，由于传统农业生产技术的精细化以及地主经营的增加，地区性农书空前兴盛，不论记述蚕桑、农产、耕作还是农学理论，南北农书平分秋色，从陕西关中、山西、山东到浙江、四川几乎各个地区均有其代表性的农学著作，这些农学著作全面、详尽地反映出当时当地的农业技术成就和特色。

三、按属性划分的中国古代农业图书的类型

这种分类法是根据古代农书的内容，参照近代农学门类，以今执古，确定农书的归属，形成分类体系，便于今人检索利用。近代农书专科目录一般采用这种分类方法。1924 年，金陵（今南京）大学图书馆毛雝编撰的《中国农书目录汇编》是第一部对古代农书进行系统编目分类的著作。毛雝的《中国农书目录汇编》将农书分为二十一类：①总记类；②时令类；③占候类；④农具类；⑤水利类；⑥灾荒类；⑦名物诠释类；⑧博物类（博物之属、植物之属、动物之属、昆虫之属）；⑨物产类；⑩作物类；⑪茶类；⑫园艺类；⑬森林类；⑭畜牧类；⑮蚕桑类；⑯水产类；⑰农产制造类；⑱农业经济类；⑲家庭经济类；⑳杂论类；㉑杂类。

第四节 手工业图书

手工业是指依靠手工劳动，使用简单手工工具从事小规模生产劳动的工业。中国古代的手工业主要包括纺织、陶瓷、造纸、冶矿、机械等几个部门。中国古代在手工业上的科技成就是十分丰硕的，与之相适应的中国古代手工业图书的数量也是颇丰的。中国古代手工业图书种类繁多，装帧体式、版本颇多。本书将中国古代手工业图书按内容的不同分为古代机械图书、纺织图书、陶瓷图书等。由于成书年代久远，历经历史的沧桑，有些图书已经失传。

一、中国古代机械方面图书

对于运输机械车的记载在《古史考》《释名》《绍物开智》《吕氏春秋》《荀子》《世本》《山海经》等文献中均有记载，其中刘熙《释名》还有关于船舵的记载，说早期的锚可能是石质的，后来采用的才是金属锚。[①]这一阶段，农具和农业机械发展迅速，种类更多，也更合理有效。到战国时期已有成套的、小型高效的农具和农业机械，铁器得到广泛应用，特别是犁耕的形成。中国古代几种主要的起重机械在这一阶段都已出现并得到广泛的应用，包括桔槔、滑车、辘轳和绞车等，其中有些与农业灌溉关系密切。《王祯农书》认为成汤的大臣伊尹发明了桔槔。关于轱辘，《物原》说“史佚始造辘轳”。在战争中广泛应用了威力比弓大得多的弩。据《战国策》载，韩的强弩，可以射“六百步之外”。《太公六韬》还说，当时已有“一发二矢”的大黄弩。与工程技术关系密切的早期技术家有鲁班和墨翟。《考工记》则是这一时期出现的百科全书式的技术专著，具有非常重要的学术价值。

鲁班是中国古代的杰出匠师，机械与工具的发明家，长期以来一直被木工行业尊为祖师。鲁班复姓公输，名般，鲁国人，因“般”“班”同音，常称之为鲁班。据明代《鲁班经》说，鲁班的生卒年代为公元前 507—前 444 年。他出身于工匠家庭，经过长期的实践练就了高超的技艺。他一生创造发明甚多，《孟

① 陆敬严，华觉明. 中国科学技术史・机械卷［M］. 北京：科学出版社，2000：66.

子》曾将他作为“巧人”的典范加以称道。关于鲁班在机械方面的发明创造，《墨子》中说“削竹木以为鹊，成而飞三日不下”。古籍还记载他发明了许多的工具，如《物原》说他发明木工钻；《世本》说他发明了石墨；《古史考》说他发明了铲；《事物绀珠》说他发明了木工刨，等等。将众多的发明创造归功于某一个人，是中国的传统思维，本不足为凭，这些记载无非是极言鲁班的巧能与才思，把他奉为大匠和一代宗师。关于鲁班发明的兵器，《墨子》记载有云梯和水战用的钩强。墨子本人可能做过工匠。他所制作的各种守城器械，足以对付鲁班的攻城器械。在《墨子·备城门》等篇中，记载了多种战争防御技术和器械，这些成就在当时都是很先进的。

《考工记》是先秦古籍中一本重要的科技著作。郭沫若认为它是春秋齐国记录手工业生产的官书，也有人认为是较晚时的著作。书中论及的工种达30多种之多，包括攻木之工七、攻金之工六、攻皮之工五、刮摩之工五、搏埴之工二，涉及生产和运输工具、建筑、工具、皮革、染色、乐器、容器和玉器等手工业部门。每一部门都有较细的分工和较深入的技术论述，如车辆制造部分，就分别叙述了车轮、车厢、车辕的制造方法。但原书已有佚失，有的只有名目而无内容。现存部分行文、语气也不尽相同，有后人整改的痕迹。至于将《考工记》作为《周礼》的《冬官篇》，乃是汉人所为。这使《考工记》从此成为儒家经典，得以流传至今。《考工记》对一些手工业技术记录甚详，包括结构、尺寸规范、制造过程、工艺和质量要求等，这对推动中国古代机械发展起了很大的作用。对摩擦、斜面运动、惯性、浮力、材料和强度等理论问题，该书也有所涉及。《考工记》为历代学者所看重，有关的研究著作也较多，如《考工记图》《考工创物小记》等。由于原书文字艰涩，很费推敲，近些年来虽有众多学者结合考古发掘和科技史研究成果予以阐发，但仍有许多疑难之处有待明辨，值得我们继续加以整理和探讨。

秦汉时期的工程技术已达到较高水平，进入了成熟阶段，有些成就在中国乃至于世界具有里程碑的作用。水排是利用水力鼓风或进行其他操作的机械。《东观汉记》和《后汉书》都记载了杜诗“造作水排”。《三国志·魏志》还记载韩暨曾用水排代替畜力驱动的马排，“计其利益，三倍于前”。《后汉书》等古籍没有说明杜诗制造的水排的形式，但《三国志》说韩暨所制作的水排与马排有关。秦汉时期运输工具多样化，造船方面有很大的进步，纺织机械也发展得很快，开始发明自动机械。据《西京杂记》等书的记载，西汉末年丁缓制成被中香炉。宋元时期，机械技术有重大的发展，如活塞式木风箱、水力大纺车及火器都是极其重要的发明，而《宋史》等古籍给后世留下了关于指南车、记里鼓车内部结构等的较为详细的记载。《梦溪笔谈》和《梓人遗制》是该时期的重要科技著作，沈括、苏颂和郭守敬等科学家都在科技史上占据重要位置。苏颂，字子容，泉州南安人。元祐八年（1093年），73岁的苏颂辞去官职，专事天文学研究，并制成水运仪象台，写成《新仪象法要》这一天文仪器和机械工程的重要著作。沈括（1031—1095年），字存中，钱塘（今浙江杭州）人。1088年定居京口（现江苏镇江）梦溪园，直至去世。沈括是一位很有作为的政治家，又是一位博学多才的科学家。《宋史·沈括传》说他博学善文，于天文、方志、律历、音乐、医药、卜算无所不通，皆有所论著。沈括在晚年认真地总结了一生的经历和科学活动，写成《梦溪笔谈》这部伟大的著作。该书26卷，另有《补笔谈》3卷，《续笔谈》1卷，内容可分为17类609条，其中科学技术的条目约占三分之一。书中除叙述沈括本人的研究成果外，也记录了当时的科技成就，如喻皓的《木经》、毕昇的活字印刷、水工巧合龙门的三帚施工法、冷锻的瘊子甲和灌钢技术等，具有极其重要的学术价值。沈括的成就是多方面的。他之所以能达到如此高的造诣，与他的治学方法有密切的关系。他十分重视民间的发明创造，认为技巧、器械、大小尺寸、黑黄苍赤，岂能尽出于圣人，百工、群有司、市井、田野之人莫不预焉。

王祯，字伯善，山东东平人，《王祯农书》分为三个部分：《农桑通诀》是总论性的；《百谷谱》论述了各种农作物的栽培技术；《农器图谱》则全面论述了农具和农业机械，这一部分的篇幅约占全书的百分之八十，有306幅图和扼要的文字说明。这在中国历史上是空前的，为以往众多农书所不及，其中还为已失传的农业机械做了记载。此书问世后，受到很大重视，其后各种典籍记述农业机械无不以此为据，在世界上也有重要的影响。

元代薛景石，字叔矩，山西万泉（现万荣县）人。他的专著《梓人遗制》记载了多种器械、纺织器械的结构和制作方法。该书的特点是既介绍了《考工记》的技术规范，又介绍了该时期实际应用的法式，并将二者进行比较和分析。在叙述方法上，该书重视用图形表示结构，既有装配图，又有重要的部件零件图，并配以简要的文字，注明各部分的尺寸和位置，使人一目了然。但是这样一部重要的技术专著，似乎在当时流传并不广，以后也未见重刊本，以致原书佚失。现在看到的《梓人遗制》是明《永乐大典》中的一卷，也许只包含原书的部分内容。

16世纪后，中国的科学技术发展缓慢，逐渐丧失了领先地位。这一阶段重要的技术成果有造船和航海、火器、明清宫殿和增修万里长城等。这一时期的科学家及科学著作有宋应星及其《天工开物》、王徵及其《诸器图说》等。

宋应星，字长庚，江西奉新县人，生于明万历中叶，卒于清顺治末年或康熙初年。他28岁中举，然后会试屡试不中，即把精力放在实用生产技术的研究上。他任分宜县教谕时着手编写《天工开物》，崇祯十年（1637年）刊行，时年50岁。宋应星博学多才，熟悉多种生产技术，对天文、音律、哲学也很有研究。《天工开物》一书共有十八卷，包括作物栽培、养蚕纺织、染色、粮食加工、熬盐、制糖、酿酒、制瓷、冶铸、锤锻、舟车制造、烧制石灰、榨油、造纸、采矿、兵器、颜料、珠玉采集等，几乎涉及所有农业和手工业部门，内容十分丰富，是中国古代手工业技术的全面总结，堪和《考工记》媲美，也是世界上罕见的百科全书式的技术专著。宋应星在《天工开物》序言中表明了自己的价值观，说该书与功名进取毫不相干，他钻研务实，深入基层了解各种生产技术，如车辆的结构和制作方法、弩的构造等。但《天工开物》这部巨著在当时并未受到应有的重视，《古今图书集成》和《四库全书》中都没有辑入此书。它的初刊本一度湮没无闻，至17世纪20年代才从日本找到几种翻刻本。17世纪50年代该书的初刻本终于在中国本土被发现，使人们得以了解其本来面目。该书不但在日本流传，1869年还出版了法文摘译本，后又被译成德文、英文等多种文字，受到各国学者的普遍重视，被誉为“中国17世纪的工艺百科全书”。

王徵，字良甫，号葵心，又号了一道人。陕西泾阳人，明代隆庆五年（1571年）生。王徵受西方科学技术的影响，写成《诸器图说》一书，并于1626年刊刻。《诸器图说》一书仅一卷，叙述得相当精练，为王徵多年研究的总结。其初刻本内容有饮水之器（虹吸、鹤饮）、转硙之器（轮激、风动、自转）、自行车（靠重力推动的车）、轮壶（自动报时的刻漏）、代耕（一种耕地机械）及连弩（连发的弩），其中有的是既有机械的总结，有的则可能是王徵本人的新颖设想，但并未经实践验证。

二、中国古代纺织方面图书

说到古代的纺织业，就要先说养蚕业。夏代重视农业，曾制定了农业耕作所需要的历法，后人据此制为《夏小正》，该书是最早的一部农书，书中记载春三月时，奴隶开始养蚕、采桑的生产活动。在夏禹时期我国长江流域和黄河流域等许多地区都已经有了丝织物生产，氏族必须拿着帛才能去朝见禹王，这在《禹贡》《淮南子·原道训》《春秋左传·哀公七年》中都有记载。[①]“桑”与商代的主要粮食——谷共生，而且到了商代就有很多地方是用“桑”来命名的了。周代以农立国，大力改善农桑。从反映周代社会生活的《诗经》有关篇章里，可以看到很多关于蚕桑、麻葛、纺织生产的具体描写。《诗》三百篇，有关蚕桑、麻葛、纺织的记载凡数十处，内容相当丰富，从这些诗句中可以看到周人蚕桑麻葛纺织生产都比商代时前进了一大步，同时在工艺技术上已具有较高的水平。

三、中国古代陶瓷方面图书

中国陶瓷具有长达万年连续不断的历史，是世界上独一无二的。它的发展过程蕴藏十分丰富的科学技术和艺术内涵。随着印纹硬陶、原始陶、青釉瓷、白釉瓷、颜色釉瓷、彩绘瓷和雕塑瓷依次在技术上取得一个又一个的突破，陶瓷技艺越发精湛。我国陶瓷的创造和成就基本上可以用五个里程碑和三大技术突破来概括，这五个里程碑依次是新石器时代早期陶器的出现，新石器时代晚期印纹硬陶和商、周时期原始瓷的烧制成功，汉、晋时期南方青釉瓷的发明，隋唐时期北方白釉瓷的突破和宋代到清代颜色釉瓷、彩绘瓷和雕塑陶瓷的辉煌成就。三大技术突破为原料的选择和精制，窑炉的改进和烧成温度的提高以及釉的形成和发展。

四、中国古代矿冶方面图书

目前所见的主要炼铜技术文献宋代作品居多，主要有《大冶赋》《龙泉县志》等。其中《大冶赋》是目前所知年代最早的记载硫化矿石火法冶炼成冰铜的文献，其作者是南宋著名的文学家洪咨夔。成文年代在嘉泰二年至嘉定六年（1202—1213 年）。《大冶赋》序：“余宦游东楚，密次冶台，职冷官闲，有闻见悉篹于策。垂去，乃揖而赋之。”[②]由此可见，此文是洪咨夔多次考察后而写成

① 赵承泽. 中国科学技术史·纺织卷［M］. 北京：科学出版社，2002：87.

② 曾枣庄，刘琳主编. 全宋文，第 306 册［M］. 上海：上海辞书出版社；合肥：安徽教育出版社，2006：162.

的。《大冶赋》正文 2671 个字，除记述了宋代饶州等地的淘金、炼银、铸钱等技术外，较为详尽地记载了当时的炼铜技术。其中共记载了三种炼铜技术，“浸铜”“淋铜”二种属于水法炼铜技术，还有火法炼铜，记述的是硫化矿石的冶炼过程。

明代陆容《菽园杂记》卷十四载有勘矿炼银、制粉、烧瓷、炼铜等五条技术文献。陆容（1436—1496 年），字文量，号式斋，南直隶苏州府太仓人。成化二年（1466 年）进士，曾受南京主事等职，终居浙江参政。《菽园杂记》是陆容唯一传世著作，与陆容同时的王鏊（1450—1524 年）曾说过，本朝记事之书，当以陆文量为第一。《菽园杂记》有多种版本，早期版本中曾有注解明言上述五条技术文献录自《龙泉县志》，新标点的版本剔除了这一注解，加之《菽园杂记》的良好评价，使一些研究者误以为此五条技术文献是陆容本人的记载而将其视为明代技术。王菱菱令人信服的考证显示，这五条文献原始出处应是南宋陈百朋的《龙泉县志》（已失传）。[①]因此，《菽园杂记》中的炼铜等记载和《大冶赋》一样，反映的都是宋代长江中下游地区的技术。《龙泉县志》记载的炼铜技术主要是硫化矿石的火法冶炼技术。《大冶赋》与《龙泉县志》的体裁不同。前者为“赋”，引经据典，文辞华丽深奥而又简略笼统；后者为地方志，数字准确，技术详细。这两份文献相互印证，完整地反映了宋代长江中下游地区冶炼硫化矿石成冰铜和铜的技术。

清代主要产铜区在云南，张泓、檀萃、王崧、倪慎枢、吴其睿等人详细记载了当时的炼铜技术，使我们能够完整地了解当时的炼铜等冶金技术面貌。其中，张泓所著的《滇南新语》记载了当时铜厂的采炼技术；檀萃所著的《农部琐录》《滇海虞衡志》等是云南地方史上最重要的著述，为后人研究明末清初的云南彝族社会形态、政治状况、经济环境、文化氛围提供了翔实的史料，是现在进行云南地区民族学研究不可缺少的珍贵资料；还有王崧的《矿厂采炼篇》、倪慎枢的《采铜炼铜记》以及不知成书年代和作者的《铜政便览》八卷，其主要内容为《滇南矿厂图略》所收录。《滇南矿厂图略》由吴其睿编纂，徐金生（东川府知府）绘辑。根据严中平《清代云南铜政考》序推测，此书成书于道光二十四至二十五年（1844—1845 年）。全书分上下卷。上卷为《云南矿厂工

① 王菱菱. 明代陆容《菽园杂记》所引《龙泉县志》的作者及时代——兼论宋代铜矿的开采冶炼技术［J］. 中国经济史研究，2001（4）：96—101.

器图略》，包括工器图 20 幅、次滇矿图略、下引第一、硐第二、硐之器第三、矿第四、炉第五、炉之器第六、罩第七、用第八等。书后附宋应星《天工开物》（节录《五金》第十四卷）、王崧《矿厂采炼篇》、倪慎枢《采铜炼铜记》、王昶《铜政全书·咨询各厂对》。下卷名为《滇南矿厂舆程图略》，有全省图 1 幅，以及府、州厅图 21 幅，下为滇矿图略，其下再分各种矿产、运输等，详细介绍了云南铜矿的分布、铜矿床的情况和找矿、采矿技术。秦汉之际开始盛行的炼丹术最早发现铁能够从硫酸铜溶液中置换出铜的化学反应。西汉《淮南万毕术》卷下就记载有白青（即水胆矾）得铁则化为铜。沈括的《梦溪笔谈》有一段引自唐代《丹房镜源》（成书在 758—762 年）的记载："信州铅山县有苦泉，流以为涧，挹其水熬之，责成胆矾，烹胆矾则成铜。熬胆矾铁釜，久之亦化为铜。"[①] 沈括转录的这段唐代记载，常被引作水法炼铜的文献来探讨水法炼铜技术的起源。张潜还总结了水法炼铜的实践经验，于绍圣年间（1094—1097 年）写了一部专著《浸铜要略》，今仅存元代危素所做的《〈浸铜要略〉序》。

五、中国古代造纸印刷术方面图书

关于中国纸的文献资料主要可分为两类：一类是一般著述中有关纸的记载，如史籍、方志、文集、杂著，以及类书。例如，纸的起源最早见于公元 120 年左右官修的《东观汉记》和 5 世纪私撰而后来定为正史的《后汉书》。此后的纸和造纸的发展不仅见于正史，而且也载入了各朝的会典和会要中。如《唐六典》记录掌管与纸有关的职官名称和人数；地方志和地方文献，如唐《元和郡县图志》、宋《嘉泰会稽志》、明《江西省大志》等，都记有当地的产品和贡品。关于纸制品的资料，如纸衣、纸冠、纸被、纸帐等，常见于唐宋诗集。节日、祭祀和娱乐用纸则多见于随笔和杂记，如《太平御览》和《古今图书集成》等，引用史籍、轶事、诗文和杂抄中有关纸的资料甚多，虽其中引书与原文不完全相符，但分类排列查考方便。[②]

除了上述提到的一类外，另一类文献资料是关于纸和造纸术的专著。最

① （宋）沈括著，张富祥译注. 梦溪笔谈·卷二十五·杂志二"胆矾炼铜"[M]. 北京：中华书局，2009：311—312.

② 钱存训. 中国纸和印刷文化史 [M]. 桂林：广西师范大学出版社，2004：15.

早的是宋人苏易简所著的《文房四谱》，其中纸的部分，分为叙事、制作、杂说和辞赋四类，所引资料颇多唐代著述，大部分现已散佚。其他如元费的《蜀笺谱》，记述四川的名贵产品，如十色笺、薛涛笺等，宋人米芾的《评纸帖》记述纸的品质和鉴赏。最重要和最早关于造纸技术的著作是明代宋应星的《天工开物》，叙述用竹和楮皮造纸的方法甚详。类似的著述还有清代黄兴三的《造纸目击记》。

第五节 建筑图书

中国最早的史前建筑诞生于距今约一万年的新旧石器时代之交，即原始农业开始出现，人类定居的需求开始增强的时候。最早显示出来的关于美的也即广义的艺术要求的建筑出现在公元前 4000 年左右的新石器时代中期，而建筑图书的出现要更晚。由于建筑材料本身和其他社会原因，目前尚存于世的古建筑无论是在数量上还是质量上都不能满足人们研究中国古代建筑的需求。而遗存下来的古代档案和图书等文献无疑弥补了这一不足，为我们研究中国古代建筑文化打开了一扇天窗。相信随着对中国古建筑文化研究的深入，中国古建筑的科学艺术价值将越来越受到世界的重视。

中国古代建筑图书是涉及中国古代各类建筑的设计、选材、施工、管理以及建筑业本身及与之相关的装潢、装修等内容的文献。在延绵几千年的时间里，中国形成了数量和种类都十分可观的建筑图书，其内容涉及各类城池、宫阙、衙署、寺观、桥梁、园林、山水等，其中既有综合性图书，也有关于某一方面的专门图书，比如建筑标准、建筑规划等。

我国古代建筑图书并没有标准的分类方法，很多建筑方面的记载都散录在其他书籍中，如《汉书》的《郊祀志》就对汉长安城南郊的礼制建筑——“明正教”的明堂、“宣化教”的辟雍等有记载；在数量和种类都十分丰富的方志中也有很多关于城池、宫室、寺庙、书院方面的记载；政书涉及的内容很广，各种建筑制度也包含在内，如《明会典》中就有《城垣》部，专门记载明代所修城墙的施工标准和建造过程中的一些规章制度。本书根据古代建筑图书的主要内容，将其大致划分为以下几个部分。

一、宫殿、城池类建筑图书

《诗经》中部分诗篇描写了周代城邑、宫室、苑囿、民居及筑城情况，具有重要的史料价值，如《诗经》中的《鄘风·定之方中》《大雅·灵台》《小雅·斯干》《大雅·绵》等。《大雅·绵》是西周时代的一篇开国史诗，在这首诗中对岐邑和宫室的建设有极详细的记述，而且还描写了当时建筑施工的具体情形和建筑艺术的成就。《庄子》中的《让王篇》部分记录了当时贫民的居住状况。《管子》中的《乘马》《度地》论述了国都乃至邦邑择地及筑堤技术。

战国时期为战争防御或为巩固战争胜利的需要，各国纷纷筑城，大量营造自己的都城，《墨子》中的《备城门》便是研究城池攻防战术的重要篇章，其中的《辞过》《经说》《天志》记录了筑造原则与技术、工匠生活。《左传》中多处有各个诸侯国筑城的记载，同时还记载了春秋时期的城市城墙建筑的等级制度，如“大都不过参国之一”，即大的都邑不超过国都的 1/3。这种等级制度不仅表现在城墙的修筑上面，即使是宫殿的建筑也同样有等级制度。该书还记载了西周成王即位后，对洛邑进行大规模的修建，称作“成周”。通过对“成周”的筑造记载，可以看出西周时期营建时所做的精心计划，如通过计量掌握完工的日期和用工人数，从而制定周密、详细的建造计划。

南北朝时期邺城为曹魏的陪都，晋代陆翙撰写的《邺中记》是记载邺城的专门史籍，包括邺城铜雀、金凤、冰井三台、宫室等，是研究邺城建筑的重要资料。

宋代孟元老所撰的《东京梦华录》是追述北宋都城东京开封府城市风貌的著作。孟元老，号幽兰居士，曾任开封府仪曹，生于北宋末年，在东京共生活了 23 年。晚年追忆昔日旧京的繁荣，写成《东京梦华录》10 篇，书中分别记载东京城池、河道、宫阙、衙署、寺观、桥巷、瓦市、勾栏，以及朝廷典礼、岁时节令、风土习俗、物产时好、诸街夜市，反映出当时都城的繁华与风貌。

贺仲轼的《冬官纪事》是一部研究明末修缮故宫中乾清、坤宁两宫建筑史的珍贵文献，既为研究明末宫廷忠奸斗争史，又为研究故宫修建史，也为研究获嘉建筑之乡地方史提供了极其珍贵的原始文献。

二、园林、寺庙类建筑图书

《洛阳名园记》是北宋初年李格非所做的介绍洛阳名园的专著。该书共介绍了 19 个洛阳名园，这些园林多数是在唐朝庄园别墅园林的基础上发展过来的，但在布局上已有了变化。它与以前园林的不同点在于：园景与住宅分开，园林单独存在，专供休息、游赏、娱乐之用。

《园冶》，明末著名造园家计成撰，崇祯四年（1631 年）成稿，崇祯七年刊行，是中国现存最早、最系统的造园著作，曾被日本学者尊为“世界造园学最古名著”。《园冶》全面论述了宅园、别墅营建的原理和具体手法。“内容以造园为主，兼及木构房屋厅堂，反映出长江下游建筑特点”①，是研究中国古代园林的重要的著作。其内容由《兴造论》和《园说》两篇组成。《园说》下分相地、立基、屋宇、装拆、门窗、墙垣、铺地、掇山、选石、借景 10 部分。全书共 3 卷，附图 235 幅，其中卷二是装拆中的栏杆图式。

《园冶》不仅是中国古代关于造园理论的专著，也是明代工程图学遗产中很有价值的著作之一。一扫明代学人文笔肤浅、语焉不详、抄袭成风、转相标榜的陋习，自出心得，对造园指导思想、园址选择、建筑布局、山、石、铺地、借景等都做了系统的论述。虽以骈四俪六的文体行文，但其样式图释，立克时弊，故为《园冶》引人注目之处。图样、图示作为全书之骨，有条不紊，样式虽殊，原理则一，绘制精雅，极为难得。

《闲情偶寄》可以说是继《园冶》之后的又一部享誉世界的造园学名著。《闲情偶寄》又叫《一家言》《笠翁偶集》，是清初戏剧家和戏曲理论学家李渔的一部所谓寓“庄论”于“闲情”的“闲书”。刊行于康熙十年（1671 年）。全书包括《词曲部》《演习部》《声容部》《居室部》《器玩部》《饮馔部》《种植部》和《颐养部》等八个方面，内容驳杂，涉及面极广。其《居室部》对房舍、窗栏、墙壁、联匾、山石的构造和布局进行了比较详细的论述。

《长物志》，明代文震亨（1585—1645 年）著，成书于 1621 年，共十二卷。文震亨，字启美，江苏苏州人。《长物志》中直接有关园艺的有《室庐》《花木》《水石》《禽鱼》《蔬果》五志，另外《书画》《几榻》《器具》《衣饰》《舟车》《位

---

① 罗哲文. 中国古代建筑［M］. 上海：上海古籍出版社，1990：185.

置》《香茗》七志也与园林有间接的关系。相比于《园冶》，那么《长物志》更注重于对园林的赏玩，与《园冶》更注重于园林的技术性问题正可相互补充。如果说《园冶》是造园的理论专著，那么《长物志》则以晚明园林构建和为核心，涉及士大夫生活的各个方面，直接反映了明末士大夫的造园思想。此外，《园冶》因为立足于江南造园实践，而江南花卉繁茂，水源丰沛，因此对此叙述的不多；而《长物志》则主要是针对北方的造园实践，而北方草木珍稀，水源尤缺，所以文震亨对北方园林的花木、水石、禽鱼等玩赏之物格外重视，可谓匠心独运。

南北朝时期，由于统治者的“笃信和极力提倡”[①]，佛教得到了极大的发展，佛教建筑亦遍地开花，历史上许多著名的佛寺、佛塔、石窟群都是南北朝时期创建的。《洛阳伽蓝记》以记载该时期洛阳的佛寺为纲，按照城内、城东、城南、城西、城北次序展开，由里及外，说寺院，表门名，兼记市里、宅第、名胜古迹、官署等。唐代高僧玄奘的《大唐西域记》是关于西域的历史著作，其中对于当时各地宗教寺院的状况及佛教建筑作了详细的记载。《帝京景物略》，八卷，条目一百三十余则，为明崇祯时期刘侗、于奕正所著。该书记载了许多北京的庵庙寺观，其中对于宣武门天主教堂的介绍是其他书中没有的。

三、陵墓类建筑图书

关于我国古代陵墓建筑的专门图书并不多，关于陵墓建筑的纪录也多散见于各种史书之中，而且多是关于皇家陵墓的建筑，私人陵墓建筑较少。皇陵是国家的重要建置，历代官私所修正史、礼书中一般都有记载，中国古代对于帝王陵墓制度的关注和研究“邦墓”，对于排列墓葬位次和等级制度以及相关的祭祀等事项都有明文规定。先秦陵墓的研究资料保留下来的并不多。在历代官私纪传体正史中，有关陵墓制度的记载多见于“本纪”“礼志”以及有关人物的“传”等。《史记》中就有若干条关于上古帝王陵墓的记载，东汉班固在《汉书·楚元王传附刘向传》中记载了西汉末年刘向对于“不封不树”时代一些古帝王陵墓方位的考订意见；在此后的《二十四史》中，这类记载还有不少，兹不一一列举。在其他体裁的史书中也有若干陵墓方面的资料，如东汉刘珍在《东观汉记》中关于东汉皇陵的记载对东汉皇陵位次的判定就具有极其重要的价值；同样是编年体的《资治

① 何堂坤，何绍庚. 中国魏晋南北朝科技史［M］. 北京：人民出版社，1994：130.

通鉴》中也有一些不见于纪传体正史记载的古代陵墓资料。至于完整保留下来的《明实录》和《清实录》，更是明清两代帝王陵墓制度研究的重要的史料。

一般史书中关于古代帝王陵墓的记载大都比较简略。相比较而言，官私所修礼制典章类史籍中有较为集中的陵墓资料，如官修《汉官仪》《汉旧仪》《唐六典》《大唐开元礼》等，历代“会要”中也都有关于所述时代或其前代陵墓的记述。在历代官私所修“通典”“通志”“文献通考”“会典”等典章制度类著述的相关条目中则有更多的著录。唐宋以后，保留下的史籍渐多，像《宋会要辑稿》、《大明会典》、《大清会典》（含《清会典事例》《清会典图》）等，分别是研究宋、明、清等时期帝王陵墓制度的基础性文献史料，这类史籍大都归入史部“政书类”。

还有一些专著性质的专题档案资料，如《陵寝易知》以及光绪朝英廉重修的《昌瑞山万年统志》等。晚清百余年间关于慕陵（宣宗）、定陵（文宗）、定东陵（慈安太后和慈禧太后）、惠陵（穆宗）、崇陵（德宗）等帝后陵墓工程做法的档案资料对于清代皇陵制度，尤其是地宫制度的研究具有特别重要的意义。而“样式雷”家族（皇族建筑设计师）所保留的烫样、地盘图等图像或图形资料，对清仁宗昌陵以后地宫制度研究提供了最直观、最可信的依据。

《历代山陵考》，书前署名为明代“赐进士浙省观察使前水衡郎五奉敕守巡督学黎阳王在晋”。全书分上下两卷，上卷记载两京各省陵墓、国朝遣祭、葬义。下卷记载考订、历代山陵纪实以及历代山陵杂记。书中对各地的陵墓作了简要介绍，如燕昭王冢、辽章宗陵、金太祖陵、颛顼陵、庆都陵，宋三陵、盘古墓、河间献王墓、唐祖陵、赵王冢、石勒墓、孤竹三冢等。杭州府有吴王夫差墓、吴国王子庆忌墓、孙钟墓、三女堆、吴越武肃天墓、济王墓等。

《关中陵墓志》，明祁光宗所著，共两卷。祁光宗，河南滑县人，曾任陕西督学，该书即是其在督学任上所著。该书对陕西历代陵墓详加考察，绘图说明，是研究关中汉唐乃至明以前陵墓古籍的重要参考。

《思陵录》，宋周必大（1126—1204年）撰。思陵指高宗的“永思陵”。因书中所记，多关于高宗逝后建筑陵墓工程及其朝章国政、宋金外交等，故得此名。此书分上下两卷：上卷起淳熙丁未八月迄戊申二月，下卷起戊申三月迄己酉二月，凡三年之事。所载史实，极为可贵。该书有《庐陵周益国文忠公集》本、《宋庐陵四忠集》本。

《历代陵寝备考》，清朱孔阳撰，共五十卷。朱孔阳，字邠裳，上海人。该书收入历代陵寝，起自盘古，止于明代，多达三百余人。该书还列入了历代政德、治乱得失、有关法度、州邑规模等内容。所引资料除正史外，还有碑铭、会要、考证诸书等。

四、规划标准类建筑图书

《考工记》为先秦时期较为突出的科技著作之一，它对中国建筑史的影响同样是深远的。成书在春秋末年、战国初年的《考工记》为齐国人编写，是我国流传下来的最早的官方手工业技术规范文件汇集，内容包括绪论和分工叙述两部分，后者记述了30项生产部门的技术规范，是人们在长期的经验总结基础上归纳而出的。在这30个工种中"攻木之工"部分有《匠人》一节，《考工记·匠人》中的《匠人营国》《匠人建国》《匠人为沟洫》三节，记载了当时取正、定平的方法，国都规划方法，建筑等级制度及不同情况下尺度观念的运用。"水池以县，置臬以县"所谈的借助水准仪和线坠来测量场地、定测平直的方法至今仍在使用，虽然工具可能更新了，但原理仍然可用；"葺屋三分，瓦屋四分"谈的则是不同屋面其坡度要求不同的问题，后来演变成传统营造的举架制度。《考工记》不仅是我国古籍中有关都城规划与建设的珍贵史料，而且是先秦建筑成就的重要典籍，对后世的建筑技术与城市规划产生了巨大的影响。

隋朝的宇文恺（555—612年）著有《明堂图仪》，该书是有重要价值的建筑学、考古学著作，其中利用比例关系绘制建筑图和制作立体建筑模型的方法，为我国建筑史上的创举，具有重要意义。

唐人韦述的《两京新记》是记述唐两京长安、洛阳的最早著作，内容包括两京总述、宫城、禁苑、皇城等。另外，记载两京城建规划的书还有《隋书·高祖本纪》、《宇文恺传》、《隋书·炀帝本纪》、附于《隋书》的《唐六典》。如《唐六典》卷二十三记有"凡宫室之制，自天子至于士庶，各有等差"[①]，体现了封建等级制度在建筑上的要求。

唐代李昂为控制建筑规模颁布的《营缮令》，是关于唐代建筑营造的条文，详细规定了平民房屋规模、数量、装饰样式等。天一阁藏《营缮令》28卷。《营缮令》分宋令和唐令两部分，其中宋令归入"右并因旧文，以新制参定"部分，

① 张九龄. 唐六典［M］. 四库全书（文渊阁），第0595册0217页.

为根据唐令修改的令文。唐令归入“右令不行”部分，为因制度变化不再行用的令文，保存了唐代令文的原貌。唐代《营缮令》的产生，对宋、金、元各代撰令者都有非常重要的影响，不仅表现在篇目的建立上，而且表现在篇次的顺序和位置上，在中国法律制度史上有开创之功。唐代第一次在律令制度中建立起国家对公共工程建设的实施规范，将一向不为重视的营缮机构以及其职责、运营方式、责任分配纳入法令体系。对中国后世乃至东南亚国家古代的法律体系都产生了重要的影响。

中国古代建筑以木结构为主体的结构形式，发展到宋、辽、金、元时期，达到了完美的程度。[①]宋、辽、金均注重于宫殿的营建，形成了中国砖塔发展的第二次高潮。其间除遗留实物众多之外，更有《营造法式》一书，为研究中国历代建筑变迁之重要史料。我国专门研究关于营造之术之书极少，该书是北宋官方颁布的一部建筑设计、施工的规范书，是中国古籍书中最完整的一部标准化专书，《营造法式》分为 5 部分，即释名、制度、定额、料例和图样，共 34 卷，357 篇，3555 条。因此，它不但是宋代建筑工程规范和建筑制度标准，而且是宋以前建筑技术标准的总结。

清代形成的标准文献中最为典型的就是清工部的《工程做法则例》，它是清官式建筑之准绳，它完全统一了官方建筑构件的规模和用数标准，是典型的工程标准图书。全书共 74 卷，主要内容为各建筑物各部的尺寸规范和瓦、石、油、漆等作的算料算工算账法，在总结中国历代传统建筑经验的基础上制定出一代营造准绳，既规定了工匠建造房屋的标准，又为主管部门核定经费、监督施工和验收工程提供了明文依据。除此之外，清政府制定的标准文件还包括《乘舆仪仗做法》《城垣做法册式》《钦定工部军器则例》等，当时较复杂的工程，都要绘图报工部审核。

五、图纸汇编类图书

任何一项大的工程建筑，都要先进行调查研究，绘制图样，然后经过审查修改，按图施工，将图样作为档案加以保存。宋代是我国工程制图发展的全盛时期，其中的建筑制图达到了前所未有的技术水平，如《武经总要》《考古图》

① 王玉仓. 科学技术史（第 2 版）[M]. 北京：中国人民大学出版社，2004：105.

等，它们均载入了大量的工程图样，这些工程图样都是存档保存的档案，只是后来收入到著述中，以书籍的形式流传下来。现以书籍形式流传下来的工程图情况详见表 2-2。

表 2-2 宋代工程图档案流传情况表[①]

书名	作者	完成年份	图样数量/幅
《武经总要》	曾公亮	1040 年	160
《新仪象法要》	苏颂	1068 年	42（星图除外）
《考古图》	吕大临	1092 年	228
《营造法式》	李诫	1100 年	223（6 卷）
《宣和博古图录》	王黼	1107 年	926
《续考古图》	佚名	1162 年	96

《朱氏舜水谈绮》也涉及很多建筑图，代表了明代建筑图学的成就。《朱氏舜水谈绮》，明代朱舜水著。朱舜水（1600—1682 年），名之瑜，字鲁屿，浙江余姚人。书中有各种建筑立面图、平面图共一百多幅。各图绘制精细，为明代建筑图之最。各种建筑的图样、图式在《朱氏舜水谈绮》卷中的编纂方法是先文字说明，后例各种图样，目录载各种建筑名称，如大成堂（亦称本堂）、尊经阁、大门等，共 26 种建筑，另有礼器图七幅和旗杆图一幅。文字部分包括每个建筑各部件名称，建筑高度、材质、尺寸、施工方法。文字说明多有“样本”“取样”等概念，说明这些建筑的施工是严格按照技术要求进行的。

《朱氏舜水谈绮》共有 26 种建筑图样。每类建筑图包括总图、立面图、侧面图和平面图。建筑总图采用正投影，特别是主立面与建筑侧面绘制在一起，使建筑图更加清晰、简洁，达到节约幅面的效果。这些图中的线全部都是细实线，绘制精致。除建筑的主立面图和侧立面图外，还包括内部立面图和建筑平面图，部分建筑细部注有尺寸等技术说明。该书中的建筑图样工程技术语言完整、统一，各类图样大小都按照一定的比例绘成，虽有小疵，但整体上起到了建筑图所具有的图解和图示的作用。

六、综合性建筑图书

成书于东汉末年的《三辅黄图》专记秦、汉都城的建设，而以汉都长安为

① 丁海斌，陈凡. 中国科技档案史［M］. 沈阳：东北大学出版社，2007：155.

主，是研究长安、咸阳城市及其建筑情况的可贵资料，其中的《咸阳故城》《汉长安故城》《未央宫》记载了长安城及其周围的布局、宫殿、馆阁、苑囿、池沼、台榭、府库、仓库等，条理分明，最为详备，它是研究古代都城，特别是研究汉都长安最重要的文献。

北宋时期沈括的《梦溪笔谈》总结了我国古代，主要是北宋时期的许多科技成就，其中就包括建筑理论与技术。北宋建筑工匠喻皓著有《木经》，该书是一部关于房屋建筑方法的著作，也是我国历史上第一部木结构建筑手册。另外，《筑城法式》《梓人遗制》《大元仓库记》等都是对汉唐，尤其是北宋建筑设计和施工经验的全面总结和规范。南宋祝穆的《方舆胜览》主要记载南宋等地的堂院、亭台、楼阁、轩榭、桥梁、寺观、祠墓等，内容丰富全面。元代欧阳玄著有《析津志辑佚》，析津即元大都（北京），该书详细记述了析津的情况，对析津的城池、坊巷、官署、庙宇、人物、学校等都有详细的记载。

成书于明中叶的《鲁班经》是中国古代有关民间房屋营建和家具制造的木工匠用书，它的特点是在内容上只限于建筑，如一般房舍、楼阁、钟楼、宝塔、畜厩等，总结了我国古代南方民间建筑的丰富经验。《宛署杂记》涉及北京的风土、山水、古迹、庙坛、陵园。

《帝京景物略》中除了介绍了寺庙建筑外，还详细介绍了当时北京各地的山川风物、名胜古迹、园林景观，甚至河流桥梁，包括许多今天脍炙人口的历史古迹和山川名胜，诸如卢沟桥、白塔寺、天主堂、碧云寺、潭柘寺、鹫峰寺、卧佛寺、戒坛、什刹海、海淀、玉泉山、西山等。

《日下旧闻》是朱彝尊于康熙二十六年（1687 年）编成的。他从 1600 多种古籍中选录历代有关北京的记载和资料，以类相从，加以排比，共分 13 门，即星土、世纪、形胜、宫室、城市、郊坰、京畿、侨治、边障、户版、风俗、物产、杂缀，共 42 卷。

清于敏中等奉敕编撰的《日下旧闻考》仍沿用《日下旧闻》的体例和编次目录，但内容和篇幅大为增加。新增《国朝宫室》20 卷、《京城总记》2 卷、《皇城》4 卷、《国朝苑囿》14 卷，《官署》12 卷从《城市》门中单列出来，《郊坰》由 6 卷增为 20 卷，《京畿》由 10 卷增为 30 卷，删去原书《侨治》门。该书参阅古籍近 2000 种，收录保存了大量有关北京的史志，尤其是清顺治、康熙、雍正、乾隆四朝中央机关及顺天府、宫室、苑囿、寺庙、园林、山水、古迹诸方面的建置、沿革及现状的原始资料，具有很高的历史价值和学术价值。

第六节　医药图书

中国古代医药学起源早，发展快，因此中国古代医药图书的内容十分广泛。余瀛鳌先生曾经把中医药古籍分为12类，虽然这些类别的图书并不都同时存在于中国古代的同一个时期，但是纵观中国历史，每一类图书的数量都蔚为可观，其总量更是汗牛充栋，如若一一论述，实属不易。为了方便理解，我们可以把中国古代医药图书分为综合性经典医药图书、本草类医药图书、方剂类医药图书、医案类医药图书、临床各科医药图书、记载医学知识的非医药图书六类分别论述。

一、综合性经典医药图书

这部分图书指中国医药史上具有基础性奠基作用的医经类、基础理论类和伤寒金匮类医药图书。主要包括《黄帝内经》《黄帝八十一难经》《伤寒杂病论》《诸病源候论》等。

春秋战国时期出现了众多医学经典著作，但是随着时间推移多已亡佚，堪称经典的综合性著作遗存下来的仅有《黄帝内经》，该书并非一人一时所作，它大约成书于战国时期，也包括一些秦汉之作，后经隋唐及宋代医家逐步补充丰富。[①]全书包括《素问》《灵枢》，共18卷81篇，内容不仅包括各科疾病的治疗理论与方法，还有关于古代哲学、天文地理、历法气象等知识在医药学方面的应用，堪称中国现存最早的医学经典。

《黄帝八十一难经》，简称《难经》，一般认为其成书年代为东汉，作者不详。“难”解释为“问难”，顾名思义，该书是一部问答体裁的中医药学经典著作，主要从诊法、经脉、脏腑、疾病、腧穴和针法六个方面来阐明《黄帝内经》等古医经的精髓，论述中医药学的理论问题。其“命门”和“奇经八脉”等理论在中国古代医药史上均属首创，是继《黄帝内经》以后中国医药史上的又一部

① 丁安伟. 中药文献学［M］. 北京：科学出版社，2003：38.

经典著作。现存本为《王翰林集注黄帝八十一难经》。

隋朝巢元方等人于公元 610 年集体编著的《诸病源候论》，“是我国第一部论述多种疾病的病因病理与证候的专著”[①]，全书共记载疾病 71 大类，涉及病症 1739 种，以疾病为纲，全面阐述每种症候的产生原因与基本症状，涉及临床各科疾病，每症之下多附有导引治疗方法，奠定了中国疾病分类学的基础，充分反映了当时的外科手术已经达到一定的水平。

东汉名医张仲景所著《伤寒杂病论》“被誉为是中国古代医学史上第一部理、法、方、药俱备的经典之作”[②]，“是一部阐述多种外感疾病及杂病辨证论治的专书”[③]。由于《伤寒杂病论》问世时正值三国纷争的战乱时期，始本十六卷本《伤寒杂病论》早已亡佚。现流传版本分为两种，一种是 10 卷 22 篇 113 方的《伤寒论》，它是原书的“伤寒”部分，阐述了外感热病的治疗规律；另一种是 3 卷 25 篇 262 方的《金匮要略》，它是原书的“杂病”部分，是中国最早系统论述杂病的专著。

二、本草类医药图书

本草类医药图书在中国古代医药史上占有很大的比例，尤其是宋代以后，其数量猛增，到了清朝，本草类医药图书已经达到了空前的高峰。纵观各历史时期的本草医书，内容丰富，数量庞大，既有官方修订，也有私人著作；既有综合性本草著作，也有专题性本草著作。下面，笔者将各举一例分别论述。

综合性本草著作中最早的代表性著作是《神农本草经》。它是公认的中国第一部完整的药物学专著，奠定了中药学的理论基础，其成书年代约为东汉，并非一人一时之作，全书收录药品 365 种并分为上、中、下三个品次，即“上药一百二十种，为君，主养命以应天……中药一百二十种，为臣，主养性以应人……下药一百二十五种，为佐使，主治病以应地……”[④]这是中国最早的药物分类法。

专题性本草著作的代表是《食疗本草》，由唐代著名医家孟诜所作，该书是

① 严季澜，顾植山. 中医文献学［M］. 北京：中国中医药出版社，2002：35.
② 廖育群. 中国古代科学技术史纲·医学卷［M］. 沈阳：辽宁教育出版社，1996：15.
③ 严季澜，顾植山. 中医文献学［M］. 北京：中国中医药出版社，2002：45.
④ 严季澜，顾植山. 中医文献学［M］. 北京：中国中医药出版社，2002：76.

中国现存最早的一部论述食物营养与疗效以及食用宜忌的专书，全书共收药物227味，包括果蔬、谷物、鸟兽虫鱼等类，反映了食品的地域性以及食品卫生等情况，切合实用，具有很高的理论和实践价值。

官方修订的本草类图书代表作是《新修本草》，是唐朝苏敬等人奉朝廷之命在修订《本草经集注》的基础上编纂而成的，该书系统地总结了唐以前本草学成就，是中国也是世界上第一部国家颁布的药典，全书共54卷，分为《本草》、《药图》和《图经》三部分，图文并茂，绘制考究，《本草》部分是讲药物的性味、产地、采制、作用和主治等内容，《药图》是描绘药物的形态，《图经》是《药图》的说明文。①

私家编撰的本草类图书代表作是《经史证类备急本草》，简称《证类本草》。作者是北宋医家唐慎微。它是成书于宋代的一部以官修本草为基础，由私人编撰的著作。该书资料丰富、内容广泛、药品众多、体例完备，共载药物约1750种，保存大量古代本草资料原貌，“它囊括了北宋及北宋以前本草学的精华，是我国以完整的原书形式流传至今的最早的一部本草著作”②。

三、方剂类医药图书

这类医药图书是以记载方剂为主要内容的图书。它也是中国古代医药图书的重要组成部分，数量亦十分可观。《肘后备急方》是中国现存的第一部方书，除此之外，《备急千金要方》《千金翼方》《太平圣惠方》《太平惠民和剂局方》《普济方》都是中国历史上影响较大的方书。

晋唐时期的医家十分注重对前代医方的整理研究，因此这一时期的医方著作最为丰富。晋代葛洪选择实用、有效的医方编制成《肘后备急方》3卷86篇，对后世影响深远，是中国古代最早的急救手册，简便易行，对某些传染病有独到的见解，其中关于“结核病、天花、狂犬病等的论述，是中国古代医学文献的最早记载”③；唐代孙思邈分别于公元652年和公元682年著成《备急千金要方》30卷和《千金翼方》30卷，两书共收药方数千剂，内容丰富，名为方书，

① 丁安伟. 中药文献学［M］. 北京：科学出版社，2003：64.

② 严季澜，顾植山. 中医文献学［M］. 北京：中国中医药出版社，2002：80.

③ 严季澜，顾植山. 中医文献学［M］. 北京：中国中医药出版社，2002：133.

实为总结前代、当代医家以及自己行医经验的综合性著作，药物、针灸、方剂以及临床各科医药知识无所不包，它们系统地反映了《黄帝内经》到唐之前的医学成就，被誉为临床医学的“百科全书”。

宋代有两部官方编撰的方书十分著名。宋太宗赵光义即位后命王怀隐等人广集前代和民间验方，于公元 992 年编辑完成大型方书，太宗亲自作序并赐名《太平圣惠方》，这是中国现存首部由朝廷组织编写的大型综合性方书，全书共 100 卷，记载医方近 17 000 剂，内容丰富而详细，对后世影响很大；宋哲宗在位期间，太医局名医陈师文等人精选民间有效验方编辑成册，经四次增补修订最终定名为《太平惠民和剂局方》，这是中国第一部成药配方手册，共分 10 卷 14 门，内容涉及临床各科疾病的治疗方法，其中记载的很多药剂都被收入后世的方剂学教材中。

明代周定王朱橚于 1390 年编撰而成的《普济方》是中国历史上最大的一部方书，全书共 426 卷，收录方剂 61 739 剂。涉及临床各科疾病，对于每种病症在写明方剂的同时还进行论述，治疗方法多种多样。

四、医案类医药图书

早在西周甲骨文中就有一则完整的医案，可见中国医案由来已久。医案又称诊籍、方案、病案，在不同的历史时期有不同的称呼，但是总体来说都是对患者的病症发展与治疗状况的真实记录。我国现存最早的完整医案是淳于意的《诊籍》，其后直到宋之前，医案都是散见于经史著作中，直到宋代才出现了医案专著《伤寒九十论》，随后医案数量大增，至明清时期医案专著不仅数量多，而且越来越规范化。

西汉名医淳于意的《诊籍》25 则是我国现存最早的完整医案，被有关学者奉为医案之鼻祖。这 25 则病历均详细记录了病人的姓名、性别、年龄、住址、职业、病因、症状、诊断、治疗及疗效等情况，内容广泛，资料翔实，最为可贵的是，失败的诊治病例他也有详细的记载，该《诊籍》以正反两方面的经验教训给后人留下了宝贵的医药档案财富。

宋代出现了中国第一部医案专著——许叔微的《伤寒九十论》。该书撰成于 1133 年，共载 90 例医案，分别记载了患者姓名、性别、年龄、居处、就诊时间、发病经过、诊断治疗、方药运用以及治疗效果[①]等，辨证准确而多有创新；另一部具有代表性的医案著作是宋代钱乙的《小儿药证直诀》，记载医案 23 例，涉及病症 10 余种，分析病因病机，阐述症治方药，采用以证类案形式编成[②]，该书是第一部儿科专科医案书。

明清时期个人医案著作显著增多并且书写日益规范，大型医案类书和评注性医案也是这一时期的特点。影响最大的是清代叶天士撰写的《临证指南医案》，记载了 2500 余例医案。明代韩懋的《韩氏医通》和清代喻昌的《寓意草》均记载了医案撰写规则，特别是后者将医案规范为“议病式”，对后世影响很大。明清时期出现了评注型医案，最著名的为清代俞震所撰《古今医案按》，共记载了 60 多位医家的 1060 例医案，案后附作者 530 多条精心撰写的按语，使中医医案的研究进入了一个崭新阶段。

五、临床各科医药医书

中国古代医药学到了汉代才开始有了比较细致的分科，临床各科医药著作也应运而生。在流传至今的古代医药专科文献中，秦汉及其之前的大多为医药档案，而晋唐及其之后的则以医药图书居多。

西晋王叔和所撰《脉经》是中国历史上第一部脉学专著，共有 10 卷 97 篇，近 10 万字，该书系统地整理并研究了《黄帝内经》和《伤寒杂病论》等经典著作的脉学经验，“完成了总结前人经验，建立独立脉诊体系的历史使命”[③]；唐代王焘所撰《外台秘要》，共 20 卷，是唐代之前内科文献的集大成之作；唐代昝殷撰写的《产宝》（宋代增删为《经效产宝》），被公认为是除帛书《胎产书》之外中国现存最早的妇科著作；《颅囟经》是现存最早的儿科学专著（作者佚名，疑为唐末宋初作品）。

宋元时期，众医家意识到要想全面发展医药学，就必须对医药学进行明确、细致的分科，这种思想促成了宋元时期医药各科的兴起。元代杜本所撰《敖氏伤寒金镜录》是中国现存第一部舌诊学著作；元代王履的《医经溯洄集》首次

---

① 苏礼. 中医医案学概论［M］. 北京：人民卫生出版社，2009：13.
② 苏礼. 中医医案学概论［M］. 北京：人民卫生出版社，2009：14.
③ 廖育群. 中国古代科学技术史纲·医学卷［M］. 沈阳：辽宁教育出版社，1996：20.

为温病学的独立奠定了理论基础；宋代董汲所撰《脚气治法总要》是中国迄今所见首部内科专病著作；南宋刘昉等人编撰的《幼幼新书》是中国现存儿科医药专著中规模最大的一部；宋代宋慈的《洗冤集录》是“世界上现存第一部系统的法医学专著”①。上述仅是宋元专科著作中比较有特色的医籍，其余大量医著在此不作赘述。

明清时期临床各科继续向精细方面发展，各科专著数不胜数。明代出现了中国首部专门论述急性传染病的著作《瘟疫论》、首部以“内科”命名的医书《内科摘要》、首部论述麻风病的著作《疠疡机要》、首部论述梅毒的专著《霉疮秘录》、迄今见到最早的喉科专著《咽喉脉证通论》、达到历史最高水平的脉学专书《濒湖脉学》等；清代出现了中国首部论述霍乱治疗方法的专著《随息居重订霍乱论》、史上流传十分广泛的产科著作《达生篇》、中国现存最早的治疗阳痿病的专著《阳痿论》等。

六、记载医学知识的非医药图书

中国古代医药学的发展从某种意义上来说就是本草学的发展，其中的动植物药与天文、气象、地理等学科有关，矿物药与物理和化学密不可分；而中医药学中的养生、运气等学说又渗透着哲学和生物学的内容，历代名医的事迹还作为文学和史学素材广为流传。所以，除了专门的中国古代医药图书以外，经、史、子、集各类书籍中也都记载着大量的中国古代医药学知识，它们同样是中医药文献的重要组成部分。

《山海经》是中国先秦时期的一部古老的地理学文献，它保存了远古至夏商时期各方面的素材，大约成书于春秋战国时期，经西汉刘歆增补公之于世。该书分为《山经》和《海经》两部分，共 18 篇，约 3100 字。据统计，该书记载药物 350 余种，记载疾病 52 种，关于巫医的记载主要传达了巫医同源的思想。由于《山海经》中有很多荒诞离奇的记载，因此在古代的很长一段时间很少有文人对其进行研究校勘，客观上保持了该书的原始性，其医药记载也得以相对完整的保存下来。

《周礼》为儒家经典著作之一，成书于战国晚期，虽主要记载周代的官制，

① 武斌. 中医与中国文化［M］. 沈阳：辽海出版社，2006：237.

但所涉及内容却十分丰富，大至天下九州、天文历象，小至沟洫道路、草木虫鱼均有记载，其中也不乏医药知识。《周礼》分天、地、春、夏、秋、冬六种官制，医官主要见于“天官冢宰第一”，有“医师”“食医”“疾医”“疡医”“兽医”之分；有关于四季多发病的记载，“四时皆有疠疾，春时有痟首疾，夏时有痒疥疾，秋时有疟寒疾，冬时有嗽、上气疾”①；还有原始的食疗方法，如“凡和，春多酸，夏多苦，秋多辛，冬多咸，调以滑甘”②；另有相关的医政制度，如“医师：掌医之政令……岁终，则稽其医事以制其食……”③等。

《周易》并非一人一时之作，是一部占卜灾祥、预测吉凶的经典著述。它虽不是医学专著，但是其中辩证的哲学思想却为中国古代医药学的兴起奠定了坚实的基础，即所谓不通《易》不可为大医。④戴应新先生在《从〈周易〉探索西周医学成就》一文中对《周易》所体现的医学思想作了较为全面的总结，他指出，中国古代医药学主要从以下几个方面继承了《周易》的思想精髓：关于阴阳学说、人与天地的统一观、对男女生理特点的认识、生命在于运动、生命物质——精、神、气、血，卫生学与生理学知识⑤等。

清代陈孟雷主持编著的巨型类书《古今图书集成》共 10 000 卷，分 6 个汇编 32 典，是清代最大的类书。医部原在艺术典中，后抽出定名为《古今图书集成·医部全录》。全书共 520 卷近 950 万字，收录了从《黄帝内经》至清朝初期的医药文献 120 余种，内容全面，结构严谨。既有对经典医药文献的注释，也有对临床各科疾病的论治；既记载了众多专业诊疗知识，也记载了大量医家传记、医学艺术等内容，可谓清代之前医药文献的集大成之作。

清代吴其濬所撰《植物名实图考》虽不是严格意义上的医药学著作，但因其征引了大量本草古籍，因此今之学者大都将其归为本草文献。全书 38 卷，记载植物 1714 种，“分为：谷、蔬、山草、隰草、石草、水草、蔓草、芳草、毒草、群草、果类、木类 12 类”⑥。书中对每种植物的名称、特性、形色、产地

① 钱玄，钱兴奇，王华宝等. 周礼［M］. 长沙：岳麓书社，2001：41.

② 钱玄，钱兴奇，王华宝等. 周礼［M］. 长沙：岳麓书社，2001：41.

③ 钱玄，钱兴奇，王华宝等. 周礼［M］. 长沙：岳麓书社，2001：40.

④ 武斌. 中医与中国文化［M］. 沈阳：辽海出版社，2006：26.

⑤ 来源于戴应新. 从《周易》探索西周医学成就［A］//《中国考古学研究论集》编委会. 中国考古学研究论集——纪念夏鼐先生考古五十周年［C］. 西安：三秦出版社，1987：304—308.

⑥ 高晓山. 本草文献学纲要［M］. 北京：人民军医出版社，2009：150.

以及用途等都有详细的论述，并附有图谱。书中还收录了包括《神农本草经》《本草纲目》《本草拾遗》在内的诸多重要本草文献，并加入民间医疗经验，具有很强的使用价值。

第七节　气 象 图 书

由于古人对天文与气象没有严格区分，气象一直作为天文的一部分存在，二者合称天象。因此并无气象专著出现，气象图书主要散落在史书、农书等书籍中。同时气象图书载体较单一，不同类型的书籍所载内容差异较大，因此本部分将按图书内容分别论述。

一、官私史书

气象具有政治神秘性，关系到王朝的江山兴替，因而历朝都非常注重对气象的观测及观测记录的收集和保管。这样，大量气象观测记录及相关文献被王朝统治者控制着，成为编修史书的重要文献。

从《史记》起，基本都设专门的志来记录天文气象。气象文献多集中于《五行志》《符瑞志》《灵征志》《灾异志》中。《史记》中的《天官书》《律书》《历书》记载了大量气象史料。但应指出，《天官书》中的气象史料多用于占验，如“稍云精白者，其将悍，其士怯。其大根而前绝远者，当战。青白，其前低者，战胜；其前赤而仰者，战不胜”[①]。此后历代史书均有专门记载，宋元以后记载更为翔实。

私家修史也很盛行，尤其在乱世，随着王朝档案、书籍散失民间，私家修史便格外盛行。他们通过利用官方和私人的气象文献，从而使其著作的记载更加真实可靠。

如晋代常璩的《华阳国志》记载了今四川、云南等地的大量气象、物候史料。著者不详的《越史略》对南越地区公元968—1377年共计409年的历史气候和自然灾害均有记载。唐代李肇的《唐国史补》也涉及气象，“自白沙溯流而

① （汉）司马迁. 史记·卷二十七·天官书［M］. 北京：中华书局，1963：1337.

上，常待东北风，谓之信风。七月八月有上信，三月有鸟信，五月有麦信”[①]。对我国南部信风已有了清晰的认识，并根据不同的时间和特征进行了区分。此外还涉及南海气象：“南海人言：海风四面而至，名曰飓风。飓风降至，则多虹霓，名曰飓母。然三五十年始一见。或曰：雷州春夏多雷，无日无之。”[②]

二、类书、政书

类书中也载有大量气象文献，主要有《艺文类聚》《岁时广记》《永乐大典》《古今图书集成》等。《岁时广记》搜集大量与时令相关的史事。《渊鉴类函》将旱涝等归入岁时部。《古今图书集成》是我国现存最大的综合性类书，康熙版为铜活字印刷，用白棉纸和连史纸刊印：

> 各印30余部。全书1万卷，目录40卷，分别装订成目录20册，全文5000册。全书版框大小一致，框高21.3公分，宽14.8公分，四周双边，每半页9行，行20字，版心大字“古今图书集成”，鱼尾下注小字“某某汇编某某典第几卷某某部几之几页”字样。[③]

类书关于气候的记载主要分布在《历象汇编》。

政书也收录了大量气象记录，如《宋大诏令集》收集了北宋王朝的大部分诏令，其中有很多诏令内容都是独一无二的。气象诏令主要分布在《政事》的《儆灾》《赈恤》《蠲复》等部分，此外《典礼》等部分也有相关气象诏令。《宋大诏令集》中有气象档案约103件，内容包括直接与气象相关的档案，如《祈雨诏》《旱灾避殿撤乐减膳诏》等；与气象相关的档案，如因祈雨灵验的《封神诏》《岳州昭烈灵妃锡号诏》；救灾赈济档案，如《遣使赈给虔吉等州民诏》和《免夏租诏》；因灾异而更改年号的档案，如《雨灾赦天下改皇祐元年制》。在这103件档案中，标有明确年号的有50多件，还有10多件可根据前后档案内容考证出大致的所属年号，因此，笔者考证出有年号的档案约75件。年号出现范围之广，几乎涵盖北宋王朝的九朝帝王。由于该书是当时的诏令原件，内容完整，

① （唐）李肇. 唐国史补·卷下. 景印文渊阁四库全书本，第1035册［M］. 台北：商务印书馆，1986：449.
② （唐）李肇. 唐国史补·卷下. 景印文渊阁四库全书本，第1035册［M］. 台北：商务印书馆，1986：449.
③ 齐秀梅，杨玉良等. 清宫藏书［M］. 北京：紫禁城出版社，2005：91.

记载翔实，因而也成为人们研究北宋气象变化以及政府赈灾程序等的重要参考资料。

三、地方志

据中华书局1985年版《中国地方志联合目录》统计，目前收藏在国内的方志共有8200余种，对流落异域的孤本也在备注中说明。方志中都载有详细的本地气象史料，相对于中央气象史料，地方气象史料反映得更直观准确。竺可桢论述气象变迁时，将第三个时期命名为方志时期，只是第三时期重点使用我国丰富的方志，其物候记录更加集中，易于利用[①]，足见方志中气象史料在研究中国气象史上的地位。

方志基本都记载本辖区的气象情况，在此不一一阐明。各地方志的保存情况、收藏单位等，在《中国地方志联合目录》中都做了交代，书后还备有书名索引，如南宋范成大编写的《桂海虞衡志》，书成于淳熙二年（1175年）。书中《杂志》部分记载了大量气象内容，并尝试对出现该气象的原因做出合理解释，从他解释桂林多风的原因来看，他的论证还是比较科学的。例如：

> 南州多无雪霜，草木皆不改柯易叶，独桂林岁岁得雪，或腊中三白。然终不及北州之多。灵川、兴安之间，两山蹲踞中，容一马，谓之严关。朔雪至关辄止，大盛则度送桂林城下，不复南矣。[②]

四、私人游记、日记

古人重视游历，将“读万卷书”与“行万里路”并举，因此保存下来的游记数量可观。同时日记也是古人常用的文体。许多游记、日记也都把气象、物候作为重要内容记录下来。

吕祖谦的《庚子辛丑日记》，是迄今发现最早的实测物候记录。这是他在去世前两年居家患病期间的日记。该日记从淳熙七年正月初一到八年七月二十八日，按阴历日期写成，记有蜡梅、樱桃、杏、桃、紫荆等二十多种植物开花时

① 竺可桢著，施爱东编. 天道与人文［M］. 北京：北京出版社，2005：66—100.

② （宋）范成大. 桂海虞衡志. 景印文渊阁四库全书本，第589册［M］. 台北：商务印书馆，1986：384.

间。范成大的《骖鸾录》，记录了他在宋孝宗乾道八年（1172 年）十二月七日，自苏州去桂林赴任路途中的见闻，对沿途的雨雪情况记载翔实。《徐霞客游记》是旅行家徐霞客在 1613—1639 年的旅行记载，他在日记中记载了地理、水文、生物等各种现象，其中对旅游气象和洞穴小气候的描述，是其独特之处。明末清初谈迁著《北游录》，详细记载了 1653—1655 年三年间北京地区的天气和物候情况。

明代李日华的《味水轩日记》从万历三十七年（1609 年）己酉正月至万历四十四年丙辰十二月共计 8 年，他基本逐日书写，记录了其在嘉兴隐居的生活经历，包括大量的天气情况，共 8 卷。书中对天气记录分三类：天气记录、物候记录和感应记录。"天气记录为晴、雨、雪等情况；物候记录集中在春季和冬季，主要记录植物开花，降雪，冰冻日期；感应记录主要集中在夏季冬季和天气有明显变化时。"①

康熙年间的《畏斋日记》，也将气象信息分为天气记录、物候记录和感应记录，凡是有记载的日记基本都有天气状况的记录。统计显示，在 1701—1703 年的 1095 天中有天气状况记载的是 914 天，占总天数的 83.5%。其中 1701 年有记载的为 361 天，占该年总天数的 98.9%；1702 年有记载的为 261 天，占该年总天数的 71.5%；1703 年中有记载的为 292 天，占全年总日数 80%。②

五、宗教著作

宗教著作中也记载了大量的气候、物候信息。尤其是道教文献（包括《道藏》《藏外道书》《中华续道藏》以及未收入藏的道书——笔者注）中载有丰富的古代宇宙观、自然观、医学、药物学、化学、天文、气象、地理、数学、技术发明等科学思想史料。③隋唐之后，李淳风、尚献甫等道士先后成为官方气象发言人。此外，许多宗教人士的周游见闻如西晋法显的《佛国记》、唐代玄奘的《大唐西域记》、元朝初年丘处机的《长春真人西游记》等都对气候多有记载。

① 马悦婷，张继权，杨明金.《味水轩日记》记载的 1609—1616 年天气气候记录的初步分析［J］. 云南地理环境研究，2009（3）：57—62.

② 朱晓禧. 清代《畏斋日记》中天气气候信息的初步分析［J］. 古地理学报，2004（1）：97.

③ 盖建民. 道教科学思想发凡［M］. 北京：社会科学文献出版社，2005：13.

道家宣扬“上知天文，下知地理，达阴阳，穷卦象，并节气”[①]的修道途径，这种思维模式使得道门中人在天文气象等方面取得了诸多成就。《道藏》中的《雨旸气候亲机》是一部典型的专论雷法的道经，其中包涵中国的天象观测和气候预报内容。唐代张志和撰写的道书《玄真子外篇》，注意观察光的散射现象，对虹霓现象给出了科学的解释，并记载了人工造虹试验：“背日贯乎水成虹霓之状，而不可直者，齐乎影也。”[②]即背着太阳喷出小水珠便可出现类似虹霓现象，这是中国科技史上的第一次人工造虹记载。

明末清初，西方传教士将大量的西方科学知识传入中国，大量反映西方气象知识的著作随之问世。明末，意大利传教士高一志来到中国，他与韩云合撰的《空际格致》一书，讲述了大量的气象现象及其特征和形成原理，这应是最早介绍欧洲气象知识的专著。明末清初的中国科学家积极吸取西方气象理论，为中国气象的发展注入了新的理论思想。

六、农书、占候书

古代农书、农谚书非常强调气候的重要性。《吕氏春秋》云：“凡农之道，厚（候）之为宝。”[③]可见战国时，人们已充分认识到农业与气候的关系。现存最早的农书为西汉时的《氾胜之书》，它发展了先秦农学，特别是调节稻田水文、压雪保墒、拉绳防霜等，可以看出当时已有一定的田间气候知识。

后魏贾思勰的《齐民要术》发明了“候地气始通”的方法，并针对不同农作物品种、不同种植环境、不同技术条件，都提出要“顺天时，量地利”。对每一个生产活动都充分考虑其合理的气候条件。宋代陈旉的《陈旉农书》前所未有地在土地利用规划中充分考虑气候、地理等诸因素对土地利用的影响。例如：

> 夫山川原隰，江湖薮泽，其高下之势既异，则寒燠肥瘠各不同。大率高地多寒，泉冽而土冷，传所谓高山多冬，以言常风寒也；且易以旱干。

---

① 道藏（第 19 册）[Z]．丹房须知（影印本）[A]．北京：文物出版社，上海：上海书店出版社，天津：天津古籍出版社， 1996：57.

② 张继禹. 中华道藏·第二十六册·玄真子外篇［Z］. 北京：华夏出版社，2004：96.

③ 陈奇猷. 吕氏春秋校释·卷二十六［M］. 上海：学林出版社，1984：1780.

下地多肥饶，易以洽浸。故治之各有宜也。[①]

元明农书很多，其中元代的《农桑辑要》是我国第一部官修农书。明代徐光启的《农政全书》被称为进入近代农业科学时代之前的具有启蒙时期特点的农学著作，全书 60 卷，分农本、田制、农事、荒政等 12 门。荒政中气象灾害着墨颇多。他根据自身研习西学的经历，提出了纬度的变化是导致气象条件变化的根本。同时还利用物候统计法，对历史上万历以前 111 次蝗灾发生的时间、地点和气象条件加以总结分析，得出如下规律："蝗灾最盛于夏秋之间，于百谷长养、成熟之时正相值，故为害最广。骤盈骤涸之处，如幽涿以南，长淮以北，青兖以西，梁宋以东，诸郡之地，湖濼广衍暵溢无常，谓之涸泽，蝗则生之。"[②]

占候书在古代曾大量存在。占候可能源自于先民时代的气象占卜，历代都很重视。《探春历记》，完成于南北朝时期。书中根据立春日的干支来判断一年的年景和水旱，对水位指标精确到寸，应是总结历史水旱情况而得出来的。

《相雨书》作者黄子发，生平不详，现存该书为元代版本，书前有元大德八年（1304 年）写的序。该书共 10 篇：候气 30 条、观云 52 条、察日月并星宿 31 条、会风 4 条、详声 7 条、推时 12 条、相草木鱼虫玉石 14 条、候雨止天晴 7 条、祷雨 3 条、祈晴 9 条，共计 169 条。这些均为经过验证和选择的预报指标，为后来的占验书提供了参考。宋代于大吉、丁洵等修编有《灵台秘苑》，收录了丰富的气候占验条目。明代张燮所编的《东西洋考》，对海洋占候记载最为详尽，书里《占验》记载了用各种现象预测天气变化的经验。

七、文人著作

文人著作中也有许多涉及气象记载。文人根据自己的阅历，记录也多有侧重。唐宋之后，随着印刷术的普及，文人著作也陡然上升。唐代皇甫枚的《三水小牍》记载了多起气象事件。陆勋的《集异志》专辟一卷记录气象事件。北宋沈括著《梦溪笔谈》28 卷，是对北宋以前中国自然科学成就的总结。他在气象方面的贡献主要在研究气候变迁、记述特殊天气现象、天气预报等方面。

---

① （宋）陈旉著，万国鼎校注. 陈旉农书校注［M］. 北京：农业出版社，1965：24.

② （明）徐光启著，石声汉校注. 农政全书·卷四十四·荒政［M］. 上海：上海古籍出版社，1977：1300.

明后期的谢肇淛著有《五杂俎》，有关气象的记载多在天、地二部。在地部中论述了古今天气之变化与人类活动的关系，并对一些重大气象事件做了记录。冯应京的《月令广义》提出了“方舆高下寒热界”“南北寒暑”等命题，首次对全国气候进行了简单的气候区划，将全国气候分为 9 块。清代游艺的《天经或问》被誉为我国近代气象学的启蒙之作，其内容学贯中西，书中对雹、云、雨、霜、露等的解释大体上都是正确的，同时也吸收了国外气象地理知识。此外他还有《日火下降阳气上升图》和《云飞雨降雷鸣电掣之图》等。乾嘉学派出现了多部七十二候的考证著作，如秦嘉谟的《月令粹编》、俞樾的《七十二候考》、李调元的《月令气候图说》等，都对中国上古时期的天气、物候等现象进行了详细论证。

士大夫文集中也多有气象文献，这些往往是他们在处理政事过程中形成的，对于我们研究古代气象及政府救灾都有很大裨益。他们将大量的祈雨、谢雨等祝文及气象灾害奏折等收录文集内，有助于我们了解更细节的气象灾害，如北宋曾巩（1019—1083 年），官拜中书舍人、馆阁校勘，先后出任太平州司法参军以及齐、襄、福、洪、明、亳等州知州。在其文集中收录了大量的关于气象的文字，主要是其在地方执政时遇到气象灾害时的祝文，约 50 篇，如《又诸庙祈雨文》《太平州祈晴文》《诸寺观庙谢晴文》等。此外，在诗词中也不乏气象记录，如《去年久旱六月十三日入境得雨今年复旱得雨亦六月十三日也》：“去年六月焦原雨，入得东州第一朝。今日看云旧时节，又来农畔听萧萧。”[①]明中期的杨一清曾两度入阁，位居首辅，还曾担任户部、吏部等重要官职。《关中奏议》文集中有大量气象记录，如《为灾异修省乞恩罢免以谢天谴疏》《为旱灾事》等。

八、医药书、兵书

中医讲究与自然气候的和谐，早在《左传》中便记录了“六淫致病说”[②]，强调气候与疾病密切相关。因此，医药书中有大量的关于医学与气候、环境的关系的论证及气候观测与相应疗法的阐述。

《黄帝内经》的理论基础是人与自然和谐共处，它成为中国古代医疗气象理

① （宋）曾巩撰，陈杏珍，晁继周点校. 曾巩集［M］. 北京：中华书局，1984：110.

② 李梦生. 左传译注 • 卷二十 • 昭公一［M］. 上海：上海古籍出版社，2004：917.

论的奠基之作。《黄帝内经》核心是五运六气思想，从天道观的高度，深入阐述了这一医疗气象理论体系。强调“天人相参”思想，认为人的生理活动与自然界的运动关系密切相关，人体状况与自然界的变化有关，并建立了一套医疗气象理论模型以指导实践。东汉时张仲景著有《伤寒杂病论》，继承发扬了《黄帝内经》的运气学说，形成了臻于完善的医疗气象理论与实践体系。

此后历代医书都继承了《黄帝内经》的运气学说。魏晋时期的皇甫谧，强调人与气象环境的关系，指出要根据气象变化进行保健和医疗，他著有《针灸甲乙经》。同时期的王叔和著有《脉经》10卷，注重人与气象的关系，按二十四节气不同的气候情况分为不同的脉象，他还从理论上论述了医疗气象的原理。明代李时珍的《本草纲目》则是对中国16世纪之前医药学的全面总结。李时珍对古代医疗体系认识是深刻的，他指出：“月有四时，日有四时，或春得秋病，夏得冬病，神而明之，机而行之，变通权宜，又不可泥一也。”[①]气象变化是复杂的，因此医疗方法也不是一成不变的。

军事与气象更是联系密切，早在黄帝时期，黄帝与蚩尤大战便充分利用了风、雨、雾、旱、涝等气象现象。早期行军作战都有天文气象观测人员随行，如《六韬》中载有军队统御中，“股肱羽翼七十二人”中就有“天文三人，主司星历，候风气，推时日，考符验，校灾异，知人心去就之机”[②]。

春秋末叶的《孙子兵法》是我国备受推崇的兵书，该书提出了战略上的五件大事：道、天、地、将、法。其中的“天”就是指阴阳、寒暑等时令节气。在规划战略，部署战役中充分应用气象。这一时期先后出现了多部兵书，如《司马穰苴兵法》《孙膑兵法》等，都将气象作为军事战略部署的重要制约因素。

宋明以后，出现了诸多官修军事书籍，对前朝军事思想进行了总结。如北宋曾公亮、丁度等奉敕编修的《武经总要》，于庆历四年（1044年）完成。全书分前后两集，共40卷，前集讲宋代军事制度，后集总结历史经验，军事气象思想也集中在后集。明代茅元仪编修的《武备志》，其中《占度载》96卷，有很多气象预测的方法与经验，如《测天赋》《玉帝亲机》等。

---

① （明）李时珍著，宋敬东注释.《本草纲目》全解［M］. 天津：天津科学技术出版社，2014：11.

② 程素红. 中国历代兵书集成·第一卷·六韬［M］. 北京：团结出版社，1999：165.

第八节　水 文 图 书

古代人对地下水的利用可以追溯到很早，目前发现的最早利用地下水的水井距今已有四五千年。战国时期，《管子·地员》分别对平原、丘陵、山区的地下水的埋藏深度进行了系统的介绍，而对于地下水的识别方法在《韩非子·说林上》中就已经有了借助蚂蚁洞的观察而进行识别的记录。在水循环方面，早在《吕氏春秋·审分览·君守》中就记载了“东海之极，水至而返，夏热之下，化而为寒”的阐释，比较准确地反映了我国所在地理位置的水循环特点。

此外，《穆天子传》中记载的河流湖泊达 19 处，是中国最早的一部水文地理游记著作；春秋时期的《管子》书中记载有较多的水文概念，有对河流的分类，在水文地理学上是世界上最早提出的河流分类概念，并且对水的性质做出了全面的概述；周代的《周礼》有中国农业水文方面的最早记载，还包括在修建渠道时需要考虑水流速度、水面比降和泥沙等问题。《庄子·徐无鬼篇》（成书于公元前 369—前 286 年）载：“风之过，河也有损焉；日之过，河也有损焉。请只风与日相与守河，而河以为末始其樱也，恃源而往者也。”[①]说明水面蒸发与风和日照有关；战国时期的《吕氏春秋·冬纪》篇中揭示了地处太平洋西岸的中国水循环的途径和规律。

自秦始皇开通灵渠取得显著的水文效应之后，各代对水文的观测和记录都十分重视。这一时期跨越了中国古代的绝大部分的历史，所涉及的水文文献浩如烟海，但水文文献只出现了三部专著，即《水经注》《吐蕃黄河录》《海涛志》，大多水文记录存于各朝断代史、编年史以及地方史之中，偶有部分文学作品、茶道作品等。

随着水文知识的普遍应用和受到重视程度的提高，作为传播水文知识的载体的水文图书数量也越来越多，且种类多样。主要有水文专著图书、注疏类水文图书、游记类水文图书、图录类水文图书等下面分述之。

一、水文专著图书

中国水文界中公认的中国古代水文专著数量很少，先秦时期的《禹贡》早

① 王先谦著，刘武补正. 庄子集解·庄子集解补正［M］. 北京：中华书局，1987：222.

已遗失，存于世间的是清代学者的考证著作；汉代至元代时期仅《水经注》流传下来一些版本，《吐蕃黄河录》及《海涛志》远不能见其原本；明清时期专著较多，也只有七本（前文已述）。可见流传下来能为今人所见者只是明清时期的作品，所以本书仅就明清时期的水文图书形制做以阐述。

明代刻本的特色：版式上前期用四周双栏、粗黑口，正德嘉靖前后用白口，版心上刻字数，但不刻刻工姓名。序目之下和卷末、书尾多牌记。万历之后，有少量黑口，单双栏兼用。字体上正德以前用赵体软字，明中叶多用宋体，字形方正，横平竖直，起顿有棱角，且字体变长，横轻竖重。晚明仍有以手写体入版的。纸张上明人多用白绵（皮）纸、黄绵纸、竹纸、罗纹纸、毛边纸；坊刻多用竹纸；官刻、家刻多用皮纸。装帧上嘉靖以前多用包背装，嘉靖以后开始用线装。

明万恭（1515—1592 年）是在万历元年成书的《治水筌蹄》中第一次提倡“筑堤束水，以水攻沙”方法的人。其后潘季驯（1521—1595 年）在治河工作中，这一“束水攻沙”法得到了实施。潘季驯在黄河下游治理中注意修筑两岸堤防，还筑洪泽湖出口高家堰以增蓄来自淮河的清水，并相机放泄清水入黄，冲刷其下游泥沙入海，这就是著名的“蓄清刷黄”的方法。潘季驯将他四任河道总督的治河经验及总结前人的治河理论和经验汇辑成《河防一览》一书，对后世治河影响很大。

清华大学图书馆藏有此书的明刻本。明刻本《治水筌蹄》分上下两卷。上卷共二十九页，每半页十行，每行二十字；下卷共三十二页半，每半页行、字与上卷同。粗略估计全书约二万四千字，无序跋。首页署“兵部左侍郎南昌万恭著”，卷末题“后学长洲张文奇重刊于南旺公署”。张文奇，字原正，万历五年（1577 年）进士，同年至十三年任南旺分司副使。可知原书刊于万历五至十三年。既曰重刊，则万历五年前已有初刊本。

二、注疏类水文图书

注疏是注和疏的并称。注，对经书字句的注解，又称传、笺、解、章句等；疏，对注的注解，又称义疏、正义、疏义等。在水文文献中，最为著名的为《水经注》。

《水经注》原来有 40 卷，宋朝初期的时候遗失了 5 卷，后人就将剩下的这 35 卷进行整理重新修订成 40 卷。这部书以《水经》里面所注的水道为纲，从河流的发源到入海，不管是干流还是支流，都纷纷详细地记载了水量和水位季节变化、河床深度、含沙量、冰期以及沿河所经的伏流、瀑布、急流、湖泊等。

《水经注》最初被朝廷收藏，在社会上流传和应用得并不十分广泛。“及至唐末，陆龟蒙诗：‘山经水疏不离身’。至此，此书或已传入民间。”[①]流入民间以后，由于备受世人喜欢，传抄者非常多。从宋初缺佚以后实际上已经成为一部残籍。殿本《校上案语》所谓：“是书自明以来绝无善本，惟朱谋伟所校盛行于世，而舛谬亦复相仍。”[②]由于几百年来辗转传抄，经注混淆，错漏满篇。在明代，虽然劣本充斥，但期间也出现过少数佳本。

据陈桥驿的《水经注珍稀版本》一文，现存珍稀版本共八种。其中中国国家图书馆藏有残宋本。该本为傅增湘集吴县曹氏及宝应刘氏旧藏而成，残存 7 册，计卷 5—8、16—19、34、38—40、共 12 卷，首尾完整者仅 10 卷。卷中北宋讳字如匡、玄等均有缺笔，但桓（钦宗名）、构（高宗名）二字亦有缺笔，论者以为可能是北宋藏版到南宋加以修刬印成的。除中国国家图书馆原本外，湖北省图书馆藏有过录本一部。

三、游记类水文图书

游记是描写旅行见闻的一种散文形式。在古代文人游历大山大川的过程中，形成了诸多关于水系的描述与记载，这些游记也成为考察水文的重要文献。

（一）《徐霞客游记》

作者徐霞客，字弘祖（1587—1641 年），曾经在明万历三十六年（1608 年）至崇祯十二年（1639 年）在野外进行实地考察，历经 30 余年，踏遍名山大川，足迹遍及大半个中国，遍及现今华东、华北、中南、西南的 16 个省以及北京、天津、上海 3 市。名山包括罗浮山、盘山、五台山、阻山、衡山、九嶷山、泰

① 陈桥驿.《水经注》版本和校勘的研究［J］. 杭州师范学院学报，2000（1）：20.

② 孔祥军. 汉唐地理志考校［M］. 北京：新世界出版社，2012：182.

山、普陀山、天台山、雁荡山、九华山、黄山、武夷山、庐山、华山、武当山等；著名江河湖泊有闽江、九鲤湖、富春江、郁江、黔江、钱塘江、潇水、湘水、太湖、黄果树瀑布、盘江、滇池、洱海、岷江、黄河等。最终，这些游历的所见所闻都以日记的形式被记录下来，其中包括黄山、庐山等名山游记 17 篇和《浙游日记》《江右游日记》《楚游日记》《粤西游日记》《黔游日记》《滇游日记》等著作，但是有部分已经遗失，最后剩下的有 60 余万字游记资料。后人将这些日记材料整理成一本书，命名为《徐霞客游记》。这本书对一些石灰岩省市地区的地貌以及水文情况都有较为珍贵的记录，对岩溶地貌、流水作用及气候等方面进行了一些规律性探讨，具有很高的科学文化价值，在中国水文地理学的发展中占有突出的地位。

在明代，刻本的程序还是很复杂的，《徐霞客游记》也因为这个原因并没有出版印刷发行。直到后来才被蜂拥刊印，以致版本众多。中国国家图书馆里藏有清抄本，是一本被称为《徐霞客西游记》的抄本，内容全面，一共五册，共有二十二万余字，主要记载了徐霞客对湖南、广西两省石灰岩地貌的考察情况。

（二）《西域水道记》

作者徐松，书中描述新疆木扎尔特冰川融水情况："岭下洪流喷薄，厥声殷雷，色如米汁，谚曰白龙口。"[①]这本书是仿照《水经注》的体例，自作注解。

《西域水道记》"最为通行的版本，是道光年间的刻本"[②]。因为得到两广总督邓廷桢的帮助，《西域水道记》在道光十七年至十九年（1837—1839 年）付梓。该书在徐松遣戍伊犁时期（嘉庆十七年至二十四年，即 1812—1819 年）就已完成了初稿。其友人龙燮堂（字万育）在道光三年为《西域水道记》所写的序文中所提及徐松的亲笔草稿数卷似未保存下来。目前能够看到的最早稿本就是《续修四库全书》本影印的中国国家图书馆藏《西域水道记》四卷本。

原书版框高 231 毫米、宽 302 毫米，四周单栏，无格，半页十二行，每行三十三字，小字双行夹注，"与目前留存下来的徐松原藏《新疆赋》、《汉书西域传补注》的稿本从用纸到字迹都同出一辙，但它不是徐松的恭楷笔迹，而是倩

① （清）徐松著，朱玉麒整理. 西域水道记（外二种）[M]. 北京：中华书局，2005：352.

② 朱玉麒.《西域水道记》稿本研究 [J]. 文献，2004（1）：173.

（请）人誊写的”[①]。在该稿本的眉端、行间，间有徐松修改、补充的行书笔迹，卷一首页与卷四末页均钤有“星伯审定”的白文方印。因此，该本的确切版本称谓应该是徐松手定底稿本（在本书的讨论中，仍简称“稿本”）。

四、图录类水文图书

水文地图以单图的形式留存的并不多，而是大多会留存在书中随书存在，这种类型的地图类书中插图不仅数量极大，而且繁多、重复。因此，本书仅选取具有代表性的《江南经略》中的江防图和湖防图为例进行说明。

《江南经略》的作者是明代郑若曾。他曾编绘了《筹海图编》，后来又致力于编制《长江防御图》以及《太湖防御图》，在儿子的帮助下，他各处游历考察，终于在两年后的明隆庆二年（1568 年）完成了 10 万字的《江南经略》。现今较为著名的是日本京都大学藏本和台北图书馆藏本。

该书描绘的范围主要是西起今江西瑞昌市，东到长江口的金山卫，包括“46 幅《江防图》和 29 幅《湖防图》，这些地图是明代长江下游与太湖沿边战备图的集中代表”[②]。沿江而下，对江岸具有导航意义的山峰、寺院、塔楼等采用写景绘图法。图上重点描述军事要素，包括江防设施、哨所驻地、各营防区范围及其界线、倭寇出没路线等。图上注记文字较多，除了地名、山名、港名、寺名之外，还标注了防区的起止地点，不同巡司间的距离，巡逻水军的兵员多少、舰只数量、巡逻周期等。南京以东江段的地图更为详细。

《江防图》幅面为 16 开纸大小，湖防图有 1 幅 8 开纸大小的《太湖全图》和 28 幅 16 开纸大小的《太湖沿边设备之图》。前者描绘了太湖的全景，后者详细描绘了沿太湖周边的港渎及其防备情况。有资料统计，图上共有港渎等约 250 处，其中湖 5 个、渎 104 个、港 101 个，另有溪、浦、口、泾、门约 40 处。现藏于中国国家图书馆的《文津阁四库全书子部·儒家类·兵家类》内。

① 朱玉麒.《西域水道记》稿本研究［J］. 文献，2004（1）：173.

② 卢良志. 明代防务地图制作［J］. 国土资源，2008（8）：57.

第三章　中国古典科技文献的组成（二）——科技档案

科学认识来源于前人经验的积累、总结和对科学事实的概括与分析，科学认识的传承与积淀也需要借助于一定的方式、方法、载体和工具。科技文献无疑是科学经验与科学事实的重要载体和工具，而科技档案是科技文献的重要的基础性的组成部分，其对科学事实、科技经验的记录与传播具有不可替代的作用。

科技档案是人类科技活动的原始性符号记录，它记载着人类科技活动过程、内容与成果。中国古代曾取得辉煌的科技成就，这就使得中国古代形成了内容丰富、数量巨大的科技档案。这些科技档案不仅是中国古代科技活动的历史见证，而且其中一些还被人们以各种方式保存至今，在一些科学技术领域中仍然发挥着独特的作用。

一般说来，有什么样的科学技术活动，就有什么内容的科技档案。与中国古代科学技术的实用性相一致，中国古代科技档案的内容与组成也具有明显的实用性。根据中国古代科学技术活动专业领域的不同，中国古代科技档案主要划分为天文档案、地理档案、农业档案、手工业档案、建筑档案、医药档案、气象档案、水文档案等。

第一节　天文档案

自有文明史以来，就有专门的人员或机构进行天象观测与研究，形成了大量的天文档案。在中国古代，天文观测一直被统治阶级掌控着，天文档案也由统治阶级的机构来保管。现存的天文档案大部分为官方保存下来的，也有部分是考古出土发现的。其中，纸质天文档案占大多数，其数量庞大，记录内容丰富。中国古代天文档案的内容非常丰富，涉及日食、月食、日珥、新星等天象记录，也有历法、历谱、天文图及占书等。根据天文档案内容的不同，可以分为以下几类。

一、天象记录

在中国古代，出于占卜的需要，人们观测星空，记录天象。久而久之，形成了大量的天象记录档案，并推动了天文学的发展。《中国古代天象记录总集》收录了《二十四史》《清史稿》《明实录》《清实录》《十通》及全国地方志及其他古籍中的天象记录，其内容包括太阳黑子、极光、陨石、日食、月食、月掩行星、新星、超新星、彗星、流星雨、流星等。甲骨档案中关于天象记录的记载可以肯定或基本肯定的至少有四类：日食、月食、新星、恒星。

此外，甲骨档案中还有一些尚待认证的天象，可能有行星、日至等；也有人认为卜辞中还可能有彗星和日珥的记录，但专家们多持存疑态度，未能肯定。除天象记录外，甲骨档案中与天文有关的用语也很多，如天，本义是指人的头顶；日，指太阳、日神、时间；月，常与“夕”字相近[①]等。

《甘石星经》是战国时期甘德、石申将自己和前人的观测记录及根据记录绘制的星表汇总编纂而成的，属于档案汇编类的天文图书。在长期观测天象的基础上，甘德编有《天文星占》八卷，石申编有《天文》八卷，后人把这两部档案汇编合为一部，称《甘石星经》。

二、历法

历法是一种推算年、月、日的时间长度和它们之间的关系，制定时间的序列的方法。中国古代的历法起源很早，但早期的历法现在难以深入考究。成文的历法从周末到汉初的《古四分历》开始，经过多次的历法改革，达到了相当高的科学水平，取得了一个又一个成就。有名称可考的中国古代历法，据汪曰

---

① 江晓原，钮卫星. 中华文化通志・天学志［M］. 上海：上海人民出版社，1998：3—4.

桢《历代长术辑要》、朱文鑫《历法通志》、毋苟《中国历法制度沿革史》三书记载，共有 115 种。关于历法的档案也出现得很早，如甲骨档案中就有关于历法的记载。

甲骨档案表明，商代已采用干支纪日法来纪日，即以十个天干与十二个地支交相组合成六十个单位，以一个干支代表一日，六十日一个循环。甲骨档案中有关于《殷历》的记载，它是一种比较成熟的阴阳合历。

《夏小正》为中国现存最早的一部农事历书，原为《大戴礼记》中的第 47 篇。它是按时间顺序将有关社会生产活动中长期观测所得的物候记录和星象记录汇编在册的档案汇编。《夏小正》原文在唐宋时期散佚，现存的《夏小正》为宋朝傅嵩卿著的由当时所藏的两个版本《夏小正》文稿汇集而成的《夏小正传》。全文十二章，共四百多字，每章标题的月份，从正月到十二月，共有 118 条简明扼要的“条文”。体例分经、传两部分，依照各月次序，每条先列经文于前，再附传文于后。

三、历谱

历谱，即经天文计算编排得出年、月、日的表。金文天文档案中有关于历谱的记载，主要记载于青铜器上。此外，在出土的简牍档案中也有关于历谱的记载。

金文档案中关于天文的内容涉及历谱、月相等。周代金文比较完整，文字也较多，史料价值很高，其中包括大量关于年、月、日和月相的档案。例如，初吉、生霸、死霸、既望等。关于月相的大量铭文引起了几千年的讨论，没有定论，主要是对初吉、生霸、死霸、既望等名词的解释没有统一。

出土简牍所涉及的历谱内容比较多，但大都比较零散，具有完整连续几个月、一年的极少。在出土的秦汉简牍中，历谱数量较大，并且多有比较严谨的书写格式。根据陈梦家先生的综合研究，大致有以下几种书写格式。

（一）编册横读式

一月历谱由 30 枚竹简组成，一支竹简代表一日，每支简自上而下分为十三横栏，第一栏为日数直书，从一日到三十日；第二至第十三栏为正月到十二月干支，横书。元康三年（公元前 63 年）及神爵三年（公元前 59 年）历谱即为此类。

（二）编册直读式

一年历谱由十二支简组成，每简代表一月（闰月多出一简），每简上端是月名，下列二十九或三十四干支。这类谱式有居摄元年、天凤元年历谱。

（三）穿系横读式

一年历谱由十二支简组成，每简代表一月（闰月多出一简）。此类历谱有地湾出土的神爵元年历谱、博罗松治出土的本始二年历谱。

（四）单板直读式

将一年的历谱简略书于一个直板之内，如敦煌出土的永光五年历谱，正面为正月至八月，反面为九月至十二月。

（五）数板直读式

正面记七月、十二月建除神杀，背面记闰月建除神杀，六板组成一年历谱，如敦煌出土永元六年（94 年）历谱。

四、天文图

中国古代留下了很多天文图，只是其载体不同，记录方式不同。天文图的载体有青铜器、石块、墓室中的箱子、纸张，其记录方式包括刻、写、画等。记录内容主要为全天星图或传统的盖图等。

（一）金文天文图

金文天文图主要是一些刻在铜镜上的天文图。我国唐代年间制有天文图案的铜镜，最早知道的一个收藏在美国自然历史博物馆。1977 年湖南省博物馆发现一面唐代天象铜镜，大小花纹与收藏在美国自然历史博物馆的完全一样。此外，天津艺术博物馆也收藏了一面唐代二十八宿铜镜。这三面铜镜实为一而三、三而一的关系。中国这类刻在器物上的天文图像，无论是传世的还是出土的，其数量之多，内容之丰富，在世界上堪称首屈一指。

（二）石刻天文图

石刻天文图虽然载体均为石块或石板，但具体形式不同。根据其依附物的不同，大致可将其分为三类，即刻在山崖石壁的天文图、刻在石板上的天文图、墓室天文图。

1. 将军崖岩画星图

将军崖岩画星图是中国最古老的星图，也是世界上最古老的星图，大致是公元前 30 世纪的作品。将军崖岩画刻画的是最原始的盖天图，虽然它刻画得极不科学，但刻画星图、太阳纹、月亮纹、星辰纹齐全。

2. 苏州石刻天文图

南宋时苏州镌刻的《天文图》碑，是中国现存较早较系统的一份全天星图，也是目前中国保存最早的石刻天文图。整个碑石分为上下两部分：上部是一幅圆形全天天文图，下部是文字说明，讲述基本的天文知识。

3. 江苏常熟石刻天文图

刻于明正德元年（1506 年），现藏于常州市碑林博物馆。该石刻天文图是由恒星圈、赤道、恒隐圈三个同心圆构成的盖图，图上共刻出 284 座 1466 星，比苏州石刻天文图多 4 座 33 星，并订正了苏州石刻天文图上某些错乱处，但岁差未改正。总的水平低于苏州石刻天文图。

4. 隆福寺藻井天文图

隆福寺藻井天文图是一幅古老的星象抄本，十分珍贵，现藏于北京天文馆，制图成于明景泰四年（1453 年），但其所据母本是一份不晚于唐代的星图。由于年代较久，加上长期香火熏燎等，图面变黑，星象难以辨认，但图画绝大部分比较完好。该天文图是一幅传统盖图，以北天极为中心，其上有恒显圈、赤道和恒隐圈。

5. 墓室星图

经过考古发现多处墓葬中有星图，它们刻于或绘于墓室的顶部或四壁，有的壁画还属于彩绘。至今发现的墓室星图有西汉星图、北魏星象图、吐鲁番星象图、五代吴越天文图、辽代宣化天文图等。

最早出土的一幅天文图是在河南洛阳一座西汉墓中，该墓前室顶脊上的壁画内有日、月、星象图；陕西千阳的一座西汉末到王莽时的墓室中，发现有残存的天文图，它是按二十八宿绘画的，发现于 1972 年；西安交通大学附属小学院内的一座西汉末期的墓葬中发现的彩绘壁画中有一幅二十八宿天文图，这幅天文图包括太阳图、月亮图和二十八宿中的十九宿，还有“大鸟”，等等。

（三）木制天文图

1978 年考古工作者在湖北省随县发掘战国早期的曾侯乙墓，出土了一件木制漆绘衣箱，绘有天文图。此天文图以黑漆为底，红彩绘图，中心写有篆书“斗”字，代表北斗七星。围绕“斗”字按顺时针方向排列着二十八宿的名称，两端还分别绘有青龙和白虎的图像。

（四）纸绘天文图

现存的纸质天文档案有书写的，也有绘画而成的。其中，书写的天文档案占大部分，在此不再详述。以下，笔者对绘画而成的纸质天文档案举例介绍。

1. 敦煌星图

敦煌保存下来的星图可以分为两大类，一大类为画在纸上的星图，另一大类为画在窟壁上的星图。现存第一大类的星图有两卷，一卷于 20 世纪初被英国的斯坦因买去，现藏于英国伦敦的英国图书馆；另一卷是残卷，现藏于甘肃省敦煌市文化馆。前者可称“敦煌星图甲本”，后者可称“敦煌星图乙本”。[①]

2. 明代涵江天后宫天文图

此天文图也是传统的盖图，以北极为中心，用墨线画三个同心圆，用红线、黄线分别画两个相交而不同心的圆。天文图上还画有二十八条经线，从拱极圈向四周辐射，其间隔等于二十八宿的距度。天文图星官的画法，以三垣二十八宿为主，共计 288 官，约 1400 星。

五、占书

占书，即关于占卜的书。由于古代科学技术的落后，古人对于一些自然现象、

① 夏鼐. 另一件敦煌星图写本——《敦煌星图乙本》[A]//李国豪，张孟闻，曹天钦. 中国科技史探索[C]. 上海：上海古籍出版社，1982：151.

天象等无法解释。因而他们将其视为天的旨意，进行占卜，形成占书。从出土的简帛当中，可以找出与天文相关的占书。1972—1974 年，在湖南长沙市马王堆发掘了西汉初期的墓葬三座，编号为一、二、三号。在三号墓中出土相当多的帛书，其中关于天文方面的有《天文气象杂占》《五星占》《日月风雨云气占》。除此之外，近年来在考古发现的战国秦汉简帛中，有大量的《日书》及相关的文献资料。《日书》中所涉及的天文学可以分为两个方面。第一是有关实际天象或与天象有关的知识，如九店楚简《日书·星朔》篇专讲各月合朔所躔之二十八宿；睡简《日书·玄戈》篇依据玄戈、招摇等星每月在天空中的位置和指向，来占卜人事吉凶。第二是有关历法的知识。《日书》的内容多是以“时”记“事”，即以某日宜于做某事或不宜于做某事的方式记载，从而择日。

第二节 地 理 档 案

地理档案在中国古代科技档案中占有重要的地位。在地理档案中，古代地图档案所占的比重最大。中国古代地图档案类型众多，载体、内容、用途、表现形式、制作方式、形制各异。下面，笔者将通过载体、内容、表现形式三种分类方式对这些纷繁复杂的地图档案进行系统梳理。

一、按载体分类

中国古代地图按载体分类主要有纸质地图、帛绢地图、石刻地图、铜版地图、木板地图等。纸质地图数量最多，现存最早的纸质地图为 1986 年在天水市放马滩西汉墓出土的。随着印刷术的兴起，宋代出现了印刷地图，元代以后纸质地图大量产生，明清时期基本是纸质地图的天下了，传教士在中国绘制的各类地图，经多次翻印，也多为纸质地图。

帛绢地图在我国古代也比较普遍，特别是在纸质地图还没出现时，是携带最为方便的地图类型。两汉用帛绢绘地图比较普遍，虽然后期纸质地图逐渐兴盛，但帛绢地图也常有绘制。

现存石刻地图大多数是宋代作品，如北宋宣和三年（1121 年）立石的《九域守令图》，现存于四川省博物院，宋以后，元、明、清各代的石刻地图显著减少，现存者寥寥无几。

木质地图是指在我国古代用木质材料制成的地图，有行政区划图、军事地图、城区图等类型，各代都曾出现，但保存至今的实物极少，有平面图也有立体图，可以制成立体效果，表现地形凹凸。除以上主要的种类外，我国古代还曾出现其他载体类型的地图，如宋代有全国总图性质的工艺品屏风图——《殿御屏风华夷图》。

二、按地域范围分类

地图档案按地域范围分类，主要分为全国地图、地方图和城市地图。

（一）全国地图

这类地图在早期文献中记载较多，《战国策·赵策》中有“天下之地图”之语；《周礼·职方》中有“天下之图”之语；《史记·三王世家》《汉书·武帝纪》《汉书·淮南王传》均提到“舆地图”；《汉书·地理志》两次提到“秦地图”；《汉书·江都易王传》还提到“天下之舆地图”。这些文献中提到的“图”可能都是全国地图。《三国志·魏书·孙礼传》提到“疆域地图”，西晋裴秀的《禹贡地域图》中有全国地图，又把旧《天下大图》缩制成《地形方丈图》。南朝刘宋、谢庄作木质《方丈图》。这些全国地图有的是政区图，有的是地形图，有的两者兼有。

（二）地方图

地方图的出现可能比全国地图早。文献中记载的商末周初的地图几乎都是地方图。战国时诸侯国都有本国地图，如燕国的督亢地图。还有范围更小的地图，如放马滩出土的木板地图《兆域图》等。明清时期的地方图除地方志、地图集比较集中以外，有的是刻在石碑上，有的是保存在类书中。如《永乐大典》《古今图书集成》中都有一些地方图。其内容除各级地方行政单位如省、府、州、县的地图外，还有城市、乡、镇、边塞、名山、寺庙、墓地图。

（三）城市地图

中国城市地图出现很早，西周初召公建洛邑的城市规划图即是。马王堆西汉墓出土了《城邑图》。“四川省出土的东汉市井画像砖”[①]为城市局部地图。东汉《三辅黄图》原有图，属于“首都”地图。

三、按使用性质分类

（一）军事地图

地图在军事上极为重要，中国军事地图在春秋时期已是军事家手中必备的工具，还出现了专论军事与地图关系的著作——《管子·地图》。长沙马王堆西汉墓出土的三幅地图应该说都是军事地图，它们是现存最早的军事地图。军事地图的类型也比较多，有山川险要图、城防图、边防图、海防图等。

（二）水系地图

专门的水系地图，有唐代贾躭《吐蕃黄河录》附图，南宋傅寅《禹贡说断》中中国西部水系图。元代王喜《治河图略》、陶宗仪《辍耕录》中均有《河源图》。明代潘季驯《河防一览》有《两河全图说》八十九幅，其中黄河图从星宿海开始一直绘到入海，共六十四幅。明代归有光《三吴水利录》有《三江图》。明代张国维《吴中水利书》有江苏、浙江水系图五十二幅。清代陶澍《江苏水利全书图说》有《江苏水稻图》十一幅。

（三）水利地图

唐代由于漕运的需要，出现了漕运图，如王播的《供陈许琵琶沟年三运图》《新开颍口图》（《册府元龟》卷四九七）、赵德钧的《新开东南河图》（《旧五代史·唐明宗纪》）。宋代有李垂的《导河形胜书》三篇并图、韩贽的《四界首二股河图》、熙宁七年（1074年）的《制置沿边浚陂塘筑堤道条式图》（《宋史·河渠志》）。元代李好文的《长安志图》中有两幅水利灌溉渠道图，即《泾渠总图》和《富平县境石川溉田图》；王喜的《治河图略》中有《禹河之图》《汉河之图》

① 曹婉如. 东汉城市局部地图的研究——成都市西郊东汉墓出土市井画像砖[J]. 自然科学史研究，1985（2）：159.

《宋河之图》《治河之图》；江善长绘有《安丰塘来源三变全图》，并刻在石碑上，今存安丰塘管理所。清代叶方恒的《山东全河备考》有《运河南北全图》。

（四）行政区划图

参见前文“全国地图”所述。

（五）历史地图

中国古代最早最具有代表性的一部历史地图集是裴秀的《禹贡地域图》。裴秀为晋代名臣，官至司空。因“职在地官”，可接触大量宫廷收藏的历史地图，他勤于钻研，开创“制图方体”，编纂《禹贡地域图》，被李约瑟称为“中国科学制图学之父”。

四、按表现形式分类

按地图表现形式分类，有平面图和立体图两类，上述各类地图，绝大多数为平面图，不再赘述。立体图有聚米图、浮雕地图和地球仪。

（一）聚米图

它是用米做的地理模型，军事上用得比较多，延续了很长时间，但宋以后就很难见到了。东汉马援有《聚米图》，它可以指示地理位置，分析道路曲折，为军队行军指明方向。宋代康定二年（1041 年）赵珣把他著的《聚米图经》五卷上奏皇帝。

（二）浮雕地图

最早的浮雕地图可能是秦始皇墓中的地理模型。它用水银来表示百川江河大海，兼具天文、地理。西汉刘胜墓出土的错金博山炉和窦绾墓中出土的镀银博山炉，整个炉盖和炉盘上部铸出“博山”，山势峻峭，峰会峦重，起伏有致，是山岳立体模型。

（三）地球仪

元代扎马鲁丁（又译作札马鲁丁）制造的地球仪将木头做成球状，七分为水，用绿色表示；三分为土地，用白色表示。在地球仪上画有江河湖海，脉络非常清晰。同时画有小方井，用来表示幅员辽阔，这是中国出现的第一个地球仪。图上水陆分布比例与现代基本一致。明代万历三十一年（1603 年），李之藻也曾制作地球仪，可惜未流传下来。“十八世纪末，李兆洛制作了两个地球仪，一个用铜，一个用木，具体内容及大小均无记载。”[①]

第三节 农业档案

中国传统农业历史悠久，几千年来劳动人民在辛勤的农业劳动中创造了丰富的物质基础，积累了丰富的农业生产技术经验，记录这些农业生产经验的档案丰富多彩，现今已成为中华民族珍贵的农业文化遗产。古代农业档案种类众多，有综合性的农业档案，有专业性、地区性、月令体裁的农业档案等，它们都反映了当时的时代特点、生产力发展水平、农业生产技术经验等，为中国悠久的农业文化奠定了坚实的基础。中国古代农业档案范围较广，来源众多（如各地方官的奏呈），比较分散。

一、奏折类农业档案

古代地方官皆具有管理农业生产的职责，所以他们的许多奏折中都反映了农业方面的内容，如现存于中国第一历史档案馆的档案中就包括各地官吏涉及农业屯田、垦荒、耕作、农作物品种、种植、禾苗生长、自然灾害灾情和防治，以及植树造林、桑蚕经营等情况的奏报，共 3142 件。它们均源于中国第一历史档案馆收藏的朱批奏折和军机处录副奏章内的雨雪、屯垦耕作、黄河水文灾情、全国水利、自然灾害、自然现象、天文地理等类档案及上谕档、户科题本农业类等各档。

二、图册类农业档案

除这些地方官等的奏折之外，还有物产图、田亩图等农业档案值得我们关

① 支伟成. 清代朴学大师列传·李兆洛［M］. 长沙：岳麓书社，1986：248—249.

注。它们因涉及供赋、税收等而显得非常重要，有的数量巨大，如明代的田亩图档案——鱼鳞图册。另外，一些地图档案中有农田水利方面的如河堤图、漕运图、水利工程图等，还有以生动形象的形式反映各代农业生产、男耕女织情况的重要的耕织图谱、农器图谱等图册类农业档案。

鱼鳞图册的绘制并不是明代才开始的。宋代时已有个别地区的官府绘制鱼鳞图册，明代将这种制度在全国范围内推广开来。明代，一个州、县或一个乡、都、里往往有自己的鱼鳞总图册，把辖内的耕地绘制在一起，栉比排列，很像由许多鱼鳞片构成的图案。除总图册外，还以每一小块土地为单位画成分图，每分图内都绘有简单的地形图状、大小、四至，并写明土质、税则等级（上、中、下地），还要注明这一小块土地的地名（土名），然后再由官府逐一排列顺序档号（如某字几千几百几十几号之类）。在各分图上还注明业主姓名及所在都、图（里）、甲，有些鱼鳞图上还有“分庄”一栏，准备土地买卖过割或父子兄弟分家之类使用。作为一种较特殊的地图档案，鱼鳞图册在当时的国家管理活动中发挥了巨大的作用，并具有一整套的管理制度和方法，使之流传下来。

三、出土类农业档案

（一）石刻岩画中的农业内容

在没有真正文字记录之前，古代农业劳动者会将农业劳动情景或一些劳动技术刻在石崖壁上，虽然很简单，有些甚至已经经过岁月的侵蚀变得不完整，但它们依然为我们提供了较为生动的最早期的农业档案资料。现今可考的有摩崖石刻，如四川长江沿线分布的一些古代为了标记水位情况而刻写的涪陵白鹤梁石鱼题记，题记共计 3 万多字，记载了 72 个年份的枯水资料。另外较为著名的是汉代的画像石和画像砖，里面有不少记录农时的石刻画，如汉代的农耕图、狩猎图及捕鱼图等。

汉代画像石内容十分广泛，涉及方方面面，其中就反映了农耕技术、粮食加工以及渔猎、放牧等几个方面，反映了当时农业生产的状况①：汉画像石上反

① 蒋英炬，杨爱国. 汉代画像石与画像砖［M］. 北京：文物出版社，2001.

映农业耕技术最多的是牛耕图，山东、苏北、南阳、陕北等地均有发现，其中以山东最多。汉画像石上的牛耕图大多是二牛抬杠。山东腾州黄家岭一块画像石上刻有反映农业的图像，上层是锻铁图，下层是农耕图。农耕图中有一人驾一犁耕技术和畜力使用以及套驾方面等丰富的知识。陕北画像石上的狩猎图有自己的特点，多是弯弓策马追猎野兽，如米脂一块墓室门楣画像石上刻着 2.9 米长的狩猎场面。画面上有十八位骑士组成围猎队伍。骑士们跨骏马，手执箭、戟猎射动物，反映了边郡地区以射猎为先修习战备的活动。

（二）甲骨农业档案

甲骨文记载的农作物有粟（小米）、黍（黄米）、稷、麦、稻、粱、菽、麻等。施肥是商代农业技术发展史上的一大进步，卜辞中有不少关于施用粪肥的记载。在甲骨档案中，对农业生产有多方面的记载。甲骨文“疆”字作“弓”旁，像是用弓尺丈量分划土地。甲骨文字形象地表现了“耦耕”的耕种方法，并有了犁地的文字。此外，商代也发展了栽培林木果树的专业技术，甲骨文中已有栗、杏、果、圃等字。甲骨文中常见桑、蚕、丝、帛等字，则反映了栽桑植麻的情况。关于畜牧业，甲骨文中记载的家畜有马、牛、羊、猪、鸡等，有了关于颜色、牝牡、牙齿数目和年龄的关系等知识的记载，特别是甲骨档案中有家畜阉割技术的记载，是中国古代的一项重大发明，在世界上处于领先地位，对畜牧业的发展产生了很大的影响。

（三）关于农田水利方面的一些政策性法规原件

《水部式》是迄今所知由中央政府作为法律正式颁布的中国第一部水利法典，其内容包括农田水利管理、碾硙设置及其水量的规定、运河船闸管理及维修、桥梁管理维修、内河航运船只及水手管理、海运管理、渔业管理和城市水道管理等。此卷对唐代水利制度、水利工程技术、水利建设成就的研究都有重要价值。同时，它也是现存较为珍贵稀见的水利法典档案。还有《沙州敦煌地方农田灌水细则》，此卷首尾亦残缺，现存 101 行，撰于唐代前期。它是敦煌地方政府以《水部式》为指导原则，根据本地情况和传统习惯制订的灌溉用水细则，详载干、支、斗各级各条渠道的行水次序、配水时间、斗门管制，以及浇伤苗、重浇水、更报重浇水、浇麻菜水、浇正秋水等的具体规定。

四、正史、方志、著述中包含的农业档案

除官方科技档案外，其他农业类档案比较分散，个人及官修著述等都或多或少地留下了农业档案的内容，在原件遗失的情况下散存于各类文献中的中国古代农业档案依然发挥着重要的科技文化作用，如《吕氏春秋》中的四篇、《四月民令》中的农业生产技术知识、明清时期农业科学技术巨著《农政全书》等。它们影响力较大，作为间接遗存仍然为人们提供了较为重要的资料。另外还有一部分关于农业的史志类的文献中也包含了大量农业档案方面的内容，较为代表性的如汉代的《汉书·食货志》《汉书·沟洫志》《史记·河渠书》等。

第四节　手工业档案

与当代社会的农业、工业、服务业三大支柱产业类比，古代社会的三大生活生产部门分别是农业、手工业、商业，其中手工业是仅次于农业的第二大社会部门，是人类早期生产活动的基本形式之一。手工业文献也是随着手工业部门的崛起在生产实践活动中逐渐形成的。手工业档案内容涉及范围广、行业多，主要涉及棉纺织、瓷器制造、盐铁业管理、工程建筑、水利等方面的内容。

一、棉纺织手工业档案

中国古代棉纺织手工业的内容主要涉及三个方面：纺织与印染技术、纺织器具和纺织品。其中，纺织与印染技术起源于原始社会后期，古人为了适应气候的变化，已经学会就地取材，利用自然资源作为纺织和印染的原料，并能够制造出简单的纺织工具。中国古代用于纺织的器具起源于5000年前新石器时期，其代表是纺坠和腰机。至西周时期，有了传统性能的简单机械缫车、纺车和织机，到汉代时期中国古代便开始广泛使用提花机、斜织机。中国古代纺织产品总的来说可归纳为刺绣、丝绸、服饰和地毯四大种类，其样式、图案、绣法等花式繁多，方式各异。

起源于原始社会的棉纺织手工业的内容虽没有文字记录，但通过原始石刻

中的图画、符号记录以及原始部落遗址中的出土文物，都可以清晰地印证中国古代棉纺织手工业起源于原始社会这个结论。

记录棉纺织的中国古代手工业档案，也主要是按纺织与印染技术、纺织器具和纺织品这三部分来记录的。我们现在看到的中国古代手工业档案大部分都是官方手工业档案，所以在其内容的记录上，多是有关官营棉纺织手工业的。其记录工作主要由历代工部中的少府、后苑造作所等负责。其产生的棉纺织手工业档案专门为皇室和官方服务。

甲骨档案较为详细地记载了缫丝的过程以及染丝的过程。魏晋南北朝时期，荆楚地区的丝织业得到普遍的发展。据《水经·江水注》记载，枝江百里洲中“桑田甘果、映江依洲”，夷道县湖里渊上“桑麻暗日”。[①]《荆楚岁时记》也有类似的记载，这些都客观、真实地反映了荆楚地区人民对蚕桑业的重视和当地蚕桑业的发达。

二、瓷器手工业档案

原始社会的半坡彩陶、大汶口的黑陶和白陶是世界堪称一流的精美工艺品；魏晋南北朝时期，北方创制出白瓷；至隋唐时期，瓷窑已分布于中原和江南许多地区，著名的唐三彩和青瓷中的秘色瓷都是在这个时期出现的；北宋时期出现定窑、汝窑、钧窑、官窑、哥窑五大名窑；明清时期更是中国制瓷史上的集大成时期，其制瓷水平达到了前所未有的高峰。

中国古代陶瓷业的产生，虽然源于古代劳动人民的劳作，但是受等级森严的封建统治制度影响，中国历代的官窑瓷器和民窑瓷器的青料选制、款识题写都是有一定的惯例的。所以在中国古代瓷器手工业档案中，大部分内容涉及这两方面，而烧制的过程因受制瓷历史传统的影响，则很少记录，这也使得部分制瓷技术失传。

清代是中国制瓷史上的集大成时期，其制瓷水平达到了又一个高峰。受等级森严的封建统治制度和制瓷历史传统影响，清代的官窑瓷器和民窑瓷器的款识在题写上也有一定的惯例，同时又开创了金彩、墨彩、珐琅彩等题写工艺，而且各种堂名款、花押款、吉语款也更为多样。以康熙朝为例，其官窑款多为

---

① 丁海斌. 中国古代科技档案遗存及其科技文化价值研究［M］. 北京：科学出版社，2011：237.

“大清康熙年制”六字两行或三行青花楷书款，晚期有少量篆书款。前期常见干支纪年款，如“康熙辛亥中和堂制”等。现陈列于中国国家博物馆中的一对康熙青花杯，落款为“大清丁未年制”，是康熙六年（1667年）的瓷器。珐琅彩器上书“康熙御制”四字楷书料款，其字体宽大，笔画粗重挺拔，顿捺明显。

雍正官窑款主要是“大清雍正年制”六字两行楷书青花双圈款，也有双方框款，还有是多用于单色釉瓷上的三行六字篆书款。从字体上分析，雍正款识由专人题写，所以各类瓷器上的字体大致相同。楷书款早期为三行双圈，晚期为双行双圈或双框。“雍正年制”四字篆书刻款主要用在仿钧、炉钧和茶叶末等器物上。“雍正年制”或“雍正御制”四字楷书堆料款仅用于珐琅彩瓷。雍正细路民窑器大多数落各种堂名款，如“正谊书屋”“百一山房”“澹宁堂”“望吟阁”等。一般民窑器款则复杂多样，如用灵芝、香炉、团花款、方块款、豆腐干款、四朵花款等。

乾隆朝瓷产量极大，官窑款用得最多的是“大清乾隆年制”三行六字篆书款。款字一般以青花书写为主，但亦有抹红写款，在白瓷、茶叶末、珊瑚红等特殊器物上往往用“大清乾隆年制”六字三行刻款。

三、盐铁业管理手工业档案

中国古代西周时期开始使用铁器，至春秋战国时期，古代劳动人民发明了铸铁柔化处理技术，这也是世界冶铁史的一大成就；西汉时期冶铁业被分为官营冶铁业和私营冶铁业两种方式。因为煤是当时冶铁的主要燃料，同期古代劳动人民发明了淬火技术；东汉时期，杜诗发明水排，使中国冶铁水平长期领先世界；隋唐时期，中国已经普遍开始采用切削、抛光、焊接等工艺。

冶铁业的发展是中国古代手工业进步的明显标志，历代工部官职设置中都有专门的部门负责盐铁业的管理，所以其产生的手工业档案大部分记录官营盐铁业的管理。而私营和民间的盐铁业记录很少，如世界闻名的水排，因其为非官方发明，所以对其直接的记录基本没有。

从考古发掘资料来看，夏商时期官营手工业涉及青铜冶铸业、制陶业、兵器制造业、骨器业、玉石工艺业以及皮革、竹木、舟车、建筑业等。各种工匠见诸文献记载的有陶工、酒器工、椎工、旗工、绳工、马缨工等。每个专业生产部门中还有更细的分工，如青铜冶铸工艺就有采料、配料、冶炼、制模、制范、浇铸、修整等一系列程序和分工。而西周以后，几乎所有的手工业品，都是由官府设立作坊制造，周王、诸王侯贵族都拥有各种各样的手工业作坊，分工更加细致。《礼记·曲礼》记载："天子之六工，曰土工、金工、石工、木工、兽工、草工，典制六材。"官府还按行业设立司工、陶工、车正、工正等官职加以管理，号称"百工"。①

四、建筑工程及水利工程手工业档案

中国历代王朝都重视工程和水利的建设，这是因为工程建设往往与国民生计密切相关并象征当权统治者的威严和权力。在历朝的工程建筑中，建筑工程图样是工程手工业档案的重要组成部分，其中以平面图居多。除此之外，还包括一些机械图和各种器物图。但这些图纸保存得较分散，保管条件也较差。在水利工程手工业档案中历朝都设有专门掌管水利的部门，如水部曹、都水司等，其职责之一就是防治水患。所以关于水利工程的手工业档案多为奏折、题本、河道图、工程图等大量珍贵的图纸。

工程档案的形成一般比较分散。明代的六部中，工部是形成工程档案的主要部门，其形成的《工部志》中记载了如迁都北京、重建宫殿等工程资料。另外，《明太祖实录》《明成祖实录》等史料中也都记载了有关工程建筑方面的情况。建筑工程图样是工程档案的重要组成部分，以平面图居多。明代工部侍郎蒯祥是古代著名的建筑设计师，壮观的天安门的设计就是出自他之手。他所设计的全套天安门工程图样，至今仍完整地保存在中国国家图书馆。除建筑图外，工官档案中还包括机械图和各种器物图。但这些图纸保存在中央政府的较少，多保存在下层工官部门中，较分散，保管条件也较差。清代工部设有都水司，其职责之一是防治水患。所以，现今所存的清工部档案中就包括治理黄河的奏折、题本及黄河河源图、河道图、工程图等大量珍贵的图纸，共计 23 000 件，1800 余万字。

中国古代的手工业中，除以上四大行业外，还有金属器皿及兵器业、制漆业、青铜业等。尽管中国古代的手工业很发达，在世界上也是居于领先的地位，

---

① 陈澔. 礼记［M］. 上海：上海古籍出版社，1987：21.

但由于历朝统治者都推行重农抑商的政策，所以手工业一直都处于从属地位。虽然明清时期手工业有了一定的社会地位，但中国古代社会始终没有进入手工工场时代，所以在手工业档案方面，也大都是简而记之。

第五节　建筑档案

建筑档案是在建筑活动中直接形成的具有查考、利用价值的建筑文件材料，是反映和叙述建筑活动的真实记录，古代建筑档案是建筑活动的真实记录，再现了古代建筑专业的技术活动。中国古代建筑档案的内容大体上可分为以下几种。

一、图纸类

周代专门设置负责墓穴建筑规划的官员，由他们勘察地形，画出墓穴区域平面图——兆域图，收藏这种地图档案，作为管理墓之地域的根据。

先秦时期用于墓葬陵堂规划的地图很多，并设有专门负责绘制、管理这类地图的官职——“冢人”和“墓大夫”。在这里，“兆域”，即墓穴陵堂的区域，因而墓穴平面规划图常被称为“兆域图”。

1977年，在距石家庄市约75千米的平山县三汲乡村西的战国时中山国王的陵墓中，出土的一块“兆域图”铜版便是古代墓葬的平面图，据推测这幅战国时期的铜版地图距今至少有2200多年。[①]铜版长94厘米、宽48厘米、厚约1厘米。图上由图形线划符号、数字注记和文字说明三部分组成。它的正面是一幅完整的葬域平面图。在铜版背面所刻的国王诏书上规定，此图一份从葬，一份保存在王府里。

这份铜版兆域图的出土，具有极为重要的意义。首先，它是中国已发现的最早的建筑平面图，也是世界上最早有比例的铜版建筑图。其次，它为我们证明了《周礼》记载的“冢人”掌管兆域图的说法是可信的。以此推之，《周礼》上记载“天官”掌全国“版图”、“地官”掌“邦之土地之图”、“夏官”掌“天下之图”等也应是可信的。从诏书上的文字可知，保存在王府中的另一幅图版，

① 孙仲明. 战国中山王墓《兆域图》的初步探讨［J］. 地理研究，1982（1）：86—93.

是作为珍贵档案被保存起来的，具有明确的档案意义。此图现存于河北省文物考古研究所。

在汉代的壁画作品中，有一部分是反映当时建筑内容的。1971 年秋在内蒙古和林格尔发现了一座汉代壁画墓，壁画构图完整，画幅巨大。壁画所表现的汉代建筑，诸如城市、庄园等建筑组群、生产作坊，几乎应有尽有，有的建筑物上还标示了名称。这对于研究汉代的建筑制度、建筑制图以及建筑制图的水平而言，是十分重要的材料。在壁画墓中室西壁，进入后室的角道卷门顶上有大幅壁画，木桩朱栏之下明显地标示了“渭水桥”三字，是借渭水桥这一古代有名的长桥来表现壁画的主题。在桥下正中车骑之间还有“长安令”三字，更进一步肯定了这座桥是汉代长安的渭水桥。

二、法典性文件汇编

唐代、明代的《营缮令》和宋代的《营造法式》等，均为朝廷颁布的关于各种营造的标准，用以规范工程的各个程序。这类档案多形成在建筑工程技术已达到相当高的水平，制度也很完善的时期。

《营缮令》是唐代颁布，规定官吏和庶民房屋的形制等级制度的文件（宋、明、清也颁布过）。天一阁藏明抄本《天圣令》共 28 卷。《营缮令》分宋令和唐令两部分，其中宋令归入“右并因旧文，以新制参定”[①]部分，为根据唐令修改后形成的令文。唐令归入“右令不行”部分，为因制度变化不再行用的令文，保存了唐令的原貌。该卷共有令文 32 条，其中宋令 28 条，唐令 4 条，是研究唐代都城及地方土木建筑、津桥道路、军仗器物营造和修理的珍贵史料。

天一阁藏明抄本《天圣令》卷二十八《营缮令》共 32 条，包括根据唐令修改后形成的宋令 28 条和因制度变化不再行用的唐令 4 条。在《唐六典》卷六“刑部郎中员外郎”条所记述的《开元前令》篇目中，《营缮令》为第 25 篇，在《狱官令》之后，《丧葬令》《杂令》之前。这是有关《营缮令》最早、最确凿的资料。唐代《营缮令》的产生，对于宋、金、元各代撰令者都产生了非常重要的影响，不仅表现在篇目的建立上，而且表现在篇次的顺序和位置上，在中国法律制度史上都有开创之功。唐代第一次在律令制度中建立起国家对公共工程建

① 中国中古史集刊编委会. 中国中古史集刊，第 3 辑［M］. 北京：商务印书馆，2017：448.

设的实施规范，将一向不为重视的营缮机构、职责、运营方式、责任分配纳入法令体系。作为中华法系代表的唐代律令，所凝结着的中华民族法制发展与成熟的智慧菁华，以及所建立的法典框架与结构，对中国后世乃至东亚邻近国家古代法律体系都产生了深远的影响。

《营造法式》包括名词、数据、各种制度、工料定额、各种图样，全书计 36 卷，357 篇，3555 条。其中，有 283 条“系于经史群书中检寻考究所得”，308 篇、3272 条则采纳“工作相传，并是经久可以行用之法”。[①]因此，它不但是宋代建筑工程规范和建筑制度标准，而且是宋以前建筑技术标准的总结。《营造法式》是以官方文件的形式下发的工程技术规范，其当时的档案正本我们今天已无从考知，但我们今天所看到的颁行本，能使我们充分了解这种工程技术标准文件的风采。目前中国国家图书馆等一些大的图书馆均藏有此书，版本不一。

《营造法式》是为了适应北宋后期皇家大兴土木的需要产生的，是宋代建筑技术向标准化和定型化方向发展的标志。同时，它也表明，宋代关于建筑工程的管理已更加严密和完善。《营造法式》采用图文并茂的方法说明问题。书中用 6 卷的篇幅绘出详图，共有房屋仰视平面图、横剖面图、局部构件组合图、部件图、构件构造图、彩图、雕饰图、施工仪器图等多种。图形形象具体、实用，便于施工。《营造法式》中将用材分为八等，指出“材有八等，度屋之大小，因而用之”[②]，并标明了中国传统木结构的各种比例数据，揭示了中国传统木作的特点。书中所总结的大木作制度，充分体现了中国传统木结构体系的特点，对于构架的侧向稳定性、纵向稳定性以及结构整体性的增强，都提出必要的处理措施，如采取怎样的屋定作法，可增强抗震性能。其中的小木作制度，则表明了木装修工艺已发展到新的水平。

三、文件类

一般一项工程从预算到设计施工，都要经过一定的请奏和审批程序，会形成大量的关于此项工程的文件，这些文件和建筑图纸一样，均是珍贵的档案，如中国第一历史档案馆内的清代内阁全宗（全宗号 02）中，就有大量的极具价值

① （清）纪昀，陆锡熊，孙士毅等. 钦定四库全书总目［M］. 北京：中华书局，1997：1103.

② 梁思成. 营造法式［M］. 北京：生活·读书·新知三联书店，2013：95.

的建筑档案，包括关于宫殿、园囿、陵寝、坛庙、衙署、城垣、营房、驿站、仓库工程的文件，还有关于道路、桥梁工程的文件及其工料银两核准报销的文件等。

清代由于实行了严格的工官制度，工程在营建过程中形成了内容繁多的工程档案，包括谕旨、奏折、行文、绘图说帖、做法清册、销算黄册清单、图样、烫样、丈尺说明、随工日记、工程备要等形式。在工程项目的营建过程中形成了大量的文件。

宫廷建筑属官工，一切工程都应该“奉旨”修造。工程项目一般由内务府起稿奏请皇帝批准后兴建；重大工程由皇帝直接下旨兴建，相当于现在的项目任务书（计划书），如乾隆十二年（1747 年）《傅恒等奏添盖圆明园八旗护军营房折》、同治十二年（1873 年）《贵祥为拟建圆明园工程处衙门事禀内务府呈》等。①工程项目决定后，即派员至工程现场踏勘，约估工程工料钱粮数目，奏报皇上批准后办理。清代工官制度规定，一切工程都须在工前勘估工程费用（即钱粮数目）。清代工程的设计程序与现今的方法相类似，首先样式房根据皇帝或有关官员提出的使用需要绘制地盘样（即总平面图），确定建筑布局，在此基础上绘制粗图（即初步设计图或方案图）、细图（即施工图）、大样图（即局部详图），并按需要制作烫样（模型），最后编制丈尺说明（或丈尺做法）。在样式房将工程设计完成后，就由专门的机构——销算房对工程各个环节所需的工料进行估算并存档，然后发交给营建部门施工使用。清制规定，一切工程竣工后必须进行查验核销，办理物料、费用结算。清代对工程质量有严格的规定：宫殿内岁修工程均限保固三年；其余新、改扩建工程，按建筑规模、性质，保固期分别为三年、五年、六年、十年四种期限，工程如在限内坍塌，监修官赔修并交内务府议决，如限内渗漏，着监修官赔修。如乾隆五十六年《总管内务府奏遵旨分赔蓬岛瑶台等处工程银两折（附清单）》、乾隆三十二年《三和等奏紫碧山房油饰迸裂将监督育麟议决折》。②

四、模型类

模型类如清代“样式雷”家族形成的“烫样”。烫样，即建筑模型，用纸张、

① 周小明. 论清代宫廷建筑工程建设程序及其档案内容［J］. 城建档案，1997（5）：37—39.

② 周小明. 论清代宫廷建筑工程建设程序及其档案内容［J］. 城建档案，1997（5）：37—39.

木料、高粱秸加工制作而成，外加色彩，以区别材料质地，墙身分片安装，屋顶用沥粉烫出瓦垄，可以灵活摘取，观看房屋内部结构、布置和彩画等，并且按比例制作，上用标签注明尺寸，很精确。按图样需要，烫样分五分样（1∶200）、寸样（1∶100）、二寸样（1∶50）、五寸样（1∶20）等几种比例；按工程需要，烫样分单体建筑烫样和建筑群体组合烫样两类。现存实物如中国第一历史档案馆收藏“九州清晏烫样”“勤政殿附近烫样”。

在样式房图档的构成中，“样式雷”图档是十分重要的一部分。“样式雷”是对清代主持皇家建筑设计的雷姓家族的誉称。从康熙时雷金玉担任钦工处样式房掌案起，到民国三年（1914 年）雷献彩完成光绪崇陵的设计止，雷氏家族几乎不间断地担任样式房掌案，负责皇家建筑、内檐装修及家具器物的设计。“样式雷”家族是中国两成世界文化遗产的设计者，颐和园、承德避暑山庄、清东陵和清西陵、圆明园、香山静明园、玉泉山静宜园、三海（北海、中海、南海）、南苑、恭王府等都是“样式雷”家族的杰作。此外，“样式雷”还部分参与了故宫、天坛的改扩建和修缮。他们为清代的皇家建筑倾注了毕生的心血，不仅留下了大批堪称经典的建筑，更留下了数千份图档，为后人研究古代建筑文化提供了宝贵的资源。

现存“样式雷”图档，是中国唯一幸存的、系统的中国古代建筑工程图档，其时间涵盖 18 世纪中叶到 20 世纪初。在内容上，包括城市、宫殿、园林、坛庙、陵寝、府邸、工厂、学堂等建筑在内的各种建筑勘测、设计、施工、装修、修缮、改建图。另外还有大量工程做法、随工日记、旨意档及堂司谕档等文字资料，涵盖了清代皇家建筑规划、测绘、设计和施工各个阶段的详细情况，其系统性、完整性以及规模的宏大，在现存的古代建筑档案中都是少有的。目前的收藏情况，以中国国家图书馆收藏最多。

第六节 医药档案

中国古代医药档案的载体有甲骨、石头、简牍和缣帛，其记录方式主要有刀刻和手写两种。从出土实物来看，甲骨中医药档案是最早的，石刻中医药档案是跨越年代最长的，而简牍中医药档案是存量最多的，缣帛中医药档案存量很少而且损毁比较严重。它们都是当今学者研究中国古代医药学的第一手文献资料。

一、医案档案

医案是医生治病的原始记录档案，是医学档案中极重要的一种档案材料。医案的内容一般包括病人的姓名、性别、年龄、职业、地址、发病时间、疾病症状、医生辨证施治、处方用药的情况，以及病人服药后的一系列变化、医生的学术思想等。《周礼》中有记载，要求对那些经过治疗而没有痊愈身亡的病例进行分析，整理成医案，向上级医生汇报情况，已具备医案的性质，是中医治病的原始记录档案，但周代的这些档案材料未能流传下来。

早在周代就有关于医案的记载。但现在所能确切知晓的最早的医案，则应为公元前 2 世纪著名医生淳于意的医案。[①]据司马迁的《史记·扁鹊仓公列传》记载，淳于意的医案内容包括病人的姓名、职业、地址、疾病的表现、切脉、辨证、治疗的情况、疾病的变化等。淳于意的医案，在当时被称为《诊籍》，是世界上现存最早的具有一定内容的医案。在世界范围内，具有较大影响。

宋代发明活版印刷之前，古代的医生产生的大量医案很少能流传下来。当活版印刷发明之后，医案开始随着医学著作的大量出版而流传下来。那时的大多数医学著作都附有医案，如宋代名医许叔微的《本事方》等。到了明代，医案有了进一步的发展，出现了许多专门记载医案的医学档案汇编，如薛己的《薛氏医案》、江瓘的《名医类案》等。而这种发展的另一种表现则是对医案的格式、内容提出了更加确切的要求，如明代医家韩懋就在他的《韩氏医通》中明确指出，写医案要有一定的式样，即“某处有某人，某年、月、日填写医案一宗，按次填望形色、闻声音、问情状、切脉理、论病原、治方术”。他把这种格式称为“六法兼施”，从当时把医案作为一门专门的学问来加以研究推断。当时，医案已相当普及，数量很大并且格式趋于统一。到了清代，对医案的要求更高了。清初，当时的名医喻嘉言在他写的《寓意草》一书中对医案的写法提出了更加具体、完整的要求，并称它为“议病式”。他的“议病式”中包括：

某年、某月、某地、某人、年纪若干，形之肥瘦长短若何？色之黑白、枯润若何？声之清浊、长短若何？人之形志苦乐若何？病始何日？初服何

① 丁海斌. 档案学理论与历史研究［M］. 香港：香港同泽出版社，1997：242.

药？次后再服何药？某药稍效，某药不效？时下昼夜孰重？寒热孰多？饮食、喜恶多寡，二便滑涩有无？脉之三部九候，何候独异？二十四脉中何脉独见？何脉兼见？其症或内伤，或外感，或兼内外，或不内外，依经断为何病？其标本先后何在？汗、吐、下、和、寒、温、补、泻何施？其药宜用七方中何方？十剂中何剂？五气中何气？五味中何味？以何汤名为加减和合？其效验定于何时？一一详明，务令纤毫不爽，起众信从，允为医门矜式，不必演文可也。①

可见喻嘉言的“议病式”的内容是相当完备的。

清宫廷医药档案对继承古老的中医学具有重大作用。中国第一历史档案馆与有关部门合作，汇编了《清宫医案研究》《慈禧光绪医方选议》等。历史工作者还根据光绪的医案解开了光绪之死这一历史疑案。总之，现存的原清宫医药档案在今天发挥了很大的作用，人们在努力发掘、利用这些宝贵的档案遗产。

除了较完善的内涵外，清代的医案档案在数量上、形式上的多样化上也超过了前代，各种医案汇编举不胜举，如《临证指南医案》《柳选四家医案》《张聿青医案》《王孟英医案》等。在这些医案汇编中，影响最大的当首推江南名医叶天士的《临证指南医案》。在这部医案汇集里，汇编有叶天士积累的治疗各种疾病的2000多医案。这些医案对积累中医经验、提高医疗水平有很大作用。这种医疗档案的汇集传播具有非常大的科学意义。

二、本草档案汇编

本草是介绍药物名称及用途的文字记载，作为一种档案记录，多以汇编形式留存下来，如著名的《本草纲目》，内容博大精深，丰富多彩，既是一部文献性药物学工具书，也可认为是一部创造性的药物学专著。以下是较为典型的本草档案汇编。

陶弘景在《神农本草经》的基础上撰著《神农本草经集注》（494—500年），为本草学进一步发展奠定了基础。

世界上第一部国家官修药典唐《新修本草》，主要由苏敬等23人奉敕编修，

① （清）喻嘉言. 寓意草［M］. 北京：中国中医药出版社，2008：2—3.

查阅了大量的国家藏书和档案，汇集了全国各地提供的药物图样，仅用 2 年多时间即编成颁行。

唐代另一部重要的本草著作是陈藏器的《本草拾遗》(739 年)。该书旨在搜采《新修本草》之缺遗，订正其错误。全书共 10 卷，包括序例 1 卷、拾遗 6 卷、解纷 3 卷。序例提出的“十剂”之说，成为后世归纳药性的理论之一。拾遗部分辑录了 116 种经史百家著作中的药物资料，计有《唐本草》未见著录的药物 692 种。

以上 3 种重要的本草学著作，可以说均出自通医的儒士之手[①]，故均注重博采诸家之说，加以考证注释。另外，隋唐时期以《本草音义》为名的著作亦有多种，分别出自隋人姚最，唐人甄立言、孔志约、杨玄操、李含光、殷子严等。此类书侧重于药名的发音、释义，而不谈药物的功能与效用，同样可以看作儒士出入于儒、医两种学问之间的表现形式。

《本草纲目》，著者李时珍，生活于明代嘉靖至万历年间。《本草纲目》作为明代最具科学价值的本草著作，是 16 世纪以前本草成就的集大成者，堪称中国药学发展史上的里程碑。《本草纲目》“书考八百余家”。据统计，仅其中书目所列医药典籍有 277 种，另在“历代诸家本草”中收元明时本草 15 种，共 292 种，其中属本草类者 31 部；非医药类典籍有经史及诸子百家诗歌、小说、方志、游记等 440 种。前后合计，引用书籍达 732 余种。虽然李时珍在引用文献时常有割裂原文截取缩写，或将数家之言杂糅为一，以及列举书目书名时有漏略重出等混乱现象，但鉴于这些文献大部分今已亡佚，通过该书，可起到使今人得以了解其中部分资料的作用。这本书不仅对中国的药物研究发挥着重要作用，而且在国际上也具有深远影响。该书是中国医药宝库中的一份珍贵遗产，其内容博大精深，丰富多彩，既是一部文献性药物学工具书，也可认为是一部创造性的药物学专著。

三、方剂档案

方剂，简称方，即医方，是指在治法的指导下，根据组成原则，选择若干合适的药物，酌定剂量，确立剂型，配合组成的药方。

《五十二病方》是现已发现的中国最早方书。它的成书年代大约在春秋战国

① （清）陈梦雷等. 古今图书集成医部全录（第 12 册）[M]. 北京：人民卫生出版社，1991：146.

时期，而抄写年代却不晚于秦汉之际，并于 1973 年底在长沙马王堆三号汉墓出土。该书出土时原无书名，因其目录列有 52 种病名并且在这些病名之后有“凡五十二”字样，故整理者将其命名为《五十二病方》。全书 15 000 多字，记载病名 100 多个，涉及内科、外科、妇产科、儿科、五官科等。收载方剂 280 余首，涉及药物 240 余种，动物、植物、矿物应有尽有。所记载药物的功效和适应病症，很多都与后世医药文献和临床实践相吻合。

此外，著名的官修方书有《太平圣惠方》《圣济总录》《太平惠民和剂局方》等；私修的有《苏沈良方》《史载之方》等 100 余种。疾病诊断方面，有崔嘉彦的《脉诀》、朱震亨的《脉诀指掌病式图说》等。妇科方面，有陈自明的《妇人大全良方》等。儿科方面，有钱乙的《小儿药证直诀》、陈文中的《小儿病源方论》《小儿痘疹方论》等。法医学方面，有宋慈的《洗冤集录》等。针灸方面，有王惟一的《铜人腧穴针灸图经》、许希的《神应针经要诀》等。

四、其他非专业性记录

中国古代，除了专门记载医药的档案记录之外，还有一些其他的非专业性记录，是出自其他非专业医家之手并出于其他目的所形成的与医药有关的档案记录，极为典型的当属甲骨档案。

在甲骨档案中关于疾病的记载有近 500 条。这些档案材料虽是占卜疾病能否治好的迷信活动的产物，但从中可看出当时人们对疾病的认识，从侧面反映了当时医药卫生的水平。

在疾病方面，甲骨档案中记载的有头、心、眼、耳、口、舌、牙、喉、鼻、腹、臀、肱、膝、足、趾、尿、妇、产等 30 多种，称作“疾首”“疾心（脑）”“疾目”“疾耳”“疾口”“疾舌”“疾齿”“疾瘖（喉）”“疾自（鼻）”“疾腹”“疾臀”“疾肱”“疾膝”“疾足”“疾趾”等，具备了今天的内科、外科、脑系科、眼科、耳鼻喉科、牙科、泌尿科、妇产科、小儿科、传染科等科。通过甲骨档案，可知商王武丁曾患“瘖疾”“首疾”，还知道当时有传染性的疟疾。对某些疾病，已有比较细致的分类，如口腔科疾病就有“疾口”“疾舌”“疾齿”“龋齿”“疾言”等不同疾病的区别。牙病是甲骨档案中记载较多的一种疾病，其中关于龋齿的记载是现今世界上最早的，比古希腊和古印度对此的最早记载均要早 700

年，比古埃及更要早上1000年。关于疾病的治疗，除了进行祭祀祝祷等迷信活动以祈痊愈外，甲骨档案中还记载了一些疾病的治疗方法，如拔牙、按摩、砭石疗法及使用药物治疗等。

第七节 气象档案

气象档案指一般不对外公开出版发行，仅供内部或某些特权阶层使用的气象文献。这一部分文献数量非常大，既包括官方气象观测成果，如雨雪分寸表、晴雨录等，也包括私人气象观测成果。气象档案出现很早，人们在与日月相随、风雨相伴的原始社会中晚期，已开始注意观察气象，并从三皇五帝时起，开始设立专门气象观测人员，观象授时成为政府的一项重要职能。而观象授时需要天象、气象观测档案作为其开展的基础，因而气象档案不断增多。虽然不同的历史时期有不同的特点，但气象档案与农业相关，与政治相关，则是中国古代气象档案的一大特点。

一、法律条文类

湖北睡虎地秦墓出土了《秦律十八种》，其中的《田律》《徭律》有关于气象的内容。这批竹简长23.1—27.8厘米，约合秦尺一尺二寸，宽0.5—0.8厘米，采用三道编的编联方式，有天头地脚，一般留有1—2厘米的空白不书写，中间的编绳将整简一分为二。内文为墨书秦篆，为战国晚期及秦始皇时期的作品。

《秦律十八种》中的《田律》规定“稼已生后而雨，亦辄言雨少多，所利顷数”[①]。以法律形式规定要向朝廷上报雨水情况，上报雨泽。在天降及时雨之后，要上报庄稼得雨的农田顷数，包括雨水不足、多、正适宜三种情况的农田顷数；遭受灾害、暴风雨、水灾时的农田顷数。同时还规定了报送雨泽报告的途径。可以说这是最早的气象业务管理档案。汉代也有命天下郡县上雨泽的记载，“自立春至立夏尽立秋，郡国上雨泽”[②]。也就是说，在整个农作物生长期间，各地

① 睡虎地秦墓竹简整理小组. 睡虎地秦墓竹简［M］. 北京：文物出版社，1978：24.

② 温克刚. 中国气象史［M］. 北京：气象出版社，2004：146.

都要向中央上报降雨的情况。

明清时期各地州、县也负有观测职责，凡有灾异现象，特别是风灾、雨灾等气象灾害，都必须呈奏。朱元璋下令全国各州县进行雨量观测。明太祖和明仁宗时，国家曾令全国州县长吏，每月将雨情上报朝廷，还曾要求北京、杭州、江宁（南京）、苏州等地上报逐日晴雨。在清代，许多地方都要定期上奏《晴雨录》《雨雪粮价》等报告，各地官员也有大量的有关当地天气、气候及气象灾害的奏折。

清代各地的军事长官也负有向朝廷报告有关情况的义务。此外，盐政、织造、关税、河道总督、海塘、漕运总督以及学政也都按期作雨情和灾情报告。皇帝还时常面嘱某些出差、赴任、巡察的官吏报告有关地区的这些方面的情况。

对来自各地的报告，朝廷都一一进行核对，皇帝也时常亲自核对，并作朱批。此外，对于某些严重谎报的奏折，皇帝还派专人调查，情节严重者则严加处理。总之，清代通过一套检查、核对和惩罚措施，基本上保证了气象档案的真实性和准确性。气象档案管理工作也因国家重视气象观测工作而被间接加强。

二、占候术类

从现发掘出的殷商甲骨看，进行气象记录是贞人们经常性的工作，在殷商行政中占有重要地位。其内容与当时殷商社会生产、生活密切相关，“甲骨刻辞关于风雨之占卜，主要与农业生产紧密相连。除此之外，与田猎、祭祀等亦有密切关系”①。

《安阳发掘报告》将殷墟卜辞共分为 12 类，其中 4 类是关于气象的占卜：卜年、卜雨、卜霁和卜旬，杂卜类中尚有一些云雾异常现象。殷商有“旬卜”的习惯，应该与殷王根据天气颁政施令有关。甲骨气象档案多是二十四小时之内或十二小时之内的天气预测，当然也有一些中期天气预报，长达半月、一个月，甚至三个多月。

甲骨气象档案带有神秘色彩，但应肯定，它们是建立在长期气象观测经验之上的。这些档案中多是二十四小时之内的预报，也从一个侧面说明了贞人们的谨慎，他们是在经验范围内进行天气预报的。

上海博物馆馆藏的楚简《柬大王泊旱》，共 23 枚，601 字，保存情况良好，

① 姚孝遂，肖丁. 小屯南地甲骨考释［M］. 北京：中华书局，1985：121.

除第 16 简与第 17 简之间有脱简外，其他均可连读。详述战国早期，适逢楚国大旱，柬大王忍病进行祭祀祈雨的始末，生动地展现了当时祈雨巫术表演的全过程。

《六甲占雨》，出土于江苏连云港尹湾汉墓，为一方木牍。

> 九号牍正面上、中段的内容为神龟占。中段绘一神龟图像，上段是说明文字。神龟分为八个部位。占测时以后左足为起始部位，按右行方向数日数，从当月朔数到占测之日，看所数到的是神龟的什么部位，以定占测结果。所占测的似是盗者的情况。下段为六甲占雨，将六十甲子按六甲排列于一圆形上，下面标有“占雨”两字。因无说明文字，具体占法不详。①

缣帛气象档案数量比较少，现存缣帛气象档案主要是在长沙马王堆汉墓出土的《天文气象杂占》和《日月风雨云气占》甲乙篇。这两件档案内容均为占候术。占候术对中国古代气象文献影响深远，以后历代均有大量占候气象文献出现。

《天文气象杂占》，1973 年长沙马王堆 3 号汉墓出土，现藏湖南省博物馆。全长 150 厘米，高 48 厘米，是一种从云、气、星、彗等占卜吉凶的帛书。原无题名。用半幅帛书画成，字体为隶书，但带篆意。全图上下排成六列，以图形为主，图形下主要是墨书占文，共约 300 条。②其中对云的描述非常形象，不同方位的云等分别用日、无角的牛、女子等表示。文字部分中用云气占验则更多，如云“长如车轱，死者盈千。如镶，死者盈万。如敦布，百万死下”③。其中的“晕之图”，大多是在太阳或月亮旁边加上圈或线条，且日晕与甲骨文中的“晕”极为相像。

《日月风雨云气占》甲乙篇，出土时与帛书《刑德》抄录在一起，甲篇在《刑德》甲篇右侧，共 59 行；乙篇在《刑德》乙篇左上方，共 36 行。“甲、乙两篇所载基本一致，应是同一文献的不同抄本。考其内容，主要为月占（月的颜色、大小、形状、月晕、月薄等）、日占（日晕、珥等）、风雨雷占、各种云气占和

---

① 连云港市博物馆，东海县博物馆，中国社会科学院简帛研究中心，等. 尹湾汉墓简牍［M］. 北京：中华书局，1997：2.

② 万里. 湖湘文化大辞典·上卷·“帛书《天文气象杂占》”［Z］. 长沙：湖南人民出版社，2006：463.

③ 天文气象杂占［M］. 上海：上海古籍出版社，1995：16.

星宿分野等。”[①]乙篇上部还有朱色的分章符号。全文可分为 11 章，从第 2 章到第 10 章基本都是利用风、雨、雷、云、露、晕等气象现象来占测吉凶，从内容上看，它更像是军事占测，如“攻城围邑，疾西风而城拔，东风不拔”[②]。

三、气象观测记录类

我国历来注重气象观测，但明清之前保存下来的观测记录原件不多。就现存明清气象档案而言，主要有雨雪分寸表、雨雪奏折、晴雨录。随着西方势力的侵入，西方气象观测机构渐多，这些机构产生的气象观测记录也逐渐增多。

（一）雨雪分寸表

清代从乾隆元年（1736 年）至宣统三年（1911 年），在全国范围内对各地每次降雪的积雪厚度和每次降雨的入渗深度，以及一些特定时期（如汛期或农事活动关键期）或月、季、年等降水状况的描述，均以分寸为计量单位，故称雨雪分寸。

雨雪分寸表的奏报地区以及奏报详细程度，均与该地区和中央政府的核心统治区紧密程度有关。整体上说，政治上、经济上、地理上与京师联系紧密的地区，如直隶（今河北）、山陕、甘肃、河南、山东、苏浙、江西、两湖、福建、安徽奏报较为详细，而处于边疆边远地区的记录相对较少，如两广、云贵、川藏、盛京（今辽宁）等较粗略。此外，奏报的详细程度和频繁次数也随朝代不同而有所不同，如乾隆年间平均每年约 400 件，而嘉庆时期则每年高达 700 余件。[③]

（二）雨雪奏折及晴雨录档册

自康熙年间开始，各省都需要定期或随时向中央报告雨雪等气象情况。一些地方在奏折中只报告大体情况，如江宁、苏州等，另附“晴雨册”详细记录

① 刘乐贤. 简帛数术文献探论［M］. 武汉：湖北教育出版社，2003：21.
② 刘乐贤. 马王堆天文书考释［M］. 广州：中山大学出版社，2004：176.
③ 丁海斌，冷静. 中国古代气象档案遗存及其科技文化价值研究［J］. 辽宁大学学报（哲学社会科学版），2009（2）：103—108.

该地每月每日的晴雨情况。

晴雨录以十二时辰为计时标准，逐日详细记载阴晴、雨雪、风等，且每年每日对晴、雨、雪三项还需进行单独统计。特殊天气如初雷等，钦天监需进行详细观测并以“题本”形式呈御。因此，它实际上是中国最早的近代气象观测记录档案。康熙二十四年（1685 年）安徽省桐城晴雨录可以说是迄今所见世界上年代较早的地区性气象观测档案。遗憾的是，从康熙二十五年三月起，由原来专以“黄册”奏报改为“可乘奏事之便，细字折子，附于疏内以闻”①，这使得晴雨录的形成失去规律，且不利于保管，致使许多材料散失。

（三）其他气象观测记录

我国气象观测历史久远，但保存下来的观测记录档案却不多，现存主要是明清两代的，基本都保存在中国第一历史档案馆的“钦天监全宗档案”和“宫中杂件”等部分。在官方气象档案发展的同时，私人尤其是外来宗教人士气象观测档案也在不断增多。

明末清初，大量西方传教士来到中国，同时也在中国境内开始近代气象观测。1743 年，法国驻北京哥比神父在北京开始进行气象观测，这是我国境内最早使用近代气象仪器观测的气象记录。其零星记录由马尔曼加以整理统计，于 1843 年发表。②耶稣会教士阿弥倭 1757—1762 年在北京进行观测，每天观测 2 次，观测内容包括温度、气压、雨量、云量、风向等，气压以英寸表示，其统计资料由美休在巴黎数理杂志上发表。③鸦片战争后，随着西方列强加强对我国的侵略，各国先后在自己的势力范围内进行气象观测，形成了更多的气象观测记录。

第八节 水文档案

中国古代的水文科学和航海事业都很发达，在很长一个时期内处于世界领

① 清实录（第五册）•卷一百二十五•“康熙二十五丙寅三月”条下［M］. 北京：中华书局，1985：3.

② 中国近代气象史资料编委会. 中国近代气象史资料［M］. 北京：气象出版社，1995：267—268.

③ 竺可桢. 竺可桢文集•前清北京之气象记录［M］. 北京：科学出版社，1979：214—216.

先地位，并由此产生了丰富的水文档案。

> 水文科学是一门注重实地观测和调查的科学，我们所说的水文档案，也主要是实际观测记录材料。就陆地水文而言，黄河、长江是我国的两个最大的水系，并且，这两大水域古代文明又很发达，因此，围绕着这两大水系形成了大量的水文档案。①

此外，中国是沿海国家，有着漫长的海岸线，古代航海技术又很发达，所以也形成了大量的海洋水文档案。

一、甲骨水文档案

中国水文档案的起源很早。据现有资料看，最早记载水体名称的是甲骨水文档案，其中有泉字、渊字等，说明当时已具有了初步的水文知识，并予以描述和记录。“中国的水文情报工作，最早见于文字记载的当推公元前 11 世纪以前的商代甲骨文字。”②

从现有资料来看，甲骨水文档案应该算是水文档案家族中的元老，河南安阳殷墟出土甲骨文中有大量水文、气象方面的记录。目前研究表明，殷墟甲骨水文档案不仅是最早记载水体类别名称的，而且对雨的记载亦很详尽，约占全部甲骨文的五分之一。殷人对降雨的观察已是十分仔细了，对雨量大小的区分也十分详细，将雨按雨量大小分为大雨、小雨、细雨（毛毛雨）、祉雨（延绵不断地下）、耳雨（小雨不断地下）；按降雨状况分为多雨、雨少、雨疾（雨下得很快）、从雨（雨下得很密）；在什么时候下雨，甚至在哪月、哪旬下雨，哪天、什么时候下雨，卜辞上都有记载；就连雨是从什么方向开始的，在卜辞中也有详细记载。还有洹水（今河南安阳河）发生洪水的卜辞。不少卜辞中有“来自西（或东、北、南）”的记载，还有专门的字词指代传递情报信息的人，如从边防来或从河边来，传递敌人入侵的消息或洪水暴涨的信息。可见在甲骨水文档案中关于水情的内容还是比较丰富的。因而，无论是甲骨水文档案的数量还是内容都充分证明了早在商代就较重视水文的观察和研究了。殷墟甲骨水文档案

① 丁海斌，张克复. 我国古代水文档案［J］. 中国档案，1991（8）：33.

② 黄伟纶. 我国古代的水文科学［J］. 水文，1984（4）：37.

也可以视作水文档案比较成型的雏形。

二、敦煌遗书中的水文档案

敦煌遗书中散见于宗教典籍、语言文字、社会经济文书及民族文献中的科技资料很多，其中关于水文这个小分支的内容更是分散繁杂。

（一）法 Pel. chin. 2507 残卷

成书于开元年间，首尾皆残，无书题。据《白氏六帖》卷二十二引《水部式》文证明，知为《水部式》。它是关于农田水利管理、碾硙设置及其用水量的规定、运河船闸管理及维修、桥梁管理维修、内河航运船只及水手管理、海运管理、渔业管理以及城市水道管理等的记载，是见于文献记载的由中央政府作为法律正式颁布的中国第一部水利法典。该残卷为考察唐代农田水利状况的珍贵资料。①

（二）法 Pel. chin. 3560《敦煌水渠》

又名《唐代沙州敦煌地区灌溉用水章程》，亦首尾残缺。该章程制定于唐永徽六年（655 年）至开元十六年（728 年），记载了敦煌水渠 80 条、渠口斗门 5 处，其中 21 条水渠乃独家记载，未见于他卷。②

另外，《齐民要术》是北朝时期记载农事和手工业技术的重要著作，在敦煌文献中亦有该书残卷。敦煌地理文献中关于水文、水利方面的记载对于古代灌溉制度与古渠道水系的研究具有重要意义。

三、题刻碑文类

运用立石人和水则进行水位观测，是古人掌握水情的重要方法。最早的水则是都江堰三个石人，是以水淹至石人身体某部位来衡量水位高低和水量大小

---

① 上海古籍出版社，法国国家图书馆. 法藏敦煌西域文献（15）［M］. 上海：上海古籍出版社，2001：1—4.

② 上海古籍出版社，法国国家图书馆. 法藏敦煌西域文献（25）［M］. 上海：上海古籍出版社，2001：315—317.

的。唐以后在灌溉用水季节，按月或按旬向省的主管官员报送都江堰的水位。北宋时江河湖泊已普遍设立水则，当时已改为刻石十画，两画相距一尺的水则，且主要河道上已有记录每日水位的水历。明清时为了报汛、防洪，往往上下游都设有水则。古代还常用水中岩石来刻画水位，如长江中的涪陵石鱼上面刻有唐广德二年（764 年）以来的枯水位及有关题刻。古人还在沿海用石刻记载潮水位涨落的高低。因而，形成了一批数量可观的碑文题刻水文档案，如唐宋以来长江的洪水题刻有近 1000 处，其上游忠县两处题记，被鉴定为现存最早的洪水题记。其一为“绍兴二十三年六月十七日，水此”[①]。当时，对同次洪水，往往有多处题刻标明水位，如 1788 年的一次大洪水，仅上游就有 19 处题刻，说明当时对洪水水位的观测已相当普遍。

题刻长江枯水水位的题记也很多，最早的枯水题刻为唐广德二年，这种记载枯水水位的题刻群，以江津莲花石、重庆丰年碑、涪陵白鹤梁、云阳龙脊石、奉节记水碑等最显目。其中以四川涪陵县白鹤梁最为著名，长约 1600 米，在白鹤梁砂岩上刻鱼形为标记，记载了自唐广德二年（764 年）以来 1200 多年间的枯水水位和年份，国内外各大河流尚未发现有如此完整的枯水题刻群。涪陵白鹤梁位于长江南岸，人们在砂岩上刻鱼图作水标。枯水年份，石鱼露出水面时，人们就在石鱼附近题刻出露时间，形成一系列枯水题刻。宋朝从统计中得出了石鱼“三五年或十年一出”的周期性结论，如王象之在《舆地纪胜》卷 174 中说：“石鱼。在涪陵县下江心，有双鱼刻石上……三五年或十年一出，出必丰年。”[②]这些题刻水文档案包含了丰富的内容，具有民族特色。

四、水文图

中国古代导航所用的水路簿、针经和海图均尽可能地详载航线上可用于导航的地貌：山形、水势、岛屿、暗礁、港湾和海底泥等。这些水文地图档案在水文档案中占了较大的比重。例如，保存至今的明代著名学者郑若曾《筹海图编》中的《沿海山沙图》《沿海郡县图》《登莱辽海图》《郑开阳杂著》中的《万里海防图》《海运全图》、茅元仪《武备志》中的《海防图》和《郑和航海图》

---

① 水利部长江水利委员会. 长江三峡工程水库水文题刻文物图集［M］. 北京：科学出版，1996：3.

② （宋）王象之原著，李勇先校点. 舆地纪胜（九）［M］. 成都：四川大学出版社，2005：5083.

等。其中，记载海洋地貌最为详尽的是《郑和航海图》，该图是中国传统绘图方法绘制海图的高峰，较正确地绘有中外岛屿 846 个，并分出岛、屿、沙、浅、石塘、港、礁、硖、石、门、洲等 11 种地貌类型。这些图在当时具有重要的使用价值，那些经过时间洗礼，能够留存下来的就更弥足珍贵。

（一）河防一览图

该图乃潘季驯在编撰《河防一览》前绘制，据考证应该是编辑此书的需要而绘制的。此图绘制精美，图中文字说明，并非直接写到绢本上，而是用小纸签贴上去的，即所谓的“贴说”，这在明代舆图中是一种比较普遍的做法。

（二）万里海防图

该图为明朝嘉靖四十年（1561 年）郑若曾绘成。该图在明代的海防图籍中居于首要地位，是中国第一幅全海设防图，对后世的影响很大。之后的海防地图，大多用该图为蓝本。该图有多个版本，本书所介绍的是现藏于美国国会图书馆的《万里海防图说》版本，图幅尺寸为 30 厘米×274 厘米，分切 19 幅折叠装裱，纸本彩绘。

（三）福建海防图

该图作者不详。全图稍有破损，特别是开头部分的文字注记略有残缺。图上的海澄县为嘉靖四十五年（1566 年）所置，隶属漳州府。注记中又论及万历二十年（1592 年）和二十五年（1597 年）设防之事。该图可能绘于明万历二十五年至三十二年之间，是为了防御倭寇而绘制的。

（四）胶莱河辩议图说汇辑

该图于明万历二十九年（1601 年）绘成。图式不考虑实际方位，右卷首起自山东昌邑县北海口，左卷尾止于胶州陈村闸；分九段描绘胶莱河全程地形、河床、水源、桥闸，并附图说。该图为现藏于美国国会图书馆的《万里海防图说》中的其中一幅。

（五）乾坤一统海防全图

该图为董可威依据郑若曾《万里海防图》摹绘准备付梓的摹本。图右上方有万历三十三年（1605 年）南京吏部考功司郎中徐必达的题识。编绘该图的目的是防御倭寇的侵袭，该图详细表示了沿海地区的自然地理特征、政区建置、军事设防状况，对于研究明代沿海历史地理、海防、军事制度等都有重要参考价值。

（六）京杭运河全图

该图采用西晋地理学家裴秀所提出的《制图六体》法则（分率、准望、道里、高下、方邪、迂直）绘制的，详细地绘出了北起北京通州、南至杭州绍兴府的京杭大运河的全貌，将大运河沿途地形用绘画形式表现出来。它不但是一幅地图与绘画相结合的杰作，而且对研究中国历史、地理、河湖变迁和运河水利工程等有非常宝贵的参考价值。

五、水文奏折

奏折类水文档案是众多档案中一种特殊的水文档案，其重要地位不可忽视。中国历朝帝王对水的治理和利用都是相当重视的，尤其每到洪水泛滥之季，关于此类的朱批奏折络绎不绝传递于宫廷内外，数量较大，以清朝居多，不少被后人汇编成书，如《清乾隆奏折》。较为著名的水文奏折主要有：

第一，河道总督靳辅奏黄河徐城、老坝口报水情——“清康熙二十三年（1684年），河道总督靳辅奏：‘徐城水势不减，仍复增长不止，高于去年二尺五寸。’黄河夺淮期间，在徐城（今江苏省徐州市）、老坝口（今江苏省淮安市郊）设立水志，观测水位向下游驰报水情。”①据考证，徐城水志设于徐州市废黄河南岸庆云桥东侧牌楼附近。当时是黄河下游各减水闸坝启闭分洪、济运的依据。

第二，《清乾隆奏折》载沅江大水：“五月十八、十九等日，辰沅山水骤下，武陵城外长堤正当其冲以致堤口溃漫，该县城乡房屋多有坍塌，人口亦有淹毙。

① 水利部水文司. 中国水文志［M］. 北京：中国水利水电出版社，1997：174.

武陵、桃源……等县被灾较重，抚恤一月。沅陵、泸溪二县情形也重，应须抚恤及借给籽种……”[①]在沅水五强溪坝址上游 58—91 千米范围内，发现有该年洪痕石刻 7 处。经调查计算，沅水沅陵最大流量为 38 700 立方米每秒，五强溪为 41 700 立方米每秒。这是沅水干流自 1766 年以来发生的最大洪水，其重现期为 140 年左右。

第三，阿弥达上乾隆帝奏疏探河源——清乾隆四十七年（1782 年），为青龙冈堵口事，乾隆帝命门侍卫阿弥达（阿桂之子）“恭祭河源”。四月上旬阿弥达到达河源地区，后在上乾隆帝的奏疏中称：“查看鄂敦他拉共有三溪流出，自北面及中间流出者水皆绿色，从西南流出者水系黄色……至噶达素齐老地方，乃通藏之大路，西面一山，山间有泉流出，其色黄，询之蒙、番等，其水名阿勒坦郭勒，此即河源也。”[②]

第四，林则徐奏报江汉大水——道光十八年（1838 年）九月，湖广总督林则徐奏：

> 伏查今年水势盛涨之时，省城（指武昌）皇华馆志桩涨水至三丈四尺一寸，上游万城堤（即荆江大堤）杨林矶志桩（位于今沙市上游）亦涨至二丈六尺二寸，是江流已极浩瀚，而襄河（汉江）于七月初九至十一日，复陡涨二丈有零，几于措手不及。[③]

此前长江、汉江已有水志报汛。

六、汇编类水文档案

虽然水文档案与农业水利、洪涝灾害等有关，统治者比较重视，但中国古代的官方水文档案常与其他档案混杂在一起，不够系统、明晰，因而能够流传下来的各类水文档案并不多，而汇编类就更是凤毛麟角了，其内容主要与治河、航运有关。

① 宜昌市水文资源勘测局. 中国水文大事记（3）“清乾隆三十一年（1766 年）（1—143）沅江大水”［OL］. 网址链接：http：//sw.hubeiwater.gov.cn/ve/page/article.aspx?id=b8f66a30-3e20-4016-bcce-9e686007a91c（2019 年 5 月 25 日登录）.

② 黄河水利委员会黄河志总编辑室. 黄河志・卷一・黄河大事记［M］. 郑州：河南人民出版社，2017：105.

③ 林则徐全集编辑委员会. 林则徐全集・奏折卷［M］. 福州：海峡文艺出版社，2002：101.

（一）《尚书》

原称《书》，到汉代改称《尚书》，意为上代之书。这是中国第一部上古历史文件和部分追述古代事迹著作的汇编。《禹贡》是《尚书·夏书》之首篇，成书于战国时期（公元前 475 年—前 221 年）。它借大禹治水之事介绍了九州的划分及九州内的山川、薮泽（湖泊）、土壤、贡赋等。全文虽然字数不多，但内容比较充实而具有系统性。在中国水文地理发展史上具有重要的影响。

（二）《筹海图编》

明代筹划沿海防务的专著，郑若曾编著。《筹海图编》图论结合，有 8 开纸大小的地图 114 幅，约 26 万字。书中注重记叙地理形势，详细地描述了自广西至辽东的沿海边塞形胜，或当巡哨之海域，或为设防之要地，一目了然。其《沿海山沙图》是迄今所见中国最早而又详备的沿海地图和海防图。《筹海图编》总结了明初以来的沿海防卫经验，对其后抗倭战争有指导意义，也为后人筹划海防提供了借鉴。它是研究明代沿海地貌、海防及抗倭战争的重要文献。

（三）《两河经略》

明代潘季驯撰，全书共四卷，为浙江范懋杜家天一阁藏本。书中所记载皆其万历六年（1578 年）第三次治河时相度南北两河的奏疏。首冠以图，末附书一通，未注明所上奏疏者为何人。该书不但可以补史志等书的疏略，还可备舆图等的考证，具有重要的史料价值。

（四）《行水金鉴》及其续编

清傅泽洪主编，郑元庆辑，成书于雍正三年（1725 年），共 175 卷。该书是关于黄河、淮河、长江、运河等主要水系水利史料的总汇编，为研究水利和水文提供了极其丰富的资料线索。该书按河流分类，按朝代、年代编排，上起《禹贡》，下迄康熙六十年（1721 年）。每条记载均注明出处，非常方便查考原著。所收文献资料达 370 种以上。

道光十一年（1831 年），由黎世序“总裁”，俞正燮等纂修《续行水金鉴》，以《行水金鉴》为范本，上起康熙末年，下迄嘉庆二十五年（1820 年），分黄河、长江、淮河、运河、永定河五大部分。文稿多引自当时章牍奏稿及官书册籍，每河首叙源流，次记章牍，最后为各项工程。所论述的各河，对《行水金鉴》中的内容有一定的补正。全书共156卷，其中关于长江流域水利共11卷，现有清道光十二年（1832年）刻本。《行水金鉴》《续行水金鉴》二书共320余万字，《再续行水金鉴》约700万字，三本书共1000余万字，它们是中国水利史料的三部巨著，是全面研究历史上和水利及水资源有关的科技成就的最基本的参考资料。而且这三部书对保留历史上大量的水文资料也起到了重要作用。

第四章　中国古典科技文献的组成（三）——期刊

期刊是科技文献的重要组成部分。特别是在当代社会，它成为一种能简便、快捷地记载和报道各种最新文化、科技成果，进行思想文化交流的文献工具。中国古代产生的科技期刊的数量较少、产生较晚，但其作为一种文献形态仍然是不可忽视的。它包括由我国学者创立的中文期刊，也包括由外国人创办的中文期刊。

第一节　中文期刊——《吴医汇讲》

《吴医汇讲》是中国古代的医药期刊，由清代唐大烈编纂。它不仅是我国现存的第一部中医药期刊，也是第一部科技学术期刊。

《吴医汇讲》作者唐大烈，字立三，号笠山，清代乾嘉年间苏州名医。该人医术高明，医德高尚，当时江南名医众多，医书刊刻繁盛，唐大烈认为应该设立一种连续出版物来传播医药学理论和经验，于是他仿照《吴中医案》一书编写了《吴医汇讲》。“吴医”指江浙一带的医药学家，“汇”字充分体现了该作品兼容并蓄的特点。所以《吴医汇讲》就是一种汇集当时江浙各医家医药学作品的文献。其首创于乾隆五十七年（1792 年），至嘉庆六年（1801 年）唐大烈病逝而停刊，共刊刻 11 卷，收录 40 余位医家百余篇文章，在医药学、文献学、传播学以及历史学等领域都有极高的价值。

一、《吴医汇讲》的期刊属性

“期刊”一词至今尚无统一的定义，但就目前各种定义来看，期刊的构成要素主要有：连续出版；有一个稳固的名称；每年至少应出版一期，连续出版的序号用卷、期或者年、季、月等表示；内容包括众多作者的作品汇编。之所以说《吴医汇讲》是期刊，是因为它基本具备期刊的构成要素。《吴医汇讲》的十一卷始终使用一个名字，十分稳定。它使用“卷”作为刊物的序号，首刊为“卷一”，依次类推，末卷为“卷十一”，虽然出版时间不固定，但却是连续的，其“凡例”中说“凡高论赐光，随到随镌，不分门类，不限卷数”①。其随时刊刻，不限卷数的特点说明唐大烈主观上就希望《吴医汇讲》不断出版下去；它汇聚了众多医家文章，不仅观点不同，而且体裁各异，既有短小直白之文，也有秀美隽永之作。由于该刊创作于 200 多年前，故不能强求其与现今期刊的定义完全符合，《吴医汇讲》所具备的这些特征足以说明它是我国最早的医药学期刊。

二、《吴医汇讲》的形式特征

《吴医汇讲》虽然是期刊，但它毕竟还处于期刊的早期形态，因此它的形制与医学书籍基本相同。目前所能见到的《吴医汇讲》是清乾隆五十七年（1792 年）扫叶山房刻本，该刻本为线装本，四周单边，乌丝栏，黑色双鱼尾，书口写有“吴医汇讲”四字，每半页 10 行字，每行大字正文 20 字，小字注文字数不等，依内容而定。前言、自序与正文字体不一，或洒脱飘逸，或精美工整。前有序跋、凡例，正文遵循抬头制度。在版面安排上，唐大烈采用“各分版页，不相连属，以便续增”②的方法，对于每一篇文章的作者都有详细的介绍，包括作者的姓名、字号、籍贯、地址、学历、医历和生卒年月等信息，很像现代期刊中每篇文章的“作者简介”。

三、《吴医汇讲》的内容特征

《吴医汇讲》的内容丰富，体裁多样，文风各异。包含内科、外科、妇科、

① （清）唐笠山纂辑，丁光迪点校. 吴医汇讲［M］. 上海：上海科学技术出版社，1983：“凡例”.
② （清）唐笠山纂辑，丁光迪点校. 吴医汇讲［M］. 上海：上海科学技术出版社，1983：“凡例”.

儿科诸科，所汇集文章既有医药理论，也有临床经验，既有药物方剂，又有医论医话，无论是深奥的医学经典论述抑或通俗的医药歌括无不收录，恰如作者在“凡例”中所说：“集中诸作，或有文辞典雅者，亦有简直随俗者，要惟各适其宜，取其达意而已矣，文固可讽，质亦可传。”①

《吴医汇讲》公平公正，尊重原著。唐大烈选择所刊登文章的原则不是按照作者的年龄大小以及收稿时间的早晚，而是靠文章的内容。唐大烈选择文章也不掺杂个人好恶，公正对待，而且注意保持原著的完整性，除了词句不通，顺序混乱之时稍作修改以外，从不随意删改。当遇到观点相悖的文章时，唐大烈也不妄下论断，而是将不同观点的文章同时刊出，让读者自己取舍，正如“凡例”所说“各人之趋向不同，集众说以成书，不免或有互异，若存此而去彼，窃恐印定人眼目，非所以云讲也，苟能各通一理，不妨两说并采，惟在阅者之取舍，亦扩充学问之一道也”②。

《吴医汇讲》注重创新，反对抄袭。“凡例”第一条就所选文章“发前人所未发……其有人云亦云者，旧籍已繁，兹不复赘”③后又说“是集系聚诸同学各抒心得，析疑赏奇，不袭老生恒谈”④，这些都说明他所选文章要求有所创新，有自己的观点，不能人云亦云，这恰恰符合科技期刊创新性的特点。唐大烈还特别指出，“其中有泛阅之似乎陈言，而味其立意处，必有几句独开生面之语，不过从头叙述，不得不引旧书之言以为衬，幸勿以剿袭目之”⑤。他指明，引用前人的语言不算抄袭，只要有“几句独开生面之语”，仍算得上是有所创新之作。

第二节　外国人创办的中文科技期刊

18 世纪中叶，人类文明史上出现了第一次科学技术革命。科技的高度发展，能源的广泛应用，交通、通信手段的现代化，促进了生产力的高速发展。正当清朝封建帝国走向衰落之时，西方资本主义却迅速发展。19 世纪初，英国已实

① （清）唐笠山纂辑，丁光迪点校. 吴医汇讲［M］. 上海：上海科学技术出版社，1983：“凡例”.
② （清）唐笠山纂辑，丁光迪点校. 吴医汇讲［M］. 上海：上海科学技术出版社，1983：“凡例”.
③ （清）唐笠山纂辑，丁光迪点校. 吴医汇讲［M］. 上海：上海科学技术出版社，1983：“凡例”.
④ （清）唐笠山纂辑，丁光迪点校. 吴医汇讲［M］. 上海：上海科学技术出版社，1983：“凡例”.
⑤ （清）唐笠山纂辑，丁光迪点校. 吴医汇讲［M］. 上海：上海科学技术出版社，1983：“凡例”.

现了工业革命，并在远东极力发展鸦片贸易，掠夺资金，扩大殖民地。西方列强为了扩大殖民地，不但在经济上对中国掠夺，同时派遣大量的传教士来华进行传教活动。到 19 世纪末，欧美天主教、耶稣教，先后向中国派遣传教士 3000 多人。

一、《察世俗每月统记传》

传教士为了宣扬上帝是万事万物的创造者，不远万里，来到中国，创办慈善事业。其中，办报刊是他们利用文字传播道义的最重要的手段。这是因为和创办学校、建教堂相比，报刊在宣传宗教方面具有更大的优越性。因为：

> 书报不为地所限，能不胫而走遍天下；书报亦不为时所限，一读之后，若有遗忘，可以再读；书报亦不为人所限，一人读过，可以贻于他人。而且人类从耳入之感动，极为浮浅，远不及从目入之深；故听讲之道，易得而易失，由书册上研究所得，往往终身不忘。然则一万金之收效，恐当倍蓰于十万金之讲堂而无算也。用文字扩充上帝的功业，配合时世所必需。①

如上所述，在中国近现代史上，中西文化交流与西方资本主义国家对中国的经济与武装侵略交织在一起，呈现出一种十分复杂的现象。在初期办的报刊中，多数是中文报刊，以中国人为读者对象，少数是外文报刊，以在华的外国人为读者对象。最早来华传教办报刊的是英国传教士马礼逊、米怜，他们创办的近代中文期刊是《察世俗每月统记传》。

《察世俗每月统记传》是在英国传教士马礼逊主持下，由米怜主编，并由中国的基督教徒梁发等人参与，以中国人为主要读者对象的近代第一份中文期刊。它是配合西方鸦片商和传教士为叩开中国古老的大门采用的一个手段，也是传教士作为先遣队以近代传播工具对中国民族文化进行渗透的开始。

办刊的目的是“要勤功察世俗人道，致可能分是非善恶”，而把“神理”作为“最大”②，把“阐发基督教义为惟一急务”作为办刊的出发点。为了更好地宣传神理，在办刊中要注意读者对象，区分读者不同层次。序中在宣扬唯心主义的同时，也提出了一些值得重视的唯物辩证思想。

---

① 张静庐. 中国近代出版史料（二编）[M]. 上海：群联出版社，1954：333—334.

② 蒋含平，李新丽. 中国新闻传播史文选 [M]. 合肥：合肥工业大学出版社，2016：28.

关于《察世俗每月统记传》的办刊宗旨及内容，米怜在1819年所撰《基督教在华最初十年之回顾》一书中指出："本报宗旨，首在灌输知识，阐扬宗教，砥砺道德……本报因以阐发基督教义为惟一急务，然其他各端，亦未敢视为缓图而掉以轻心。"[①]米怜在另一篇回忆录中谈到创办该刊的目的时说："基督教传播是主要目的，但也决不轻视其他附带处理的事项。因为知识和科学是宗教的'侍女'，是德性的支柱。"[②]可见该刊以宣传宗教、神理为主要内容，同时也登载一些科学知识。《察世俗每月统记传》除大量刊登宣传神理、神道之外，也介绍了一些天文、地理、历史、知识和民情风俗等。例如，该刊嘉庆丙子年第20页刊登的《论地周日每年转运一轮》，对日心说、地动说作了比较准确、通俗的介绍。这些西方近代天文学说传入中国，具有重要意义。但传教士在介绍科学知识时总要涂上浓厚的宗教色彩。例如，该刊在探讨万物会有引性（引力）和向性（惯性）时，便将其归功于神，说没有神，"则日必不复发光，天必不复下雨，川必不复流下，地必不复萌芽，四时必不复运，洋海之潮汐必不复来去，人生必不复得其保，又世界必离披，万物必毁乱也"[③]。言科学而不忘宗教宣传，由此可见一斑。

《察世俗每月统记传》的编辑思想、特色有几点值得我们总结。

（1）重视研究读者对象，根据读者对象的不同层次，选择不同的内容。这实际上是为刊物作了一个准确的定位，视读者的智力接受能力差别、文化程度的高低、时间多少的差异、编辑内容深浅、难易不同的文字，以适合不同层次读者的需要。

（2）适合中国人阅读习惯，追求宣传效果。编者注意把刊物办得尽量适合中国人的口味和阅读习惯，从内容到形式，都力求使中国普通老百姓能接受，如注意使有些文章具有故事情节、对长文章进行连载、采用中国传统章回小说手法。在封面右侧引录孔子的话："多闻，择其善者而从之。"左侧下角署名："博爱者纂。"[④]正中是醒目的刊名。所以《中国丛报》的编者评论道："米怜是一位善于观察人的能手，能够机敏地抓住各种机会，以研究中国人的性格和习惯。"[⑤]

---

① 戈公振. 中国报学史［M］. 北京：中国新闻出版社，1985：296、307.

② 宋应离. 中国期刊发展史［M］. 开封：河南大学出版社，2000：16.

③ 宋应离编. 中国期刊发展史［M］. 开封：河南大学出版社，2000：17.

④ 中国社会科学院新闻研究所《新闻研究资料》编辑室. 新闻研究资料丛刊一九八一年第四辑（总第九辑）［M］. 北京：新华出版社，1981：233—234.

⑤ 宋应离编. 中国期刊发展史［M］. 开封：河南大学出版社，2000：17.

（3）文章短小，语言精练。由于篇幅有限，内容不能网罗无遗。文章大多篇幅短小，多者一千多字，少者只有几百字、几十字。

（4）争取社会力量，广泛征稿。米怜在谈到如何办报刊时认为："欲使本报随时改良，以引起读者之兴味，非竭教士一人半月之时间以从事于斯不为功，且须征求外来稿件，以补其不足……他日国人（指英人）之习华文者日多，当有佳作以光本报之篇幅。"[①]该刊重视读者反映，编者对读者提出的疑问及时作答。

《察世俗每月统记传》为木版雕印，月刊，每期 7 页 14 面，每面 8 行，每行 20 字。初印 500 册，3 年后增至 1000 册，免费在南洋华侨集中地散发。该刊从 1815 年 8 月创刊，到 1821 年停刊，共出 7 卷 84 册 524 页。时间虽短，影响甚大。《察世俗每月统记传》对中国人民的思想影响并不很大，但它的政治影响却是很深远的，因为一部外报的侵华的历史由它开端。总的方面看，它的创办是英国资本主义侵华政策的需要，但在实践上因其所处的历史条件不同，它的侵略性质又不像后来一些同类刊物那么明显。

二、《特选撮要每月纪传》

《特选撮要每月纪传》是英国传教士麦都思于 1823 年 7 月在印度尼西亚巴达维亚（今雅加达）创办的中文月刊。今仅存创刊号和第 3 期两册。创刊号封面顶端由右至左横书"道光癸未年六月"，正中约二分之一的位置自上而下直书《特选撮要每月纪传》8 个仿宋体大字。右上角直书小楷"子曰亦各言其志也已矣"，左下角署名"尚德者撰"。[②]每期 8 页，每期约 2000 字，月刊，木刻竹纸印刷，装订为中国古代线装书式，1826 年停刊。

麦都思是继马礼逊、米怜之后被英国伦敦布道会派往中国的传教士。他在中国长达 40 年之久，先后参与了《察世俗每月统记传》《东西洋考每月统记传》等刊物的编辑活动。

《特选撮要每月纪传》继承了《察世俗每月统记传》的办刊思想。麦都思在其《特选撮要每月纪传·序》中声称，"弟如今继续此察世俗书，则易其长之名，

① 戈公振. 中国报学史［M］. 北京：中国新闻出版社，1985：297.

② 王天根. 晚清报刊与维新舆论建构［M］. 合肥：合肥工业大学出版社，2008：65.

且叫做《特选撮要每月记传》。此书名虽改，而理仍旧矣”[①]。他还具体制定了该刊宣传内容，一要宣传“神理一端……是人中最紧要之事，所以多讲之”[②]；二要宣传人道，把基督教义作为人的行为规范；三要宣传科学知识。

《特选撮要每月纪传》在强调宣传宗教的同时，也注意介绍些自然科学知识。为了达到一定的宣传效果，它很重视宣传方式，不少文章力戒用带有刺激性的语言，研究读者心理，把自己打扮成关心、帮助中国读者的样子，使中国读者从潜移默化中接受他们的宗教宣传，以达到麻醉中国人的目的。

三、《东西洋考每月统记传》

《东西洋考每月统记传》1833年8月创刊于广州，月刊，由普鲁士传教士郭士立创办。用连史纸雕版印刷，每期20页左右。封面缀有四书格言，旁注“爱汉者纂”。

郭士立（又译郭实腊），普鲁士传教士，生于1803年，卒于1851年，1827年受荷兰布道会派遣来华传教，在1831—1833年，他曾3次窜入我国沿海一带收集政治、军事、商业情况，并向沿海居民散发大量的宗教宣传品。他与在广州、澳门的英美传教士、外国商界以及清廷官员有着广泛的联系。在鸦片战争中成为英国侵略者侵略中国的向导和重要参与者。

《东西洋考每月统记传》的办刊宗旨，在郭士立为其写的序言中曾说：

> 虽然我们与他们交往已久，但他们仍然自称为天下诸民族之首尊，并视其他民族为“蛮夷”。如此妄自尊大严重地影响了旅居广州的外国人的利益，妨碍了他们与中国人之交往。这个旨在维护广州与澳门的外国人利益的月刊，就是为了消除中国人的这种高傲心理，使华人了解我们的工艺、科学及思想。本刊无意涉及政治，更不以恶言相加。我们将以良善之途径向华人表明我们不是“蛮夷”，希望通过提供事实使中国人相信，他们还有许多东西要学习。[③]

---

① 龚道运. 近世基督教和儒教的接触［M］. 上海：上海人民出版社，2009：95.

② 龚道运. 近世基督教和儒教的接触［M］. 上海：上海人民出版社，2009：95.

③ 罗大正. 《东西洋考每月统记传》的宗旨及编辑特色［J］. 学术界，2008（5）：239.

从这段文字里可以看出，郭士立创办这个刊物一是为了维护外国人在中国的利益；二是为了宣扬西方的文明和科学文化的优越，让中国人拜倒在他们脚下；三是要沟通和中国人之间的联系与了解。郭士立的这一办刊思想贯穿到以后办刊的具体实践过程中。

《东西洋考每月统记传》在宣传方法和策略上除了继承《察世俗每月统记传》的经验外，为了更好地推行西方的侵略政策，但又要掩盖自己的侵略面目，它在宣传上采取了两面派的手法，以改变中国人对他们的敌视态度。如郭士立一方面宣扬这个刊物是为了维护外国公众利益，但另一方面又说办这个刊物是为了“以润泽汉人”，使中国的儒农工商各有所取。郭士立一方面是最积极侵华的外国人，但另一方面在宣传中却又把自己打扮成宣传中西友谊的“爱汉者”。

从政治上看，《东西洋考每月统记传》的政治性要比《察世俗每月统记传》强烈。从编辑的角度看，《东西洋考每月统记传》在报刊业务近代化进程上也有明显进步。首先是重视言论，每期首页为言论专栏，成为该刊的重要言论阵地。其次是新闻成为该刊的一个重要内容。另外在写作上强调通俗，文章短小，吸引读者兴趣，都比以前的同类刊物大进一步。从全面考察，在业务近代化的道路上，《东西洋考每月统记传》已经获得了显著的进展，在一定程度上，它已具有近代化报刊的一些基本特征了。

《东西洋考每月统记传》于 1834 年 5 月出至第 10 期，因郭士立忙于筹备“在华实用知识传播会”，一度休刊。1835 年 2 月复刊，至 7 月出 6 期后，因郭忙于其他事再度停刊。1837 年 2 月，在新加坡复刊，目前能看到的最后一期出版于 1838 年 4 月。

四、《各国消息》

《各国消息》1838 年 10 月创刊于广州，该刊为 16 开本，木版雕刻，中国书本式。《各国消息》的主编为英国传教士麦都思，另有奚礼尔和理雅各参加编辑。该刊名为《各国消息》，实际上报道各国消息不多，对一些国家的地理、历史方面的状况多有报道。在内容上一个显著的特点是介绍各国商业情况较多。在刊物上对一些地区的物价表、物价跌涨加以报道，则为本刊首创。另外，对于商船往来、台风消息也多有报道。

该刊为传教士所办，但却没有宣传宗教的内容，这与当时的形势有关。当时英殖民主义者针对中国的闭关政策，迫切需要打开中国的大门，而一个很大的障碍是中国妄自尊大，看不起外国人，视外国人为“蛮夷”，这正是中国与世隔绝的一个重要原因。为了改变这种状况，他们在刊物中尽力宣传西方文明与科学技术。为了争夺海外市场，使其商品输入中国市场，为其侵略政策服务，刊物重视各国商业情况的报道就不足为奇了。

总之，中国古代科技期刊虽然产生的时间较晚，但是它们对于科学技术活动的传播发挥着不可替代的作用。中国古代科技期刊以其特有的形式，在中国古代科学技术史上留下了光辉灿烂的一笔。

第五章　中国古典科技文献的载体形态

文献的载体可分为物质载体与信息载体（记录符号）。中国古代科技文献的物质载体和信息载体，既有中国古代文献载体的一般性，也有它本身的特殊性。

第一节　物质载体形态的演变

我们今天能够了解中国古代辉煌的科学技术成就，应归功于古人对这些技术的记载和传承。由于每个时代生产力水平的差异及生产工具的不同，记载信息内容的物质载体也有所不同，并随着科技水平的提升而不断发展、演变，异彩纷呈。总体而言，我国古代科技文献的物质载体大致可以分为石刻、甲骨、金文、简牍、缣帛、纸张等，并且不同的历史时期物质载体也呈现出多彩多姿的形制。

一、石刻

在人们的日常生活中，石头可谓无处不在、唾手可得的书写工具，而且石头不容易被销毁和腐蚀，能够将所载信息久远流传，再加上石头形状各异，我们可以根据自己的需要选择不同尺寸的石头进行镌刻，同时石头不需要二次加工，使用方便，所以石刻文献也理所当然地成为科技文献中保留实物较多的载体，而且从未退出过历史舞台。但石头由于其不方便携带的特点，也一直未成为时代的主流载体。

由于历代的石刻数量巨大，内容繁多，记载科技文献的石刻更是不胜枚举，有石刻医药文献（表 5-1）、石刻气象文献（表 5-2）、石刻水文文献（表 5-3）、石刻天文文献（表 5-4）等，以下列举几种科技文献的主要代表作品。

（一）石刻医药文献

表 5-1　至今所见中国古代石刻医药文献

名称	作者	形成日期	考古发现地	主要内容	备注
《行气玉佩铭》	不详	战国	湖南长沙马王堆	气功导引方法	中国现存最早的石刻医药档案
《神医画像石》	不详	东汉中叶	山东、安徽等地	扁鹊、仓公行医场景	中国现存最早的医史形象资料
《龙门药方》	不详	初唐	河南洛阳龙门石窟	涉及药物、方剂、医疗工具、针灸诊疗等	
《疗病方书》	范质子	唐	广西南宁宣化厅石壁	治疗疾病的医方	
《桂州驿石刻医方》	陈尧叟	宋	广西桂林市城北虞山	即《集验方》的内容	
《新铸铜人腧穴针灸图经》	王惟一	北宋天圣七年至八年	北京明代长城	对针灸铜人的说明	
《养气汤方》	吕渭	宋宣和四年	广西桂林刘仙岩摩崖	养生性质的中成药成方	
《千金宝要》	朱守中氏	明代隆庆六年	陕西耀州区药王洞	《千金方》的精华	

（二）石刻气象文献

表 5-2　至今所见中国古代石刻气象文献

名称	地点	时间	备注
《康显侯诰碑》等龙洞碑刻	河南浚县	北宋至明清	主要记载官方祈雨情况
《龙洞山石刻》	山东历城	北宋	有《敕建龙洞圣寿院》《封龙洞神敕牒碑》等石刻，内容不详
《九日山祈风石刻》	福建南安	两宋	《祈风石刻》
《龙洞石刻》	江苏连云港	宋元明清	不详
《祭霍山广胜寺明应王殿祈雨文》	山西洪洞	元至正二十七年	楷书，即在当时官府致祭霍山水神祈雨文词。碑现已无存，碑文被中央民族大学出版社 1988 年出版的扈石祥的《广胜寺志》“霍泉水神庙文献、诗词、楹联辑录”收录
《雨后复游洪山泉记》	山西介休	清康熙十三年	为一通壁碑，嵌于正殿南墙外侧。正书。高 33 厘米，宽 59 厘米。保存完好。介绍了作者雨后重游洪山泉及洪山泉的气象和优美景色

（三）石刻水文文献

表 5-3　至今所见中国古代石刻水文文献

类型	题刻名称	地点	备注
洪水题刻	某朝代+某时间题刻	长江干流、支流	近 1000 处
枯水题刻	重庆丰年碑	重庆至宜昌河段	史料记载中发现最早的枯水题刻
	江津莲花石	在三峡库尾	最早题刻年代为 1171 年
	云阳龙脊石	云阳县城南长江中	
	涪陵白鹤梁	涪陵区城北长江江心	三峡工程建成后被淹没建为大型水下博物馆
	江北枯水题刻	重庆江北区鱼嘴沱下游 5000 米	
	巴县迎春石	重庆市巴南区麻柳嘴镇长江主航道	
	丰都龙床石	重庆市丰都县城南水门子外长江江心	
碑石题刻	《海潮论》石碑	浙江会稽	北宋燕肃著
	《黄河图说》碑	现存于西安碑林博物馆第四展室	明朝治河总督刘和天刻制
	苏州立水则碑	苏州胥门外河滨	光绪二年，江苏巡抚吴元炳令仿制

（四）石刻天文文献

表 5-4　至今所见中国古代石刻天文文献

名称	形成时间	载体具体形式	记录方式	备注
《将军崖岩画星图》	公元前 30 世纪	崖壁	刻画	中国最古老的星图，也是世界上最古老的星图
《苏州石刻天文图》	1247 年	石碑	刻	世界上现存最古老的根据实测绘制的星图
《常熟石刻天文图》	1506 年	石碑	刻	与苏州石刻天文图相似
《蒙古文天文图石刻》	1725 年	石料	刻画	全为蒙文，无汉字
《傣文石刻天文图》	1801 年	石碑	刻	刻有四幅九曜位置图
《北京隆福寺藻井天文图》	1453 年	天花板	画	属于星象抄本
《河南洛阳西汉墓天文图》	西汉	墓室顶脊	画	最早出土的天文图
《陕西千阳西汉墓天文图》	西汉到王莽时	墓室东西两壁	画	发现于 1972 年

续表

名称	形成时间	载体具体形式	记录方式	备注
《陕西西安西汉墓天文图》	西汉末	墓室墙壁	彩绘	发现于 1987 年
《北魏元乂墓星象图》	北魏	墓室顶	画	1974 年发现于洛阳孟津县
《吐鲁番星象图》	唐	墓室顶部和四壁	画	发现于 20 世纪 60 年代
《五代吴越天文图》	五代	墓室顶部	刻或画	从 1958—1996 年共发现五座吴越墓，墓顶均刻或画有天文图
《宣化辽墓天文图》	辽	墓室顶部	彩绘	1974—1975 年、1993 年两次发掘的墓葬，其中张世卿和张文藻的墓室绘有天文图

二、甲骨

甲骨类科技文献是指以甲骨为载体的科技文献，主要包括龟甲和兽骨。早期由于生产力和生产工具的局限性，人们只能使用方便易得的载体进行信息的记录，而龟甲和兽骨由于比较平整，“龟甲中腹甲的大小以长 18—30 厘米，宽 10 余厘米为常见。最大的腹甲长达 44 厘米，宽有 35 厘米，最小的仅长 11.5 厘米，宽 6.5 厘米”①。兽骨以牛骨为主，其最大者长 43 厘米，宽 28 厘米。所以理所当然地成为当时科技文献记载的首选材料之一。甲骨文的记录方式可以分为手写和刀刻两种，但是在原始时代，大部分遗留下来的文献还是以刻为主。甲骨文字的排列方式也有两种——直行和横行，前者由上而下书写，后者从左至右书写。不同时期的甲骨文字风格也不同，“早期的甲骨文，字体风格雄健豪放，线条略粗，形体略似金文。中期形体柔弱，有些字草率颓靡，笔画混乱，常常有颠倒、讹误，表现出一种颓落的迹象。后期文字写得秀丽工整，类似蝇头小楷，排列也很整齐，有较高的书法契刻水平”②。甲骨文的篇幅长短不一，少则几个字，多则上百字，记载的科技内容也纷繁多样。主要甲骨科技文献遗留有甲骨医药文献（表 5-5）、甲骨农业农献、甲骨手工业文献、甲骨气象文献、甲骨数学文献和甲骨生物文献。

① 王余光. 中国文献史（第一卷）［M］. 武汉：武汉大学出版社，1993：180.

② 王余光. 中国文献史（第一卷）［M］. 武汉：武汉大学出版社，1993：179.

（一）甲骨医药文献

表 5-5 部分甲骨医药档案所载病名及其相关情况[①]

序号	病名	释义	主要症状	病因
1	疒首	头部之病	头痛	
2	疒天	头顶之病	头顶疼痛或是红肿生疮	
3	疒耳	耳朵之病	耳内发炎、耳鸣、失聪等	
4	疒自	鼻子之病	鼻窦炎等鼻腔炎症	
5	疒口	口腔之病	嘴唇或口腔生疮溃疡	
6	疒舌	舌头之病	舌上生疮或舌下红肿	
7	疒言	喉咙之病	嗓子或喉头发炎等	
8	疒齿[②]	牙齿之病	牙齿发炎、疼痛	
9	疒身	躯干之病	躯干疼痛等	
10	疒臀	臀部之病	生疮或坐骨神经痛	
11	疒肘	手臂之病	手臂各种疾病	
12	疒卩	膝盖之病	关节炎等	
13	疒趾	脚趾之病	脚气、脚癣等	
14	疒骨[③]	骨头之病	风湿骨痛等	
15	奶执	乳房之病	奶头阻塞，影响哺育	
16	疛	腹部之病	腹痛等	
17	疒心	精神疾病	神经衰弱、精神失常等	恐惧忧思所致
18	鬼梦	做噩梦	睡眠不好，噩梦惊扰	敬畏鬼神所致
19	祸风	外感风寒	伤风感冒	气候变化所致
20	疒疫[④]	疫病	传染病诸症	疫情传播所致
21	蛊[⑤]	寄生虫病	寄生虫病诸症	寄生虫作祟所致

（二）甲骨农业文献

甲骨文中记载的农作物有粟（小米）、黍（黄米）、稷、麦、稻、粱、菽、麻等。殷代农耕已初具雏形，技术还不是很纯熟，也不知道给土壤施肥。甲骨

① 表中所列数据来自温少峰、袁庭栋. 殷墟卜辞研究——科学技术篇［M］. 成都：四川省社会科学院出版社，1983：305—330.

② 牙病中已有关于龋齿的记载，比古埃及、古印度和古希腊要早上 700—1000 年。

③ 骨病中有“骨雨疒”，这是现存有关风湿病的最早记载。

④ 这是我国关于传染病的最早记载。

⑤ 其中关于蛔虫病记载是我国现存最早的记载。

文记载古人耕种的方法为："焚，烧田也"，即用火将地上的草木烧去，使土地平整，撒播种子，如此循环，几年之后土壤失去了耕种的能力时，就另辟蹊径，直到商代，人们开始施肥。施肥是商代农业技术发展史上的一大进步，卜辞中有不少关于施用粪肥的记载，施肥方法的利用说明农耕技术走向成熟。关于畜牧业，甲骨文中记载的家畜有马、牛、羊、猪、鸡等，有了关于牝牡、牙齿数目和年龄的关系等知识的记载。值得一提的是，甲骨文献中还记载着家畜阉割的技术，这是中国古代畜牧业史上的一项重大发明，在世界上处于领先地位，对我国畜牧业的发展有着深远的影响。

（三）甲骨手工业文献

手工业文献是人类手工业活动的产物，在手工业活动中产生，同时又为之后的手工业活动提供参考。由于统治者重农抑商的政策，所以手工业者在当时的年代是不受关注的，手工业者的身份是卑微的，手工业的记载也未得到重视。但是在已发掘的甲骨文献中有关于手工业方面的记载，如交通运输、工具制造、冶铸、酿造、土木工程、纺织等方面，为我们研究手工业提供了很好的史料参考。这些记载不仅表明手工业作为一个独立的分支，已从农业中分化出来，手工业部门内部已有了一定程度的分工，而且表明商代的手工业生产技术有了很大提高。卜辞中有关于商代"百工"的记录："王其令山司我工"①"工载王事"②，意思是说商王命令一个叫山的奴隶主负责总管手工业，手工业是重要的王事之一。

甲骨文献中有多处的车、舟的记载，这些车、舟虽然还较简单，但显然已非"刳木为舟"的时代了；青铜冶铸业是商代手工业中最重要、最先进的行业，历代出土的商代青铜礼器、兵器、车马器和工具数以万计，甲骨文献中记载了当时所用的铜块料和鼓风设备；纺织业方面，甲骨档案较详细地记载了缫丝的过程及染丝的过程。

（四）甲骨气象文献

甲骨气象文献是甲骨科技文献的一个重要部分，从现发掘出土的殷商甲骨看，气象记录是先人们经常性的工作，在殷商行政中占有重要地位，其内容与

① 曹锦炎，沈建华. 甲骨文校释总集·卷十［M］. 上海：上海辞书出版社，2006：3666.
② 江林昌. 中国上古文明考论［M］. 上海：上海教育出版社，2005：130.

当时殷商社会生产、生活密切相关，“甲骨刻辞关于风雨之占卜，主要与农业生产紧密相连。除此之外，与田猎、祭祀等亦有密切关系”[①]（图 5-1）。

图 5-1 龟腹甲卜辞《乙》12+303+478+366+397+428

《安阳发掘报告》将殷墟卜辞分为 12 类，其中有 4 类占卜关于气象问题：卜年、卜雨、卜霁和卜旬。还有一些云雾异常现象在杂卜之内。甲骨气象文献保留了大量天气记录，出现了啟、燕、暨、昜、蒙、晦、晴、云、霾、雾、虹、晕、霜、雪、雷、电、雨、风、雹等名称，包括降水、天空状况、风、云雾和大气光象等内容，记录已经较详细，并且对风、雨、雷、晴等都有一定程度的划分和区别，如其对云有各（落）云、困云、延云、幺云、三啬云等分类；对雨的分类就更细，有大雨、多雨、烈雨、猛雨、疾雨、转雨、小雨、幺雨、蔑雨、需雨、从雨、霖等；对风似乎已经有了模糊的风力认识，有小风、大风、大骤风、大狂风之别，并对四方之风有了不同的命名，等等。

殷商有“旬卜”的习惯，应该与殷王根据天气颁政施令有关。甲骨气象文献多是 24 小时之内或 12 小时之内的天气预测，如“……乙巳酒，明雨，伐既雨，咸伐、亦雨，施卯，鸟星”（董作宾：《殷墟文字乙编》六四一九）。它记录了在乙巳日这天祭祀过程中由雨到晴的气象过程，天明的时候就开始下雨，在“伐”的整个过程也都一直在下雨，一直到“施卯”时，天才突然放晴。当然也

① 姚孝遂，肖丁. 小屯南地甲骨考释［M］. 北京：中华书局，1985：121.

有一些长期天气预报，长达半月、一个月，甚至三个多月。如殷墟小屯南地发现的编号 2287 和 2288 的甲骨，这块甲骨两面都刻有卜辞，均为卜雨之事，时间上亦相互衔接，起于甲子，终于癸卯，历时 40 天之久。

甲骨气象档案带有神秘色彩，但应肯定，它们是建立在长期气象观测经验之上的，这些档案中多是 24 小时之内的预报，也从一个侧面说明了先人们的谨慎，他们是在经验范围内进行天气预报的。

从目前考古实物来看，甲骨气象文献基本都是用刻刀钻凿上去的。1950 年春考古所发掘武官大墓出土了一件玉器，郭宝钧名之为“碧玉刻刀”，并说是“仿当日实用刻字刀面模制，至今日锋利仍可刻划龟甲”①。在刻写过程中，若刻写错误可用刻刀刮削后重新再刻。卜辞的刻写习惯基本都是自下而上的，但也有一些例外，如前面提及的编号 2287 和 2288 的甲骨，正面的刻辞均在上半部分，反面的刻辞均在下半部分。这些甲骨气象文献都被先人们很好地保管起来。甲骨上多有圆形钻孔，疑似先人们曾用绳子将它们按照一定规律，如形成日期等连缀起来一起保管。

（五）甲骨数学文献

殷商时期，农业、手工业的发展促进了商品的交换，而且修建宫殿、丈量土地、编制历法等，都需要一定的数学知识和计算技能。由于有比较多的需要，因而产生了数的概念。到殷商时期已经有个、十、百、千、万的数字概念和十进制。这种计数方法在甲骨文献中有所体现，甲骨文献中的数学材料表明，此时的数学已是能够记到四位数的较完整的体系。它是用横画方法计数的，即用 13 个单字计数（图 5-2）。

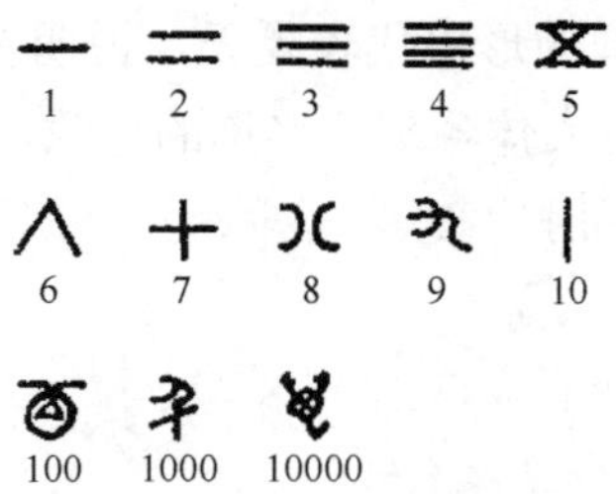

图 5-2 甲骨文中横画计数法

① 陈梦家. 殷虚卜辞综述［M］. 北京：中华书局，1988：13.

前四个是手指之象形文字，一说是算筹堆积而成的单字。其他几个多数人认为是假借字，如是午，是切，是分。十、百、千、万的倍数是采用合文的方法来表示的，如二十作，三十作，四十作；从五十起，则在十位整数之上加十，五十作，六十作，七十作；二百作；三千作；三万作。

从甲骨数学文献中可以看到，当时不仅采用了十进位制方法，而且掌握了奇数、偶数、倍数等的概念和初等运算方法。李约瑟博士评价中国商代计数法时说："商代的数字系数是比古巴比伦和古埃及同一时代的字体更为先进、更为科学的。"①

（六）甲骨生物文献

甲骨卜辞涉及的生物知识比较广泛，包括动植物名称、形态、生长环境、生物物候以及人体名称等文字。甲骨文中已经注明的物名主要有家养动物马、牛、羊、豕、犬、鸡，雉、雀等，野生动物象、虎、兕、彘、鹿、狐、鼠、燕、雀等，植物主要有禾、黍、粟、桑、麦、麻、木、杞、柏、菽等。这说明，中国在殷商时期就已经"五谷"齐备、"六畜"齐全了。从甲骨文中我们可以看出古人对生物分类的初步认识。当时的分类是以动植物外形为基础的。例如，木本植物多从木字；草本植物多从草字；外形类犬的动物都以犬字为偏旁；猪和野猪都从豕形，从而有了植物的草、木之分；动物有了畜、兽、鸟、鱼、虫、贝等大类。从甲骨文中我们还可以得知当时的人们已经认识到某些动物与环境和气候之间的关系，如"麓"字，"大约是因为鹿生活在山林之中，所以用'鹿'不仅提示了读音也兼有示意的作用"②。据有关学者考证，"夏"字的创造就是以蝉的形象为依据的，以蝉的形象代表夏天，说明古人造字之时，熟知蝉与夏天的知识；甲骨文中还有对人体各部位名称的记载，包括头、耳、鼻、口、舌、齿、腹、身、臀、骨、足、肘、心等。

---

① 〔英〕李约瑟. 中国科学技术史·数学［M］.《中国科学技术史》翻译小组译. 北京：科学出版社，1978：29.

② 邹晓丽. 甲骨文字学述要［M］. 长沙：岳麓书社，1999：35.

三、金文

金文是铸或刻在青铜器上的古老文字，所以又可称为钟鼎文。商周时期青铜器一般是作为礼器、兵器、乐器、车马器和奴隶主使用的饮食用具，所以早期的金文一般是器具上的款识。随着生产力的提高，青铜器广泛利用，人们把青铜器作为记载信息内容的载体，记载的内容比较广泛，具有一定的史料价值。

（一）金文天文文献

目前已经著录的西周青铜器铭文中具有年、月、日、月相等完整历日要素的共 67 件。其中 63 件已收入《西周诸王在位年代研究》附录中，另外 4 件为新近公布的宰兽簋、伯大祝追鼎和曾被疑伪、但未获公认的《师颖簋》与《小盂鼎》。笔者现将具有完整历日要素的金文天文文献列表如下（表 5-6）。

表 5-6 至今所见具有完整历日要素的金文天文文献[①]

序号	王年	公历年月日	青铜器名称	铭文中年、月、干支与纪时词语
1	康廿二	公元前 1004 年 5 月 24 日	庚嬴鼎	二十二年四月既望己酉
2	穆卅四	公元前 948 年 4 月 9 日	鲜簋	三十四年五月既望戊午
3	共五	公元前 923 年 1 月 20 日	五祀卫鼎	五年正月初吉庚戌
4	共九	公元前 919 年 1 月 29 日	九年卫鼎	九年正月既死霸庚辰
5	共十五	公元前 913 年 4 月 29 日	十五年趞曹鼎	十五年五月既生霸壬午
6	昭二	公元前 999 年 3 月 5 日	趩尊	二年三月初吉乙卯
7	共廿七	公元前 901 年 3 月 13 日	廿七年卫鼎	二十七年三月既生霸戊戌
8	昭三	公元前 998 年 3 月 6 日	师遽簋盖	三年四月既生霸辛酉
9	昭十二	公元前 989 年 2 月 16 日	走簋	十二年三月既望庚寅
10	共十三	公元前 915 年 1 月 30 日	无口簋	十三年正月初吉壬寅
11	懿元	公元前 899 年 6 月 7 日	师虎簋	元年六月既望甲戌
12	穆三十	公元前 952 年 3 月 17 日	虎簋盖	三十年四月初吉甲戌
13	厉十二	公元前 872 年 2 月 5 日	大师虘簋	十二年正月既望甲午
14	共三	公元前 925 年 3 月 23 日	卫盉	三年三月既生霸壬寅
15	共二	公元前 926 年 1 月 13 日	吴方彝盖	二年二月初吉丁亥
16	夷八	公元前 884 年 11 月 28 日	齐生鲁方彝盖	八年十二月初吉丁亥

① 参见朱凤瀚，张荣明. 西周诸王年代研究［M］. 贵阳：贵州人民出版社，1998：440—512.

续表

序号	王年	公历年月日	青铜器名称	铭文中年、月、干支与纪时词语
17	共二十	公元前909年11月26日	休盘	二十年正月既望甲戌
18	孝元	公元前896年3月3日	元年师旋簋	元年四月既生霸甲寅
19	孝五	公元前892年9月6日	五年师旋簋	五年九月既生霸壬午
20	懿二	公元前898年2月18日	王臣簋	二年三月初吉庚寅
21	厉五	公元前879年3月10日	谏簋	五年三月初吉庚寅
22	宣十一	公元前817年8月8日	师嫠簋	十一年九月初吉丁亥
23	厉二	公元前883年11月23日	口簋	二年正月初吉丁亥
24	厉元	公元前883年4月24日	元年师兑簋	元年五月初吉甲寅
25	厉三	公元前881年1月17日	三年师兑簋	三年二月初吉丁亥
26	宣十二	公元前816年2月4日	大簋盖	十二年三月既生霸丁亥
27	厉七	公元前876年1月17日	牧簋	七年十三月既生霸甲寅
28	穆四	公元前978年2月26日	四年痶盨	四年二月既生霸戊戌
29	穆十三	公元前969年8月17日	十三年痶壶	十三年九月初吉戊寅
30	厉元	公元前883年3月1日	逆钟	元年三月既生霸庚申
31	宣十七	公元前812年9月14日	克钟	十六年九月初吉庚寅
32	宣十七	公元前812年9月14日	克镈	十六年九月初吉庚寅
33	宣十八	公元前810年11月3日	克盨	十八年十二月初吉庚寅
34	厉十六	公元前868年7月15日	伯克壶	十六年七月既生霸乙未
35	穆廿六	公元前956年10月9日	番匊生壶	二十六年十月初吉己卯
36	孝四	公元前893年7月18日	散伯车父鼎	四年八月初吉丁亥
37	宣十五	公元前813年3月20日	大鼎	十五年三月既霸丁亥
38	厉十七	公元前811年12月3日	此鼎	十七年十二月既生霸乙卯
39	厉十七	公元前811年12月3日	此簋	十七年十二月既生霸乙卯
40	厉十九	公元前865年4月26日	趞鄹	十九年四月既望辛卯
41	厉卅一	公元前853年2月24日	鬲从鼎	三十一年三月初吉壬辰
42	厉卅七	公元前848年12月12日	山鼎	三十七年正月初吉庚戌
43	孝三	公元前894年5月12日	颂鼎	三年五月既死霸甲戌
44	孝三	公元前894年5月12日	颂壶	三年五月既死霸甲戌
45	孝三	公元前894年5月12日	颂簋	三年五月既死霸甲戌
46	共廿七	公元前901年1月2日	伊簋	二十七年正月既望丁亥
47	夷元	公元前891年1月9日	师口簋	元年正月初吉丁亥
48	宣元	公元前827年6月2日	郑季盨	元年六月初吉丁亥

续表

序号	王年	公历年月日	青铜器名称	铭文中年、月、干支与纪时词语
49	厉廿八	公元前 856 年 5 月 8 日	寰盘	二十八年五月既望庚寅
50	穆卅三	公元前 949 年 7 月 16 日	伯窥父盨	三十三年八月既死［霸］辛卯
51	宣五	公元前 823 年 3 月 16 日	兮甲盘	五年三月既死霸庚寅
52	宣十二	公元前 817 年 12 月 6 日	虢季子白盘	十二年正月初吉丁亥
53	宣卅三	公元前 795 年 1 月 16 日	晋侯穌钟	三十三年正月既生霸戊午
54	宣三	公元前 825 年 4 月 19 日	柞钟	三年四月初吉甲寅
55	懿元	公元前 899 年 6 月 8 日	曶鼎	元年六月既望乙亥
56	昭元	公元前 1000 年 2 月 13 日	师询簋	元年二月既望庚寅
57	孝三	公元前 894 年 3 月 13 日	师晨鼎	三年三月初吉甲戌
58	孝三	公元前 894 年 3 月 13 日	师俞簋盖	三年三月初吉甲戌
59	昭三	公元前 998 年 4 月 16 日	达盨盖	三年五月既生霸壬寅
60	孝四	公元前 893 年 7 月 18 日	散季盨	四年八月初吉丁亥
61	幽六	公元前 776 年 8 月 15 日	史伯硕父鼎	六年八月初吉己巳
62	历十三	公元前 871 年 6 月 4 日	望簋	十三年六月初吉戊戌
63	宣十八	公元前 810 年 12 月 29 日	吴虎鼎	隹十又八年十又三月既生霸丙戌

（二）金文手工业文献

以青铜器做载体记事，先秦典籍如《墨子》的《尚贤》下、《兼爱》下、《天志》中、《明鬼》下、《贵义》《鲁问》诸篇，以及《庄子·徐无鬼》，《逸周书·大聚解》，《左传》昭公六年、二十九年，《吕氏春秋·求人》，《周礼·秋官·职金》等也多有记述，只是起于何时，史无明文。商代是我国青铜器制造的重要发展时期，工艺水平提高，器胎由薄转厚，纹饰由简趋繁，器种增多，但铭文字数不多，最少的仅两三字，一般均简短。西周的青铜器工艺精细、花纹装饰繁丽，后趋简朴，特点是铭文篇幅一般较长，内容也丰富，记录当时封赏、战争、祭祀以及其他社会活动，不少记事可与古籍相印证，史料价值极高。东周时期，器物本身更加精美，工艺先进，具有很高的艺术水平，可是铭文总体呈下降趋势。历代出土青铜器数量不少，流散国内外各地，无法确计，但以有铭文见于著录者计，就有一万余件，其中多属周代，由此也可以看到周代青铜器铭文在金文中占有特别重要的地位。

（三）金文数学文献

铸刻在青铜器上的数学文献包括两方面的内容：一是青铜器上的几何图形；二是金文中关于数字的计写。

殷代和周代所遗留下来的青铜器，一般都有复杂美观的花纹，而且大都精密严整，合乎规矩，说明早在殷商时期，中国的劳动人民已经掌握了不少关于几何图形的知识。[①]

四、简牍

所谓“简”就是用来书写的竹、木片，竹制者称竹简，木质者称木简（牍）。先秦时期，因为各方面都比较落后，其形制狭而长，每片只竖写一二行字，记载一件大事或一部书要用很多简，为了阅读方便，就用一两根线串起来，这样编连起来书谓之“册”，就像今天的书籍编连成许多页而成册。

（一）简牍的长度

关于简牍的长度，学者各执己见，大致观点可以分为两类：一是认为简牍的长度是没有制度的，以马先醒（1993 年）[②]先生、刘洪先生为代表。二是认为简牍的长度是有制度的，多数学者认为汉唐人的记载可信，书籍的内容越重要则简册就越长。郑如斯、马先醒（1980 年）[③]、高大伦诸先生认为“六经”长二尺四寸，是汉武帝尊经的结果。一些学者根据出土简牍资料提出新的看法，如高大伦先生认为“咫尺之书”（长度在 23—27 厘米）才是当时书籍通常的长度；张显成先生认为秦汉时代的常规简为 1 尺；赵超先生认为“这种对不同内容的简牍采用不同长度的作法，可能是出于存放时便于查找的目的”[④]。

根据出土的简牍资料，大体可以得出这样的结论：秦代的古书，有一尺、一尺二寸、一尺三寸、一尺五寸等四种格式。睡虎地秦简《日书》有甲乙两种，甲种长一尺一寸，乙种长一尺；放马滩秦简《日书》有甲乙种，甲种长一尺二

① 严敦杰. 中国古代数学的成就［M］. 北京：中华全国科学技术普及协会，1956：5.

② 马今洪. 简帛发现与研究［M］. 上海：上海书店出版社，2002：6.

③ 简牍学会编辑部. 简牍学报，第七期［M］. 台北：简牍学会，1980：87.

④ 赵超. 简牍帛书发现与研究［M］. 福州：福建人民出版社，2005：91.

寸，乙种长一尺。看来对简的长度的要求不是很严格。

汉代的古书有一尺、一尺二寸、一尺三寸、一尺五寸、二尺等格式，长于汉尺一尺的简牍都是西汉初期的。李学勤先生认为，汉初还不能说存在系统的定制。西汉中期以后用来记录随葬物品的材料已经发生了变化，此前多用竹木简，而少用牍，中期以后则多用牍而少用简，牍的长度一般都在汉尺一尺。东汉的古书类简牍长多汉尺一尺，文献记载诸子之书长一尺，应是东汉以后的事情。

（二）简牍的缮写格式及字体

简牍的书写也是有规范的。在一篇简文的开头，一般会加编或留下两根无字的空白简，用来保护正文，称为“赘简”。赘简的作用类似后世书籍的“护封”。简牍的书写行款是从上至下，从右至左，即直书左行，与现行的横书右行不同。钱存训先生推测，这种直行书写的原因虽不可确考，但可推测这一特点应和中国文字的构造、书写材料、应用工具以及生理和心理等因素有关。中国古代的象形文字，如人体、动物、器皿，大多纵向直立而非横卧；毛笔书写的笔顺，大多是从上到下；竹木材料的纹理以及狭窄的简策，只能容单行书写等，都是促成这种书写顺序的主因。至于从右到左的排列，大概是因为用左手执简、右手书写的习惯，便于将写好的简策顺序置于右侧，由远而近，因此形成从右到左的习惯。

简册缮写可分为以下三种：

（1）连写式。

书写为从头自尾，不提行。出土的简册多如此，参郭店、上博各篇。

（2）提行留白式。

当书写的一段内容结束后，下一段文字不紧接抄于竹简空白处，而是换简另写。秦汉的遣册多采用此式，参马王堆 M1、M3 出土遣册。

（3）分栏式。

将简册分成若干栏，先书写第一栏，然后第二栏、第三栏依次接抄。分栏式的书写格式比较特殊，出土的简册中《日书》多为分栏书写。秦简中分栏情况可以参看睡虎地秦简《为吏之道》，它分为五栏书写。

秦代的简牍一般都是用秦隶书写的。秦隶来源于战国的秦代文字，而战国时代，六国文字也有向隶书发展的趋势。[①]秦代的简牍上少用小篆，王家台秦简《灾异占》则用比较规范的小篆。[②]

汉代的简牍使用隶书、章草[③]等，西汉早期的隶书与秦代的隶书较为相近，裘锡圭先生将它们合称为早期隶书[④]。在汉代简牍上最常用的字体是汉隶。草书主要用于起草文稿和通信。

（三）简牍的编装方式

简是我国古文献最基本的单位，相当于现代书籍的一页。连贯的一支支简牍要编连成册。编连的方式，有的是先写后编，有的是先编后写，编连的绳道各异。从出土实物看，编纶有 1—5 道编。凤凰山 167 号墓的 74 枚遣策，长 23 厘米，用 1 道编。走马楼吴简中的司法文书木牍及户籍竹简，分别长 23.4—25 厘米和 23.3—23.5 厘米，都是用的 2 道编。甘肃放马滩秦墓竹简长 27.5 厘米，用 3 道编。其中，以 2 道编、3 道编为最常见。编数多少与简的长短并无必然联系。编绳用的材料有白丝线、黄丝线、黑丝线、青丝、麻线、皮革、红绳等（图 5-3）。

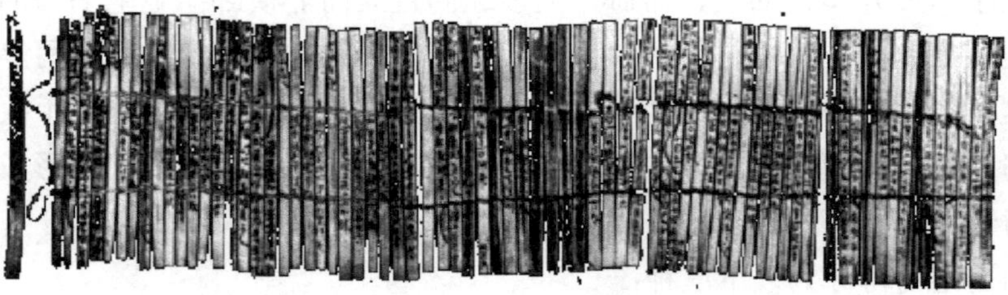

图 5-3　编连后的简册

简册编连完毕之后，还要对简册进行等齐的手续，等于后世的裁切书根，切去地头一端之不齐者，使全篇长短一致。简册是卷起来放置的，书籍单位的“卷”当源于简册。

---

① 郭沫若. 古代文字之辩证的发展［J］. 考古学报，1972（1）：8；裘锡圭. 文字学概要［M］. 北京：商务印书馆，1988：67—72.

② 王明钦. 王家台秦墓竹简概述［A］//艾兰，邢文. 新出简帛研究——新出简帛国际学术研讨会文集［C］. 北京：文物出版社，2001：28.

③ 出土的汉代简牍都可以用章草书写，王国维先生认为：章草不用来书简而用来书牍. 参看王国维原著，胡平生，马月华校注. 简牍检署考校注［M］. 上海：上海古籍出版社，2004：41—66. 王国维先生看法片面。

④ 裘锡圭. 文字学概要［M］. 北京：商务印书馆，1988：68.

编册卷起后，有时会用绳索之类的物品将其捆束，以免松散。简牍的存放可以用布帛包裹，可以放在书箧中。

五、缣帛

缣就是绢，帛是丝织物的总称，缣帛就是现在所说的绸缎。古人在采用金石、竹木来写文字记载史实的同时，也开始采用缣帛作为珍贵文献的书写材料。因为竹木虽然取材便利，但笨重，携带不便。如《韩非子·安危》："先王寄理于竹帛，其道顺，故后世服。"①《吕氏春秋·情欲》："故使庄王功绩著乎竹帛，传乎后世。"②《墨子》多次提到"书于竹帛、镂于金石"的话，可知春秋战国时期已开始使用缣帛来写文字。

1973 年，长沙马王堆 3 号汉墓出土了大量帛书，达 20 余万字，内容包括《老子》《经法》《十大经》《战国策》及兵书、历书、医书等近五十种古籍。这种缣帛现在可辨别的形制有两种：一是写在通高 48 厘米的宽副帛上，折成长方形，放在漆盒里；还有一种是通高 20 厘米，卷在长方形木片上，压在两卷竹简下面。1990—1992 年在甘肃敦煌出土了 10 件帛书。

虽然缣帛在春秋时期就开始成为书写材料，但对其的普遍应用还是在秦汉时期。缣帛易于书写，携带、保存方便，但价格较高。

（一）缣帛的制作和形式

帛书的材料都是丝织品。"缣帛在用来书写之前也要进行必要的处理，可能要先浆洗过，以避免文字洇染。"③汉代缣帛的幅宽在二尺二寸左右。"缣帛可因需要而剪裁，故帛卷的长度以其文字长短而决定。素帛的标准长度是四十尺，合 13.3 米，故帛书长度在 13.3 米以内者皆不需缝接。"④

为了书写方便，帛书在书写之前或需要打出界栏。帛书的界栏有两种，一是竖栏。帛书的竖栏是模仿竹木简的。竖栏一般是朱色，墨色的竖栏较为少见。另一是横栏。横栏是在帛书竖栏的两端各画有一条横线。横线之外，多留白不

---

① 陈占国. 韩非子新论［M］. 北京：东方出版社，2015：146.

② （战国）吕不韦编著，夏华等编译. 吕氏春秋［M］. 沈阳：万卷出版公司，2017：18.

③ 冯胜君. 从出土文献谈先秦两汉古书的体例（文本书写篇）［J］. 文史，2004（4）33.

④ 钱存训. 书于竹帛：中国古代的文字记录［M］. 上海：上海书店出版社，2004：103.

书写。横栏与竖栏如果是同时绘制，也是朱色。还有一些墨色的横栏，线条粗细不均，是书写者在书写时画上去的。笔直而且粗细一致的朱色栏线应是使用绘图工具绘制，部分帛书是没有栏线的（图 5-4）。

图 5-4　缣帛

（二）缣帛的缮写

帛书往往是图文交错，帛书上文字的书写行款与简册相同，为从右至左、从上至下的直书左行的行款格式。

出土的帛书可以分为以下五种形式：

（1）纯粹的图，完全没有文字，如《城邑图》（或题《园寝图》）。

（2）纯粹的书，完全没有图画，如《老子》《春秋事语》《战国纵横家书》《周易》。

（3）图是插图，主体是文字，如《养生方》结尾所附的《牝户图》、《胎产书》所附《人字图》和《禹藏图》。

（4）文为图注，主体是图画，如《导引图》《地形图》《驻军图》。

（5）图文互注，难分主次，如《避兵图》（原题《社神图》）、《丧制图》（或题《丧服图》）、《阴阳五行》、《刑德》和《天文气象杂占》。[①]

（三）缣帛的收卷方式

李零先生指出土帛书的收卷方式为：后世的卷轴式书画应是源于简册，纸本所承当和帛书的卷轴式有很大关系，而后世的册页式古书似与帛书的折叠式

① 李零. 楚帛书的再认识［A］//李零自选集［C］. 桂林：广西师范大学出版社，1998：247.

有区别，帛书的折叠式只能是册页式古书的样子，关系不大。

六、纸张

秦汉时纸张未发明之前，缣帛和简牍是主要的书写纪事材料，但帛贵而简重，并不便于人。社会上迫切需要一种能够代替简帛的廉价、轻便、易得的新型书写材料。现今出土的古纸，已证实在西汉时期就出现了纸张，并已用来书写。

通过对出土古纸的检验和文献的记载，造纸术产生初期所造的纸张为麻纸。但古书中对汉代造纸技术记载寥寥，其工艺主要通过现代模拟实验的方法得以了解。中国著名科学史专家潘吉星经过综合研究认为，汉代麻纸大体须经历 11 道工序才能制成：将原料破布、麻绳等浸润、切碎，再浸石灰水后蒸煮，并洗涤、舂捣成泥状，后与水配成浆液[①]，用模具抄造即成纸[②]。汉纸形状分正方形和方长形两种，以后者居多。

西汉是造纸术起源和造纸业奠基时期，经过一个世纪的发展，至东汉时期蔡伦对造纸术进行改进，为纸张向主流书写载体的转变起到了有力的推动作用。两汉时期为造纸术的发展打下了基础，为造纸术在魏晋南北朝时期的发展做了铺垫。魏晋南北朝时期的造纸术是直接继承两汉麻纸技术发展而来的。

（一）纸张的尺寸

纸张幅面的大小是衡量纸张技术和设备水平高低的一个尺度，同时，它又是适应当时的社会需要而发展的。在手工造纸技术发展初期，因受到人力（一人一帘）、纸帘（竹帘）、纸槽、烘干条件等的限制，通常纸的幅面是不大的。

北宋人苏易简的《文房四谱·纸谱》云："晋令诸作纸，大纸（广）一尺三分，长一尺八分……小纸广九寸五分，长一尺四寸。"[③]换算后，晋代大纸规格为 31.3 厘米×43.4 厘米，小纸为 22.9 厘米×33.7 厘米。但通过对出土实物的测量，1977 年新疆出土的公元 384 年一张完整纸，幅面为 23.4 厘米×35.6 厘米，为晋代时小

① 潘吉星. 中国造纸技术史稿［M］. 北京：文物出版社，1979：64.

② 潘吉星. 中国造纸史话［M］. 北京：商务印书馆，1998：17.

③ 转引自潘吉星. 中国造纸史话［M］. 北京：商务印书馆，1998：29.

纸，与苏易简所述略有差异。

在对几十种出土纸样实际测量的基础上，得出如下结果（表 5-7）。

表 5-7 魏晋南北朝时期纸幅和抄纸器尺寸 单位：厘米

项目	魏晋时期		南北朝时期	
类型	甲种（小纸）	乙种（大纸）	甲种（小纸）	乙种（大纸）
直高	23.5—24.0	26.0—27.0	24.0—24.5	25.5—26.5
横长	40.7—44.5	42.0—52.0	36.3—55.0	54.7—55.0

从表 5-7 的数据可知，魏晋南北朝时期的纸幅及抄纸器多为长方形，少见后世的大幅纸。

（二）纸张的编装方式

清朝高士奇的《天禄识余》说："古人藏书，皆作卷轴……此制在唐犹然。其后以卷舒之难，因而为折。久而折断，乃分为簿帙，以便检阅。"[①]说明在魏晋南北朝时期文献形制是存在卷轴式的。这一时期的书写载体经历了简牍、缣帛、纸张并行到纸张占统治地位的过渡，卷轴是这一时期主流的文献形制。

卷轴制度是从简册制度中脱胎而来的，在帛书时开始产生成形，到写本时达到完善（后来又向册页制度过渡，有一个逐渐演变的过程）。

造纸术发明和普及后，中国文献逐渐进入纸写书时代。初期纸写书的形式完全是模仿帛书的，纸被大量应用后，从抄写到制卷，经逐渐改进、发展，形成了一套完整的卷轴制度。所以，这个时期在文献史上又被称为卷轴时代。

抄写时，第一张纸起首空两行，先写篇名和书名，多数是小题在上，大题在下，一如简策帛书，然后写著作人姓名并附职衔，另起一行写正文。每抄完一书，在末尾另起一行再写书名、字数、抄写人姓名、抄写时间、抄写目的、用纸数字，甚至连校书人、审阅人、制卷人姓名也一一附记，是为"题记"，十分难得，后世图书的跋尾发端于此。

内容长的书，一张纸容纳不下，则用第二张纸继续抄写，这些纸按顺序接成一张长纸。长纸可先写后接，也可先接后写，用纸数量和卷的长度视内容多少而定，短卷有两三张纸，长卷有十几张、几十张不等，写完书的长纸，从左

① 《中华文化通志》编委会. 中华文化通志・典籍志［M］上海：上海人民出版社，2010：271.

向右卷成一纸卷。

为保护纸卷不被折皱和损毁，在最后一张纸上粘接一根木条，称作“轴”，可以手执轴，向前舒卷。轴的长度超过纸的宽度，纸卷好后，两头露出轴头。一般用竹木做轴，考究者用各种贵重质料做露在外边的轴头，如象牙、琉璃、玳瑁、紫檀等。

为保护书的内容不受污损，在正文第一张纸前加粘一空白纸，考究者可用绢、绫等丝织品，称作“褾”“包头”或“玉池”。

为避免纸卷散乱，褾的中间又系一根带子，用来捆扎卷子。

为便于书卷的保存，并避免和其他书混淆，每 5 卷或 10 卷用帙包裹起来，或盛之以囊。帙也称书衣，一般用布、帛来做，考究者用更高级的质料做帙。帙只包卷身，卷子轴头仍露在外。

卷轴存放的方法是在书架上平放，把轴的一端向外，取阅时抽出，归还时插入，成为“插架”。

为区别书的内容和取阅方便，又在轴头上挂一个小牌子，上写书名和卷次，称作“签”。考究的签用象牙制成，叫作“牙签”。

这样，卷、轴、褾、带连同帙、签等，组成了卷轴制度。这种形制一直沿用到唐代中期才发生变化。

初期的纸书，形式和帛书一样，也是一卷一卷卷起来的。将若干张抄写好文字的纸粘接成长条，一头接在一根木轴上，从左向右卷起来，就是一卷书。卷轴式纸书的书写方法是：首空两行，每卷起首先写篇名，次写全书的总名和作者名，正文常用朱、墨两色书写作用不同的文字，成为后来朱墨套印的雏形。从而引起书籍形式的演变。

纸张出现以后，其装帧形式便模仿帛书卷轴装，慢慢发展成了纸书卷轴装。到了隋唐时期，书籍的主要形态还是卷轴形制。正如北宋欧阳修所言：“唐人藏书皆作卷轴。”①

隋唐时卷子的形制也发展到了尽善尽美的阶段。卷、轴、缥、带成为卷子书籍的四个主要构成部分，类似于简策卷成一束的装订形式，在其一长卷文章的末端设一较幅面宽度长出少许的轴（一般为木轴，但也有考究者），以轴为轴心，将书卷卷在轴上。缣帛的书，文章是直接书写在缣帛之上的；纸写本书，

---

① （明）周嘉胄著，李芳编著．古典新读·装潢志［M］．合肥：黄山书社，2016：83.

则是将一张张写有文字的纸（唐代纸高 25—26 厘米或 26—27 厘米，长 40—43 厘米或 44—51 厘米）[①]，依次粘连在长卷之上。卷轴装的卷首一般都粘接一张叫作“飘”的、质地坚韧而不写字的纸或丝织品，飘头再系以丝“带”，用以保护和捆缚书卷。阅读时，将长卷打开，随着阅读进度逐渐舒展。阅毕，将书卷随轴卷起，用卷首丝带捆缚，置于插架之上。

隋唐时期，随着经济的发展，人们对文化的需要更加迫切，对书籍的需求也大大增加了。当时手抄、人工誊写的方式已无法适应社会的需要，因此促进了印刷术的发明。将各种石刻文字复制在纸上，经裱装成卷后便于保存和阅读。由此可见，拓石技术是雕版印刷的最早期的形式。

辽、夏、金、元王朝是由少数民族建立起来的政权，在上述时期都形成了一批优秀的科技文献，这些文献使用了本民族各自特殊的语言符号，并被写在不同质地的纸张或者木牌上，形成了上述时期别样的科技文献的载体特色。上述时期中，随着造纸原料格局的演变，长期占垄断地位的麻纸逐渐被皮纸代替，科技文献纸质载体中薄而柔韧的皮纸已居主导地位，唐、五代盛行的麻纸此时顿减，很多书印以楮皮纸、桑皮纸，洁白光滑，质量上超过以往任何时期。竹纸是宋元迅速突起的另一纸种，以竹纸印书成本最低，很多面向大众的读物以竹纸印刷，这是不同于前代的特点。[②]上述时期科技文献的装帧大概存在以下几种类型。

（1）蝴蝶装。

蝴蝶装又称蝶装，它是为了适应雕版印刷术的特点而出现的一种新的文献装帧形式。这种装法解决了折缝磨损后断裂散落的缺点，且书背保护得很严密，上下左三边即使有了一些损伤，也不会损害到文字，不影响阅读。当时又因蝴蝶装全部是用粘剂连接，没有打孔穿线之处，所以还可随意修整或改装，深受当时人们的欢迎。

（2）包背装。

元代科技文献装帧方面有一个创新，即带图封面的出现。中国也因此成为世界图书史上最早出现书名页的国家。元代图书封面，尤其是带图封面的出现，是中国文献装帧形式演变中的一大进步，对文献装帧的进一步发展做出了重要

① 李致忠，周少川，张木早. 中国典籍史［M］. 上海：上海人民出版社，2004：271.

② 潘吉星. 中国科学技术史：造纸与印刷卷［M］. 北京：科学出版社，1998：392.

贡献。

两宋时期在科技文献纸张的运用上，除了传统纸张的运用外，还有其自身的特色：两宋时期印书，用一种椒纸，可以辟蠹，这种椒纸是古人采取防腐措施而生产的印刷纸，大大延长了书籍的保存时间；自宋朝开始，刊印书籍多用前朝旧纸，翻背利用，一方面节约，一方面也说明纸的质地优良。

明朝的纸张品种除了上述所说的几种宫廷内府所制的纸品外，还有其他众多纸品，并且都有其各自的用途。关于纸的品种有火纸、包裹纸、皮纸、绵纸、棂纱纸、红上纸、呈文纸、小皮纸、桑穰纸、蠲糨纸等（表 5-8）。

表 5-8　明代纸的品种

纸品	工序或成分
火纸	又叫“糙纸”，在制作工序上，“不用烘焙”，仅“压水去湿、日晒成干”
包裹纸	粗而厚，是竹麻和宿田（没种庄稼的隔年田）晚稻稿所制而成的
皮纸	用猪皮和绝嫩竹麻等制成
绵纸	一种坚固的皮纸
棂纱纸	该纸是最上一等纸，其供皇宫“糊窗格”，其“长过七尺，阔过四尺”
红上纸	无
呈文纸	皮纸的一种，但实际上其是竹与稻秆参和而成的
小皮纸	芙蓉等皮造者的统称
桑穰纸	桑皮造者
蠲糨纸	桑穰造者

到了明朝，除了制纸业的高度发达，明朝书籍装帧的形制也随着社会的变迁而在发展。纸写书籍的发展大体上经历了三个阶段（八九百年时间）。而就在这几百年里，纸写书籍与印本书籍的装帧形式有卷轴装帧和册页装帧两种；册页装帧有旋风装、经折装、蝴蝶装、包背装和线装五种方式。而书籍发展到明代的装帧几乎就是后两种——包背装和线装。

（1）包背装。

此种装帧方式将印好的书页正折，版心朝正，文字向外。书页左右两边的余幅都折向右边的书脊，而版心就成为书口了，并在右边的余幅部分打眼，用纸捻将书页固定，然后用一张整幅硬厚纸作为书衣，对折粘于书脊，包于书的背面，最后再将上下的余边切剪整齐，这样就是一本整齐的包背装书籍了。此种装帧方式始于南宋，行于元朝，明朝中期以后逐渐减少，到了清朝已不多见（图 5-5）。

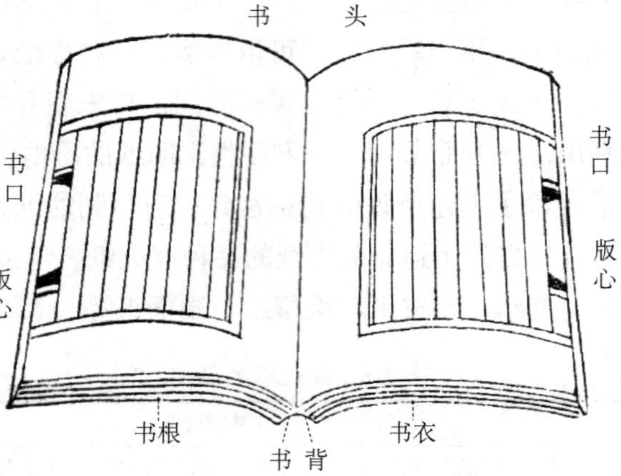

图 5-5 包背装

（2）线装。

包背装的书籍，文字页页相连，解决了蝴蝶装书籍开卷就是无字背面的缺陷，但是经常翻阅，也是容易散开的，于是匠工们经过研究和改进发明了线装。线装书籍的出现时间难以考究，但是通过一些古籍的记载，似乎线装书出现的年代不应晚于北宋末年或南宋初年。线装的方式与包背装较为相似，不同之处便是在装订时不一定先用纸捻固定，也不用整纸包装作书衣，而是将书衣或封面裁成与书页大小相等的两张，其后各衬一张，与书页一起戳齐，将天头、地脚及右边的余幅裁切整齐，然后固定、打孔、穿线、装订成册。这种装订方式流传至今。凡用毛边纸或宣纸印刷的古籍，仍然采用这种方式。

第二节 信息载体形态的演变

人类社会之初，生产力极其低下，出于生存的需要，人们不得不联合起来，采用原始、简陋的生产工具，同大自然做斗争。在斗争中，为了交流思想，传递信息，口头语言诞生了。但口头语言一瞬即逝，它既不能保存，也无法传到较远一点的地方去，而某些需要保留和传播到较远地方去的信息，单靠人的大脑记忆是不行的。于是，原始的记事方法——结绳记事和契刻记事便应运而生了。

一、结绳记事

在文字产生之前，人们为了帮助记忆，采用过各式各样的记事方法，其中使用较多的是结绳记事和契刻记事。中国古籍文献中，关于结绳记事的记载较多。战国时期的著作《周易·系辞下传》中说："上古结绳而治，后世圣人易之以书契。"[①]《周易正义》引东汉郑玄注云："古者无文字，其有约誓之事，事大大其绳；事小小其绳，结之多少，随物众寡，各执以相考，亦足以相治也。"[②]这是讲结绳为约，说得已相当明白、具体了。世界各地的不同民族皆有之。中国一直到宋朝以后，南方仍有用结绳记事的。南美洲秘鲁印加人的结绳记事尤其著名（图 5-6）。有的民族利用绳子的颜色和结法，可以精确地记下一些事情。作为原始记事方法的结绳记事，不论用一根绳子打结，还是用多根绳子横竖交叉，归根结底，它只是一种表示和记录数字或方位的一些简单的概念，是一种表意形式。可以把它看成是文字产生前的一个孕育阶段，但它不能演变成文字，更不是文字的产生。因为它只能帮助人们记忆某些事情，而不能进行思想交流，不具备语言交流和记录的属性。因此，结绳记事不可能发展为文字。

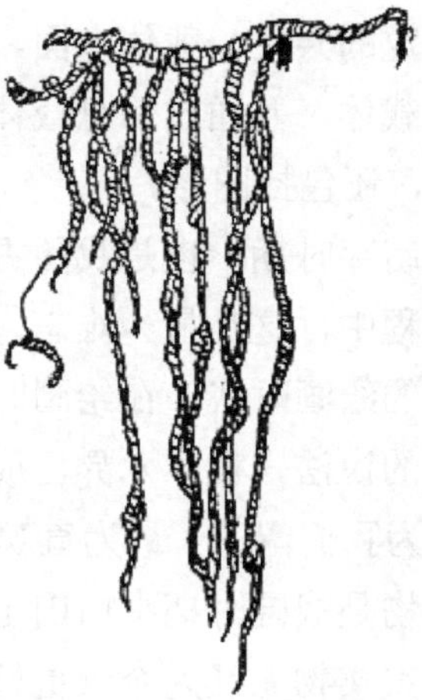

图 5-6　秘鲁印加人结绳记事图形

① 《中华文化通志》编委会. 中华文化通志·典籍志［M］. 上海：上海人民出版社，2010：8.

② 《中华文化通志》编委会. 中华文化通志·典籍志［M］. 上海：上海人民出版社，2010：8.

二、契刻记事

契刻的目的主要是用来记录数目。汉朝刘熙在《释名·释书契》中说："契，刻也，刻识其数也。"[①]清楚地说明契就是刻，契刻的目的是帮助记忆数目。因为人们订立契约关系时数目是最重要，也是最容易引起争端的因素。于是，人们就用契刻的方法，将数目用一定的线条作符号，刻在竹片或木片上，作为双方的"契约"。这就是古时的"契"。后来人们把契从中间分开，分作两半，双方各执一半，以二者吻合为凭。关于古代契刻的情况，《列子·说符》里记载着这样一个故事：一个宋国人在路上拾到一个别人遗失的契，回到家中便把契藏了起来，并偷偷地数契上刻的齿数，以为这些齿代表的钱数不少，非常高兴，情不自禁地对邻居说："我很快就要发财了。"这段故事说明，古代的契上刻的是数目，主要用来作债务的凭证。

三、图形

文献是记录、贮存和传播知识信息的工具，尽管这种工具的含义随着社会的进步和科学文化的发展曾发生过很大的变化，而且有可能以后还会发生变化，但是只要是文献，就必有一定的共性。载体方面，古典文献的载体不仅包括文献的物质载体，还包括信息载体，并通过信息载体将信息进行传播。承载信息载体的符号，不仅包括文字，还包括图形。

先秦是我国古代文明的萌芽时期，也是我国古代科技文明史的起步发展时期。在人类文明史的漫长进程中，这是最为难忘、辉煌的一页记忆。在文字产生之前，我们就经历了漫长的绘画时代。在绘画时代中，最具有代表性的就是地图，在文字之前已有地图的说法，在学术界已成定论。它反映出人类最初对于这个世界的理解和认识，为我们留下了最为直观的视觉记忆。

中国现存最早的地图实物是战国时期中山国王陵墓中的兆域图和放马滩出土的秦国地图。这些地图档案实物无疑为今天更好地研究春秋战国时期的地图

① （宋）李昉编纂，任明，朱端平，李建国等校点. 太平御览（第5卷）[M]. 石家庄：河北教育出版社，1994：707.

档案管理和地图绘制水平提供了有力的证据，在中国科技文献史上具有重要的意义。

四、文字

汉字经过了6000多年的变化，其较为清晰的演变过程是：甲骨文→金文→篆书（小篆）→隶书→草书→楷书→行书，以上的“甲金篆隶草楷行”七种字体称为“汉字七体”。

对于汉字的产生问题，有据可查的，是在约公元前14世纪的殷商后期，这时形成了初步的定型文字，即甲骨文。甲骨文既是象形字又是表音字，至今汉字中仍有一些和图画一样的象形文字，十分生动。

到了西周后期，汉字发展演变为大篆。大篆的发展结果产生了两个特点：一是线条化。早期粗细不匀的线条变得均匀柔和了，它们随实物画出的线条十分简练、生动；二是规范化。字形结构趋向整齐，逐渐离开了图画的原形，为方块字奠定了基础。

后来秦朝丞相李斯对大篆加以去繁就简，改为小篆。小篆除了把大篆的形体简化之外，还使线条化和规范化达到了完善的程度，几乎完全脱离了图画文字，成为整齐和谐、十分美观的基本上是长方形的方块字体。但是小篆也有它自己的根本性缺点，即它的线条用笔书写起来很不方便，所以几乎在同时也产生了形体向两边撑开成为扁方形的隶书。

至汉代，隶书发展到了成熟的阶段，汉字的易读性和书写速度都大大提高了。隶书之后又演变为章草，而后今草，至唐朝有了抒发书者胸臆、寄情于笔端表现的狂草。随后，糅合了隶书和草书而自成一体的楷书（又称真书）在唐朝开始盛行。我们今天所用的印刷体，即由楷书变化而来。位于楷书之后的是行书，它书写流畅，用笔灵活，据传是汉代刘德升所制，传至今日，仍是我们日常书写所习惯使用的字体。

到了宋代，随着印刷术的发展，雕版印刷被广泛使用，汉字进一步完善和发展，产生了一种新型书体——宋体印刷字体。印刷术发明后，刻字用的雕刻刀对汉字的形体产生了深刻的影响，出现了一种横细竖粗、醒目易读的印刷字体，后世称为宋体。当时所刻的字体有肥瘦两种，肥的仿颜体、柳体，瘦的仿欧体、虞体。其中颜体和柳体的笔顿高耸，已经略具横细竖粗的一些特征。到了明代隆庆、万历年间，又从宋体演变为笔画横细竖粗、字形方正的明体。原来那时民间流行一种横划很细而竖划特别粗壮、字形扁扁的洪武体，像职官的衔牌、灯笼、告示、私人的地界勒石、祠堂里的神主牌等都采用这种字体。以后，一些刻书工人在模仿洪武体刻书的过程中创造出一种非颜、非欧的肤廓体。由于这种字体的笔形横平竖直，雕刻起来的确感到容易，它与篆、隶、真、草四体有所不同，别创一格，读起来清新悦目，因此被日益广泛地使用，成为 16 世纪以来直到今天非常流行的主要印刷字体，仍称宋体，也叫铅字体。

第六章　中国古典科技文献的形成

文献的生命周期开始于文献的形成。中国古代的科技文献是如何形成的呢？张舜徽先生在《中国文献学》中认为，综合我国古代文献，从其内容的来源方面进行分析，不外三大类，即“著作”“编述”“抄纂”。受此启发，本书将中国古代科技文献的形成方式大致归纳为四种：记录、著述、抄纂、翻译。本章将依次对这四种形成方式进行大体的介绍。

第一节　记　录

记录类文献主要指档案文献，一切有关历史的记载和编纂都是历史文献。档案文献是指记录档案原文或以揭示、报道、摘编及综述档案信息为基本内容的文献。档案文献编纂在我国文献编纂领域占有极其重要的地位，档案文献是历史文献的重要组成部分。从时间上讲，档案与其他文献同是人类文明发展到一定阶段的产物，但在某种意义上档案要先于其他文献产生。换言之，我们至少可以说，档案是历史上产生最早的文献形态。王英玮在《档案文化论》中提到：“档案是人类社会文明最早之花结出的果实，人类在其后的发展进程中，正是由于自觉地培育、繁衍这些通过辛勤劳动和智慧创造的文明果实，才使人类自身逐渐摆脱了蒙昧和野蛮，并进入了光辉的文明社会。”[①]中国原始文字记录的产生时间，可能距今已有5000多年，这也可被认为是中国古代档案起源大致的时期。创造文字是为了使用，使用文字所产生的记录被保存下来，就其性质

① 王英玮. 档案文化论［J］. 档案学通讯，2003（2）：48.

来说，就是古代的档案。科技档案作为档案的一种，是保存备查的直接记述和反映科技活动与科技思想的原始记录。中国古代文明具有古代世界其他文明不可比拟的连续性，有着堪称辉煌的科技成就，所有这些，需要有一个必要的支撑条件，即中国古代应该有内容丰富、数量巨大、保存连续的科技档案。

一、记录的缘由

档案是人们有意识地保存下来的人类活动的原始性符号记录。学者王恩汉先生提出：档案的形成源于一种“记录的过程”。或者说，档案是在记录过程中形成的，它记录着人类活动的内容，也记录着活动的过程。人类活动的对象既包括人本身，也包括自然界。因此，档案的内容既包括社会和人文，也包括自然，但档案中所反映的自然界，指的是人类通过观察、认识、思考记录下来的自然界的信息，而不是自然界本身所反映出来的全部信息。大量的未被人们记录下来的自然界的信息，不是档案信息。自然界的信息成为档案信息需要两个条件：第一，它们被记录；第二，记录者是人。那么，是哪些因素促使原始社会的人类去记录人类活动中发现的一条又一条的科技信息呢？

第一，原始人类生存的需要。

人类的历史开始于二三百万年以前。按照社会学的理论，制造工具是人之所以成为人的标志。在那个遥远的年代，由于学会了使用工具（人类最早的技术发明），人使自己脱离了普通动物界而成为高级动物，开始走向现代文明的探索历程。在人类不断探索、不断进步的过程中，较早进行的是关于自然界与自身生存方面的探索。

原始人在漫长的生产和生活实践中注意观察周围的自然环境，总结与自然交往过程中获得的各种经验，尽可能地去寻找自然现象发生的原因。为了生存，原始人首先需积累地理、气象、天文、动植物的知识。他们在地理方面有惊人的记忆力，对自己所居住和活动的地域极为熟悉，甚至对自己曾经去过的远方地形、路线也能有深刻印象。许多原始人还能根据星辰及其他自然特点辨别方向，如东、西、南、北的确认。有些原始人还可画出简单的地图、航海图。气象与天文知识也是原始人直接经验的结晶。原始人能总结出一些天气变化的规律，可以根据某些迹象预测这些变化，事先做好应对准备，他们能确定肉眼见到的星星的位置，发现它们的细微变动。正因为具有如此敏锐的直接观察能力，原始人才能利用月亮盈亏的周期制定出最早的历法——《太阴历》，提出季节的划分。相传，在很早的时候，原始人类——我们的祖先，就开始“观象授时”、图画地图。“观象”，需要把观测到的天象、气象记录下来；“授时”，需要编制历法，指导生产活动。原始社会后期，大规模的狩猎活动、战争和部落联盟使利用地图成为一种较为迫切的需要。

艰难困苦的生存条件还迫使人类发明了许多简单易行的医治疾病、创伤的方法，为文明社会中各民族的民间医学奠定了基础。他们广泛服用动物、植物、矿物性药物，采取诸如按摩、冷热敷、蒸汽、放血等生理疗法处理感冒、胃痛、肌肉痛、神经痛等病症。因此，在新石器时代，已确实产生了使用科技文件、保存和积累科技档案的需要。

第二，记录工具的出现，使原始人类观测、发现的信息被记录下来成为可能。①

文字起源于图画，科技档案也起源于图画。科技起源于人之初，而科技档案则起源于人类记录活动之初。

图画是原始人在发明文字之前所使用的记录和表达各种活动与思想的重要工具之一。它的表现形式包括“刻符”和“岩画”。“刻符”包括陶文和木石上的刻画符号，有“指事”性质；岩画包括岩洞、山崖、石壁和其他处所的素描，有“象形”性质。现已在世界各地相继发现了大量的“刻符”和“岩画”，有相当一部分记载的是科技方面的内容。如在中国发现的远古岩画中，即有属于数学的各种计数符号和几何图形；属于天文学的星图；属于建筑学的建筑图形；属于工具、机械的车辆、舟船、弓箭图；属于农业的各种农作物图画等，它们记述了人类最初的科技成就。

比图画稍晚一些产生的是记号，较成熟的记号（如八卦）要早于文字而产生。人类早期书面语言的发展过程大致为：图画—记号—文字。学者已经把这个发展过程的中间阶段作为一个时代——记号时代来加以研究，并认为记号时代已产生数的概念，具备了几何知识和天文历法知识。以中国古代的八卦为例：八卦是一种较典型的记号语言，它主要用“——”和“— —”两种符号表意记事，

① 以下皆参考丁海斌，陈凡. 中国科技档案史［M］. 沈阳：东北大学出版社，2007：4—6.

主要象征天、地、雷、风、水、火、山、泽八种自然现象，并通过各种组合上的变化来表示相当复杂的事物。八卦与季节和方位是一一对应的，在当时主要被用来表示气象、历法和地理方位。中国远古时期还曾用圈和点来作为记号语言，著名的“河图”“洛书”就是用圈和点来表示科技事物的，而且据有关专家研究，这种记号语言使用的时间相当长，积累了相当丰富的经验，圈与点组合起来，可表示任意一件事物。这种记号语言与八卦是一脉相承的，在当时也以表述科技内容（如历法、地理、几何图形等）为主。由以上可见，中国远古时期曾经经历了一个很发达的记号时代，当时的记号语言被作为记载科技内容的工具，是科技档案的一种语言符号载体。此外，这种书面语言工具并没有因为后来文字的产生而完全消亡。从古至今，作为一种书面语言，它一直在人类生活中，特别是科技活动中发挥着作用。现代数码语言就是它的现代版高级形态。

原始记号时代之后便产生了文字。中国的文字约产生于黄帝时期，这一事实已被国内外学者所认同。考古学家的发现证实了中国学术界早已认同了的观点，即在殷商甲骨文字之前已有文字出现，也证实了史籍的有关记载，如《说文解字》载：“黄帝之史仓颉见鸟兽蹄迒之迹，知分理之可相别异也，初造书契，依类象形，故谓之文。”①

龙山时期，从各地发现的大量陶文看，其中许多字的字形结构都与商代甲骨文和西周金文十分相似，说明龙山文化的陶文与后期文字的渊源关系。

与此同时，还应该注意到大汶口文化陶尊上的图像文字。这种文字在大汶口文化不同地点的几个遗址里都有发现，反映了这些图像文字所表达的语言具有共性。这种图像文字出现于不同的地区，应不是一种偶然现象，它反映出龙山文化时期中国的图像文字已逐渐趋于一致，成为人们共同的表意符号。由众多的考古研究成果可以断定，中国的文字时代至迟开始于龙山文化时期。而文字的产生，为科技档案的形成提供了最为重要的书面语言载体。

第三，原始社会后期，人类文明不断进步，出现了阶级和国家。

原始社会末端的黄帝时期，也可以称为原始文明时代，当时已具备了文明社会的三个重要标志，即城、青铜和文字。由于部落管理的需要，当时已有一定规模的公务活动存在。

---

① （东汉）许慎撰，（清）段玉裁注. 说文解字（三）. 全注全译版［M］. 北京：中国戏剧出版社，2008：1184.

公务活动是指各种社会活动及其他公共活动。这种活动既存在于阶级社会，也存在于非阶级社会。原始社会后期和共产主义社会都有公务活动存在。

黄帝时期的公务活动从古籍记载看，主要有置宫、征讨、禅让、会盟、祭祀等。随着阶级的出现，国家的形成，人事日繁，治理日密。在阶级统治过程中需要有一种权威来发号施令，以调节矛盾。作为管理众人之工具，文字的产生就是因为国家管理的需要。因此，文字之最初形式是文书，最初的文字，是书契。这一点，古代和近代学者说得十分清楚。“造立书契，所以决断万事”，“百官以治，万民以察”。[①]“文字之兴，原始于书契”[②]，“古人创造文字，本以致用”[③]，“文字者”，“临民治事之具”。[④]总之，“大道衰而有书；利害萌而有契”[⑤]，正说明了文书档案产生的社会历史因素，即原始社会瓦解，有了剥削和压迫，人们之间有了根本的利害冲突，国家要进行管理工作。由此可知，档案首先是国家机关的产物。但这并不等于说早期社会的档案都反映阶级关系，其中的多数很可能是生产的记录。但这些系统的成文记录也只是阶级、国家产生后才可能有的。民以食为天，组织农业生产是早期国家的基本职能，同时，国家必须掌握与农业生产相关的天文、历象等知识，管理大规模的水利工程，也就必然会产生这类生产记录，而这类记录也只有在人类社会出现脑力劳动和体力劳动的分工后才有可能形成。早期社会的文字、知识、技术等一切文化都为统治者所掌握，并作为其统治的工具。因此，早期真正意义上的档案则是国家机关的产物。

总而言之，档案是人类社会发展到一定阶段的产物，它的产生经历了一个相当长的历史过程。从口耳相传到以实物记事为萌芽，以文字发明为基础，以国家产生为背景，产生于原始社会（渔猎社会——石器时代）向奴隶社会（农业社会——铜器、铁器时代）过渡的时期。档案和人类社会同步发展，记载了人类文明的灿烂辉煌。档案是有史以来最早的文字信息记录，是社会发展中的第一代文献。档案既是社会文明的产物，也是人类社会和国家文明的一种标志。

---

① （清）阮元. 十三经注疏·周易正义［M］. 北京：中华书局，1980：87.

② （清）孙怡让著，楼学礼点校. 契文举例·叙［M］. 济南：齐鲁书社，1993.

③ 梁淑辉. 许同莘治牍理论及价值［D］. 广西师范学院，2011：5.

④ 许同莘撰，王毓、孔德兴校点. 公牍学史［M］. 北京：档案出版社，1989：1.

⑤ （清）陈梦雷. 古今图书集成·第65册·理学汇编·字学典［M］. 北京：中华书局；成都：巴蜀书社，1985：78254.

二、记录的先决条件

真正的科技档案出现，是历史和学术发展的结果。中国的学术起源很早，并且一脉相承，赓续不断。先秦时期就已萌生的天文学、地理学、医药学、农桑种植学等科技档案，在以后的2000多年发展中，不但赓续发展，有的还不断拓展和深入。我们必须放眼于这些学术发展的大背景，并努力到这种学术发展的历史长河中去探索科技典籍的源流派脉，才能厘清科技典籍著述出现的原因。

总的来说，我国的科技档案是在以下诸条件的创造过程中逐步出现的。

（一）书写工具、书写材料的演进

文字必须用一定的工具书写在一定的物质材料上。早期的文字称为书契，篆文："书"像人手执笔，"契"指人工刻出的符号，书契，即用笔和刀刻写的早期文字。就所用材料说，文字发明之前经历了结绳记事和刻木记事阶段。刻画符号和图画符号则出现在器物和石头上。6000年前的西安半坡文化遗址出土的彩陶，上面已有接近文字的图画，但还不是正式的文字。文字产生以后，书写材料多种多样，反映了人们的探索过程。就其用途来说，早期的书写材料可分两类：一类供刻辞用，另一类则向书籍载体演进。

供刻辞用的书写材料有龟甲、兽骨、玉、石和金属器物，制作刻辞的工具主要是玉石或金属刃具。如商周时期，贵族统治者往往把需要记载下来的重大事件或重要法典刻铸在青铜器底或器壁上，传之久远，后人称之为铭文，也叫金文或钟鼎文。据孙稚雏《金文著录简目》统计，现已发现有铭文的古代青铜器物共7312件，包含单字约3500个，目前已能辨认的约有2000个。①这些铭文直接记录了当时的政治活动和社会生活，流传下来，就成了珍贵的历史资料。甲骨、金属器物、玉片或石块等都是书籍产生以前的文字载体，但甲骨文和青铜器都不是书籍的刻写材料，碑石不能像普通书籍那样流传，刻辞和铭文也都不是以传播文化知识为目的，所以都不是书籍。不过，这些刻写材料反映了书籍载体的演进过程，为书籍的产生做了准备。

---

① 孙稚雏. 金文著录简目［M］. 北京：中华书局，1981.10. 统计数字参见李瑞良. 中国古代图书流通史［M］. 上海：上海人民出版社；世纪出版集团，2000：4.

正式书籍的书写材料是从简牍开始的。简牍制度代表了我国书籍的第一个阶段。简是竹片制成的简册，牍是木板制成的版牍，以竹木为书写材料，合称简牍。单片的竹片称“简”，将若干片编连起来，称为“册”，也称“策”。一册就是一篇完整的文字。据《尚书·多士》载，周公对殷遗民说：“惟殷先人，有册有典。”[①]这说明商代已有简册。简牍的使用，从商周起，直到魏晋时因纸的普遍使用而逐渐被淘汰。

后于简牍的书写材料是缣帛，用缣帛书写的书籍称为帛书。用竹木制成的简册在使用中出现不少缺陷，主要是体积大而笨重，不便使用。一旦编绳断散，容易发生脱简、错简，造成混乱，阅读更为困难。因此，丝织品的缣帛也被用为书写材料。与简牍相比，缣帛质地柔韧、着墨顺畅；篇幅长短，可根据内容裁剪；体质柔软，可随意卷舒，便于阅读收藏；分量较轻，也便于携带。帛书的基本形式是把一篇文章书写在一段缣帛上，称为一卷。缣帛还可用于绘画，称一幅。帛书起源于春秋时期，长期与简牍并用，古籍中常与简册并提。《墨子·明鬼》：“故书之竹帛，传遗后世子孙。”[②]其缺点是价格昂贵，不易普及，所以无法取代简牍。丝织品比竹木更易朽坏，先秦帛书，后世极少发现。现存最早的是长沙出土的战国楚帛书。古时，“篇”和“卷”都是计算书籍数量的单位，篇指的是简书，卷指的是帛书。它们的出现，为古人读书、学习提供了便利的条件。

总之，在档案记录的产生过程中，书写材料的选择在纸的发明之前已经经历了很长一段时间。

（二）文字使用者——史官的出现

文字发明以后能否使文字成为记录与著述的工具，取决于文字使用者。汉字发明以后，使用文字由史官职掌，最早拥有文字使用权和档案记录保管权的就是史官。

在我国，史官起源可以追溯到神话传说时代，而文字的起源又是和史官联系在一起的。《世本·作篇》载：“黄帝使苍颉作书，大桡作甲子。”宋注：“大桡，黄帝史官。”[③]这些传说，提供了最早的史官的名字。黄帝属于古史传说时

① 周秉钧译注. 白话尚书［M］. 长沙：岳麓书社，1990：172.

② （春秋）墨翟著，戴红贤译注. 墨子［M］. 太原：书海出版社，2001：135.

③ （清）茆泮林辑，周渭卿校点. 世本［M］. 济南：齐鲁书社，2000：65.

代的人物，尚无法确考。但夏代以后，关于史官的记载越来越多，史官掌管文字记录的史事也越来越明显。《汉书》中说："古之王者世有史官，君举必书，所以慎言行，昭法式也。左史记言，右史记事。事为《春秋》，言为《尚书》。"①这里所谓"古之王者"，就是指从黄帝到夏商周时期的统治者。"世有史官"说明古代王朝建立以后，史官是历代都设置的。

夏代流传的资料太少，无法取证，但商代史官的设置，可以从甲骨卜辞中得到证明。据董作宾考证，甲骨刻辞中的"贞人"就是史官，并且当时存在着一个贞人集团。②在甲骨刻辞中，"史"字或作动词用，如"史人"应读为"使人"，但也有作名词的，如"大史""西史""上史""小史""作册"等，都是史官的名称。在古籍中，还有"巫史""史巫"等名称，也是指商代的史官。商族尊神，文字属于神官，神官兼为史官，所以巫、史连称。后来文字记事的职能增多，史官就从巫官中分化出来。这个分化过程，大约在商殷后期就已完成。《汉书》所谓"左史记言，右史记事"③，反映史官已有分工。

到先秦后期，文字记录事务越来越繁琐，不是一人所能承担的，于是史官的分工越来越细。据《周礼·春官宗伯》记载，史官名目繁多，职位最高的叫太史，是六卿之一。除太史之外，还有小史、内史、外史、御史等职位。"太史掌建邦之六典"；"小史掌邦国之志"；"内史掌王之八枋之法"；"内史掌书王命"；"外史掌书外令，掌四方之志，掌三皇五帝之书，掌达书名于四方"；"御史掌邦国都鄙及万民之治令"；"御史掌赞书"。④史官分工之细和文字分类之繁，意味着档案编纂条件的成熟。

（三）记录材料的积累

记录是按照事实所做的原始记载和为了处理事务而撰写的文书，是最早的文字使用方式。文字发明以后，最初就是用来记事和处理事务的。"史"的本义就是"事"，甲骨文中的"史"字大多是"事"字的意思。甲骨刻辞和金石铭文都是当时政事活动的记录。《汉书·艺文志》所说的"左史记言，右史记事"，

---

① （汉）班固. 汉书·卷三十·艺文志·第十［M］. 北京：中华书局，1962：1715.

② 刘梦溪主编，董作宾著，裘锡圭，胡振宇编校. 中国现代学术经典·董作宾卷［M］. 石家庄：河北教育出版社，1996：35.

③ （汉）班固. 汉书·卷三十·艺文志·第十［M］. 北京：中华书局，1962：1715.

④ （汉）郑玄注，（唐）贾公彦疏. 周礼注疏·卷二十六［M］. 上海：上海古籍出版社，1990：258.

也反映了这一史实。

从甲骨文和金文中可以看出，早期的文字记录方式是按事记录，按时积累。甲骨卜辞一卜一事，金石铭文一篇一事，都以事为中心。事实有繁简，内容有详略，文字有长短。从发展趋势看，记录文字是由简到繁，由短到长的。早期的文字都很简短。一片甲骨刻辞，少的只有一字，多的有三十余字。现存最古老的几部典籍也都是文字简短的。《春秋》记事，有时也只用一个字，如隐公八年（公元前715年），只用一个“螟”字记载发生灾害的事实。

按事记录的文字材料必然要按照时间先后积累起来，形成流水账簿。史官有了分工以后，这种流水账簿就按照各人的分工积存起来，以备查考。时间越久，积存越多，就成为文字档案。与后来的书籍相比，文字档案的特点是原始性，而书籍则要有一定的系统性。二者的差异在于有没有经过整理和编纂。积存文字档案是为了查阅，但随着时间的推移，档案资料堆积越多，查阅就越困难，于是产生了整理的需要。文字记录积累成为档案资料，这就是档案的起源。

上述诸条件的具备，大约在商周时期，我国早期比较成熟的科技档案即在该时期正式登上了历史舞台。

三、记录的形成主体

科技档案的形成主体主要包括它们的形成机构和形成者（私人和官方）。[①]在中国古代，其形成多数是有规则的，有一套关于形成者、经费、文档形式等的制度与办法。这种制度与办法我们可以上溯到《周礼·夏官·量人》的记载：量人“邦国之地与天下之涂数，皆书而藏之”[②]（量人的职责中包括把“邦国之地”和各地的道路情况记录、描绘下来，并作为档案保管妥当），而且这种制度与办法越来越严密、科学。相关的中央机关（如钦天监、太医院、工部及内务府所属的手工业部门）都有自己的一套科技档案的形成与管理制度，而地方政府除形成本部门工作所需的科技档案外，还须向中央机关报送相关档案。

以地图档案为例：在我国古代，许多朝代都形成了定期“造送”地图档案

① 参考丁海斌等. 中国古代科技档案遗存及其科技文化价值研究［M］. 北京：科学出版社，2011：6，214.

② （东汉）郑玄注，陈成国点校. 周礼·夏官·量人［M］. 长沙：岳麓书社，2006：66.

的制度。如《新唐书》载：唐朝政府规定，“凡图经非州、县增废，五年乃修，岁与版籍偕上”[①]。此外，对其他方面也有要求，如五代后唐明宗有《令诸道进州县图经敕》：“宜令诸道州府，据所管州县，先各进图经一本，并须点勘文字，无令差误。所有装写工价，并以州县杂罚钱充，不得配率人户。其间或有古今事迹、地理山川、土地所宜、风俗所尚，皆须备载，不得漏略，限至年终进纳。其画图候纸到，图经别敕处分。”[②]

这道敕文对各地绘制报送图经的要求非常明确。

再以手工业档案为例：手工业档案是人类手工业活动的产物，并反过来服务于人类的活动，满足人类生产活动中保存记忆、留存依据与凭证、传播知识和经验等多方面的需要。二者在逻辑上，应是先有手工业的产生，后有手工业档案；手工业活动形成手工业档案，手工业档案记录人类手工业活动与手工业技术知识。中国古代手工业档案的形成者大致有两种情况，一是一般工匠，他们因长期的生产实践积累起丰富的经验，有重要的技术创新能力。例如，纺织技术革新家黄道婆原是一个普通的农家妇女，她凭着多年的纺织经验以及在海南学到的技术，对家乡的棉纺工具做出改革。但这些民间手工业者多数采用口头传播方式，直接书面材料记载较少。多数文献为后人汇总，并加工整理而成。二是官员，他们位居手工业管理岗位。一方面出于职务管理需要而记录档案；另一方面出于个人兴趣而进行研究。他们勤于学习和钻研，又善用文字总结。例如，宋代李诫，从哲宗元祐七年（1092 年）开始在将作监供职，前后共达 13 年，绍圣四年（1097 年）李诫受命编修《营造法式》。他一方面广泛参阅前代有关建筑方面的史书和专著，认真吸取前人的成果；另一方面非常重视工匠的实际经验，在工地与工匠一起探讨，分析、比较各种营造方法的优缺点，找出构件尺寸间的相互比例关系，以求制定合理、科学的规范。经过他辛勤的努力，终于完成了《营造法式》的编修工作。

四、记录的类型

我国古代科技档案与同时期世界各国相比，种类繁多，并富有特色。科技

① （宋）欧阳修，宋祁. 新唐书·卷四十六·兵部［M］. 长春：吉林人民出版社，1995：707.

② （宋）王溥编. 五代会要·卷三十［M］. 上海：上海古籍出版社，1978：254.

档案的记录类型与科学技术的发展有密切关系。随着技术的进步和材质的改善，科技档案的记录类型不断增多。

按记录对象，科技档案可划分为以下几种类型。

（一）自然界活动记录

1. 观测记录

观测，常指对自然现象进行观察或测定。这类记录包括天象记录、水文记录等。以天象记录为例，我国古代很早就形成了认真观测天象，了解日月星辰的运行规律，以制定或不断修正历法的优良传统，即所谓“观象授时”。《诗经》中的一些篇章，记有不少星宿的名称，如火、箕、斗、室、卯、毕、参、牵牛、织女等，足见周代观测行星知识之丰富，后来的《甘石星经》就是在此基础上编撰的。《竹书纪年》记载“懿王元年，天再旦于郑”①，是目前所知我国最早的一次有确定日期的日食记录。另外，《诗经·小雅·十月之交》载，“十月之交，朔日辛卯，日有食之，亦孔之丑”②，是我国已发现的最早的以日月合朔为一月开端的记录；《春秋》记“秋，七月，有星孛入于北斗”③，是天文学家公认的世界上关于哈雷彗星的最早记录，等等。

2. 观察记录

观察，是指对客观事物所进行的一种查看体验活动，简单讲就是用眼睛查看。这类记录包括动植物学记录、矿物学记录等。例如，动植物学在以渔猎为主要生产方式的原始社会，人类就逐步认识了一些与人类关系密切的动物生活习性及其身体结构、植物生长周期及其规律。随着人们知识的不断进步，人们尝试通过观察，将动植物外形、内部结构、生活习性等用文字和图形如实地记录下来。3000多年前的著作《夏小正》中就记载了“五月浮游出现，十二月蚂蚁进窝”④等生态观察现象。北魏末年贾思勰的《齐民要术》是一部农业生产技术的总结性著作，他在自序中说“采捃经传，爰及歌谣，询之老成，验之行事”⑤，就是说他的书，是在搜集了丰富的文献资料和农谚，访问了老农，通过实地观察后编写的。

---

① 方诗铭，王修龄. 古本竹书纪年辑证［M］. 上海：上海古籍出版社，1981：53.

② 陈成国. 四书五经（上）［M］. 长沙：岳麓书社，2014：365.

③ 陈成国. 四书五经（下）［M］. 长沙：岳麓书社，2014：1338.

④ 武汉大学等. 普通动物学（第 2 版）［M］. 北京：高等教育出版社，1978：5.

⑤ （北魏）贾思勰，缪启愉、缪桂龙译注. 齐民要术译注［M］. 济南：齐鲁书社，2009：17.

（二）实践活动记录

例如，手工业档案。在手工业实践生产过程中，人们为了传承与积累生产经验、提高技术水平，不断积存各种手工业记录，这就是我们所说的手工业档案。中国古代的手工业源远流长，自有文明史以来，从官府的专门人员或专设机构至普通百姓都在生产和生活的各个领域进行生产和创造，也正由此形成了大量的手工业档案。中国古代手工业档案有直接和间接两种遗存方式。直接遗存的档案以官营手工业档案为主。这些工官档案的内容涉及兵器制造、工程建筑、水利、日用金属器皿制造、瓷器制造、盐铁业管理等许多方面的内容，其主要档案种类有甲骨原件（含汉代骨签档案）、明清档案原件等。而间接遗存以官方史书中的相关记载为主，亦包括部分私家著述。

五、记录的内容构成

一般说来，有什么样的科学技术、科学技术活动，就有什么内容的科技档案。与中国古代官方科学技术的实用性有关，中国古代官方科技档案的内容与组成也具有明显的实用性，主要有地理档案、天文档案、医药档案、工程技术档案、农业档案、气象档案、水文档案等。

（一）地理档案

人类最早进行的科技活动是“察地观天”，甚至在文字发明之前，人类就有了地理与天文方面的记录。许多民族在没有文字之前，就有了地图。中国古代的官方地理档案，包括地图档案、地质档案、环保档案、人文地理档案、气象档案、水文地理档案等。其中地图档案的数量巨大，气象档案、水文地理档案的数量也比较多。

地图档案的种类繁多，如唐代有行政区划图、地势图、军事地图、藩属和邻国地图、交通图、风俗图、城市规划图、物产图等；气象档案以清代为例，有雨量观测记录档案、雨雪分寸记录档案、晴雨录档案等；水文地理档案主要有黄河水系的水文地理档案（含沙量记录、河源探查记录等）、长江水系的水文地理档案（如著名的长江上游今三峡库区的洪水、枯水题刻等）、海洋水文档案（如潮汐观测记录、航海图等）。

（二）天文档案

中国古代的天文档案记录主要集中在官方，因为它是“天子”的权利。在国家机器产生之前，部落里就已经有相关人员进行天文观测记录工作了。从殷商甲骨档案记录看，商代的天文记录就已经很丰富了，记录内容的系统性、连续性就很强了。它们主要有天文观测与历书档案。特别是中国古代天文观测记录，是中华民族贡献给人类宝贵的文化遗产。

（三）医药档案

医药档案也是中国古代科技档案中数量较大且独具特色的组成部分。其种类主要有医疗记录档案（医案、脉案）、方剂档案、防疫档案等。古人还有一个优良传统，就是他们常常将积累起来的医案与方剂档案编纂出版，为更多人提供宝贵的经验，如清代江南名医叶天士的《临证指南医案》中就汇集了大量医案。

（四）工程技术档案

工程技术档案包括水利工程档案、土木工程档案、器物制作工程档案、手工业技术档案等。以现存中国第一历史档案馆的清代工部档案为例，其中包括营缮司的关于修缮宫殿、坛庙、城垣、衙署等工程做法的用料档案；虞衡司的关于陵寝、坛庙等修缮工程、修办铁路、矿务及河工、修造战船等方面的文件档案；都水司的关于各地河工事宜的奏底和江南、江西等地河工事务清册以及治理黄河的图纸等；屯田司的关于各陵修缮工程的做法档案，等等。

工程技术档案中以各种工程图纸最为引人关注，仅清代“样式雷”家族就形成了大量的建筑图档案。

（五）农业档案

中国古代农业档案范围较广，来源众多（如各地方官的奏呈），比较分散。如现存中国第一历史档案馆档案中就包括：

> 清代宫中及军机处的上谕档、硃批奏折、录副奏折等文件及簿册之类，从 10 多万件有关清代气象以及与气象紧密关联的农业生产方面的奏报文件……内容包括清代政府在农业方面的政策、制度，各地屯田、垦荒、耕

作及农作物品种、种植、禾苗生长情况，农业自然灾害和防治情况等，尤其注意收辑各级官员对其辖境农业生产概况的奏报。[①]

除这些地方官的奏折之外，还有物产图、田亩图等农业档案值得我们关注。它们因涉及贡赋、税收等而显得非常重要，有的数量巨大，如明代的田亩图档案——鱼鳞图册。

（六）气象档案

中国古代人们就知道对自然寒暑进行观测，在甲骨、简牍、缣帛和纸张等载体上形成了以旱、风、云、雨、晕等大气现象为主的气象观测记录——气象档案。它们记载了人们对于四时更替、气候变化等规律的掌握过程，并不断地为后代人们所利用，对于探究古代气候变迁规律、中西方文化交流历史和气象灾害统计等具有重要的科技文化价值和作用。

（七）水文档案

与天文观测记录一样，中国古代官方亦有较系统的水文观测与记录工作，并形成了相当数量的水文观测记录档案。水文档案是在水文观测活动中产生并归档的原始观测材料，包括水位、水质、水温、流量、地下水位、降水、蒸发等的观测记录，水文手册及图集和水文年鉴等。水文档案反映水文气象、陆地水文、海洋水文、水文地质等不同领域长期观测积累的水文变化和洪水旱情预报的情况，为水利和其他国民经济建设部门提供基础资料。

六、记录的管理

因民间资料极为匮乏，笔者在这里主要介绍官方科技档案的保管与整理情况。

（一）古代官方科技档案的保管

人类是本着需求去做事的，中国古人保存科技档案有着明显的目的性。

① 中国科学院地理科学与资源研究所，中国第一历史档案馆. 清代奏折汇编——农业、环境［M］. 北京：商务印书馆，2005：3.

1. 古人保管科技档案的目的[①]

第一，用于学术研究。

有一些科学技术研究活动是以数据记录档案为基础条件的，如天文学、中医药学、地理学等。

例如，候簿是中国古代一种比较重要的天文记录档案，它的作用在于通过长期连续的观测记录和数学运算来研究天文变化规律，特别是以此来准确地制定历法。沈括在《梦溪笔谈》卷八中，较详细地记载了候簿的内容与作用，并说明由于政治腐败，而没有形成完整的候簿。

> 卫朴造历，气朔已正，但五星未有候簿可验。……其法须测验每夜昏、晓、夜半月及五星所在度秒，置簿录之，满五年，其间剔去云阴及昼见日数外，可得三年实行，然后以算术缀之，古所谓“缀术”者此也。是时司天历官皆承世族，隶名食禄，本无知历者，恶朴之术过己，群沮之，屡起大狱，虽终不能摇朴，而候簿至今不成。卫朴以无候簿，未能尽其术。[②]

再如，中医药学是一种经验科学，它需要档案的经验积累。《诊籍》是中国古代最早的医案档案。据司马迁《史记·扁鹊仓公列传》记载：西汉著名医学家淳于意，“所诊者，皆有诊籍”[③]。这些《诊籍》详细记载了患者的姓名、籍贯、职业、病名，分析了病因、病理、脉象，并载明了治疗方法和治疗结果等。淳于意不但师从名医，博览各种秘方、脉书，而且深知收集资料、积累经验的重要性。对于所诊治的每一个患者，他都要“表籍所诊，期决生死，观所失所得者合脉法”[④]，即建立起病人的医案，随时查阅，以与脉法相比照，总结自己诊治中的经验与教训。汉文帝对淳于意的精湛医术颇为欣赏，曾很感兴趣地询问淳于意：“皆安受学？受学几何岁？”[⑤]并问淳于意所为治病“尝有所验，何县里人也？何病？医药已，其病之状皆何如？”[⑥]淳于意即从自己的《诊籍》

① 参考丁海斌等. 中国古代科技档案遗存及其科技文化价值研究［M］. 北京：科学出版社，2011：1—4.
② （宋）沈括. 梦溪笔谈［M］. 长沙：岳麓书社，2002：62—63.
③ （汉）司马迁. 史记·卷一〇五·扁鹊仓公列传［M］. 北京：中华书局，1982：2813.
④ （汉）司马迁. 史记·卷一〇五·扁鹊仓公列传［M］. 北京：中华书局，1982：2813.
⑤ （汉）司马迁. 史记·卷一〇五·扁鹊仓公列传［M］. 北京：中华书局，1963：2796.
⑥ （汉）司马迁. 史记·卷一〇五·扁鹊仓公列传［M］. 北京：中华书局，1963：2796.

中选择了25例医案，回答了汉文帝所提出的问题。

还有一些科技档案可以作为科学技术研究的参考资料。以晋代裴秀为例：裴秀发明“制图六体”及绘制《禹贡地域图》等都与其接触和掌管地图档案有关。裴秀在青年时期相继在曹魏、西晋的中央机关做过官。到晋武帝时，他升为司空（相当于宰相），又职在地官（兼任地官，见《晋书·裴秀传》），负有管理国家地图档案的职责。因此，裴秀能够有机会看到包括《汉氏舆地及括地诸杂图》在内的晋宫廷所藏的各种地图档案和其他地理资料。在此基础上，裴秀提出了“制图六体”的理论。同时，由于裴秀接触大量的前几代的地图，便产生了研究整理旧地图、绘制新地图的愿望。经过几年的辛苦努力，主持完成了《禹贡地域图》十八篇，这是世界上见于文字记载的最早的一部历史地图集（地图档案汇编）。《晋书·裴秀传》载：“秀……作《禹贡地域图》十八篇，奏之，藏于秘府。”[①]这部以“制图六体”绘制的地图集，开创了区域沿革为主体和古今地名对照的传统，对后世有较大的影响。

第二，用于各种生产与工程建设。

其中包括农业生产、手工业生产、水利工程、建筑工程等。笔者在这里举两个例子。

（1）用于农业生产。例如，《周礼·地官·土训》记载：“土训掌道地图，以诏地事，道地慝，以辨地物，而原其生，以诏地求，王巡守，则夹王车。”[②]即土训掌管记载各道（省）地理形势和物产的地图，用于安排农业生产。帝王出巡时，土训必须随王左右，以便随时向帝王汇报这个地方的地理物产。

（2）用于水利工程。例如，《汉书·匡衡传》载：汉武帝太始二年，“齐人延年上书言：‘河出昆仑，经中国，注渤海，是其地势西北高而东南下也。可按图书（这里的图书是指地图档案，中国古代特别是早期这种称谓比较普遍——笔者注），观地形，令水工准高下，开大河上领，出之胡中，东注之海。如此，关东长无水灾……’书奏，上壮之”。[③]

又如《后汉书》载：东汉明帝“永平十二年，议修汴渠，乃引见景。……

① （唐）房玄龄等. 晋书·卷三十五·裴秀传［M］. 北京：中华书局，1974：1039.

② 杨天宇. 周礼译注［M］. 上海：上海古籍出版社，2004：241—242.

③ （汉）班固. 汉书·卷二十九·沟洫志［M］. 北京：中华书局，1962：1686.

乃赐王景《山海经》、《河渠书》、《禹贡图》”①。

第三，用于管理。

例如，国家行政与经济管理、手工业管理、医药管理等。

国家行政与经济管理方面，在中国古代国家管理中，有两种档案极为重要，分别为地图和户籍。以地图档案为例：作为科技档案，地图被用来参与经济管理（征税等）与行政管理（划定行政区域、评定政绩等）。御史大夫职责的变化也反映出地图在这方面的作用：御史大夫在秦汉之前原为史官；秦时具有保管地图档案的职责，成为丞相的副官，地位越来越高；汉时成为国家最高监察官。御史大夫之所以成为监察官，就是因其掌管图籍档案，了解各地方的情况，知道各地土地多少、户口多少，这样才有了发言权，才能考察各地方官的政绩。

手工业管理方面，以骨签档案为例：骨签（主要由牛的肩胛骨制成）档案是 20 世纪 80 年代出土于汉未央宫遗址的西汉国家工官部门（官方手工业管理部门）形成的手工制造业系统的管理档案，有三万余片，“涉及兵器、皇帝乘舆之物等，范围很大”②。

医药管理方面，以明清皇家医疗机构为例：明清宫廷医药档案分脉案与药方两种。因御医的治疗涉及皇帝、后妃及王公重臣的性命，所以看病须保留这些脉案、药方，以备考查，且这些档案要由御医与太监连名签字或用印，共同负责。其档案则由太监及内务府保管。现在中国第一历史档案馆所存的清内务府档案中，有不少此类医药档案。

第四，用于政治与军事活动，如地图档案、历书档案等。

地图与历书是国家专有物，它们既具有十分重要的实用价值，也具有重大的政治意义。

《韩非子・五蠹》曰：“献图则地削……地削则国削。”③地图已经成为国家领土主权的象征。在一国向另一国表示降服时，常以奉献地图为标志。据《战国策・燕策》记载，在燕国为官的荆轲为刺杀秦王，以奉上燕国督亢（今河北固定、易县一带）之地图为诱饵而得以面见秦王。

军事活动也离不开地图档案，如《管子・地图》记载：“凡主兵者，必先审

① （南朝宋）范晔. 后汉书・卷七十六・正景［M］. 北京：中华书局，1965：2465.

② 西汉未央宫遗址出土三万余片骨签文书［N］. 光明日报，1989-03-07.

③ （战国）韩非子撰，盛广智译. 韩非子［M］. 长春：吉林文史出版社，2004：250.

知地图……然后可以行军袭邑，举措知先后，不失地利，此地图之常也。”[①]汉武帝时，淮南王刘安和江都王刘非先后谋反，江都王“具天下之舆地及军阵图”[②]（《汉书·江都王传》）；淮南王“日夜与左吴等按舆地图，部署兵所从入”[③]（《汉书·淮南王传》）。他们都是按《舆地图》来了解形势，进行军事部署的。

我国古代的历法从来都是由皇帝来颁布的，它也是皇权的象征。“统治者自称‘天子’，他从天那里接受统治人民的‘天命’。告诉人们季节的天文历法成为天命的象征，因此制定历法和颁布历法成为帝王政治的首要任务，所谓‘观象授时’。同时这是帝王的特权，对此帝王统治者们都要小心翼翼地加以保护”。[④]

2. 古代官方科技档案的保管部门[⑤]

多数情况下，官方科技档案的形成、保管与使用者是统一的，即谁（指某一机构）形成谁保管。古代的国家机构中往往设有专门的部门或个人负责集中保管本机构形成的科技档案。例如，20 世纪 80 年代中期，考古工作者在汉未央宫遗址的一个房间中，集中获得西汉手工业档案——骨签档案三万余片。而且骨签档案的年代与整个西汉王朝相始终，其间连续不断。说明该处所是集中管理手工业档案的地方。

此外，一些重要的科技档案也要上奏皇帝并保存在宫中。下面，笔者以清代中央地图档案为例，对中国古代官方科技档案的整理与保管加以说明。

在清代，与科技活动有关的中央机构多设有管理科技档案的人员与部门，如兵部职方司是统一管理地图档案的部门。而清中央重要的地图档案，集中保存在宫中专门保存图样档案的库房——舆图房内。舆图房是内务府造办处的下属机构，皇帝御览后的舆图皆批贮此处收藏。它是一座专门性的图样档案（包括地图档案、工程图档案等）保管库房。

清代中央政府的地图档案除保管在以上地方之外，还有一部分保存在当时的陪都——盛京皇宫中。在盛京内务府中，乾隆四十五年（1780 年）的文件上

---

① （春秋）管仲撰，梁运华点校. 管子［M］. 沈阳：辽宁教育出版社，1997：91.

② （汉）班固. 汉书·卷五十三·景十三王传［M］. 北京：中华书局，1962：2417.

③ （汉）司马迁. 史记·卷一一八·淮南衡山列传［M］. 北京：中华书局，1963：3085.

④ 孙小淳. 天文学在古代中国社会文化中的作用［J］. 中国科技史杂志，2009（1）：14.

⑤ 参考丁海斌等. 中国古代科技档案遗存及其科技文化价值研究［M］. 北京：科学出版社，2011：6—7.

记载："……由京领赍到《皇舆全图》十份……奴才查照来文数目逐一验收，并详查舆图十份，每份计一百零四张。"[①]乾隆五十二年的文件上记载："……今查得由京带到……《皇舆全图》地盘纸样一张，并图边应贴排数字号黄签一份。"[②]

（二）古代官方科技档案的整理[③]

关于中国古代科技档案的分类，由于距今时间久远，文献匮乏，古人记录罕见，往往已无从查考了。但有一点是比较明确的，自甲骨档案（甲骨档案中有相当多的关于天文、医药、气象、地理等科技方面的内容）以降，时间顺序是古人分类、整理、保管科技档案的基本依据。如前面提到的骨签档案有一个极为突出的特点，就是它在排列上具有很强的时间上的连续性。在所出土的三万余片骨签档案上绝大部分记有准确的时间，即标有汉代皇帝的年号等。

此外，地域、内容等分类要素也被涉及。以清代舆图档案的分类整理为例：清代距今时代较近，文献较多，给我们的研究提供了方便。尤其舆图档案目录《天下舆图总折》《萝图荟萃》等的发现，为研究提供了极为可靠的依据。

经过清初的积累，到乾隆时期，清宫内的舆图档案已相当多，为了便于保管和利用，清人较认真地进行了分类整理。舆图房（清代专门保管舆图档案的机构）在收贮舆图档案时，以"时间—地域"二级分类顺序登记，并按此顺序排列于库房架阁之上，如现藏于中国第一历史档案馆的《天下舆图总折》，即为按照这种分类方法编制的目录，它是舆图房的第一份舆图档案目录。但随着舆图房舆图档案数目的增多，这种以时间为主的分类排序方式越来越不便于查阅利用。于是，在乾隆二十五年（1760 年）十二月四日，皇帝传旨曰："着裘曰修、王际华赴造办处会同阿里衮、吉庆，将所有舆图，照依斋宫册页办法一样归类，编定次序，缮写清折二份呈览后，一份交懋勤殿；一份交造办处收贮，以备随时览阅。钦此。"[④]由此可知，皇帝非常关心舆图档案的情况，亲自览阅，并指示要认真分类整理。但当时舆图房所藏舆图档案的管理状况并不理想，除分类排架方法不便保管和利用外，有 291 件尚未能登记编目，而且有 107 件已潮湿

① 辽宁省档案馆. 黑图档（京行档）[Z]. 乾隆四十五年. 卷 376.

② 辽宁省档案馆. 黑图档（京行档）[Z]. 乾隆四十五年. 卷 382.

③ 参考丁海斌等. 中国古代科技档案遗存及其科技文化价值研究 [M]. 北京：科学出版社，2011：7—9.

④ 中国第一历史档案馆. 宫中档・朱批奏折・文教类 [Z].

霉烂。这种情况下，造办处和阿里衮等得到皇帝具体指示后，即开始进行舆图档案的分类整理工作。经过近一年的整理编目，舆图房所存 684 种舆图全部整理完毕，按照“君临天下，统驭万方”的思想与便于保管和查阅的原则，将其中关系重要、绘画完备者计 418 件，分为 13 类，编制目录《萝图荟萃》一册。“至杂项图样，无关轻重及重复者计一百九件，绘画装潢尚属整齐，应请别为收贮，其余重复破损霉泡缺略不全者，计一百五十三件，似无庸存贮。”①

根据《萝图荟萃》所载，舆图分类为天文、舆地、江海、河道、武功、巡幸、名胜、瑞应、效贡、盐务、寺庙、山陵、风水。

整理小组将库藏舆图档案分为上等、下等（次等）两大部分。上等即以上所列，拟长期保存；下等共有 109 件，拟销毁处理，但须经皇帝审阅后方可处理。整理小组将次等各库列条目呈皇帝阅览，乾隆皇帝看后认为有些图可列入上等，如《贵州苗子图》二张目下，黄条签注：“二十六年十月十七日呈览，着归入上等。”《海翁渔图》1 卷、《山兜图》1 张、《船样图》3 张、《江船纸图》1 张，上述各条目下，均贴黄条签注：“二十六年十月十七日呈览。留中。”②

舆图房的舆图档案分类整理工作历时一年终告完竣。这是有清以来第一次对舆图进行系统地分类、整理与编目。最后，整理小组将乾隆二十六年（1761 年）造办处舆图房的舆图档案汇总编目，档案目录名为《萝图荟萃》。

《萝图荟萃》目录记载了清代中前期舆图档案的精华。它的分类整理原则及方法，奠定了整个清代舆图档案管理的基础。乾隆二十六年舆图档案分类编目后，阿里衮、王际华具折奏称：“臣等办理造办处上等舆图四百一十八件，分为一十三类，缮写图目装成巨册，恭识跋语于后，进呈御览。”③此奏折所提图目巨册即为《萝图荟萃》，乾隆二十六年十二月二十七日奏事太监高升将其转呈乾隆皇帝。乾隆皇帝览后大悦，当即批示“知道了。图目前后用御览宝，交乾清宫陈设着。照样再办见方一尺图目二册，一交懋勤殿，一交造办处存贮。钦此”④。

这本皇帝御览的舆图档案目录现存于中国第一历史档案馆。该图目编制极

---

① 中国第一历史档案馆. 宫中档 • 朱批奏折 • 文教类［Z］.

② 中国第一历史档案馆. 宫中档 • 朱批奏折 • 文教类［Z］.

③ 参见吴北清. 清内务府活计档［J］. 文物，1991（3）：96.

④ 吴兆清. 清内务府活计档［J］. 文物，1991：96.

为精美。图目后有阿里衮、福隆安、裘曰修等所写跋语。

乾隆六十年，王杰、福长安、董诰、彭元瑞又将乾隆二十六年以后续贮舆图房之皇朝所绘及中外臣工所进的重要舆图档案，依类目编纂成册，这册称为《萝图荟萃续》。该舆图档案目录共列九类：舆地、江海、河道、武功、巡幸、名胜、效贡、寺庙、山陵。它与《萝图荟萃》的类目一脉相承，只因图的数量较少，无图类目省。

清宫舆图房所存舆图档案，以后都按《萝图荟萃》《萝图荟萃续》为基本账目，每年一次，将有无新收、开除的舆图档案呈明存案。每五年将收贮各项舆图，按旧管、新收、开除、实存细数汇总分析，造具清册，钤用“造办处印信，一本交档房存案，一本交舆图房贮库备查”[①]。以旧管、新收、开除、实存四项登记舆图档案数目的办法，是借用了当时的财物部门的记账方法，这种账册当时称为四柱清册。从《萝图荟萃》之后，日积月累，舆图房的舆图档案数量不断增加。当数量约达2500件后，收销相抵，数量便不再有大的变化。同时，在日常管理中，不断形成新的舆图档案清册。例如，《舆图房嘉庆九年正月起至嘉庆十三年十二月底止库贮各项舆图清册》内载：旧存图二千五百四十一件，包括《萝图荟萃》所录十三大类八百五十二件和《萝图荟萃续》所录九大类二百七十七件。嘉庆九年（1804年）查得舆图房共实存图二千五百四十二件。[②]

以上所述及的各项舆图档案与目录，现都完好地存于中国第一历史档案馆。

古代遗留的地震档案数量相当庞大，特别是清代地震档案比较完整地保存下来了，内容十分具体、翔实，为我们今天的科学工作者研究相关领域问题提供了十分宝贵的材料。在进行基本建设中，如兴修工厂、开矿、筑路、架桥，也要参考古代地震、地质方面的材料。总之，作为古代科技事实与科技经验的记录，古代科技档案在中国古代发挥了重要的作用，并且留下了丰富而宝贵的遗产。我们应进一步地了解、保护、利用它们，使它们发挥更大的作用。

（三）古代官方科技档案的利用

总的说来，中国古代官方科技档案官方形成、官方保管、官方利用，不存

① 中国第一历史档案馆. 宫中档·朱批奏折·文教类［Z］.

② 秦国经. 论乾隆皇帝治理宫廷的功绩［A］//清代宫史研究会编. 清代宫史论丛［C］. 北京：紫禁城出版社，2001：8—9.

在今天的公共档案（国家机构形成的档案）向社会开放利用的做法。其基本情况如下。

1. 科技档案的利用者

我国古代官方科技档案的利用范围十分狭窄，仅局限于帝王本人和统治集团中的少数分子。以宋代天文档案为例可以说明这一时期统治者对于科技档案的利用情况。宋代天文档案的利用者主要分为三个层次：帝王、管理人员和技术人员。具体表现为：①帝王。如宋真宗在位时，禁中设置龙图阁存放许多珍贵的天文学图籍，其主要目的就是方便自己“退朝之暇，聚图书以自娱”[①]。②馆阁管理编修人员。古代各种文馆、史馆存有档案以供研究与编修书籍之用。如北宋著名的天文学家苏颂，因其曾任馆阁校勘，同知太常礼院及集贤校理，负责编审皇家秘阁所藏的档案图书，得以有机会遍览普通人士看不到的内府档籍图书，因此，他能够为后人留下一部记述水运仪象台形制的专著——《新仪象法要》。③科技机构的科技人员。他们是科技档案的基本利用者，其工作与科技档案密不可分，如编制历法、绘制地图等必须依赖于相关的档案数据。

2. 中国古代科技档案的利用方式

第一，直接运用于科学技术工作。这是科技档案利用的基本方式，参见前文的有关阐述，此处不再冗述。

第二，编纂科技档案汇编。古人也常常把科技档案汇集成书，如各种“星经”(《甘石星经》等)、“图经”(唐代官府绘有《长安四年十道图》13 卷、《开元三年十道图》10 卷等)、标准文件汇集（《营造法式》等)、本草集（唐官府所修《新修本草》等)、药方医案集（隋政府曾组织编撰长达 2600 卷的《四海类聚方》等)及“地方志”和各种史书中的“天文志”“地理志”等的汇集等。

第三，用于编修其他书籍。中国古代，官方科技档案的保管机构是封闭的，或处皇宫内苑，或属官衙禁区。但是，最高统治者及一些官员在使用档案维护利权、查证事责之外，往往也十分重视档案的文化功能，认识到档案在资政、存史、教化方面发挥作用的重要性。这种作用通常不是由档案原件实现的，而是通过档案内容加以编辑加工转化成书籍形式实现的。中国古代这种情况很多，此处不再冗述。

---

① 方建新，王晴．宋代宫廷藏书续考［J］．浙江大学学报（人文社会科学版)，2008（3)：107.

第四，用于传播知识、教化民众、指导实践。如《周礼》记载，地官部门的土均、草人、土训、司稼以及夏官部门的土方氏，分别在本职范围内形成有关因地制宜、改良土壤、因地因年交纳赋税等的文件、档案。而且这些文件法令是直接用来指导农业生产实践的，分别以“和”（宣布）、“悬”“授”等方式施行于民，而本官保存其正本。这种完善的颁行方法显示出指导实践的显著的实用功能。

第二节 著 述

档案是国家机构、社会组织和个人在社会活动中直接形成的，是随着工作活动的客观需要而形成的历史记录，是人们进行社会实践的自然产物，而不是事后另行编写的。典籍著述的形成来源不具有直接性和原始性，它必须经过整理编辑、印刷出版，内容侧重于综合性的人类科学知识，是高层次的系统知识。我国传统的文献典籍，种类繁多，数量庞大，根据曹之的统计，现存古籍共计126 452种，除去其中重复部分，仍有约10万种。[①]在这浩如烟海的中国古代文化典籍中，科技著述典籍所占比例虽然不大，但记载着中国古代科学技术的辉煌成就，堪称一朵奇葩。古代科技典籍主要有著述、抄纂、翻译等形成方式。

一、著述释义

（一）著

著，也叫“作”“造”“著作”。王充《论衡·对作篇》说：“造端更为，前始未有，若仓颉作书，奚仲作车是也。《易》言伏羲作八卦，前是未有八卦，伏羲造之，故曰作也。”[②]仓颉造字、奚仲造车、伏羲作八卦，都是前所未有的开创性工作，所以叫“作”。王充强调的是“前所未有”。今天科学上把这类工作叫“发明创造”。

---

① 曹之. 中国古籍版本学［M］. 武汉：武汉大学出版社，1992：4.

② （汉）王充. 论衡·卷二十九·对作篇［M］. 上海：上海人民出版社，1974：443.

司马迁《报任安书》说：“仲尼厄而作《春秋》。”[①]又说：“《诗》三百篇大抵圣贤发愤之所为作也。”[②]这个“作”都是指著作，一种创造性的工作。清代学者焦循对“作”下过明确定义：“人未知而己先知，人未觉而己先觉，因以所先知先觉者教人。俾人皆知之觉之，而天下之知觉自我始，是为作。”[③]焦氏强调的也是原创性。当然这里的先知先觉，不是指生而知之，而是韩愈《师说》所说的“其闻道也固先乎吾”[④]，就是首先知道，觉悟到。所以张舜徽先生进一步概括说：“将一切从感性认识所取得的经验教训，提高到理性认识以后，抽出最基本最精要的结论，而成为一种富于创造性的理论，这才是‘著作’。”[⑤]

古人对著作要求很高。《礼记·乐记》说：“故知礼乐之情者能作。识礼乐之文者能述。作者之谓圣，述者之谓明。”[⑥]郑玄注：“述，谓训其义也。”孔颖达疏：“凡制作者，量事制宜，既能穷本知变，又能著诚去伪，所以能制作也。”“述谓训说义理，既知文章升降，辨定是非，故能训说礼乐义理。不能制作礼乐也。”“圣者通达物理，故作者之谓圣，则尧、舜、禹、汤是也。”“明者辨说是非，故修述者之谓明，则子游、子夏之属是也。”[⑦]这里强调了著作者应“通达物理”“穷本知变”“著诚去伪”，这种人叫圣。而有能力对著作进行训释讲述的人，只能谓之明。孔子也只谦虚地说自己：“述而不作，信而好古。”（《论语·述而》）可见古人对于“作”要求很高。当司马迁修《史记》时，上大夫壶遂曾经将他的这种工作和孔子修《春秋》并论，他郑重说明：“余所谓述故事，整齐其世传，非所谓作也。而君比之于《春秋》，谬矣！”[⑧]东汉王充，快写完《论衡》的时候，有人颂扬他的书可以算为一部伟大的著作，他自己却不承认，并自称：“非作也，亦非述也，论也。论者，述之次也。”“桓君山《新论》、邹伯奇《检论》，可谓论矣。”[⑨]古人之所以不轻言著作，是因为著作标准极高，绝非常人所能为。在今天看来，《春秋》《史记》《论衡》都是著作，而且是优秀著作。对于

① 杨金鼎. 古文观止全译［M］. 合肥：安徽教育出版社，1984：443.
② 杨金鼎. 古文观止全译［M］. 合肥：安徽教育出版社，1984：444.
③ （清）焦循. 雕菰集·卷七·述难（二）［M］. 北京：中华书局，1985：103.
④ 杨金鼎. 古文观止全译［M］. 合肥：安徽教育出版社，1984：681.
⑤ 张舜徽. 张舜徽集：中国文献学［M］. 武汉：华中师范大学出版社，2004：25.
⑥ 陈戍国. 礼记校注［M］. 长沙：岳麓书社，2004：276.
⑦ （清）阮元. 十三经注疏·卷三十七·礼记正义［M］. 北京：中华书局，1980：1530.
⑧ （汉）司马迁. 史记·太史公自序［M］. 北京：中华书局，1959：3299.
⑨ （汉）王充. 论衡·卷二十九·对作篇［M］. 上海：上海人民出版社，1974：443.

“著作”的衡量标准，已远较古人宽泛了。

（二）述

著作，强调的是“无本于前”“前始未有”，那么“述”也就是“古已有之”，有所承因。

孔子自己说“述而不作，信而好古”，《中庸》也说“仲尼祖述尧舜，宪章文武”。尧、舜、文、武皆古圣贤，孔子学习、讲述、阐发他们的道德典章，作为当代人的榜样。《说文解字》：“述，循也”，即遵循之义。前面有人开创，后面有人遵循，开创者为作，遵循者为述。清代学者焦循为“述”下了定义：“已有知之觉之者，自我而损益之。或其义久而不明，有明之者，用以教人，而作者之义复明，是之谓述。”[①]张舜徽先生概括出：“将过去已有的书籍，重新用新的体例，加以改造、组织的工夫，编为适应于客观需要的本子，这叫做‘编述’”。[②]

可见这种因循还不能止于简单的继承，对于前人的创造，要有个理解、消化、领会过程。在领会过程中，可能还会有所增益，使之更完整，或有所删订，使之更正确。古人所做的大量注释，如“序”“解题”“传”“注”“义疏”“经说”等，皆谓之述。有时述的难度，甚至不亚于作。“‘作者之谓圣’，词章是也；‘述者之谓明’，考据是也。”[③]难就难在“明”上，这个“明”是要求准确领会其本义，而不能主观臆断。

《诗》之毛传、郑笺、孔疏，《三礼》之郑注，《春秋左传》之杜注，《水经》之郦注，以及《汉书》之颜注，《史记》之三家注，《后汉书》之李注，《三国志》之裴注，其价值均极高。可见，著、述虽不同，而其作品之高下，却不可依据是著是述而论，述的作品也不乏传世力作，其难度亦未必在著作之下，这是我们应当弄清的。

综上可以看出，凡是前无所承，而系一个人的创造，才叫作“著”，也可称“作”；凡是前有凭借，但加以编次整理，叫作“述”。

传统文献体裁，如洪湛侯所说，大约可从文献性质与编纂形式两方面去区

---

① （清）焦循. 雕菰集·卷七·述难（二）［M］. 北京：中华书局，1985：103.

② 张舜徽. 张舜徽集：中国文献学［M］. 武汉：华中师范大学出版社，2004：25.

③ （清）袁枚著，雷芳注译. 随园诗话［M］. 武汉：崇文书局，2012：85.

分。[1]从文献的内容来源去分析，可以将古代文献分为三大类：著作、编述、抄纂。本节所叙述的“著述”，就是指的著作与编述两大体裁的文献。“著作”是一种前无古人的创新写作，即一部书，从创意，到体系，到语言，主要出于自己创新之意。就现代人的眼光来看，传统文献中经部的部分文献，如《周易》经传、《诗经》等，以及子部多数文献可视为“著作”。“编述”是在已有研究成果的基础上进行综合论述，或众人合著，或对已有成果进行注释、衍申等，也就是在前人“作”的基础上用新的形式、新的话语所做的改造、归纳与提炼。这是传统文献的大宗，经部的一部分如《春秋》等及史部的大多数均为“编述”，如《史记》《资治通鉴》等。“著作”强调原创性，“编述”虽然缺少了原创性，但仍以新的学术角度，对既有材料进行了二度创作，完全以一种新的著作形式出现。它的叙述虽不是新的创造性见解，但完全有别于注明出处的前人著述材料的现成抄录汇编；虽没有注明出处，但又完全有别于抄袭，因其是对前人思想的再认识、再发展。那么，以上两类体裁文献，虽从学术史角度看有理论价值的高低，但二者彼此之间并不是截然分割的，以笔者之意，二者可合为一类。

著述，即有意识的文字著录。在古代，人文学者在科学领域中的探索与创造主要表现为思想的收获和实践的成果，而这些收获与成果，主要是以科技著述的形式保存下来的。我国古代科技文献中，有相当部分的图书典籍（包括专科类科技图书与综合类科技图书）属于“著述”类。

二、著述的形成主体

主体作为一个认识论的概念是相对于客体而言的。科技著述的形成主体同科技档案一样，也主要包括它们的形成机构（修书机构、科技类机构）和形成者（包括平民、官员、宗教人士等）。

（一）形成机构

1. 修书机构

历代对著述工作都十分重视，有严格的机构设置和分工执掌。

---

① 洪湛侯. 中国文献学新编［M］. 杭州：杭州大学出版社，1994：45.

商周时期，甲骨文中有“作册”“史”“尹”等字。《说文解字》：“史，记事者也，从又持中”[①]，即史的初义是指古代记事之官吏，即史官。金文有“作册内史”“作册尹”的记录。从现存的数以万计的甲骨契刻来看，“作册”负责掌管文字记录应是确切的。西周也有作册等官，隶于太史寮。自此后，太史成为记载事务，并且汇编成册的专职官。

汉代，宫内的典籍由御史中丞掌管，宫外的归太常掌管，并设有太史令、丞等专门机构和官员。东汉时，始设秘书监，专门主管典籍。东晋时，秘书监发展为独立的机构，专门负责管理图书典册和修撰著作，其后各代或称秘书监，或称秘书省，其基本职责不变，直到明代才由翰林院接替。

唐代相继设立的秘书省、弘文馆、集贤院、昭文馆、崇文馆、史馆、翰林院等一系列学术研究机关，延纳了一批知名人士，任命他们为学士。弘文馆“掌详正图籍，教授生徒”[②]，馆中配备详正学士、校书郎、楷书手、典书、笔匠等多人，因此一定是一个图书制作机构。集贤院设知院事、副知院事各一人，多由近臣、侍臣担任，执掌以校正整理图书典籍为主，“掌刊缉古今之经籍，以辨明邦国之大典”[③]。

两宋时期，崇文院等是编撰图书的机构。凡入馆，被加馆阁学士、直学士职务，均以“得之为荣”，馆阁的学士、直学士虽然没有正式的职任，但享有最高的荣誉。北宋时，还设置了书局，分临时性和常设性两种，专门负责编纂书籍，如太平御览书局，就是一个临时性编书机构。该局始开于太平兴国二年（977年）二月，主持人是李昉和扈蒙。其任务是改正前代类书门目纷杂、失其伦次等错误，参详条次、分门定目。到太平兴国八年十二月书成罢局，历时六年又九个多月。该书局编有类书《太平广记》，书中算术、医、酒食等篇收录科技文献资料较多。

从明代开始，翰林院取代了秘书监的职能。翰林院的长官为学士，属官有侍读学士、侍讲学士、典籍、侍书、史官修撰、编修、检讨等。如史官掌，凡天文、地理、宗潢、礼乐、兵刑诸大政及诏敕、书檄、批答王言，皆籍而记之，以备实录。类书《永乐大典》就是由翰林院学士解缙奉敕编修的，历时五年，规模庞大、卷帙浩繁，共辑录图书七八千种，上自先秦，下迄明初，经、史、

① （汉）许慎著. 李兆宏，刘东方解译. 说文解字全鉴，第2版［M］. 北京：中国纺织出版社，2014：265.
② （宋）欧阳修，宋祁. 新唐书・卷四十七・百官（二）［M］. 北京：中华书局，1975：1208.
③ （唐）李林甫等. 唐六典・卷九・中书省［M］. 北京：中华书局，1992：280.

子、集、释、道、戏曲、评话、医卜、工技、农艺等各类文献无所不录，搜罗甚广，资料颇丰。清朝修《四库全书》时就从《永乐大典》中辑出前朝经、史子、集四部佚书共计 385 种 4946 卷。例如，数学名著《九章算术》，在明末清初几近失传，南宋鲍澣之刻本仅存五章且是孤本，另有一部这一残本的影抄本。著名学者戴震从《永乐大典》中辑录出《九章》及刘徽等注，使之完整，他还从《永乐大典》中辑录出秦九韶的《数学九章》，使中国数学史上这两大名著重显于世，流传至今。又如《永乐大典》收录的《熬波图》，图文并茂，是有关制盐技术的重要文献。还有在《永乐大典》中，几乎保存了一部完整的《水经注》，这部《水经注》来自宋版，明清流传的《水经注》经文与注文混淆，错误较多，戴震利用《永乐大典》本重校《水经注》，使其成为善本。

清代，设有武英殿修书处。初为武英殿造办处，康熙十九年（1680 年）设。雍正七年（1729 年）改为武英殿修书处。设管理王大臣，无定额。下面有监管司员二人、正监造员外郎一人、副监造副内管领二人、委署主事一人、库掌三人、委署库掌六人、笔帖式四人，分掌刊印书籍各项事务。另有总裁、提调、总纂、纂修、协修等二十余人，分由皇帝与翰林院派充。出版书为“殿本”。曾在这里印成《古今图书集成》（康雍年间修成）。乾隆以后，又在这里编成《四库全书》七万九千余卷。这两部书中也收录了大量珍贵的科技典籍。①

2. 科技职官

在我国古代科学技术史上有一特殊现象，即与国家事务相关的学科特别发达，其中，又以农学、天文学、医学、地学等学科最为发达，成就最大。

翻开我国漫长的历史画卷，历朝历代都建立有庞大完备的职官系统。在众多的职官中，有一些直接或间接与科技有关的职务。从当政者的主观愿望说，职官系统的建立，更多是为了集中和稳固王权，使国家长治久安，并非明确科技对经济、社会发展的促进作用。然而从实际效果看，与科技相关的职官设立，对古代经济、社会、科技的发展的确起到了一定的推动作用。

我国历代政权都奉行以农为本，组织和管理农业生产成为政府的一项要务。凡职掌这些事务的官员，在某种意义上都可以称为农官或农政官。设官置职管理农桑，并以其成绩优劣来考核政绩，是中国古代国家鼓励和推动农业生产的

① 张德泽. 清代国家机关考略［M］. 北京：学苑出版社，2001：188—189.

重要措施。在中国历史上，农官制度始终是国家政治制度的重要组成部分。汉时，置司农，掌钱谷之事，亦称大司农，为九卿之一。魏晋以后，大司农之权为度支尚书所夺，逐渐变成不管财政、会计，主要掌国家仓廪之官，称司农卿。唐宋沿袭。元代大司农又改掌劝课农桑、水利、救荒等事。明初废，原国家仓廪诸事务，明清全转归户部各属官管理。但因明清两代以户部掌漕粮田赋，故又把户部尚书称为大司农。编写、颁行农书，一直是古代农官的重要职务之一，如元世祖忽必烈即位以后，非常重视农业生产，他派司农司搜罗古今农书，采集民间生产经验，编成《农桑辑要》一书，至元二十三年（1286 年）颁布全国，指导农业生产。《农桑辑要》是我国现存最早的官修农书，它的颁行对恢复和发展当时农业生产起了积极作用。

中国古代的天文机构具有皇家性质，中国从夏、商、周一直到明清，都设有观察天象、预测上天意志的部门和人员。明清时从事这项工作的是带有一定神秘色彩的衙门，称钦天监。由于该监专业性强，故监官不得改任其他衙门，子孙世袭，不得改从他业。在监官员上自五官正、五官灵台郎，下至司历、司晨、博士，以及天文生、阴阳人等，一般都主导着天文观测与解释的权力以及历书（皇历、官历）的编撰权。根据钦天监的观察和奏疏，《明史》《清史稿》中的《天文志》《五行志》记载了大量有关太阳黑子活动、日食、月食、流星及流星雨、陨石及陨石雨、彗星、“天鼓鸣”及其他天体异常的现象。流传到现在的清代钦天监编纂的《七政缠度经纬历》，内容则包括了日、月、五星的位置以及日月食等特殊天象。

总之，国家（即官方）在科技著述的形成中起着至关重要的作用，政府中有关修书机构的建立，以及专门的科技职官的设置，使一些重要的实用性的科技著述编纂工作成为一种稳定的社会职业，并保证了这些科技事业能够稳定地发展；官方统治者的重视，官方长期积累的大量、系统的科技资料及资金的支持，对我国古代知识分子的科学研究起了很大的推动作用；国家亲自参与科学著作的编纂与颁布，对于推广先进的科技成果十分有利，还能加快他们的应用进程。总之，国家这种有力的保障直接创造了中国古代两汉已降，唐宋元至明中叶，科学技术领先于世界各国的辉煌。[①]

① 丁海斌. 清代“官科技”群体的养成与结构研究［M］. 北京：中国社会科学出版社，2008：160.

（二）形成者

中国古代科技著述的形成者大致有以下几类。

1. 平民

在我国古代，有一部分科技著述是由平民创作的。他们多为普通的“士人”如工匠，在长期的实践中积累起丰富的经验，或实地考察，或观测，或亲身试验，在前人成果的基础上整理、归纳、总结和发展，从而创作了许多不朽的科学著作。例如，春秋战国时期的墨子，出生于一个手工业劳动者家庭。他经常参加生产劳动，懂得手工艺。他一生没做过大官，吃的是粗茶淡饭，穿的是短褐麻履，对财富也看得极淡泊。楚王、越王虽都曾以五百里的封地为条件让墨子为他们效力，但终因不能用墨子主张而被他婉言谢绝。墨子吃苦耐劳，具有生产经验和一定的专长手艺，他在中国古代科学技术史上占有十分重要的位置，在许多具体科学领域中都做出了突出的贡献，他的巨著《墨经》，可以说是我国最早的一部综合性科技著作。又如，唐代杰出的医药学家孙思邈，出生在一个不太富裕的农村，孙氏曾记述，“吾幼遭风冷，屡造医门，汤药之资，罄尽家产”[①]，可见其家境并不富裕，且自小多病。但他并不因自小贫困而放松学习，且因其资质聪颖，七岁入学，即能日诵千余言，有“圣童”之称。年长后即开始钻研医学经典，广为求师访友，医术日益精湛。他生平著作丰富，据统计有八十余种，然大部分亡佚，今仅见《备急千金要方》《千金翼方》。孙思邈终生行医于民间，隋唐统治者多次征召，他都固辞不受，受到老百姓的尊重，称其为药王。但是，古代的平民科学家居于少数，他们出身卑微，其著述与传播条件远不及官方，其著作得不到官方的重视，以至于一些著作没有得以妥善保存而流失或失传，我们现在看到的他们的著作多数为后人汇总、加工、整理而成。

2. 官员

这类科技著述的形成者居于中国古代的主导地位。我国科学技术史上有一个特殊的现象，即古代许多知名的科学家与技术发明家中，或是官吏或是曾经做过官的，而且有不少是品秩甚高的大官，或出身于名望之家，父祖曾经做过官。在 1993 年出版的杜石然主编的《中国古代科学家传记》（上、下集）中，

① （唐）孙思邈. 备急千金要方［M］. 北京：人民卫生出版社影印，1955：6.

共有中国古代（20 世纪以前出生的）著名科学家的传记 249 篇，因其中收录了中国古代来华的传教士 14 人，所以属于中国籍的科学家实际是 236 人（其中有一篇为两位科学家的合传）。有学者据此数据做过科学家的职业构成统计：在中国古代做出贡献的科学家当中做官的人是最多的，达到 130 人，占总人数的一半还多，若再把王和官医计算在内，比例则超过了 60%，由此可见，他们是中国古代科学家的主体。①这类与官方有关系的知识分子，他们充分利用官方搜集、收藏的丰富资料之便，在皇家及相关科技机构的支持、帮助下，或众人编纂，或独自成书，创作了一批又一批的科技著作。这种例子不在少数。例如，天文学名著《灵宪》作者张衡，出身望族，其祖父张堪曾先后任蜀郡太守、渔阳太守等职，到其父辈虽家道中落，张衡自幼仍能得到良好的教育，后张衡得到重用，官至太史令；再如，地理学名著《齐民要术》作者郦道元，先后在平城和洛阳担任过骑都尉、御史中尉和北中郎将，做过冀州长史、鲁阳郡太守、东荆州刺史、河南尹等职务。元代著名的天文学家和水利专家郭守敬的事例也非常典型。郭守敬先是担任过副河渠使、都水少监、都水监、工部郎中等官职，在他任职期间，主持兴修了华北一带的水利工程，修整了西夏沿黄河一带的古灌溉渠道。至元十三年（1276 年）忽必烈下令成立太史局，把郭守敬从工部调来，和王恂等人负责制定新历的工作。郭守敬认真调查研究，首先，集中精力研制新的天文仪器。在他带领下，先后研制出近 20 种天文仪器。其次，组织大规模的天文观测活动，郭守敬亲自参加部分站、台的天文观测，获得了许多重要的观测资料。郭守敬和王恂等人根据大量观测资料，编制出新历法——《授时历》。《授时历》使用时间长达 363 年，是我国古代历史上使用时间最长，也是最精密的一部历法。

（三）宗教人士

宗教人士，如僧侣、道士等，在古代科技典籍的著述中也扮演了不可或缺的角色。

自汉代佛教传入中国后，一千多年来，随着其在中土的不断流行与发展，产生了大量的由中土佛教僧侣撰述的论著、章疏和佛教史籍。其中有的典籍不仅是认识、研究佛教教义的基本材料，同时也涉及语言、艺术、地理、天文、

① 马忠庚. 中国古代科学家整体状况统计研究［J］. 史学月刊，2004（1）：28—33.

历算、医药等诸多领域，因而也是我国古代科技典籍宝库中的珍贵遗产。例如，游记类佛教典籍是古代高僧对于求法或游历所见所闻的真实记载，既具有一般地理志的性质，又提供了极为珍贵的、有不少属于首次记录或独家记载的资料。这类著作尤以西行求法的游记影响更大，如东晋法显的《历游天竺记传》一卷、唐代玄奘的《大唐西域记》十二卷和义净的《南海寄归内法传》四卷。法显的《历游天竺记传》记述他西行求法，游历印度、斯里兰卡等国的所见所闻，所记年代和事实简明准确，是研究古代中亚、南亚各国史地、风俗、宗教的重要著作。玄奘的《大唐西域记》不仅是佛教游记中最重要的著作，也是中国文化史上最伟大的著作之一，该书详细介绍了印度各地的风土人情和宗教盛衰。近代印度等国的考古学者根据此书记载，对当地的古城、古刹和石窟遗迹进行了探查发掘，取得了可喜的成就。该书不仅是研究中西交通史的宝贵史料，也是研究中国西北史地的重要依据。义净的《南海寄归内法传》，是他在旅行途中于南海宝利佛寺托人带回的一部著作。该书以记述印度和南海诸国僧人的日常行仪法式为主，也记述了一些当地的佛教部派、寺院制度及一般的社会风俗。以上几部游记均被译成多种外国文字，受到各国学者的高度重视。

道教是中华传统文化的瑰宝，道教科技是道教文化中最珍贵的内容之一，在中国科技史上占有极为重要的地位。我国古代的道士对中国传统科技有过重大贡献，道士通过不同的方式，努力利用人类智慧制造神药以求长生不死。这种努力的结果，就是充分利用地上万物为人类生存服务，使中医药学、化学等在这一过程中得到长足进展。晋代葛洪所著《肘后备急方》为我国医学要籍之一，涉及急救医学、传染病学和内科、外科、妇科、五官科、精神科、伤骨科及疾病的预防、诊断、治疗等系列内容，详细分析了各种急症的病因，并有对某些疾病进行实验诊断的客观化鉴定技术。此外，葛洪的《抱朴子内篇》对古化学、矿物学、地理学、博物学、医药学等许多领域都有重要贡献，其中的《金丹》《黄白》等，对还丹术和炼化金液方法有相当深入的论述。南朝梁道士陶弘景的《神农本草经集注》七卷，不仅使中国医学最重要典籍之一《神农本草经》得以保存下来，而且还对中医典籍的注释学有开创之功，他所撰写的《养性延命录》是一部重要的养生经典，许多内容至今很有参考价值。[①]

① 卿希泰. 试论道教对中国传统科技的贡献［J］. 中国哲学史，1999（1）：71—74.

三、著述的类型及内容构成

用现代分类法探究古代科技著述，发现中国古代科技著述内容十分全面。除中国传统的四大科学——农学、天文学、医学、数学外，其他自然科学和纺织、水利、建筑、陶瓷制造等技术科学方面的文献资料也不少。如在墨子的《墨经》中关于古代力学、光学、声学以及物质与运动等四个方面知识的记载，已不全是实际生产知识的总结和记述，而是对力学现象进行了粗浅的概括，并进行了一些推理论证，还有数学领域中一系列算学和几何学概念的命题和定义等。明末宋应星的《天工开物》共三卷十八篇，记述了当时工农业各领域的生产技术，而且给出了定量的技术数据，并提出了不少理论概念。在著名科技史专家李约瑟编著的《中国科学技术史》中，以学科名命章名的有数学、天文学、气象学、地理学和制图学、地质学、地震学、矿物学、物理学、植物学、动物学、医学建制（解剖学、生理学和胚胎学）、医学、制药学等十三章，以技术名命章名的有机械工程、土木工程、船舶制造技术、军事技术、纺织技术、造纸和印刷、炼丹和化学、化学工艺、制陶工艺、采矿与冶金、制盐工艺、生物化学技术、农业与畜牧业和渔业、农业技术等十四章。中国科学院自然科学史研究所近年主编的三十卷本《中国科学技术史》，包括通史、工具书和分科专史三类。其中分科专史类十九卷：《数学卷》《物理学卷》《化学卷》《天文学卷》《地学卷》《生物学卷》《农学卷》《医学卷》《水利卷》《机械卷》《建筑卷》《桥梁卷》《矿冶卷》《纺织卷》《陶瓷卷》《造纸与印刷卷》《交通卷》《军事技术卷》《度量衡卷》。相应地，古代科技文献的内容也覆盖上述各门科学技术，如《中国科学技术典籍通汇》，就是从先秦到清末的数万种古代有关科技的文献中精选出数百种科技文献，并按现代学科分类，分为数学、天文、物理、化学、地学、生物、农学、医学、技术、综合共十类影印出版，其技术卷又包括综合性的技术著作以及纺织、水利、建筑、采矿、冶铸、机械、交通运输工具、印刷、仪器、军事等类的工程技术专著。可见，中国古代科技文献著述内容的广泛、全面。

下面，就农学、医学、数学三类著作加以简单介绍。

（一）农学类

自古以来，我国都是农业大国，农书数量相当可观。据《中国丛书综录》著录，现存农书340余种，内容涉及总论、时序、土堆耕作、农具、灾害防治、作物、蚕桑、园艺、畜牧、水产、生物等。其中汉氾胜之的《氾胜之书》、北魏贾思勰的《齐民要术》、宋陈旉的《陈旉农书》、元王祯的《王祯农书》和明徐光启的《农政全书》影响最大，号称“五大农书”。

《氾胜之书》的著者氾胜之在汉成帝（公元前32—前7年）时曾任议郎之职，其他情况不详。该书从适时、土壤、施肥、保墒、中耕、收获等六个方面详细总结了陕西关中地区农业生产的经验，还总结了禾谷子、黍、麦、稻、豆、麻（大麻）、桑等多种农作物的栽培方法，原书已佚，今有辑本。

《齐民要术》的著者贾思勰大约生活于5世纪末到6世纪初，他曾任高阳太守。作为一名地方官，他在听政之余，博览群书，并结合生产实践著书立说，精神可嘉。《齐民要术》是我国古代一部伟大的农业百科全书，对推动我国农业生产的发展做出了重要贡献。

《陈旉农书》成书于南宋高宗绍兴十九年（1149年），是我国现存最早论述南方水稻产区的农业技术专书，它总结了隋唐以来长江下游广大地区的农业生产经验，反映了唐宋时期水田耕作、栽培的技术水平。

《王祯农书》是元代的一部重要农学著作。作者王祯，字伯善，山东东平人。他在总结前人农业生产经验的基础上结合生产实践，写成该书。全书共分《农桑通诀》《百谷谱》和《农器图谱》三大部分，其中《农器图谱》附图幅，篇幅最大，约占全书的80%，反映了宋元时期我国农机具的最高水平。

《农政全书》的作者徐光启，明万历年间进士，历仕礼部尚书等职。他在天文、历法、数学、农学等方面均有极深造诣。他自幼以课农学圃自给，于农学研究尤深。为了调查研究，他常常“布衣徒步”，“广咨博讯，遇一人辄问，至一地辄问，闻则随闻随笔，一事一物，必讲究精研，不穷其极不已”[①]。他还在天津开辟水田，并用新法亲自进行在北方栽种水稻的试验，还在住宅旁种植果树、药草、花卉等，进行施肥、嫁接和药物治虫等试验。经过多年的艰辛劳作

① （明）徐光启撰，王重民辑校. 徐光启集［M］. 台北：明文书局，1986：560.

终于写成《农政全书》。《农政全书》共计 60 卷，50 多万字，分农本、田制、农事、水利、农器、树艺、蚕桑、蚕桑广类、种植、牧养、制造和荒政 12 类，是中国农学史上的一部重要著作。

（二）医学类

中国古代医学非常发达，涌现了扁鹊、华佗、陶弘景、孙思邈、苏敬、王惟一、宋慈、刘完素、张元素、万全、王肯堂、李时珍、赵学敏、吴其俊等一大批医学名家，同时也出现了《神农本草经》《伤寒杂病论》《针灸甲乙经》《脉经》《千金要方》《千金翼方》《洗冤集录》《太平圣惠方》《本草纲目》《张氏医书》等一大批医学名著。其中历代本草著作尤其令人瞩目。

研究本草者代有其人，本草著作形成一个博大精深的系列，“本草学”遂成专门之学。《神农本草经》非一时、一人之作。该书的成书时间最早不会早于汉武帝太初元年（公元前 104 年），最晚不会晚于东汉。《神农本草经》是本草学的开山之作，该书总结了汉代以前的本草研究成果，收录药物数百种，主治内科、外科、妇科等病症 170 多种，对后世产生了深远的影响。此外，汉代本草著作尚有《子仪本草经》《蔡邕本草》《吴普本草》等。

魏晋南北朝时期，陶弘景的《神农本草经集注》是该时期本草学的总结性著作。该书纠正了前此本草著作的许多错误，在本草学的发展史上起着承前启后的作用。该书新增内容用墨写，原文用朱写，系朱墨本。

唐代本草著作有苏敬等的《新修本草》、陈藏器的《本草拾遗》、韩保升的《蜀本草》、王方庆的《新本草》、杨损之的《删繁本草》、徐大山的《本草》等，其中《新修本草》是唐代官方所修，预修者有李勣、长孙无忌、辛茂、许敬宗、孔志约、许孝崇、吕才、贾文通、李淳风、苏敬、于志宁等人。《新修本草》纠正了陶弘景《本草经集注》中余种草药的错误，还增补了多种新药。该书图文并茂，为世界上最早的药典。

宋代本草著作有马志等的《开宝本草》、李昉等的《开宝重定本草》、卢多逊的《开宝新详定本草》、掌禹锡的《补注神农本草》、苏颂的《图经本草》、唐慎微的《经史证类备急本草》、文彦博的《节要本草图》、郑樵的《本草成书》等。其中唐慎微的《经史证类备急本草》收录多种药物，是一部带有总结性的著作。元代的本草著作有沈好问的《本草类要》、王好古的《汤液本草》、吴瑞的《日用本草》等。

明代本草著作中，李时珍的《本草纲目》，是历代本草著作中最重要的一种。李时珍，少时无意仕进，立志从医。在一次水灾之后，家乡疾病流行，生灵涂炭，李时珍随父治病救人，大显身手，父老乡亲倍加感激，更坚定了他终生从医的信心。由于医术高明，他曾被召进楚藩、太医院行医，借此机会他阅读了大量官藏医书。在读书过程中，他发现历代本草著作有不少错误，于是决心通过实践加以修正补充。为了采集考察药物，他的足迹遍及大江南北，田头、河边、深山。老农、渔翁、樵夫是他多次请教的老师。经过长期不懈的努力，终于在 61 岁时完成了《本草纲目》这部皇皇巨著。这部 190 多万字的著作，是历代本草学的总结性著作，先后被译为多种文字流传国外。

清代本草著作有赵学敏的《本草纲目拾遗》、徐大椿的《神农本草经百种录》、张志聪的《本草崇原》、邹润安的《本草注疏》、汪昂的《本草备要》、张璐的《本经逢原》、黄宫绣的《本草求真》、陈士铎的《本草新编》、程履新的《山居本草》等。其中，乾隆三十年（1765 年），赵学敏撰的《本草纲目拾遗》对李时珍《本草纲目》多所补充，是清代本草学的一大收获。总而言之，本草学源远流长，在古代科技史上写下了光辉的一页。

（三）数学类

中国古代数学成就辉煌，直到明代中叶，在数学的各个分支领域之中，中国在世界上一直处于遥遥领先的地位。

“算经十书”，即《周髀算经》《九章算术》《海岛算经》《五曹算经》《孙子算书》《夏侯阳算经》《张丘建算经》《五经算术》《辑古算经》《缀术》。它们是自汉至唐多年中的 10 部数学名著。《周髀算经》是 10 部著作中成书最早的一部，成书时代不会晚于公元前一世纪。作者已不可考。它记载了用勾股定理进行天文计算的方法，还有比较复杂的分数计算。《九章算术》的作者也不可考，或者认为并非成书于一人、一时，而是许多数学家长期修改的结果，如西汉著名数学家张苍、耿寿昌等曾对它进行过增定、删补。该书记载了当时世界上最先进的分数四则运算和比例算法，还记载了代数的开平方和开立方，比欧洲同类算法早出 1500 多年。该书还在世界数学史上第一次记载了负数概念和正、负数的加减法运算法则。晋刘徽的《海岛算经》论述了各种测量数学问题。“算经十书”

对中外数学的发展产生了深远的影响，“算经十书”中用过的数学名词如分子、分母、开平方、开立方、正数、负数、方程等直到今天仍在继续使用。

宋元时期出现了秦九韶、李冶、杨辉、朱世杰等位著名数学家。秦九韶的《数学九章》论述了高次方程数值解法和一次同余式解法，该书中的高次方程数值解法比国外同类著作早出 500 年。李冶的《测圆海镜》和《益古演段》论述了天元术和几何学的一些问题。杨辉的《详解九章算法》《日用算法》《杨辉算法》讲述了实用数学和各种简捷算法。另外，还有朱世杰的《算学启蒙》和《四元玉鉴》，前者是一部启蒙教科书，后者论述了四元术、高阶等差级数、高次招差法等问题。该书中的四元术和高次招差法比国外同类著作早出 400 年左右。

明代的数学著作有朱载堉的《算学新说》、程大位的《算法统宗》等。清代数学著作有梅文鼎的《平三角举要》《弧三角举要》《几何补编》《堑堵测量》《几何通解》、杜知耕的《几何论约》、黄百家的《勾股矩测解原》、安清翘的《矩线原本》《一线表用》《推步惟是》《学算存略》《数学指南》《几何原本补正》等。其中，梅文鼎的成就最大。梅文鼎，安徽宣城人，自幼喜欢天象，梅氏的数学著作数量多，内容广，涉及算术、代数、几何、三角等种种问题，并有很多发明。

除了农学、医学、数学方面外，其他方面也有不少名著，不再一一列举。

四、著述的整理

在中国古代，国家、私人等参与科技著述的保管和整理，对我国古代科学技术的发展、科技成果的普及与传播起了重要作用。

（一）国家与科技著述的整理

国家对科技著述的保管和整理，具有相对的稳定性、连续性、丰富性和权威性：国家设有相应的机构对科技著述进行保管，保存条件好、时间长、数量多、质量优，一般至朝代的更替时才有所流散；国家对科技著述的相关整理活动则体现了更多的国家意志。

先秦时期，国家即有官吏管理科技著述，但一直没有专门的保管机构，西汉成了我国科技著述保管机构从无到有的过渡阶段。“外有太常、太史、博士之藏，内有延阁、广内、秘室之府”[①]，西汉的科技著述保管场所内外兼有。朝廷各部门都藏有与职务有关的科技著述，其中，太史是太常的下属官吏，其官署藏天文历法典籍，除太常外，理官也有科技典籍藏书处。《汉书·礼乐志》载："今叔通孙所撰礼仪，与律令同录，藏于理官。"[②]西汉禁中有众多的科技著述保管机构，如兰台、延阁、广内、秘室、石渠阁、天禄阁、麒麟阁等。成帝时，皇帝下诏令刘向、刘歆父子对宫廷所保管的科技著述进行校勘整理，编成《别录》《七略》。这两部目录书都早已亡佚，令人欣慰的是，《汉书·艺文志》存有《七略》十之三四，我们据以可窥见《七略》中所收录的科技典籍概况，《七略》中的《兵书略》著录了兵权谋、兵形势、阴阳、兵技巧四类军事著作，包括战略思想、战术技巧各个方面；《数术略》中著录了天文、历谱、五行、蓍龟、杂占、刑法六类图书，这里面有天文、历法、数学、物理方面的科技典籍；《方技略》中著录了医学类著作。可见，当时国家对科技典籍已经有了初步的分类与整理了。参加《七略》编纂工作的大多是一些专门人才，除刘向是学者（对天文学有所研究，著作有《洪范五行传》，制成天文仪器——天威仪）外，其他如主持兵书的步兵校尉任宏是军事家、主持天文算术文献的太史令尹咸是观察天象的人才、主持医学文献的侍医李柱国是医师，由于他们有专门知识，所以能把文献分类与当时的学术思想、学科内容密切结合起来，达到"辨章学术，考镜源流"的目的。此后，历朝相承，均大力搜集科技著述，然后对其整理利用，分类编成目录。

到了东汉，科技著述保管机构有很大发展，东汉政府前后设置了辟雍、东观、宣明殿、兰台、宗庙石室、鸿都、仁寿阁等典籍保存处。其中，东观、兰台是最主要的藏书处，这两处规模宏大，藏书甚富，亦有大量的科技著述。东观、兰台分别设有官吏进行管理，东观设东观郎和校书郎，兰台设兰台史令。担任这些职务的都是当时著名的学者，如班固就曾担任过校书郎和兰台史令。得益于这些便利的条件，班固撰成了巨著《汉书》，其中的《艺文志》篇中则记载了当时所保存的科技典籍的数量。

---

① （唐）魏徵等. 隋书·卷三十二·经籍（一）[M]. 北京：中华书局，1972：905.

② （汉）班固. 汉书·卷二十二·礼乐志第二[M]. 北京：中华书局，1962：1035.

《汉书·艺文志》记述当时存世的农家、天文、医经书目摘录如下[①]：

农家书目：

《神农》二十篇。六国时，诸子疾时怠于农业，道耕农事，托之神农。

《野老》十七篇。六国时，在齐、楚间。

《宰氏》十七篇。不知何世。

《董安国》十六篇。汉代内史，不知何帝时。

《尹都尉》十四篇。不知何世。

《赵氏》五篇。不知何世。

《氾胜之》十八篇。成帝时为议郎。

《王氏》六篇。不知何世。

《蔡癸》一篇。宣帝时，以言便宜，至弘农太守。

右农九家，一百一十四篇。

天文书目：

《泰壹杂子星》二十八卷。

《五残杂变星》二十一卷。

《黄帝杂子气》三十三卷。

《常从日月星气》二十一卷。

《皇公杂子星》二十二卷。

《淮南杂子星》十九卷。

《泰壹杂子云雨》三十四卷。

《国章观霓云雨》三十四卷。

《泰阶六符》一卷。

《金度玉衡汉五星客流出入》八卷。

《汉五星彗客行事占验》八卷。

《汉日旁气行事占验》三卷。

《汉流星行事占验》八卷。

《汉日旁气行占验》十三卷。

《汉日食月晕杂变行事占验》十三卷。

① （汉）班固. 汉书·卷三十·艺文志［M］. 北京：中华书局，1962：1742—1776.

《海中星占验》十二卷。

《海中五星经杂事》二十二卷。

《海中五星顺逆》二十八卷。

《海中二十八宿国分》二十八卷。

《海中二十八宿臣分》二十八卷。

《海中日月彗虹杂占》十八卷。

《图书秘记》十七卷。

右天文二十一家，四百四十五卷。

医经书目：

《黄帝内经》十八卷。

《黄帝外经》三十七卷。

《扁鹊内径》九卷。

《扁鹊外经》十二卷。

《白氏内经》三十八卷。

《白氏外经》三十六卷。

《白氏旁篇》二十五卷。

右医经七家，二百一十六卷。

经过魏晋至隋唐几代的发展，我国科技著述的管理与保管机制逐步完善。至北宋时产生了馆阁制，并贯穿于以后各个朝代，成为我国管理公藏典籍的主要行政体系。公元 988 年，北宋朝廷在崇文院中堂建秘阁，选天文方术典籍藏于期间，初时即有 3012 卷。北宋政府十分重视科技著述的搜集与整理，编有《崇文总目》等官修典籍目录，为后世了解当时存世的科技典籍提供了大量的原始资料，如《崇文总目》按四部分四十五类。其中，史部收录有刑法类、地理类、岁时类等科技资料；子部收录有农家类、兵家类、算术类、艺术类、医书类、卜筮类、天文占书类、历数类、五行类等科技资料。

明清两朝是我国科技著述保管与整理的集大成时期，明代文渊阁、皇史宬，清代的武英殿、“天禄琳琅”都是当时显赫一时的典籍收藏机构。古代书籍的整理，至乾隆年间进入全盛时期，此时出现了我国封建社会时期最后也是最大的一部官修图书目录——《四库全书总目提要》，内容浩瀚纷杂，收录古籍计 10 289

种，是内容丰富、较系统的研究古典文献的重要工具书。据粗略统计，《四库全书总目提要》中著录的科技文献存目360余种，约占全书存目的1/20。

《四库全书总目提要》中有关科技方面的类目如下[①]：

史部：

……

10. 时令类

11. 地理类：①总志；②都会郡县；③河渠；④边防；⑤山川；⑥古迹；⑦杂记；⑧游记

子部：

……

2. 兵家类

……

4. 农家类

5. 医家类

6. 天文算法类：①推步；②算书

7. 数术类：①数学；②占候……⑥阴阳五行；⑦杂技术

……

8. 谱录类：①器用；②食谱；③草木；④鸟兽虫鱼

在44个二级类目（经部分10类、史部分15类、子部分14类、集部分5类）中，有8个是科技类目。其中以数学、天学、农学、医学、生物学和地学方面的书籍最多，而工程技术方面书籍较少，著录和存目仅有100余种，主要涉及建筑、水利、交通运输等，偏颇较甚。就中国古代成就卓著的天学、数学、农学、医学四大学科而言，当时采进的重要著作，《四库全书总目提要》大多著录，如天学的《新仪象法要》《晓庵新法》，数学的“算经十书”、《数书九章》、《测圆海镜》，农学的《齐民要术》《王祯农书》，医学的《黄帝内经》《伤寒杂病论》，以至金元四大医家的主要论著等，都已悉数收录。明代四大科学名著（《本草纲目》《徐霞客游记》《农政全书》《天工开物》），也著录了前三种。工程技术

① 南开大学图书馆. 南开大学图书馆建馆八十周年纪念集［M］. 天津：南开大学出版社，1999：462.

类著录有《考工记》《营造法式》《武经总要》等，存目书则涉及建筑、纺织、冶铸、水利、交通运输、造船、兵器、造纸、印刷、陶瓷、制糖、酿酒、制盐等，名目不少，但数量不多。《四库全书总目提要》收录的一些综合类著作，亦常为科技史家所征引，如沈括的《梦溪笔谈》，详细记载了中国古代两项重大发明（活字印刷术和指南针）以及其他一些重要成果，是名副其实的科技史上的名著。①由上可见，《四库全书总目提要》中的科技著述典籍是相当丰富的。

除分类编目外，国家还对有关的科技著述进行了校正、刻印、出版等工作。以医药类科技著述为例。由于医学关系到每个人的生命安全，对于维护社会安定有着重要的作用，加上传统的儒家思想认为，医学“上以疗君亲之疾，下以救贫贱之厄，中以保身长全，以养其生”②，所以受到历代政府的重视。历代政府都设置专门的医药机构和专职医官，制定有关医药政策，校正、颁布药典和药方，以推广和普及医药。唐高宗显庆二年（657 年），朝廷组织二十多人整理资料，重新编修“新本草”。编纂方式是动员全国力量，进行药物调查，广泛征集资料，进行分析讨论，在已有书籍的基础上，编纂成书。《新修本草》历时两年完成，并由政府颁布。《新修本草》正文是在陶弘景《本草经集注》的基础上扩充整理而成的，收药 850 种，在《本草经集注》原来 736 种的基础上增加了 114 种，合并整理了某些药种，同时纠正了《本草经集注》中的许多谬误，该本书被公认为世界上最早的药典。两宋时，政府曾 7 次组织人力、物力对大型药物学著作进行修订、校正，并刊刻发行。宋政府在开国不久即诏令征集收购医书，进行整理、修订。嘉祐二年（1057 年），宋仁宗采纳了枢密使韩琦的建议，设置校正医书局于编集院，并集中一批著名医家，对历代重要医籍进行校正工作，这是我国出版史上首次由政府设立的医书校正专门机构。校正医书局设立后，搜求佚书，征集众本，进行严肃认真的校正，“正其讹谬，补其遗佚，文之重复者削之，事之不伦者缉之”③，几乎一言去取，必有稽考。每完一书则作序陈述校正崖略并予以评价。随即奉请皇帝亲览，然后交由国子监刻板（也称雕版）刊行。经过校正的医书大部在熙宁间（1068—1077 年）陆续印行。

① 何绍庚.《四库全书》中的科技文献［N］. 光明日报，2004-02-10.

② （汉）张仲景. 伤寒杂病论・自序（桂林古本）［M］. 南宁：广西人民出版社，1980.

③ （宋）高保衡等. 新校备急千金要方序［A］//《孙思邈医德纪念碑文集》编辑委员会. 孙思邈医德纪念碑文集［C］. 西安：陕西人民出版社，1989：45.

经校正医书局重修、刊行的医药书籍，现在可知的有：①王冰注的《黄帝内经素问》，校正后改名为《重广补注黄帝内经素问》；②皇甫谧的《针灸甲乙经》；③张仲景的《伤寒论》；④张仲景的《金匮要略方论》；⑤王叔和的《脉经》；⑥孙思邈的《备急千金要方》《千金翼方》；⑦王焘的《外台秘要》；⑧掌禹锡等的《补注神农本草》；⑨苏颂的《图经本草》。[①]宋代对医籍的校正和刊行对促进中国医学的发展做出了重大贡献，使许多濒临亡佚的重要医籍得以保存，在中国医学发展史上，其作用不可低估。

明代时，北京、南京两个国子监都刻印了不少医学、农业等科技书籍。两京部院（礼部、兵部、工部、都察院、太医院、钦天监等）也刻了不少书。例如，兵部刻印了论述北方边防并附有地图说明的《九边图说》；钦天监（掌管天象历法的官署）刻印了《大统历日》；北京都察院还刻印了关于弈棋、音乐歌曲方面的书。

（二）私人与科技著述的整理

除国家外，中国历代私人保管、整理科技著述也常有之。

孔子是我国第一个典籍收藏家，此后，私家的典籍收藏越来越普及。《韩非子·五蠹》称："境内皆言兵，藏孙吴之书者家有之。"[②]其中，"孙"就是《孙子兵法》，"吴"就是《吴子兵法》，可见当时就已有人收藏科技著述了。自春秋战国至明清两千多年间，出于政治需要、学术研究、典籍整理和研究、嗜书等各方面的原因，我国出现了一大批私人藏书家，比较知名的，如两汉时的伏生、刘德、孔安国、刘向、郑玄、蔡邕；隋唐时的许善心、牛弘、颜师古、韦述、李泌；宋元时的江正、宋敏求、王钦若、司马光、叶梦得、晁公武、陈振孙、段直、元好问；明清时的范钦、叶盛、毛晋、黄虞稷、钱谦益、黄丕烈、瞿镛、陆心源、丁丙、丁善。私家收藏的文献，不仅数量多，种类遍及自然、经济、政治、科技、文化、社会等各个领域，而且系列互补。但由于兵燹，或遭水、火之灾，或子孙不孝，毁遗狼藉，古代私人藏书的结局往往都是先聚后散、聚之亡之，因此我们今天很难统计他们所收藏的科技典籍状况。但是有一点，他们对古典科技典籍的保存、流传的功德是应该值得肯定的。

---

① 李经纬，林昭庚. 中国医学通史（古代卷）［M］. 北京：人民卫生出版社，2000：323.

② （战国）韩非子撰，盛广智译. 韩非子［M］. 长春：吉林文史出版社，2004：249.

以范钦“天一阁”为例，现存最早的天一阁藏书目录是清初的抄本《天一阁书目》（现藏于中国国家图书馆），《天一阁书目》把明代制书放在第一位，分为36类，其中涉及科技方面的有礼乐、天文、杂技、地理、医家、星相、农家等类，为后人提供了极其珍贵的参考资料，其在今日的科研中还发挥着重要作用。近年来，越来越多的学者和科研人员进入天一阁之中，收集了天文、地学、理工、医药、农业、水利、印刷术、陶瓷器、古迹建筑、手工业、港口史等自然科学资料。例如，北京大学历史系从弘治《赵州志》中，发现了有关石桥建筑的资料；河南省水利局在嘉靖《太康县志》等十六部方志中，辑录了四百多条历史上的旱涝记录；著名古琴学专家查阜西先生为了访求古代琴史、琴谱，曾带领一批中青年古琴工作者遍游全国，结果在天一阁发现了两部从未见过的明刻古琴谱：《浙音释字琴谱》和《三教同声》；广东中医学院从《玉机微义》《明医杂著》等明刻医书中采集了有关古代中医学资料。

历代私家对科技著述从形式到内容的整理主要体现在以下几个方面：

第一，对科技著述的内容校勘补正。由于历代辗转抄写或刊刻的误失，古书中几乎没有不出错讹的，“无错不成书”之谚即是这一现象的归纳。对此现象，几乎所有有能力的藏书家都会自觉而欣然地担当起校书纠误的职责。他们基本以自家藏书为校勘对象，或孤军奋战，或相互切磋，长年累月地进行着无休无止的校书工作。可以说，藏书校勘是藏书家普遍也是最艰巨、最乏味的日常性工作之一，却偏偏有那么多的藏书家乐此不疲，老死无悔，这便是精神的力量所在。正是对典籍负责、对子孙负责的崇高的使命感支撑着无数的藏书家默默无闻地砣于陈编烂简中，从事着这种为人作嫁衣的苦差。历代辛勤校勘科技古籍、补缺订讹的事例不在少数。明代的赵用贤为校五卷本的《洛阳伽蓝记》，先后用了八年时间，以五种不同本子校雠，共改正误讹增补遗漏860余字，方使这本书成为完本。清代，私家中精擅校勘、成果显著。仅《考工记》一书，较有代表的就有程瑶田的《考工创物小记》、戴震的《考工记图》、王宗涑的《考工记考辨》，尤其是孙诒让的《周礼正义》，博采汉唐以来迄于乾嘉诸经儒旧诂，参互证绎，其中对《考工记》之注解、考证、研究堪称集大成者。精校出善本，流传至今的许多科技典籍，其字里行间无不浸透着藏书家的心血汗水。

第二，对残缺的科技著述搜访集全。在古代，许多人总是沤尽心血、刻意觅访，冀期以自己的诚意与努力使尽可能多的、种种原因导致残缺不全的科技著述在自己手里“破镜重圆”、完美再现。黄丕烈在解释自己何以重视收购破烂不全之书时说：“如遇不全本而弃之，从此无完日矣。故余于残缺者尤加意焉，戏自号曰‘抱守老人’。”[①]天降大任，私家众心一致地将拾残补缺当作自己义不容辞的神圣职责。《华阳国志》宋时已有残缺，南宋嘉泰年间，学者李塈经不懈搜访，采《汉书》《后汉书》及陈寿《益部耆旧传》等书补足为十二卷，从而成为今天通行的版本。明代的赵琦美购得李诫《营造法式》残帙一部，中缺十余卷，为补全此书，其从此心存块垒，寝食不宁，仆仆遍访于藏书名家、书肆、秘阁，艰辛曲折历时二十余年，终使该书臻于完美，等等。

第三，对科技著述进行刊刻出版。古代私人参与刊刻，出版科技著述的活动主体包括作者、作者后人或弟子、作者亲朋好友及出于崇尚学问、推广文化目的而为他人刻印图书的学者。这类所刊刻的科技著述，牌记多刊自家堂号、宅名或书斋名等，以知识传播为目的，并不以赢利为动机，所以重视质量，校刻精审。明代李时珍的《本草纲目》脱稿于 1578 年，又经过三次反复修改后终于定稿。为了能尽快刊刻此书，李时珍不顾年高体弱，于 1580 年及 1590 年两次前往太仓和南京，请当代文学家、曾任刑部尚书的王世贞作序，之后经金陵出版书商胡承龙应允刻印。从 1590 年（明万历十八年）起，至 1593 年（明万历二十一年）止，前后历时四年才全部刻完。在原书即将出版之时，李时珍告别人世，没有能目睹《本草纲目》的问世。三年后的 1596 年，《本草纲目》在南京全部出版，史称金陵版。目前该版本已成为世界珍宝，存世不多。又如，徐光启 60 岁（1622 年）时，才开始撰写《农政全书》。1628 年，农书写作初具规模，但由于徐光启上任后忙于负责修订历书，农书的最后定稿工作无暇顾及，直到死于任上，该书也尚未付梓出版。以后该书便由徐光启的门人陈子龙负责修订，他从徐光启的次孙徐尔爵处得到草稿数十卷，乃删其繁芜，补其欠略，最后于 1639 年在苏州刻板付印。这个原刻本版心下方刻有“平露堂”字样，所以叫作“平露堂本”（平露堂是陈子龙的堂号）。“平露堂本”极其罕见，几成孤本，现藏于华南农业大学的农业历史遗产研究室图书馆。明代中期的熊宗立，是福建历史上刊刻医书最多的人，他自己开设一书坊——种德堂。其本人也是医学家，除翻刻《内经素问》等古代医术外，还自著医书《原医药性赋》等十

① （清）黄丕烈. 黄丕烈书目题跋·荛圃藏书题识［M］. 北京：中华书局，1993：255.

余种医书。他编印的《各方类证医书大全》传入日本，被称为“医学之宝”。①清代学者阮元出于自己学术兴趣和学术文化传播的需要，曾赞助许多知名学者刊刻了他们的个人科技著述，包括钱大昕的《地球图说》、谢墉的《食物百咏》、张惠言的《仪礼图》、李锐的《筹数书》、焦循的《里堂算学记》（内有《加减乘除释》8卷、《天元一释》2卷、《释弧》3卷和《释椭》1卷）。值得称道的是，阮元还为一些毫无名气和地位的饱学之士刊刻出版著作，如他在广东曾为通中西天文历算、精地理、善绘图的道士李明彻刊刻其天文学著作《寰天图说》。②

第四，对科技著述予以辑佚。中国古代类书、丛书等综合性著作中有许多科技文献资料。明清时，许多珍贵的科技著述都已亡佚，这引起了当时学者的重视。于是，经过清代辑佚者近三百年的辛勤搜罗，一大批古佚书得以重新现身，重现光华。清末学者马国翰的《玉函山房辑佚书》，从各种类书中共辑佚书630种，按经、史、子分为三编，该书搜罗丰富，卷帙浩繁，是辑佚史上的创举，其中包括汉张衡撰的《浑仪》、汉尹氏的《尹都尉书》、汉蔡癸的《蔡癸书》、汉崔寔的《四民月令》、魏吴普的《吴普本草》等30多种科技著述。清黄爽的《汉学堂丛书》，从各种类书中辑佚书270种，内有《范子计然》及汉刘洪撰的《乾象术》等科技著述。清代学者在科技方面的辑佚成果，农家如《四民月令》《氾胜之书》《农桑撮要》《范子计然》等；医学如《神农本草经》《伤寒微旨论》《苏沈良方》《急救仙方》等；算学如《九章算术》《孙子算经》《海岛算经》《周髀算经》等；天文如《盖天说》《灵宪》《浑天象说》等；艺术如《宝真斋法书赞》《竹谱》等；体育如《玄玄棋经》《棋诀》等，都是非常珍贵的专业书籍，对研究科技发展史、专业史等诸多方面极有价值，有许多是久寻不得的古书。③

第三节　抄　纂

与前两节讲的通过记录、著述而成科技文献不同，本节所讲的抄纂，是历代文献学家按照一定的体例整理、改编旧文献，其特点是不改变原始文献的字

① 戚福康. 中国古代书坊研究［M］. 北京：商务印书馆，2007：185.
② 张立. 从传统走向近代：中国科学文化史上的阮元［M］. 合肥：安徽教育出版社，2005：121—122.
③ 曹书杰. 中国古籍辑佚学论稿［M］. 长春：东北师范大学出版社，1998：206.

词句，只是通过摘录文句、抄撮篇章、汇编同类、重新编次等方式改编原文献的结构形态、表现形式。由于我国古代翻印条件、检索手段、运输工具相对落后，传统文献既容易损毁失传，学人又难以摸透其门径。故历代很重视对传统文献的抄纂，一则为后人提纲挈领，指示门径，二则为保存传统文献精华拓展新途径。

一、“抄纂”释义

“抄纂”是资料的汇编，即凭借已有资料，分门别类抄下来，纂辑成一部有条有理的写作，也就是文献学所说的“编”，又叫“纂”“辑”，其要旨在于根据一定的体例对原有著作进行编排，并不改变原有著作的内容。

抄纂，汉代以前称“论”，有“选择”“排比辑录”之义，《汉书·艺文志》说：“论语者，孔子应答弟子、时人，及弟子相与言而接闻于夫子之语也。当时弟子各有所记，夫子既卒，门人相与辑而论纂，故谓之论语。”[①]可见，“论”是甄选史料加以排比辑录以成新文献的一种体裁。王充之所以将自己的《论衡》定为“论”，就是因为“《论衡》就世俗之书，订其真伪，辩其实虚，非造始更为、无本于前也”[②]。汉代以后，“论”这一概念为“抄撰”所取代，抄撰就是又抄又编、边抄边编。据《梁书》卷二十五《徐勉传》载，梁普通五年（524年），徐勉上修五礼表，备述主持修撰《五礼仪注》一千一百七十六卷的前后经过，其中有“尚书仆射沈约等参议，请五礼各置旧学士一人，人各自举学士二人相助，抄撰其中”[③]之语。检其过程，可知所谓“抄撰”就是抄录此前历代五礼资料，并按照拟定的体例编纂成《五礼仪注》一书，有抄有撰，既不是纯粹的抄书，也不是纯粹的编书，这与“论”的性质是一样的。《陈书》卷三十四《杜之伟传》：“中大通元年，梁武帝幸同泰寺舍身，敕勉撰定仪注，勉以台阁先无此礼，召之伟草具其仪。乃启补东宫学士，与学士刘陟等抄撰群书，各为题目。

---

① （汉）班固. 汉书［M］. 北京：中华书局，1962：1717.

② （汉）王充撰，陈建初等译. 白话论衡［M］. 长沙：岳麓书社，1997：1095.

③ （唐）李延寿撰，陈苏镇等标点. 南史·列传·第五十卷·徐勉传［M］. 长春：吉林人民出版社，1995：845.

所撰《富教》、《政道》二篇，皆之伟为序。”[①]这更表明“抄撰”不仅仅是“抄”，更重要的是“撰”。抄撰是魏晋南北朝历史文献整理改造的主要形式之一，乃至专设“抄撰学士”领其事。《周书》卷四十一《庾信传》：“东海徐摛为左卫率。摛子陵及信，并为抄撰学士。”[②]个人抄撰风气也很盛行。《隋书》卷三十三《经籍志》：“陈时，顾野王抄撰众家之言，作《舆地志》。”[③]抄录众家言后，如果没有“编纂”之功，显然是成不了《舆地志》这一新文献的。显然，魏晋南北朝时期的“抄撰”不能视为简单地抄书，与传统历史文献中的“史钞”有所不同，“抄纂”概念正由此发展而来。

对已有文献进行摘录、纂辑、选编等就是所谓的抄纂，其实际上是对著述类文献的改编、加工，这也是我国传统文献中的大宗。

抄纂，从表面上看来，不过是抄书；但此种抄书可不是原封不动的、依样画葫芦似的简单地抄书，而是经过精心策划、筛选、组织、加工，甚至是改造。其中包含创作的因素，可以说半是抄录，半是创作。它除了要求抄纂者要具有一般古籍整理的知识与技能之外，还特别要求抄纂者需有较高的鉴识力与创造力。[④]

二、抄纂的类型

依据文献信息加工深度的不同，文献抄纂可分为不同类型，主要有以下几种。

（一）汇编型

其主要方式是汇纂其整体，包括汇集群书、众文或某一类档案记录、图集华章，从而编纂成新的文献，如汇某一档案记录为档案汇编、汇众书为《四库全书》、汇一人著述为文集、汇一代诗篇为《全唐诗》等，特点是除了必要的删节和对行款格式等进行一些处理之外，并不对原文的内容、结构作任何改动。

---

① （唐）姚思廉. 陈书・卷三十四・杜之伟传［M］. 北京：中华书局，1972：454.
② （唐）令狐德棻等. 周书・卷四十一・庾信传［M］. 北京：中华书局，1971：733.
③ （唐）魏徵等. 隋书・卷三十三・经籍（二）［M］. 北京：中华书局，1973：988.
④ 刘琳，吴洪泽. 古籍整理学［M］. 成都：四川大学出版社，2003：293.

（二）选编型

选编型的抄纂成果是指用一定的方法对文献资料内容所做的简略而又准确的摘录。与汇编型抄纂成果相比，它也不对原文进行改动，除了对材料进行挑选、组合外，工作重点是对材料的主要内容进行加工和浓缩。在古代，其主要形式有："抄撮其精语"，就是抄录一书或众书的片言只语而成一新书，其特点是或一句或一段或一篇地抄撮原文献部分内容，而不改变其字词句，如袁枢的《通鉴纪事本末》、茅坤的《史记钞》、张缅的《晋书钞》等，传统文献分类中史部史钞类古籍都是这一方式的结晶；"选录其华章"，就是根据事先拟定的体例选择原文献篇章而成一新书，其特点是选篇章而不选句段、选众书而不限一本，传统文献分类中集部总集类部分文献就是这一方式的产物。

（三）类编型

它与汇编型不同，突出的特点在于"类"，即分门别类地纂录古籍中的资料。其主要形式包括传统的"类书"和"政书"。类书是原文献资料按类拆分，并按照新的体例重加编纂而成的一种新文献形式，并适当地加上按语、评论或连接语。政书是中国古代记述典章制度的图书，它广泛收集政治、经济、文化制度方面的材料，分门别类系统地加以组织，并详述各种制度的沿革等。

在我国古代历史上，文献典籍的保存和流传，有这样一个值得注意的现象，即单本的图书、零散的著述往往容易散失亡佚；而凡是编纂或汇刻为一部大书的，则比较容易保存和流传下来。以明末学者徐光启的《农政全书》和宋应星的《天工开物》为例，这是两部分别记述农业和手工业生产技术的书，均具有十分重要的价值。乾隆年间编《四库全书》时，收录了《农政全书》，却没有收录《天工开物》。结果，《农政全书》得以流传，《天工开物》却不幸亡佚，直到二十世纪初才在日本发现，转而传回国内。我国古代的许多科技文献就是通过汇入丛书、编入类书等途径保存下来的。[①]

① 黄爱平.《四库全书》的编纂与中国传统文化［N］. 光明日报，2004-03-16.

三、抄纂的成果

（一）汇编型

1. 科技档案汇编[①]

中国古代遗存下来的科技档案编研成果包括数据汇编、图集、文件选编或汇编、案例汇集、科技手册、科技大事记等。前几类皆为汇编，以图录表谱为主，它们构成了中国古代科技档案编研成果遗存的主要内容。

当各种科技档案的积累到达一定数量，规模和连续性都发展到一定程度时，各种科技档案汇编（如各种观测记录汇编、图样汇编、标准汇集等）就应运而生了。它可以是独立成集，也常常作为其他作品的一部分。这些科技档案汇编有利于系统利用、留存与流传。我们的先人以汇编形式保存下来了大量古代科技档案，因为这些汇编是原件的直接汇集，虽然不是以单件形式出现的档案原件，但仍不失档案原件的原始性。

1）一般性科技档案汇编

中国古代科技档案汇编类遗存的数量是巨大的，主要有天文观测记录汇编、技术标准文件汇编、中医药档案汇编（药方集、医案集、本草集等）、地图档案汇编等。并且，中国古代的科技档案汇编在先秦时期就开始产生并遗存下来，如著名的《春秋》等。

《春秋》是史家记事档案编研成果的典型。春秋时期，各国皆有记事之史（档案），多名为“春秋”。孔子以鲁国《春秋》为底本编纂成儒家六经之一的《春秋》。在《春秋》一书中，记述了自鲁隐公元年（公元前 722 年）至哀公十四年（公元前 481 年）计 242 年间的重要史实。孔子“述而不作”，对史家记事档案并未进行再创作。因此，我们可以把《春秋》看作当时的档案原本（有所删削）。《春秋》中的这些档案记录包含一些科技方面的内容，如天象记录。史家的天象记录与天文学家不同（尽管先秦时期二者常常是合一的），史家往往以当时人们的天象观测、记录异常天象，预测国家的吉凶。天文学家与史家出于不同角度的高度重视，使这些观测与记录成为一种传统，从而形成了中国古代天文档案

① 参考丁海斌. 谈中国古代科技档案的直接遗存［J］. 档案学研究，2008（6）.

的一大特色。

其他著作中保存的科技档案汇集，主要是正史中的“天文志”和某些私家著述中往往保存重要的观测记录，如星表，既是天文文档的一种形式，也是利用天文观测记录档案进行编研所形成的作品。《杨惟德星表》是景祐年间对全天星官位置进行测量成果的遗存，被录载于南宋李季编纂的《乾象通鉴》中。现存有 341 颗恒星的入宿度和去极度值。另外，杨惟德还撰有《景祐乾象新书》三十卷，该书基本上是一本占星书，但也有很多恒星的坐标值。

2）图录

图录是各种图像的汇集，有的配以少数文字说明。它们包括地理图录、历史图录、文物图录、人物图录和器物图录等。与科技档案直接遗存有关的主要是地理图录和器物图录（其中也有一部分属于间接遗存）。

地理图录：明代的《郑和航海图》《广舆图》，清代的《皇舆全图》《乾隆内府舆图》《大清一统舆图》《历代舆地图》等。

器物图录：礼制图谱中的《五服图》《周室王城明堂宗庙图》，清敕编的《皇朝礼器图式》等；名物图谱中的《尔雅图》《钱图》《鲁史欹器图》《器准图》等；文物图录中宋吕大林的《考古图》、王黼等的《宣和博古图录》，明吕震等的《宣德彝器图谱》，清代的《宁寿鉴古》《西清古鉴》等；

其他还有清代戴震的《考工记图》，程瑶田的《考工创物小记》，李佐贤、鲍康的《古泉汇》《续泉汇》，吴大澂的《恒轩所见所藏吉金录》《古玉图考》，昆冈、徐桐的《钦定大清会典图》，端方的《陶斋集金录》《陶斋吉金续录》等。

2. 丛书

丛书是按一定的目的，在一个总名之下，将各种著作汇编于一体的一种集群式图书。我国古代，印刷术的发明与应用为丛书的汇纂奠定了很好的基础，综合性丛书、专科性丛书应运而生。

1）综合性丛书

综合性丛书就是不论部类、地区、时代、人物、内容等各种区别而杂绘众书于一炉，其特点是无所不包、不拘一格。综合性丛书《百川学海》《说郛》《格致丛书》《四库全书》等中大都收录有古代科技文献。

《百川学海》是南宋人左圭在咸淳九年（1273 年）所辑，书名取于汉代学者扬雄《法言》中的句子“百川学海而至于海”，全书按天干分为 10 集，每集 10

种，计 100 种，177 卷。收录汉、晋、六朝、唐、宋各代著作，多位唐宋文人野史杂说之属。该书内容十分丰富，包括经、史、字、集四部书。其中，子部中许多唐宋人零星的科技著作都赖以流行，如唐宋时代农学杂著《耒耜经》《茶经》《菊谱》《梅谱》《荔枝谱》《笋谱》等。

《说郛》是元末明初的学者陶宗仪所编纂，多选录汉魏至宋元的各种笔记汇集而成。书名取扬子语“天地万物郭也，五经众说郛也”，《说郛》意思就是五经众说。该书共 100 卷，条目数万，汇集秦汉至宋元名家作品，包括诸子百家、各种笔记、诗话、文论；内容包罗万象，有经史传记、百氏杂书、考古博物、山川风土、虫鱼草木、诗词评论、古文奇字、奇闻怪事、问卜星象等。现存世的有两个版本，一为明代传抄的一百卷本，民国张宗祥据此本重新校订，由商务印书馆出版，即现在所称的涵芬楼本，收书 600 余种；二为明末清初陶珽校订的顺治年间由宛委山堂刊刻的一百二十卷本，即通常所称的宛委山堂本，收书 1292 种。据宛委山堂本，其中收录的有北魏贾思勰的《齐民要术》、唐陆龟蒙的《耒耜经》、宋周师厚的《洛阳花木记》、明俞宗本的《种树书》等农业方面的文献；宋郑獬的《觥记注》、宋黄伯思的《燕几图》、宋洪迈的《糖霜谱》、宋田锡的《麴本草》、宋苏轼的《酒经》等 30 多种加工工艺方面的文献；以及晋王羲之的《笔经》、宋晁贯之的《墨经》、宋李之彦的《砚谱》、元鲜于枢的《纸笺谱》、明屠隆的《笺谱铭》等 10 种文房用品方面的文献。

明清两代综合性丛书取得了很大成就，科技文献也都散见于很多从书中。《四库全书》已在上文做过介绍，不再赘述。在此期间，还有一部非常重要的综合性丛书不得不提，那就是《宛委别藏》。清代著名学者阮元巡抚浙江时，留心搜访《四库全书》未收之书，先后求得 175 种，依《四库全书总目提要》例，为每书撰写提要，随书奏进。嘉庆帝十分高兴，亲笔赐名《宛委别藏》。《宛委别藏》中有不少科技方面的文献，数学方面收录有宋杨辉的《杨氏算法》(3 卷)、元朱世杰的《四元玉鉴》(3 卷) 等；天文方面有《宝祐四年会天历》(1 卷)、《三术撮要》(1 卷) 等；地理方面有《长春子游记》(1 卷)、《舆地纪胜》(200 卷) 等以及多种地方志；医学方面有《千金宝要》(17 卷)、《难经集注》(5 卷)、《脉经》(10 卷)、《类编朱氏集验药方》(15 卷)、《史载之方》(2 卷)、《陈氏小儿病源方论》(4 卷) 和《中藏经》(3 卷) 等多种罕见地珍贵古籍。由于《宛委别藏》长期存于清廷内府，一般的学者难以利用，直到二十世纪二三十年代，其中的部分文献才陆续得到刊刻。随着对《宛委别藏》研究的深入，其中科技方面的许多文献的价值，也将逐渐为人们所重视。

此外，明清两代的其他丛书中，也有涉及科技文献。例如，明万历二十五年（1597 年）周履靖编的《夷门广牍》，收录汉朝至明朝篇幅较小之书共 106 种，包括食品、禽兽、草木等 13 类，其中有元鲁明善的《农桑撮要》、明俞宗本的《种树书》等；明沈士龙、胡震亨编的《秘册汇函》主要收先秦至唐宋经、史、子类文献 24 种，内有贾思勰的《齐民要术》等；明万历胡文焕编的《格致丛书》中收经、史、子、集、释道文献共 198 种，其中有元司农司编的《农桑辑要》，明黄省曾的《农圃四书》等；明崇祯毛氏汲古阁刻本《津逮秘书》，收汉魏至宋元四部书籍 15 集 141 种，包括陆龟蒙的《耒耜经》等；《函海》共 40 函 163 种，第 1—10 函为汉魏至唐宋著述，内有宋陈旉的《陈旉农书》等。清代，清初梅文鼎编的《兼济堂纂刻梅勿庵先生历算全书》及《梅氏丛书辑要》收录梅氏著作 50 多种，其中有数学文献多种；清道光年间潘仕成编的《海山仙馆丛书》收录文献 56 种，其中包括明徐光启译的《几何原本》《测量法义》，明李之藻译的《同文算指》，明徐光启撰的《测量异同》《勾股义》等多种介绍西方数学的文献，等等。

2）专科性丛书

专科性丛书是指将某一专题、某一种类、某一时代、某一地区或某一人物的多种著作汇编在一起而形成的丛书，其特点是有所限制、专拘定格。我国古代，各类科技文献大多有自己的专科性丛书。

天文学方面的专科性丛书主要有明徐光启辑的《西洋新法历书》，主要收录汤若望、罗雅谷等人撰写的西洋天文历书 25 种；李之藻等辑的《天学初函》，主要收录李之藻与利玛窦等西洋人合译天文文献 19 种；明抄本《天文汇钞》收录唐李淳风撰的《玉历通政经》及其他天文文献 11 种；清徐朝俊撰的《高厚蒙求》共收录天文文献 9 种；清董毓琦撰的《星算补遗》收录天文文献 12 种等。

数学方面的专科性丛书中，在保存唐宋以前数学文献方面主要有《微波榭丛书·算经十书》等丛书。在保存唐宋以后数学文献方面，主要有清扫叶山房辑的《中西算学四种》收录《勾股义》等中西数学文献 4 种；清徐朝俊辑的《高厚蒙求》收数学文献 22 种；清安清翘撰的《数学五书》收数学文献 5 种；清张作楠撰的《翠微山房数学》收数学文献 12 种；清罗士琳撰的《观我生室汇稿》

收数学文献 10 种；清李善兰撰的《则古昔斋算学》收数学文献 13 种；清丁取忠辑的《白芙堂算学丛书》收录古代数学文献和近人数学最新成果 51 种，是当时一部集古今数学名著大成的数学丛书。

考察我国古代各类书目文献，其中医学文献的保存是最多、最好的。从元朝到民国的医学专科丛书仅《中国丛书综录》记载就有 79 家，收录古代历朝医学文献。主要的医学文献有元杜思敬辑的《济生拔萃方》(我国最早出现的一部医学丛书)，收录金元人遗书 19 种；明吴琯辑的《薛氏医案二十四种》分科收录从汉到明医学文献及薛己撰医书共 24 种；明王肯堂辑、吴勉学刻的《古今医统正脉全书》，辑录了自《黄帝内经》起至明代历代医家的中药医学著作 44 部；清周学海辑的《周氏医学丛书》，分三集收录从汉朝到清朝医学文献 29 种；清吴谦等辑的《御纂医宗金鉴》编辑收录医学各科心法要诀等 15 种；清王琦辑的《医林指月》收载宋代以来医书 12 种等。

其他专科性丛书中，农学类，清王毓瑚辑的专科性丛书《区种十种》和《秦晋农言》，共收明清农书 13 种。兵书类，宋人辑的《武经七书》，载《孙子兵法》《吴子兵法》等 7 种兵家著作；明代闵声等辑的《兵垣四编》，记载秦汉兵书 4 种，明代兵书 3 种。艺术类，明王世贞辑的《王氏书画苑》，收载六朝以来书画著作 44 种；民国吴隐辑的《浙西四家印谱》收载浙西印谱 4 种[①]，等等。

3. 总集、别集

总集、别集除了部分内容是由个人整理的之外，多数是由后人整理而成的，其性质虽是作、述，但其形式则与丛书一样，不改变原文结构而杂收丛书，是典型的汇纂之作。其类型大约有二：一是聚一代或历代诗文而成的总集，如《楚辞》《全唐文》《全唐诗》等；二是聚一人诗文而成的个人全集（别集）。在历代诗集、文章集中亦夹杂有许多方面的古代科技史料，以《全唐诗》为例。

《全唐诗》共 900 卷，收录唐代 2200 余位诗人的 48 900 多首诗歌，清康熙年间曹寅、彭定求等奉敕编纂而成。在这数量浩繁的唐诗中，有不少关于科技知识的诗篇，它们以特有的方式记载了中国古代科技知识而成为古代科技资料的组成部分，这些诗篇在具备较高艺术欣赏价值的同时，还为后人研究唐代的科学技术发展情况提供了弥足珍贵的史料。

---

① 冯浩菲. 中国古籍整理体式研究［M］. 北京：高等教育出版社，2003：121.

唐代在农业生产技术方面取得了长足的进步，当时的主要粮食作物小麦和水稻在唐诗中所题比比皆是，如关于水稻生产，诗圣杜甫有诗云：“六月青稻多，千畦碧泉乱。插秧适云已，引溜加溉灌。”六月份才插秧，时间上相当晚，给后人研究唐代的晚稻提供了宝贵的信息。安史之乱后，唐代的经济中心开始向南方转移，岭南水稻的地位更加重要了，边远地区如连州（今广东连州）也都改用插秧法，刘禹锡在元和十年（815 年）被贬谪到岭南连州做刺史时写下的《插田歌》就反映了这种情况：“冈头花草齐，燕子东西飞。田塍望如线，白水光参差。农妇白纻裙，农父绿蓑衣。齐唱田中歌，嘤伫如竹枝。但闻怨响音，不辨俚语词。时时一大笑，此必相嘲嗤。水平苗漠漠，烟火生墟落。”插秧法的应用既可提高水稻的产量，又可缩短水稻在田中的生长期，从而为以后双季稻和稻麦连作制的推广提供条件。白居易的《答刘禹锡白太守行》有诗云：“去年到郡时，麦穗黄离离。今年去郡日，稻花白霏霏。”查顾学颉、周汝昌选注的《白居易诗选》里的白居易年谱，知白氏于宝历元年（825 年）五月五日到苏州任，826 年秋，以眼病久，免郡事。该诗当于免郡事后所写。秋季离开时，还看到稻花，说明应是在六七月间插秧。据此推断，可能是在麦收之后又插秧，形成稻麦复种。晚唐著名诗僧齐己（约 860—约 937 年）在《暮游岳麓寺》中有“回首何边是空地，四村桑麦遍丘陵。”说明在潭州（今湖南长沙），麦的种植已较为普遍，小麦带也在南移。

唐代所用的灌溉工具，有戽斗、桔槔、辘轳、翻车和筒车，前四种是唐代以前发明的，筒车则是唐代发明并使用的。唐代这些农具的使用在唐诗中也有体现，如王维的《辋川闲居》：“寂寞於陵子，桔槔方灌园。”储光羲的《田家杂兴》其四：“桔槔悬空圃，鸡犬满桑间。”王昌龄的《行路难・双丝作绠系银瓶》中就有关于辘轳的诗句：“双丝作绠系银瓶，百尺寒泉辘轳上。悬丝一绝不可望，似妾倾心在君掌。”此外，陆龟蒙的《病中晓思》也有：“月堕霜西竹井寒，辘轳丝冻下瓶难。”筒车在元代《王祯农书》中有详细介绍：“连筒，以竹通水也。凡所居相离水泉颇远，不便汲用，乃取大竹，内通其节，令本末相续，连延不断；阁之平地，或架越涧谷，引水而至。又能激而高起数尺，注之池沼及庖湢之间，如药畦蔬圃，亦可供用，杜诗所谓‘连筒灌小园’”。①《王祯农书》中最

① 转自王利华. 连筒与筒车［J］. 农业考古，1997（1）：136—141，150，151.

末一句“连筒灌小园”是引用杜甫在四川写的田园诗《春水》中的一句，诗中说：“三月桃花浪，江流复旧痕。朝来没沙尾，碧色动柴门。接缕垂芳饵，连筒灌小园。已添无数鸟，争浴故相喧。”这是筒车在唐代用于农田灌溉的佐证之一。

唐诗是一座巨大的宝藏，博大精深，我们从中可窥见唐代的科学技术发展的水平，但它更为丰富的科学技术知识，还有待我们更进一步去发掘。

（二）选编型

抄撮文献是指历代文献学家从文献中抄录出自己所欣赏、所需要的只言片语，按照一定的方式加以编排，从而形成新的文献形态，其特点是杂抄、摘要。抄撮是古人读书由博返约、将厚书变薄书从而推陈出新的普遍方式。梁启超曾说过：“善抄书可以成创作。”[①]早在战国时期，学者就开始编抄文献摘要以教授学生，这种风气一直延续到清代，其中，魏晋至隋唐时抄书成书风气最盛。在我国传统文献中，抄撮而成的古籍在传统文献中占有相当大的比重，其中保存了许多历史文献的精华部分，如大量的科技史料。我国至今保存最完整的一部抄撮之书，是唐代马总撰写的《意林》。《意林》共6卷，是在梁庾仲容《子抄》30卷的基础上加以删减而成的。《意林》摘抄诸子精言妙语，多者百余条，少者一二条，“编录所取，先务于经济，次存作者之意”[②]。如《意林》辑录《管子》精要之语二十二则，涉及十七篇文章，体现了“务于经济”的特点。在《管子·国蓄》中，作者共摘引了经济类文字三条，譬如“五谷食米，民之司命也；黄金刀币，民之通施也”，“农有常业，女有常事。一农不耕，民有为之饥者，一女不织，民有为之寒者”。[③]《意林》全书可谓三教九流皆有所取，除儒、法、道、农、兵、杂、小说诸家外，还有本草、相占、天文、历算及艺术之类。其中所录的科技文献，先后有先秦的《神农本草经》《司马兵法》《孙子兵法》《相牛经》《相马经》《相鹤经》《周髀》以及汉代的《氾胜之书》《相贝经》《淮南万毕术》《九章算术》等书中的句段列入，尽管今存《意林》有许多缺陷，但因它采录晋以前各类子书最多，成书时代较早，保存较完整而成为十分宝贵的历史文献，这是确定无疑的。

① 梁启超. 中国历史研究法·过去之史学界［M］. 上海：上海古籍出版社，1998：20.

② （唐）马总. 意林·序［M］. 北京：中华书局，1991.

③ （唐）马总. 意林·卷一［M］. 北京：中华书局，1991：11.

选录文献就是按照特定的宗旨、既定的选择标准，从众多古文献中选择单篇文章，再按照一定的体例编纂成新的文献形态。选录与抄撮最大区别在于：选录选的是篇章；抄撮抄的是句段。通过选录方式形成的作品集，成为选本，有诗选、词选、文选等单一文体的选本和诗文百家多种文体的选本两种。单一文章选集，如明代茅坤编的《唐宋八大家文钞》，共164卷，依次选录韩愈、柳宗元、欧阳修、王安石、曾巩、苏洵、苏轼、苏辙八个人的文章，“唐宋八大家”由此而得名。其中有许多文学作品涉及科技方面的内容，如《种树郭橐驼传》《临江之麋》《晋问》等。《种树郭橐驼传》虽是一篇带有寓言和政论色彩的传记文，但其中介绍了郭橐驼种树的技能与心得：

> 橐驼非能使木寿且孳也，能顺木之天，以致其性焉尔。凡植木之性，其本欲舒，其培欲平，其土欲故，其筑欲密。既然已，勿动勿虑，去不复顾。其莳也若子，其置也若弃，则其天者全而其性得矣。故吾不害其长而已，非有能硕茂之也；不抑耗其实而已，非有能蚤（早）而蕃之也。他植者则不然，根拳而土易，其培之也，若不过焉则不及。①

种树要“顺天致性”，即懂得如何适应树木的生长规律，这亦是我国古代劳动人民在长期的生产实践中所得的经验总结。《晋问》一书，柳宗元采用与其好友吴武陵相互问答的形式，热情赞颂山西的山川、铁矿、名马、木材、河鱼、盐池，对于研究当时山西的物产、风俗极具参考价值。写船（“轴轳”“木童樯”），作者先写船行于惊涛骇浪（“鳞川林壑，骤云遁雨”），再写飞舟（“瞬目而下”），然后写船夫搏击险滩（“榛榛法法，百舍一赴”），使我们仿佛身临其境，亲见黄河船夫之矫健英姿。写兵器，虽较为简略，但细分起来，也有许多方面。具体包括产地、工艺、产品、工匠、形状、银光、威猛、材料等。其中，“形状”与“威猛”写得最好。如“形状”，作者写道：“博者狭者，曲者直者，歧者劲者，长者短者，攒之如星，奋之如霆，运之如萦，浩浩奕奕，淋淋涤涤。”不仅写出兵器大小、长短各异，还以“如星”“如霆”“如萦”三个比喻（博喻）与“浩浩”“奕奕”“淋淋”“涤涤”四个叠词，突出兵器之种类齐全，读来有气势。再

① 胡士明. 柳宗元诗文选注［M］. 上海：上海古籍出版社，1988：43.

看“威猛”，作者用“观者胆掉，日出寒液”“天气尽白”“日规为小”“铄云破霄”“坠飞鸟”，分别写兵器使人、天、太阳、云与鸟等相形见绌，夸张地表现了晋地兵器之优良[①]，等等。文学选本大多有序，以叙源流或评论得失，或有比较精详的注释、篇章分析，旨在保存文献，又绝非史料的简单汇集。其编排体例“或分体或编年，分体有益于揣摩文章，编年则便于明白时事”[②]，而更多的是根据实际需要灵活交叉使用，尽可能地发挥选编体裁的优势为选编内容服务。遗憾的是，整个古代科技文选的编辑一直很薄弱。

（三）类编型

1. 类书

类书是指古籍中辑录各种门类或某一门类的资料，按照一定的方法加以编排，便于寻检、征引的一种工具书。因为类书提供了各种汇集的原始资料，具有便检性，可用来查找史料、校勘、辑佚古书等，大大方便了学术研究。类书所辑资料，多是编者沙里淘金而得，在当时即具有一定价值，随着时间的推移，大量原著湮灭，而有价值的资料则借类书得以保存，所以类书是查找史料、辑佚遗书的重要来源。古代历代统治者为了显示自己的文治武功，多编有类书，保存了许多科技文献资料，下举几例说明。

唐代武德年间（618—626年），欧阳询、令狐德棻等编的《艺文类聚》是我国现今保存较完整、最早的类书之一。它用大量篇幅收集、保存了许多唐代以前的科技发展史实。如“天”类伊始即论唐代以前的天文现象和知识，仅《天部》上下两类不到40页的文献记载中，引摘《论衡》内容的就有十多处。“地”类完全是一部山水地理科学资料线索汇编，记录了近50处名山大川、近20种水文现象，对现今天文、地理、水土保持、气象等学科有较大参考价值，引用科学文献也较多，如《本草经》《山海经》《论衡》《地理志》《博物志》等10多种。至于“物”类，更是唐代以前科技文献线索宝库，记录的文史与科技联系甚密。从第60卷《军器部》到第100卷《灾异部》约占全书40%的内容，记录着人们衣食住行及生产、娱乐甚至战争的诸多科技成果，内容涉及诸多现代科

---

① 马晓斌. 物为人用　民先君后——柳宗元《晋问》研究［J］. 忻州师范学院学报，2007（6）：54—57.

② 鲁迅. 且介亭杂文二集［M］. 北京：人民文学出版社，1973：序言.

学技术的知识门类。

《太平御览》1000 卷，太平兴国二年（977 年）宋太宗赵光义命李昉等 14 人编纂。全书分 55 部，每部之下又分若干类，共计 5426 类。每类之下罗列群书关于此类的记载，依经、史、子、集顺序罗列，每条引文以书名冠首。该书所摘录古书的内容，涉及天文、地理、政治、经济、军事、文化、飞禽、草木、虫鱼等，极为广泛，几乎无所不包。据统计，现存古类书中，保存五代以前文献、古籍最多的就是《太平御览》。据近人核实，该书实际引书多达 2579 种[①]，且这些古书十之七八已亡佚。例如，比《齐民要术》早几百年的农书《范子计然》和《氾胜之书》早已失传，今天得以窥其概貌，就是借助于《太平御览》。在该书的《天部》《地部》《珍宝部》《器物部》等部收录科技文献资料较多。《天部》《地部》多天文、地理、水利和建筑史料，《珍宝部》则多金属学方面科技史料，如《地部》之《堰埭》下引《吴录》曰："句容县，大皇时，使陈勋凿开水道，立十二埭，以通吴会诸郡，故船行不复由京口。"又引《晋中兴书》曰"兖州既平，谢玄患水道险涩，粮运艰难，壅吕梁水，立七埭以利运漕"[②]等都记载了我国古代历史上的一些水利建设史料，又如《珍宝部》之《铅》下引《淮南子》曰："铅不可为刀。"又引《茅君内传》曰"取铅十斤，安铁器中，猛火烧之，三沸，投九转之华一铢于铅中，搅之，立成黄金"[③]等，记载了许多五代以前金属开采、冶炼、铸造等方面史料。

《古今图书集成》正文 10 000 卷，目录 40 卷，是中国现存规模最大、体例最完整的一部类书。康熙四十年至四十五年（1701—1706 年），由陈梦雷主持完成初稿，称《古今图书汇编》。康熙六十一年，雍正帝命蒋廷锡等重新校编；雍正四年（1726 年）定稿，改"汇编"为"集成"，分为 6 编 32 典。由于该书所录资料皆不加删改，比较可靠，而且分类系统较严密，查找比较方便。在其《历象汇编》的《乾象典》和《历法典》中天文、历法、算法类科技资料较多；《庶征典》中水灾、地异等自然灾害方面资料较集中。《博物汇编》下《艺术典》之

① 杜泽逊. 文献学概要［M］. 北京：中华书局，2001：289.

② （宋）李昉编纂，夏剑钦，王巽斋校点. 太平御览·第一卷·地部三十八［M］. 石家庄：河北教育出版社，1994：637.

③ （宋）李昉编纂，孙雍长，熊毓兰校点. 太平御览·第七卷·珍宝部十一［M］. 石家庄：河北教育出版社，1994：559.

《农部》《医部》有许多农学、医学资料；《禽虫典》和《草木典》中动物、植物学资料较丰富。在《经济汇编》的《食货典》和《考工典》中手工业、工艺技术等方面资料较集中。在《方舆汇编》的《坤舆典》和《职方典》中建筑方面文献较集中。例如，我国古代瓷器工业很发达，尽管这方面的专论性文献不多，但在许多文献中都有这方面的记载。在《古今图书集成》《经济汇编》下《考工典》之《瓷器部》条目中，就集中辑录了《茶经》中《茶碗》，《荆川稗编》中《笔衡论古窑器》，《遵生八笺》中《论官哥窑器》《论定窑》《论诸品窑器》《本草纲目》《天工开物》《泉州府志》《邵武府志》等历代文献中关于瓷器的相关记载及诗文等，非常方便查找利用。又如，同济大学李国豪主编的《建苑拾英——中国古代土木建筑科技史料选编》就是从《古今图书集成》中抽绎出条目汇编而成的。由于该书成书时代较近，辑佚和校勘人员尚未予以足够重视，随着时间的推移，会逐步显示出其重要价值。

上述类书都是大型综合性类书，在原书已佚的情况下，保存了大量的接近原作的科技资料，为后世学者的研究工作提供了很大的方便。

2. 政书

专门记载历代或一代典章制度的专书，称为政书。它收集历代或一个朝代政治、经济和文化制度方面的史料，分门别类地加以编排和叙述，具有制度史、文化史和学术史的性质。它的内容议论较少而资料丰赡，具有较强的工具作用。通常所说的政书，包括“十通”和历朝的“会要”。[①]

由于中国传统科技史料大多散见在各部各类各书中，政书中也多有关于科技方面的史料，如《唐会要》中就有许多科技史料。

“会要”创始于唐苏冕所撰的《九朝会要》，后经杨绍复续修，再经宋王溥增补，成为《唐会要》。《唐会要》共一百卷，记述唐代各项制度的沿革变迁，内容体例与《通典》相近。

以天文学史料为例，《唐会要》卷四十四《杂灾变》记载“（贞元）二年五月，日有黑晕，自辰及申方散”[②]，这是对唐德宗贞元二年（786 年）发生的一次太阳黑子的真实记录。中国古代对太阳黑子的观测不仅数量多，而且质量也

---

① 洪湛侯. 中国文献学新编［M］. 杭州：杭州大学出版社，1994：57.

② （宋）王溥. 唐会要・卷四十四・杂灾变［M］. 上海：上海古籍出版社，2006：929.

是首屈一指的。“日有黑晕”是观察了太阳黑子的形状，但并不规则。“自辰及申方散”，说明观测的时间很长，将太阳黑子出没的全过程均作了细致的观察。这次观测的珍贵之处还在于这一记录在新旧唐书中均未提及，为后世对唐朝的天文研究留下了极其珍贵、清晰的资料。

在《唐会要》中，记载流星雨的地方共有五处。《唐会要》卷四十三《流星》记载：“（开成）四年二月二十六日，从四更至五更，上方及四方约有流星大小共二百余，并西流，皆有尾迹，长一丈或三丈至五丈。”[①]《唐会要》中的这段记载叙述的正是著名的天琴座流星雨在唐文宗统治时期出现时的盛况。对于另一个著名的英仙座流星雨在唐朝的出现，《唐会要》中也有3次确切的记载。第一次是在唐文宗大和四年（830年），《唐会要》卷四十三《流星》记载：“大和四年六月辛未，自昏至戌夜，流星或大或小，不能数。”[②]第二次是在唐文宗大和九年六月二十三日，《唐会要》卷四十三《流星》记载：“（大和）九年六月二十三日，有流星纵横，大小约有二十余，出没多近天河。”[③]第三次是在唐武宗会昌元年（841年），《唐会要》卷四十三《流星》记载：“会昌元年六月二十九日，从一更至五更，有小流星五十余于四方交横散流。”[④]新旧唐书的表达方法虽然与《唐会要》略有不同，但却充分印证了《唐会要》记载的可靠性和真实性。更值得一提的是，《唐会要》中还记录了新旧唐书所没有提及的一次流星雨记录，《唐会要》卷四十三《流星》记载：“（开成四年）三月二十三日一更至五更，上方及四方有流星大小百余，交横出灭。”[⑤]这就更加说明了《唐会要》的珍贵记载不仅可以用于勘误新旧唐书，而且还可以补充两书中没有记载的一些重要史实。

四、抄纂的不足

虽然我国古代对科技文献的抄纂取得了巨大的成就，但对其不足也应有清醒的认识。

---

① 王云五主编. 王溥撰. 万有文库·第二集七百种·唐会要卷四十三［M］. 北京：商务印书馆，1935：777.
② 王云五主编. 王溥撰. 万有文库·第二集七百种·唐会要卷四十三［M］. 北京：商务印书馆，1935：776.
③ 王云五主编. 王溥撰. 万有文库·第二集七百种·唐会要卷四十三［M］. 北京：商务印书馆，1935：776.
④ 王云五主编. 王溥撰. 万有文库·第二集七百种·唐会要卷四十三［M］. 北京：商务印书馆，1935：777.
⑤ 王云五主编. 王溥撰. 万有文库·第二集七百种·唐会要卷四十三［M］. 北京：商务印书馆，1935：777.

第一，中国古代由科技史料汇辑成单一科技专著的情况少之又少。除科技类专科性丛书外，我们可以发现，鲜有汇众多科技史料而成一专著的书籍行之于世。李约瑟曾说："中国关于黑子的记录是我们所拥有的最完整的资料，记录从公元前 28 年即刘向时代开始，比西方最早的文献几乎早一千年。从那时起，至公元 1638 年止，在中国正史中，显著的黑子记录共达 12 次，而地方志、笔记以及其他书籍中的大量材料，迄今尚未汇辑成书。"[①]李约瑟看到了中国古代天象记录的丰富，也注意到了未有一部完整辑录天象记录的书问世。在中国古代社会，儒学为正宗，"重政务、轻自然、斥技艺"是儒学历来的传统。受这种传统思想的束缚，文人学士终身追求功名仕途而不齿科技，古代科技文献也倍受冷落，古代科技文献的"冷板凳"地位，反映在历代正史"艺文志""经籍志"和"古籍总目"中，科技文献的分类不合理，分布也不集中，如《七略》将《方技略》置于最后；《汉书·艺文志》将"方技三十六家"列于卷尾；《新唐书·方技列传》写道："凡推步、卜、相、医、巧，皆技也。……小人能之。"[②]由此可见，古代科技文献没有合理的列类，除子部中集中部分科技文献外，其他散见在各类古籍中，这种传统也反映在古代科技文献的抄纂上。

第二，中国古代科技文献的抄纂成果中，收录最多的是与农业有关的学科，如天文学、农学、地学、医学等，而一些与手工业生产关系密切的学科，像力学、物理学、化学、工程技术等，所收录的科技文献很少。古代中国以农立国，政府鼓励自给自足的小农经济活动，而农家生活主要是面对衣食问题。因此，历代都重视对农书的编写；古代地学则主要是罗列各处的地形、土产、贡赋、风土民情等，作为朝廷用于社会建设、军事部署等方面的参考资料；至于古代医书，关系每个人的生命安危，牵涉整体社会的稳定发展，其价值自不待言。与这些学科不同，和手工业生产关系密切的学科则不甚发达，因统治者的鄙薄和人们的普遍轻视其很难形成气候，该类文献因而疏于被保存和流传，体现在古代科技文献抄纂方面，即有许多非常重要的科技文献未抄纂、著录。前文已提到，《天工开物》这部重要的生产技术巨著在国内备受冷落，被文人以"此书于功名利禄进取毫不相关"为由而弃置案头，并由于种种因素，《四库全书》竟

① 〔英〕李约瑟. 中国科学技术史·天学［M］.《中国科学技术史》翻译小组译. 北京：科学出版社，1975：637.

② （宋）欧阳修，宋祁. 新唐书·卷二百四·方技列传［M］. 北京：中华书局，1975：5797.

然也未著录。以致《天工开物》失传三百年之久[①]，直到 20 世纪初方从国外“逆输入”回来。

第三，在古代文献史料的抄纂成果中，对有关科技文献的分类存在着部类重复、分合不当，类目设置不合理的情况。古代类书辑录的材料，不过是把“原材料”辑录在一处，兼有“百科全书”与“资料汇编”的特点。这些类书的编纂方法往往是先立门类，再按类摘取历代史料，原文照抄，不加改写，除大小序外，没有编纂者自己的文字，除体例创新外，很大程度上是一项抄写工作。若从“资料汇编”的角度看，类书则是对已有知识的分类编排，在区分门类、方便查验的同时，也会导致编纂类目不合理与知识的重复。以《艺文类聚》为例，《杂文部》附有纸、笔、墨，而《武部》不收刀、匕首等物，却另立《军器部》。[②]未免“繁简失宜，分合未当”[③]。《太平御览》的类目纷繁达五千四百二十六类之多，以致在同一部或不同部中出现反复，如卷三十五《时序部》和卷八百七十九《咎征部》都有“旱”类；卷一百八十八《居处部》和卷七百六十七《杂物部》都有“瓦”类，又如“太白山”和“岷山”两类在卷四十《地部》和卷四十四《地部》中重复出现。[④]这势必把本属同一类目的资料拆散，或将同一材料重复出现在两处。因此，不但造成类目的重复，也使编纂体例混乱不清。

第四，在科技文献抄纂过程中，往往会出现一些或技术，或人为原因造成引文存在重复、删节甚至错误的情况，这些差异可以分为几种情况：一是字体、格式的变化，抄纂过程中字体书法发生了变化，原来包含的一些信息就会遗失。二是抄纂者的失误，导致复制后的文献与原来的文献在内容上发生了变化，漏抄、误抄原有文献的部分内容。三是避讳等人为因素，造成抄写后文献内容的差异，如《新仪象法要》，北宋苏颂撰，它是一部详细记载北宋元祐年间设计制造的大型天文仪器——水运仪象台的机械构造、部件尺寸及形制的著作，该书也被收入清乾隆年间所编《四库全书》中。《四库全书》本以后，道光二十四年（1844 年），杭州著名藏书家钱熙祚从文澜阁《四库全书》中辑出罕传之书并

---

① 18 世纪后半叶，乾隆设四库馆修《四库全书》时，发现《天工开物》中有反清文字，该书被禁。因此，《天工开物》单行本较难见到，但仍可以《古今图书集成》及《授时通考》中看到该书的几乎全部内容。

② 刘叶秋. 类书简说［M］. 上海：上海古籍出版社，1980：41.

③ （清）永瑢等. 四库全书总目・子部类书类・卷一百三十五［M］. 北京：中华书局，1965：1142.

④ 胡道静. 中国古代的类书［M］. 北京：中华书局，1982：122.

其他珍本秘籍刊成《守山阁丛书》，其中便收录有《新仪象法要》三卷，成为现今《四库全书》本系列中最为通行的版本。今有学者将《守山阁丛书》本与其他版本校勘，发现其中有些字为误刻或衍生的，如“进仪象状”中原作“似日星行度”，而误为“比日星行度”；“令司正者开户唱之”误为“令司之者闭户唱之”；“浑仪置于上，浑象置于下”中间衍生“而”字；卷下“昼夜机轮”条下“以载金钲夜漏箭轮”误为“以截……”；“木阁第二层”图注“时初正”误为“时初工”；“浑仪圭表”条下“黄道去极远近”脱“黄道”二字，等等。[①]

第四节 翻 译

翻译是把一种语言的文献转换成另一种语言的文献，它与记录、著述、抄纂不同，是一种独特的科技文献形成方式。在古代，我国科技文献由翻译而来者为数众多。

一、我国古代科技文献翻译概述

我国是一个多民族的国家。由于汉族人口数量庞大，长期以来，汉字一直是我国通用的主要文字，特别是以文字记载的文献，更多以汉字记载。然而汉族在与少数民族和外国民族交往过程中，必然存在语言与文字翻译的问题。早在远古文献中便有关于译事的记载，如《周礼·秋官司寇》云：“象胥：掌蛮夷、闽貉、戎狄之国使，掌传王之言而谕说焉，以和亲之。若以时入宾，则协其礼，与其辞，言传之。”[②]《礼记·王制》谓：“五方之民，言语不通，嗜欲不同，达其志，通其欲，东方曰寄，南方曰象，西方曰狄鞮，北方曰译。”[③]也就是说，古时将能理解会通东西南北少数民族或外国民族语言的翻译人员称为“寄”“狄鞮”“象”“译”。周代以与南蛮交往为主，故多称“象”，译官是为“象胥”。自汉代始，与北狄交往日频，故“译”逐渐通行。到了东汉，我国与外国在政治、

① 刘蔷，高瑄.《新仪象法要》版本研究与校勘［J］. 文献，2000（3）：239—251.

② （汉）郑玄注，陈戍国点校. 周礼·仪礼·礼记［M］. 长沙：岳麓书社，2006：94.

③ 杨天宇. 礼记译注［M］. 上海：上海古籍出版社，2004：155.

经济、文化等领域交流日益频繁，随着佛教的传入，出现了译经活动，“翻译”一词兴起，并且一直沿用至今。

唐代贾公彦在《义疏》中对“译”字的诠释已比较直接，他认为“译，即易，谓换易言语，使相解也”[①]。宋代高僧赞宁在《译经篇》中对“翻译”也有自己的理解，他认为，“译”者“大约不过察远俗、达远情”，而“翻”则“如翻锦绮，背面俱花，但其花有左右不同耳”。[②]这个生动的比喻，说明翻译是一种艺术（如翻锦绮），它将语言的形式加以改变（左右不同），而内容不变（背面俱花）。

综观历史，“翻译”一词在我国经历了一段漫长的发展与演变历程，它的含义也是随之演变与发展的。关于当今中文“翻译”一词的含义，虽然是仁者见仁、智者见智，但它的大致含义可以概括为：翻译是把一种语言文字准确地换易成另一种语言文字的过程。我国汉族语言文字与各少数民族语言文字之间的换易，当然也属于翻译的范畴。[③]

我国古代，各个历史时期的科技翻译作品很多，可谓浩如烟海，内容丰富。我国的科技文献翻译绝大部分是将外国文字记载的科技文献翻译成汉文。不可忽视的是，在我国科技文献中，也分布着大量由少数民族文字记载的文献，如契丹文、女真文、西夏文、蒙古文、满文。我国古代各民族创造的文字通称民族古文字，总数在三十种左右。用这些文字保存的文献，其数量之大、种类之多、内容之丰富、分布区域之广、跨越时代之长皆可与汉文古籍优势互补、相映生辉，使中华民族文化更加完整充实，丰富多彩。将汉文科技文献翻译成少数民族文字，这既是我国古代科技文献编纂的发展和流通范围的扩大，也是科技文献品种的增加。另外，在元、明、清三代，可能也涉及少量的外国科技文献翻译为蒙古文、满文的史实。

翻开我国古代科技文献翻译的历史，我们看到并非始终是平稳发展的，而是常常潮起潮落、曲折发展。中国古代[④]科技文献翻译的历史，大致可划分为四个主要的历史阶段，即汉晋至隋唐、辽金至宋、元至明初、明末至清前期。

---

① （汉）郑玄注. 四库家藏·周礼注疏（三）[M]. 济南：山东画报出版社，2004：952.

② （宋）赞宁. 四朝高僧传·第 4 册·宋高僧传（上）[M]. 北京：中国书店，2018：30.

③ 黎难秋. 中国科学文献翻译史稿 [M]. 合肥：中国科学技术大学出版社，1993：2.

④ 我国历史中的分期“古代”多指 19 世纪中叶以前，本节即采取这种分期法。

大体来说，我国大规模地翻译外国文字资料是从汉代翻译佛经开始的，在大量的佛经中星罗棋布地蕴含古代人类所最关心的从而总结出的科学知识，如天文、算学、农业、医学等。外国的这些科学知识，随着佛经的翻译有一部分内容也传入中国。隋唐以后，随着伊斯兰教的传播，阿拉伯的天文、数学、医学知识也逐渐传入中国，其中有不少的单科译著。

两宋时期，随着阿拉伯、波斯等商人沿海上丝绸之路，逐渐向中国内地迁徙，阿拉伯的科技知识在中国得到了广泛的传播，对我国相应的学科都产生了一定的影响。该时期，南北分立，北方先后兴起辽、西夏、金等少数民族政权，为汉文典籍传入少数民族地区，提供了前所未有的客观环境和有利条件。

元代，随着元帝国的扩张，中国与外国的交流空前频繁，外国科技典籍翻译成汉文、汉文科技典籍翻译成蒙文等活动交揉在一起，构成了元代科技文献翻译的一大景观。明初，朱元璋亲自干预并组织翻译了大量的阿拉伯文典籍。

明末以前，科技文献翻译的史料比较零散，明末清初，随着基督教传教士入华传教，西方科学技术开始传入我国。这一时期，西方传教士以传播科学的名义吸引当时的中国士大夫，以达到其传教的目的。由于长期闭关锁国，国人中像徐光启、李之藻等能够理解外国内容的先进知识分子少之又少。因此，该时期的科技典籍翻译，以外国传教士为主导，以传教士口译、中国士大夫笔述为主要方式。清末，中国人才开始自己独立翻译外国科技书籍。

二、汉晋至隋唐科技文献的翻译

中外文化第一次大规模接触，以汉代的佛经翻译为滥觞。中国最初的科技翻译作品就是在东汉末年随佛经一块传入中国并由僧侣翻译过来的。从汉晋至隋唐，伴随着佛教典籍的大量翻译，外国一些天文、算学、医药等知识也传入中国。

（一）天文类文献的翻译

东汉末年，外国僧侣翻译了一些古印度的天文知识，不过所译内容比较零散，是佛经翻译的附属或副产品而非系统的介绍。据一些史书和佛学典籍的零星记载，大约在公元 2 世纪就有译自古印度的天文历法书籍。我国佛经翻译的创始人安世高是目前可考的最早的天文学译者。安世高本名安清，字世高，西域安息人，自小聪明仁孝，刻苦好学，博览国内外典籍，通晓天文、地理、占卜、推步等术，名声远播，西域各国对他都很敬重。他于汉建和二年（148 年）抵达洛阳，不久便学会了汉文。晋释道安的《综理众经目录》中列举所见过的安世高所译经典共 35 种，41 卷，其后历经散失，现仅存 22 种，26 卷。安世高介绍印度天文知识（即二十八星宿）的译经《舍头谏太子二十八宿经》，又称《舍头谏经》或《虎耳经》，当为我国最早的天文学方面的翻译文献。

三国孙吴时代支谦等翻译的《摩登伽经》（即《摩登伽经说星图》）中也介绍了外国二十八星宿的知识。支谦，又名越，字恭明，西城月支人，故取姓支，其祖父法度于汉灵帝时率国人数百移居中国，支谦随之俱来。他因聪明超众，而受吴主孙权赏识，拜其为博士，辅导太子孙亮。梁朝慧皎《高僧传》称支谦“学胡书，备通六国言”“形躯虽细是智囊”。支谦毕生译有大量佛经，《高僧传》称有四十九部，经今人考订其中出于支谦翻译的有二十九部。

《摩登伽经》为支谦与吴竺律炎合译，该书以佛向众人说法的形式概述印度古天文学与星占学的基本内容。书中二十八宿全译为中国名称，现摘录如下：

> 大婆罗门，过此秘要，吾尚通达，况斯小事，而不知耶？汝当善听。吾今宣说：星纪虽多，要者，其唯二十有八：一名昴宿，二名为毕，三名为觜，四名为参，五名为井，六名为鬼，七名为柳，八名为星，九名为张，第十名翼，十一名轸，十二名角，十三名亢，十四名氐，十五名房，十六名心，十七名尾，十八名箕，十九名斗，二十名牛，二十一女，二十二虚，二十三危，二十四室，二十五壁，二十六奎，二十七娄，二十八胃。如是为“二十八宿”。①

南北朝时期，达摩流支译《婆罗门天文经》。隋代僧人费长房在开皇十七年（597 年）所撰《历代三宝记》（又名《开皇三宝录》）卷三称：“周天和四年己丑（569 年）《婆罗门天文》二十卷，达摩流支（周云‘法希’）出。”该书卷十一又称：“《婆罗门天文》二十卷，天和年出，武帝世摩勒国沙门达摩流支为大冢宰

① （明）梅鼎祚纂辑，陆林校译. 青泥莲花记·摩登伽经［M］. 合肥：黄山书社，1996：16—17.

晋荡公宇文护译。”[①]来自摩勒国的僧人达摩流支，508—535年在河南、河北一带译经，生卒年不详。《婆罗门天文经》已失传。

唐玄宗开元年间，瞿昙悉达译《九执历》，“九执”一词系梵文，意为“九曜”或“九颗行星”，在古印度，“九曜”指日、月、水星、金星、火星、土星、木星、罗喉和计都，后两者系古印度梵语名称。只占一卷的《九执历》作为《大唐开元占经》（共一百二十卷）的第一百〇四卷，保存至今。据钱宝琮先生考证：

> 瞿昙悉达开元中官太史监，开元六年受诏译九执历。……其书以周天为十二相，相各三十度，度法六十分（中国旧法周天三百六十五度又四分之一度，度法一百分）；以显庆二年丁巳（657年）为元……不计节候，惟以日行盈缩，以求日度。[②]

《九执历》虽全文收入《开元占经》中，但《唐书·历志》却未详细记载《九执历》，只说：“其术繁碎，或幸而中，不可以为法。名数诡异，初莫之辨也。”[③]虽有陈元景等人为之提倡，最后还是未能施行。玄宗另派僧一行造新历（即《大衍历》），《九执历》就成了编撰《大衍历》的参考资料。

唐德宗贞元年间，一位名叫“璩公”的人译《都利聿斯经》，“《中国科技翻译家辞典》的序言称：《都利聿斯经》是隋唐年间译自波斯文，译者不详。《新唐书·艺文志》记载：‘《都利聿斯经》二卷，贞元中，都利术士李弥乾传自西天竺，有璩公者译其文。’唐肃宗乾元年间，不空译《宿曜经》。宿，星位；曜，日、月和金、木、水、火、土五星的总称”[④]。不空，译名不空金刚，西域人。自幼随叔父至中国，师事金刚智，为中国密宗创始人之一，与善无畏、金刚智并称“开元三大士”。《宿曜经》计上、下2卷，共8品，全面介绍了印度古代的天文星占知识，内容含二十八宿、日月五星、黄道十二宫、印度古代历法知识及有关星占的卜辞。

---

① 刘增羽. 中国古代的天文翻译［J］. 中国翻译，1996（4）：53.

② 中国科学院自然科学史研究所. 钱宝琮科学史论文选集［M］. 北京：科学出版社，1983：80.

③ 历代天文律历等志汇编·新唐书·卷二十八下·历志四下［Z］. 北京：中华书局，1976：2271.

④ 刘增羽. 中国古代的天文翻译［J］. 中国翻译，1996（4）：54.

（二）算学类文献的翻译

东汉时期，天竺古代算法和天文学一道随佛经传入中国，主要用于推算历法。中国数学翻译的第一位译者是谁？第一部译作是什么？至今仍是一个谜。吴凤鸣先生认为，东汉佛经翻译家安世高约在二世纪中叶，翻译的印度梵文《婆罗门天文经》二十一卷和《婆罗门算法》三卷等就是我国最早翻译数学著作的代表[①]，尚待考。

印度小数记法之传入中国，首见于公元六世纪翻译的《大宝积经》。据李俨先生的《中国算学史》记载：北朝东魏兴和三年（541年），月婆首那译《大宝积经》，其卷八十八和卷八十九列举了印度的小数点，即百分，千分，百千分，亿分（北周译作“俱致分”，唐译作“拘胝分”，即“百百千分”）；百亿分，千亿分，百千亿分，那由他分（即“百百千亿分”）；百那由他分，千那由他分，百千那由他分，亿那由他分（即“百百千那由他分”）；百亿那由他分，千亿那由他分，百千亿那由他分，阿僧抵分（即“百百千亿那由他分”）。《大宝积经》对古印度小数的记载还涉及“百百千进法”。因其举义隐晦，故在中国影响甚微。[②]

关于隋唐以前传入中国的古印度算法，《隋书·经籍志》著录了多种印度数学著作，表明较系统的印度历算知识已传入中国。这些著作包括《婆罗门算法》三卷、《婆罗门算经》三卷、《婆罗门阴阳算历》一卷，可惜均早已失传。

隋唐时期，朝廷十分重视算学，曾以算学取士，其中有不少印度人入仕朝廷，不乏历算学家。杨景风修注的《宿曜经》有云：“今有迦叶氏、瞿昙氏、拘摩罗等三家天竺历，并掌在太史阁。”[③]上述三位历算学家中，以瞿昙家族影响最大。瞿昙悉达译的《九执历》中介绍了印度的算学知识。印度数码之传入中国，就首见于这本书。《新唐书·历志》称：“《九执历》者，出于西域……其算皆以字书，不用筹策。”[④]《开元占经》中《天竺九执历经》有“算法字样”条谓：

算字法：样一字　二字　三字　四字　五字　六字　七字　八字　九字

---

① 吴凤鸣. 我国科技翻译的历史回顾［J］. 中国科技翻译，1992（1）：34—40.

② 李俨. 中国算学史［M］. 上海：上海书店出版社，1984：58.

③ 李俨. 中国古代数学史料（第2版）［M］. 上海：上海科学技术出版社，1963：193.

④ （宋）欧阳修，宋祁撰，陈焕良，文华点校. 新唐书，第一册［M］. 长沙：岳麓书社，1997：419.

点右天竺算法，用上件九个字乘除，其字皆一举礼而成，凡数至十，进入前位，每位处恒安一点，有间咸记，无由辄错，运算便眼趁须，先及历度。①

由上可知，这时印度笔算已随《九执历》连带进入中国。②《九执历》原文中的印度数码虽已失传，但根据上述描述，该书似已介绍了古印度十进位制数字及其符号。值得注意的是，用以表示“零”的符号，是一个点，而不是一个圆圈。所谓“一举礼而成”则说明印度数码屈曲连续，可一笔写成。中国宋代出现的中国式古老算码，明显地受到瞿昙悉翻译的《九执历》中所介绍的古印度“算法字样”的影响。

（三）医药类文献的翻译

古天竺医药传入中国和天文历算一样，也是始于东汉。唐《开元释教录》称：“东汉之末，安世高医术有名，译经传入印度之医药。”③但安世高究竟译的哪部医药书籍，未见记载。

《隋书·经籍志》所录僧侣和医家翻译的医药学书籍计有《龙树菩萨药方》4卷，《龙树菩萨和香法》2卷，《龙树菩萨养性方》1卷，《婆罗门诸仙药方》20卷，《婆罗门药方》5卷，《西域婆罗仙人方》3卷，《西域名医所集要方》4卷，《乾陀利治鬼方》10卷，《新录乾陀利治鬼方》4卷，《释僧医针灸经》1卷，《耆婆所述仙人命论方》2卷、目1卷。

上述各书名中的“婆罗门”系为古印度，意为“婆罗门众之国”，我国自东汉以后就以此称印度。故《隋书·经籍志》中以“婆罗门”冠以诸书，当系指自古印度书籍译得的。④龙树又译“龙胜”“龙猛”，150—250年的印度佛教哲学家，大乘佛教中观宗的创始人，出身南天竺一婆罗门家庭，死后百年被尊为菩萨；上述冠以“龙树菩萨”的书籍当是译自龙树的著作。“耆婆”，古印度名医，姓“阿提梨”，字“宾迎罗”；梵文里该词有“生命”“长寿”之义。

此外，从清末印行的频伽精舍校刊的《大藏经》中，还可梳理出佛医经21

① （唐）瞿昙悉达编. 开元占经（下）［M］. 长沙：岳麓书社，1994：1077.

② 李俨. 中国算学史［M］. 上海：上海书店出版社，1984：56.

③ 黎难秋. 中国科学文献翻译史稿［M］. 合肥：中国科学技术大学出版社，1993：17.

④ 黎难秋. 中国科学翻译史［M］. 合肥：中国科学技术大学出版社，2006：218—219.

部，即《佛说婆罗门避死经》《佛说奈女耆域因缘经》《佛说奈女耆婆经》《佛说温室洗浴众僧经》（以上均安世高译），《佛说佛医经》（吴竺律炎等译），《佛说胞胎经》（晋法护译），《佛说佛治身经》（译人不详），《佛说活意经》（译人不详），《佛说咒时气病经》《佛说咒齿经》《佛说咒目经》《佛说咒小儿经》（以上均东晋昙无兰译），《禅秘要法经》《坐禅三昧法门经》《禅要诃欲经》（以上均译人不详），《治禅病秘要经》（刘宋沮渠京声译），《迦叶仙人说医女人经》《啰嚩拏说救疗小儿疾病经》（以上均刘宋法贤译），《佛说医喻经》（刘宋施护译），《五门禅经要用法》（刘宋昙摩密多译）。不过，以上这些著作都是后来辑入《大藏经》的，在当时的影响究竟有多大，流通范围有多广，还很难说。因为从《隋书·经籍志》所列的医学书目未见上述著作。[①]

又，《隋志》还记有医经《香山仙医药方》10 卷。

郑樵《通志》中，尚收录有《龙树咒法》1 卷、《耆婆八十四问》1 卷、《西域诸仙所说药方》23 卷、《摩柯出胡国方》10 卷。

《宋史·艺文志》又录 6 种：《耆婆脉经》3 卷、《耆婆六十四问》1 卷、《耆婆要用方》1 卷、《耆婆五藏论》1 卷、《婆罗门僧服仙茅方》1 卷、《吞字帖肿方》1 卷（波驮波利译）。

唐智升的《开元释教录》记有《疗痔病经》1 卷（唐义净译）。

当时翻译传入我国的古印度医书，对我国古代医学产生过一定的影响，这在许多古医书中有反映。药王孙思邈在其《备急千金要方》中，仅从耆婆氏著作中吸收过来的方剂就有十多个，包括耆婆万病丸、耆婆治恶病方（内有九个方剂）、耆婆汤、耆婆大士补益长生不老方等。这类方剂的组成原则与中医固有的组方原则虽然有“殊不伦次”“大不近人情”之嫌，但在实际应用中，却有着“龙吟云起，虎啸风生”之功，在急救时，“其验特异”，孙思邈叹服，谓之“神物效灵，不拘常度”，这对于孙氏穷搜博采、灵活变化的医学思想，是产生一定的影响的。[②]

除印度外，在唐代，其他国家的医学知识也开始传入中国。成书于 988 年的阿拉伯人阿布尔·法拉兹·伊本·阿布·雅卡布·纳丁的《科学书目》中，记载了公元 9、10 世纪之交的名医拉齐（865—925 年）所说的故事，拉齐说：

① 蔡景峰. 唐以前的中印医学交流［J］. 中国科技史料，1986（6）：16—17.

② 蔡景峰. 唐以前的中印医学交流［J］. 中国科技史料，1986（6）：18.

> 有一位中国学者到我家，他在本城（大概巴格达）住了一年左右。他花了五个月时间学会阿拉伯文，并且确实做到讲得流利，写得通顺。当他决定回国后，他大约提前一个月对我说："我快要离开这里了，假使有人愿意在我离去以前把盖伦的十六卷著作读给我听，我将非常快乐。"我告诉他说，这点时间还不够抄录的一小部分。可是他说："我求你在我走之前，把你的全部时间都送给我，并且尽快地读给我听。你会看到，你能读多快，我将写得比你读得还快。"这样，我和我的一个学生，便尽量快地读盖伦的著作，而他却写得更快。我们起先不相信他会正确地抄录下来，后来我们校对了一下，发现他写得完全正确。我问他怎么能这样快，他说："在我国有一种书法称为速写，这便是你所看见的。当我们需要很快抄录时，便用这种字体，然后再把它改写成普通的文字。"①

李约瑟在《中国科学技术史》转载了这个故事，并认为，公元10世纪初，古希腊医学家盖伦的著作至少有了中文译本。拉齐口头翻译讲解的是希腊文原本还是阿拉伯文译本，不得而知；拉齐帮助校对的笔记应是阿拉伯文；那位中国学者回国后是否根据笔记整理成书，也不可考。

三、辽金至宋科技文献的翻译

唐代以后，阿拉伯世界与我国的交往渐趋频繁，除了商贸往来中的物资交流外，文化交流的影响更为深远，阿拉伯的天文、算学、医学知识渐渐传入我国。两宋时期，北方先后兴起辽、西夏、金等少数政权，他们在与汉族的交流中，也翻译了大量的汉文典籍。

（一）辽、西夏、金三朝科技文献的翻译

早在唐朝末年，北方民族契丹族由耶律阿保机统一各部，于916年建国称帝，国号契丹，938年改国号为辽，这个辽政权曾在11、12世纪称雄于东亚，影响远至中亚和西欧，许多欧亚各族人民曾称中国为"契丹"。

---

① 〔英〕李约瑟. 中国科学技术史·总论［M］. 《中国科学技术史》翻译小组译. 北京：科学出版社，1975：489—493.

在辽政权下，汉文化的传播也达到了空前规模，辽朝皇帝大多通晓汉文，有的还精通汉文化，成为汉文外译的承担者。例如，《辽史·义宗传》载，义宗“工辽、汉文章，尝译《阴符经》”[①]。《阴符经》是一部融合易家、老家、阴阳家、法家、兵家诸家思想学说，谈论兵法权谋的著作。此外，被译成契丹文的还有兴宗重熙年间萧韩家奴译的《通历》，以及耶律庶成译的《方脉书》，可惜这些译本均未留传下来。

继辽而起的金是女真族于1115年建立的政权，1126年攻克汴京后，逐步建立封建制度，大量吸收汉文化。在金境内，通行汉语、契丹语、女真语。金朝建立后，在官制、营建都城、营建宫室、礼仪等方面模仿中原汉族制度，学习中原文化，任用汉人，使得其图书出版事业有了很大发展。金初没有文字，太祖完颜阿骨打时，完颜希尹仿汉人楷字及契丹字而作大字，金熙宗时又创制小字，两者通用。女真文颁行后，除用以管访文书外，还用以翻译大量汉文典籍。由于金宋时常处于交战状态，因此金朝曾大量译介中原军事典籍，其大部分军事译著是由汉文译成女真文的。据《补元史艺文志》记载，有女真字太公书、女真字伍子胥书、女真字孙膑书、女真字黄氏书等。太公书即《六韬》，亦称《太公六韬》，为著名的《武经七书》之一，系战国末年人伪托周开国元勋姜太公所著。伍子胥书，《汉书·艺文志》有《伍子胥十篇图》一卷，今不存。孙膑书，《孙膑兵法》疑为《孙子兵法》，从金代武举必考“孙吴书十条”的记载看，《孙子兵法》与《吴子兵法》皆应有女真文译本。黄氏书，即《黄石公三略》，亦为《武经七书》之一，据考证为东汉年间人伪托汉初授书张良的黄石老人所撰。[②]

北宋前期，在今西夏、甘肃、陕北一带地区出现了一个党项族建立的西夏国，其祖先是拓跋氏，唐末赐姓李，宋初赐姓赵。1038年，李元昊正式建立“大夏”国，史称西夏，建都兴庆（今银川西夏），先后向北宋、辽朝和金朝称臣。李元昊提倡汉文化，同时创制西夏文字，称为“番书”，又称“国书”。西夏文和契丹文、女真文一样，都模仿汉字而成，字形方整，笔画繁复。西夏皇帝曾命人用西夏文翻译汉文兵书：《孙子兵法》《六韬》《黄石公三略》。西夏文译本

① （元）脱脱等. 辽史［M］. 北京：中华书局，1974：1211.

② 刘庆. 辽金军事思想探微［A］//陈述主编. 辽金史论集（第 5 辑）［C］. 北京：文津出版社，1991：278.

《六韬》于 1909 年在内蒙古额济纳旗的黑水城遗址出土，随即被科兹洛夫率领的沙俄皇家地理考察队携往圣彼得堡，今藏于俄国科学院东方学研究所圣彼得堡分所。夏译本《六韬》为西夏仁宗乾祐年间（1170—1193 年）刻字司所印，尽管它残缺不全，但在遗存的文献中为我们了解汉文古本《六韬》的概貌提供了一份宝贵资料。[①]

在公元 10—11 世纪，值得特别提出的是，西藏的医学翻译也取得了很大的成就。藏族医师们翻译了大量印度医学的著作，其中最为著名的是洛青·仁钦桑波（958—1055 年），他将当时孟加拉高僧阿狄夏（深谙印度古代医学，在西藏亲自传授印度的“医学八支”，对于藏医学的发展有十分明显的影响，曾编译《头伤固定外科手术治疗》等著作）带来的书都译成藏文，这些书有古印度的医学著作《八支集要》及其注释专著《月光》。另外，其他重要的印度医学著作《八支集要自注》由藏族译者宁保·益格仁钦、玛鲁·热巴须努、益古格隆·夏甲洛珠也与天竺学者达玛希瓦尔玛合作共同译出。通过这些活动，古印度医学的八支学派内容才开始在西藏流传，并与固有的藏医学结合起来。洛青·仁钦桑波还培养了许多成为藏区名医的弟子，这些人包括娘德桑给扎、释连益西穷乃、吾曼阿纳、芒木曼尊。在这四人当中，芒木曼尊最为突出，整个卫藏地区的医生都前来拜他为师。后由他们的弟子辈们又写出了不少医著，使藏区医学得到广泛的发展。

（二）两宋科技文献的翻译

随着宋代中国与阿拉伯之间交通的进一步发达，海外贸易及通使等活动的频繁，使当时阿拉伯的科技知识加速传到了中国。

宋朝初年，王处讷、马依泽等人合作译编《应天历》。《宋史·律历志》（志第二十一律历一）记载：“宋初，用周显德《钦天历》。建隆二年（961 年）五月，以其历推验稍疏，乃诏司天少监王处讷等别造历法。四年四月，新法成，赐号《应天历》。”[②]美国哥伦比亚大学东亚图书馆收藏的《怀宁马氏宗谱》称：“吾族系出西域鲁穆，始祖讳系鲁穆文字，汉译马依泽公，遂以马授姓。宋太祖建极，初台修历，公精历学，建隆二年，应召入中国，修天文，越二年，成书，由王

① 贾常业. 西夏文译本《六韬》解读［J］. 西夏研究，2011（2）：58—81.

② 中华书局编辑部. 历代天文等志汇编［M］. 北京：中华书局，1976：2447.

处讷上之。诏曰：可，授公钦天监监正，袭侯爵，家陕西泾阳县永安镇。”[①]《河北青县马氏门谱》谱序云：“自宋时我祖——依泽公由西域鲁穆国来中，即于建隆二年，特授钦天监正，原筑居陕西西安府泾阳县永安镇。”[②]综上所述，原籍西域鲁穆国的马依泽懂天文，961 年应召来华修历，官钦天监正，住西安府泾阳县永安镇；马依泽是奉诏修历的“司天监王处讷等”中的一员；963 年，新历修成，经由王处讷转呈皇帝宋太祖，赐号《应天历》。译编《应天历》时，我国首次引进阿拉伯天文计算方法和资料，使用阿拉伯日月食和五星行度计算方法，考校日月食和五星行度；并创中国更点之法，将每夜分为五更，每更分为五点，更以击鼓为节，点以击钟为节。该历使用了近二十年。[③]

该时期，我国西药学对外关系的重心，也已由印度转到阿拉伯国家。一些阿拉伯方剂在我国流传，如《太平圣惠方·治眼摩顶膏诸方》中载有“大食国胡商灌顶油法”[④]，另外，《宋史·艺文志》（卷二〇七）载有安文恢所著《万全方》（一作《万金方》）3 卷，有学者认为该方可能是阿拉伯人所撰的医方。[⑤]

四、元至明初科技文献的翻译

（一）元代科技文献的翻译

元代是在宋、辽、金基础上建立的蒙古族政权，版图“北逾阴山，西极流沙，东尽辽左，南越海表”[⑥]，是当时世界上最强大、最富庶的国家之一，为汉文化的传播和中外文化的交流开辟了空前广阔的空间。

1. 元代汉文科技典籍的翻译

元入主中原后，一边沿用汉字，一边提倡蒙古文。蒙古族本来没有文字，元初无文字，成吉思汗时采用畏吾儿文书写蒙古语。蒙建国后，忽必烈令八思

① 《中国少数民族社会调查资料丛刊》修订编辑委员会编. 回族社会历史调查资料［M］. 北京：民族出版社，2009：64.

② 《中国少数民族社会调查资料丛刊》修订编辑委员会编. 回族社会历史调查资料［M］. 北京：民族出版社，2009：63.

③ 刘增羽. 中国古代的天文翻译［J］. 中国翻译，1996（4）：53—63.

④ （宋）王怀隐等. 太平圣惠方·卷三十二［M］. 北京：人民卫生出版社，1958：943.

⑤ 范行準. 中国与亚拉伯医学的交流史实［J］. 医史杂志，1952（1—4）：110.

⑥ （明）宋濂等. 元史·卷五十八·地理志［M］. 北京：中华书局，1976：1345.

巴创制蒙古新字，至元七年（1270 年）而成，新文字虽有别于畏吾儿文字，但使用畏吾儿文字对蒙古人习以为常，故畏吾儿文和蒙文为蒙古人所通用，译刻图书也主要使用这两种文字。元代译刻图书的机构主要是艺文监，艺文监设立于元文宗天历二年（1329 年），下辖艺林库和广成局，前者主要负责管理中央政府的藏书，后者则掌管汉文书籍的蒙古文翻译、校勘和刻印工作。

元代的文献翻译内容广泛，有官方文书的翻译，儒家典籍的翻译，佛教经典的翻译，天文、历史、医学、文学的翻译，等等。安藏是元代杰出的翻译家之一，字国宝，畏兀儿人，世居别失八里（今新疆吉木萨尔）。据说他幼时天资聪慧，有较深厚的汉语基础。9 岁时从师学佛，15 岁习儒释两家文书，通多种语言。元世祖忽必烈继位后，他先后将多种汉文典籍译成蒙文献给忽必烈，成为世祖制定政策法令的借鉴。至元八年，他被特授为翰林学士，知制诰。安藏把翻译的重点放在关系国计民生、经世致用的汉语典籍上，他先后奉旨翻译了《黄帝八十一难经》《本草》等汉文医学书籍。至于元代是否翻译其他汉文科技典籍，因资料缺乏，暂无从考证。

2. 元代外国科技文献的翻译

元代全盛时期，元大都作为国际性大都市，聚集许多罗马教皇的使臣、印度的僧侣、东罗马和阿美尼亚的商贾，还有许多巴黎、意大利的艺人，阿拉伯各国官吏及波斯、印度的历算家。元朝皇帝在大都实行对外文化开放政策，甚至还允许外国人在衙署里做官。外国的科学家、医生和传教士等成批来到中国。随着大批色目人的迁入，外国的医学、天文学、数学、音乐和舞蹈及各种精湛的手工技术、科学仪器都先后传到大都。

据《元史·历志》记载，“至元四年（1267 年）西域札马鲁丁撰进万年历，世祖稍颁行之”[①]，即为翻译“回回（阿拉伯）万年历”，由忽必烈下令颁行。元政府中专门设有回回司天台，以扎马鲁丁为提点，后兼知秘书监事，“掌观象衍历”。据元人王士点、商企翁《秘书监志》卷七《回回书籍》载，世祖至元十年 10 月北司天台收藏的波斯文、阿拉伯文书籍总计有 23 种，其中天文、历法、算学、占星书 14 种。天文著作以《麦者思的造司天仪式十五部》（麦者思是 Amajest 的音译）与《积尺诸家历四十八部》（积尺为 Zidg 的音译，意为天文历表）最

① （明）宋濂等撰，阎崇东等校点. 元史·卷五十二·历志［M］. 长沙：岳麓书社，1998：624.

为重要。《麦者思的造司天仪式十五部》是希腊天文学家托勒密的名著《行星体系》（或《天文大集》）的阿拉伯文节译本，取名《行星体系萃编》。

《秘书监志·回回书籍》还记载，北司天台曾藏有以下数学典籍：《兀忽列的四擘算法段数十五部》《罕里速窟允解算法段目三部》《撒唯那罕答昔牙诸般算法段目并仪式十七部》《呵些必牙诸般算法八部》。

有人认为“兀忽列”与“欧几里得”年代相近，如果此说法成立，那么这是欧几里得的《几何原本》第一次传入中国，比1605年利马窦口授、徐光启笔录的《几何原本》早300多年，但也有学者持不同意见。①其他可以肯定的是，《罕里速窟允解算法段目三部》是摩洛哥数学家哈桑·马拉喀什所著的中世纪著名的天文数学著作；《撒唯那罕答昔牙诸般算法段目并仪式十七部》为12世纪希伯来天文学家阿伯拉罕·巴·海雅·哈·纳希所作，“算法段目”是他写的《实用几何》，“仪式”是他的历算论文《推步术》；《呵些必牙诸般算法八部》是公元9世纪阿拉伯大数学家穆罕默德·伊本·穆萨·花剌子密的名著，又称《积分和方程计算法》。阿拉伯数学名著的大量传入，对于推动中国数学和历算的进步产生了积极作用。

元代回族医药学著作也有不少传入中国。《秘书监志·回回书籍》中记载有《忒毕医经十三部》。据考证，可能是阿维森纳（伊本·西那）的名著《医典》。“忒毕”一词是阿拉伯语Tibb的音译，可译为“医典”或“医学”。元末还译成有医学书籍《回回药方》一书，明初刊刻。现存的《回回药方》为残本，共有4册，共载方剂450余剂，兼以病理治疗分析。药物名称多为阿拉伯文和波斯文音译，其中提及古希腊、罗马及阿拉伯10余名著名医学家及其验方，药方译文中将阿拉伯的量剂折合成中国量制，以两、钱、分计。关于该书的原本，中国学术界有二说：一说是来源于埃及药物学家伊本·贝塔尔的《简救法》（一译《药方集成》）的手抄本；另一说是根据《忒毕医经十三部》编译而成。

元代在地理学资料翻译方面已知主要有以下成就，元大臣赡思，其祖父是阿拉伯人，故他通晓阿拉伯文。赡思撰有《西域异人传》与《西国图经》二书，有人推断这两部书是他根据阿拉伯有关书籍编译的。地图方面，吴门李泽民绘

① 黎难秋《中国科学文献翻译史稿》中说道：“有人认为，兀忽列的《四擘算法段数》十五部，即欧几里得《几何原本》十五卷本的阿拉伯译本……但是……欧几里得《几何原本》的原著为十三卷。只是意大利传教士利玛窦的老师克拉维茨在将其译为拉丁文本时，增补了两卷，才成为十五卷本。这是发生在元代之后十六世纪的事情了。”（合肥：中国科学技术大学出版社，1993年，第22页）

有《声教广被图》，天台僧人清浚绘有《混一疆理图》，可惜都已亡佚。但通过现存于日本东京龙谷大学图书馆的1500年日本人摹绘的《混一疆理历代国都之图》（原本是1402年朝鲜人绘制的，也已不存），我们可以看到这两幅舆图的大致内容。《混一疆理历代国都之图》除日本和朝鲜部分外，其他内容都是来源于李泽民和清浚的舆图。他们绘制的地图不仅准确地描绘了欧洲、非洲、地中海沿岸形状，以及大西洋中的亚速尔群岛，而且标注了包括德国、法国在内的近百个欧洲地名和35个非洲地名，有些地名还给出了相当准确的译音。二人从未离开过中国，鉴于此，也可推测他们至少参考了某些翻译的地理学资料。

元代朱思本翻译梵文地理书籍。据《元史》卷六十三《河源附录》记载："其后翰林学士潘昂霄从都实之弟阔阔出得其说，撰为《河源志》。临川朱思本又从八里吉思家得帝师所藏梵字图书，而以华文译之，与昂霄所志，互有详略。"[①]朱思本（1273—1333年），江西临川人。他早年曾在龙虎山当过道士，爱好诗文，喜读经史诸子。至大四年（1311年），朱思本在谢绝了李孟劝他返儒入仕之后，开始了长达10年的考察活动，代天子祭祀名山大川，周游各地，绘制地图。他的上述经历给他翻译梵文地理书籍打下了基础。

（二）明初科技文献的翻译

明初，朱元璋曾召集一批元时入华的西域学者与中国学者一起选择从元朝秘书监接收下来的秘藏"回回文"（阿拉伯文）书籍，在总数达数百册的书籍中，重点翻译他认为有用的天文、阴阳、历象方面的书籍。究竟译成多少，未详见于史载，但《明史》中有《回回历法》之记载。《明史·回回历法一》云："《回回历法》，西域默狄纳国王马哈麻所作。……洪武初，得其书于元都。十五年秋，太祖谓西域推测天象最精，其五星纬度又中国所无。命翰林李翀、吴伯宗同回回大师马沙亦黑等译其书。"[②]不少人认为，《明史》中所谓马沙亦黑等译《回回历法》，即指翻译《明译天文书》一书。近人著文认为，明初朱元璋组织翻译《回回历法》，实际上包含了翻译《明译天文书》与《回回历书》两本书。[③]

① （明）宋濂等. 元史·卷六十三·河源附录［M］. 北京：中华书局，1976：1564.

② （清）张廷玉. 明史·卷三十七·回回历法一［M］. 北京：中华书局，1974：745.

③ 黎难秋. 中国科学文献翻译史稿［M］. 合肥：中国科学技术大学出版社，1993：23.

五、明末至清前期的科技文献翻译

梁启超说："明末有一场大公案，为中国学术史上应该大笔特书者，曰：欧洲历算学之输入。……要而言之，中国知识线和外国知识线相接触，晋唐间的佛学为第一次，明末的历算学便是第二次。"①明末历算学之输入，实际上是指由意大利传教士利玛窦肇始的西方传教士与一些中国士大夫翻译科学西书的一段重要历史。

（一）明末科技文献的翻译

欧洲文艺复兴之后，伴随着欧洲资本主义生产的发展，西方的科学技术也迅速发展起来。16 世纪和 17 世纪是欧洲的科学革命时期。从 16 世纪后期到 17 世纪上半叶，随着基督教传教士的入华传教，西方科学技术开始传入中国。

在西学东渐的过程中，地理学科对于中国在某种意义上起着先行学科的作用。欧洲教会派来的传教士初来中国时即发现，中国的传统思想根深蒂固，因此想要在中国传教颇为困难。中国耶稣会的首任会长利玛窦了解到这种情况并发觉士大夫阶层在中国社会的地位与影响后，便开始学习中国古代的经籍，结交官吏，借以取得游历内地和建造教堂的便利。万历十二年（1584 年），他在教堂内挂起了世界地图，起名《山海舆地全图》，供人观看。西方近代科学中的地理学，最早由此传到了中国。约万历三十三年，徐光启撰《山海舆地图经解》，对《山海舆地全图》作了文字解释，这是中国人传播西方科学的第一部作品。地理视界的拓展必然会带来文化眼界的拓展，明末清初的一些士大夫就是从认识世界地理开始，才打破了"中国与四夷天下秩序"的传统旧观念，开始接受"万国并存"的世界意识，进而充分认识到自身的缺陷，产生向西方学习的念头，出现各种变革的观念，引发了延续一个多世纪的思想革命历程。

第一部科学著作的译述是利玛窦口述、徐光启笔录的欧几里得的《几何原本》6 卷，该书完成于万历三十五年初，并立即加以刻印。数学是一门基础科学，由于几何学在中国古代算学中较为欠缺，便首先被翻译成了中文。李之藻在万历四十一年将其以前跟利玛窦研习和翻译的算学书编辑为《同文算指》一书。

① 梁启超. 中国近三百年学术史［M］. 北京：中国书店，1985：8—9.

由此可见，西方的科学在其引入之初便同中国古代的科学有一定的结合。此后李之藻上书朝廷，奏请翻译西方历法和西方科技，可惜没有被朝廷采纳。同一时期，徐光启动手翻译了《泰西水法》，并会同传教士熊三拔制作了简平仪等多种天文仪器。

万历四十八年（1620 年），传教士金尼阁带来了西方书籍 7000 余部，这些书是当时欧洲大学的文、理、医、法、教、道等六个科系主要课程的教学用书，代表着西方近代科学文化的精髓。当时曾有杨廷筠等人希望花十年时间、集几十个志同道合的人将它们全都翻译出来。后来在天启三年（1623 年）由传教士艾儒略撰写了《西学凡》一书，叙述了这些书的纲要，可惜亦未引起人们的重视。

传教士汤若望曾带来一架望远镜。他在天启六年时作《远镜说》，介绍望远镜的光学原理、功能、制作方法和用法。在邓玉函口传下，王征笔述成《远西奇器图说》，该书是中国第一部力学书。书中讲述了比重、重心杠杆、滑车、轮轴、斜面等力学原理与应用方法；还讲到了制造起重用简单机械之类的方法及其用法等。熊三拔翻译的《表度说》，讲述了天文学理论和立表测量日影求二十四节气的原理。传教士庞迪我和艾儒略等先后著述和绘制《海外舆图全说》和《万国全图》，对地理学的介绍作了补充。龙华民著有《地震解》，叙述地震的原因、等级、范围、大小、时间和预兆等近代地震学说。由汤若望口授、焦勖笔述所译的《火攻略要》记载了火炮的铸造、安装和使用方法，以及子弹和地雷的制造法等。传入西方历法的工作，则在崇祯二年（1629 年）开始，到崇祯八年，篇幅约 180 万字的著名的《崇祯历书》宣告完成。

表 6-1　1644 年前明朝主要科技文献翻译一览表

科技文献名	撰译或编译者姓名	出版年份
《西国记法》	利玛窦	1595 年
《经天该》	李之藻、利玛窦	1601 年
《万国舆图》	利玛窦	1602 年
《西字奇迹》《乾坤体义》	利玛窦	1605 年
《浑盖通宪图说》	李之藻、利玛窦	1607 年
《几何原本》	利玛窦、徐光启	1607 年
《简平仪说》	熊三拔、徐光启	1611 年

续表

科技文献名	撰译或编译者姓名	出版年份
《泰西水法》	熊三拔、徐光启	1612 年
《表度说》	熊三拔口授，周子愚、卓尔康笔记	1614 年
《同文算指》《圜容较义》	李之藻、利玛窦	1614 年
《天问略》	阳玛诺	1615 年
《测量法义》《勾股义》	利玛窦、徐光启	1617 年
《西学凡》	艾儒略	1623 年
《职方外纪》	艾儒略增译，杨廷筠汇记	1623 年
《灵言蠡勺》	毕方济、徐光启	1624 年
《西儒耳目资》	金尼阁、韩云、王征等	1626 年
《远镜说》	汤若望	1626 年
《地震解》	龙华民	1626 年
《远西奇器图说》	邓玉函、王征	1627 年
《寰有诠》	傅泛际、李之藻	1626 年
《睡答》《画答》	毕方济、徐光启	1629 年
《几何要法》	艾儒略译	1631 年
《名理探》	傅泛际、李之藻译	1631 年
《空际格致》	高一志译、韩云订	1633 年
《古今交食考》	汤若望	1633 年
《人身图说》	邓玉函、龙华民、罗雅各译	
《泰西人身说概》	邓玉函译、毕拱辰记	1635 年
《西方问答》	艾儒略译著	1637 年
《坤舆格致》	汤若望、李天经等	1640 年
《天学略义》	孟儒望译著	1642 年
《火攻挈要》	汤若望译、焦勖述	1643 年

资料来源：《明清间耶稣会士译著书目表》，见徐宗泽编著：《明清间耶稣会士译著提要》，北京：中华书局，1989 年，第 473—478 页；周昌寿：《译刊科学书籍考略》，见胡适、蔡元培、王云五编：《张菊生先生七十生日纪念论文集》，北京：商务印书馆，1937 年，第 409—470 页；《西学书目表》，见梁启超：《〈饮冰室合集〉集外文》（下），北京：北京大学出版社，2005 年，第 1121—1159 页；梁家勉编著：《徐光启年谱》，上海：上海古籍出版社，1981 年

（二）清代前期科技文献的翻译

清顺治二年（1645 年），汤若望将《崇祯历书》加以修改增删，成《西洋新法历书》，呈献清廷，汤若望此举获得顺治皇帝的信任，并委以重任。顺治年间，汤若望、穆尼阁等传教士，或自己，或与国人一起，译述了一些科技文献。

汤若望的译书如下：《西洋测日历》一卷，《星图》八幅，《恒星表》五卷，《恒星出没表》二卷，《七政四余万年书》、《恒星屏障》、《交食蒙求》、《交食表用法》、《民历补注解惑》各一卷。

穆尼阁与国人薛凤祚共同译述的书籍计有《天步真原》（《人命》）三卷、《比例四线新表》一卷、《比例对数表》一卷、《中西火法》一卷、《日月食原理》二卷、《三角算法》一卷。值得一提的是，穆尼阁借助于薛凤祚，最早将当时尚属先进的对数术传入了中国。上述译书有不少后来收入薛凤祚编纂的《历学会通》丛书之中。

康熙非常热爱西学，即位后，十分重视翻译与编纂西学书籍。整个康熙时期，在他的倡导与鼓励下，基本上保持了明末西学东渐高潮的势头，传教士与中国学者一起译述了不少西方科技书籍。据周昌寿统计，从明末刻印《几何原本》（1607 年）至清雍正帝逐西教士止（1723 年），共计译述天文学、数学、地理学等自然科学书籍 132 种，其中有 42 种是在康熙时期翻译的。[①]

康熙时期译刊科学书籍已知有[②]：

《民历补注解惑》，一卷，汤若望译述，1683 年
《西方要纪》，一卷，利类思、安文思及南怀仁，1669 年
《狮子说》，一卷，利类思，1678 年
《进呈鹰说》，一卷，利类思，1679 年
《西历年月》，一卷，利类思，1679 年
《测验纪略》，二卷，南怀仁，1668 年
《历法不得已辨》，一卷，南怀仁，1669 年
《康熙八年四月初一日癸亥朔日食图》，南怀仁，1669 年
《康熙十年二月十五日丁酉夜望月食图》，一卷，南怀仁，1670 年
《验气说》，一卷，南怀仁，1671 年
《康熙十年》，一卷，南怀仁，1671 年

① 周昌寿. 译刊科学书籍考略［A］//胡适，蔡元培，王云五. 张菊生先生七十生日纪念论文集［C］. 北京：商务印书馆，1937：409—470.

② 介绍康熙时期翻译出版科学书籍的研究作品有周昌寿的《译刊科学书籍考略》、徐宗泽的《明清间耶稣会士译著提要》、梁启超的《西学书目表》等。

《坤舆图说》，二卷，南怀仁，1674年

《新制灵台仪象志》，十六卷，南怀仁，1674年

《仪象图》，二卷，南怀仁，1673年

《康熙十三年》，一卷，南怀仁，1673年

《坤舆全图》，南怀仁，1674年

《康熙十五年》，一卷，南怀仁，1676年

《康熙十八年》，一卷，南怀仁，1679年

《康熙永年历法表》，三十二卷，南怀仁、闵明我，1688年

《康熙二十六年》，一卷，南怀仁，1687年

《简平规总星图》，南怀仁，1674年

《坤舆外纪》，一卷，南怀仁，1676年

《妄推吉凶辩》，南怀仁，1669年

《熙朝定案》，三卷，南怀仁，不详

《妄占辩》，南怀仁，1669年

《预推纪验》，南怀仁，不详

《形性之理推》，南怀仁，不详

《光向异验理推》，南怀仁，不详

《理辩之引启》，南怀仁，不详

《目司图说》，南怀仁，不详

《理推各图说》，南怀仁，不详

《御览简平新仪式用法》，南怀仁，不详

《进呈穷理学》，南怀仁，1683年

《吸毒石原由用法》，南怀仁，撰成于1682—1688年

《方星图解》，一卷，闵明我，1712年

《赤道南北星图》，南怀仁，1672年

《哲学要略》，张诚，白晋，不详

《周径密率》，一卷，杜德美，不详

《求正弦正矢捷法》，一卷，杜德美，不详

《策算》，戴进贤，1722年

《律吕正义》，第五卷，徐日升，1713年印行

《文字考》，恩理格，不详

1724 年 2 月雍正帝发布禁教令，规定国人信奉天主教者必须放弃，否则将处以极刑。因此，自雍正至咸丰期间的一百多年中，天主教在中国是被禁止的，在华的传教士大为减少。基于此，传教士与我国士大夫接触减少，国人对西学也不如明末清初感兴趣。留下的译著自然是很少的。

雍正与乾隆二朝，仅有戴进贤、蒋友仁等二十余名传教士留京为清廷服务。乾隆帝在位虽也长达六十年，但他不像其祖父康熙帝那样热衷钻研西学，只是对绘画、喷水池、自鸣钟等技艺感兴趣。因此，这些传教士除了在钦天监任职外，主要是为皇帝绘画，设计圆明园有关建筑等，留下的译著不多，根据资料报道，已知的只有以下一些：

《黄道总星图》，戴进贤，1737 年
《历象考成·后编》，戴进贤、徐懋德，1742 年
《仪象考成》，戴进贤，1744 年
《日躔表》，戴进贤，1730 年
《月离表》，戴进贤，不详
《仪说》(《玑衡抚仪说》)，二卷，戴进贤，1759 年
《增补坤舆全图》，蒋友仁，1767 年
《地球图说》，蒋友仁、何国宗、钱大昕润色，1767 年
《仪象考成》，三十卷，戴进贤，1752 年
《华拉文对照字典》(稿本)，孙璋(法国传教士)，不详

此外，生于乾隆五十九年（1794 年）的云南人马德新，在游历印度、阿拉伯、土耳其后，带回不少阿拉伯文、波斯文书籍，在所译出的十四种书籍中有历法书《天方历源》和地理书《寰宇述要》。

（三）明末清初科技文献翻译的方式与特点

由利玛窦、徐光启肇始的明末清初科学文献翻译活动的方式及特点比较简单。

首先，从参与翻译的人员来说，中国的士大夫都不识外文，翻译必须以西方传教士为主。明末来华的各国传教士中文程度普遍还不是很高，早期的许多科学书籍的翻译均采取译述的方式，即由传教士口译书中的内容，中国士大夫再据口述内容整理成文句笔述之。因此，翻译一本书籍，尤其是首次翻译某一新学科的书籍，译述者的劳动十分艰辛，翻译所花费的时间也很长。利玛窦初始翻译《几何原本》因此发生“三译三辍”，后遇徐光启才得以合作译成，以后再经过其他几位传教士和李之藻、杨廷筠等，反复校对润色方才满意。

其次，明末清初科学译书总的数量不多，就这些译书内容而言，传教士为了传教首先要投皇帝与官吏所好，因此，翻译的书籍以天文和数学为多。其他如水利、力学、机械、地志、医药、逻辑等书籍，常常是应国人所求而被迫翻译的，因此每一类的数量都很少。当时译书的知识体系，基本上都属于欧洲的古典科学体系。传教士出于“科学传教”的目的，中国皇帝与士大夫又没有选择书籍的机会和能力，因此，即使是翻译的最多的天文和数学书籍，其中的近代科学知识体系基本上也都没有传入中国，更何况其他学科的知识。

再次，这一时期译书的原本文种多为拉丁文与法文，这客观上反映了当时欧洲通用文字的重心。英文当时尚未流行，英文书籍还不多，译书的目标文种则以汉文为多，仅在康熙帝学习几何、算学、医学时，产生过少量的满文译本，刻印与传行的更少。

最后，明末清初的科学译书各个学科的数量都不太多，谈不上专业术语名词翻译的定名与统一，更谈不上产生专业术语双语词典了。中国人不懂外文，不能独立翻译外国科学书籍，也就不可能产生专门从事科学翻译的大家，因此，这一时期没有能提出什么翻译理论，是不足为奇的。另外，明末清初时期欧洲先进国家的期刊、报纸问世不久，科学期刊与报纸更少，因此，当时我国的科学文献翻译主要还是书籍的翻译。

第七章　中国古典科技文献的分类

中国古典文献的分类经历了《七略》的七分法到四部分类法两个重要过程。无论是七分法还是四部分类法都由官府主掌，在整理古典文献的过程中形成。作为古典文献重要组成部分的科技文献，其分类方法也遵循了传统文献分类方法的基本原则，但又有自己独特之处。因此，笔者以《四库全书》中的科技文献分类为例，来说明中国古典科技文献的分类方法。

第一节　古典科技文献的分类方法概述

中华文化源远流长，历代产生的典籍难以数计，据不完全统计，留存至今的尚有 8 万余种之多。对古籍的分类整理也很早就开始了，第一次大规模的古籍整理始于公元前 26 年西汉成帝时，由刘向、刘歆父子先后主持。汉代以后，各种官修、私撰的古籍分类目录不断涌现，分类方法也不断改进。

一、我国古典文献分类法的发展演变

我国古典文献的分类方法经历了《七略》的七分法到四部分类法两个重要过程。《七略》七分法的形成演变与文献的整理和政体之治密切相关，而四部分类法的形成则源于官簿修纂，以清代官簿《四库全书》的修纂为其完全成熟的标志。

（一）我国古典文献分类法的萌芽

关于我国原始典籍的产生，人们有所谓的“河图”“洛书”之说，但我们仅

能从现有史料中了解一二，其是否真实存在，可谓扑朔迷离。据古文献记载，我国原始典籍的起源并不晚于夏商时期。《吕氏春秋·先识览》记载，“夏太史令终古出其图法，执而泣之……殷内史向挚见纣之愈乱迷惑也，于是载其图法，出亡之周”[①]。《尚书·多士》中也有记载，“惟尔知，惟殷先人有册有典，殷革夏命”[②]。虽没有出土实物可以证明，但由这些记载可知殷商前期已有典籍。

关于夏商时期的典籍是否分类编目，目前仍无法考证。如《隋书·经籍志》所言：“古者史官既司典籍，盖有目录，以为纲纪，体制湮灭，不可复知。”[③]

我们现在已知最早的文字载体是殷商后期的甲骨卜辞，由其发掘报告我们可知，殷商时期人们已经开始有意识地进行排列存储了。如1936年安阳小屯村YH127坑出土的武丁时期的甲骨17 000余片，这些甲骨并不是随意乱放的，而是按照一定的方法有意识地保管的。“有的窖窦中的甲骨存贮的是一个朝代的，有的则是累积几个朝代，还有的是龟甲与兽骨分开存放。在这些甲骨中，有的龟甲被穿编成册；有的牛肩胛骨合为一包，并有一片最长的刻有文字的露在外面，起着标识的作用。”[④]我们可将这种按朝代或载体分类保管的方法视为我国早期文献分类的萌芽。

（二）七分法的产生与发展

《隋书》中有这样一段记载：

> 至于孝成，秘藏之书，颇有亡散，乃使谒者陈农，求遗书于天下。命光禄大夫刘向校经传诸子诗赋，步兵校尉任宏校兵书，太史令尹咸校数术，太医监李柱国校方技。每一书就，向辄撰为一录，论其指归，辨其讹谬，叙而奏之。向卒后，哀帝使其子歆嗣父之业。乃徙温室中书于天禄阁上。歆遂总括群篇，撮其指要，著为《七略》：一曰《集略》，二曰《六艺略》，三曰《诸子略》，四曰《诗赋略》，五曰《兵书略》，六曰《术数略》，七曰《方技略》。大凡三万三千九十卷。[⑤]

---

① （汉）高诱注，（清）毕沅校，徐小蛮标点. 吕氏春秋［M］. 上海：上海古籍出版社，2014：344.

② 李民，王建. 尚书译注［M］. 上海：上海古籍出版社，2004：309.

③ （唐）魏徵等. 隋书·卷三十三［M］. 北京：中华书局，1973：992.

④ 申少春. 中国古代文献分类法之演进［J］. 图书馆界，2002（2）：11.

⑤ （唐）魏徵等. 隋书·卷三十二［M］. 北京：中华书局，1973：905—906.

其中，《六艺略》又下分为：

> 六艺略分：易、书、诗、礼、乐、春秋、论语、孝经、小学九种。诸子略分：儒、道、阴阳、法、名、墨、纵横、杂、农、小说十种。诗赋略分：赋（屈原等）、赋（陆贾等）、赋（孙卿等）、杂赋、歌诗五种。兵书略分：兵权谋、兵形势、兵阴阳、兵技巧四种。数术略分：天文、历谱、五行、蓍龟、杂占、形法六种。方技略分：医经、经方、房中、神仙四种。①

由上述记载我们可知，在汉成帝时，使谒者陈农求遗书于天下，然后命人进行校对、整理，最后由刘向、刘歆父子总其成，他们创立了根据文献内容和体裁以及学术分类为基础的文献分类法，即《七略》，除集略（可视为总序）外，刘歆把文献分为六略（六类），这是可以容纳一个国家全部文献的分类方法，被誉为我国文献分类法的鼻祖。

随着时代的发展，三国时魏人郑默著《中经》，始创四部分类法，但仍有一些著作是仿《七略》体系进行文献分类的，如刘宋时期王俭所著的《七志》。从《隋书·经籍志》的记载中我们可知，《七志》的分类法是沿袭《七略》的六分法。《隋书·经籍志》中记载：

> 俭又别撰七志：一曰《经典志》，纪六艺、小学、史记、杂传；二曰《诸子志》，纪今古诸子；三曰《文翰志》，纪诗赋；四曰《军书志》，纪兵书；五曰《阴阳志》，纪阴阳图纬；六曰《术艺志》，纪方技；七曰《图谱志》，纪地域及图书。其道、佛附见，合九条。然亦不述作者之意，但于书名之下，每立一传，而又作九篇条例，编乎首卷之中。②

《七志》分类基本沿袭《七略》的分类，只不过在名称上有一些变化，最大变化是王俭在《七志》中增设了图谱类，并将道、佛之书作为附录，以适应图书发展的需要。

我们也可从《隋书·经籍志》的相关记载中了解到《七录》分类的详细情况。《隋书·经籍志》云：

---

① 许世瑛. 中国目录学史［M］. 台北：中国文化大学出版部，1982：24.

② （唐）魏徵等. 隋书·卷三十二［M］. 北京：中华书局，1973：906—907.

> 普通中，有处士阮孝绪，沉静寡欲，笃好坟史，博采宋、齐已来，王公之家凡有书记，参校官簿，更为《七录》：一曰《经典录》，纪六艺；二曰《记传录》，纪史传；三曰《子兵录》，纪子书、兵书；四曰《文集录》，纪诗赋；五曰《技术录》，纪数术；六曰《佛录》；七曰《道录》。其分部题目，颇有次序，割析辞义，浅薄不经。①

其中《经典录》下又分为易部、尚书部、诗部、礼部、乐部、春秋部、论语部、孝经部和小学部九类；《记传录》分为国史部、注历部、旧事部、职官部、仪典部、法制部、伪史部、杂传部、鬼神部、土地部、谱状部和簿录部十二类；《子兵录》分为儒部、道部、阴阳部、法部、名部、墨部、纵横部、杂部、农部、小说部和兵部十一类；《文集录》分为楚辞部、别集部、总集部、杂文部四类；《术技录》分为天文部、纬谶部、历算部、五行部、卜筮部、杂占部、刑法部、医经部、经方部和杂艺部十类；《佛法录》分为戒律部、禅定部、智慧部、疑似部和论记部五类；《仙道录》分为经戒部、服饵部、房中部和符图部四类。《隋志·簿录篇》中也写道："汉时刘向《别录》，刘歆《七略》，剖析条流，各有其部，推寻事迹，疑则古之制也。自是之后，不能辨其流别，但记书名而已。博览之士，疾其浑漫，故王俭作《七志》，阮孝绪作《七录》，并皆别行。大体虽准向、歆，而远不逮矣。"②由此可看出，《七录》分类沿袭了《七略》和《七志》的分类方法，并有所发展。

（三）四部分类法的创立与发展

中国传统文献经、史、子、集四部分类法在古籍典藏与检索中仍广泛使用，但对于其创始者与创始时间，学者大致持两种观点：一种认为四部分类法始于晋秘书监荀勖的《中经新簿》；另一种认为四部分类法始于魏秘书郎郑默的《中经》。经过阅读大量文献及论述，笔者更倾向于第二种观点，即四部分类法始于郑默的《中经》。

由于郑默的《中经》并没有流传下来，我们目前所能看到的最早的四部分类法就是荀勖的《中经新簿》。根据《隋书·经籍志序》中的记载：

---

① （唐）魏徵等. 隋书·卷三十二［M］. 北京：中华书局，1973：907.

② （唐）魏徵等. 隋书·卷三十三［M］. 北京：中华书局，1973：992.

> 魏氏代汉，采掇遗亡，藏在秘书中、外三阁，魏秘书郎郑默，始制《中经》，秘书监荀勖，又因《中经》，更著《新簿》，分为四部，总括群书。一曰甲部，纪六艺及小学等书；二曰乙部，有古诸子家、近世子家、兵书、兵家、术数；三曰丙部，有史记、旧事、皇览簿、杂事；四曰丁部，有诗赋、图赞、《汲冢书》，大凡四部合二万九千九百四十五卷。但录题及言，盛以缥囊，书用缃素。①

甲、乙、丙、丁四部和后世的经、史、子、集有点相似，但不完全相同。余嘉锡先生认为："勖之甲部，即《七略》、汉志之六艺，后世之经部。……其乙部则合汉志之诸子兵书数术为一部，为后世子部之祖。"②而且"史书本附《春秋》，《中经簿》始自六艺内析出。然分门未久，其书不能甚多。……胡应麟谓此时史集二部尚希，其说是也。故丙丁两部之中，史记、旧事、杂事皆史也，而《皇览》簿则非。诗赋图赞皆集也，而汲冢书则非"③。

比较清楚地论述了两者的区别，而且甲乙丙丁的次序和后来经史子集的次序也稍有不同。

东晋李充的《晋元帝四部书目》是对四部分类法的进一步发展，他将五经设为甲部，史记设为乙部，诸子设为丙部，诗赋设为丁部，把《中经新簿》中记史书的丙部和记诸子之书的乙部换了一下位置，使史书的地位进一步提高了。

四部分类法的最终确立，我们一般认为以《隋书·经籍志》为标志。《隋书·经籍志》对刘歆、阮孝绪之分类学成果主要从小类目上加以总结、继承与发展；对荀勖、李充之分类学成果主要是从经、史、子、集四大类目上加以总结、继承与发展。

《隋书·经籍志》的分类含经部（十小类）：易、书、诗、礼、乐、春秋、孝经、论语、纬书、小学。史部（十三小类）：正史、古史、杂史、霸史、起居注、旧事、职官、仪注、刑法、杂传、地理、谱系、簿录。子部（十四小类）：儒、道、法、名、墨、纵横、杂、农、小说、兵、天文、历数、五行、医方。集部（三小类）：楚辞、别集、总集。并附道经（四小类）和佛经（十一小类）。

---

① （唐）魏徵等. 隋书·卷三十二［M］. 北京：中华书局，1973：906.

② 余嘉锡. 目录学发微［M］. 成都：巴蜀书社，1991：136.

③ 余嘉锡. 目录学发微［M］. 成都：巴蜀书社，1991：137.

《隋书·经籍志》中改《七略》的《六艺略》即《七录》的《经典录》为“经部”；改《七录》中的《记传录》为“史部”，下分为正史、古史、杂史等十三小类；合并《七略》中的《兵书略》《数术略》《方技略》《诸子略》为“子部”；改《七略》中的《诗赋略》即《七录》中的《文集录》为“集部”。自唐以后，经史子集之名和公私目录都采用此方法，四部分类法从此行用。

二、古典科技文献的分类方法

在中国古典文献的分类中可以看出古人是比较重视科技文献的，甚至为其单独设类。在《七略》中，《诸子略》中的农类，《兵书略》中的兵权谋、兵形势等类，《数术略》中的天文、历谱等类，《方技略》中的医经等类，都讲的是科技文献。四部分类法中就更加明确了，以《四库全书》为例，史部的地理类，子部中以兵家类、农家类、医家类、天文算法类和谱录类等为代表，收录的都是科技文献。

古典文献中除了这些专门的科技文献外，还有一些综合文献中也包含部分科技文化知识，这是值得我们注意的。我们可以从专业科技文献的分类与综合文献的内容分类中了解中国古典科技文献的分类方法。

（一）专业性的科技文献分类

下面，笔者以地理类文献为例对中国古代专业性的科技文献分类进行简单介绍。

1. 按著作中专业内容分类

如《汉书·地理志》。《汉书》是汉代历史学家班固的著作，其首创的《地理志》专类以西汉时期疆域政区的建制为主，分录其山川、物产等内容。作者以疆域政区为纲，依次叙述了 103 个郡国及其所辖的县、道、邑、侯国的建置沿革。在县、道、邑、侯国的项下，根据地区的特点选择有关山川河流、矿藏、物产、经济发展和民情风俗等内容，各郡写法体例一致。在有关郡国的矿产内容方面，也记录了管理矿产的铁官、铜官、金官、盐官所在的地方。该书对研究我国西汉时期矿产资源的开发情况有重要意义。

再如《山海经》，它是先秦的一部重要古籍，是我国最古老的、富于神话传说的地理书。该书按地区而不按时间记录事物，所记事物大部分由南开始，然后向西，再向北，最后到达大陆（九州）中部。大陆（九州）四周被东海、西海、南海和北海包围，《山海经》内容分类见表 7-1。

表 7-1 《山海经》内容分类表

部分	内容编目				
《山经》	《南山经》	《西山经》	《北山经》	《东山经》	《中山经》
《海经》	《海外南经》	《海外西经》	《海外北经》	《海外东经》	《海内南经》
	《海内西经》	《海内北经》	《海内东经》	《大荒东经》	《大荒南经》
	《大荒西经》	《海内经》			

2. 按库存文献（档案）分类

历代王朝都很重视地图的绘制和管理，地图档案在各个王朝的行政、经济和军事管理方面都发挥了重大的作用。清朝乾隆时编写的《萝图荟萃》，将舆图房所存的 684 种舆图，按照“君临天下，统驭万方”的思想和便于保管及查阅的原则进行了整理，将其中关系重要、绘画完备的 418 件舆图分为 13 类，“至杂项图样，无关轻重及重复者计一百九件，绘画装潢尚属整齐，应请别为收贮，其余重复破损霉泡缺略不全者，计一百五十三件，似无庸存贮”[①]。根据《萝图荟萃》所载，舆图分为天文、舆地、江海、河道、武功、巡幸、名胜、瑞应、效贡、盐务、寺庙、山陵、风水等 13 类。

整理小组将库藏舆图档案分为上等、次等两大部分。上等即以上 13 类，拟长期保存；次等共有 109 件，拟销毁处理，但须经皇帝审阅后方可处理。《舆图荟萃》的分类整理原则及方法，奠定了整个清代舆图档案管理的基础。

（二）综合文献的内容分类

中国古代一些综合类文献内容中涉及部分科技文化知识，其分类是按书中内容来进行的。

《玉海》是一部规模宏大的类书，是百科全书式的著作。据《四库全书总目提要》的记载，《玉海》全书分为天文、律宪、地理、帝学、圣制、艺文、诏令、

① 中国第一历史档案馆. 宫中档·朱批奏折·文教类［Z］.

礼仪、车服、器用、郊祀、音乐、学校、选举、官制、兵制、朝贡、宫室、食货、兵捷、祥瑞21门，每门下又各分子目，共240多类。其中天文、地理、器用等类都是和科技相关的内容。

第二节　四部法中的科技文献分类

四部分类法的确立虽以《隋书·经籍志》为标志，但其发展成熟则以《四库全书》为标志。关于四部分类法中的科技文献分类，笔者以《四库全书》为例，进行总结概括。

一、经部中科技文献分类

经部主要收录的是儒家经典著作，并没有严格意义上的科技文献。但在这些儒家经典里包含许多科学技术知识，在此，笔者暂把承载科技知识的这些典籍归类为科技文献进行分析研究。

（一）经部简介

“经”字本意为布帛的经线，其后大多用它的引申义，就著作而言，一般是指被奉为典范的著作。早期真正可以称为“经”的只有“六经”，即《诗经》《尚书》《礼》《乐》《易》《春秋》。到唐朝时，则形成“十二经”，即《诗经》《尚书》《周礼》《仪礼》《礼记》《周易》《左传》《公羊传》《穀梁传》《论语》《尔雅》《孝经》。宋明后又增添《孟子》，于是定型为“十三经”，成为儒家经典。

还有一种说法，称儒家经典为“四书五经”。“四书”是指《论语》《孟子》《大学》《中庸》；“五经”仍是指《诗》《书》《礼》《易》《春秋》。

在中国古代传统经、史、子、集四部分类法中，经部历代因袭，变化较少，主要收录了儒家“十三经”及相关著作，《隋书·经籍志》把经部分为易类、书类、诗类、礼类、乐类、春秋类、孝经类、论语类、五经总义类、谶纬类、小学类十一类。清《四库全书》把经部分为易类、书类、诗类、礼类、春秋类、孝经类、五经总义类、四书类、乐类、小学类等十类。这些著作，可以说就是在“十三经”或“四书五经”的基础上经过后人的传、记、说、解、训等形成的庞大经学著作系列。但就科技文献方面的历史价值来看，还是当以“十三经”或“四书五经”为最。

（二）经部中的科技文献

“十三经”的内容极为宽博，《周易》是占卜之书，列居儒家经典之首，外层神秘，而内蕴的哲理至深至弘。《尚书》是中国第一部上古历史文件和部分追述古代事迹著作的汇编，它保存了商周特别是西周初期的一些重要史料。《诗经》是中国第一本诗歌总集，它汇集了从西周初年到春秋中期五百多年的诗歌，分为“风”“雅”“颂”三部分，“风”为土风歌谣，“雅”为西周王畿的正声雅乐，“颂”为上层社会宗庙祭祀的舞曲歌词。本部分以研究基于《周易》《尚书》《诗经》而形成的易类、书类和诗类文献为主，对科技文献进行总结。

1. 易类中的科技文献

易类列居经部之首，也是经部的一个庞大的著作群。据初步统计，易类著作有五六千种，《隋书·经籍志》就收有 69 部 551 卷，《四库全书》中收有 158 部 1757 卷，附录 8 部 12 卷，这些都是研究《周易》而形成的著作，本部分将重点研究《周易》。

《周易》又称《易》《易经》，是占卜之书，包括《经》和《传》两部分。《经》是《周易》的核心部分，分为《上经》和《下经》，一共 64 卦，384 爻，每一卦都由卦画、标题、卦辞、爻辞四部分组成。《传》是对经的解释，一共有七种十篇，包括《彖传》上下篇、《象传》上下篇、《文言》、《系辞传》上下篇、《说卦传》、《杂卦传》和《序卦传》，合称“十翼”。

> 就《周易》与科技关系而言，《周易》以一阴一阳组成八卦，象征天、地、雷、风、水、火、山、泽八种自然现象，推测自然和社会的变化，认为阴阳两种势力的相互作用是产生万物的根源，提出“刚柔相推，变在其中焉”等富有辩证法的朴素思想，是研究中国科学思想史的重要资料，其中“范围天地之变化而不过，曲成万物而不遗”的易道观，“生生不已”的自然观和“承天时运”的天人观，以及取象运数的科学方法在古代产生过

深远的影响。[①]

《四库全书总目提要》中也提道："又《易》道广大，无所不包，旁及天文、地理、乐律、兵法、韵学、算术以逮方外之炉火，皆可援《易》以为说，而好异者又援以入《易》，故《易》说愈繁。"[②]

《周易》与炼丹术。炼丹术士魏伯阳所写的《周易参同契》被誉为"万古丹经王"，是汉代以后丹道学的起始，是原始的经典文献。《周易参同契》中广泛使用了"卦"。新儒学家朱熹指出，魏伯阳本来并不是要解释《周易》，只是"利用了'纳甲'法来指导自己在各个不同的适当时机加入试药和取出成丹。他接着说，'乾卦'和'坤卦'除指其他事物而外，还特别指化学仪器；而'坎卦'和'离卦'则代表化学物质，其余六十卦都与'火候'有关，亦即决定进行化学操作的正确时间（或许还指随后使用的火力）"[③]。例如：

魏伯阳："乾坤者，易之门户，象卦之父母。"[④]

朱注："阴阳变化……在人则所谓金丹大药者也。然则乾卦其炉鼎欤。"[⑤]

魏伯阳："坎离匡郭，运毂正轴。"[⑥]

朱注："故其象如垣郭之形；其升降则如车轴之贯毂以运轮，一下而一上也。"[⑦]

魏伯阳："覆冒阴阳之道，犹工御者执衔辔，准绳墨，随轨辙，处中以制外，数在律历纪。"[⑧]

朱注："绳墨谓火候……数即下文六十卦之火候也。"[⑨]

《周易》与天文历法。《周易·系辞传》曰："知者观其彖辞，则思过半

① 张秉伦. 经部科技文献述要［J］. 广西民族学院学报（自然科学版），2006（1）：5—9.
② （清）永瑢等. 四库全书总目提要（一册）·卷一［M］. 上海：商务印书馆，1935：2.
③ 〔英〕李约瑟著，王玲协助. 中国科学技术史·科学思想史［M］. 北京：科学出版社，上海：上海古籍出版社，1990：356.
④ （宋）朱熹撰，吴樹平整理. 周易参同契考异［M］. 天津：天津古籍出版社，1988：6.
⑤ （宋）朱熹撰，吴樹平整理. 周易参同契考异［M］. 天津：天津古籍出版社，1988：6—7.
⑥ （宋）朱熹撰，吴樹平整理. 周易参同契考异［M］. 天津：天津古籍出版社，1988：7.
⑦ （宋）朱熹撰，吴樹平整理. 周易参同契考异［M］. 天津：天津古籍出版社，1988：7.
⑧ （宋）朱熹撰，吴樹平整理. 周易参同契考异［M］. 天津：天津古籍出版社，1988：9.
⑨ （宋）朱熹撰，吴樹平整理. 周易参同契考异［M］. 天津：天津古籍出版社，1988：9.

矣。”①可见《周易》卦序的很多奥秘就隐藏于《彖传》中。例如，《彖传》曰：“复，亨，刚反，动而以顺行，是以出入无疾，朋来无咎。反复其道，七日来复，天行也。利有攸往，刚长也。复其见天地之心乎!”②其中“反复其道，七日来复，天行也”，可以看出这是以七日为一周期的现象，其本源当是四分月相周或四分恒星月，但是否受到巴比伦星期的影响，有待进一步研究。当然还有许多其他内容，在此不一一举例了。

《周易》与医学。《周易》中的哲学原理和思维模式对我国古代医学的发展有着重要的影响，如阴阳学说、取象比类、运数比类的思维方法以及动态平衡思想和整体思想等。在《周易》整体思维和比类思维模式的影响下，我国第一部本草学专著《神农本草经》提出了四气、五味和升降浮沉的中药学理论。汉代张仲景的《伤寒论》也受到《周易》六爻三阴三阳思维模式影响，提出“六经传变”和“六经辨证”学说。这些都说明易学对中医的理论体系的形成有重要的影响。

作《周易》的根本目的就是为政治服务的，要对国家社会依据阴阳变化的理论进行治理，如《彖传》《象传》中通过解六十四卦提出了一些关于轻徭役薄税敛的政策：

象曰：泽上有地，临，君子以教思无穷，容保民无疆。③

象曰：山附于地，剥，上以厚下安宅。④

象曰：……当位以节，中正以通，天地节而四时成。节以制度，不伤财，不害民。⑤

这些都把着眼点放在了下民身上，以便缓和统治者和被统治者之间的关系。

另外，《周易》对人的思想观念也是有重要影响的。如《大畜·象传》中说：“刚健笃实，辉光日新其德。”⑥“人应该象太阳那样，一日复一日的运转，天天

① 张汉. 周易会意［M］. 成都：巴蜀书社，2002：118.

② 张汉. 周易会意［M］. 成都：巴蜀书社，2002：369.

③ 张汉. 周易会意［M］. 成都：巴蜀书社，2002：313.

④ 张汉. 周易会意［M］. 成都：巴蜀书社，2002：361.

⑤ 张汉. 周易会意［M］. 成都：巴蜀书社，2002：812.

⑥ 张汉. 周易会意［M］. 成都：巴蜀书社，2002：392.

向上而辉光日有所新。有了这种奋进不止的精神，才可有为于天下，尽人事而听天命。”①

《周易》的八卦模式和阴阳学说还应用到了其他学科中，如医学、天文、历法等对我国古代科学技术的发展有重要的作用。

2. 书类中的科技文献

书类著作其实都是研究《尚书》而形成的。《尚书》是儒家的经典之一，原称《书》，是中国第一部上古历史文件和部分追述古代事迹著作的汇编。

自汉以来，《尚书》一直被视为中国封建社会的政治哲学经典，不仅蕴含了丰富的政治、哲学和法律思想，而且还有许多科技史料，是研究先秦历史的一部重要文献。

《尚书》中的《禹贡》虽说是夏禹治水的记录，但更可视其为古地理志。《禹贡》是中国古代最早一部具有很高科学价值的地理著作，它用自然分区的方法记述了我国当时的地理状况，并把全国分为九州，对黄河流域的山川、土壤、特产等的记载比较详细，而对长江、淮河流域的记载则比较粗略。

后世研究《禹贡》的著作很多，如宋代程大昌的《禹贡山川地理图》、傅寅的《禹贡说断》等；清代朱鹤龄的《禹贡长笺》、蒋廷锡的《尚书地理今释》和徐文靖的《禹贡会笺》等都和科学技术史有关，对我们后来的研究有重要的参考价值。除了《禹贡》外，《尚书》其他篇章中的科技史料也日益受到重视，如《尧典》记录的“四仲中星”就是古代天文学史的重要史料；《洪范》篇保存了最古老的五行资料，对于一些自然现象的解释含有朴素唯物主义因素；《吕刑》篇中记录有技术要求很高的宫刑，是研究中国古代刑法史不可缺少的文献。

《尚书》不仅为后世人们认识我国上古时期的历史提供了极其宝贵的资料，而且也为后世史学的发展奠定了基础，尤其它包含的大量科技史料也日益受到后人的重视，并对其加以研究。

（三）诗类中的科技文献

诗类著作比较多，都源于西周初至春秋末的诗歌305篇，原称《诗》，西汉时被尊为儒家经典，始称《诗经》。

---

① 张其成. 易经应用大百科［M］. 南京：东南大学出版社，1994：93.

《诗经》是我国的第一部诗歌总集，分为“风”“雅”“颂”三部分：“风”包括十五国风，主要记载各地的民间歌谣；“雅”分为《大雅》和《小雅》，主要记载贵族享宴或诸侯朝会时的乐歌；“颂”分为《周颂》、《鲁颂》和《商颂》，主要记载祭祀时颂神或颂祖先的乐歌。

《诗经》在科学技术史上也是很有价值的，在诗中所引用的动植物名称、天文、地理等词语，都是可以反映出我国先秦时期的科技水平的重要信息。例如，我国古代第一部生物学著作《毛诗草木鸟兽虫鱼疏》就是从《诗经》中挑选了 176 种动植物撰成的，其中包括植物 114 种，动物 62 种。《诗经》中也有涉及青铜的，如《卫风·淇奥》中的一句“有匪君子，如金如锡”①，意思是说，有一个君子，他有良好的品格就像提炼出来的铜和锡那样纯洁。《诗经》中还有些涉及颜料和染色的记载，如《唐风·山有枢》中“山有漆”②，《鄘风·定之方》中“树之榛栗，椅桐梓漆”③，都反映了当时人们对漆树的一些认识。

《诗经》不仅对中国两千多年的文学发展有重要影响，而且对哲学、语言文字学和科学技术史的研究等也有重要影响。《诗经》中的诗句朴实无华，历来受到学术界人士的重视。

二、史部中科技文献分类

史部是我国古代传统经、史、子、集四部分类法中的第二类。史部收录史书，包括正史类、编年类、纪事本末类、杂史类、别史类、诏令奏议类、传记类、史钞类、载记类、时令类、地理类、职官类、政书类、目录类、史评类等 15 个大类，其中“地理类”又分宫殿疏、总志、都会郡县、河渠、边防、山川、古迹、杂记、游记、外记 10 属。本部分主要以时令类和地理类为主对史部科技文献进行总结。

---

① 迟双明. 诗经全编［M］. 北京：中国电影出版社，2017：52.

② 迟双明. 诗经全编［M］. 北京：中国电影出版社，2017：103.

③ 迟双明. 诗经全编［M］. 北京：中国电影出版社，2017：48.

（一）史部文献的发展

史部作为中国传统目录学分类法之一，它的形成是一个历史过程。史部中的内容以记事为主，侧重反映人们的社会行为和活动。

可能由于当时史部书籍比较少，《七略》和《汉书·艺文志》中并没有单独把“史部”列为一类，相关的史籍如《国语》《战国策》《太史公书》等是归在《六艺略》春秋类中的，但也可把这作为史部出现的萌芽。

《晋中经簿》又称《中经新簿》，是目前可考的最早记录四部分类法的古籍。它将史籍分为甲、乙、丙、丁四部，“其分类方法在《广弘明集》卷三《七录序》附中尚可见得”[①]，丙部记录史记、皇览簿、旧事和杂事，也就是说把后世史部的书籍归入了丙部。

东晋著作郎李充编制的《晋元帝四部书目》将乙部和丙部的顺序调换，使史部的地位上升，成为次于经部的一大类。经、史、子、集四大分类顺序基本由此确定。

《隋书·经籍志》借鉴和吸收《七志》和《七录》这些古籍的分类法，将史部分为正史、古史、杂史、霸史、起居注、旧事、职官、仪注、刑法、杂传、地理、谱系和簿录。史部的基本格局确立了。

清代《四库全书总目提要》在《隋书·经籍志》的基础上对史部的格局又进行了一些调整，使史部的格局更加完善。它将史部分为正史类、编年类、纪事本末类、杂史类、别史类、诏令奏议类、传记类、史钞类、载记类、时令类、地理类、职官类、政书类、目录类、史评类等 15 个大类。

（二）史部中的科技文献

史部古籍虽以记事为主，但在地理等类中还是有不少关于古代地理、工艺等方面的科技文献是值得我们研究的。

1. 时令类中的科技文献

《四库全书总目提要》中史部时令类记载有《岁时广记》和《御定月令辑要》2 部 29 卷，还有存目 11 部 120 卷，内一部无卷数，皆附《存目》。

《岁时广记》由宋代陈元靓所编撰，是一部记录南宋之前岁时节日资料的民

---

① 王丽. 从“以史附经”到史部确立［J］. 毕节学院学报，2009（3）：96.

间岁时记，对于我们研究岁时节日民俗有重要的参考作用。《四库全书总目提要》中记载：

> 其书《宋志》不著录，惟见于钱曾《读书敏求记》，称前列《图说》，分四时，为四卷，今此本乃曹溶《学海类编》所载，卷首并无《图说》，盖传钞者佚之。书中摭《月令》、《孝经纬》、《三统历》诸书为纲，而以杂书所记关于节序者按月分隶，凡春令四十六条，夏令五十条，秋令三十二条，冬令三十八条。①

《岁时广记》全书摘录了《氾胜之书》《四民月令》《四时纂要》等作品中农业生产与岁时节日相关的大量内容，使读者能够知岁时而不失农时。我国古代的农业生产与四时八节二十四气的岁时节日有着密不可分的关系，书中也抄录许多关于农业生产指导方面的资料，如有关栽种方面的记载："《齐民要术》：'三月辰日，最宜种瓜。'《氾胜书》：'栽树，正月为上时，二月为中时，三月为下时。然枣鸡口、槐兔目、桑蝦蟆眼、榆负瘤散，其余杂木，鼠耳蛇超各其时。凡种栽并插，皆用此等形象。'"②又如指导人们四季生活的记载，在黄梅时节，用"梅雨水洗疮疥，灭瘢痕；入酱令易熟；沾衣便腐，澣垢如灰汁，有异他水。江淮以南，地气卑湿，五月上旬连下旬尤甚。梅雨坏衣，当以梅叶洗之，余并不脱"③。除此之外，还有许多和人们日常生活相关的知识，如晒衣曝书、造蜡烛、制器皿等。

2. 地理类中的科技文献

《四库全书总目提要》中史部地理类文献又分为十属，包括宫殿疏、总志、都会郡县、河防、边防、山川、古迹、杂记、游记和外纪。

地理类宫殿疏之属共 2 部 21 卷，即《三辅黄图》和《禁扁》。根据《四库全书总目提要》记载，《三辅黄图》主要记录了"长安古迹，间及周代灵台、灵囿诸事，然以汉为主，亦间及河间日华宫、梁曜华宫诸事，而以京师为主"④，《禁扁》主要记录了历代宫殿门观池馆苑等的名称。

---

① （清）永瑢等. 四库全书总目提要（十四册）• 卷六十七［M］. 上海：商务印书馆，1935：26.

② （宋）陈元靓. 岁时广记 • 卷一［M］. 北京：中华书局，1985：11.

③ （宋）陈元靓. 岁时广记 • 卷二［M］. 北京：中华书局，1985：18.

④ （清）永瑢等. 四库全书总目提要（十四册）• 卷六十八［M］. 上海：商务印书馆，1935：30—31.

地理类总志之属共7部941卷，包括《元和郡县志》《太平寰宇记》《元丰九域志》《舆地广记》《方舆胜览》《明一统志》《大清一统志》。

《太平寰宇记》是北宋一部著名的地理总志，它不仅继承了唐代李吉甫《元和郡县图志》的体裁，而且补足了《元丰九域志》和《舆地广记》中遗漏不载的内容，是研究北宋初期政区建置变迁的珍贵史料。该书记载的府、州、县沿革，可上溯到周朝、秦朝和汉朝，迄五代、宋初，尤其对东晋南北朝、五代十国的政区设置记载的比其他志书更为详细，可以弥补其他史籍的缺失。府、州下备载邻县、距两京里程、至邻州的四至八到、土产，县下记录距府州方位里数，管乡及境内山川、湖泽、城邑、关塞、名胜古迹等，内容翔实，是研究人文历史、自然地理的宝贵资料。也可以说，《太平寰宇记》是一部承先启后、继往开来的划时代巨著，在中国地理学发展史上占有特殊的地位，是现今研究历史地理的珍贵文献。

地理类都会郡县之属共47部2752余卷，内容见表7-2。

表7-2　地理类都会郡县之属中的科技文献

朝代	文献名称	总计
宋	《吴郡图经续记》（3卷）、《乾道临安志》（3卷）、《淳熙三山志》（42卷）、《吴郡志》（50卷）、《新安志》（10卷）、《剡录》（10卷）、《嘉泰会稽志》（20卷）及《会稽续志》（8卷）、《嘉定赤城志》（40卷）、《宝庆四明志》（21卷）及《开庆续志》（12卷）、《澉水志》（8卷）、《景定建康志》（50卷）、《景定严州续志》（10卷）	12部
元	《咸淳临安志》（93卷）、《至元嘉禾志》（32卷）、《大德昌国州图志》（7卷）、《延祐四明志》（17卷）、《齐乘》（6卷）、《至大金陵新志》（15卷）	6部
明	《无锡县志》（4卷）、《姑苏志》（60卷）、《武功县志》（3卷）、《朝邑县志》（2卷）、《岭海舆图》（1卷）、《滇略》（10卷）、《吴兴备志》（32卷）	7部
清	《钦定日下旧闻考》（120卷）、《钦定热河志》（80卷）、《钦定满洲源流考》（20卷）、《钦定皇舆西域图志》（52卷）、《钦定盛京通志》（120卷）、《畿辅通志》（120卷）、《江南通志》（200卷）、《江西通志》（162卷）、《浙江通志》（280卷）、《福建通志》（78卷）、《湖广通志》（120卷）、《河南通志》（80卷）、《山东通志》（36卷）、《山西通志》（230卷）、《陕西通志》（100卷）、《甘肃通志》（50卷）、《四川通志》（47卷）、《广东通志》（64卷）、《广西通志》（128卷）、《云南通志》（30卷）、《贵州通志》（46卷）、《历代帝王宅京记》（20卷）	22部

地理类河渠之属共23部507卷，内容见表7-3。

表7-3　地理类河渠之属中的科技文献

文献名称	朝代	作者	内容
《水经注》	后魏	郦道元	记载和描述了中国和部分边疆邻国的整个陆地上的水体
《水经注集释订讹》	清	沈炳巽	以明代黄省曾所刊《水经注》为底本，加以校定

续表

文献名称	朝代	作者	内容
《水经注释》	清	赵一清	经注文本以明朱谋㙔《水经注笺》为基础并参考有关校本，详为补充阐释。而《水经注笺刊误》（12卷），专订朱笺之误
《吴中水利书》	宋	单锷	调查太湖周围的水系源流，将调查的研究结果著成此书
《四明它山水利备览》	宋	魏岘	上卷杂志源流规制及修造始末，下卷则皆碑记与题咏诗也
《河防通议》	元	赡思整理改编	主要记录了治河之法，包括物料功程、丁夫输运，以及叠埽修堤之法等
《治河图略》	元	王喜	记录了治河的方略，并在书首列有六图，图末各系以说
《浙西水利书》	明	姚文灏	大义以开江、置闸、围岸为首务，而河道及田围则兼修之。其于诸家之言，间有笔削弃取
《河防一览》	明	潘季驯	继承了前人治河经验的主要成果，又系统地总结了潘季驯长期治河的实践经验，是“束水攻沙”论的主要代表著作
《三吴水利录》	明	归有光	在前人对太湖流域水患原因探讨基础上深入分析，提出治理太湖流域水患的基本思路和具体措施
《北河纪》	明	谢肇淛	主要记录北河源委及治河利病
《敬止集》	明	陈应芳	主要记录水道源委与河之利害，悉其形势
《三吴水考》	明	张内蕴、周大韶	详赅诸水之源流，诸法之利弊
《钦定河源纪略》	清	纪昀等	记录乾隆时遣使探溯河源事。绘图列表，考古证今，并记录河流所经的风俗、物产、古迹、轶事，颇为详细
《昆仑河源考》	清	万斯同	参考古书，考证河源之说
《两河清汇》	清	薛凤祚	主要研究两河利病，关于河防得失，疏证颇明
《居济一得》	清	张伯行	前七卷条议东省运河坝闸堤岸，后附《河漕类纂》1卷，则仅撮大概
《治河奏续书》	清	靳辅	主要是记录治河的相关资料，后附《河防述言》1卷
《直隶河渠志》	清	陈仪	主要记载河渠的治理工程内容
《行水金鉴》	清	傅泽洪	该书是中国水利史的资料书，包括黄河、长江、淮河、运河和永定河等水系的源流、变迁和施工经过等，按河流分类，按朝代年份编排
《水道提纲》	清	齐召南	主要记录水道源流的分合。首列海水，次各省诸水，再次西藏、漠北诸水和西域诸水，皆以巨川为纲，所受支流为目
《海塘录》	清	翟均廉	该书是关于修筑海塘工程的史料汇编

地理类边防之属共 2 部 24 卷，包括《筹海图编》（13 卷）和《郑开阳杂著》（11 卷）。

《筹海图编》是明代胡宗宪撰写的。明代后期，倭寇不断威胁，北部也受到侵犯，促使一些有志之识提出经武练兵及充实边防海防的许多观点和有效措施。《筹海图编》是最早提出御近海、固海岸的海防战略理论的一部军事著作，并且绘制了沿海地图和海防图。它以嘉靖时期的事情为主，可上溯到明以前的中国和日本的交通状况，有沿海和日本地图、日本事略，并以分省御倭事宜并列年表和寇踪图谱，对于用兵、守城、剿抚等都有比较详细的记载。《四库全书总目提要》中记载，“是书首载《舆地全图》、《沿海沙山图》，次载《王官使倭略》、《倭国入贡事略》、《倭国事略》，次载广东、福建、浙江、直隶、登莱五省《沿海郡县图》、《倭变图》、《兵防官考》及事宜，次载《倭患总编》、《年表》，次载《寇迹分合图谱》，次载《大捷考》，次载《遇难殉节考》，次载《经略考》”①。

地理类山川之属共 7 部 113 卷，内容见表 7-4。

表 7-4　地理类山川之属中的科技文献

文献名称	朝代	作者	内容
《南岳小录》	唐	李冲昭	书中先列五峰、三涧，次叙宫观、祠庙、坛院之属，而以历代得道飞升之迹附之
《庐山记》	宋	陈舜俞	余始游庐山，问山中塔庙兴废及水石之名，无能为予言者。虽言之，往往袭谬失实。因取九江图经、前人杂录，稽之本史，或亲至其处考验铭志，参订耆老，作《庐山记》。后附释惠远《庐山论略》（1 卷）
《赤松山志》	宋	倪守约	该书首序皇初起、皇初平兄弟仙迹，以著是山灵异，为全书纲领。次丹类、次洞穴类、次山类、次水类、次宫宇类、次人物类、次制诰类、次碑籍类
《西湖游览志》《志余》	明	田汝成	该书虽以游览为名，多记湖山之胜，实则关于宋史者为多
《桂胜》附《桂故》	明	张鸣凤	该书为明代广西历史地理著作。《桂胜》（16 卷），以山水标目，各引证诸书，叙述于前，即以历代诗文附于本条下。《桂故》分郡国、官名、先政、先献、游寓、杂志 6 门共 8 卷
《钦定盘山志》	清	蒋溥等	该书分《图考》、《名胜》、《寺宇》、《流寓》、《方外》、《艺文》、《物产》和《杂缀》8 门，厘为 16 卷。首冠以巡典、天章 5 卷
《西湖志纂》	清	梁诗正、沈德潜等	首名胜各图，次西湖水利，次孤山、南山、北山、吴山、西溪诸胜迹，而终以艺文

① （清）永瑢等. 四库全书总目提要（十四册）• 卷六十九［M］. 上海：商务印书馆，1935：81.

地理类古迹之属共 14 部 125 卷，内容见表 7-5。

表 7-5 地理类古迹之属中的科技文献

文献名称	朝代	作者	内容
《洛阳伽蓝记》	后魏	杨炫之	该书是一部集历史、地理、佛教、文学于一身的名著，是以山川名胜为纲而旁及人文的地理撰述
《吴地记》附《后集》	唐	陆广微	该书是我国早期的地方志书，主要记录吴、长洲、嘉兴、昆山、常熟、华亭和海盐七县之事
《长安志》	宋	宋敏求	该书主要记述长安的坊市、街道、宫室、官邸、雍州府县的政治，官员的职务，地方上的河渠、关塞、风俗、物产等
《洛阳名园记》	宋	李格非	该书是有关北宋私家园林的一篇重要文献，主要记录诸园的总体布局以及山池、花木、建筑所构成的园林景观，描写具体而翔实
《雍录》	宋	程大昌	该书注重与政治制度、军事活动有关的地理位置，设有许多军政机构、交通路线的专题
《洞霄图志》	宋	邓牧	该志分 6 门，宫观、山水、洞府、古迹、人物、碑记各为 1 卷，记山川标志之胜，宫观规则之详，仙胜游化之迹，英贤记述之美
《长安志图》	元	李好文	该书为历史地图集，上卷为汉唐城市宫坊等图，次为古迹陵墓，末卷为《泾渠图说》
《汴京遗迹志》	明	李濂	我国古都开封的第一部较为系统的专志，其内容是旧志中的《建置志》《山川志》《艺文志》
《武林梵志》	明	吴之鲸	分为城外、城内、南山、北山及诸属县，凡得寺院 426 所，详载各寺之创置始末及其山川形胜，继而又分天朝宠锡、宰官护持、古德机缘、历代勋绩等四门，分别记载名流胜迹、高僧支派，而各编为小传，序录井然
《江城名迹》	清	陈宏绪	多详于楼观、祠宇、梵刹、园亭之类，卷上为《考古》，卷下为《证今》
《营平二州地名记》	清	顾炎武	该书出自惠栋红豆斋，惟载二州古地名，至五代而止
《金鳌退鱼笔记》	清	高士奇	纪其兴废而复杂以时事，欲见昭代之盛，存为太平佳话也
《石柱记笺释》	清	郑元庆	惟湖州五县，原本只载其三。秀水朱彝尊乃依仿体例，摭德清、武康二县事迹，辑而补之
《关中胜迹图志》	清	毕沅	该书是研究陕西历史地理及文物古迹，尤其是周、秦、汉、唐史迹的重要文献，篇前为图，附以各府州疆域名胜图；后为志，各府州均系以地理、名山、大川（水利附）、古迹（宫阙、苑囿、寺观、祠宇、郊邑、第宅）四目

地理类杂记之属共 28 部 213 卷，内容见表 7-6。

表 7-6　地理类杂记之属中的科技文献

文献名称	朝代	作者	内容
《南方草木状》	晋	嵇含	该书记载生长在我国广东、广西等地以及越南的植物。上卷草类 29 种，中卷木类 28 种，下卷果类 17 种和竹类 6 种，共 80 种，是我国现存最早的植物志
《荆楚岁时记》	梁	宗懔	该书是记录我国古代楚地（以江汉为中心的地区）岁时节令风物故事的笔记体文集
《北户录》	唐	段公路	全书三卷，详列南游五岭所采民风、土俗、风物、饮食、衣制、歌谣，草木、果蔬、虫鱼、羽毛之类，与奇书异说相参验
《桂林风土记》	唐	莫休符	该书是现存较早的桂林地情专著，专记桂林的名胜古迹、山川城址、名人轶事，并记有不少在桂林任职的唐代官员，其中有隋唐之际桂林地方政权转移地的唯一记载
《岭表录异》	唐	刘恂	该书是一部地理杂记，记载最多的是岭南人的食物，尤其是各种鱼虾、海蟹、蚌蛤的形状、滋味和烹制方法，岭南人喜食的各类水果、禽虫也有记述
《益部方物略记》	宋	宋祁	该书是一本记录剑南地区草木、药材、鸟兽等物种的书
《岳阳风土记》	宋	范致明	该书虽一卷，而于郡县沿革、山川改易、古迹存亡，考证特详
《东京梦华录》	宋	孟元老	包括京城的外城、内城及河道桥梁，皇宫内外官署衙门的分布及位置，城内的街巷坊市、店铺酒楼，朝廷朝会、郊祭大典，当时东京的民风习俗、时令节日，饮食起居、歌舞百戏等
《六朝事迹编类》	宋	张敦颐	全书分总叙、形势、城阙、楼台、江河、山冈、宅舍、谶记、灵异、神仙、寺院、庙宇、坟陵、碑刻 14 门
《会稽三赋》	宋	王十朋	该赋三篇，一曰《会稽风俗赋》，历叙其地山川、物产、人物、古迹；一曰《民事堂赋》，一曰《蓬莱阁赋》
《中吴纪闻》	宋	龚明之	该书采吴中故老嘉言懿行及其风土人文
《桂海虞衡志》	宋	范成大	记述广南西路风土民俗的著作，共分《志岩洞》《志金石》《志香》《志酒》《志器》《志禽》《志兽》《志虫鱼》《志花》《志果》《志草木》《杂志》《志蛮》等 13 篇
《岭外代答》	宋	周去非	该书分地理、边帅、外国、风土、法制、财计等共 20 门，记载了宋代岭南地区（今两广一带）的社会经济、少数民族的生活风俗，以及物产资源、山川、古迹等情况
《都城纪胜》	南宋	耐得翁	该书所绘府治及各县治地图颇为详明，所记史事亦考核精审，是传世的南宋地方志佳作，为研究建康地方史和宋史的重要史料
《梦粱录》	宋	吴自牧	记载南宋临安的郊庙、宫殿、山川、人物、市肆、物产、户口、风俗、百工、杂戏、寺观、学校等
《武林旧事》	宋	周密	详述朝廷典礼、山川风俗、市肆经纪、四时节物、教坊乐部等情况，为了解南宋城市经济文化和市民生活，以及都城面貌、宫廷礼仪，提供了较丰富的史料
《岁华纪丽谱》附《笺纸谱》《蜀锦谱》	元	费著	著因风俗而及土产，稽求名品，胪列颇详，是亦足资考证者矣
《吴中旧事》	元	陆友仁	该书记其乡之轶闻旧迹，以补地志之阙，盖杂记之书，志神怪，资谐笑，自唐已然

续表

文献名称	朝代	作者	内容
《平江记事》	元	高德基	所载皆吴郡古迹，而亦兼及神仙鬼怪、诙谐谣谚之事，可裨图志佚闻
《江汉丛谈》	明	作者无考	该书于楚地故实，凡众说异同者，各设为答问，以疏通证明，故曰“丛谈”
《闽中海错疏》	明	屠本畯	该书是明代记述我国福建沿海各种水产动物形态、生活环境、生活习性和分布的著作
《益部谈资》	明	何宇度	该书所记皆为四川山川物产及古今轶事
《蜀中广记》	明	曹学佺	分名胜、边防、通释、人物、方物、风俗、诗话、画苑等 12 门，征引渊博，搜罗宏富
《颜山杂记》	清	孙廷铨	举凡颜神镇的地理沿革、政区设置、武备兵防、物产田赋、山川形胜、民情风俗等，该书都做了较为详尽的载录，成为研究与了解博山历史的重要史料
《岭南风物纪》	清	吴绮	首二条叙气候、次十条叙石、次六十条叙草木花竹、次十七条叙鸟、次五条叙兽、次六条叙虫、次十七条叙鳞介、次三条叙布、次三条叙香、次二条叙酒、次四条叙蔬榖、次十五条叙杂事
《台海使槎录》	清	黄叔璥	该书分三部分：《赤嵌笔谈》（第一至四卷）、《番俗六考》（第五至七卷）、《番俗杂记》（第八卷）。其中《番俗六考》详细记录了台湾的山川地势、风土民俗
《龙沙纪略》	清	方式济	内容包括方隅、山川、经制、时令、风俗、饮食、贡赋、物产、屋宇 9 门。以笔记体裁，记清初黑龙江地区的发展情况
《东城杂记》	清	厉鹗	杭城东地曰东园者，宋故园也，鹗家于此，为考里中旧闻遗事，舆记所不及者八十五条，厘为上下两卷

地理类游记之属共 3 部 15 卷，包括《游城南记》（1 卷）、《河朔访古记》（2 卷）和《徐霞客游记》（12 卷）。

《徐霞客游记》是中国最早的一部详细记录所经地理环境的游记，也是世界上最早记述岩溶地貌并详细考证其成因的书籍，可以说是地理学家和考古学家不可多得的研究材料。《四库全书总目提要》记载，“自吴、越之闽，之楚，北历齐、鲁、燕、冀、嵩、雒，登华山而归。旋复由闽之粤，又由终南背走峨眉，访恒山。又南过大渡河，至黎、雅，寻金沙江，从澜沧北寻盘江，复出石门关数千里，穷星宿海而还。所至辄为文以志游迹”①。该书内容为：“第一卷自天台、雁荡以及五台、恒、华，各为一篇。第二卷以下皆西南游记，凡二十五篇。首浙江、江西一篇，次湖广一篇，次广西六篇，次贵州一篇，次云南十有六篇，

① （清）永瑢等. 四库全书总目提要（十五册）• 卷七十一［M］. 上海：商务印书馆，1935：2.

所阙者一篇而已。”①

《徐霞客游记》在我国地理学上的贡献可以概括为以下几方面：第一，对岩溶地貌的记载。徐霞客在考察岩溶地貌时很认真、仔细，真实地记录了岩溶地貌的特征，对所见的岩溶地貌进行了相应的分类和命名。以在浙江考察为例，徐霞客将“他在富阳洞山洞看到碳酸钙沉积的石坝水池，描述为‘仙田成畦，塍界层层’。又把石钟乳描述为‘倒垂若莲花，下卷若象鼻者’”②。以“仙田”“莲花”“象鼻”等物体来命名是徐霞客考察记录的一大特点。第二，纠正了一些文献记载关于中国水道源流的错误。徐霞客提出金沙江是长江的源头，纠正了《大明一统志》中的错误。他说“霞客所知前人无不知，然而前人终无以金沙为江源者，以岷山导江为圣经之文，不敢轻言改易耳。霞客以真理驳圣经，敢言前人所不敢言，其正名之功，诚有足多”③。第三，创立了许多新的地学名词。在《徐霞客游记》中有近百处都使用了“断崖”一词，用来形容陡峭的山崖地形景观，如“余二十年前探雁湖，东觅高峰，为断崖所阻，悬绠而下”④。此处“断崖”的概念与现代地质学中称因断层而形成的陡崖为断崖的概念是相符的。

地理类外纪之属共 17 部 98 卷，内容见表 7-7。

表 7-7　地理类外纪之属中的科技文献

文献名称	朝代	作者	内容
《佛国记》	宋	释法显	该书是研究中国与印度、巴基斯坦等国交通和历史的重要史料
《大唐西域记》	唐	释玄奘，辩机	该书记载了玄奘亲身经历和传闻得知的 138 个国家和地区、城邦，有各地的地理形势、水陆交通、气候、物产、民族、语言、历史、政治、经济、宗教、文化、风俗习惯等方面的叙述
《宣和奉使高丽图经》	宋	徐兢	该书分 28 门，凡其国之山川、风俗、典章、制度，以及接待之仪文，往来之道路，无不详载
《诸蕃志》	宋	赵汝适	该书记载了东自日本、西至东非索马里、北非摩洛哥及地中海东岸诸国的风土物产及自中国沿海至海外各国的航线里程及所达航期

① （清）永瑢等. 四库全书总目提要（十五册）·卷七十一［M］. 上海：商务印书馆，1935：2—3.

② 陈良富.《徐霞客游记》的科学成就及其历史地位［A］//汤文权. 徐霞客在浙江（续二）［C］. 北京：中国大地出版社，2004：21

③ 石在，徐建春，陈良富. 徐霞客在浙江（续集）［M］. 北京：中国大地出版社，2002：389.

④ （明）徐弘祖著，朱惠荣校注. 徐霞客游记校注［M］. 昆明：云南人民出版社，1985：99.

续表

文献名称	朝代	作者	内容
《溪蛮丛笑》	宋	朱辅	该书以条目体例形式记述了12世纪沅江流域各民族的风俗习惯、土产方物、文物古迹，是研究南宋中后期民族关系和五溪地区少数民族科学技术、风俗习惯、社会组织和历史语言的珍贵资料
《真腊风土记》	元	周达观	书中有描绘真腊国都吴哥城的建筑和雕刻艺术；详细叙述了当地居民的生活、经济、文化习俗、语言，记载了真腊的山川、物产等，还记载了当时居住在真腊的海外华人的状况
《岛夷志略》	元	汪大渊	涉及东西两洋周边200多个国家和地区，是研究古代亚非等地区历史地理的重要著作
《朝鲜赋》	明	董越	凡其土地之沿革，风俗之变易，以及山川、亭馆、人物、畜产，无不详录
《海语》	明	黄衷	全书分风俗、物产、畏途、物怪等四类，可补史传之不足，为研究16世纪东南亚史地和中国南洋交通关系提供参考
《东西洋考》	明	张燮	详细记载了我国历代南洋航路，记录东西洋各国的地理、历史、气候、名胜、物产
《职方外纪》	明	艾儒略	所纪皆绝域风土，为自古舆图所不载，其说分天下为五大洲
《赤雅》	明	邝露	该书为对南方风物的记叙、注疏、训诂，也就是对南方风物的叙述和诠释
《朝鲜志》	明	不著人名氏	卷首略叙疆域沿革，以下分六大纲为经：曰《京都》、曰《风俗》、曰《古都》、曰《古迹》、曰《山川》、曰《楼台》
《皇清职贡图》	清	傅恒	描绘各国、各民族之男女状貌、服饰及生活习俗，并有文字题记，简要说明其分布地区、历史、社会生产以及向清朝贡赋的情况
《坤舆图说》	清	南怀仁	卷上为自然地理常识，卷下的内容多为人文地理方面，关于五大洲的记述，多采自《职方外纪》而略加新说
《异域录》	清	图理琛	图理琛奉命出使土尔扈特，行程曾过俄罗斯境，康熙五十四年回到北京，因述所经各地的道里、山川、民俗、物产等，撰成此书，并冠以舆图
《海国闻见录》	清	陈伦炯	吸收了西方地理知识，并且对非洲大陆、欧洲各国作了比时人靠谱得多的介绍

三、子部中科技文献分类

子部是我国古代传统经、史、子、集四部分类法中的第三大类，基本上不能收入经、史、集三部的古籍文献都会归到子部，这也就使得子部文献内容最为庞杂，涉及哲学、自然科学和社会科学等各方面。因此，子部文献中包含大量的科技文献史料值得我们去深入研究。

（一）子部简介

子部收录诸子百家著作和类书，包括儒家类、兵家类、法家类、农家类、医家类、天文算法类、术数类、艺术类、谱录类、杂家类、类书类、小说家类、释家类、道家类等 14 大类。《四库全书总目提要》中子部总序介绍子部：

> 自六经以外，立说者皆子书也。其初亦相淆，自《七略》区而列之，名品乃定。其初亦相轧，自董仲舒别而白之，醇驳乃分。其中或佚不传，或传而后莫为继，或古无其目而今增，古各为类而今合，大都篇帙繁富。可以自为部分者，儒家之外有兵家、有法家、有农家、有医家、有天文算法、有术数、有艺术、有谱录、有杂家、有类书、有小说家，其别教则有释家、有道家。叙而次之，凡十四类。儒家尚矣，有文事者有武备，故次之以兵家。兵，刑类也，唐虞无皋陶，则寇贼奸宄无所禁，必不能风动时雍，故次以法家。民，国之本也，谷，民之天也，故次以农家。本草经方，技术之事也，而生死系焉，神农、黄帝以圣人为天子，尚亲治之，故次以医家。重民事者先授时，授时本测候，测候本积数，故次以天文算法。以上六家，皆治世者所有事也。百家方技，或有益，或无益，而其说久行，理难竟废，故次以术数。游艺亦学问之余事，一技入神，器或寓道，故次以艺术。以上二家，皆小道之可观者也。《诗》取多识，《易》称制器，博闻有取，利用攸资，故次以谱录。群言歧出，不名一类，总为荟粹，皆可采摭菁英，故次以杂家。隶事分类，亦杂言也，旧附于子部，今从其例，故次以类书。稗官所述，其事末矣，用广见闻，愈于博弈，故次以小说家。以上四家，皆旁资参考者也。二氏，外学也，故次以释家、道家终焉。夫学者研理于经，可以正天下之是非。征事于史，可以明古今之成败。余皆杂家也。……然凡能自名一家者，必有一节之足以自立。即其不合于圣人者，存之亦可为鉴戒。“虽有丝麻，无弃菅蒯；狂夫之言，圣人择焉。”在博收而慎取之尔。①

通过这段文字，我们可以了解到子部内十四个类别分类排序的内在联系。

---

① （清）永瑢等. 四库全书总目提要（十八册）• 卷九十一［M］. 上海：商务印书馆，1935. 1—2.

农家、医家、天文算法等是我国古代的传统科技，现在单独分类，说明其地位有所提高且日益受到重视，对传统科技的发展有积极的作用。

（二）子部中的科技文献

在我国古代传统的经、史、子、集四部分类法中，子部是最为庞杂的一部，涉及内容广泛的科技文献基本都集中在子部中。我国清代编纂的《四库全书》就将各类科技文献收录在子部兵家、农家、医家、天文算法、术数、谱录、杂家等类中。

1. 兵家类中的科技文献

兵家类主要著录一些军事理论、用兵战术以及实战记录的古籍，可算是军事技术类的科技文献。在《四库全书总目提要》中，共著录20部153卷。

表7-8 兵家类中的科技文献

文献名称	朝代	作者	内容
《握奇经》	中国上古黄帝时期	风后	该书是我国古代一部关于阵法的军事著作，主要论述古代八阵的组合与运用，用五行和八卦的思想来阐释八阵，并用奇正之说来讨论八阵的战术变化
《六韬》	周	吕望	该书是我国古代兵家权谋类著作，是一部集先秦军事思想之大成的著作
《孙子》	周	孙武	该书是世界上最早的兵书之一，主要论述军事学的主要问题，对当时的战争经验进行总结，并揭示一些军事规律
《吴子》	周	吴起	该书是一部兵法著作，主要总结了战国时期的实战经验，是一部体系完备、思想精深、具有重大理论价值的兵学论著
《司马法》	春秋	姜子牙	该书为著名兵书之一，主要记录了我国古代的军礼和军法，受到历代兵家和史学家的重视
《尉缭子》	周	尉缭	该书是论述战国晚期军事、政治的一部著作，在战略、战术上，它主张不打无把握之仗，反对消极防御，主张使用权谋，争取主动，明察敌情，集中兵力，出敌不意，出奇制胜
《黄石公三略》	汉	黄石公	该书是我国古代的著名兵书，侧重于从政治策略上阐明治国用兵的道理，专论战略的兵书
《三略直解》	明	刘寅	该书主要对黄老之说进行参校，比较异同
《素书》	秦	黄石公	该书分为六篇，一曰原始，二曰正道，三曰求人之志，四曰本德宗道，五曰遵义，六曰安礼
《李卫公问对》	唐	李靖	该书是唐太宗李世民与李靖讨论军事问题的言论辑录
《太白阴经》	唐	李筌	该书分人谋、杂仪、战具、预备、阵图、祭文、捷书、药方、杂占、遁甲、杂式等篇。先言主有道德，后言国有富强，内外兼修，可谓持平之论

续表

文献名称	朝代	作者	内容
《武经总要》	宋	曾公亮、丁度等奉敕	该书是北宋官修的一部军事著作，其中大篇幅地介绍了武器的制造，对于研究科学技术史有重要作用
《虎钤经》	宋	许洞	该书中有许多与军事有关的天文、历法、计时及识别方位等知识，并汇集了不少阵法
《何博士备论》	宋	何去非	该书是我国古代第一部军事人物评论集
《守城录》	宋	陈规	该书是我国宋代城邑防御的专著，书中记载了陈规于绍兴二年研制成长竹竿火枪 20 余支，这种火枪是最早的管形火器，在科技史上有重要意义
《武编》	明	唐顺之	该书前集主要记录有关兵法理论方面的资料，分为将士、行阵、火药、军需等 54 门，后集全部是用兵实践
《阵纪》	明	何良臣	该书是我国明代关于选练与作战的兵书，而且对兵器使用，阵法布列，兵力运用以及各种地形、气候条件下的作战方法都有所论述
《江南经略》	明	郑若曾	该书是一部为抗倭而作的江防的兵书，主要篇幅是对江南形势、府州县的山川险易、历史变迁、战略地位、城池兵马、倭患历史等详加考证，并附有大量的地图
《练兵实纪》	明	戚继光	该书涉及兵员选拔、部伍编制、旗帜金鼓、武器装备、将帅修养、军礼军法、车步骑兵的编成保结及其同训练等建军、训练和作战的各个方面
《纪效新书》	明	戚继光	该书是戚继光在东南沿海平倭战争期间练兵和治军经验的总结。十八卷本总序中的“公移”紧密结合东南沿海的地形、我情与倭情，论述了练兵的必要性和重要性

在这些军事文献中，有许多内容涉及军事技术，如火药的制造、军事武器的制造等，还有一些涉及自然地理的知识，如《江南经略》中对江南的形势、府州县的山川险易等都有记载，并附有大量地图，这些科技史料对于我国现在的研究有重要作用。

2. 农家类中的科技文献

农家类主要收录有关农业生产技术、农业种植、农器、牲畜繁殖及蚕桑技术等书籍。在《四库全书总目提要》中，农家类收录共 10 部 195 卷。关于农业类的科技文献，可以参照表 7-9。

表 7-9　农家类中的科技文献

文献名称	朝代	作者	内容
《齐民要术》	北魏	贾思勰	该书是我国现在最完整的农书，总结了公元 6 世纪以前黄河中下游地区农牧业生产经验、食品的加工与贮藏、野生植物的利用等，对我国古代农学的发展有重要作用

续表

文献名称	朝代	作者	内容
《陈旉农书》	宋	陈旉	该书是我国第一部总结南方农业生产经验与技术的农书，全书分三卷，上卷讲土地经营及植物栽培，中卷论养牛，下卷论养蚕
《农桑辑要》	元	世祖时官撰颁行本	该书主要以北方农业为对象，农耕与蚕桑并重，分为典训、耕垦、播种、栽桑、养蚕、瓜菜、果实、竹木、药草、孳畜10门
《农桑衣食撮要》	元	鲁明善	按月列举应做之农事，包括农作物栽培，家畜、家禽饲养，农产品的加工、贮藏等
《王祯农书》	元	王祯	该书是一部从全国范围内对整个农业进行系统研究的巨著，对土地利用方式和农田水利都有详细的叙述，并介绍各种农具
《救荒本草》	明	朱棣	该书是我国历史上最早的一部以救荒为宗旨的农学、植物学专著，对植物资源的利用、加工炮制等方面也作了全面的总结
《农政全书》	明	徐光启	全书内容大致上可分为农政措施和农业技术两部分。前者是全书的纲，后者是实现纲领的技术措施
《泰西水法》	明	熊三拔	该书是一部介绍西方水利科学的重要著作
《野菜博录》	明	鲍山	该书为一部植物学著作，前二卷是草部，后二卷是木部
《钦定授时通考》	清	鄂尔泰、张廷玉等奉敕	该书汇集了前人关于农业方面的著述，不但对清代农、林、牧、副、渔各业生产的发展起到了指导和促进作用，而且对国内外农业生产和农业科学的研究都具有深远的影响

3. 医家类中的科技文献

医家类基本上包含了古代中医的各科，有关中药、病理、针灸、治疗、养生、饮食卫生等方面的文献都会归入此类。《四库全书总目提要》中，医家类收录96部1813卷。这些医药类的科技文献，可以参见表7-10。

表 7-10 医家类中的科技文献

朝代	文献名称	总计
唐以前	《黄帝素问》（24卷）、《灵枢经》（12卷）、《难经本义》（2卷）、《甲乙经》（8卷）、《金匮要略论注》（24卷）、《伤寒论注》（10卷）、《肘后备急方》（8卷）、《褚氏遗书》（1卷）、《巢氏诸病源候论》（50卷）、《千金要方》（93卷）、《银海精微》（2卷）、《外台秘要》（40卷）	12部
宋	《颅囟经》（2卷）、《铜人针灸经》（7卷）、《明堂灸经》（8卷）、《博济方》（5卷）、《苏沈良方》（8卷）、《寿亲养老新书》（4卷）、《脚气治法总要》（2卷）、《旅舍备要方》（1卷）、《素问入式运气论奥》（3卷）、《伤寒微旨》（2卷）、《伤寒总病论》（6卷）、《圣济总录纂要》（26卷）、《证类本草》（30卷）、《全生指迷方》（4卷）、《小儿卫生总微论方》（20卷）、《类证普济本事方》（10卷）、《太平惠民和剂局方》（10卷）、《传信适用方》（2卷）、《卫济宝书》（2卷）、《医说》（10卷）、《针灸资生经》（7卷）、《妇人大全良方》（24卷）、《太医局程文》（9卷）、《三因极一病证方论》（18卷）、《产育宝庆方》（2卷）、《集验背疽方》（1卷）、《济生方》（8卷）、《产宝诸方》（1卷）、《仁斋直指》（26卷）、《急救仙方》（6卷）	30部

续表

朝代	文献名称	总计
金	《素问元机原病式》（1卷）、《宣明论方》（15卷）、《伤寒直格方》（3卷）、《病机气宜保命集》（3卷）、《儒门事亲》（15卷）、《内外伤辨惑论》（3卷）、《脾胃论》（3卷）、《兰室秘藏》（3卷）	8部
元	《医垒元戎》（12卷）、《此事难知》（2卷）、《汤液本草》（3卷）、《瑞竹堂经验方》（5卷）、《世医得效方》（20卷）、《格致余论》（1卷）、《局方发挥》（1卷）、《金匮钩玄》（3卷）、《扁鹊神应针灸玉龙经》（1卷）、《外科精义》（2卷）、《脉诀刊误》（2卷）、《医经溯洄集》（2卷）	12部
明	《普济方》（426卷）、《推求师意》（2卷）、《玉机微义》（50卷）、《仁端录》（16卷）、《薛氏医案》（78卷）、《针灸问对》（3卷）、《外科理例》（7卷）、《石山医案》（3卷）、《名医类案》（12卷）、《赤水玄珠》（30卷）、《医旨绪馀》（2卷）、《证治准绳》（120卷）、《本草纲目》（52卷）、《奇经八脉考》（1卷）、《濒湖脉学》（1卷）、《伤寒论条辨》（8卷）、《先醒斋广笔记》（4卷）、《神农本草经疏》（30卷）、《类经》（32卷）、《景岳全书》（64卷）、《瘟疫论》（2卷）、《痎疟论疏》（1卷）、《本草乘雅半偈》（10卷）	23部
清	《御定医宗金鉴》（90卷）、《尚论篇》（8卷）、《医门法律》（12卷）、《伤寒舌鉴》（1卷）、《伤寒兼证析义》（1卷）、《绛雪园古方选注》（3卷）、《续名医类案》（60卷）、《神农本草经百种录》（1卷）、《兰台轨范》（8卷）、《伤寒类方》（1卷）、《医学源流论》（2卷）	11部

4. 天文算法类中的科技文献

《四库全书总目提要》将天文算法类分为推步和算书两类。推步类主要收录用推算或仪器来推测天象的书籍，共31部435卷，这些古籍可算是天文气象类的科技文献。算书类，主要收录有关数学算法的古籍，共25部，208卷，这些古籍可算是数学类科技文献，具体文献可以参见表7-11。

表7-11　天文算法类中的科技文献

类别	文献名称	总计
推步类	《周髀算经》（2卷）、《新仪象法要》（3卷）、《六经天文编》（2卷）、《原本革象新书》（5卷）、《重修革象新书》（2卷）、《七政推步》（7卷）、《圣寿万年历》（8卷）、《古今律历考》（72卷）、《乾坤体义》（2卷）、《表度说》（1卷）、《简平仪说》（1卷）、《天问略》（1卷）、《新法算书》（100卷）、《测量法义》（1卷）、《浑盖通宪图说》（2卷）、《圜容较义》（1卷）、《历体略》（3卷）、《御定历象考成》（42卷）、《御定仪象考成》（32卷）、《御定历象考成后编》（10卷）、《晓庵新法》（6卷）、《中星谱》（1卷）、《天经或问前集》（4卷）、《天步真原》（1卷）、《天学会通》（1卷）、《历算全书》（60卷）、《大统历志》（8卷）、《勿庵历算书记》（1卷）、《中西经星同异考》（1卷）、《全史日至源流》（32卷）、《算学》（8卷）	31部
算书类	《九章算术》（9卷）、《孙子算经》（3卷）、《术数记遗》（1卷）、《海岛算经》（1卷）、《五曹算经》（5卷）、《夏侯阳算经》（3卷）、《五经算术》（2卷）、《张邱建算经》（3卷）、《缉古算经》（1卷）、《数学九章》（18卷）、《测圆海镜》（12卷）、《测圆海镜分类释术》（10卷）、《益古演段》（3卷）、《弧矢算术》（1卷）、《同文算指前编》（2卷）、《几何原本》（6卷）、《御定数理精蕴》（53卷）、《几何论约》（7卷）、《数学钥》（6卷）、《数度衍》（24卷）、《勾股引蒙》（5卷）、《勾股矩测解原》（2卷）、《少广补遗》（1卷）、《庄氏算学》（8卷）、《九章录要》（12卷）	25部

5. 谱录类中的科技文献

谱录类下面又分为三类。器物类，主要收录评说机械、文具、器具类的古籍，《四库全书总目提要》器物类中著录 24 部 199 卷；食谱类，主要收录茶酒糖等各种饮食制作、品煎等方面的内容，共著录 10 部 19 卷；草木鸟兽虫鱼类，主要收录一些介绍动植物之类的古籍，共著录 21 部 145 卷，具体文献可以参见表 7-12。

表 7-12 谱录类中的科技文献

类别	文献名称	总计
器物类	《古今刀剑录》（1 卷）、《鼎录》（1 卷）、《考古图》（10 卷）、《啸堂集古录》（2 卷）、《宣和博古图》（30 卷）、《宣德鼎彝谱》（8 卷）、《钦定西清古鉴》（40 卷）、《奇器图说》（3 卷）、《文房四谱》（5 卷）、《歙州砚谱》（1 卷）、《砚史》（1 卷）、《砚谱》（1 卷）、《歙砚说》（1 卷）、《端溪砚谱》（1 卷）、《砚笺》（4 卷）、《钦定西清砚谱》（25 卷）、《墨谱》（3 卷）、《墨经》（1 卷）、《墨史》（2 卷）、《墨法集要》（1 卷）、《钦定钱录》（16 卷）、《香谱》（2 卷）、《香谱》（4 卷）、《香乘》（28 卷）	24 部
食谱类	《茶经》（3 卷）、《茶录》（2 卷）、《品茶要录》（1 卷）、《宣和北苑贡茶录》（1 卷）、《东溪试茶录》（1 卷）、《续茶经》（3 卷）、《煎茶水记》（1 卷）、《北山酒经》（3 卷）、《酒谱》（1 卷）、《糖霜谱》（1 卷）	10 部
草木鸟兽虫鱼类	《洛阳牡丹记》（1 卷）、《扬州芍药谱》（1 卷）、《范村梅谱》（1 卷）、《刘氏菊谱》（1 卷）、《史氏菊谱》（1 卷）、《范村菊谱》（1 卷）、《百菊集谱》（6 卷）、《金漳兰谱》（3 卷）、《海棠谱》（3 卷）、《荔枝谱》（1 卷）、《橘录》（3 卷）、《竹谱》（1 卷）、《笋谱》（1 卷）、《菌谱》（1 卷）、《御定广群芳谱》（100 卷）、《禽经》（1 卷）、《蟹谱》（2 卷）、《蟹略》（4 卷）、《异鱼图赞》（4 卷）、《异鱼图赞笺》（4 卷）、《异鱼图赞补》（3 卷）	21 部

器物类中许多文献都介绍了各种器具及其制作方法，如《香谱》中就介绍了 10 余种香名和香品及其制作方法。食谱类中的文献，如《茶经》介绍了茶的种法、采摘、收购、品饮等方面的知识。这些都可算是手工艺类的科技文献，也可算是农业类科技文献。草木鸟兽虫鱼类中，如《洛阳牡丹记》主要介绍了洛阳牡丹的品种、名称和种植等，可算是典型的生物类科技文献。

子部书籍中几乎包含了各学科的内容，涉及大量的科技文献，可是一本书籍不可能只单讲一方面的内容，所以有些非科技文献里面也包含相应的科技史料。以上只是将主要的古籍罗列出来，使大家能有一个整体的框架印象。

四、集部中科技文献分类

集部是我国古代传统经、史、子、集四部分类法中的第四大类，主要收录历代作家的散文、骈文、诗、词、散曲集子和文学评论、戏曲等。一般来说，我们都认为集部文献与文学是脱不开关系的，可是在这些古代诗词中有不少内容涉及科学技术史，是珍贵的科技史资料。

（一）集部简介

《四库全书总目提要》将集部分为楚辞类、别集类、总集类、诗文评类和词曲类五大类。其总序中也介绍了集部的内容大概：

> 集部之目，楚辞最古，别集次之，总集次之，诗文评又晚出，词曲则其闰余也。古人不以文章名，故秦以前书无称屈原、宋玉工赋者。洎乎汉代，始有词人。迹其著作，率由追录。故武帝命所忠求相如遗书。魏文帝亦诏天下上孔融文章。至于六朝，始自编次。唐末又刊板印行。（事见贯休《禅月集序》）夫自编则多所爱惜，刊板则易于流传。四部之书，别集最杂，兹其故欤！然典册高文，清词丽句，亦未尝不高标独秀，挺出邓林。此在翦刈卮言，别裁伪体，不必以猥滥病也。总集之作，多由论定。而《兰亭》《金谷》悉觞咏于一时。下及汉上题襟，松陵倡和，《丹阳集》惟录乡人，《箧中集》则附登乃弟。虽去取佥孚众议，而履霜有渐，已为诗社标榜之先驱。其声气攀援，甚于别集。要之浮华易歇，公论终明，岿然而独存者，《文选》《玉台新咏》以下数十家耳。诗文评之作，著于齐、梁。观同一八病四声也。钟嵘以求誉不遂，巧致讥排；刘勰以知遇独深，继为推阐。①

楚辞类虽是集部中收录文献最少的，但却是最古老的，别集类是收录文献最多的，总集中大多是评定出来的好文章，如《兰亭》《金谷》等，诗文评类出现较晚，大多是南北朝时齐、梁时的著作，词典类出现最晚，其中又分为词集、词选、词谱词韵、曲品等。集部虽以文学作品为主，但许多文学著作中都涉及科技方面的知识，值得我们去深入研究。

（二）集部中的科技文献内容

集部收录的大多都是诗词等文学作品，但里面的作品里也含有许多科技内

① （清）永瑢等. 四库全书总目提要（二十九册）• 卷一百四十八［M］. 上海：商务印书馆，1935：1.

容，是十分值得我们去研究的。本书以楚辞类为主对其相关的科技内容进行论述。《楚辞》是我国古代最早的一部浪漫主义诗歌总集，但里面也涉及一些生物和天文学的知识。

《离骚》是《楚辞》的代表作，文中内容较多地运用了赋、比、兴的表现手法，借用自然界中的草木、鸟兽等来表达自己的思想。《离骚》把草木分为善者和恶者两类，善者尊，恶者卑。善者如江离、芷、兰、椒、蕙、茝、菌桂、荃、揭车、宿莽、留夷、杜衡、秋菊、薜荔、胡绳、芰、荷、芙蓉、扶桑、若木等。恶者则有艾、资、菉、葹、萧、樧、茅等。鸟兽也有善恶之分，鸾、凤、鸷鸟等为善鸟，鸩、雄鸠等为恶禽。

《离骚》曰："余既滋兰之九畹兮，又树蕙之百亩。畦留夷与揭车兮，杂杜衡与芳芷。冀枝叶之峻茂兮，愿俟时乎吾将刈。虽萎绝其亦何伤兮，哀众芳之芜秽。"这里的人才就是用兰、蕙、留夷、揭车、杜衡、芳芷等香草来表现的。

在表达屈原怨愤之情时所用的一些意象里也涉及一些动物名称，如《湘夫人》："鸟何萃兮蘋中，罾何为兮木上？""麋何食兮庭中？蛟何为兮水裔？"其中出现的动物名称有鸟、麋、蛟。在表达自己不与众人同立于朝时，屈原写道："鸷鸟之不群兮，自前世而固然。"用"鸷鸟"来比喻忠心正直之人，而"鸟"就是一个动物类名词。

《离骚》中还有一些代表地域的地理名词。例如：

> 朝发轫于苍梧兮，夕余至乎县圃。欲少留此灵琐兮，日忽忽其将暮。吾令羲和弭节兮，望崦嵫而勿迫。路漫漫其修远兮，吾将上下而求索。饮余马于咸池兮，总余辔乎扶桑。……吾令帝阍开关兮，依阊阖而望予。时暧暧其将罢兮，结幽兰而延伫。世溷浊而不分兮，好蔽美而嫉妒。朝吾将济于白水兮，登阆风而绁马。[①]

其中，县圃、崦嵫、阊阖、白水、阆风等都是昆仑山一带的地名。

《九歌》是屈原根据民间祭神乐歌加工而成的，共十一篇，其内容里涉及许多自然界的事物名称，如《山鬼》中写道："若有人兮山之阿，被薜荔兮带女萝……被石兰兮带杜衡，折芳馨兮遗所思。"这里面出现的薜荔、女萝、石兰、杜衡、

① 杨建波，夏晓明. 大学语文［M］. 武汉：武汉大学出版社，2009：15.

芳馨等都是香草。

《天问》中提出的问题，如“阴阳三合，何本何化？圜则九重，孰营度之？惟兹何功，孰初作之？”都是和宇宙本体、天体的演变、天圆地方等宇宙观念有关的天文学内容；“鸱龟曳衔”“焉有龙虬，负熊以游？”“灵蛇吞象，厥大如何？”这些问题中涉及“龟”“龙”“熊”“蛇”等也都属于动物类名词；“河海”“九州”“东流”“昆仑”等词都是和地理相关的。

集部中作品众多，里面涉及的科技知识也定浩如烟海，笔者在此只列举一二，更多的科技内容还有待我们进一步深掘。

第八章　中国古典科技文献目录

学习中国古代科技文献目录主要包括两个方面的内容：一是包含在普通的综合文献目录中的内容；二是专科文献目录的内容。

第一节　中国古典综合文献目录

古代科技文献的内容，首先表现在综合文献目录中，它们既反映了古人对科技文献的认识，也是我们今天了解古典科技文献的工具。

一、古典目录学的起源

目录之学在我国源远流长，最早可追溯到公元前 1 世纪。刘向、刘歆父子整理国家藏书，撰成《七略》，奠定了中国古代目录学的发展基础。自此以后，历朝历代又相继出现多种撰著和著名的目录学家。但随着西方目录学的引进，中国传统目录学逐渐丧失了自己的地位，代之以书目情报服务、书目控制论或文献控制论。如今人们在探讨现代文化环境下的中国古籍整理工作时，不得不再次将理性和思辨的目光转向中国古典目录学，因为中国古典目录学有着悠久的历史、丰硕的成果，更重要的是，中国古典目录学研究体系的博大精深和期间涌现出的杰出目录学家的惊人成就不得不让后来者折服，今天它仍然是我们宝贵的思想财富。①

---

① 张开选. 中国古典目录学的源流与发展［J］. 学术界，2006（4）：231—235.

1989 年，有人将中国目录学传统概括为强调学术价值、重视教育作用、注意理论研究、忽略情报职能四个方面，但这更像是在概括古典目录学的特点，而不是在表述一般意义上的目录学传统。对中国目录学传统的语焉不详或详而不类，使我们认为对它有进行重新探讨的必要。①

“目录之学”一词最早出现于北宋苏象先所著《苏魏公谭训》，系统的目录学理论著述——郑樵的《通志·校雠略》产生在南宋时期，但是目录学作为一种指导书目工作的理论和学术思想是早已存在的。②

有学者认为：“第一部可考的经学目录当推郑玄所著《三礼目录》。它同时也是第一部可以确考的学科目录。”③其实远在郑玄以前，刘向、刘歆不仅多次使用过“目录”一词，而且编撰了体例完备、编排有序、学术水平很高的书目著作《别录》和《七略》。所以许多学者否定了《四库全书总目》中关于“目录学起源于东汉”的说法，认为中国目录学发端于刘向和刘歆。但是，也有一些学者认为，在刘向和刘歆父子以前，目录或者说目录学的萌芽就早已存在了。余嘉锡的《目录学发微》就肯定：“目录之学，由来尚矣！《诗》《书》之序，即其萌芽。”又说：“惟《周易·十翼》，有《序卦传》，篇中条列六十四卦之名，盖欲使读者知其篇第之次序，因以著其编纂之意义，与刘向著录‘条其篇目，撮其旨意’之例同。目录之作，莫古于斯矣。”④这种目录学起源于春秋孔子说在目录学界具有一定的代表性。

但是，唐代长孙无忌、魏徵等人却认为目录的产生比孔子删定六艺早得多。《隋书·经籍志》说：“古者史官既司典籍，盖有目录以为纲纪。”⑤不过，《隋书》作者未能见到古代目录实物，也未看到详细文字记载，所以他们说：“体制湮灭，不可复知。”⑥姚名达根据这一推测进行了大量研究和考证，认为殷墟卜辞第三十六坑毫无残缺地保留了全年的甲骨，首片尾尖有货（即册六）、它甲尾尖有等（即编六），“证明当时典藏已有法则”，此即“目录之渊源”。

目录是作为“纲纪”“典籍”，保管和利用典籍的工具而出现的。所以，典

① 王心裁. 试论中国目录学传统［J］. 大学图书馆学报，2000（3）：69—73.
② 乔好勤. 关于中国古典目录学的几个问题［J］. 武汉大学学报（社会科学版），1982（2）：84—90.
③ 张宗友.《经义考》研究［M］. 北京：中华书局，2009：34.
④ 余嘉锡. 目录学发微·古书通例［M］. 上海：上海古籍出版社，2013：69.
⑤ 彭斐章等. 目录学资料汇编［M］. 武汉：武汉大学出版社，1986：53.
⑥ 同上.

籍的大量存在是目录产生的首要条件。现在有足够的文献记载和出土实物可以证明，远在殷商时期，不仅有大量的图书资料，而且开始委派专人进行系统的管理。《尚书·多士》记载："惟殷先人，有册有典。"[①]《国语·晋语》载："阳人有夏、商之嗣典……樊仲之官守焉。"[②]《吕氏春秋》载："夏太史令终古出其图法，执而泣之。……殷内史向挚见纣之愈乱迷惑也，于是载其图法，出亡之周。"[③]

商朝的甲骨卜辞现存有十五万余片，当时已有较完善的窖藏制度。甲骨文中已有"册""典"等字，"典"字的形义为两手捧书，有典藏管理之意。甲骨档案管理已有了一定的秩序。小屯乙编四五二八片有一片腹甲刻辞："三册，册凡三"[④]，这应是龟册数目的统计。郭沫若先生说骨臼刻辞中的"帚妍示三笺"正如今人的写"书根"。[⑤]

所以，说殷商时期已经有了书目工作的雏形，或者说应"视为我国目录学的胚胎时期"，并不纯属揣测，是可信的。这样算起来，我国目录学已经有了三千多年的历史了。

到春秋战国时期，中国社会由奴隶制向封建制过渡。学术思想活跃，纷纷著书立说，图书数量急剧增加，《墨子》说："今天下之士君子之书不可胜载。"[⑥]由于奴隶的解放，生产力得到发展，农业经济大大前进了一步，促进了农学、天文学、医学的发展。由于地主阶级的崛起，诸侯割据，文士奔走游说，促进了哲学和各种思想的发展。长年的兼并战争，促进了军事学、地理学、制器技术的发展。这一切都不能不参阅大量的图书资料。孔子整理古代典籍，就搜集和参考了夏、商、宋、杞等故国的文献，而且深感文献的不足。

公元前 5 世纪，孔子出于政治和教育的目的整理文献。他的态度是"述而不作"。"述"就是对古代文献加了一点说明，以便学习理解，这就是所谓的大序和小序。从流传下来的《诗》《书》之序可以看出，其目的正是"言其作意"[⑦]，即揭示本书或本篇写作目的和意义。人们把这种"序"或集中附于全书之后，

① 周秉钧译注. 白话尚书［M］. 长沙：岳麓书社，1990：172.

② （战国）左丘明撰. （三国东吴）韦昭注. 中国史学要籍丛刊·国语［M］. 上海：上海古籍出版社，2015：248.

③ （汉）高诱注. 吕氏春秋［M］. 上海：上海古籍出版社，2014：344—345.

④ 程焕文. 中国图书论集［A］. 懿恭. 我们最古的书：甲骨文——龟册［C］. 北京：商务印书馆，1994：63.

⑤ 程焕文. 中国图书论集［A］. 懿恭. 我们最古的书：甲骨文——龟册［C］. 北京：商务印书馆，1994：63.

⑥ 吴毓江撰，孙启治点校. 墨子校注·卷七·天文上［M］. 北京：中华书局，1993：296.

⑦ （汉）班固. 汉书·艺文志［M］. 上海：商务印书馆，1955：5.

或别出单行，就是一书之目录。故《七略》说："《尚书》有青丝编目录。"[①]由于"序"在宣传图书指导阅读方面确能发挥作用，所以许多学者起而仿效。《逸周书》、韩诗、鲁诗、毛诗都写有序。现存最完整的较早的一篇序是公元前239年《吕氏春秋》中的"序意"。之后淮南王刘安在所撰《淮南子》中也写了一篇"要略"，许慎解释说"略数其要，明其所指，序其微妙，论其大体"[②]，真正起到了提要钩玄的作用。序，作为揭示图书内容、指导阅读的有效形式和方法，被书目工作者接受，逐渐演变为目录中的类序和叙录。

单有揭示记载一部图书的方法还是不行的，必须有组织和排列一批相关的图书的方法才能组成一部书目，而为人们所接受的最早的排列图书的方法就是分类。分类，即荀子所说的"辨同异"，是认识事物的一种手段。图书也是一种"物"，所以根据图书的基本属性，其内容和体裁进行分类就成为管理图书、利用图书、编制目录的重要依据。

章学诚《校雠通义》说：远在上古，"官守学业皆出于一"[③]，所以"官守之分职，即群书之部次"[④]。《周官》上虽然记载有太史掌六典、小史掌邦国之志、外史掌书、小行人掌礼籍等，但这只能说明各种官员根据自己的需要来管理各种图书，把它看作图书部次未免牵强附会。对后来图书分类影响较大的是春秋以后的学术分类。孔子所定六艺就是将学术分类用于图书分类的第一次尝试。以后，荀子将学术分为六派，庄子将学术分为七派。到西汉时，司马谈则总结前代学术分类思想的成果，在《论六家要旨》中将学派分为阴阳家、儒家、墨家、名家、法家、道德家等六家，对刘歆《七略》中《诸子略》的分类产生了很大影响。

我国古代书目工作在长期的孕育和萌芽过程中积累了丰富的揭示图书和组织图书的目录学知识，著录、提要和分类方法逐渐成熟起来，为系统的目录著作的诞生准备了条件。

公元前213年，秦始皇下令焚书，图书文献遭到空前浩劫。汉兴，改秦之弊，"开献书之路""大收篇籍"[⑤]，"百年之间，书如丘山"[⑥]。然而，简书丝编，

① （南朝梁）萧统编，（唐）李善注. 中华传世文选·昭明文选［M］. 长春：吉林人民出版社，1998：732.
② 何宁. 淮南子集释［M］. 北京：中华书局，1998：1437.
③ 章学诚撰，王重民释. 校雠通义通释［M］. 上海：上海古籍出版社，1987：1.
④ 章学诚撰，王重民释. 校雠通义通释［M］. 上海：上海古籍出版社，1987：1.
⑤ 顾实. 汉书艺文志讲疏·序［M］. 台北：广文书局，1970：6.
⑥ 姚名达. 中国目录学史［M］. 北京：商务印书馆，2014：32.

易于脱落，对图书进行一次大规模的整理编目势在必行。汉成帝河平三年（公元前 26 年）八月，一方面使谒者陈农求遗书于天下，同时诏光禄大夫刘向领校中秘书。他们每校完一书，“辄一条，论其指归，辩其讹谬，叙而奏之”①。当时讲所奏之录，集中起来就是《别录》。业未竟而刘向卒，哀帝复使刘向之子刘歆承父业，刘歆于是“总群书而奏其《七略》”②。

《别录》是我国第一部综合性提要目录，《七略》是我国第一部综合性分类目录，这两部目录巨著的出现，标志着中国目录学进入“系统目录学”时期。其主要标志是：①有明确的编撰目的和指导思想；②有较为成熟的书目形态；③著录款目基本统一；④形成了一定的分类体系。由于刘向、刘歆在目录学方法和书目编制技术上的贡献，许多学者认为“目录之学，始于刘向父子”，“目录之学，启自西京”。③将刘氏父子视为目录学的鼻祖。

二、古典目录学的结构

古代书目在长期的发展过程中形成了不同的类型，各类型书目有着不同的结构特点。南宋郑樵在其《通志·校雠略》中已开始把“目录”分为四类：总目、家藏总目、文章目、经史目。至明，胡应麟之《少室山房笔丛》中将“目录”分为三种：录一家之藏者、志一代之有者、并收往籍之遗者。清龚自珍在《定庵文集（续集）》中则将“目录”分为三支：朝廷官簿、私家著录、史家著录。近现代刘纪泽、余熹锡等把古典书目分为：兼有小序和解题者、有小序而无解题者、小序解题并无只著书名者。郑樵、胡应麟以书目收书范围而分，龚自珍以书目编著者而分，刘纪泽、余熹锡等人以书目体例而分。三者所据不同，结果却基本相似。总的来看，古典书目的构成大体包括基本著录款目、类序、提要三部分，有人称之为“三要素”。基本著录款目包括书名、著者、篇卷、版本注记等，这些是构成一部书目的最基本的要素，是舍此不可的。它们反映了图书最基本的特征，是利用书目查寻图书的基本手段。但是仅以基本款目编成的目录，不可能很好地辨章学术，考镜源流，以及更深入地揭示图书内容，因

① 顾实. 汉书艺文志讲疏·序［M］. 台北：广文书局，1970：10—11.

② 顾实. 汉书艺文志讲疏·序［M］. 台北：广文书局，1970：10.

③ 刘纪泽. 目录学概论·自序［M］. 上海：上海中华书局，1931：1.

而为一般目录学家所反对，被称作“甲乙薄”。《旧唐书·经籍志》、元《秘书监志》、明《文渊阁书目》以及明清时期的一些私藏目录，皆属此类。

这些基本款目在著录时以什么为标目，即什么写在最前面，是目录学家长期争论而一直未能很好解决的问题。《汉志》基本上以著者为标目，《隋志》则改为以书名为标目。《旧唐志》仿隋，《新唐志》随汉。这种多次反复引起了目录学理论家郑樵的注意。他把以著者为标目称作“以书类人”，把以书名为标目称作“以人类书”，对它们从理论上进行了探讨，主张“以人类书”。从名词上看章学诚虽反对“以人类书”，主张“以书类人”，但他的“以书类人”的含义却仍以书名为标目。所以说章学诚和郑樵在这点上并非意见相反，而是完全一致的。

序，包括总序和大小类序。孔子删定《诗》《书》，曾“为之序，言其作意”①。大序统摄全书，小序单言一篇。《七略》“辑略”中的总序和各类小序就是由大序的发展。所以阮孝绪说：“其一略为六篇之总最。”②《汉书·艺文志》散“辑略”之词，随类附于其后。据《隋书·经籍志》说，王俭《七志》曾“作九篇条例，编乎卷首之中，文义浅近，未为典则”③。《七林》既有总序，又有类序，以“明作者之意，区分其类例”④。《七录》是否有类序不得而知，但总序是有的，并且流传了下来。以后的《隋志》《群书四部录》《古今书录》《崇文总目》《中兴馆阁书目》等皆有大小类序。清修《四库全书总目》，卷首有凡例二十则，部有大序，类有小序，“辨章学术，考镜源流”，提纲挈领，指导治学，为学者所称道。章学诚对类序特别推崇，认为“此最为明道之要”，然而“非深明于道术精微、群言得失之故者，不足语此”。⑤所以晋隋六朝官薄、新旧唐志和一些私家目录，或因草率成篇，或因力不从心，有的只有总序而无类序，有的总序类序皆无，致使学术源流无从得知，大大降低了书目的学术价值。

提要，又称叙录、解题，是书目中解释题意、介绍作者、揭示图书内容、评论学术得失的主要方法。张西堂论“解题之体”包括四项：撰人传略、本书纲要、版刻异同、考目得失。余嘉锡谓叙录功用有三：论考作者之行事、论考

① 孙钦善. 中国古文献学史简编［M］. 北京：北京大学出版社，2008：10.

② 孙钦善. 中国古文献学史简编［M］. 北京：北京大学出版社，2008：68.

③（唐）魏徵等. 隋书·卷三十二［M］. 北京：中华书局，1973：907.

④（唐）魏徵等. 隋书·卷五十八·许善心传［M］. 北京：中华书局，1973：1427.

⑤ 章学诚著，王重民通释，傅杰导读，田映曦补注. 校雠通义通释［M］. 上海：上海古籍出版社，2009：1.

作者之时代、论考作者之学术。学者以提要的有无来评价书目著作水平的高低。解题的编撰成为目录学家探讨的重要课题，逐渐形成三种形式：叙录体、传录体、辑录体。

叙录体是刘向吸取古代书序中的小序形式，又根据整理记籍实际需要而创立的。每一书已，向辄“录而奏之”的“录”就是记录本书校雠经过、图书内容、作者身世、学术价值的“报告单”，所以各篇叙录都比较长。后来刘歆又“撮其旨要”，“种别”而为《七略》，所以《七略》也有叙录，但要短小、精练得多。

叙录体书目是我国书目的正宗。唐初魏徵就以叙录的有无和水平的高低来评价书目著作的得失。朱彝尊《经义考》卷二百九十四云：“《崇文总目》，当时撰定诸儒皆有论说，凡一书大义必句其纲，法至善也。其后若《郡斋读书志》《书录解题》等编，咸取法于此。故虽书有亡失，而后之学者览其目录，犹可想见全书之本末焉。”[①]孙诒让也在其的《籀庼述林》中指出：“中垒校书，是有别录，释名辨类，厥体綦详。后世公私书录，率有解题。”[②]

传录体产生于魏晋南北朝时期。《隋志》说，荀勖编《中经新薄》“但录题及言”，“至于作者之意，无所论辨”。[③]姚名达的《中国目录学史》中曾经解释说，“所谓‘录题及言’者，著录书名及略作解题也”，“其书当与后来之王俭《七志》同一体制”。[④]《七志》体例则何?《隋志》说，它“不述作者之意，但于书名之下，每立一传，而又作九篇条例，编乎首卷之中”[⑤]。“传”字，过去有人解释为人物传记，其实“传”，即传注，也就是简要的解题。《隋志》说魏晋南北朝时期的目录“无所变革”，说明这一时期形成了一种特有的体例——传录体。它“不述作者之意”，不评判学术得失，只对作者作简要介绍和对书名作简单的解释。其形式当简于《七略》，而详于《汉志》。历代目录学家既肯定魏晋南北朝的书目有“言”和“传”，又攻击其“但记书名”“甲乙计数”，实在是一种疏忽和误解。

辑录体是将一书的有关资料——序、跋、题记、历代书目叙录、注释、列

---

① 余嘉锡. 中华现代学术名著丛书·目录学发微·古书通例［M］. 北京：商务印书馆，2011：11.

② （清）孙诒让. 籀庼述林·卷九［M］. 民国五年刻本，1917：168.

③ 姚名达. 中国目录学史［M］. 长春：吉林人民出版社，2014：132.

④ 姚名达. 中国目录学史［M］. 长春：吉林人民出版社，2014：133.

⑤ 姚名达. 中国目录学史［M］. 长春：吉林人民出版社，2014：190.

传中的叙述文字汇集于书名之下，供研究参考之用。其体例是从类书的辑录方法演变而来的。马端临的《文献通考・经籍考》是我国第一部辑录体书目。他不但辑录了晁公武、陈振孙书目中的叙录解题，还辑录了汉、隋、唐、宋各朝艺文志、《崇文总目》、史书列传、各书序跋等文字资料，搜罗丰富。朱彝尊的《经义考》、谢启昆的《小学考》、章学诚的《史籍考》皆仿其例，形成了我国古典书目提要的一种特殊形式。古代目录学家一向把有序、有录的书目奉为上乘。这种书目能“一、述作者之意，论其指归，辨其讹谬。二、览录而知旨，观目而悉词。不见古人之面，而见古人之心。三、一书大义，为举其纲，书有亡失，览其目录，犹可想见本末。四、品题得失，借以求古书之崖略。辨今书之真伪，并核其异同。五、择撢群艺，研核臧否，为校雠之总汇，考镜之渊椒。六、阐明指要，资学者博识。凡此诸说，所以明目录学之功用详矣。”[①]而无序、无录之书目，仅为图书记录，以便稽检，是为书目的下乘。

三、古典目录学的类别

古典目录书从西汉刘向父子编撰《别录》《七略》以来，随着图书量的增加和目录事业的发展，历代相继都有纂著，并积有一定的数量。究竟如何区分这些目录文献的类别，前人根据不同的标准将其分为以下四种。

（1）清代有的学者曾根据目录纂集工作的体制和目录收录的范围来区分，如龚自珍曾说：“一曰朝廷官簿，荀勖《中经簿》，宋《崇文总目》《馆阁书目》，明《国史经籍志》是也；一曰私家著录，晁公武《郡斋读书志》、陈振孙《书录解题》以下是也；一曰史家著录，则汉《艺文志》、隋《经籍志》以下皆是也。”[②]

汤纪尚在为目录学家周中孚写传时也说：“目录之书，权舆中垒（按刘向曾官中垒校尉，此指刘向《别录》），流派有三：曰朝廷官簿，曰私家解题，曰史家著录。”[③]

龚自珍认为，“三者其例不同，颇相须为用，不能以偏废”[④]。他们所谓朝廷

---

① 余嘉锡. 目录学发微・古书通例［M］. 北京：商务印书馆，2017：12.

② （清）龚自珍. 龚自珍全集［M］. 上海：上海人民出版社，1975：202.

③ 来新夏，柯平. 目录学读本［M］. 上海：上海交通大学出版社，2014：90.

④ 来新夏，柯平. 目录学读本［M］. 上海：上海交通大学出版社，2014：15.

官簿指由国家主持，对国家藏书加以整理并编制成的目录，也可以称为国家藏书目录或官修目录；所谓私家解题是指私人藏书家或学者对私藏按不同情况，用不同方法编制的目录，这是目录书中包含最丰富、体例最多样的一类目录。所谓史家著录主要是针对正史中的《艺文志》或《经籍志》而言，它们有的是官修，有的是私编；但是由于正史自成体系，正史中这类目录，有的原有志，有的原缺志但已由后人做了补志，基本上构成一个上下通贯的整体，所以应该独成一类。

（2）近人汪辟疆从目录与编者、读者间关系的角度出发，将古典目录分为以下四类。

“纲纪群籍，簿属甲乙”，就是按类记录书名使各种图书有所归属，而对书中旨趣则不详加论列。这应属于目录家目录。

“辨章学术，剖析源流”，就是在部次类居以前要讲古今学术的隆替和作者的得失。这应属于私家目录。

“鉴别旧椠，雠校异同”，这是要标举不同版本并加以鉴定，为校勘提供方便。这应属于藏书家目录。

“提要钩玄，治学涉径”，就是要有提要并能指出学习方法。这应属于学者目录。①

（3）余嘉锡先生则从目录的结构及其所发挥的作用着眼，将古典目录区分为以下三类。

一曰部类之后有小序，书名之下有解题者：这种体制的目录书有宋晁公武的《郡斋读书志》、宋陈振孙的《直斋书录解题》、元马端临的《文献通考·经籍考》和清《四库全书总目》等。这种体制的目录主要是为了“论其指归，辨其纰缪”，对图书进行全面的论述和正误。

二曰有小序而无解题者：这种体制的目录有《汉书·艺文志》和《隋书·经籍志》等。这种体制的目录是充分利用小序这一构成要素来“穷源至委，竟其流别”，以“辨章学术，考镜源流”，使读者对每类图书能先从学术上得到一个概貌，进而便于了解和掌握每一种图书。

三曰小序、解题并无，只著书名者：这种体制的目录书有《新唐书·艺文

① 汪辟疆. 目录学研究·目录与目录学［M］. 上海：华东师范大学出版社，2000：1—3.

志》和《书目答问》等。这类体制的目录虽然只记书名，但如果“类例分明”，就能“使百家九流，各有条理，并究其本末，以见学术之源流沿袭”。[①]又可以便于学者根据自己的需要去按类求书。

（4）从分类的体制来看，又将目录分为综合性目录、专科目录和特种目录等。

以上四种不同的目录文献类别发挥着不同的作用，根本无须论其短长，分其高下，因为问题在于编制者的水平，而不论类型如何，如过去有认为以第一类为最上，但如果撰解题者识见不深，那么体制虽美而收效甚微。又如第三类，有人“薄其浑漫，视为无足重轻”；但如果出于通人之手，那就能“分门别类，秩然不紊，亦足以考镜源流，示初学以读书之门径”，得到宋代学者郑樵所说的“类例既分，学术自明”的成效。[②]而第四种类型被现在大多数学者接受，尤其是专科文献目录，由于其针对性和专指度高的特点，利用价值较高。

第二节　中国古典专科文献目录

专科目录，或称专题书目、专题文献目录，它是全面、系统地解释报道某一学科或某一开题文献信息的书目。针对性强、专指度高是专科目录的特点。

一、专科目录的起源

我国专科目录起源较早，公元前 2 世纪出现的第一部形成目录——西汉杨仆的《兵录》，就是一部军事学专科目录。随着学术的发展，专科目录逐渐增多。由于文学的发展，产生了晋初荀勗的《新撰文章家集叙》（已佚）、挚虞的《文章志》（已佚）等文学专科目录。而伴随着史学的兴起，南朝宋裴松之的《史目》及隋杨松珍继之而作的《史目》、宋代殷仲茂的《十三代史目》、高似孙的《史略》等，都是有关历史类的专科目录。魏晋南北朝由于佛教盛行，已有佛教目录，如晋释道安的《综理众经目录》、齐梁间释僧佑的《出三藏记集》等，都是

① 余嘉锡. 目录学发微・目录学之意义及其功用［M］. 长沙：岳麓书社，2010：12.

② （宋）郑樵. 通志・校雠略・编次必谨类例论［M］. 北京：中华书局，1995：1806.

著名的佛教专科目录，其后的各个朝代，也都编有专门的佛教目录。道教也有自己的专科目录。宋代还兴起了金石目录。艺术目录，特别是书、画目录源远流长，如宋徽宗时所编的《宣和书谱》和《宣和画谱》，就是著名的书、画专目。随着学术的发展变化，目录学日趋繁荣、完善，专科目录也在不断发展、增多，如明代殷仲春编的《医藏书目》中收医书300多种，分为20类，是现存最早的医籍专目。而清代梅文鼎撰的《勿庵历算书目》著录历学、算学书籍，各撰提要，是一部有关自然科学的专目。清代朱彝尊的《经义考》仿马端临的《文献通考·经籍考》体例，采用辑录资料的方式，先列书名，著录编撰者或注疏者姓名、书籍卷数，附注存、佚、缺、未见，然后罗列有关该书的各种资料，并以按语的形式附以己见，是一部著名的汇集经书的专科目录。其后谢启昆的《小学考》、章学诚的《史籍考》、周中孚的《子书考》等皆受其影响。另外还有专门著录某一地方文献典籍的地方目录，如明代曹学佺编的《蜀中著作记》、清代孙诒让的《温州经籍志》等。

二、专科目录的研究对象及主要类别

关于专科文献目录学的定义，彭斐章、谢灼华认为，专科目录学是根据特定读者群的需要，通过揭示和报道某一专门学科图书文献内容、种类和特点等方式来具体研究这一专门学科出版物和书目的历史、现状与发展趋势。①

乔好勤将专科目录学与某一学科目录学作了区分，他认为，专科目录学是目录学和其他学科结合所形成的边缘科学。某学科的专科目录学是研究本学科图书资料的过去和现状，根据本学科读者的特定需要，来鉴定、部次、著录，解释报道图书资料的规律。②

总的说来，专科目录学不仅是各门学科文献目录学的总称，而且包括各门学科文献目录学共同的理论与方法，其研究对象是学科文献与书目情报。下面，笔者将根据不同的研究对象，逐一对文献目录进行列举分析。

---

① 彭斐章，谢灼华. 关于我国目录学研究的几个问题［J］. 武汉大学学报（哲学社会科学版），1980（1）：90—96.

② 乔好勤. 当前我国目录学研究的方向和任务［J］. 图书馆界，1982（2）：50—51.

（一）经解目录

自《七略》首纪六艺，《中经新簿》改称甲部，《七志》正名经典，《隋志》定为经部，经书入录，由来远矣。然开始就兼容史传、小学，《七志》“经典”中杂有史部，《七录》中“经”为七类之首。北魏卢昶有《甲乙新录》，佚名《陈承香殿五经史记目录》，唐人李肇有《经史释题》。四部平分，但都不完整。《经书目录》十一卷，实为经书专录之始。一般所谓的经籍通指一切书籍，如《千顷堂书目》所载王佐《经籍目略》及佚名《国朝经籍考》，皆未必专记经书，惟“《古经解书目》一卷”被确认为经解目录。清初朱彝尊对目录学进行了创新，因仿马端临《文献通考·经籍考》之例，而推广之，著《经义存亡考》三百卷。首录御注、敕撰之书，以下分易、书、诗、周礼、仪礼、札记、通礼、乐、春秋、论语、孝经、孟子、尔雅、群经、四书、逸经、毖纬、拟经、承师、宣讲、立学、刊石、书壁、镂板、著录、通说，凡二十六类，末附家学、自序两篇。乾隆甲戌乙亥间，卢见曾、马曰琯始捐赀刻板，改名《经义考》。该书以书名为纲，先注历代目录所著卷数、著者或注疏者之姓名。次以另一行分别注明“存”、“佚”、“阙”或“未见”。以后抄录原书序跋，古今著作论及或述及该书之语，依时代为次。使读者一读而尽知古来各家对该书之意见，则该书之内容与价值自然明了。朱彝尊纯用客观态度，照录原文，没有改变一个字，也没有夹杂自己的观点。虽然大半部分内容已经遗失了，但是未影响此书的地位。毛奇龄评论说“非博及群书，不能有此”①。陈廷敬“以为经先生之考定者，存者固森然其毕具，而佚者亦绝其穿凿附会之端，则经义之存又莫有盛于此时者。微竹垞博学深思，其孰克为之？”②这两人的言论，确非虚誉。原书本来没有目录，后来罗振玉为其补写。乾隆中期，沈廷芳已有《续经义考》，乾隆末年，翁方纲又撰《经义考补正》12 卷，共 1088 条。道光间，阮元刊《皇清经解》于学海堂，共 88 种，有目录，沈豫为之撰《提要》。光绪间，王先谦辑刊《续编》290 种，近人有合撰正、续二编之目录为一书者，清儒经说有一大部分是这样。其专录一经书者，雍正、乾隆年间，有全祖望的《读易别录》。

① 蔺德生，赵萍. 古今图书收藏指南［M］. 天津：天津古籍出版社，2005：56.

② 姚名达. 中国目录学史［M］. 北京：商务印书馆，2014（2017 重印）：277.

（二）天文历算目录

中国古人历来重视天文历算之学。清康熙间，梅文鼎列下所著历学书 62 种，算学书 26 种，各撰提要，名曰《勿庵历算书目》。

（三）军事学目录

关于军事学目录，姚名达先生在《中国目录学史》中说："兵法在二千一百三十八年前已有目录，详《溯源篇》。在历代公私总目中，兵书皆能占一类位置。惟自荀勖并诸子、兵书为一部，以实技合于虚理，殊为不伦，而后录莫能纠正，兵书亦多沦亡。"①

（四）农学目录

古时候著录皆归入农学一类，后来有的将其改为谱录类者，认为农书不能与农业归为一类，清末才有介绍西方的书的专录，如王树兰与英国人傅兰雅合译的《农务要书简明目录》，对各书都有相应的说明。毛雝的《中国农书目录汇编》遍考古人农学书目。该书从 73 种旧录中摘出有关旧式农业之书名或篇名、卷数或册数、著作人、注明出处，分为 21 类：①总记；②时令；③占候；④农具；⑤水利；⑥灾荒；⑦名物诠释；⑧博物；⑨物产；⑩作物；⑪茶；⑫园艺；⑬森林；⑭畜牧；⑮蚕桑；⑯水产；⑰农产制造；⑱农业经济；⑲家庭经济；⑳杂论；㉑杂类。每类皆依书名之笔数为次，如辞典式。由农学目录书目之繁多可见我国古人在研究农学方面的造诣之深。

（五）医学目录

中医产生于原始社会，春秋战国时期中医理论已经基本形成，出现了解剖和医学分科，已经采用"四诊"法，治疗法有砭石、针刺、汤药、艾灸、导引、布气、祝由等。西汉时期，开始用阴阳五行解释人体生理，出现了"医工"、金针、铜钥匙等。东汉时期著名医学家张仲景已经对"八纲"（阴、阳、表、里、虚、实、寒、热）有所认识，总结了"八法"。关于医书，《七略》早已收录，

---

① 姚名达. 中国目录学史［M］. 北京：商务印书馆，2014（2017 重印）：278.

并将其分为 4 种，后来又分别进行著录，有的进行合并，有的被归入艺术类。宋太宗曾经尝试征集大量的医书，命令贾黄中等人编《神医普救方》1000 卷。该书收纳了数百部书籍和书的目录，但是没有遗传下来。因而现存最早的专门著录医书的著作应为明代殷仲春的《医藏目录》。《千顷堂书目》载有李嵩渚《经书目》4 卷，注明李濂撰。李濂为正德、嘉靖年间人，又撰有《李濂医史》，但是已经失传。清末有丁福保撰《历代医学书目》，存佚并收，记载书目 1000 多种，但是还没有完全覆盖古典医书，故自称“浅陋无精义，或目未之睹者，则不与焉”[①]，并将这些书目分成 22 种。而日本多纪元胤于 1819 年所撰的《医籍考》80 卷，体例仿照《经义考》，收集了 3000 多种书目，分为医经、本草、食治、藏象、诊治、明堂经脉、方论、史传、运气专门等 9 类。

（六）地理学目录

地理学之书目录始于南齐。《隋志》中说“齐时陆澄聚一百六十家之说，依其前后远近，编而为部，谓之《地理书》”[②]。任昉又将陆澄的《地理志》增加了 84 本，谓之《地记》。这两本地理学目录，搜罗了宋齐以前的地理书，已经达到 244 本之多，这两本目录学的书可以被认为是古代地理书籍的专科目录。阮孝绪《七录》之所以能立地理部，得助于陆澄和任昉的这两本书。《隋志》又将其发展壮大，收集的地理类书目达到 139 部，《唐志》稍微偏少，只有 93 部。《新唐志》增加了 56 部，《宋志》突跃至 470 部，共 5190 卷，明代《文渊阁书目》和《内阁书目》及清初黄虞稷的《千顷堂书目》，容纳的地理书都很多。《四书提要》则分地理类为宫殿疏、总志、都会郡县、河防、边防、山川、古迹、杂记、游记、外记，子目凡十种，著录图书共 581 部，而且每本书都有提要，然而上述都是总目录中的一部分，并不是专录地理的书目。专录地理的著作，近代最早的是清初顾栋高的《古今方舆书目》。

（七）交通运输目录

中国交通运输历史久远，古往今来，历代史册典籍记载这方面的文献资料，可谓举不胜举。分散性是古代交通运输文献的一大特点，很少有专门的书籍去

---

① 姚名达. 中国目录学史［M］. 北京：商务印书馆，2014（2017 重印）：288.

② （唐）魏徵等. 隋书 • 卷三十三［M］. 北京：中华书局，1973：988.

完整地描述交通运输，大部分都涉及交通运输领域，或者从侧面反映交通运输文献的面貌，特别是古代统治者重农轻商的政策，使得交通运输方面的专门著作比较匮乏，且主要以漕运为主。中国古代交通运输文献绝大部分分散在各种史书、地理、游记、专记等相关文献中，在司马迁的《史记》、班固的《汉书》中，“交通”一项未能单独成篇。晋司马彪的《续汉书·舆服志》中载有车辆之内容，但不能反映出交通运输之真面貌。在整个中国传统知识体系中，“交通史”散见于“舆服”“车服”等制度之勾画中，断而不全，隐而不彰。直至《清史稿》，方创设《交通志》之体例，区分“铁路”“轮船”“电报”“邮政”诸类别，以概括当时工矿交通通信建设之情况。《清史稿·交通志》为我们研究中国近代工业的发展状况提供了重要的间接档案史料。具体的交通文献类型包括 4 个方面，即交通水利文献、交通航海文献、交通陆路文献以及交通法规文献。

1. 交通水利文献

自汉司马迁著《史记·河渠书》，史部书籍中开始设有水利的专史，且在水利专门著作中逐渐占主要地位。地方志是收藏各地水利史料集中的又一书种，早期的地方志和晋代的《华阳国志》、唐代的《元和郡县志》因为填补了相应历史时期正史资料的不足，而显得格外珍贵。明清地方志达 8000 多种，数量大大超过前代，成为目前可以见到的水利文献的主体。

2. 交通航海文献

《汉书·地理志》最早系统地介绍了南海与印度洋之间的通航水道。三国两晋时出现了有关航海的专门著述。唐宋以来，航海事业的兴盛使有关海洋地理、航海技术、航海贸易的图籍大量涌现。这一时期的航海图籍已经涉及中国南海，以及太平洋和印度洋沿海各国，到了元、明、清三代仍有大量的著作问世。航海图籍不仅是航海科学技术的总结，更是人类古代文明的重要遗产。

宋元时期有关航海的著述颇丰，其中南宋周去非的《岭外代答》、元代汪大渊的《岛夷志略》学术价值较高。周去非，字直夫，淳熙时（1174—1189 年）官至桂林通判，隐居后为答问岭南事而作《岭外代答》。古代海洋地理图籍成书于明代的占有相当的比例。曾在郑和第四、第六、第七次航海西洋时担任通译的马欢根据航行的经历编纂了《瀛涯胜览》，该书是研究郑和下西洋，以及 15 世纪南海和印度洋海洋及海岸地理、航海的重要文献，完成于景泰二年（1451

年)。这一时期较有学术价值的著作还有费信的《星槎胜览》、巩珍的《西洋番国志》、黄省曾的《西洋朝贡典录》、张燮的《东西洋考》等。清代这类著述较少，对后世有影响的著作有《海国闻见录》，成书于清雍正八年（1730 年），陈伦炯著。

3. 交通陆路文献

中国古代桥梁工程技术完善的重要标志是通过营造实践总结产生了一批有关桥梁建设的技术专著，现存的史料中以《营造法式》、《灞桥图说》和《清官式石桥做法》较为有名。《营造法式》在“共舆水窗”条里阐述了“单眼舆窗”和“双眼舆窗”。舆，即为车，水窗，即为拱桥，单眼和双眼分别是单拱桥和双拱桥。规范包含石拱桥石材的选择、史料尺寸、拱圈和拱径设计、建造控制点的决定等内容。清代重修西安灞桥，据此编纂了《灞桥图说》，该书记载了灞桥的基础工程、桥梁结构和施工技术。对石砌条石的胶接材料、木梁及桥板防腐工艺也有详细的描述，该书是古代桥梁结构、桥梁建造技术全面的总结。《清官式石桥做法》在汇集清代帝王陵寝石桥图样的基础上，整理归纳古代石桥建造规范。该书论述了石质拱桥和梁桥的构造和施工技术，提出了 17 种单孔和多孔径的计算方法。

4. 交通法规文献

唐代是我国封建社会法律制度十分完善的时期，律令格式的法律体系涵盖了民事、刑事、经济等各方面的规定，同时也包含了交通管理方面的内容。从现存的唐代文献看，唐代关于交通管理方面的立法还是十分完备的，如唐太宗贞观年间制定的“右侧通行”的陆路交通规则、唐律中规定的“上溯避下溯”的海上交通规则，以及对交通肇事罪适用保辜制度的审判程序等，都反映出中国古代的交通立法已达到了很高的程度，其中的某些规定对于现阶段我国的交通立法也具有重要的参考价值。

据《唐六典》卷六记载，“凡律以正刑定罪，令以设范立制，格以禁违正邪，式以轨物程事”[①]，分别概述了律、令、格、式四种法律形式的含义及其法律效力。唐律以“疏议”的形式保存下来，即我国现存最早的封建法典《唐律疏议》。唐令已经佚失，日本学者仁井田陞和池田温等人根据现存的古代文献对唐令的

---

① （唐）李林甫等撰，陈仲夫点校. 唐六典・尚书刑部卷第六［M］. 北京：中华书局，1992：185.

部分条文进行了复原，出版了《唐令拾遗》和《唐令拾遗补》，弥补了这方面研究的缺陷。唐代另外两种法律形式格、式也已不存，现仅有少量出土文书残卷，如《唐神龙散颁刑部格残卷》《开元水部式残卷》等。令、格、式法律形式的散佚给人们了解唐代的交通立法带来了诸多不便。

目录学作为一门专门学科，对于读书、治学有着重要的辅助作用。目录学家章学诚指出，目录的作用在于“辨章学术，考镜源流”。从目录中可以看到某一时代的图书概貌，将不同时代的目录加以比较，可以看出古今图书流传情况。利用图书分类目录及专科目录可以了解古籍图书的归属情况及同一学科内的各种文献的一般情况，做到心中有数。古典目录著述是我们了解、掌握古典文献总体情况的一把“钥匙”。借助它，我们可以较为全面地了解某门学科的历史概况，并为进一步研究奠定基础。

第九章　古典科技文献的检索

古典科技文献记录了天文、地理、农业、手工业等重要的科技信息，具有重要的参考价值。而要实现其价值，利用者需要通过“检索”来完成。

第一节　文献检索的概念、类型和方式

古典科技文献的检索与一般的文献检索有同也有异，它是文献检索的实际利用，本节将从文献检索的普遍性延伸到科技文献检索的特殊性，对其概念、类型和方式进行介绍。

一、文献检索的概念

“检索”一词来源于 retrieval，意为“回收”。文献检索分为广义文献检索和狭义文献检索。广义文献检索是指将文献信息按一定的方式组织和存储起来，并根据信息用户的需求从文献集合中找出有关的文献信息的过程，即“存储和查找”；狭义文献检索是指根据利用者的需求用一定的方式方法从文献集合中找出有关文献信息的过程，即“查找”。完整的文献检索应该包括文献的“存储与查找”两个方面。

科技文献检索是获得科技文献资源最直接、最重要的手段。本书的“科技文献检索”是指对记录有科学技术信息内容的文献进行标引，编制检索工具或形成检索系统，对科技文献的相关信息加以存储，利用者根据需要用一定的方

式方法从检索工具或系统中查找出相关文献的过程。

在这个定义中有几个相关概念需要理解。

（一）标引

无论是在文献存储还是查找中标引都起着重要的作用，对文献进行标引就是采用能够描述文献特征的标识对特定文献和检索提问进行标引。

在这里还要提到一个相关概念，即“标引语言”，想要对文献特征进行标引必须要有标引语言，“文献标引语言”是指专为标引文献与检索文献的需要而创制的一种人工语言。[①]标引语言的精确性直接影响检索的效率。因此可以说检索、标引、标引语言有着密切的联系。

（二）检索工具

检索工具是对科技文献进行整理后凝练而成的，是用于存储和查找科技文献的相关线索的工具。检索工具记录了相关文献的外部特征和部分内容特征。检索工具分为很多种（具体内容详见后文），本章侧重的是对古典科技文献检索的介绍。

二、文献检索的类型

古典科技文献的检索可以从检索的方式和检索的对象两种常见的角度进行分类。

（一）按检索方式分类

从检索方式上可分为手工检索和计算机检索（机械检索工具）。

1. 手工检索

手工检索简称“手检”，是以各种纸质文献为检索对象利用手工的方式进行存储和检索信息。通常使用的是卡片、目录等，如对古文献中涵盖农业、地理等文献的查找我们多使用《四库全书目录索引》之类的文献目录，同时检索过程也是通过手工方式来完成的。这种检索方式的优点是直观和灵活，但同时也

① 刘湘生，汪东波. 文献标引工作［M］. 北京：北京图书馆出版社，2001：2.

有检索比较复杂、速度慢、工作量大的缺点。广义的手工检索，又称书本式（含卡片）检索，是指人们将大量的一次文献的特征信息按一定的格式和要求记载下来，并编成一个有序的整体，即手工检索工具（如目录、索引、文摘等），然后根据检索要求和内容，通过大脑的思考、比较和选择，采用人工匹配的方法，在检索工具中查找是否有符合检索要求的文献，整个过程基本上是由手工操作来完成的。广义的手工检索实质上包括对文献信息的组织管理和检索两个过程。狭义的手工检索仅指利用检索工具进行检索的过程。在日常生活中，人们所说的检索一般是指狭义的检索。手工检索是相对于计算机检索而言的，手工检索时使用各种纸质工具，检索过程灵活，检索结果准确，但检索速度较慢，检索效率不高。

2. 计算机检索

计算机检索简称“机检”，是以各类数据库为检索对象，利用计算机系统进行文献信息内容的存储和查找。计算机检索经历了早期的脱机批处理阶段、后来的联机实时检索阶段和现在的网络化检索阶段。因此，现在意义上的机检指的是处于网络环境中的检索。通常使用是数字型检索工具，如各种科技文献的检索网站（后文中会具体介绍）。检索过程是在人机的协同作用下完成的。这种检索方式的优点是检索速度快，打破了时空的限制，大大提高了检索的效率。

（二）按检索对象分类

从检索对象上可分为文献检索、数据检索、事实检索。

1. 文献检索

文献检索是以文献作为检索的对象，查找含有用户所需信息内容的文献。文献检索是一种相关性检索而非确定性检索，系统不直接解答用户提出的问题本身，只提供与之相关的文献或文献的属性信息与来源提示，供用户参考和取舍。文献检索一般通过检索工具进行，如书目、索引、文摘等。

2. 数据检索

数据检索是以数值形式表示检索目的和对象的。其检索的结果是经过测试、评价过的各种数据。数据检索是一种确定性的检索，即直接提供用户所需要的确切数据，一般通过年鉴、手册等参考工具书来完成。例如，《中西回史日历》是专门查考和换算不同历法年、月、日的工具书，根据该书可查出某一具体时间发生的科技查考事件。

3. 事实检索

事实检索是以事项为检索目的和对象的。其检索的结果是有关某一事物的具体答案。因此，事实检索也是一种确定性检索，多用某一事件发生的时间、地点、人物等进行检索。例如，按照"裴秀提出'制图六体'"这一发生在我国测绘科技史上的事实，可检索到其在《禹贡地域图》一书中有所记载。

三、检索的方法

检索方法是指为达到检索目的而采取一定的检索策略时所使用的特定方法。若想高效、快捷地检索出所需文献，必须掌握并科学地使用以下方法。

从整体上看，传统的文献检索方法可分为两大类，即直接检索法和间接检索法，这同样适用于对科技文献的检索。

（一）直接检索法

直接检索方法亦称"直检法"，利用者可不依靠任何检索工具直接查找到原文，其优点是所得到的文献比较直接且准确率高，直接检索法可分为以下几种具体方法。

1. 翻查法

翻查法是一种最原始的检索方法，范围在哪几本文献中，就注意翻阅、查找这几本文献，如要对天文方面的科技文献进行查找，就要把范围锁定在《甘石星经》《开元占经》《天文图》等几本文献著作。虽然这种方法比较费时费力、所确定的范围也比较小，但能直接阅读到原文内容。

2. 回忆法

回忆法是指凭借对该文献所在位置的记忆找到所查文献的方法。这就要求利用者的记忆比较准确，如需查找有关天文知识的《乾象历》一文，利用者记得之前在《晋书·律历志》中读过，因此可以通过翻阅《晋书·律历志》找到所需文献。

翻查法和回忆法都是模糊的检索方法，只适用于临时检索某一篇文献，由于其耗时耗力，不适用于大量检索。

（二）间接检索方法

间接检索方法亦称“工具检索法”，这种检索方法需要借助一定的检索工具来完成（如文摘、目录、索引），其优点是能高效、快捷地检索出所需文献，是比较科学的检索方法。间接检索法可分为顺查法、倒查法、追溯法、抽查法、目录法、丛书法、交替法。

1. 顺查法

顺查法是根据时间发展的顺序由远及近查找文献的方法，如我们想了解古典科技文献中对农作物的记载，利用目录等工具书刊或是利用按时间记述的《农桑衣食撮要》等农书，需要从其最初记载年代开始逐年查找所需文献，这样就对科技文献中有关农作物方面的知识有了全面了解。采用该方法检索量比较大，但查全率比较高，且能宏观把握该门技术的发展全貌，是进行专业研究所使用的方法。

2. 倒查法

倒查法与顺查法正好相反，是根据时间发展的顺序由近及远查找文献的方法。这种方法适用于对某一方面近些年的文献进行查找，如想查明清的医药文献，需从年代较近向前查找，如《医方考》《普济方》都是明清时期的科技文献，查到所需文献后就停止查阅，而这种方法就不如顺查法能够全面把握发展状况。

3. 追溯法

追溯法亦称“引文追溯法”，这种方法主要是利用文献后的参考文献进行追溯查找。它可以较快地找到相关内容的相关文献，但不够全面，参考文献中的资料只是作者在该篇文献中所用到的，不能囊括所有该内容的文献，且追溯查找的文献年代比较久远。因此，这只能作为一种辅助方法来使用。

4. 抽查法

抽查法是指抽出某一段时间内的相关内容文献的一种方法。如想要查找宋代的工程图档案，就可以直接把范围缩小到宋代的几本文献著作，即《武经总要》《考古图》等，这种方法适用于小范围的研究活动。

5. 目录法

目录法就是使用目录进行查找文献的方法。如利用《中国中医古籍总目》等目录检索医学文献，把目录法单列出来是因为“目录”对查找我国古典科技文献是比较重要的检索方法，后文会详细介绍。

6. 丛书法

利用丛书检索文献与目录检索的区别是，丛书更加详细，且可以在书中直接检索要查内容。例如，若要利用丛书《钦定四库全书总目》查找有关医药文献，在目录中就可找到具体位置：卷一百零三·子部十三·医家类一·1330页，直接找到相应文献。利用丛书法查找文献，方便且准确率高。

7. 交替法

交替法亦称“综合法”，就是将直接检索法和间接检索法结合使用的一种方法。这种方法比较灵活，集合了上述方法的优点，检索效率高。例如，对造纸术的查阅，可先把范围缩小到《文房四谱》《天工开物》等几本文献中，再根据所需文献内容逐一翻查，这就是工具法和直接法两种检索方法的结合。综合地使用各种检索方法，取长补短，相互配合，可获得更好的检索结果，所以我们常用的还是交替法。

而今，我们在更多使用网络环境下检索的同时也应利用网络信息的检索方法对古典科技文献进行检索利用。

四、检索的途径

检索途径就是利用文献信息的某种特征为检索标识来查询相关信息的途径。①

（一）主题途径

主题途径是根据所检文献的主题内容进行检索的一种途径。具体方法是从所检文献中找出能够高度集中概括文献内容的检索标识，如使用气象、数学、农业等相关科技方面的关键词、主题词等，我们一般使用的是按检索标识的字

① 吴贤奇. 现代文献信息检索［M］. 南京：东南大学出版社，2007：11.

顺排列的主题索引。一般专业性比较强的文献我们就可以使用主题途径，它高效、快捷。

（二）题名途径

题名途径是根据文献的名称、标题进行查找文献的一种途径。这种检索方式最直接、最便利，如直接对《本草纲目》《黄帝内经》此类医药文献的题名进行检索，这种检索途径适用于只知书名而来进行检索的用户查目录名。

（三）分类途径

分类途径是根据学科的分类体系进行查找文献的一种途径。具体方法是先翻阅相关检索工具正文前的“分类目录”，查找并确定欲查文献所居学科分类体系的分类号，最后根据已确定的分类号进行查找所需文献。若所涉及的专业范围较宽，则使用分类途径。我国古代历史文献一般按四部、六部、七部等分类，如欲使用《四库全书总目》查找《元和郡县志》一书，可按四部分类法，迅速在史部地理类总志目下查出《元和郡县志》。[①]

（四）责任者途径

责任者途径是根据对该文献内容进行整理、编撰的责任者姓名进行查找文献的一种途径。其中责任者的范围包括作者、编者、著者、译者等。只知道某一文献的作者是谁就可以使用此途径。例如，根据辑者是马续，就可以检索出对应的科技文献是《汉书》中的《天文志》。

（五）关键词途径

关键词途径是对直接从文献中抽出来具有实质性意义的词进行查找文献的一种途径。前文中也有所提及，关键词又称自由词，主要特征是未经规范化处理，也不受主题词表控制，用于计算机自然语言检索。作为自然语言检索，关键词按字顺排列，实际属主体法系统，不需查主题词表，因而编制关键词索引速度快，但因未作规范化处理不能进行选择和控制，故索引质量粗糙。

---

① 张家璠，黄宝权. 中国历史文献学［M］. 桂林：广西师范大学出版社，1989：289.

关键词又分为题内关键词和题外关键词两种，前者仅在题目内找实质性的词作关键词，后者从文摘或正文中找出关键词。例如，我们在地理文献的题目中取“舆图”这一关键词，检索结果会显示《舆图要录》《广舆图》《明代舆图综录》《大清一统舆图》《大清会典舆图》《皇舆全图》等相关文献。

（六）时序途径

时序途径是根据时间的顺序来查找文献的一种途径。这里的时间一般是指文献出版的时间，古典科技文献的时间跨度比较大，所以这是一种比较模糊的检索途径。诸如按成书时间在科技文献中检索“宋代”的文献会检索出《梦溪笔谈》《菊谱》《武经总要》《营造法式》《太平圣惠方》《本草图经》等。

（七）地序途径

地序途径是根据行政区划的顺序来查找文献的一种途径。这里的“地”包含两方面的含义：一是该文献所记载事件发生的地点；二是该文献的责任者刊刻、印行的地点。这种检索途径与时序途径相同，都是比较模糊的检索途径，多用于地理文献查阅，如《新疆图志》《山西通志》《湖广通志》都可以按地序来检索。

（八）其他检索途径

我们在检索科技文献时常常不单一使用这些途径，更多的是综合使用多种途径。例如，先用分类途径查找“天文科技文献”，然后根据作者“郭守敬”缩小范围，检索到的天文历法著作有《推步》《立成》《历议拟稿》《仪象法式》《上中下三历注式》《修历源流》等十四种，最后根据题名确定所检文献。

五、检索的基本步骤

掌握了检索的方法和途径后，再按照科学的步骤才能达到检索的目的。

（一）分析检索要求

检索要求的分析，一般从以下三方面着手：

其一，明确检索目的。

其二，检索请求的内容特征分析。主要涉及对用户信息请求所属的学科范围与主题范围的确定，需要使用的主要概念及其相互关系以及相关名词术语的选择等。①

其三，检索请求的形式特征分析。主要包括信息检索要获取的检索结果数量的估计，所要求的文献的语种、年代、类型等。

（二）选择检索系统

必须了解检索系统（数据库）的基本情况，诸如收录范围，一般涉及学科主题、文献类型、语种、年代跨度等。标引处理规则。

（三）制定检索策略

检索策略是对整个检索过程的谋划和指导。常用的检索策略有积木型、引文珠型增长、逐次分馏。

1. 积木型

把用户的检索请求剖析成若干个不同的概念，先分别对这几个概念进行检索，并在每个概念面中尽可能多地列举相关词，并用布尔逻辑算符 OR 连接成一个子检索式，在用合适的布尔逻辑算符把所有子检索式连接成一个总检索式，类似于把各个积木块拼成图案。

积木型策略能够提供比较明确的检索逻辑过程，容易理解和执行，还可部分或全部地用作保留检索，积木型策略一般用于比较复杂的检索课题。

2. 引文珠型增长

从已知的关于检索课题的少数几个专指词开始检索，以便至少检出一篇命中文献或一条相关信息，然后审阅这批文献或信息条目，从中选出一些新的相关检索词补充到检索式中。这些检索词加入检索式之后，就能查出新的命中结果，不断重复上述过程，直到找不到其他适合包含于检索式的附加词为止，可得到数量适宜的命中结果。这个策略具有很强的人机交互性，可以使检索式以比较生动的方式生成且不断丰富。

① 陆宏弟. 网络环境下的文科信息检索［M］. 上海：上海交通大学出版社，2009：7—8.

3. 逐次分馏

先确定一个范围较广的检索初始对象集合，然后提高检索的专指度，得到一个较小的命中结果集合之后继续提高检索式的专指度，一步一步缩小命中结果集合，直到满意。逐次分馏的特点是检索操作比较主动，漏检较少。

（四）拟定并执行检索步骤

该步骤主要包括选择并输入检索词、选择检索词的组配连接符号、选择检索途径、初步浏览检索结果、使用合适的反馈调整方法对检索结果进行优化等。

第二节　古典科技文献的检索工具

对我国古典科技文献的查阅需要借助于检索工具，我们所使用的检索工具有手工检索工具和计算机检索工具两大类。

一、手工检索工具

手工检索工具是指利用书刊、卡片等进行检索文献的方法，也统称为工具书，是根据一定的查阅需要，系统汇集相关文献信息，并按照便于检索的方法编排的特种书籍。它是古典科技文献检索中最重要也最常使用的检索工具。

手工检索工具主要有以下几种类型。

（一）目录

目录亦称书目，是把文献题名按一定次序编排而成的一种检索工具。书目分为以下几种常见类型：国家书目，即反映一个国家在一定时期内出版的全部书籍的目录编排，如《中国国家书目》《四库全书总目提要》等；专题书目，即按照某一专题编排的目录，如《古典文学书目》《科技新书目》等；联合目录，即反映书籍在全国或某地区若干图书馆收藏情况编排的目录，如《善本古籍联合目录》等；馆藏目录，即反映某一图书馆馆藏所编排的目录。此外还有一些比较著名的古文献目录，如《别录》《七略》《通志·校雠略》《崇文总目》等。

常用的科技文献检索目录有《舆图要录》《国立北平图书馆中文舆图目录》《本草纲目》《中国中医古籍总目》《欧洲收藏部分中文古地图叙录》等著作。《舆图要录》是一本古旧地图目录、重要的地理科技文献检索书籍。例如，查找中国的土壤状态，可在目录中先定位到中国地图·专题地图·自然地图·气候与土壤·45 页，在相应的页码里我们可以看到属于该类的地图包括中国气候图、中国气候图集、中华民国气候图、中国土壤概图、中国土壤图、中国北部及西北部土壤概图，因此我们可以缩小范围到后三种地图，最终确定所需地图；《国立北平图书馆中文舆图目录》是由王庸、茅乃文编著，发行于 1933 年，是国立北平图书馆馆藏地图的专编目录，针对该图书馆范围的地理信息检索；《本草纲目》广收博采，李时珍对之前的本草学进行整理总结，收录药方 11 096 个，植物药 881 种，其中包含对古今医家书目和经史百家书目中医药知识的引据，既是一部医药学著作，同时也是一部重要的检索工具；《中国中医古籍总目》收录了全国 150 家藏书单位收藏的 1949 年以前的 13 455 种中医图书，其中 1911 年之前出版的古籍达 8700 余种，是迄今为止收书量最大的一部中医古籍联合目录；《欧洲收藏部分中文古地图叙录》是一部对欧洲所藏部分中文古地图说明性文献的目录，所收录地图的著录项包含地图名、作者、绘制时间、尺寸、藏所等信息。

（二）文摘

文摘是按一定的方法将文献的重要内容汇集、编排而成的一种检索工具。它是将原文献内容缩短或是对文献内容作实质性的描述，确切地记述了原文献的重要内容，特点是比较清晰、明了地反映文献的精髓，便于利用者在短时间内找到最有价值的内容，是重要的检索工具。我们比较熟悉的《四库全书总目提要》就是文摘的典范。

科技文献文摘有《中国古代天象记录总集》《清代奏折汇编：农业环境》《种艺必用》《圣济总录》等。《中国古代天象记录总集》是一本极具代表性的科技文摘。该检索工具是中国科学院北京天文台、中国科学院地质与地球物理研究所、中国科学院国家科学图书馆、北京大学地球物理系等多个单位发动组织全国有关专业力量，查阅了 15 万卷史书、全国地方志及其他相关古籍整理而成的。

其中包括《二十四史》《明实录》《清实录》等重要古籍中的天象记录，该书目录中对太阳黑子、极光、陨石、日食、月食等天象一一列举，便于检索利用；《清代奏折汇编：农业环境》一书是从 10 多万件有关清代气象以及与气象紧密相关的农业生产奏报文件中，摘录出与各地屯田、垦荒、耕作及农作物品种、种植、禾苗生长情况，农业自然灾害灾情和防治情况等，并按年、月逐件摘录编排成册，内容系统而全面；另一部有关农业研究的文摘《种艺必用》是对《齐民要术》《农书》等农业文献的农业技术条文摘录，该书着重摘录了花卉栽培、果树培育等技术信息，对当今栽培技术和嫁接方法研究颇有参考价值；《圣济总录》又名《政和圣剂总录》，是北宋末年政府主持医家编纂的，共 200 卷，该书对民间和医家的医方进行摘录整理，融汇了内府所藏秘方，是重要的医药研究工具书。

（三）索引

索引是用来揭示出版物内的文献单元，并注明出处的一种检索工具。我们把索引分为以下几种常见类型：篇目索引，即将书刊中文献题名按一定方法编排而成的索引，如《四库全书目录索引》（上海古籍出版社 1989 版）。该书的内容可谓清晰明了，以题名为主线，以表格的形式分为全书册次、册次分部、页次、书名、著者、集次珍本等几项，便于检索，文献信息详尽，一目了然。例如，要查《周易观象》一文，先确定其属于经部文献，缩小范围，再利用《四库全书目录索引》进行查找，最终可定位到目录十二页——第四十三册·经三十七·第六百一十一页·周易观象（十二卷、六册、清·李光地撰）。主题索引，即按文中涉及的主题编排而成的索引，如《春秋经传引得》。《春秋经传引得》是字词检索方式的专书索引代表。例如，想对齐桓公时期的水灾记载情况有所了解，首先在该书中找到“桓公”（贰·桓公），再从年份逐次查找，定位在元年二年·6·秋·大水，下有几行介绍：“何以书。记灾也……高下有水灾曰大水……秋。大水……凡平原出水为大水。”以上介绍的是比较典型的索引图书，其中也涉及部分科技信息。

专用的科技文献索引工具书有《医部全录》《中国石羊河流域地理学研究文献目录索引》《中国藏医药文献目录索引》《黄河志索引》《数学典籍索引——秦汉至宋社会经济史料》等。《医部全录》是《古今图书集成》的一部分，取材广泛，既包括秦汉医经及注释，又包括近代名著及文献，其分类明确，表明书目、篇目、作者等详细信息，是比较全面的医学文献索引；《中国石羊河流域地理学研究文献目录索引》中一部分著录了先秦及之后时期的有关我国西北地区石羊河流域的古籍，以有学术价值的文献为主，因此数量较少，内容以题录形式按专题编排，包含历史地理、气候变化、土壤资源、水资源、生物资源等信息，特别为关注石羊河流域的资源环境、地理科学的科技工作者所利用；《中国藏医药文献目录索引》一书的参考文献来源于西藏藏医院收藏的古代藏医典籍、北京藏医院珍贵的部分藏医古籍，还有古老的德格印经院珍藏的大量藏医古文献印经版，该书对藏医学的起源和藏药资源等藏药文化的研究有极大的利用价值；《黄河志索引》是我国历史上的系列江河志书《黄河志》的检索工具书，目录包括人名索引、工程名索引、文献名索引、词语索引等多个索引项，方便读者的查阅和利用；《数学典籍索引——秦汉至宋社会经济史料》是一套查阅数学典籍的工具书，以数学著作中的社会经济史料为主题，基于不同时期的二十四种古代数学典籍，对典籍在索引中的简称、原书名称、版本、卷次和页码都有所交代。

（四）百科全书

百科全书是以词典形式编排的概述一切门类知识或某一门类全部知识的大型工具书，是比较全面、系统地介绍文化、科学知识的大型工具书。《四库全书》是检索我国古典科技文献的重要工具书，它是乾隆皇帝在“文字狱”的背景下亲自组织编撰的中国历史上一部规模最大的丛书。该丛书 1772 年开始编纂经 13 年告竣。丛书分经、史、子、集四部，故名四库，该书共收录古籍 3503 种、79 337 卷；《百子全书》是清光绪元年湖北崇文书局汇刊，分为儒家 22 种、兵家 10 种、法家 6 种、农家 1 种、术数 2 种、杂家 28 种、小说家 16 种、道家 15 种，合为 100 种。百科全书突出的工具书功能可供迅速检索。

检索科技文献的专门百科全书有《中国古今地名大辞典》《中国历史地名大辞典》《三才图会》《农政全书》《齐民要术》《武经总要》等。《中国古今地名大辞典》是一部集古今地名之大成，迄今为止我国现存规模最大、信息最新、资料最全的一部古今地名百科全书，分为 1931 年版和 2005 年版，较于旧版，新版除地名内容以外，还包含自然条件、工农业和交通等，具有更高的利用价值；另一部地理百科全书《中国历史地名大辞典》也是地理知识研究的重要工具书，该书由中国社会科学院历史研究所史地研究室主持编纂，内容包括古国、都邑、各级政区、山川、泽薮、津梁、关隘、城镇、堡寨、交通道路、水利工程及与重大历史事件和人物有关的地名；《三才图会》是图录式的百科全书，图文并茂，分天文、地理、时令等 14 门类，是进行天文和地理研究的百科全书；《农政全书》是徐光启编写的，由他的门生陈子龙等人修订，内容上大致分为农政措施和农业技术两部分，其中包含农本 3 卷、田制 2 卷、农事 6 卷、水利 9 卷、农器 4 卷、树艺 6 卷、蚕桑 4 卷、蚕桑广类 2 卷、种植 4 卷、牧养 1 卷、制造 1 卷、荒政 18 卷，是名副其实的农业百科全书；《居家必用事类全集》是有关农业生产的百科全书，详细记有畜牧、养殖、医药等内容，对于农业和医学，特别是畜牧养殖技术研究有较大价值；《齐民要术》是北魏农学家贾思勰所著的一部综合性农书，该书系统地总结了 6 世纪之前黄河中下游地区农牧业的生产经验、农作物及野生植物的种植与利用情况，是农学研究的百科全书；《武经总要》是一部记载军事科技的百科全书，对我国军事和兵器技术检索利用有着重要作用。

（五）年鉴

年鉴是汇集上一年度一定范围内某一方面重要文献，按年度连续排版的资料型工具书。通过年鉴我们可以了解一个年度的重要事件或者某领域的发展状况。我国年鉴已有 600 多年的历史。成书于 14 世纪 40 年代的《宋史·艺文志》中已有《年鉴》一卷，可惜已失传。年鉴可以说是科技文献检索的重要工具，对科技工作有着重要的作用，它不仅提供了连续的资料，是历史的真实记录，同时也有信息参考和借鉴作用。

具有代表性的年鉴有《中国百科年鉴》《中国历史年鉴》。其中，《中国百科年鉴》是《中国大百科全书》的补充，可以说是我国第一部综合性大型百科年鉴，该书分为概况和百科两大部分，书后有附录。《中国历史年鉴》是一本资料性质的工具书，更加侧重于史学界的研究成果，其中也不乏涉及零星的科技文献。

记载科技信息的专门年鉴也有很多，如《中国地震资料年表》《五运历年纪》《晴雨录》《湖南自然灾害年表》《中国口腔医学史（年表）》等。《中国地震资料年表》由中国社会科学院地震工作委员会编制，书中资料来源于我国古代文献中有关地震灾害的记录；《五运历年纪》是一部记载天文知识的年鉴著作；《晴雨录》为清代逐日逐时记载的降水记录，是重要的气象年鉴，对当今的天文气象研究有一定参考价值，现保存在中国第一历史档案馆；《湖南自然灾害年表》由湖南历史考古研究所编著，该书整理了湖南历年自然灾害的相关记录，是对湖南地区自然灾害情况的列举；《中国口腔医学史（年表）》记录并介绍了我国历代口腔医学发展过程中所取得的口腔医学成就及重大医事活动，以这种形式的详细介绍使利用者能对口腔医学发展过程、新技术、新药物有全面的了解，且这些成就也具有临床研究价值。

随着科技的发展，有关年鉴的专业数据库资源也随之产生，最具影响力的是“中国年鉴全文数据库”，它是目前国内最大的连续更新的年鉴资源全文数据库，收录年限从1949年至今，其中包括地理、医药等科技工作的各项内容。

除以上介绍的检索工具外，表谱和图录也是我国古典科技文献检索的重要工具，如《历代地理沿革表》《中国历史参考图谱》《中国本草图录》等。

二、计算机信息检索工具

计算机信息检索大致可分为脱机、联机、光盘、超文本的网络信息检索几个阶段。而目前利用率最高的网络信息检索工具为搜索引擎。下面，笔者将介绍几种常用的检索科技文献的搜索引擎和数据库。

1）中国国家图书馆·中国国家数字图书馆

国家图书馆设有“联机公共目录查询系统（普通古籍、善本古籍文献）”包括中文、外文的普通古籍和珍本古籍文献信息，会显示所检科技文献及与之相关文献的版本、作者、出版社、年份、馆藏副本数和已借出副本数，选定后可进行文献索取。中国国家图书馆网址为：http：//www.nlc.cn。

2）中国历代典籍总目分析系统

“中国历代典籍总目”系统按标准分类导航、原目出处导航和成书时代导航进行检索，经、史、子、集、丛是标准的检索分类，原目出处分为历史著录、馆藏著录、古籍整理目录、珍贵古籍名录四部分，成书时代按先秦、秦、汉、三国、晋、南北朝、隋、唐、五代十国、宋、辽、金、元、明、清、民国、当代的时间顺序划分。该检索网站网址为 http：//www.chinabooktrading.com/hbcc/。

3）台北故宫博物院

台北故宫博物院网站下的“善本古籍资料库”中有关科技文献的古籍是来

源于清宫旧藏以及杨守敬于晚年在日本观海堂的藏书，也包括收购和捐赠的古籍。该资料库包括全文检索及题名、著者、版本、四部类目等检索项，网址为http：//npmhost.npm.gov.tw/tts/npmmeta/RB/RB.html。

4）中国科学院国家科学图书馆

中国科学院国家图书馆的“古籍检索系统”（亦称中国科学院文献情报中心古籍管理系统）包括部分科技文献资料，其设置比较简单，输入所需文献名可直接检索，网址为http：//159.226.100.34：8080/guji/web-patron/simple_main.jsp。

5）中国中医科学院图书馆

中国中医科学院图书馆的“馆藏中医古籍目录数据库”是专门的古典医药科技文献的检索数据库，其检索页面直接显示《莫氏锦囊十二种》《古今图书集成医部全录》《金匮启钥》《医宗金鉴》等 10 610 本医药文献，网址为 http：//lib.cintcm.ac.cn：8001/page/Brw_Tmpl1.cbs?ResName=gcgj。

6）上海图书馆

上海图书馆的“古籍书目查询”数据库收录了上海图书馆收藏的中文古籍，其中也包括科技文献，有刻本、活字本、抄本、稿本、石印本、影印本等，共有普通古籍、丛编子目、善本古籍 129 660 条庞大的数据支持，网址为 http：//search.library.sh.cn/guji/。

7）大连图书馆

大连图书馆的特色馆藏分类包括馆藏西文文献书目库、满文文献书目库、古线装书目库、善本书目库等文献数据库，在资料库中检索有关地理舆图会出现《五经衷要七十二卷》《武士道史要》等相关记载的书籍，检索信息全面，其中“古籍线装书目库”的网址为http：//www.dl-library.net.cn/book/list.php?id=7。

8）南京图书馆

南京图书馆是中华人民共和国成立后，由原来的江苏省立国学图书馆和国立中央图书馆合并而成。历经近百年的风雨积淀，如今的馆藏古代文献丰富，历史古籍 160 多万册，其中不乏科技文献，海内外的科技文献研究学者常慕名到南京图书馆进行科技文献的检索利用，多能有所获。古籍文献检索网址为http：//www.jslib.org.cn/pub/njlib/njlib_gczy/njlib_gjwx/。

9）辽宁省图书馆

辽宁省图书馆网站是比较常用的检索网站，其“古籍检索”数据库包括27 717条古文献信息，其中包含《周易起元》《水村易镜》之类的天文、地理等科技文献，网址为http：//lnlib.com/gj/index.htm。

10）学苑汲古——高校古文献资源库

“高校古文献资源库”是一个汇集高校古文献资源的数字图书馆，由北京大学、北京师范大学、四川大学等高校图书馆先后合力创建，其内容包括各参建馆所藏古文献资源的书目记录、全文影像。若要检索科技文献，只要输入相关字段，各参建学校的科技文献资源就都会检索出来，网址为http：//rbsc.calis.edu.cn//aopuc/pages/search simple Rarebook:htm。

11）秘籍琳琅——北京大学数字图书馆古文献资源库

“北京大学数字图书馆古文献资源库”收藏古籍约150万册，其中善本近20万册，一些地方志、家谱、敦煌卷子以及舆图等科技文献也收罗其中。另有金石拓片3万余种，在国内收藏居于前列，可谓琳琅满目，网址为http：//rbdl.calis.edu.cn/index.jsp。

12）清华大学图书馆

清华大学图书馆藏有已编目的古籍两万多种，目录采用甲、乙、丙、丁、戊、已、庚、辛八大类分类法，在类别中直接包括自然科学、历史地理等科技文献信息，检索后可按照分类号到古籍阅览室查阅原书并加以利用，馆藏古籍目录网址为http：//166.111.120.21：4237/home/oldbook/htm/index_title.xml。

13）清华大学科学技术史暨古文献研究所

“中国科技史数字图书馆资料库”是科技文献检索的专业数据库，其下设科技典籍目录库、科技典籍全文库、科技史研究论著目录库等相关科技资料库，其中科技典籍全文库包括数学典籍、天文历法典籍和工程技术典籍。该库对数学典籍的收录相对较多，下文有单独介绍，而天文历法典籍和工程技术典籍也是我们进行古代天象研究和古代技术工艺研究的重要文献资源，网址为http：//166.111.120.21：4237/home/database/htm/book_content/index_lib.xml。

数学是我国古代形成体系的四大学科之一，是重要的科技文化，源远流长。中国科技史数字图书馆资料库中的“数学文献全文库”对中算典籍中的100余种进行了数字化，分为三种浏览方式，一是将算学典籍分为汉唐算书、宋元算书、明代算书和清代算书；二是按丛书中的算书设置浏览入口；三是按算学丛书设置浏览入口。无论是从数学文献的网罗度还是从检索效果来看，数学文献全文数据库都是科技工作者重要的中数研究检索网站，网址为 http：//166.111.120.21：4237/home/database/htm/book_fulltext/math/index.htm。

14）北京师范大学图书馆

北京师范大学数字图书馆下的“古籍目录”也是科技文献的参考检索网站，虽然该网站收录的多是诗歌、文集等文学作品，但也包含地方志等其他载有科技信息的古典文献，网址为 http：//www.lib.bnu.edu.cn/bzxt/zyzn_tsgzy1_2.htm。

15）复旦大学图书馆

复旦大学图书馆古籍部设有专门的“四库系列丛书综合索引”数据库，四库系列是载有大量科技信息的重要丛书，涉及天文、地理、农业、医药等众多科技学科，相较于其他数据库，该数据库是具有针对性的检索工具，网址为 http：//www.library.fudan.edu.cn：8080/guji/skxl2.htm。

16）武汉大学图书馆

武汉大学图书馆的“古籍馆（特藏部）”是全国古籍重点保护单位，该部藏有线装古籍近 20 万册，善本 800 余种，其中有 64 种古籍选入《国家珍贵古籍名录》。该数据库设置善本书目录、丛书目录、史部书名目录、古籍数据库等浏览导航，网址为 http：//www.lib.whu.edu.cn/gjg/index.asp。

17）宁波大学图书馆

宁波大学图书馆“古籍信息目录数据库”所藏古籍按经、史、子、集通例排序，目前已建有万余册的图书目录。该数据库不同于其他同类数据库的是特设了书名子目和作者名四角号码检索，虽然该网站还不成熟，但也可作为古典科技文献检索参考之用，网址为 http：//lib.nbu.edu.cn/ziliao/guji.htm。

18）南开大学图书馆

南开大学图书馆“古籍部”藏书包括古籍线装图书、特藏文献等种类，内含宋元刻本 24 部，明刻本 640 余部。比较难得的是，该图书馆中还存有面世不多的手绘各类地图，对地理方面的研究有很大价值。电子古籍资源还包括《十通》《大清五朝会典》等重要文献，网址为 http：//www.lib.nankai.edu.cn/zycz/gj.html。

19）香港中文大学图书馆

香港中文大学“中国古籍库”依据《香港中文大学图书馆古籍善本书录》和《香港中文大学图书馆中国古籍目录》而成的，截至2007年底，已有533种、2077册电子版古籍，所录文献全面，对科技文献的检索提供了强大的文献支撑，网址为 http：//www.lib.cuhk.edu.hk/sc。

20）香港大学冯平山图书馆

“香港大学冯平山图书馆藏善本书录”资料库共收录善本古籍11 427册，已有部分善本数字化，其中不乏珍贵的科技文献，该数据库将更多有价值的信息资源共享，为科技研究提供平台，网址为 http：//bamboo.lib.hku.hk/fpslindex/。

21）台湾图书馆·中文古籍书目资料库

台湾图书馆·中文古籍书目资料库将馆藏的文化财产网络化，分为一般查询和进阶查询，普通的利用者只能使用一般查询检索获得所需文献，网址为 http：//rarebook.ncl.edu.tw/rbook.cgi/frameset4.htm。

22）台湾图书馆·古籍影像检索系统

台湾图书馆·古籍影像检索系统会用图标显示检索文献的来源或是否有全文影像等信息。该系统中的一些文献资料除本馆藏有以外，也有来自于美国国会图书馆和美国华盛顿大学图书馆的文献，使资源更加丰富。网址为 http：//rarebook.ncl.edu.tw/rbook/hypage.cgi?HYPAGE=search/search.hpg&flag=d。

以上检索数据库只是科技文献检索用到的部分计算机检索工具，它们中的大部分虽然不是检索科技文献的专业网站，但在众多古典文献中会包含专门科技文献或是载有相关科技内容的古文献，为科技信息的检索提供了广阔的检索平台。同时，各数据库的文献资源相互补充，也扩大了科技文献的检索基础。

第三节　检索效率的评定

检索效率简单来说就是检索的效果如何，是否高效、高质地得到了所需的检索结果。古典科技文献检索效率的评定方法与一般文献的检索大致相同，以下，笔者就从评定标准和影响因素两方面来了解检索效率的评定方法。

一、评定标准

要衡量检索系统的性能如何，必须建立相应的指标，即我们所说的评定标准。克莱弗登在分析用户基本要求的基础上提出了评价标准的 6 个指标，即查全率、查准率、收录范围、响应时间、用户负担、输出形式。

分析评价检索操作与检索结果是否理想，以及信息检索系统的效能如何，最常用的指标有查全率、查准率，此外还有漏检率、误检率、响应时间等衡量指标。

一般认为，查全率在 60%—70%，查准率在 40%—50%，即能满足需要。

第一，查全率，即检出的相关文献数与系统内的相关文献总数之比［查全率=（检出相关文献量/文献库内相关文献总量）×100%］。显然，查全率是用来描述系统检出相关文献的能力的一种尺度。

一般来说，检索工具的标引深度越大，查全率也就越高。标引过程的网罗性越好，查全率也就越高。

第二，查准率，即检出的相关文献数与检出的文献总数相比［查准率=（检出相关文献量/检出文献总量）×100%］，它是衡量一个检索系统的信号噪声比，测度检索系统拒绝非相关文献能力大小的一项指标。

查准率主要取决于检索语言的专指性和拟定的检索策略能否准确表达用户真正的信息要求。若检索策略拟定得较宽泛，参与组配的检索词较少，主题词的概念比用户的信息需求宽泛，则查准率降低，而查全率增加，通常二者成互逆关系。查准率是用来描述系统拒绝不相关文献的能力或检索精确度的一种尺度。

查全率和查准率结合起来，描述了系统的检索成功率。在这 6 个指标中，最重要也最常用的是查全率和查准率。

第三，文献库的收录范围全面才能保证真正的查全。可以把收录范围看成查全率的延伸。

第四，响应时间是指从提交检索课题到查出文献所需要的时间。

第五，用户负担是指用户在检索过程中花费的精力的总和。

第六，输出形式是系统所检出的情报的形式，可能是文献号、题录、文摘或全文等。输出的信息越多且便于浏览，用户就越容易做出相关性判断。

收录范围、响应时间、用户负担、输出形式都反映系统的性能，是用户选择检索系统时要考虑的重要因素。但是与查全率和查准率相比，它们又是比较次要的标准。

二、影响因素

检索效率的重要评定标准——查全率和查准率，有诸多影响因素。具体如下。

（一）影响查全率的因素

影响查全率的因素主要包括：文献库或检索工具收录文献不全面，漏报的现象比较严重；索引词汇缺乏控制和专指性；词表结构不完善；词间关系含糊或者不正确；标引缺乏详尽性（网罗度），即标引深度不够；标引前后不一致；检索策略过于简单；检索式中使用逻辑判断太多，或者不适当的使用了逻辑判断，检索人员缺乏灵活性。

（二）影响查准率的因素

影响查准率的因素主要包括：索引词缺乏专指性，不能精确地描述文献主题和检索要求；组配规则不严密，容易产生假联系或歧义现象；词间关系不正确；过量标引；使用不当的检索词；检索式中允许容纳的词数量有限；检索式中使用逻辑或不当。

研究显示，查全率与查准率成互逆关系。因此要想做到查全，势必会对检索范围和限制逐步放宽，则结果是会把很多不相关的文献也带进来，影响了查准率。若想同时提高查全率和查准率，不是很容易。因此，我们在实际检索时应当根据具体课题的要求，合理调节查全率和查准率，以保证检索效果。

对于上文中所介绍的 6 个评定标准，从宏观角度可以分为主观和客观两种影响因素。

主观原因：检索课题要求不明确、检索工具选择不当、检索途径和方法过少、组配错误、检索词选择不当等。

客观原因：收录遗漏、词表结构不完善、标引不够详尽、文献分类专指度缺乏深度不能准确描述文献、组配规则不严密等。

了解了各种影响因素，我们的最终目的是要在检索中克服各种不利因素，提高检索效率。

本书是研究我国古典科技文献的专著，最终目的除了让读者加深了解以外，更多的是更好地利用古人留下来的宝贵财富，无论是历史研究还是文学参考。本章通过重点对古典科技文献检索方法、检索工具等的介绍，在理清检索思路的同时加深了对我国古典科技文献的理解，望最终能提高我国古典科技文献检索利用率。

第十章　中国古典科技文献的鉴别与整理

中国古典科技文献为数众多，良莠不齐，这就需要我们对其进行鉴别与整理。因为搜集、发掘到的文献只是供我们研究的一堆原料，如果不加以鉴别和整理，资料再多也无助于认识和说明要考察或研究的问题；但对文献进行鉴别和整理有时也会引起混乱。郭沫若在《古代研究的自我批判》中说："无论作任何研究，材料的鉴别是最必要的基础阶段。材料不够固然大成问题，而材料的真伪或时代性如未规定清楚，那比缺乏材料还要更加危险。因为材料缺乏，顶多得不出结论而已，而材料不正确便会得出错误的结论。这样的结论比没有更要有害。"①

科技文献的鉴别主要包括两个方面：优劣的鉴别和真伪的鉴别。优劣的鉴别主要是指版本的鉴别。文献有不同的版本，它们有精粗优劣之分。理清版本源流，确认孰为善本、足本，作为进一步研究的依据，是版本鉴别的主要目的。真伪的鉴别又分两个方面，即外层鉴别和内层鉴别。所谓外层鉴别，指确认文献的署名是否与实际情况相符，也就是鉴别某种文献是否确为某时某人所作，是则真，否则伪。这是狭义的辨伪学所要研究的内容，和版本学、目录学的关系比较密切。所谓内层鉴别，指在确认某种文献为某人所做的前提下，考证其内容哪些是真实的，哪些是失实的，这和校雠学及史学中的史料考辨工作关系密切。广义的辨伪学，将内层鉴别也纳入自己的研究范围。笔者这里所讨论的是狭义的辨伪学。

而科技文献的整理主要是选择有关科学技术方面一部分典籍进行校勘、标点、注释、汇编、辑佚等工作，以利于它们的流传和使用。

---

① 郭沫若. 十批判书［M］. 北京：科学出版社，1956：2.

第一节　版本的鉴别与选择

科技文献的准确鉴别与选择是研究工作的前提条件，而鉴别与选择离不开对版本学知识的掌握。版本学的研究内容相当广泛，其中最重要的是两项：第一，研究版本的鉴定方法，以求准确判明书籍的出版年、出版地、出版者、版本类别（制作方式）、流传情况等，进而论定其价值；第二，研究版本的源流，探求一种书籍的各种版本的渊源嬗递关系，进而比较分析，判定何者为善，何者为劣，以供抉择。以上两方面相辅相成。对一种书版本源流的梳理，建立在对该书各种版本的鉴定上；而版本源流的清晰梳理，又可反过来验证各种版本鉴定的精确度。

一、版本的含义

“版本”，从严格意义上说，是刻板印书出现后为区别刻本和写本而使用的名称。因最初的印版是以木板为原料雕刻而成，故“版本”又称“板本”。

“版”（板）和“本”很早就作为书籍文献的名称在使用。从春秋、战国一直到三国时期，“简策”是主要的书籍形式，当时的文字载体除竹简外，还使用木片。这种用来书写的木片称为“版”或“牍”。王充《论衡·量知》云：“断木为椠，析之为板，力加刮削，乃成奏牍。”①“本”的原意为树根。《说文解字》云：“木下曰本，从木，一在其下。”②引申为根源、原本。于是人们把书籍文献的原本也称为“本”。《文选·魏都赋》注引《风俗通义》云：“刘向《别录》：‘雠校，一人读书，校其上下，得谬误为校；一人持本，一人读书，若怨家相对，故曰雠也。’”③余嘉锡认为：

> 寻风俗通之意，一人持本者，持竹简所书改易刊定之本，一人读书者，读传写上素之书也。以油素之书写自竹简，则竹简为书之原本，故呼曰本。

① （汉）王充撰，陈建初等译. 白话论衡［M］. 长沙：岳麓书社，1997：462.

② （汉）许慎撰，张章编. 说文解字（上）［M］. 北京：中国华侨出版社，2012：12.

③ 钱基博. 钱基博古籍举要外一种版本通义［M］. 长春：吉林出版集团有限责任公司，2016：141.

其后简策之制既废，写书者借人之书传录，则呼所借者为本。后汉书延笃传注引先贤行状曰："延笃欲写左氏传，无纸，乃借本讽之。"是其事也。凡书无不可传写者，因有书本之名矣。[①]

版本之称，起于雕版印书。宋沈括《梦溪笔谈·技艺》云："版印书籍，唐人尚未盛为之，自冯瀛王始印五经已后，典籍皆为板本。"[②]这就是说，版本之称是随着雕版印刷技术的发展而出现的。宋叶梦得《石林燕语》卷八也说：

唐以前，凡书籍皆写本，未有摹印之法，人以藏书为贵。人不多有，而藏者精于雠对，故往往皆有善本。学者以传录之艰，故其诵读亦精详。五代时，冯道始奏请官镂六经板印行。国朝淳化中，复以《史记》、《前》、《后汉》付有司摹印，自是书籍刊镂者益多，士大夫不复以藏书为意。学者易于得书，其诵读亦因灭裂，然板本初不是正，不无讹误。世既一以板本为正，而藏本日亡，其讹谬者遂不可正，甚可惜也。[③]

由此可见，宋人所云"板本"是指与"写本"相对的雕版印刷的书本。因此，叶德辉总结说："雕版谓之板，藏本谓之本。藏本者，官私所藏，未雕之善本也。自雕版盛行，于是板本二字合为一名。"[④]这一结论大体符合宋以前人们对版本称谓的实际。

我们一般所谓"版本"，指古今同一种文献手写、雕刻、排印、影印、拓印、铅印、晒印、油印、激光照排等各种不同的本子，已经与其初始意义不大一样，这可以称为广义的"版本"概念。由于本书论述范围限于古代，故所论"版本"类型包括写本、刻本、活字本、石印本，不包括现代的油印本、激光照排本等，应谓之"古籍版本"。

一般来说，书籍形成越早价值越大，流传越广，则其存世版本越多。如北魏郦道元所撰的《水经注》，文字生动，内容丰富，历来评价极高。学者从各方面对该书进行研究，形成一门专门的学问——郦学。该书原为朝廷藏书，唐末

① 余嘉锡. 余嘉锡文史论集·书册制度补考［M］. 长沙：岳麓书社，1997：507.

② （宋）沈括著，张富祥译注. 梦溪笔谈·卷二十五·杂志二"胆矾炼铜"［M］. 北京：中华书局，2009：198.

③ （宋）叶梦得. 石林燕语［M］. 上海：上海古籍出版社，2012：70.

④ 叶德辉. 书林清话·卷一［M］. 长沙：岳麓书社，1999：21.

宋初流入民间，经过辗转传抄刊印，存世版本极多。胡适在北京大学任校长期间，为了庆祝北京大学建立50周年而举办了一次《水经注》版本展览，展出的版本计9类41种，集该书版本前所未有之大成。①

二、版本学

重视版本一直是中国学术的优良传统。在印刷术发明以前，书籍文献已经经过了不断的传写；印刷术发明以后，又经过不断的刻印，因而形成了许多不同的版本。这些版本在内容和形式上都存在或多或少的差异，有些甚至是根本性的。余嘉锡指出："盖书籍由竹木而帛而纸；由简篇而卷，而册，而手抄，而刻版，而活字，其经过不知其若干岁，缮校不知其几何人。有出于通儒者，有出于俗士者。于是有断烂而部不完，有删削而篇不完，有节钞而文不完，有脱误而字不同，有增补而书不同，有校勘而本不同。"②读某书能获得一种好的版本，对于读者准确了解该书的真实内容、获取正确的知识和丰富的营养，具有十分重要的作用。清张之洞在《书目答问》中说："读书不知要领，劳而无功；知某书宜读而不得精校、精注本，事倍功半。"③早在西汉末年，刘向等人在校理秘阁藏书时就非常注意版本问题，《别录》中谈到他们利用中书、太常书、太史书、臣向书、臣参书、大中大夫卜圭书、射声校尉立书等多种版本为其校书服务，从而整理出最完善、最权威的版本。现代学术界评价甚高且收书甚多的《四部丛刊》，其编辑者张元济就从涵芬楼和其他藏书家的藏书中精选宋元旧刻、明清精校以及稀见手稿本和抄本，予以影印。初编印行后，发现其中21种书有更好的版本，重印时便及时更换，表明了编者对版本的慎重态度。编辑者在《印行四部丛刊启例·四部丛刊例言》中说："版本之学，为考据之先河。一字千金，于经史尤关紧要。兹编所采录者，皆再三考证，择善而从。"④

版本之于书籍如此重要，早已成为一门学问。所谓版本学，就是研究书籍不同版本的年代、特征、差异以及鉴别不同版本的真伪、优劣的学问。也就是

① 陈桥驿.《水经注》版本和校勘的研究［J］. 杭州师范学院学报，2000（1）：20—24.

② 余嘉锡. 目录学发微［M］. 成都：巴蜀书社，1991：72.

③ 范希曾. 书目答问补正［M］. 上海：上海古籍出版社，1983：2.

④ 印行四部丛刊启例·四部丛刊例言［A］//张静庐. 中国现代出版史料·甲编［C］. 北京：中华书局，1954：355.

说，版本学是研究书籍的各种写本、历代刊本、传抄本、批校本乃至纸张、墨色、字体、刀法、藏书印记、版式行款、装潢式样等内容，探讨一书的雕版源流、传抄源流的一门综合学问。版本学最早起源于南宋，至清代乾嘉时期最盛，故而它不是新兴学科，而是一门古老的实践性很强的学科。历代文献学家都十分重视版本学，因为版本学对于古籍研究特别是古典科技文献的研究有着不可替代的作用。简而言之，版本学的功用：一是从版本形式的角度来研究版本，以期弄清版本源流、一书或群书的版本异同，以鉴定版本优劣，这是版本学最主要的理论要求所在；二是从版本内容的角度来利用版本校勘古代文献，以达到完善文献、文本的目的。古典科技文献记载着中国古代科学技术的辉煌成就，它不但是对古代科学技术的传承，更是可以为我们当代的科学研究服务，故而了解古典科技文献的版本知识是非常必要的。

三、版本的类型

文献因其物质载体不同而有甲骨、金石、简牍、帛书、纸书以及电子图书的区别。不过就版本而言，甲骨、金石、简牍、帛书因其制作困难或难于保存，一般流传不广，也较少有异本。电子图书还处于发展阶段，版本形态还有待进一步成熟。因此，笔者这里所做的版本分类，只涉及纸质文献。

纸质文献按其录载文字方式的不同，可划分为两大类：一类为写本，包括稿本、抄本、影写本三项；一为印本，包括刻本、活字本、石印本三项。

（一）写本

写本又称手写本，是用笔札写成的书本，是印刷术发明以前书籍的主要版本形式，唐以前的纸书都是手写本。即使在印刷术发明以后，甚至在印刷技术相当成熟的明清时期，写本仍然有其存在的空间。这是因为：一方面，在刻印本面世之前，几乎所有的书籍都会有一个写本阶段；另一方面，有些大型类书或需求量极小的书，因无力刻印或部头不值得刻印而只能以写本流传，如明代《永乐大典》、清代《四库全书》以及一些个人文集便是写本。写本因其性质和作用不同又可分为以下几种。

1. 稿本

稿本有手稿本、清稿本之分。作者亲笔所写，字迹和行格等都比较随意，书中多增删修改，可谓之手稿本。手稿本一般有署名和序、跋，最能体现作品原貌。清稿本就是非作者亲笔所写而是经他人代为抄写，但经过作者校改的稿本，一般有作者印鉴。它的特点是字迹端正、行格规范，偶有补脱之处。目前存世的有关科技文献的稿本较少，尤其是明清之前的。清代的稿本存世相对较多些，如清人苏毓辉辑的《便农占镜》3 卷就是稿本，且为海内孤本。王仁俊辑经籍佚文本《氾胜之书佚文》1 卷、《农桑衣食撮要佚文》1 卷和后魏贾思勰撰的《要术佚文》1 卷也是稿本。

2. 抄本

抄本又称钞本，是照原稿、原书抄写出来的本子。这是写本中的大宗。雕版印刷术发明以前的书籍都依赖手工抄写流传。即使雕版印刷术和活字印刷术普及之后，仍有大量抄本产生。与稿本相比，抄本有一定的行格、规模等要求，因而抄本既有时代特征，也有生产者个性，具有分类的基础。抄本原则上按时代可以分为汉抄本、三国抄本、晋抄本、唐抄本、宋抄本、元抄本、明抄本、清抄本等。如清抄本《天一遗书》，是清都水监靳辅治水的得力助手陈潢所撰。陈潢，字天一，他总结几千年治理黄河的经验，认为下游水患是中上游水土保持不好，河水所含泥沙淤积所致；上中游水患是下游河道堵塞不通造成的，因而提出上中下游同时治理的河政理论。这种理论在腐败落后的清王朝虽然根本不可能实现，但其科学价值是显而易见的。

隋唐以前抄本今已绝迹，只有依靠考古发掘偶尔一见。值得注意的是，明清官私各家抄本有三个显著的特点：一是各家大多有专门的抄书格纸。一般来说，明人多用蓝格、黑格，少数用绿格、红格；清人则多用绿格、红格（朱丝栏）、黑格（乌丝栏），少数用蓝格。二是大多在版心下方或栏外印有书斋（堂、楼）号标记。三是大多有题识跋语。

此外，在抄本中，书法工整、文字内容舛误较少者称为“精抄本”；有些不能断定其确切抄写年代，但可以肯定其抄成年代较早者则统称“旧抄本”。习惯上，把清乾隆以前的抄本统称“旧抄本”；清代抄本书，乾隆以前的统称“清初抄本”，乾隆以后又不能肯定为哪一代所抄的统称“清抄本”；清末民初的抄本统称“近抄本”；民国以后的抄本统称“新抄本”。

3. 影写本

明清时期，藏书家为保存稀见宋元版书原稿，雇请抄手，用优良薄纸覆于原书页上，照原书字迹、版式一丝不苟地影摹下来，一点一画也务求与原本毫无差异，然后复刻成书，这样的本子称作影写本，又叫影抄本。古无“影”字，“影”写作“景”，影抄本在古代文献中均写作“景抄本”。

此外，值得一提的是在敦煌藏经洞发现的“敦煌遗书”。敦煌遗书是敦煌所出公元5—11世纪的古写本以及少量印本。从内容上来看，敦煌遗书是研究中古中国、中亚、东亚、南亚相关的历史学、考古学、宗教学、人类学、语言学、文学史、艺术史、科技史、历史地理学的重要研究资料。敦煌遗书中的科技文献涉及天文、历法、算学、医学、药学、营造、酿造、冶炼、印刷、农业、水利等。

敦煌遗书中天文学文献有《星占书》《手决》《浑天赋》等。其中《星占书》约成书于唐武德四年（621年）。该书备载甘、石、巫咸三家内外官星283座，1464星，与《晋书·天文志》所载晋武帝时太史令陈卓据甘、石、巫咸三家所著星图之数吻合，而今本《甘石星经》仅载内外官诸星160余座，可见今本残脱甚多，而敦煌《星占书》则保存了《甘石星经》的原貌。

敦煌遗书中的历法残卷，有上起北魏太平真君十一年（450年），下迄北宋淳化四年（993年）500多年间的残历书50余件。其中多数是中唐以后敦煌本地特有的历法。算学遗书有《算经》《立成算经》《算书》《田积表》《九九歌诀》等10多种。医学遗书内容涉及医论、脉经、本草、药方、针灸、食疗、导引、少数民族医学文献，还有兽医以及医药文学的著作。其中张仲景的《五藏论》《灸法图》《玄感脉经》《平脉略例》《青乌子脉诀》《新集备急灸经》《食疗本草》及近年发现的《辅行决脏腑用药法要》《张仲景评病要方》等俱为久佚之要典。尤其难能可贵的是，遗书中还发现多种吐蕃医学文献，如《火灸疗法》，敦煌研究院还收藏有回鹘文医方一卷，都是古代少数民族医药文献的珍品。[①]

（二）印本

印本，对写本而言，是指印刷的书本，包括刻本、活字体、石印本。

---

① 李正宇. 敦煌学导论［M］. 兰州：甘肃人民出版社，2008：94—96.

1. 刻本

刻本是雕版印刷术的产物，中国现存古文献大多是刻本。据研究，雕版印刷术大约产生于我国隋唐之际，其原理是先将文字雕刻于木板等板材上，然后覆纸付印成书。由于刻本印制速度快、流传范围广，故情况远比写本复杂，因而分类也有多种，主要可以从刻印时代、刻印地区、刻印工艺、刻印主体、刻印形态五个方面进行分类。

1）以刻印时代分类

按照刻印时代先后可分为唐刻本、五代刻本、宋刻本、辽刻本、西夏刻本、金刻本、元刻本、明刻本、清刻本、民国刻本。各朝代又随着皇帝更迭不断产生各种风格不同的版本，著名的如南宋绍兴本，元大德本、至正本，明洪武本、万历本、嘉靖本、崇祯本，清康熙本、乾隆本、道光本等。唐刻本保存到现在的不多，一般认为，现存最早的唐刻本为唐懿宗咸通九年（868 年）刻印的《金刚经》。五代刻本传世甚少，国内现存五代刻本首推浙江杭州雷峰塔所出的《一切如来心秘密全身舍利宝箧印陀罗尼经》。宋代是我国雕版印刷书籍的黄金时期，雕刻出版了不少种类的书籍，当中有关科技文献的如 1057 年北宋统治者在编修院设立校正医书局，组织人力校正唐代以前的重要医籍 10 余部，有《重广补注黄帝内经素问》《补注神农本草》《嘉祐图经本草》《伤寒论》《外台秘要》《针灸甲乙经》《千金方》等。这是我国历史上第一次由官府组织人力整理刊印唐代以前的重要医籍，其脱离靠手抄传播的传统方式，意义重大。宋刻本校勘精细，刻印精美，堪称后世刻书的楷模，历来为读书人和藏书家所深爱，现存宋刻本几乎都是珍品。元刻本中数量多、质量高的要推学校刻本。比较著名的版本有乃马真后元年（1242 年）刻印的《御药院方》、元大德六年（1302 年）崇文书院刻印的《经史证类大观本草》及元代太医院刻印的《圣济总录》等。明清刻本虽种类丰富，但质量参差不齐，需要加以辨别。目前存世的古典科技文献中，明清刻本居多，如咸丰四年（1854 年）刻印的《畿辅水利议》，是林则徐的一部很有见地的著作。书中提出应该大力开发北方的水利资源，提高北方的田亩产量，就地解决赋粮，改变南粮北运的历史状况，具有很高的学术价值。

2）以刻印地区分类

按照刻印的地区，可以分为以下几种。

（1）浙本。

浙江地区的刻本。五代以后，浙江很多地方都有刻书活动，因此浙本是一个大的地区概念，还可以细分为杭州本、绍兴府之越本、庆元府之四明本、婺州金华本、衢州本、严州本、湖州本、苏州平江府之姑苏本等。如淳熙年间台州刻本《荀子》20卷（黎昌庶《古逸丛书》影印）。

（2）建本（又称闽本）。

福建地区的刻本。由于福建地区的刻本主要集中在建宁府，因此又专指建宁府（包括建阳）的刻本。建宁府是宋明刻本中心之一。其所刻科技文献如医籍类有宋时建安余建国刊的《新编类要图注本草》42卷、余恭礼刊印的《活人事证方》20卷及《活人事证方后集》20卷、余唐卿刊的《普济本事方》10卷及《普济本事方后集》10卷；元代大德八年（1304年）余志安刊印的《太平惠民和剂局方》10卷、元代勤有书堂刻本《新编妇人大全良方》24卷及《辨识修制药物法度》1卷、《普济本事方》10卷；明代万历年间余象斗刻印的《袁氏痘疹丛书》5卷。

（3）蜀本。

四川地区的刻本。蜀本一向以成都和眉山为中心，唐末、五代、两宋时期最为兴旺。刻有医籍《蜀本草》，但原本已散佚，其内容还可从《证类本草》《本草纲目》中见到。

（4）麻沙本。

福建建阳麻沙镇书坊刻本。麻沙本属于建本系列，但由于该地书坊历史悠久，刻印的书籍数量大、流传广、特点突出、名声响亮，所以成为建本的代名词。麻沙本科技文献如《本草衍义》20卷、元代叶氏广勤堂刊的《针灸资生经》7卷。

（5）眉山本。

属于蜀本系列，但眉山地区刻本多仿颜体，字大悦目，历来受藏书家推崇，习惯称眉山本，又称蜀大字本。最著名的为南宋井宪孟刻印的《眉山七史》。

（6）平阳本。

山西平阳刻本。金元时期，平阳成为全国刻书重镇，多有刻本传世，如蒙古定宗四年（1249年）平阳张存惠晦明轩刻的《重修政和经史证类备用本草》、明代正德十年（1515年）山西平阳府刻的《西方子明堂灸经》与《铜人针灸经》合刊本等。

（7）高丽本。

又称朝鲜本，指朝鲜刻印的汉文书籍。中国的雕版印刷术和活字印刷术很早就传入朝鲜，朝鲜刻印的汉文书籍也有很多传入中国。高丽本多用皮纸，书品宽大，行格疏朗，很受中国藏书家喜爱。朝鲜本的医籍如高丽文宗十二年（1058年），忠州牧进新雕的《伤寒论》《本草格要》《张仲景五脏论》等；次年又新雕《肘后方》；1447年刊印的《针灸资生经》；1615年刻印的《新刊补注释文黄帝内经素问》；1613年朝鲜内医院刻印了许浚的《东医宝鉴》等。

（8）东洋本。

日本刊刻的汉文书籍。日本刊刻的汉文书籍数量很多，但精品不多，一般认为远不如朝鲜刻本。17、19世纪，日本刻印了大批中医古籍，如较早刊行的主要有《黄帝内经素问注证发微》（1608年）、《黄帝内经灵枢注证发微》（1609年）、《针灸资生经》（1634年）、《诸病源候论》（1647年）、《和剂局方》（1647年）、《校注妇人大全良方》（1653年）等。此外，还影刻了一些中医古籍，如宋本《伤寒论》（1668年）、宋本《千金要方》（1849年）。

（9）越南本。

又称安南本，指越南刊刻的汉文书籍。由于很多中国刻工参与越南的刻书活动，因此越南刻本没有自己的特点，同中国刻本相差不多。今所能见者，仅有中国国家图书馆所藏越南嗣德三十二年至咸宜元年（1879—1885年）所刻黎有卓撰的《新镌海上医宗心领全帙》64卷及卷首1卷。此外，还撰有《南药考辨》《南药神效》等医籍。

另外，浙本、蜀本注重校勘，质量较好。建本多为考试用书和通俗读物，麻沙本粗制滥造，因而“麻沙本”几乎成了劣本的代名词。

3）以刻印工艺分类

按照刻印工艺不同，可分为以下几种。

（1）原刻本。

根据手稿第一次雕刻印刷出版的书，称原刻本，又称初刻本。如明代平露堂刊印的《农政全书》就是初刻本，也是该书唯一的明刻本。崇祯十年（1637年）刊印的“涂本”《天工开物》也是初刻本。原刻本是针对后来的重刻、影刻诸本而言的，又称祖本。例如，现藏于中国中医科学院图书馆的“金陵版”《本草纲目》亦为其祖本。之后夏良心翻刻的“江西版”和钱蔚起翻刻“杭州版”都是据该祖本翻刻的。原刻本最接近原始手稿，因而理论上也是错误最少的本子，最受学者重视，尤其受到校勘学家注意。

（2）重刻本。

根据原刻本的版式重新刻印的图书，又称翻刻本。其中凡版式、行款、字体等依照原刻本影摹上板刻印，与原书一模一样的，称为仿刻本、覆刻本、影刻本，如“江西版”和“杭州版”的《本草纲目》、杨素卿版的《天工开物》等。照宋版影刻的，称影宋刻本或覆宋本，照元版影刻的称影元刻本或覆元本，其余依次类推。

（3）影刻本。

完全依照原刻的字体、版式、甚至用纸重新翻刻。清代著名藏书家黄丕烈的影宋刻本，完全照宋版原样，包括原版的错字、裂纹等，类似于后世的照相影印，不添加自己的任何东西。影刻本同原刻本相比，上乘之作可以乱真。17、19世纪日本影刻了一些中医古籍，如宋本《伤寒论》和《千金方》。

（4）修补本。

将旧存残缺漫漶书版重新修补后印出的图书称为修补本或重修本，用屡经修补的书版印出的书称为递修本，如《中国善本书提要》经部小学类著录的《书学正韵》三十六卷就是元刻明修本。递经南宋、元、明三朝刊刻修补的印本，版本学家称之为“三朝本”。

（5）百衲本。

用同一部书的不同残版拼成完整书版印制而成的书，称为百衲本，又称“配本”。百衲本书始出于清代初期的宋荦，他用两种宋本、三种元本，配置成一部《史记》80卷，称为百衲本《史记》。傅增湘用几种宋本拼配了一部《资治通鉴》，称为百衲本《资治通鉴》。商务印书馆曾汇集不同版本的史书，影印拼配了一部《二十四史》，称为百衲本《二十四史》。又如乾隆刻本的《徐霞客游记》，是徐氏后人参酌众本刻印而成的，无论在学术上还是在资料上都很有价值。

（6）套印本。

用两种或两种以上颜色分版印刷的图书。常见的有朱墨二色套印本，被称为朱墨本。此外，还有三色、四色、五色、六色套印本。明代发明分版分色套印和凹凸版印技术，称为饾版和拱花，这种印刷方法，常用于版画。中国传统的套印技术发展分为两个阶段。初期阶段是一版分色套印，有实物可证者，该法起于元代。至元六年（1340年），中兴路（今湖北江陵）资福寺刻的无闻和尚

《金刚经注释》卷尾的《灵芝图》和经注，即是朱、墨两色套印。明代万历时徽州程大约彩印自己的《墨苑》，崇祯年间（1628—1644 年）吴彦匡著的《花史》，是这种一版分色套印（敷彩印法）的传世杰作。后来浙江乌程（今吴兴）闵齐伋、闵齐华、闵象泰和凌濛初、凌瀛初、凌汝亨两家刻印不少套印本书，已是分版分色套印。到天启、崇祯时，胡正言、吴发祥分别编制《十竹斋笺谱》《萝轩变古笺谱》，采用多版分色套印，且与拱花技法相结合，称为饾版拱花。印出来的花鸟虫鱼、行云流水，栩栩如生，跃然纸上。清代初期李渔继续发展饾版技法，印有《芥子园画传》行世。北京荣宝斋、上海朵云轩一直保持这种传统套印技术，称为木版水印。只用红色、墨色两种颜色套印的书籍，称为朱墨套印本。此外，有三色套印本、四色套印本和五色套印本。

4）以刻印主体分类

按照刻印主体区分，主要有三大类：官刻本、私刻本和坊刻本。

（1）官刻本。

由历代中央和地方政府机关及其附属机构刻印的书籍版本统称官刻本。主要有以下五种。

一是监本，即国子监刻本。这是历代国家最高学府国子监刻印的图书，是官刻本的主体。宋代国子监刊《开宝本草》《太平圣惠方》等医籍，并刻印了一批小字本廉价医书，叶德辉的《书林清话》曰："宋国子监镂刻经史外，最重医书，且听人购买。吾所藏明仿宋本王叔和《脉经》十卷，前有公牒，略云：'……今有《千金翼方》、《金匮要略方》、《王氏脉经》、《补注本草》、《图经本草》等五件医书，日用而不可缺。……欲乞开作小字，重行校对出卖……六月二十六日奉圣旨，依抄如右。牒刊奉行。'"[①]南宋国子监绍兴二十一年（1151 年）刊印《太平惠民和剂局方》。金代国子监皇统四年（1144 年）增补并刊刻《肘后方》，并改名为《附广肘后方》8 卷。元代国子监刻印的医籍现仅知有延祐三年（1316 年）刻印的小字本《伤寒论》。明代国子监有南北之分，北京国子监为"北监"，南京国子监为"南监"。现知北京国子监刊有《本草方》《脚气治方》等。南京国子监刻有《脉诀刊误》《洗冤录》等。

二是内府本，专指明清两代宫廷刻印书籍。明内府刻书主要由司礼监所辖

① 叶德辉著，李庆西标注. 书林清话［M］. 上海：复旦大学出版社，2008：130.

经厂刻印，又叫经厂本。明代经厂本是明代官刻本的大宗。清代内府刻书主要有康熙年间曹寅主持的扬州诗局本和后来在宫城武英殿设修书处刻印的皇帝钦定图书，称武英殿本，简称殿本。比较著名有乾隆七年（1742 年）武英殿刻印的《(御纂）医宗金鉴九十卷·首一卷》共 15 种，8 函 70 册。

三是局本，即清末民初各地官书局刻印的图书，统称局本。“官书局创始于同治，极盛于光绪。”[①]如金陵书局刻本、苏州书局刻本、浙江书局刻本、湖北崇文书局刻本等。局本数量大、流传广。清代后期各局所刻书，约为 1000 种，四部均备。据 1930 年朱士嘉在其《官书局书目汇编》中的统计，仅山东官书局就刊印了包括《黄帝内经》《素问集注》在内的 112 种书。

四是藩刻本，指明代各地藩王府刊刻的书籍。如朱橚刊刻的《普济方》168 卷、《救荒本草》2 卷、《保生全录》2 卷。朱权刊刻的《活人心法》2 卷、《乾坤生意》4 卷、《神应经》1 卷及校刊《十药神书》《崔氏灸法》《素问病机气宜保命集》等。

五是书院本，指历代书院刊刻的书籍。书院本以宋元两代为最盛，也在宋元两代最有声誉。如元代大德九年（1305 年）陈仁子茶陵东山书院刻本《梦溪笔谈》；环溪书院及崇文书院刊刻的《大观经史证类备急本草》32 卷；梅溪书院刊刻的《千金翼方》30 卷。

其他各官府机构如钦天监、转运使司、公使库及各地儒学等，也都刊刻了很多书籍。

（2）私刻本。

私刻本指个人出资刻印不图盈利的本子，又称家刻本、家塾本，始于五代毋昭裔出资私刻的《文选》《初学记》等。私刻本多以姓名或室名堂号相称，以出版者姓名相称的，有宋黄善夫本、周必大本，元丁思敬本，明王延喆本，清阮元本等；以出版者室名堂号相称的，有南宋余仁仲万卷堂刻本，明范钦天一阁刻本、毛晋汲古阁刻本，清纳兰性德通志堂刻本、黄丕烈士礼居刻本等。较早的私刻本如医籍有五代末年北宋初年刊的《刘涓子鬼遗方》5 卷、1108 年孙君孚刊刻的《证类本草》、1113 年魏炳刊刻的《伤寒总病论》、1119 年阎季忠刊刻的《小儿药证直诀》。元代私刻本较著名的有曹仲氏刊刻的《类证增注伤寒百问歌》、杜思敬刊刻的《济生拔萃》等。

---

① 朱士嘉. 官书局书目汇编·引言［M］. 北平：中华图书馆协会，1933：3.

（3）坊刻本。

坊刻本指以刻印书籍为业以获利的私人书坊所刻印的本子。坊刻本大多以书坊、书棚、书铺、书店、书堂、书林、书肆、书局等名号相称，如南宋临安陈氏书籍铺刻本、元建安余氏勤有堂刻本、明杨氏清江书堂刻本、清扫叶山房本等。但坊刻本中更多的还是以与私刻本名称相似的斋、堂号相称的，如宋建安余氏万卷堂刻本，元叶氏广勤堂刻本、刘氏翠岩精舍刻本，明刘氏慎独斋刻本、唐氏文林阁刻本，清陶氏五柳局刻本等。值得注意的是，元代的坊刻本比官刻本、私刻本都要多。其间坊刻本医书就有燕山活济堂刊刻的《子午流注针经》、《针经指南》（附《针灸杂说》）、《灸膏肓腧穴法》、《黄帝明堂灸经》（以上合称为“针灸四书”）；叶氏广勤堂刊刻的《针灸资生经》等；余氏勤有堂刊刻的《新编妇人大全良方》等；熊氏卫生堂刊刻的《新编西方子明堂灸经》等。上述医籍现均有存本。

5）以刻印形态分类

按照版本形态差异，可以分为巾箱本，袖珍本，大字本、小字本，书帕本等。

（1）巾箱本。

巾箱本指开本很小的图书，可以藏在随身巾箱之中。巾箱，是古人装头巾用的小箧。《北堂书钞》卷一三五“王母巾箱”条引《汉武内传》，说帝见王母巾箱中有一卷小书，盛以紫锦之囊。晋葛洪《西京杂记》后序说，洪家遭火，书籍都尽，唯有抄本二卷在巾箱中，常以自随，故得犹在。《南史·齐·衡阳王钧》说手自细书《五经》为一卷，置于巾箱中，以备遗忘。诸王闻而争效，为巾箱《五经》。宋戴埴的《鼠璞》说：“今之刊印小册谓巾箱本，起于南齐衡阳王手写《五经》置巾箱中。”[①]该种刊本，南宋时尤为流行。元明罕见，清代又有流行，如清康熙刻巾箱本《鹌鹑论》；道光七年（1827 年）刊巾箱本《集验简易良方》；道光三十年翰苑阁刊巾箱本《本草纲目》和三元堂梓行《痧胀玉衡书》；光绪十三年（1887 年）有巾箱本《方解别录》等。可见，无论是手写本书，还是刻印本书，只要是开本较小，能够在随身携带的巾箱小箧中装下，就都可以称为巾箱本。在实践上，巾箱本与袖珍本概念极难区分。

（2）袖珍本。

袖珍本形容书的形状极小，可藏于怀袖之中，与“巾箱本”是一个意思，是另一种小开本图书。“袖珍本名词可能与乾隆有关，清代内府刻书集中在武英

① （宋）戴埴. 鼠璞［M］. 北京：中华书局，1985：27.

殿进行，历年雕印经、史所用版片极多，这当中有不少裁截下来的小块木料，高宗以校镌经、史，卷帙浩繁，梨枣解材，不令遗弃，仿古人巾箱之式，刻袖珍版本。乾隆三十年（1765 年）武英殿用零材短板刻成的小版框小开本的《古香斋十种》，称为袖珍本。直到今天，对小开本书仍常以袖珍名之。"[①]关于这个史实，清人是这样记载的"乾隆十一年，皇上校镌经史、卷帙浩繁，梨枣余材，不令遗弃。爰仿古人巾箱之式，命刻古香斋袖珍诸书，凡四书五经十三册，史记一百三十卷，纲目三编、二十卷……谨类识于末。"[②]清代光绪八年苏州桃花坞望炊楼刻袖珍本《谢元庆医书三种》等。

（3）大字本、小字本。

这是版本学研究者、爱好者就宋元刻本所做的一种区分。大字本指字体大、版框高的刻本。宋代刻本多具备这样的风格。现存世的大字本科技文献并不多，比较著名的有上海图书馆所藏元刊大字本《农桑辑要》。小字本指字体小于通常刻本的书籍。元代国子监于延祐三年（1316 年）刻过小字本医书《伤寒论》。

（4）书帕本。

明代官员奉旨上任或归京，例以一书一帕相赠，当时人们将这种书称为"书帕本"。清初顾炎武《日知录》引证《金台纪闻》，品评元明刻书之优劣，说元时州县皆有学田，所入谓之学租，以供师生饩廪，余则刻书。工程浩大者，则数处合力为之，故雠校刻画颇有精者。明洪武初年，将此项学租皆收归国子学，故县学、书院缺乏余资，刻书已不精审。隆庆、万历年间，承嘉靖余风，皆喜刻书。但大率刻而不校，甚或妄加删削。以之馈遗当道馆员，附之一帕，故有一书一帕之称，是为书帕本。可见，书帕本是明代例行官样礼品，只注意表面装潢，不注重文字内容。

（三）活字本

活字本指用活字排印的文献，亦称排印本、摆印本。北宋仁宗庆历年间（1041—1048 年），平民毕昇首先发明了泥活字。南宋的周必大，元朝时期的姚枢，清道光十二年（1832 年）的李瑶、翟金生等，都曾依据毕昇泥活字印书的原理，自制泥活字，实践并光大了泥活字印书的创举。元大德年间（1297—1306 年），农学家王祯又创制成功木活字，并用这套木活字排版印制了大德《旌德县志》。此后，

① 谢江飞. 四堡遗珍［M］. 厦门：厦门大学出版社，2014：226.

② （清）鄂尔泰，张廷玉编纂. 国朝宫史［M］. 北京：北京古籍出版社，1994：675.

木活字印制技术发展较快，不仅有汉文木活字，还有了河西字（西夏文）木活字和回鹘文木活字。进入明清时期，木活字印制技术流行更为普遍，江南各省的祠堂，常用木活字排印宗谱，还出现了肩挑木活字及印具走乡串户专为人排印家谱的谱匠。崇祯十一年（1638 年）以后，朝廷发行的“邸报”也改用木活字排印了。[①]

根据制造活字本的原料不同，可分为泥活字本、磁活字本、木活字本、铜活字本、锡活字本、铅活字本。活字本的特点是字距、行距偶有失调，个别单字偶有倒排现象。此外值得注意的是，乾隆三十八年（1773 年），乾隆命人将《永乐大典》中辑录出的珍本用枣木活字排版印制成《武英殿聚珍版丛书》，其刻枣木活字二十五万余个，乾隆定名为“聚珍版”，所印图书遂称武英殿聚珍本。后来各地官书局也仿聚珍版印书，被称为“外聚珍”，而武英殿活字本被为“内聚珍”，这就是聚珍本的来历。《武英殿聚珍版丛书》以经、史、子、集四部分类编次，体例井然，所选之书多为精华，其中一部分书是我国现存古代典籍之最。当中亦收录了不少科技文献，如算书就有戴震校勘的汉唐数学书七种，分别是《周髀算经》《九章算术》《海岛算经》《孙子算经》《五曹算经》《五经算术》《夏侯阳算经》。

（四）石印本

石印本是用石印术印制的一种近代新型印本，既非雕版，亦非活字排印。石印术是一种以石头为印版材料的平版印刷方法。光绪十五年（1889 年）鸿文书局印刷发行的《脉经》一书即为石印本。

（五）其他常用版本名词

1. 善本

善本指珍贵难得的古籍刻本、写本，具有历史文物性、学术资料性、艺术代表性或某一方面的特殊价值。不仅原本或接近原本的版本可称为善本，大凡经过名家精校过的版本都可视为善本。南宋朱弁的《曲洧旧闻》云：“宋次道（即宋敏求——笔者注）家藏书，皆校雠三五遍，世之藏书，以次道家为善本。”[②]清张之洞的《辎轩语·语学》云：“善本非纸白、版新之谓，谓其为前辈通人用古刻数本，精校细勘付刊，不伪不阙之本也。”又云：“善本之义有三：一足本（无阙卷，未删削）；二精本（一精校、一精注）；三旧本（一旧刻、一旧钞）。”[③]

---

① 李致忠. 古书版本鉴定［M］. 北京：文物出版社，1997：90.

② 张志茹，赵春荣. 如何鉴别善本书［J］. 古籍整理研究学刊，1993（4）：48.

③ （清）张之洞撰，苑书义，孙华峰，李秉新主编. 张之洞全集·卷二百七十二［M］. 石家庄：河北人民出版社，1998：9790.

2. 残本

明朝胡应麟《少室山房笔丛·经籍会通二》云："间有残本不售者，往往廉取之，故余之书多断阙。"[①]但凡不完整的书，皆可称为"残本"。一般来说，一部书缺卷，一本书缺页、破损、粘连、虫蛀、缺失，以及印刷错误等造成书籍内容不完全、不完整的一类书籍便称为残本。残本的收藏价值通常是不高的，一般作为古籍初学者入门的品相，但有些残本同时还是孤本，这类残本价值极高，大部分藏于各大图书馆和博物馆，极少数流于民间，如清初刊刻的《绘图三国志》(残本一册，有版画三十幅)，就是因为它是古籍中罕见的八色套印本。古代许多著名藏书家也都很重视残本古籍的收藏。明代大藏书家毛晋就曾按册以页计价收购宋版残本；清代黄丕烈以藏有百部宋版，号称"百宋一廛"，独步天下，然百部宋版中，残本零卷超过半数；后有陆心源收宋版两百部，并将藏书楼命名为"百百宋斋"，而其中足本完帙亦不过十之二三；更有近代学者罗振玉从清宫大库废纸中沙里淘金捡拾宋版书残页汇集成《清宫大库宋版书页集珍》，成就了一段书坛佳话。

3. 写刻本

由名家亲自写样然后上板刻印的书籍，就称为写刻本。雕版印刷术盛行之后，官私刊刻图书，雇佣一些会写字的工匠抄写书稿用于镌刻书版，久而久之，就形成了一种结构方正严整、笔画直硬划一、整齐呆板的字体。这样虽然容易形成一个时期、一个地域的图书出版的风格特征，但字体却毫无个人的书法特色。为改变图书在字体上千篇一律、死硬呆板的弊病，一些书商在保留名家书稿书法风格的基础上，写样、上版，镌刻图书。这样的写刻本，唐宋以后，历代都有，如明朝杰出的代表有陈仁锡刻的《陈白杨集》《石田先生集》、赵均所刻的《玉台新咏》、金陵世德堂刻本《西游记》、董其昌刻的《王文恪集》、继志斋刻本《半夜雷轰荐福碑》、杭州书坊胡文焕刻的《格致丛书》等，字多行书上版，婉转秀丽，生动活泼。又如清朝著名书法家、画家郑板桥写样、上版的自己的文集《板桥集》，该文集不仅是具有代表性的写刻本，而且还具有其独特的艺术特色。

由此可见，写刻本将书法和雕刻技术结合起来，使刻印的书籍能够看出字体的笔锋转换，如同书写一般，很受藏书家重视。

下面，笔者要介绍一些比较著名的中国古典科技文献的版本情况（表 10-1)。

---

① （明）胡应麟. 少室山房笔丛·卷二·经籍会通二［M］. 北京：中华书局，1958：25.

表 10-1　中国古典科技文献版本代表

朝代	作者	名称	流传情况
春秋战国之际	不详	《考工记》	《考工记》原为单本，于汉代被收入《周礼》中，在相当长的时期内，就没有单本的《考工记》流传了。现在已见不到单独的古本《考工记》传本，只有见于《周礼》。《周礼》的版本众多，其中比较典型的有：①《唐开成石壁十二经》本；②阮元主持校刻《十三经注疏》本；③《四部备要》本、《四部丛刊初编》本等[1]
两汉	不详	《九章算术》	《九章算术》自成书后，版本纷乱，主要有两类：一类是抄本，即经过刘徽、李淳风等先后注解本。一类是传本，有北宋秘书省刻本的翻刻本，即南宋本（前五卷）；《永乐大典》本（存卷三后半卷及卷四）；杨辉本，戴震由《永乐大典》辑录校勘而成的《武英殿聚珍版丛书》本；《四库全书》本等[2]
北魏	贾思勰	《齐民要术》	据不完全统计，《齐民要术》的版本先后达 50 余种，但主要有三种：①北宋天圣本。这是《齐民要术》的最早刻本，刊于北宋天圣年间（1023—1031 年）。②南宋绍兴本，又称龙舒本，由张麟刻也叫张麟本。③明代马直卿刊湖湘本。后由这三个本子派生出众多的版本
北魏	郦道元	《水经注》	《水经注》原为宫廷藏书，唐末宋初流入民间，经过辗转传抄刊印，出现了许多不同的版本。北宋中期，该书的第一种刊本成都府学宫刊本问世，但全书仅 30 卷，缺佚甚多。元祐二年（1087 年）刊本是该书的第二种刊本。元祐刊本系据何圣从家藏善本校刊，共 40 卷，也早已亡佚。自从元祐刊本出现以后，《水经注》的流传出现了刊印与传抄两条路径，但总的来看，浏览欣赏者多而校勘考证者寡，因此在该书流行的过程中，难免发生愈刊愈讹、愈抄愈错的情况。 现代浙江大学陈桥驿教授撰的《水经注的珍稀版本》一文，列入的珍稀版本共有 8 种：①残宋本。该本为傅增湘集吴县曹氏及宝应刘氏旧藏而成，今藏于中国国家图书馆。②孙潜校本过录本。③何焯校本过录本。原本今藏于台湾图书馆。④佚名临赵琦美、孙潜、何焯等校本。该本是南京图书馆所藏八千卷楼旧藏。⑤王礼培校本。⑥孙沣鼎批校殿本。该本为上海图书馆所藏，前上海合众图书馆旧藏。⑦全祖望五校抄本。⑧水经注疏证
唐代	孙思邈	《千金方》	其版本众多，可分为未经宋改本及宋臣校定本两大类。 未经宋改本有日本旧抄本《真本千金方》1 卷、北宋刊本（配元明本）《千金方》30 卷。基本为孙思邈原本，但因流传久远，已残缺不全，孙思邈原本全貌不可见，现流传下来的主要是宋臣校定本。 宋臣校定本，历代渐分化成三个版本系统：一是据北宋治平本的影印本系统，如日本嘉永二年己酉（公元 1849 年）江户医学影北宋本、清光绪四年戊寅（公元 1878 年）影刊日本江户医学影宋本、1955 年人民卫生出版社影印日本江户医学影宋本。 二是据宋西蜀经进官本的覆刻本系统，如元刊本，明正德十六年辛巳（公元 1521 年）慎独斋刊本、日本天明五年乙巳（公元 1785 年）后藤敏刊本。 三是据明《正统道藏》本衍化的刊本系统，如明嘉靖二十三年甲辰（公元 1544 年）乔氏刊本、明万历十六年戊子（公元 1588 年）祝氏刊本、清康熙二十八年己巳（公元 1689 年）张喻二氏刊本、清乾隆《四库全书》本[3]

① 林德宏. 科技巨著・第九卷（一）［M］. 北京：中国青年出版社，2000：106—107.

② 郭书春. 中国科学技术史・数学卷［M］. 北京：科学出版社，2010：87.

③ 钱超尘，温长路. 孙思邈研究集成［M］. 北京：中医古籍出版社，2006：469—471.

续表

朝代	作者	名称	流传情况
北宋	李诫	《营造法式》	《营造法式》编于熙宁年间(1068—1077 年)，成书于元符三年(1100 年)，刊行于宋崇宁二年（1103 年）。这是其最早的版本，即崇宁本。 后由于战争关系，于绍兴十五年（1145 年）重行刊刻，即绍兴本。 其版本大致分为两类，一类为刻本。主要是宋刻本，即崇宁本和绍兴本。一类为抄本。目前所知明代流传的抄本有四种：《永乐大典》本、范氏天一阁抄本、唐顺之《稗编》抄本、明末清初钱谦益绛云楼抄本及陶宗仪《说郛》著录本。清代流传抄本较多，主要有丁丙八千卷楼抄本、瞿氏铁琴铜剑楼抄本、陆氏皕宋楼抄本等①
北宋	沈括	《梦溪笔谈》	据考证，《梦溪笔谈》问世后，受到学界重视，不久即被刊刻印行。《梦溪笔谈》最初刻的 30 卷本，内容比今本要多，但早已散佚，仅 26 卷本经宋元明清刊刻，流传下来。宋代有扬州刻本，乾道二年（1166 年）又曾重刻行世，可惜宋刻本今皆不存，所以目前最古的版本就是现中国国家图书馆收藏的元代大德九年（1305 年）陈仁子茶陵东山书院刻本
明代	李时珍	《本草纲目》	《本草纲目》脱稿于 1578 年，又经过三次反复修改后终于定稿。1596 年，其在南京全部出版，史称金陵版，亦为其祖本。现藏于中国中医科学院图书馆。 《本草纲目》的版本，自金陵版问世以来，到 1961 年为止，据《中医图书联合目录》所载有 54 种，加上 1981 年人民卫生出版社校点本，共有 55 种。这些本子都是以金陵版为祖本翻刻的。明末，以金陵版为底本翻刻的有两家：一是夏良心翻刻的江西版，一是钱蔚起翻刻的杭州版。 明末清初所刻各种版本的《本草纲目》多是根据江西版翻刻的。清代中叶所刻各种版本的《本草纲目》多是根据钱蔚起本翻刻的。1885 年张绍棠味古斋本问世后，各家所翻刻的《本草纲目》，又以张绍棠味古斋本为底本
明代	宋应星	《天工开物》	《天工开物》在国内的早期刊本只有两种，从 1920 年以后才有多种版本出现。一是初刊于 1637 年（明崇祯十年），由宋应星的友人涂绍煃帮助刊行的本子，简称为涂本。这是《天工开物》的明刊初刻本，最为珍贵，此后所有版本都源出于此；一是明末清初刻书商杨素卿以涂本为底本而翻刻的第二版。 涂本《天工开物》原藏于浙江宁波李氏墨海楼，很长时间不为人们所知，故过去一度认为该本国内已经失传。1952 年李庆城先生将其捐赠给中国国家图书馆，1959 年中华书局据以影印。杨素卿本《天工开物》至 1965 年由北京市中国书店购入，同年 12 月转归中国国家图书馆庋藏。 另外，《天工开物》最早在国外刊行的版本为菅本。该书在 17 世纪传入日本后，引起学者注意，竞相传抄，并陆续从中国进口。为满足庞大需求，出版商便酝酿出和刻本。但因一时缺乏善本，出版计划被推迟。后来日本刻书商从藏书家木村孔恭那里借得善本，遂决定粹行。伯原屋佐兵卫是菅生堂主人，故此版称菅本。民国时期的五个版本——陶本、通本、商本、局本和枝本，大多源于菅本

① 林洙. 中国营造学社史略［M］. 天津：百花文艺出版社，2008：72—74.

续表

朝代	作者	名称	流传情况
明代	徐光启	《农政全书》	平露堂刊《农政全书》是初刻本，也是唯一的明刻本。崇祯六年（1633年）徐光启去世，弥留之际嘱其孙，要完成《农政全书》使其付梓。崇祯八年，徐氏门人陈子龙向徐光启之孙借得该书草稿本数十卷，进行抄录，其后将草稿本呈送右都御使巡抚应天等十府的张国维，张国维看后认为该书为"经国之书"，并转给当时任松江知府的方岳贡，方岳贡看后非常赞赏，二人商议给予梓刻，并为之作序，请陈子龙对草稿本进行文献核查，删重校定。陈子龙又请博学多才的谢廷正和张密协助，于崇祯十二年整理完毕，并付梓刻。收张国维序、方岳贡序、张溥序及陈子龙所订凡例。因陈子龙主持其事，人们用其堂号称之为平露堂刊本。 《农政全书》自陈子龙刊后，一直到清中叶均无其他版本。至道光十七年（1837年）始，陆续又出现贵州粮署本、曙海楼本、山东书局本等
明代	徐霞客	《徐霞客游记》	《徐霞客游记》自问世以来，据有关专家考证，可考的抄本多达二三十种。该书的版本虽多，但传世的主要有两类，一类是祖传本，即李寄本（李寄，字介立，故又称"李介立本"）。该本现已无存，但为各本之祖。后来的杨名时本、陈鸿本，皆以该本为基础。乾隆刊本则是根据杨名时和陈鸿两个抄本重新整理，雕版付印。这也是该书的初刻本。 叶廷甲本是嘉庆十三年（1808年）江阴叶廷甲据乾隆本再对照杨名时、陈鸿抄本悉心校勘，重行刊印。丁文江本根据叶廷甲本，将原乾隆本的10卷各分上、下，分列为20卷。 另一类《徐霞客游记》的版本是季梦良整理本。据有关资料记载，该书在作者生前未及整理成定本。徐霞客在病中曾将"游记"托付给季梦良整理。徐霞客逝世后，先由王忠纫手校，崇祯十五年（1642年）再由季梦良初次编定。虽经季氏"遍搜遗帙""因地分集"，但仍有残缺。特别是清兵入关，又遭兵燹，部分又散佚。后来又经季梦良再次整理，流传甚广。徐建极抄本属于此类

四、版本的鉴定方法

版本鉴定是版本学的重要内容。所谓版本鉴定，就是对特定版本（包括写本、刻本）的出版时间、出版地点、出版人、版次，以及内容是否完整，是否有其他版本，该版本在同书的各版本中处于什么地位等进行鉴定，从而确定其版本价值。

进行版本鉴定，首先要了解古代版本的著录和研究情况，熟悉有关工具书。其次要了解古代版本的著述背景、制作背景、流传背景。一部书产生的缘起及作者情况，以及各种不同版本的相关作者对原著进行的整理、增删、修改、注释、校勘、标点、批评等工作情况，都可能在该书的版本上留下烙印，形成特征，这是版本鉴定应当注意的基本信息之一。版本的制作背景具体包括出版时间、出版地、出版者、制作方式四个因素，这是决定一种版本精粗优劣、价值大小的最根本要素。不了解这些情况，就无法对一种版本的属性和价值做出准确判断与鉴定。版本的流传背景即指版本产生后人们对它的收藏、利用情况。许多版本在流传过程中，经过人们的阅读、加工、收藏，添加了许多新内容，如藏书印章标记、题识、签名、批评、校勘、圈点等；有的还经过了重新装裱，面貌焕然一新。

（一）写本的鉴定

写本的鉴定，除了与刻本区别开来（一般来说，写本与刻本的字迹有明显区别，故这种鉴别并不难）之外，最主要的是确定写本的作者与年代及其真伪，因为写本大多是没有标明作者姓名和写作年代的。写本时间跨度，从先秦一直贯穿到明清，但明代以前的写本保存下来的极少，现在能看到的明代以前的写本主要有考古发掘出来的秦汉及其以前的简牍帛书、敦煌及全国其他地区发现的唐人写卷。纵观中国古代科技文献，数明清时期比较多，故我们鉴定写本的年代，实际上主要是鉴定明清时期的写本。曹之《中国古籍版本学》对写本鉴定的论述比较有条理，他认为写本鉴定主要通过以下三个方面考察。①

一是书法，即通过写本的书写特征来判断其产生年代。一般来说，每个时代的书法都有其独特性。如明朝及清初写本字体飘洒，书写自然，清康雍乾时期的写本则受馆阁体影响较深，工整秀丽，缺乏个性，特别是一些名家和知名刻工，可以通过观察其传世的书法作品掌握其特征，用以鉴定其书法图版。此外，鉴定写本还要注意避讳字，如清代吕留良后人写本，“留”字缺末笔，避家讳。

二是纸张。纸张制造技术是不断进步的，每一个时期都有其特定的常用纸。如魏晋南北朝及隋唐时期多用麻纸，宋元时期多用树皮纸、竹纸（偶尔也用麻纸），明清时期则以竹纸为多。毛边纸、开化纸、绵纸都是竹纸中的品种。除了不同时期的特点，写本用纸还有五格线与有格线的区别，以及栏线颜色不同之别。明写本一般可分为黑格、蓝格、红格、无格四类。嘉靖以前，一般多用黑格、蓝格或无格；万历以后，用蓝格和红格居多。清代也有黑格、蓝格、无格

① 曹之. 中国古籍版本学［M］. 武汉：武汉大学出版社，1992：504—509.

的，但以印绿格纸的为多。清末民初，又盛行用红格纸。这要通过掌握各时期有名的藏书馆阁、书坊的用纸规律来进行鉴别。

三是写本的序跋、室名堂号、印记、题名等。古人写书，喜欢写序跋，有的书前后十几篇序跋；古人写书、抄书，喜欢在书口或栏外写上室名堂号，并钤上自家图章印记等。通过读其序跋，审其室名堂号、印记题名等，判定其作者与时代，是最方便的途径。

在写本中，还要注意稿本、清稿本与抄本的区别。这里所说的稿本实际是指相对清稿本而言的初稿本。清稿本是在初稿修改本基础上誊抄而成的定稿本。稿本与抄本的最大区别在于，稿本有涂抹改补的痕迹，而抄本则很少这种痕迹。清稿本与抄本的主要区别则在于，清稿本大多有印记，而抄本除了偶有抄者姓名外，没有正式的印记标志。

（二）刻本的鉴定

对于刻本的鉴定，笔者主要从以下三个方面进行论述。

1. 依据版本形式进行鉴定

1）验牌记

牌记指古代刻书中带有题识文字的围框，又名碑牌、木记、墨围，俗称书牌子，类似于现代图书印章，其作用则相当于现代图书的版权页。一般认为牌记兴起于宋。叶德辉：“宋人刻书，于书之首尾或序后、目录后，往往刻一墨图记及牌记。其牌记亦谓之墨围，以其外墨栏环之也。又谓之碑牌，以其形式如碑也。元明以后，书坊刻书多效之。”[①]后来为了美观，对牌记进行了美化，形成单线牌记、双线牌记和花线牌记数种。牌记一般为长方形，也有作钟鼎形、鼎兴、琴形等其他形状的。通常为一行或两行，用以说明刻书的时间、地点或刻书人、刻书铺号等。牌记在书中的位置不定，但它提供的信息却非常丰富。一般来说，牌记都反映该书的出版时间、出版地点和出版人，如《中国版刻图录》著录的《国朝名臣事略》目录后有“元统乙亥余志安刊于勤有书堂”一行牌记，台北故宫博物院藏宋刻本《昌黎先生集》书尾有“淳熙改元锦溪，张监税宅善本”两行牌记。除此之外，牌记还涉及许多方面的内容，程千帆、徐有

① 叶德辉. 书林清话·卷六［M］. 长沙：岳麓书社，1999：127.

富的《校雠广义（版本编）》对牌记所反映的内容进行了如下归纳：

有的牌记反映了刻书过程，如南京大学图书馆藏《杜韩诗句集韵》的牌记称“康熙岁次丙戌中秋日开雕，丁亥立夏日告竣”。

有的牌记记载了所刻字数，如《中国版刻图录》著录的《礼记注》卷三后有“经伍仟七十字，注四千八百九十八字，音义二千九百一十六字，余仁仲刊于家塾”四行。

有的牌记反映了用纸情况，如《天禄琳琅书目》著录的宋本《春秋经传集解》后有牌记云：“奉敕用枣木椒纸各造十部。”

有的牌记印有刻书部数及售价，如《中国版刻图录》著录的《甫里逸诗》姓氏后有“印一百部，五十分送四方，五十待售，纹银二钱”一行。

有的牌记强调了版权，如叶德辉藏五松阁仿宋刻本《东都事略》目录后有长方牌记云：“眉山程舍人宅刊行，已申上司，不许覆版。”[①]中国国家图书馆藏明万历刊本《月露音》封面钤朱文长方牌记云：“杭城丰东桥三官巷口李衙刊发，每部纹银八钱，如有翻刻，千里究治。”

有的牌记显示了版本的类型，如《中国版刻图录》著录的《泥版试印初编》封面后有“酞州翟西园自造泥斗版”牌记一行，可见该书为泥活字印本。

有的牌记反映了版本的源流，如《明代版刻综录》卷三著录的《新刻蔡中郎伯喈文集》，序后有“嘉靖甲申孟冬月宗文堂郑氏新刊”，目录后有“此书原系正德乙亥春三月锡山华氏坚允刚铜版印行，今郑氏得之绣梓”牌记。[②]

牌记虽然是鉴别版本的重要依据，但也不能过于迷信。因为牌记具有广告性质，所以在一些坊刻本中，书贾为了牟利，往往故意作伪造假，挖改牌记，使得一些牌记的可信度降低。另外，还有翻印本照刻原牌记，版片易主后挖改牌记或某些版本牌记前后矛盾、信息混乱的现象，也使得仅靠牌记来鉴别版本存在危险，如中国国家图书馆藏有一部《针灸资生经》，中国国家图书馆就将其错定为“元广勤书堂刻本”，说是元刻本，本来就是用元时板片刷印的，该是不错，但是把“元”与“广勤书堂”捏合在一起，那就不对了。实际上，这部《针灸资生经》是明正统十二年（1447 年）叶景逵广勤书堂印本。因此，在依据牌记木记条记鉴定版本时，要特别注意书版易主改牌的情况，尤其是丛书，更需

① 叶德辉. 书林清话・卷二［M］. 长沙：岳麓书社，1999：31.
② 程千帆，徐有富. 校雠广义（版本编）（第 2 版）［M］. 济南：齐鲁书社，1998：297—298.

注意，同时必须辅之以其他手段相互印证鉴定。

2）考刻工

刻工，即刻字工匠。古代刻书的刻字工匠以刻板计酬，出资人为了便于计酬，往往要求刻工在所刻书板上附刻自己的姓名或姓名的一部分，以便核验。刻工为了对所刻书板负责，也许还有借以自我宣传的考虑，也乐于刻上自己的姓名。有些不明确标明年代和作者的古籍，通过查考其刻工生活年代或同时期刻制的其他书籍就可能找出其刻印时间与作者。目前收录刻工名最多的是何槐昌所编的《宋元明刻工表》，该书收录宋、元、明刻本三百多种，刻工六千余人。当然，仅凭刻工来鉴别版本也是有其弊端的。这是因为，第一，并非所有的古籍版本都记有刻工，而是有相当一批数量的版本并不刻记刻工。就地域而言，浙本记刻工者居多，而闽本、蜀本记刻工者较少；就出版人而言，官刻本、家刻本记刻工者居多，而坊刻本记刻工者偏少。第二，即使刻记刻工的版本，所记刻工也多只有刻工姓名的一部分，并且有的姓名完整，但多数只是姓或名号，很难据此对刻工进行考证。加上古今同姓名者不少，也增加了考证刻工的难度。第三，明、清复刻宋、元刻本，有时连刻工也一并翻刻，使得依据刻工来辨别版本年代的做法变得复杂。

当然，考刻工仍是为了依据刻工的籍贯来鉴定版刻的时地。但是在利用刻工籍贯来鉴定古书版刻地域时，要特别注意刻工可以应聘到各地刻书的流动性特点。古时虽然交通不便，不可能长途跋涉赴远佣工，但在一定范围内，刻工还是可以流动的。如明嘉靖刻本的《筹海图编》，其刻工都是原籍徽州的黄姓人。不能根据这些人的原籍都是徽州，就鉴定该书是徽州刻本，因为徽州黄姓人早在嘉靖之前就有外徙的。原因是皖南一带地少人稠，经商者多。既经商，便以牟利为目的。既想牟利，就要向人文荟萃的地方迁徙。于是杭州、金陵便都成了他们定居谋生的地方。上述出现在《筹海图编》上的黄姓刻工，盖即是早先由徽州迁居杭州的一支。

明嘉靖时，东南沿海倭寇猖獗，胡宗宪以督抚身份率军征讨。其时麾下幕僚多人，《筹海图编》作者郑若曾便是其中之一。“他摭拾旧闻，参以己意，南起闽粤，北至山东、辽宁，凡沿海道路、风候更针、防范要领、倭寇踪迹等，都汇编在一起，名之曰《筹海图编》。”[①]书成之日，进呈督抚胡宗宪。胡宗宪

① 李致忠. 古书版本学概论［M］. 北京：书目文献出版社，1990：168.

阅后大为夸赞，并撰写序文一篇置诸卷首。当时胡宗宪的行辕公署设在杭州，便指令就地开雕，刷印行世。胡宗宪是徽州梅林人，故号梅林。他大概深知家乡黄姓刻工的高超技艺，虽此支迁徙杭州，技艺仍不失为宗族特点和徽派风韵，故用他们镂板颁行。所以《筹海图编》的嘉靖刻本，可以肯定是胡宗宪杭州刻本。[①]

这个例子说明，在依据刻工籍贯来确定版刻地域时，一定要注意刻工的流动性。在利用刻工来鉴定古书的版刻时地时，还应注意三点：一是刻工的同名同姓；二是重修、递修等不同时期的刻工；三是影刻本书上的刻工。

3）看版式

版式，即书版的样式，包括栏线、行款、版心等部分。不同时期的古籍也有各自的版式风格，甚至同一时期不同地区刻印的书籍版式也不一样，因此同期、同地相对较固定的版式风格，也是判断古籍版本的重要依据。

不同时期的不同出版人往往使用不同的栏线。宋初刊书，因其多出于卷子本，故界栏仍然采用乌丝栏界之旧，大抵用单边，少量也用左右双边。宋室南渡，流风既远，古法无存，于是始有四周双边。元本承南宋旧制，多四周双边。明清则以左右双边为多。由于宋本已经有四周单边、左右双边、四周双边等几种栏线形式，此后各种版本的栏线大体不出这几种形式，故依靠栏线很难对版本进行鉴别。不过，由栏线所确定的版框的高度和宽度却各家不同，后人多参考栏线和版框来鉴别版本的异同。

行款，即行文的款式，包括行格和字数，通常以半页计算。行款是版式中最值得版本鉴定者注意的。因为每一书都有不同的版本，不同的版本就有不同的行款，行款便成为鉴定版本的一个重要考察指标。尽管各代刻书的行款非常复杂，但也不是无规律可循的。正如屈万里、昌彼得所云：

> 然官府及各家所刻书，其行款亦往往各有其定式。如北宋单疏本（南宋覆本同）《群经义疏》，每半叶皆十五行。小字本正史，每半叶皆十四行，中字本者皆十行。南宋重刊南北朝七史，半叶皆九行。宋浙东茶盐司所刻诸经注疏皆八行，建刻注疏则十行。书棚本唐人诗集及宋人江湖小集，皆十行十八字。元九路所刻诸史，皆十行二十二字。[②]

---

① 李致忠. 古书版本鉴定［M］. 北京：文物出版社，1997：139.

② 屈万里，昌彼得. 图书版本学要略・卷三・鉴别篇［M］. 台北：中国文化大学出版部，1986：79.

清人江标著有《宋元本行格表》，可以参考。

版心，即版刻的中心部位，为两半页的分界处，一般不刻正文，而刻有折叠书页标志的“鱼尾”。宋元刻本通行蝴蝶装，这一部位朝里，称为版心。后改为包背装和线装，这一部位朝外，故又称书口。版心的标记特征常常可以反映版本的雕刻时代。叶德辉便云：

> 大抵双线白口多宋版，单线黑口南宋末麻沙本多有之，至元相沿成例。明初承元之旧，故成弘间刻书尚黑口。嘉靖间多从宋本翻雕，故尚白口。今日嘉靖本珍贵不亚宋、元，盖以此也。大抵此类版心，书名只摘一字，下刻数目。其白口、小黑口空处上记本叶字数，下记匠人姓名，不全刻书名也。全刻书名在万历以后，至我国初犹然。鱼尾有双、有单，双者上下同，单者上刻一鱼尾，下则只刻一横线纹。亦有版心全系黑口者，则鱼尾以外皆粗黑线，如元张伯颜本《文选》及明刻宋章如《愚山堂考索》之类。此则匠人以意为之，不为定式也。[①]

4）查避讳

中国古代社会为了严格尊卑等级秩序，实行了一套文字避讳制度。所谓避讳，就是在古代文献载体中不得直接出现当代君主及其所尊之名，要采用适当的方法加以回避，以表示尊崇。这些所避讳的字就是讳字。古代避讳一般是避国讳，也有的将避讳推及到自己的长辈，称为“避家讳”。

一般认为，避讳之例始于周，行于秦、汉，盛于隋、唐，严于宋，极于清，直至民国改元，才基本废止。《左传·桓公六年》：“周人以讳事神。名，终将讳之。”杜预注云：“君父之名，固非臣子所斥。”[②]说明周人已经开始避君父的名讳。秦人通行避讳。汉代不仅避君父讳，而且避后妃讳。六朝士人，极重家讳，对唐人影响甚大。辽、金、元起自朔漠，本不避讳，后来受汉文化影响，也偶有避讳，元代甚至规定了讳字，但多未严格执行，故元本多不避讳。宋代避讳严格，一般宋刻本均避讳。其中浙本避讳最严，蜀本、建本次之。明代最初不甚避讳，万历以后，避讳渐严。清人避讳极严，其规定相当烦琐苛刻，“雍乾之

① 叶德辉. 书林清话［M］. 长沙：岳麓书社，1999：281.

② （清）阮元. 十三经注疏［M］. 北京：中华书局，1980：1751.

世，避讳至严，当时文字狱中，至以诗文笔记之对于庙讳御名，有无敬避，为顺逆凭证”[①]。这说明当时统治者已经将避讳作为一种专制手段。

文字避讳的形式各朝不完全相同。秦汉一般只讳庙号和御名，汉以后又发展为讳嫌名。《礼记·曲礼上》云：“礼不讳嫌名。”郑玄注曰：“嫌名，谓音声相近，若禹与雨、丘与区也。”[②]陈垣说：“嫌名之讳，起于汉以后。《三国志·吴志》二：‘赤乌五年，立子和为太子，改禾兴为嘉兴。’此讳嫌名之始也。”[③]

避讳常用的办法有改字、空字、缺笔、改音等。陈垣在《史讳举例》中对这些方法做了很好的说明。关于改字，陈垣说：

> 改字之例显于秦，《史记·秦始皇本纪》：“二十三年，秦王复召王翦使将击荆。”《正义》曰：“秦号楚为荆者，以庄襄王名子楚，讳之，故言荆也。”又《秦楚之际月表》端月注，《索隐》曰：“秦讳正，谓之端。”《琅琊台刻石》曰：“端平法度”，“端直敦忠”，皆以端代正也。[④]

又如，唐朝时，因避讳唐代宗李豫的名字，将一种植物“薯蓣”，改名为“薯药”，到宋朝时，又因避讳宋英宗赵曙的名字，将“薯药”改易成“山药”。中药名“玄参”“玄胡”，因避清康熙皇帝名讳，改为“元参”“元胡”。所以当古籍中出现“元参”“元胡”，则该书必刻印或抄写于康熙及康熙之后。

再如，明孝宗朱祐樘年号“弘治”，到清高宗因名弘历，故改“弘治”为“宏治”。在古书中若出现“宏治”字样，其刊刻必在乾隆之时，因为要回避他名讳中的“弘”字。乾隆以前每年的历书就称为黄历、王历等，乾隆皇帝名弘历，故改黄历为“时宪书”。古书中“时宪书”字样一出，其刊刻必在乾隆及乾隆以后了。这些不仅有辨识问题，还有知识问题，不如缺笔讳好认。[⑤]

关于空字，陈垣说：

> 有因避讳，空其字而不书，或作空围，或曰“某”，或径书“讳”字，

---

① 陈垣. 史讳举例·卷八［M］. 台北：文史哲出版社，1979：168.

② （清）阮元. 十三经注疏［M］. 北京：中华书局，1980：1251.

③ 陈垣. 史讳举例·卷五［M］. 台北：文史哲出版社，1979：72.

④ 陈垣. 史讳举例·卷一［M］. 台北：文史哲出版社，1979：1.

⑤ 李致忠. 古书版本鉴定［M］. 北京：文物出版社，1997：141—142.

其例亦古。《书·金縢》曰："惟尔元孙某。"孔传："元孙武王。某名。臣讳君故曰某。"《史记·孝文本纪》："子某最长，请建以为太子。"某谓景帝启也。《史记》《汉书》于汉诸帝纪皆不书名。许氏《说文》于禾部光武讳、艸部明帝讳、火部章帝讳、戈部和帝讳、示部安帝讳，皆注曰"上讳"，空其字不注。①

关于缺笔，陈垣说："避讳缺笔之例始于唐。唐以前刻石，字多别体，不能定何者为避讳。……乾封元年赠泰师孔宣公碑，两引'生民以来'，俱作生人。'愚智齐泯'，泯作泯。此为唐碑避讳缺笔始见。以后缺笔之字渐多。"②如《申斗垣校正外科启玄》（医外科著作），首卷卷端书名之"玄"字缺笔，但其他卷端均不避讳。如果只按照避讳字判定版本，该书应属清刻本，但细看该书首卷首页，其边栏、字体与全书不一样，应是补版。将该书与河南省图书馆所藏另一明万历刻本对比后，可确认两书为同一版本。这说明，第一部书在清代刷印时，对残缺的书版进行了补版，补刻的书版中对清代的讳字加以避讳，那么该书的版本可判定为明万历刻清康熙重修本。

关于改音，陈垣说："避讳改音之说，亦始于唐。然所谓因避讳而改之音，在唐以前者多非由讳改；在唐以后者，又多未实行，不过徒有其说而已。"③

所以，避讳方法主要还是改字、空字、缺笔三种。避讳是统治者加强专制集权的手段，也成为当时文化人的一种陋习。由于各个时期对避讳的要求宽严不一，讳字也不相同，人们便可利用讳字来鉴别版本的时期。一般情况下，这种鉴别方法是较为有效的，所以前人对避讳的研究成果也很多。清杭世骏《订讹类编》卷三《历朝避讳字宜改正》，清张之洞《輶轩语·敬避字》，陈垣《史讳举例》，张惟骧《历代讳字谱》，魏隐儒、王金雨《古籍版本鉴定丛谈》第七章所附《宋至清各代帝王历祚及讳字简表》，屈万里、昌彼得《图书版本学要略》卷四《年表（附避讳字）》，程千帆、徐有富《校雠广义（版本编）》第五章《雕印本的鉴定》中的《宋至清历代帝王避讳字简表》，都对避讳进行了研究和总结。诸伟奇、贺友龄等编辑的《简明古籍整理辞典》所附录的《历代避讳举例》也

① 陈垣. 史讳举例·卷一［M］. 台北：文史哲出版社，1979：3—4.
② 陈垣. 史讳举例·卷一［M］. 台北：文史哲出版社，1979：5—6.
③ 陈垣. 史讳举例·卷一［M］. 台北：文史哲出版社，1979：8.

颇便于参考。

当然，利用讳字来鉴别版本刊刻时期也并非绝对可靠。一是覆刻本常常按原本覆刻，原本的讳字也照样保留，容易形成误判。二是书贾往往利用人们以讳字来鉴别版本的习惯，假造讳字以作伪，给版本鉴定带来困难。三是同时期不同类型的版本的避讳情况不完全相同，如宋代的官刻本避讳颇严，而家刻本、坊刻本避讳就不那么严，不能以官刻本避讳例来衡量家刻本和坊刻本，否则也会做出错误的判断。①

5）看字体

古人刻书颇重书法，而一个时期、一个地域往往有某一种或几种流行的字体，这与不同时期的风气和文化传统有关。因此，不同时期、不同地域所刻的书版，其字体也会有不同的特色。根据字体来鉴别版本，也就成为版本学家经常采用的一种方法。

一般来说，北宋刻本多采用欧阳询体，南宋刻本则多用欧阳询体、颜真卿体、柳公权体。另外，还有地域的差别，浙本采用欧阳询体，前期偏肥，后期转瘦；蜀本大字本是典型的颜真卿体，小字本则处于颜真卿体和柳公权体之间；闽本（建本）在柳公权字体的基础上略加改进，大字横细竖粗，小字一样纤细。元代刻本多采用赵孟頫体，但早期元刻本仍有宋金遗风，极易与宋本相混。蜀本在元代衰弱，山西平阳崛起平水本，平水本在欧阳询体基础上杂入了颜真卿体，字行较为挺拔。明初期刻本多用赵孟頫体；中叶以后，覆刻宋本成风，所用即宋版字，但比宋版僵硬呆滞，得其形而遗其神；晚期则在中期基础上更趋规整，形成横细直粗的长方形宋体字。清代则通行仿宋字，比明刻本字体略为圆润秀美，康熙至乾隆时期还盛行过一种软字体，笔画宛转，很像写出来的。

通过字体鉴定版本，值得注意的问题是，同一时期的刻本字体风格实际上是有差别的，不同时期的字体也可能存在共性，同一字体在不同时期、不同地区，也会有些不同，需要仔细辨别，综合考虑。

6）看纸墨

刻板印书所用纸墨一般具有时代性和地域性，因而一些版本学家也利用纸墨来进行版本鉴定。

---

① 张三夕. 中国古典文献学（第2版）[M]. 武汉：华中师范大学出版社，2007：125—127.

（1）纸张。不同朝代生产的纸张品类有很大不同，同一朝代也有明显的地区差异。如宋代刻本多用麻纸，其中宋浙本常用白麻纸和黄麻纸，宋蜀本主要用白麻纸，而宋麻沙本所用纸张颜色暗黄，为当地生产的土纸。元代刻本除使用麻纸外，还使用白棉纸和竹纸。明代刻本用纸品类较多，除棉纸、竹纸外，树皮纸得到广泛应用。清代刻本用纸范围更加广泛，常用的主要有竹纸、毛边纸、开花纸、宣纸、连史纸和官堆纸等，其中开花纸品质最好，但价格不菲，只有非常讲究的刻本才会使用。

鉴于纸张在版本鉴定中的重要作用，兹将常用的几种纸作一简介。

麻纸：分黄、白两种。黄麻纸色略黄，稍粗糙，有的较白麻纸略厚；白麻纸洁白光滑，背面较正面粗糙且有草棍等黏附，质地细薄，坚韧。纸纹均宽，约一指半。宋刻本多用白麻纸，元后期多用黄麻纸，时纸纹渐窄，约一指。明初仍用之。

罗纹纸：色白，质地柔软，具明显横纹，似丝织罗绸，故名。自宋以来皆有制造，但宋刻本有此纸者鲜见。

棉纸：又称皮纸，分黑、白两种。白棉纸色白，质地细柔，纤维多，韧性强；黑棉纸色黄黑，韧性稍差。明前期多用。嘉靖前较细薄，隆庆、万历后稍粗厚。清初仅见少数印本，如《永乐大典》便是用白棉纸抄写的。

竹纸：色微黄，稍脆，宋元至明初间有使用，嘉靖后较为普遍。

开化纸：细腻、洁白，薄而韧性强，柔软。清内府刻本及扬州诗局刻书多用之。嘉庆、道光后质次量少，家刻本中偶有采用，如《四库全书》即用开化纸抄写，武英殿本也多用开化纸。

连史纸：洁白纯净，正面光滑，背面稍粗糙，但无草棍纸屑黏附，纸料较细。乾隆后所用甚多。

宣纸；因产于安徽宣城而得名。分为多种。料半纸，薄而质地细，色洁白，绵软有弹性，可以作绘画印书，晚清、民国有些书用之。玉版纸，能吸水，晚清、民国印金石、书画册等多用此纸。棉连纸，摹拓铜器、碑刻及印书画用，如现存中医古籍孤本《延寿神方》即是用宣纸刻印的。

毛边纸：米黄色，正面光滑，背面稍粗，质脆，乾隆后用得较多，如中华书局印的《四部备要》即用此纸。

太史连纸：稍黄，质地细洁而有韧性，乾隆后与上述毛边纸为两种最常使用的印书纸。

（2）墨色。各时期、各地方印书用墨情况不一致。宋本用墨质料精良，用松烟或油烟制成，色黑似漆，有香味，虽受潮或水湿而不浸润濡染。元刻本用墨略逊于宋，香味全无。明刻本用墨较差，其劣者甚至以煤和面粉代替墨汁，不仅颜色浮潜，而且容易浸染脱落，使版面模糊，被称为“邋遢本”。清代制墨原料较精，工艺也较先进，故印本用墨优于明本。正因为各个时期用墨情况不同，版本墨色存在差异，因而依据墨色来鉴别版本便成为一个有效的方法。一些覆刻本和做伪本，如果仅从牌记、刻工、版式、字体、避讳等方面，也许很难鉴别真伪，但从用纸和墨色方面则能够发现它们的本来面目。

当然，通过纸质、墨色来鉴别版本要求有很高的专业知识，一般人较难达到。而纸张的使用本身也比较复杂，各时期用纸虽有某种主流倾向，但交叉使用的情况普遍存在，不同地方生产的同一种纸质量也不一样，如棉纸就分河南棉纸、贵州棉纸、山西棉纸等，区分起来也很困难。虽然我们可以利用现代物理方法进行检测，但毕竟不很方便。所以，通过纸墨鉴别版本也只能作为一种辅助手段，与其他方法结合使用。①

7）考装帧

在印刷术发明以前，图书是抄写的缣帛和纸张上的，采用长卷形式，阅读时展开，平时卷起。这一时期的图书只能是卷轴装。韩愈的《送诸葛亮觉往随州读书》诗称：“邺侯家多书，插架三万轴，一一悬牙签，新若手未触。”欧阳修的《归田录》也说：“唐人藏书皆作卷轴。”雕版印刷普及以后，由于书版各自成块，卷轴装已不适用，古籍装帧改进为册页形式，先后出现旋风装、经折装、包背装、线装几种形式。其中，线装的形式一直沿用至今。

卷轴装：又称卷子装，早期的图书装帧形式，与装裱好的书画相似。在长卷帛书、纸书的左端安装木轴，旋转卷起。敦煌石室中发现的大批唐五代写本图书，都采用这一方式。据记载，古代宫廷收藏的卷轴装图书十分考究，《隋唐经籍志》中描述秘阁藏书：“上品红琉璃轴，中品绀琉璃轴，下品漆轴上。”②《唐六典》中描述内府藏书：“其经库书钿白牙轴、黄带、红牙签；史库书绿牙轴、

① 张三夕. 中国古典文献学（第2版）[M]. 武汉：华中师范大学出版社，2007：129.

② （唐）魏徵等. 隋书·卷三十二 [M]. 北京：中华书局，1973：908.

缥带绿牙签。”[①]进入版刻时代，图书改为册页形式，仍有一些采用卷轴装，如《开宝藏》《赵城金藏》等。

旋风装：在一素纸长卷上面依次粘贴书页，每页正反两面书写文字，展开长卷可翻页阅读。宋张邦基的《墨庄漫录》形容其“逐叶翻飞，展卷至末，仍合为一卷”[②]。这种装订特点是外表仍为长卷，里面却是错落有致的书页，实为介于卷轴装和经折装之间的一种装订形式。大约盛行于唐代。故宫博物院藏有唐写本《刊谬补缺切韵》五卷，即是采用这种旋风装。

经折装：又叫梵夹装、折子装。它是将图书长卷按一定宽度左右折叠起来，加上书衣，使之成为可以随时展读的册子。历代刊刻佛经道藏，多采用这种装订形式。古代奏折、书简也常采用这一形式。

蝴蝶装：将每页书在版心处对折，有文字的一面向里，再将若干折好的书页对齐，粘贴成册。采用这种装订形式，外表与现在的平装书相似，展开阅读时，书页犹如蝴蝶两翼飞舞，故称为蝴蝶装。蝴蝶装是宋元版书的主要形式，它改变了沿袭千年的卷轴形式，适应了雕版印刷一页一版的特点，是一重大进步。《明史·艺文志》序称：“秘阁书籍皆宋元所遗，无不精美。装用倒折，四周外向，虫鼠不能损。”[③]但这种版心向内的装订形式，人们翻阅时会遇到无字页面，同时版心易于脱落，造成掉页，所以其逐渐又被包背装取代。

包背装：将印好的书页版心向外对折，书口向外，然后用纸捻装订成册，再装上书衣，由于全书包上厚纸作皮，不见线眼，故称包背装。包背装出现于南宋，盛行于元代及明中期以前。清代宫廷图书如历朝实录、《四库全书》均采用这种装订方式。包背装改变了蝴蝶版心向内的形式，不再出现无字页面，但未解决版心易散、脱页的缺点，所以后来又发展为线装形式。

线装：线装是传世古籍中最常用的装订方式。它与包背装的区别是，不用整幅书页包背，而是前后各用一页书衣，打孔穿线，装订成册。这种装订形式可能在南宋已出现，但明嘉靖以后才流行起来，清代基本采用这种装订方式。其特点是解决了蝴蝶装、包背装易于脱页的问题，同时便于修补重订。

---

① （唐）李林甫等撰，陈仲夫点校. 唐六典·卷九［M］. 北京：中华书局，1992：280.

② 上海新四军历史研究会印刷印钞分会编. 装订源流和补遗［M］. 北京：中国书籍出版社，1993：452.

③ （清）张廷玉等. 明史·卷九十六·艺文一［M］. 北京：中华书局，1974：2344.

从以上可以看出，古籍的装订有一个发展演进过程。不同时期流行不同的形式，了解这一进程，对古籍的年代鉴定十分重要。传世宋版书多经过后人重新装修，或改为包背装，或改为线装，但仔细观察，仍能在版心处发现粘贴痕迹，书页外沿则有磨损痕迹。

8）审书名冠词称谓

书名也是我们在进行版本鉴别时需要留意的。这里所说的书名主要是指书名前的一些冠有朝代名称的冠词，如“国朝”“皇朝”“昭代”等，以示对当代的尊崇。一般来说，凡冠以“圣宋”“钜宋”“皇元”“大元”“皇明”“大明”“皇清”“大清”等字样者，多为当朝刻本，因为后朝刻书家是不敢恭称前朝为“圣”“大”的，不然，就会触犯当朝的政治大忌。因此，审查这些书名冠词，可以帮助鉴别版本，如《钜宋广韵》、《圣宋文选》、《圣宋名贤五百家播芳大全文粹》以及宋陈均编的《皇朝编年纲目备要》等，从书中对宋朝褒扬性的字眼看，这些书非但成书于宋朝，雕印，特别是首刻也必在宋朝。《景定建康志》五十卷所冠之“景定”（1260—1264 年），即是宋理宗赵昀的第八个年号，是南宋年间关于南京现存最早、最完整的的一部地方志，是我国历史上的一部名志。该书为景定年间马光祖修，周应合撰。《皇清职贡图》即为乾隆十六年（1751 年）奉敕撰写。

当然，古书题名前冠词也有其他名号可以辅助鉴别版本。例如，先秦诸子中的《尹文子》，元大德年间，湖南茶陵东山书院陈仁子刊本的书名就是《古迂陈氏家藏尹文子》。又如宋沈括的《梦溪笔谈》，宋乾道刻本及明清刻本绝大多数的卷端书名都是《梦溪笔谈》。但元大德年间，湖南茶陵东山书院陈仁子据宋乾道本再刻该书时，其书名为《古迂陈氏家藏梦溪笔谈》。这是不是可以启发我们得出这样的结论，即凡题名为《古迂陈氏家藏尹文子》和《古迂陈氏家藏梦溪笔谈》者，便一定是元陈仁子刻本，或者是这个元刻本的重刻、翻刻、影刻本，而绝不是宋刻本，也不可能是元以后的明清刻本。因为这种题名的《尹文子》和《梦溪笔谈》，尚没有见过明清时期的某种类型的刻本。

2. 依据书籍内容进行鉴别

1）读序跋

中国古籍大部分都有序跋。“序”亦称“叙”，分自序和他序两种。“跋”又称“跋尾”，指题于文章或书卷之后的文字。书籍的跋语，一般是对序言的补充。

因跋文在书尾，故序言便移于书前，逐渐形成惯例。也有仍用古制将序言放在书后的。既然序跋除了介绍书籍内容、编著意图外，还往往介绍成书过程、版本源流等，这便为鉴别版本提供了重要信息。有时，一部书的序和跋并不只一篇，需要我们将全部序跋认真阅读。一般来说，最晚的一篇序跋与该版本的刊刻时间可能比较接近，因此可以通过相关序跋来鉴别该版本的刊刻时间。

利用序跋鉴别版本也需要注意几点：一是要考察序跋是否完整，如序跋不完整，就可能遗失了重要信息，据此鉴别版本，存在误判的危险。二是覆刻本是照原本覆刻，其序跋只能作为鉴别原刻本的依据，并不能用来鉴别覆刻本。三是做伪本挖改原序跋或编造假序跋，提供虚假信息，也会影响对版本的鉴别。

2）审内容

审查文献的内容也是鉴别版本的重要途径，因为该书版刻的时间绝不会在成书之前，我们依据书籍的内容，即可断定该书版刻的上限。审查书籍内容主要是审查那些可以判断该书成书时间的内容，如人名、地名、官名、年代、事件等，都可以据以鉴定版本。因为每个人都有特定的生活时间和空间，书中出现的生活年代最晚的人物可以作为该书成书的上限；社会新近改动的地名或新地名也可以确定该书成书的上限；历代官制不尽相同，官名时有改易，新的职官也随社会发展增设，书中出现的新近改动的职官或新职官名，同样可以作为判断该书上限的依据。如宋祝穆撰的《方舆胜览》70卷。《四库全书总目提要》以为："是书前有嘉熙己亥吕午序，盖成于理宗时。"[①]而杨守敬的《日本访书志》卷六（利用地名来鉴别版本）云：

> 各标题于浙西之严州，改称建德府；浙东路之温州，改称瑞安府；广西路之宜州，改称庆远府；夔州路之忠州，改称咸淳府。按和父（祝穆字）自序，书成于嘉熙己亥；而改严、温、宜、忠等州为府，在咸淳元年；相去三十六年，其为后人改编可知。[②]

又如《刘知远白兔记》，向与《荆钗记》等合称为四大南戏，收入《新编五

① 纪昀等撰，四库全书研究所整理. 四库全书总目提要·史部地理类一［M］. 北京：中华书局，1997：926—927.

② 转引自：屈万里，昌彼得. 图书版本学要略［M］. 台北：中国文化大学出版部，1986：84.

代史平话》，曹元忠 1911 年在该书跋语中称其为宋巾箱本，事实上该书有多处不避宋讳，早有人怀疑它是元刻伪托。另外，书中所用的某些词汇只在金、元才出现，宋人不可能讲元人的话，宋刻本自然是靠不住的。如讲到刘知远在李家的佣工，《新编五代史平话》称作“驱口”。按：驱口即元人所说的奴婢，而明成化刻本则改称“年作”，可见刻本年代不同，有时会从内容上体现出来。

此外，书中出现的最晚年代以及最晚的历史事件或生活事件等，也能作为判断成书年代的依据。确定了该书成书年代的上限，也就同时确定了该书刻本年代的可能上限，为鉴别版本确立了稳固的基点。

3. 依据前任研究成果进行鉴别

1）读题识

题识，即藏书家或其他人在书上所留下的题跋识语。古代藏书家和版本学家对所经手的图书一般都要仔细鉴定，并在书前、书后的附页上或在卷首卷尾的空白处写上他们的鉴定意见，这就是所谓的题识。好的题识对于鉴别版本有重要的参考价值，王芑孙《黄荛圃陶陶室记》云：“今天下好宋版书未有如荛圃者也。荛圃非惟好之，实能读之：于其版本之后先，篇第之多寡，音训之异同，字画之增损，授受之源流，翻摹之本末，下至行幅之疏密广狭，装缀之精粗敝好，莫不心营目识，条分缕析，跋一书而其书之形状如在目前。”①

由于名家题识能够提高版本的价值，因而也出现了书贾伪造名家题识骗人的事，如被国内许多大型图书馆典藏的元邓文原的《巴西文集》，因上有清著名版本学家鲍廷博的题识，各家均按鲍氏校跋书目著录，其实该书题识包括藏印均为书贾伪造。②

2）审藏印

古代藏书家有一个传统，喜欢在收藏的图书上钤上自己的藏书印，表明该书为其鉴定收藏。一般来说，该版本刻印的时间下限应该早于鉴藏该版本的藏书家收藏该书的年代。而藏书家的藏印各有特色，钤印的习惯也不尽相同。鉴别藏书家的印章，主要是依据印文内容、印文字体、构图、制法、印纽形制以及印章材质等方面的特征，结合文献记载和考古出土有确定年代的玺印标准品，

---

① 吕济民. 中国传世文物收藏鉴赏全书·古籍善本（上）［M］. 北京：线装书局，2006：98.

② 参见魏隐儒，王金雨. 古籍版本鉴定丛谈［M］. 北京：印刷工业出版社，1984：149.

进行考证。因此，审查藏书印鉴可以帮助鉴别版本，如现存的元大德九年（1305年）湖南茶陵东山书院陈仁子刻本《古迂陈氏家藏梦溪笔谈》，既钤有翰林国史院的印记，也钤有明代“文渊阁”关防，证明该本在元明两代都是政府官书。可见，利用藏书印记是可以初步鉴定版本的。不过，书贾为了牟利，也常常利用藏印进行欺骗。陈乃乾便指出：“古书流通处亦尝伪刻抱经堂等藏印，且雇钞胥三人，每日以旧棉纸桃花纸等传钞各书，钤印其上，悉售善价。”[①]

3）查著录

鉴定版本还应该注意查找前人对于该书版本的著录。有的古籍文献目录不仅著录文献名称、卷数、作者、成书时间等，还兼记该文献的版本情况，如牌记、刻工、版式、讳字、装帧、序跋、题识、藏印等，这类版本目录对于版本鉴别有很大帮助，特别是那些有解题的善本书目录，对于版本鉴别作用更大。如宋晁公武的《郡斋读书志》、尤袤的《遂初堂书目》、陈振孙的《直斋书录解题》；明范钦的《天一阁书目》、毛扆的《汲古阁珍藏秘本书目》；清内府的《天禄琳琅书目》等。[②]

（三）活字本的鉴定

活字本是雕刻本的发展，与写本有明显区别，与刻本则既有装帧的共同又有版式的差异。因此，活字本的鉴定主要是弄清与刻本的区别。活字本与刻本相比较，一般具有如下特点：

（1）上下左右栏线、界行与栏线、鱼尾同行线相互之间的衔接不严密，多有宽窄不等的空隙和着墨粗细浓淡不匀的现象。当然也有例外——清代武英殿聚珍版活字本，它采用“套格”的方法，用事先印好的框格纸套印，故其版框、版心、界行特征与刻本一样。

（2）活字版面常有笔画粗细不一、字体大小不等、字体排列歪扭不齐等现象。同时，字与字之间相互独立，笔画绝不交叉。与刻本整版文字气势连贯、排列整齐的形态有别。

（3）活字本版面文字墨色轻重、浓淡往往没有刻本那么匀称。

（4）由于活字本是由一个个活字拼接而成的，一书印成即拆版再拼再印新

① 陈乃乾．上海书林梦忆录［A］//张静庐．中国现代出版史料·甲编［C］．北京：中华书局，1954：430.

② 张三夕．中国古典文献学（第2版）［M］．武汉：华中师范大学出版社，2007：132—134.

书，故绝无断版、裂版现象。而刻本因雕版反复使用或成存过久，遭风吹日晒，常会断裂。

（5）活字版人工拼排时有时会出现差错，将字倒置或横卧，印出来的本子就会出现文字倒置或横卧的现象，而刻本一般不会出现这种情况。

活字本的鉴定，同样需要综合各方面情况统筹比较，不可单凭一点轻下结论。

（四）中国古典科技文献的版本鉴定范例

之前笔者介绍了一些版本鉴定的基本方法，这些方法同样适用于科技文献的版本鉴定。下面，笔者就来举几个科技文献的版本例子，以便读者深入了解古典科技文献的鉴定问题。

1.《便农占镜》稿本

《便农占镜》稿本 3 卷，清人苏毓辉辑。据《中国古籍善本书目》子部农书类著录，该书为海内孤本，现藏于天津图书馆。该书每半页十行，每行二十四字，小字双行，字数同，四周单栏。版心上下细黑口，单黑鱼尾，版心中缝右侧题各页所录内容名。正文卷端题“便农占镜×集×卷”，次行题“东湖竹塘居士纂辑”，正文前首载“己卯冬日黄坡陆□”所作序言，全四页，草书体，每半页六行，字数不等。次载作者苏毓辉“乾隆十八年岁次癸酉夏六月”所作自序，全三页，行书体，每半页六行，字数不等，内有一二涂改处。自序后钤有作者名章“苏毓辉印”（白方）及“字设庭”（朱方）章。序文后为该书凡例，与正文同为楷书体。文字四行，另以纸附于凡例之后，系为咸丰年间阅者所题。该稿本分天、地、人三集，其中，地集之后有缺页。各集正文之前，均有该集目录，每集又分为上下两册（图 10-1）。

苏毓辉，号竹塘居士，湖北东湖人，生卒年不详。从其所作自序后题为“乾隆十八年”看，当为康熙、乾隆朝人。自序中称“予系本琴川，先高祖缘明季兵荒独来海上，先曾祖卜居杜浦，追予身凡五世矣。康熙六十年，先府君性耽恬澹，不慕纷华，筑室于镇东六灶港，地名玉蟹桥，泉甘土肥，可耕可读，遂不复立城市纷纭之想”[①]。可见，其家族本自琴川（今常熟），后迁至上海。陆序中称：“海上竹塘苏丈，隐逸士也，幼而警敏，长事六经诸史，以及传记百宗

① 天津图书馆. 天津图书馆孤本秘籍丛书（九）• 子部［M］. 中华全国图书馆文献缩微复制中心，1999：4.

靡不贯给。”可见，苏毓辉在当时是个饱读诗书且“摒弃功名”的隐逸之士。他在自序中自述辑录缘由及成书过程，讲到辑录该书一是在于“便农占镜”，使农人能“知丰歉，备旱涝”，根据自然界的变化来调节农事，二是在于“占农如镜”，使阅者能切实有效地关心农事，及时发现并解决农业生产中出现的问题，“挽年时之不足，补造代之未全”。①

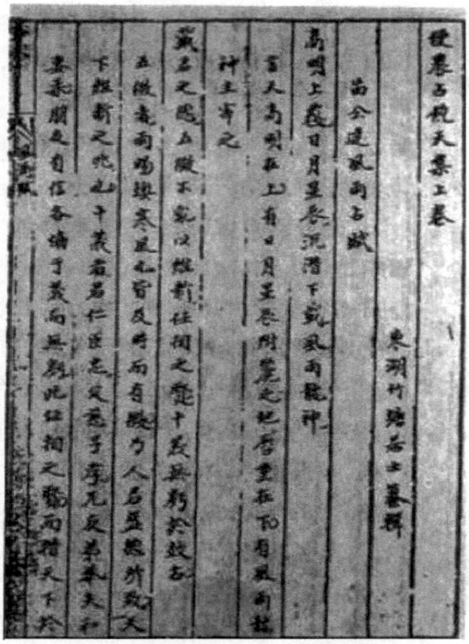
便农占镜天集上卷

图 10-1　清苏毓辉辑《便农占镜》稿本

《便农占镜》稿本的内容主要关乎农事，分为三集。“天集上至风云雷雨，下及草木禽鱼，凡关占验者，无不备载”②，从而使阅者能预知气候变化，调节农事。除此之外，天集上册中尚附有《天星图》《地理图》《北斗图》《天星分野》《地支分域》等关乎天文地理的内容，天集卷末还附有养牧之法。“地集详书六十年预定丰凶”③，从而推知农业收成的丰歉，并详释五谷别名，芒种定例，集后还附有农圃种植、花果摘谱、家居种树等关乎农业技术的内容。“人集自元旦至除夕，其间二十四气、七十二候，风雨寒燠，凡关物价之低昂、岁时之丰啬

① 刘尚恒. 二馀斋说书［M］. 石家庄：河北教育出版社，2004：43.

② 刘尚恒. 二馀斋说书［M］. 石家庄：河北教育出版社，2004：43.

③ 刘尚恒. 二馀斋说书［M］. 石家庄：河北教育出版社，2004：43.

者，靡不占验，使阅者日有所触，有备无患”①。除此之外，人集目录后尚附有急救要方。由于该稿本完成于乾隆十八年（1753 年），故而地集“三元考实”中涉及乾隆十八年以后的农事记载当为后来所补。

《便农占镜》稿本具有十分重要的价值。从内容上讲，它带有类书的性质，所辑录的书籍和牵涉的内容极为广泛，关系到农业生产的各个方面，并均附有出处。除了有关农事的占候之外，农圃种植、养牧之法、果树栽培等关乎农牧业技术的内容，以及养生之法、急救要方等关乎医学的内容，虽然是附于各集之后的，但也都很有价值。很明显，该书的立足点是为农人服务，以实用为本的，所以即使是牵涉占候方面的内容，也非常浅显易懂，有较强的可行性。当然，该书内容也有一定的缺点，如稿本中尚录有关于广嗣要言、灯花占验及占生男女之法，纯属无稽。且在辑录方式上，虽然在每段之下均注明出处，但是指代并不明确。如地集中诸多条目之下均标为“农书”，而书名如是的就有宋代陈旉的《陈旉农书》3 卷、元代王祯的《王祯农书》36 卷以及明代施大经的《农书》6 卷，在清初，此三书都已有刻本流传于世，稿本中却并未明确注明录自何书。苏毓辉的《便农占镜》稿本在当时并未获得刊行，考其原因当是所辑之书在当时社会上已经较为常见，尤其是辑录的农书多为明代人所作，在清初已均有刻本留传于世。清代农书较多，无论是自己创作还是辑录他人的作品均不少见，而苏毓辉又是隐逸之士，本人与序文的作者在当时均不著名，故而稿本未被刊行，流传也并不广泛，未能引起藏书家们的广泛重视。但是，总体而言，《便农占镜》稿本还是保存了我国古典文献中关于农事的相当一部分资料，尤其是关于清代农业丰歉情况的记载，因而具有一定的史料价值。

清代的农书以刻本流传于世的较多，如《梭山农谱》等，而以稿本方式能基本完好保存至今的则相对较少。而且，该稿本中所辑录的各书内容，可以用来对我国古代的书籍，尤其是明代的一部分农书进行核对与校勘，其价值也是不应小觑的。因此，无论是从保存史料的价值还是从校勘的价值而言，《便农占镜》稿本都是弥足珍贵的。②

---

① 刘尚恒. 二馀斋说书［M］. 石家庄：河北教育出版社，2004：43.

② 江庆柏等. 稿本［M］. 南京：江苏古籍出版社，2002：95—98.

2.《重修政和经史证类备用本草》坊刻本

平阳晦明轩张宅是北方一家由金入元的著名书坊，所刻书目录后多用钟式木记“晦明轩”，琴式木记“平阳府张宅印”（图 10-2）。余嘉锡的《四库提要辨证》引元好问《遗山文集》卷三十六《集诸家通鉴节要序》所载，坊主张存惠，字魏卿，精于星历之学，州里以好学见称。金元间晦明轩刻书尚多，《重修政和经史证类备用本草》就是其中最为知名的一种。

《重修政和经史证类备用本草》（图 10-3）三十卷，宋唐慎微撰，宋寇宗奭衍义，蒙古定宗四年（1249 年）平阳张存惠晦明轩刻本。该本版框高 123 毫米，宽 170 毫米；半页十一行，每行二十一或二十二字，白口，四周双边。卷首有碑式长篇木记《重修本草之记》，其云：

> 此书世行久矣。诸家因革不同。今取证类本尤善者为窠模。增以寇氏衍义。别本中方论多者。悉为补入。又有本经别录。先附分条之类。其数旧多差互。今亦考证。凡药有异名者。取其俗称注之目录各条下……图像失真者，据所尝见。皆更写之。……字画谬误。殊关利害。如升斗疸疸上下、千十、未末之类。无虑千数。或证以别本。质以诸书。悉为厘正。疑者阙之。敬俟来哲。仍广其脊行。以便缀缉。庶历久不坏。其间致力极意诸所营制。难以具载，不敢一毫苟简。与旧本颇异。故目之曰重修。天下名贤士大夫以旧鉴新自知矣。①

木记落款为“泰和甲子下己酉冬日南至晦明轩谨记”（图 10-4），按泰和为金章宗年号，其四年为公元 1204 年。而其下己酉则已为蒙古定宗四年（1249 年)，距金亡已经十六年。于是，后代藏家对其刊刻年代产生分歧，《四库全书》以金刻本著录；而以为刻成于蒙古定宗贵由后称制之己酉年的，主要为清钱谦益、钱大昕等。钱谦益《有学集》卷四十六有《跋本草》一则，申说晦明轩此本刻于蒙古女后称制摄政之时的理由很是充分。考卷首麻革序、卷末刘祁跋皆作于己酉岁。《中国版刻图录》及《北京图书馆古籍善本书目》的著录都采纳蒙古定宗四年说。

---

① （清）张金吾. 金文最［M］. 北京：中华书局，1990：682.

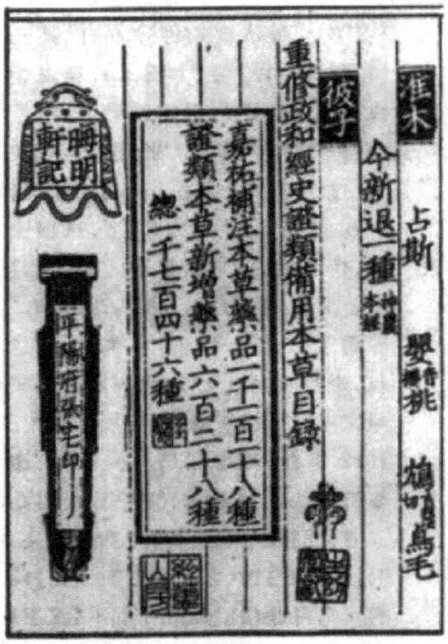

图 10-2　张氏晦明轩刻书牌记

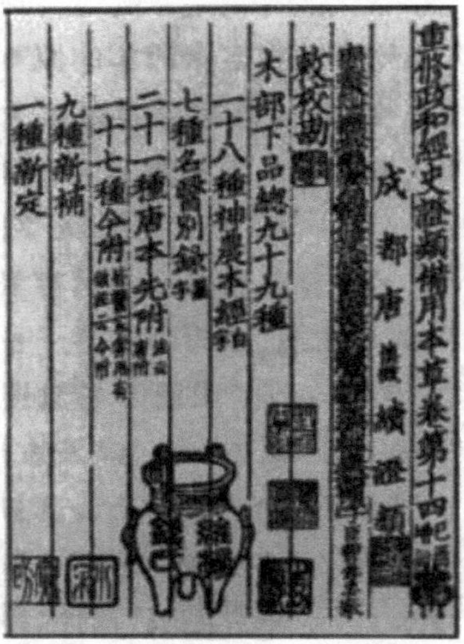

图 10-3　《重修政和经史证类备用本草》
（蒙古定宗四年张存惠晦明轩刻本）

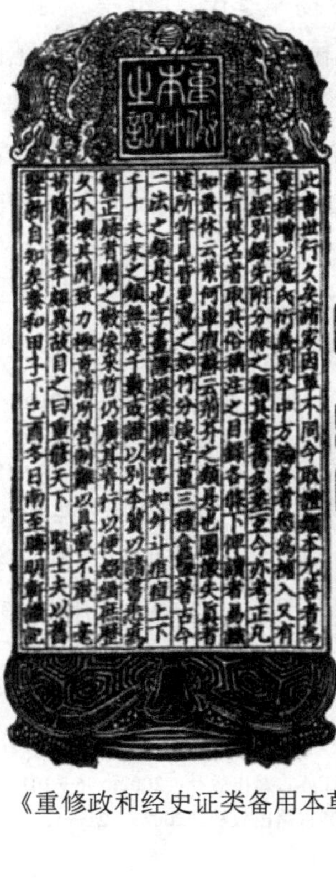

图 10-4　《重修政和经史证类备用本草》碑式木记

唐慎微，字审元，北宋神宗前后成都华阳人。其为士人看病，不收钱，只要名方秘录。时间既长，积累必厚，遂成《经史证类备急本草》一书。宋徽宗大观二年（1108年）经杭州医官艾晟等重修，易名《经史证类大观本草》，作为官本刊行。八年后，政和六年（1116年），又经医官曹孝忠再加校订，复更名《政和新修证类备用本草》。张存惠三次重修时，将宋寇宗奭于唐慎微书有拾遗纠谬之功的《本草衍义》随文散入书中各条。经张存惠重修后的《证类本草》，共载药物1746种，选辑书目达247种，其中药物书目17种，古今方书97部，体现了广收博采的特点。

晦明轩蒙古定宗四年（1249年）的原刻本流传极少，清代藏书家收藏的大都为明人翻刻本。中国国家图书馆现藏有二部，一足一残，足本有钱谦益跋，证明其曾为绛云楼藏品。另有多家藏印，卷七末有“浙西项笃寿子长藏书”方印，卷八有“项氏万卷堂图籍印”长方印。卷二十五有“汲古阁”方印，目录首页有“海虞毛表奏叔图书记”方印，并多处有“毛表之印”“毛奏叔氏”“东吴毛表”诸印，以及季振宜“扬州季氏”“沧苇”“振宜之印”，袁廷梼“苏州袁氏五砚楼收藏金石图书”“枫桥五砚楼珍藏印”“红蕙山房”“袁又恺藏书”“袁廷梼印”，汪士钟“阆源真赏”“汪士钟印”，蒋光煦“蒋光煦印”“寅昉”“臣光煦印”等诸家藏印。另卷中多见“维扬钱氏”鼎式印记，“钱本”“大宗伯印”等，尚未详其人。可见，明清时期该书基本上在江南藏书家之间辗转收藏，最后物得其所，入藏中国国家图书馆。[①]该书仅存孤本。

另外，该书的刻工有“平阳府姜一刊”“姜一刀”等署名，是中国版刻插图所见署名最早的版刻艺匠。其镌刻风格遒劲粗犷、干净利落，是典型的北方插图本（图10-5）。这当然是出于艺术角度的评价。从实用角度看，书中插图多数是描绘准确的，但因为不知透视法，画面缺少立体感，使有些矿物图形难以辨识；动物大小比例往往不相称，有些因求姿态生动而失真。不过总体来说是严谨的，也是当时的高水准了。所以，在李时珍《本草纲目》问世前，该书一直被作为研究本草学的范本，不仅有较高的实用价值，而且有一定的学术史意义。[②]

① 黄镇伟. 坊刻本［M］. 南京：江苏古籍出版社，2002：96—101.

② 薛冰. 插图本［M］. 南京：江苏古籍出版社，2002：121—122.

图 10-5　张存惠晦明轩刊本《重修政和经史证类备急本草》插图

3.《救荒本草》明刻本

《救荒本草》2 卷，明永乐四年（1406 年）周定王朱橚所编，并自刻于开封，惜原刊本早已亡佚。现在能看到的最早版本是嘉靖年间的重刻本。先是嘉靖四年（1525 年）山西巡抚都御史毕昭和按察使蔡天祐重刻该书于太原，卷首增加了李濂序；后是嘉靖三十四年河南祥符人陆柬又据毕昭、蔡天祐本重刻，有陆氏序（图 10-6）。这两种刻本郑振铎先生都有收藏，但在编辑《中国古代版画丛刊》时，所用当是陆本，而未收陆序。1988 年上海古籍出版社出版《中国古代版画丛刊》时，在后记中认定所用为嘉靖四年本，但又明确说到两本的差别，即陆本虽作 2 卷，但“每卷各分前后”，实际成为 4 个部分；现就《中国古代版画丛刊》本看，《救荒本草》卷首及版心所标，确分为“上之前”“上之后”“下之前”“下之后”4 部分，并分别标有元、亨、利、贞字样，页码亦分别重计，所以应是嘉靖三十四年本。该本版框高 186 毫米，宽 129 毫米；黑口，双边；插图宽窄不等，最宽时作单面方式，稍窄时则于空处接刻文字，成图文共页形式。现藏于中国国家图书馆。

“本草”之名，始于《神农本草经》，因书中所记各药以草类为多而得名。此后历代多有增辑，集大成者，是明代李时珍博采诸家之说、删繁补缺、订讹正误而成的《本草纲目》52 卷。除了作为医家用药指针的，还有作为食疗指南

图 10-6　明嘉靖三十四年刊《救荒本草》插图

的，如唐人孟铣有《食疗本草》，其后陈士良有《食性本草》，以饮食作为调摄养生的手段。然而纯粹出于充饥以救荒为目的整理编撰植物图谱，《救荒本草》当是一个创举。

书前有周王府左长史卞同序，说到前人本草书中所载，“多伐病之物，而于可茹以充腹者，则未之及也”①。朱橚也亲自动手，“购田夫野老得甲坼勾萌者四百余种，植于一圃，躬自阅视，俟其滋长成熟，乃召画工绘之为图，仍疏其花、实、根、干、皮、叶之可食者，汇次为书一帙”②。收购四百多种采自野外的植物，种在园子里观察它们的生长过程与特性；请画工准确地画出图来，茎叶花果，清晰明白；并研究它们的哪一部分适于食用，详细加以记载，“首言产生之壤、同异之名，次言寒热之性、甘苦之味，终言淘浸烹煮、蒸晒调和之法”③，据此编订成书。一册在手，读者不但可以从图形认识这种植物，而且可以了解该向具备何种生长条件的环境中寻找它，它与形状相类的植物有何相同及不同之处，采得后如何食用，又有哪些应该注意的事项，真是详尽备至。所以上海

① （明）朱橚. 景印四季全书・子部第 730 册・救荒本草［M］. 台北：台湾商务印书馆，1986：611.

② （明）朱橚. 景印四季全书・子部第 730 册・救荒本草［M］. 台北：台湾商务印书馆，1986：611.

③ （明）朱橚. 中国古代科技名著译注丛书. 救荒本草译注［M］. 上海：上海古籍出版社，2015：5.

古籍出版社在影印出版该书的后记中，给该书以极高的评价：“中外公认，这是十五世纪初期，植物学界调查研究工作最忠实的科学记录。”①

4.《天工开物》

《天工开物》3 篇 18 卷，崇祯十年（1637 年）始刊，称为“崇祯十年本”（图 10-7）。版框高 217 毫米，宽 143 毫米；白口，单边；半页九行，每行二十一字；插图或单面方式，或双面连式；该本原宁波李氏墨海楼旧藏，现藏于中国国家图书馆。崇祯十年本是《天工开物》原刊本，这个版本是在宋应星的友人涂绍煃的帮助下才出版成功的。为表彰涂绍煃促成该书出版之功，又称该本为“涂伯聚本”或简称“涂本”。

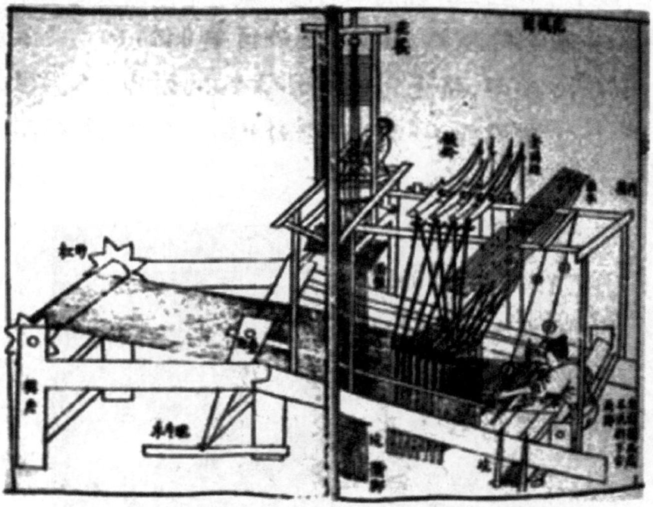

图 10-7　明崇祯十年刊《天工开物》插图

该书初版印行时名《天工开物卷》，著者在卷首《天工开物卷・序》中说到，该书的刊印得益于友人涂伯聚的襄助。该书是对明代农业、工业和手工业生产技术进行的系统总结，尤其是对工业和手工业生产技术的总结更是独有。书中广泛涉及制盐、制糖、榨油、丝织、染色、金属冶炼等物的铸造和交通工具、陶瓷、采煤、造纸、制墨、武器、颜料、酒曲、珠宝开采等方面，这些生产技术多在明代有重大发展。特别是书中配有丰富的插图，朴素真实，具体而直观

① 薛冰. 插图本［M］. 南京：江苏古籍出版社，2002：139—141.

地表现出了文字描述的对象。

值得指出的是，该书在明末问世，印行两版，有清一代竟湮没无闻，只有日本在明和八年（1771 年）翻刻过一次，此后直到 1927 年才在中国重新出版，还是以日本刻本为基础修订影印的。涂本于明末传到与江西邻近的福建后，建阳书商杨素卿发现它有重要价值，遂决定翻刻再版，以求获得经济效益和社会效益。但在刻板过程中明朝灭亡，杨素卿为使该书在清初顺治年（1644—1661 年）得以发行，将涂本序改刻以手书体，将序中有崇祯年款的部分删去，将正文中“我朝”改为“明朝”，俨然以清初人作品问世。该本称“杨素卿本”或简称“杨本”。杨本印以福建竹纸，版框高 23.2 厘米，宽 18.8 厘米，为六册装，半页 9 行，每行 21 字，白口，四周单边，亦藏于中国国家图书馆。涂本与杨本是最珍贵的早期版本，两本的主要区别是杨本出版前对正文作了文字校勘，消除了涂本中一些错别字。两本序文字体不同，但插图以涂本为优。杨素卿为了追求插图的精美，妄加修改，甚至另请画家重绘，不惜牺牲插图的准确性。因此杨本的插图不及涂本准确。①

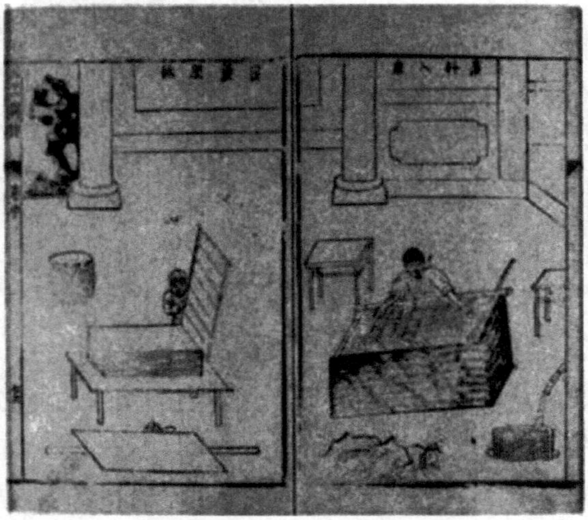

图 10-8　明崇祯十年刊《天工开物》插图

5. 太医院刊《大德重校圣济总录》元刻本

《大德重校圣济总录》是大德三年（1299 年）九月刊造的一部医书。该书成

① 薛冰. 插图本［M］. 南京：江苏古籍出版社，2002：176—177.

书于宋政和元年至政和七年（1111—1117 年），是宋徽宗时朝廷组织人员撰写的，原名《圣济总录》《政和圣济总录》。该书辑录了历代医籍，并征集民间验方和医家所献方剂，以及内府收录的秘方，经整理汇编而成，全书收方近两万首，六十余门，每门中介绍若干病症，每一病症先论病因、病机，次列方药治疗。在理论方面，结合《黄帝内经》阐发当代医家思想，在治疗方面所载有效验方和医家秘方，一般都比较可靠，是当时官方颁行的一部既有深厚医学理论，又有丰富临床经验的医学著作，具有重要的医学文献研究价值，以及临床实用参考价值。至今仍然被众多医家推崇。

《圣济总录》曾经有两次较早的重刻，一为金大定年间刻本，二为元大德四年（1300 年）刻本，都作为官定书而颁行全国。本书所介绍的是大德年间刻印的《圣济总录》。

《大德重校圣济总录》200 卷，大德四年太医院刻印，当时的太医院虽然是皇家医疗机构，但为了表示对民间疾苦的关心，表示惠民，也时常刻印医书、药书、方剂等。《大德重校圣济总录》就是因此刊刻。太医院其实是将书发到杭州镂版，从书本身的情况看，该书每半页八行，每行十七字，细黑口，四周双边。卷末题江浙等处行中书省大德三年九月刊造，至四年二月毕工，又有提调官衔名六行，知该书实系大德间杭州官版。纸墨莹洁，字画方整，似宋时浙本风格（图 10-9）。存世《大德重校圣济总录》皆为残本，分藏于中国国家图书馆、中国医科大学图书馆、重庆图书馆等处。此外，还有一全帙为明抄本，藏于山东省图书馆。[①]

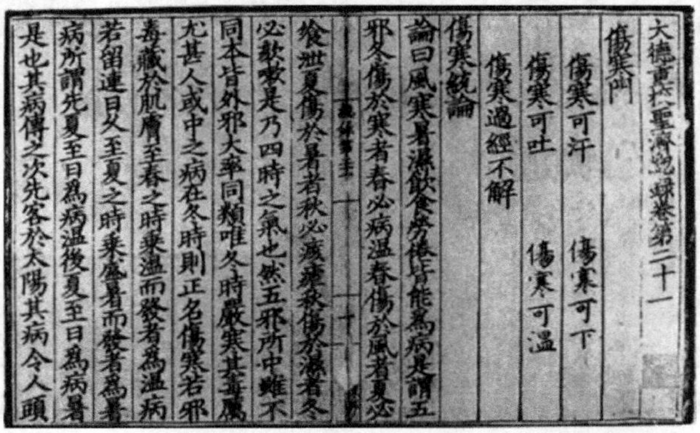
大德重校聖濟總録卷第二十一
傷寒門
傷寒可汗　傷寒可下
傷寒可吐　傷寒可溫
傷寒過經不解
傷寒統論
論曰風寒暑濕飲食勞倦皆能為病是謂五
邪冬傷於寒者春必病溫春傷於風者夏必
飧泄夏傷於暑者秋必痎瘧秋傷於濕者冬
必欬嗽是乃四時之氣也然五邪所中雖不
同本皆外邪大率同類唯冬時嚴寒其毒[illegible]
尤甚人或中之病在冬時則正名傷寒若邪
毒藏於肌膚至春之時乘溫而發者為溫病
若留連日久至夏之時乘盛暑而發者為暑
病所謂先夏至日為病溫後夏至日為病暑
是也其病傳之次先客於太陽其病令人頭

图 10-9　《大德重校圣济总录》元大德三年太医院刻

① 陈红彦. 元本［M］. 南京：江苏古籍出版社，2002：84—85.

6.《梦溪笔谈》元刻本

《梦溪笔谈》是我国北宋时期沈括撰写的一部笔记著作，共 26 卷，另有《补笔谈》3 卷、《续笔谈》1 卷。《梦溪笔谈》内容有故事、辩证、乐律、象数、人事、官政、权智、艺文、书画、技艺、器用、神奇、异事、谬误、讥谑、杂志、药议等十七类，总结了沈括多年来对科学技术、历史、考古、文学艺术等方面的研究成果，书中保存了很多非常有价值的历史资料。

《梦溪笔谈》一书宋代旧有扬州刻本，乾道二年（1166 年）又重刻行世，陈仁子刻本前有乾道二年扬州州学汤修年跋，可知是据乾道本重刻。宋刻本今已不传，现存以陈仁子刻本为最古，二十六卷全。

元大德九年（1305 年）陈仁子茶陵东山书院刻的一部《梦溪笔谈》，每半页十行，每行十七字，细黑口，左右双边。该书开本很大，高 41.6 厘米，宽 28 厘米，天头、地脚极宽，而版框却很小，版框框高只有 15.5 厘米，宽也只有 10.1 厘米（图 10-10），藏于中国国家图书馆。

在装帧形式上，茶陵东山书院刻的《梦溪笔谈》保留了元时蝴蝶装的装帧形式，使该书在版本学上独具特色，而且精益求精的校雠也使得该书成为《梦溪笔谈》中文字水平最高的一个版本。

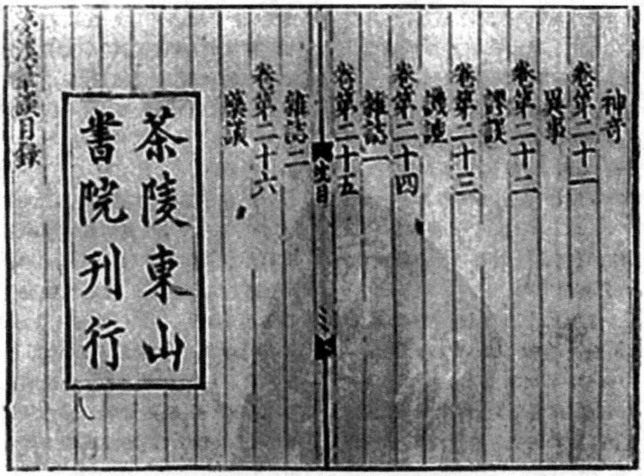

图 10-10 《梦溪笔谈》元大德九年陈仁子茶陵东山书院刻

该书首为沈括自序及古迂陈氏刻书序，末题大德乙巳春茶陵古迂陈仁子刻于东山书院并序。次附乾道二年扬州州学教授汤修年跋文。目次后有“茶陵东山书院刊行”墨色刻书题记两行。该书刻印刀法娴熟，初印精美，令人叹为观止。

据专家考证，《梦溪笔谈》的最初刻本当为三十卷本，其根据是在明万历年间华亭陈继儒、秀水沈德先辑刻的沈括的《补笔谈》中，编排形式注明了哪些是补《梦溪笔谈》第几卷的，《补笔谈》从第二卷补起，一直补到第三十卷《药议》为止。由此看出，在沈括做《补笔谈》时，其内容比今本要多，应该有三十卷。

现在流行的《梦溪笔谈》当为二十六卷本。最迟在南宋初年就已经流行了。在南宋高宗绍兴二十一年（1151 年）晁公武的《郡斋读书志》著录中，即著录为二十六卷十七目。可以说，在宋代《梦溪笔谈》曾经有两种本子流行，一为三十卷本，一为二十六卷本。不过三十卷本早已经散佚，只有二十六卷本经宋元明清刊刻，流传下来。

传世的二十六卷本《梦溪笔谈》，最早当推南宋孝宗乾道二年（1166 年）扬州州学刻本。该本无《补笔谈》和《续笔谈》。每半页十二行，每行十八字。末有“左迪功郎充扬州州学教授汤修年跋”尾有乾隆甲辰、嘉庆丙辰南昌彭元瑞题识二条。后归汤竹儒，再归桐城萧穆。萧穆又用它和别人换了别的书。据说傅增湘在苏州曾见过该书，因残破未收。后来该书下落不明，很可能已经不存于世了。这样，现存的最早的二十六卷本，就是元成宗铁穆耳大德九年（1305 年）陈仁子茶陵东山书院刻本了，因此，中国国家图书馆收藏的这件茶陵东山书院刻《梦溪笔谈》的版本价值就显得非常特殊了。

顾炎武在《日知录》中总结了元代书院刻书的三个优点：其一，负责掌管书院的山长多精于校雠，校雠精，书的版本价值就高；其二，经费充裕，版刻铺陈，非常讲究，印书质量较高；其三，书版就藏在书院，印刷起来极为方便，便于流通。这些优点在茶陵东山书院刻本的《梦溪笔谈》中得到了比较突出的体现，让我们对茶陵东山书院刻《梦溪笔谈》的大开本，小版框的铺陈，以及不惜工本的装帧方法，有了更多的理解。

该书卷首有“东宫书府”“文渊阁”两方朱文方印，说明该书曾是明太祖的藏书。明太祖朱元璋在建立政权后，把从元宫廷里接受的书藏在文渊阁，还有一批给了太子，其余的给晋府、秦府以及东宫太子，东宫书府一印比较少见，也说明该书在明代一直藏在宫中。卷内还钤有“汪士钟印”“平阳汪氏藏书印”“臣文琛印”“甲子丙寅韩德均钱润文夫妇两度携书避难记”等印。

《梦溪笔谈》对于中国古籍版本学的意义，还在于在书中卷十八《技艺门》中详细记录了毕昇试验泥活字的过程：

版印书籍，唐人尚未盛为之，自冯瀛王始印五经，已（以）后典籍，皆为版本。庆历中，有布衣毕昇，又为活版，其法用胶泥刻字，薄如钱唇，每字为一印，火烧令坚。先设一铁板，其上以松脂腊和纸灰之类冒之。欲印则以一铁范置铁板上，乃密布字印。满铁范为一板，持就火炀之，药稍熔，则以一平板按其面，则字平如砥。若只印三、二本，未为简易；若印数十百千本，则极为神速。常作二铁板，一板印刷，一板已自布字，此印者才毕，则第二板已具。更互用之，瞬息可就。每一字皆有数印，如之、也等字，每字有二十余印，以备一板内有重复者。不用则以纸贴之，每韵为一帖，木格贮之。有奇字素无备者，旋刻之，以草火烧，瞬息可成。不以木为之者，木理有疏密，沾水则高下不平，兼与药相粘，不可取。不若燔土，用讫再火令药熔，以手拂之，其印自落，殊不沾污。昇死，其印为余群从所得，至今保藏。①

这段记载对研究活字印刷具有非常重要意义，不仅记载了毕昇对木活字并不成功的试验，还非常详细地记载了泥活字的制作方法和印刷过程，给我们今天对泥活字印刷的研究留下了翔实可信的资料。这是《梦溪笔谈》另外一个非常重要的价值。②

7.《本草纲目》明刻本

《本草纲目》第一次雕印是在金陵，由书商胡承龙刊刻出版，世称其为“金陵胡承龙本”（简称“金陵本”）。该本开雕于万历十八年（1590 年），刻成于万历二十一年，前后长达数年之久。

金陵书商胡承龙刊刻的《本草纲目》，全书 52 卷，附图 2 卷。每半页 12 行，每行 24 字，白口，四周单边。框高 20 厘米，宽 13.8 厘米。该本卷首有王世贞序，而无“进书疏”，此为与通行本不同之处。序后有辑书姓氏。附图 2 卷，上卷题识为“阶文林郎蓬溪知县男李建中辑，府学生男李建元图，州学生孙李树

① 齐豫生，夏于全. 中国古典文学宝库·梦溪笔谈［M］. 延吉：延边人民出版社，2000：98.

② 陈红彦. 元本［M］. 南京：江苏古籍出版社，2002：92—96.

宗校”；下卷则为李建木图，李树声校。共有 1109 幅图。

金陵本系坊刻本，版刻质量虽不甚高，然其书系李时珍在世时所刻，故多能体现李时珍原意，如卷一《引据古今医家书目》一项，金陵本每行刻 3 种书名，将性质相同或时代相近的书排列在一起，较有规律。又卷一《脏腑虚实标本用药式》中，“有余泻之”“不足补之”“本热寒之”“标热发之”各项条名，均用墨围横刻于该条之上，颇为醒目，可以看出李时珍在刻书款式上的用意和讲究。

万历三十一年（1603 年），江西按察司按察使张鼎思在其《重刊本草纲目叙》中说：“本草纲目一书，大有裨于生人，非特多识资也。而初刻未工，行之不广，盍图广其传乎？”[①]江西巡抚夏良心与江西按察使张鼎思集资重刻行世，该本世称“江西本”（图 10-11）。江西本《本草纲目》前有张鼎思《重刊本草纲目叙》，称：“……思董剞劂之事而已。刻始于今岁正月，竣于六月。既竣，喜而为之序。”[②]知该书始刻于万历三十一年正月，当年六月竣工。该本除原有的王世贞序外，新增夏良心《重刻本草纲目序》、张鼎思《重刊本草纲目叙》及李建元《进本草纲目疏》，其后附刻有李时珍《濒湖脉学》《奇经八脉考》二书各 1 卷，并将原题款改作“敕封文林郎四川蓬溪县知县蕲州李时珍编辑”。

本草綱目序例第一卷上
序例上
歷代諸家本草
神農本草經

图 10-11 江西本《本草纲目》

① （明）李时珍编纂，刘山永校注. 新校注本草纲目，第 5 版（上）[M]. 北京：华夏出版社，2013：4.

② （明）李时珍编纂，刘山永校注. 新校注本草纲目，第 5 版（上）[M]. 北京：华夏出版社，2013：5.

该刻本为 9 行，20 字，小字双行同，白口，四周单边。框高 22.4 厘米，宽 15.7 厘米。在书口下端有刻工姓名及本版字数。参加刻书的人员有写版人余光，刻板人邹邦杰、姜求、余太、余学、余文、余国良、翟良文、翟良全、晏文等。江西本字体秀丽清晰，刻工精细，其版刻纸墨均优于金陵本。海内外广为传之，甚为珍重，后世很多重刊本亦多以此为底本。[①]

通过上述几个例子我们可以发现，研究科技文献的版本需要考察版式、碑记、序跋和藏印等。查版式，便于了解书籍的外观；碑记和序跋有助于我们弄清文献出版的时间、地点、作者背景等；而藏印也会透露书籍的一些信息。上述这些都有利于我们了解书籍版本的流传。同时，研究一部科技文献的版本是否具有价值，很大程度上取决于其内容是否完整以及版刻质量是否精致，这二者是缺一不可的。内容的完整性主要是指所刻书籍的内容是否能够完整呈现，换句话讲就是能否保持书籍的原貌。版刻质量主要是通过考察字体、纸墨、装帧、藏印等方面来体现的。如若一部文献的版刻质量很高，但内容残缺不全，这部文献的版本价值也会大打折扣，反之亦然。另外，还需要注重书籍所体现的科技史史料价值，这对于科技文献来讲是至关重要的。

五、版本选择

以上介绍了有关版本的一些知识，其目的是利用这些知识来选择好的科技文献版本，进行阅读、购买和收藏，运用版本学的知识解决科技文献研究中的相关问题。

在历史上，许多科技文献曾经多次翻刻、翻印。但由于刻印者不同，刻印水平各异，一些科技文献的刻印本有所差异。因此，选择好的文献版本，就十分重要了。选择的依据、标准、条件常有不同，读者本身要自行确定，不要人云亦云。

一般来说，最有价值的当然是善本、珍本、孤本。

所谓善本，就是指好的版本，文物价值、艺术价值或学术价值较高的本子。清人张之洞在其《輶轩语 • 语学》中说："善本之义有三：一、足本（无阙卷，未

① 赵前. 明本［M］. 南京：江苏古籍出版社，2003：126—128.

删削)；二、精本（一精校，一精注）；三、旧本（一旧刻，一旧钞）。”[①]但“善”的标准不同。如果以雕版质量、字体、纸张等为标准，自是一种方案；如果以最早的版本、最初的版本为标准，也是一种方案；考虑到原版校改质量、文字清晰、附图准确等，又是一种方案。以上几种方案综合考判，也是一个理想的标准。

例如，《本草纲目》最初版本是金陵版，但金陵版的附图不如大约一百年后的张绍棠味古斋本，其版式、字体、纸张，以及后来的江西本、钱衙本都比金陵版强。金陵版算不算善本？从文物角度、年代角度看，当然金陵版最理想，但从学术角度看，江西本、钱衙本、张绍棠味古斋本也不逊于金陵版。

所谓珍本，《校雠广义（版本编）》的解释是，凡是具有历史文物性、学术资料性、艺术代表性而又流传甚少的书可视为珍本。

关于善本的范围，在这里附上《中国古籍善本书总目》收录标准仅供参考：

（一）元代及元代以前刻印、抄写的图书（包括残本与零页）。

（二）明代刻印、抄写的图书（包括具有特殊价值的残本与零页）。但印版模糊而流传尚多者不收。

（三）清代乾隆以前流传较少的印本、抄本。

（四）太平天国及历代农民革命政权所印行的图书。

（五）辛亥革命前，在学术研究上有独到见解或有学派特点或集众说较有系统的稿本以及流传很少的刻本、抄本。

（六）辛亥革命前，反映某一时期、某一领域或某一事件资料方面的稿本以及流传很少的刻本、抄本。

（七）辛亥革命前的名人学者批校、题跋，或过录前人批校而有参考价值的印本、抄本。

（八）在印刷上能反映我国古代印刷技术发展，代表一定时期印刷水平的各种活字本、套印本，或有较精版画的刻本。

（九）明代印谱全收，清代的集古印谱、名家篆刻的印谱的钤印本，有特色或有亲笔题记的收，一般不收。[②]

---

① （清）张之洞. 张之洞全集·卷二百七十二［M］. 石家庄：河北人民出版社，1998：9790.

② 转引自程千帆，徐有富. 校雠广义（版本编）（第2版）［M］. 济南：齐鲁书社，1998：289—290.

这一收录标准偏重于版本的文物价值，从阅读的角度看，足本、精本即是善本，孤本则是仅存唯一的版本。

孤本指某书的抄本或刻本，在世间仅知有一份流传的书。“珍本”的质量或学术价值、收藏价值要高于“孤本”，但“孤本”有时也是“珍本”或“善本”，并非所有“孤本”都值得当“珍本”或“善本”对待。

南宋末年的《宝庆本草折衷》是一部重要的私人综合本草，《永乐大典》有引文，原书存世只有一部，据说现在在台湾地区，除郑金生辑校的以外，没有其他版本，这当然是“孤本”。但从中国国家图书馆藏缩微胶卷来看，原书已经残缺，有不少章节丢失。现存的章节有多处字体模糊不清，有的部分甚至无法通读，这些部分辑校本也只好空阙了。显然，这是孤本，并非是善本，算不算珍本，也待商榷。

已知《本草纲目》金陵版原版书在全世界只存几部，据《全国中医图书联合目录》，国内只有上海图书馆、中国中医科学院图书馆有收藏。从稀有程度、出版年代、学术价值来讲，当然算得上孤本、珍本，只是未必就是善本。

中国中医科学院中药研究所资料室保存一部明抄彩绘简本《本草品汇精要》，没有见到其他著录，当然是孤本，也是珍本，但其内容本来就不全，较之最近出版的曹晖辑校的《本草品汇精要》又有许多不足，肯定算不得善本，从学术价值来看，连珍本也要考虑当否了。

第二节　文献真伪的鉴别

文献真伪的鉴别分两个方面：一是外层鉴别，确认文献的署名是否与实际情况相符，也就是鉴别某种文献是否确为某时某人所作，是则真，否则伪。二是内层鉴别，在确认某种文献为某人所做的前提下，考证其内容哪些是真实的，哪些是失实的。

一、伪书的界定及其产生原因

古代典籍中存在大量伪书，其中有关科技类的也不例外，这是不容否认的事实，是一种客观存在的文化现象。但究竟什么是伪书，却需要一个明确的界定。伪书就是那些作者不真、年代不实及内容假造的典籍。

所谓“作者不真”，即在书名项、作者项、序跋等文本形态上明确标明的作者姓名是不真实的。

所谓“年代不实”，即在文本形态上明确标明或体现出的文献写作年代是不真实的。一个特定的历史（或传说）人物的姓名本身就具有年代内涵，“作者不真”的伪书大多“年代不实”。

所谓“内容假造”，即在具有特定作者、年代的文献中加入某些新内容，或借助某些已有文献（大都是亡佚的古籍）的名称而编造新的内容。

伪书的产生也是有一定原因的。根据前人的研究总结，从作伪动机来看，伪书的产生大致有如下几方面的原因。

（一）托古

在整个封建社会中，普遍存在厚古薄今、迷信古人、崇拜圣贤的心态，所以一些人为了宣扬自己的学说，便采用托古的方法，这种风气在战国及秦汉时期相当盛行，对后世的学术思想产生了很大的影响。《淮南子·修务训》有云：“世俗之人多尊古而贱今，故为道者必托之于神农、黄帝而后能入说。乱世暗主，高远其所从来，因而贵之。为学者蔽于论而尊其所闻，相与危坐而听之，正领而诵之。”[①]于是儒家借重尧舜，墨家借重大禹，道家借重黄帝、老子，医家借重神农、黄帝等，都是这一类的典型。如“易卦”托名伏羲，“本草”托名神农，“内经”托名黄帝，即其例。

（二）托名

古书伪作，伪署作者姓名是其大端，而伪署作者姓名的原因也很多，大致有四：

一是为泄愤诽谤他人。人怀怨愤或不满而作文发泄，常常假托他人之名或以无名氏的方式行世。这种方式代有其人。如宋魏泰托名张师正撰《志怪集》《括异志》《倦游录》，以个人的爱憎诬蔑前人。又如，有人因怨恨欧阳询而作《补

① （汉）刘向. 淮南子·修务训［M］. 北京：中华书局，2009：379.

江总白猿传》，不题作者姓名，皆属此例。

二是自耻署名而造伪名。如五代和凝的《香奁集》是其青年时所撰，内容颇涉风流香艳，后来其做了高官，认为有失庄重，怕人耻笑，就嫁名韩偓。

三是借重名家以传其书。借重与崇古如出一辙，都是借他人之名来传己书，区别在于崇古者是借古圣贤之名来宣扬自己的学说，借重者是用名家的声望来提高自己书的影响。如我国现存最早的一部创伤外科专书《刘涓子鬼遗方》，晋末刘涓子著，首载于《隋书·经籍志》，因托名“黄父鬼”所遗，故名“鬼遗方”。

四是盗窃他书而为己书。上举多是将己书托名他人，而求名者则是盗窃他人之书为己有。如郭象窃向秀《庄子注》，宋齐丘窃谭峭《化书·序》而传之，何法盛窃郗绍《晋中兴书》等。

（三）文献亡佚

古代典籍大量散佚是伪书产生的重要社会原因。朝廷禁毁、兵燹战乱、自然灾害等天灾人祸造成了古代典籍的大量损毁亡佚，给后世留下了无限的遗憾，故世有寻求遗书之举。如秦始皇焚书之后不久，又经历楚汉战争，国家典藏的文献散亡殆尽。西汉建国，朝廷典藏不足，武帝以来屡次诏求遗书于天下，遂有投机者制作伪书欺世射名，邀赏牟利。此外，古代社会的一些士大夫，他们有学问，对古代典籍的失传感到遗憾。他们作伪的动机，或许是想弥补古籍的缺略而使之完整，这种追求完整的心理也是伪书产生的动因之一。例如，东晋梅赜传的《古文尚书》、明代范钦刊印的《竹书纪年》等都是典型的例证。

（四）政治相争

古代统治阶级内部派系斗争势同水火，为达到制造舆论的目的，不惜采用伪造书籍的手段来陷害对手，如在唐代“牛李党争”中，李德裕、牛僧孺两派斗争多年，李德裕的门人韦瓘用牛僧孺的姓名伪撰《周秦行纪》来陷害牛僧孺，以达到政治目的。

（五）学术相争

古代社会的学者论学时有门户之争，特别是同时而才名相当的学者，更是互相轻视、彼此攻击，为维护学派的学说，争胜对方，伪造古书是其重要手段之一。

（六）好事妄为

世间确有一些好事之徒，他们或出于兴趣而作伪，如张湛造《列子》；或由于技痒而作伪，如明代的丰坊善于写篆书，造《子贡诗说》等；或出于游戏而作伪，如明杨慎的《杂事秘辛》，本是遣兴之作，谁知后世反以为真。

二、古籍作伪的手法

（一）伪改书名、著者以充罕见之书

过去的藏书家选择善本书时，罕见之书是一条重要的标准。书贾利用藏书家以稀为贵、奇货可居的心理剜改书名、著者，伪造罕见的书。如杜氏《通典》二百卷，明嘉靖十七年（1538 年）王德溢、吴鹏有刻本。因为唐杜佑撰的《通典》流传较广，倘若以原书真实面貌出现，对藏书家不会有多大吸引力，书贾就将书名剜改为《国史通典》，同时剜去题下杜佑的名衔，加印“南宋礼部尚书锡山郡宝国贤撰”字样，序文也作删改，还在书名和著者剜改的地方钤了“南京翰林院印”和季振宜的藏书印，以掩饰剜改的痕迹，经过这样的剜改，就成了罕见的奇书。

元刻明修本《晋书》，书贾动手剜改了书名，称为《两晋人物传》，并伪题“无锡王达撰”。这样一改，使人感觉书名既冷，著者亦奇，比大家熟知的二十四史之一的《晋书》更容易吸引某些藏书家的注意，大可收到射利的目的。明徐霞客的《徐霞客游记》是地理方面的名著，书贾为了制造罕见书的假象，把书名改为《游名山记》。类似的例子还可以举出很多，很需要引起警惕，切不可一见假造书名、著作不见各家著录便认为奇货可居，故应谨防上当受骗。

（二）增删刻书牌记

古书中的牌记是考证一书的出版人、出版地和出版年代的重要依据。有这块牌记和无这块牌记，书的版本价值是很不一样的。书贾抓住这一点，肆意牟利。

中国国家图书馆藏有一部王国维亲笔题跋的明嘉靖刻本《孔子家语》，刻印

精良，书品极好。但书贾硬在书前加了一页刻书牌记，右上角竖行题称“陈眉公先生重”。中间竖行大字题名《孔子家语》，左下角署“古关杨敬泉梓”。陈眉公，即陈继儒，明万历时人。本来是嘉靖时刻的书，却安上了一块万历时的刻书牌记，目的在于借重陈眉公的大名以抬高该书的学术价值，并想利用这块牌记来说明该书版本的完整性和确切性。二者合一，该书便可身价大增，书贾便可从中获利。

清初刻本《诗人玉屑》，书前原有“处顺堂藏板”的刻书牌记，且有“重刊元本”字样。由于书贾伺机作伪，撤去了这块刻书牌记，竟骗过了墨海楼蔡氏。蔡氏以元刻本收进，察觉上当，却又反手卖给他人。这种增换刻书牌记的情况，在明清之际所刻的丛书中和翻刻本中时常发生。翻刻本貌似原刻本，作伪方法简单，只需抽去牌记，略加伪饰即成。从以上例子可以看出，牌记虽是鉴定版本的重要依据，但不能轻信，应该多方考证，审慎鉴定。

（三）剜改序跋

剜改序跋中的时间、地点、人物、事件，或撤换序跋冒充古刻旧刻而从中获利，在古书版本造伪中亦属司空见惯的现象。尤其是在配合其他作伪手段时，挖改序跋中紧要之处，更是屡见不鲜。如时彭大翼辑的《山堂肆考》二百二十八卷，明万历二十三年（1595 年）刻本。书贾将书名篡改为《书言故事》，同时将题下彭大翼纂著的“纂著”两字剜下，偷梁换柱地贴在书贾加印的“锡山陈幼学”名字下面，投藏书家所好。

为了证明该书确系无锡陈幼学纂著，书贾还对《山堂肆考》原书序文进行剜改，在凌儒的序中就有两处被挖改：一是将序文第六页后半页去后，杜撰为“无锡陈夫子好古士也”；二是将第七页文字也作了篡改：“集而成编”，总计二百四十卷，名曰《书言故事》，与剜改书名著者相呼应。因此，凡古书中无序有跋，或序与跋的内容自相矛盾时，切不可轻信其中所题的时间、地点、人物、事件，而应当多方考证后，再做决断。

（四）染纸造蛀以充古刻旧刊

明高濂在《遵生八笺》中曾对染纸和伪造蠹鱼虫蛀痕以作伪有精细的描写和精彩的议论：“近日作假宋版书者，神妙莫测。将新刻模宋版书，特抄微黄厚实竹纸，或用川中茧纸，或用糊扇方帘绵纸，或用孩儿白鹿纸，简卷，用棰细细敲过，名之曰刮，以墨浸去臭味印成。或将新刻版中残缺一二要处，或湿霉三五张，破碎重补。或改刻开卷一二序文年号，或贴过今人注刻名氏留空，另刻小印，将宋人姓氏扣填两头角处。或妆茅损，或用沙石磨去一角，或作一二缺痕，以灯火燎去纸毛，仍用草烟熏黄，俨状古人伤残旧迹。或置蛀米柜中，令虫蚀作透漏蛀孔。或以铁线烧红，锤书本子，委曲成眼，一二转折，种种与新不同。用红色装衬绫锦套壳，入手重实，光腻可观，初非今书仿佛，以惑售者。或札伙囤，令人先声指为故家某姓所遗。百计瞽人，莫可窥测，多混名家，收藏家当具真眼辨证。”①

以上说明，染纸以充旧刻，这种作伪手法早在明代就已经有人采用。同时明代还有书坊染仿旧纸，然后印行古书的。而近代书贾则是利用清时的影刻本进行染色，以充旧刻。

（五）版本杂拼

用几种不同版本杂拼成一部书，是书贾出售残本的一种作伪手段。

一般以一种较好的残本作为基础，残缺卷用其他版本或其他书拼配，再进行加工，掩饰杂拼的痕迹，以完整的原刻本的面貌出现。有一部《史记》，一百三十卷，明嘉靖四年（1525 年）汪谅刻本，残存一百十卷，其中卷缺四十八至五十五、八十二至八十七、一百一十二至一百一十七。书贾为了将这部《史记》配成足本，从明嘉靖四至六年王延哲刻本凑齐二十卷配予汪谅刻本，这样就成了一部完整的汪谅刻本的《史记》。为了这部明嘉靖四年《史记》，汪谅还根据宋绍兴刻本翻刻的书妄充宋本，书贾剜去目录后“明嘉靖四年乙酉，金台汪谅氏刊行”两行刻书年款，同时剜去题下校题者姓氏，把纸染成暗黄色，给人以古色古香的感觉。还在序和目录前后伪钤了“季振宜印”“钱谦益印”“牧斋藏书”等名家藏书印。因王延哲刻本也是翻宋刻本，书贾同时染了纸，初看似宋椠，如果不找书影对比，很容易上当。

无锡市图书馆藏的《唐诗品汇拾遗》十卷，书贾竟用了三种明刻本拼凑而成。卷一至卷五是半页十一行，每行二十字，白口，单鱼尾，卷端题《唐诗品

---

①（明）高濂撰，李嘉言点校．燕闲清赏笺［M］．杭州：浙江人民美术出版社，2012：48.

汇拾遗》；卷六、卷七、卷十是半页十行，每行二十字，白口，双鱼尾，卷端、书口均题《唐诗拾遗》；卷八、卷九则是明俞宪辑的《删正唐诗拾遗》的残卷，但版刻年代、版刻者不同，而后一种是另一著作辑本，书贾硬把这三种书凑合在一起，在书前加了一篇明成化十二年（1476 年）陈炜撰的字，就把这部残本伪造成明成化间刻的《唐诗品汇拾遗》。

（六）割改目录、卷数

目录是全书的纲目，在一定程度上反映古书的章节体例，可以借此了解古书。刊刻者、刊刻时间之不同，目录卷数也会产生差异。

书贾常常利用这个特点，删割目录，剜改卷数，以残本充全书。书贾除剜瞒目录、篡改卷次外，还伪加目录，此法常见于丛书零种作伪；即将几种丛书零种合在一起，加上一个目录，另成一书，如元陶宗仪编的《说郛》，清顺治三年（1646 年）两浙督学周南刻本，存五百六十种。书贾将这些书合起来伪题书名《儒林学海》，明无锡万镗辑，还在书前杜撰了一篇“万镗自序”。尽管存书多达五百多种，书贾还是不厌其烦地伪加了目录，同时还钤了清名家阮元的藏书印“文选楼”，将若干丛书零种改头换面，冒充一部完整的稀见丛书。

三、辨伪的意义与方法

（一）辨伪的意义

辨伪是传统文化研究的基础工作之一。研究传统文化，首先是时间概念的限定，其次是空间概念的限定，再次是个体概念的限定。时间线段、空间方位、个体体现这三者间的不断变化，构成了历史文化发展的基本链条，这三者的规定性也就成了历史文化研究的三要素。而伪书所模糊的正是传统文献真实的时间——年代、个体——作者，而某一特定的个体同时就具有了时间和空间的意义。

综观前人对古书辨伪学术意义的论述，归纳起来大致有以下四点。

第一，不辨古籍之真伪无法确定文献的价值。一部古书，只有在明确其作者、肯定其成书时代、了解书中是否有附益并得以认知的情况下，才能正确地评定其价值。

第二，不辨真伪无法进行古籍整理。流传下来的远古文献不经过整理基本无法卒读，其中真伪混杂，而深层的古籍整理工作是多种历史文化知识的综合运用，古籍辨伪则尤为要务。

第三，不辨真伪无法编纂史书。史书的编纂必须是信史，这就要求史家具有“不虚美，不隐恶”的史德，此外还要具备考辨史料真伪的能力，如此写出的史书方可成为垂示千古的信史。

第四，不辨真伪无法弄清学术源流。古书真伪与学术源流的关系最为密切，如果不能辨别古籍的成书年代、作者是否为假托、内容是否为伪造，整个学术研究就无法“辨章学术，考镜源流”，造成学术发展历史的错乱。

（二）辨伪的方法

鉴别伪书的方法，前人已经做过很多总结。如胡应麟在《四部正讹》中提出“核伪书之道”八条。梁启超在《中国历史研究法》中提出“鉴别伪书之公例”十二条，在《中国近三百年学术史》中把清儒辨伪的方法归纳为六条，后来在《古书真伪及其年代》中，又对辨伪方法作了更详细的论述。

总结前人辨伪之法，最重要的有以下几点。

（1）查考历代著录与引用情况。如果突然发现一部古书不见历代书目著录，亦未见前人在著述中引用过，那么该书真伪即属可疑。或某书古时虽有著录，但散佚已久，忽又出现，其篇目、内容与古时载录不同，亦属可疑。

（2）查考书中所载事实与引文。若所载事实是作者卒后之事，或引文中有后人的著作，则该书全伪或一部分伪。

（3）查考书中语言的时代特点。正如杨伯峻所说：“尽管古书的伪造者在竭尽全力地向古人学舌，务使他的伪造品足以乱真，但在摇笔成文的时候，无论如何仍然不可能完全阻止当日的语言向笔底侵袭。……不管伪造者如何巧妙，都能在语言上找出他的破绽来。”①

（4）考查该书与其他书在篇章节目上的联系，从而发现作伪的踪迹。如宋人苏过的《斜川集》于元明时已佚，清四库馆征得一《斜川集》，馆臣发现该书实是刘过《龙洲集》的改头换面。

（5）查考书中的思想观点，与所署作者的一贯思想是否符合，与作者所处时代是否符合。若不符合，即为可疑。

（6）查考书中文句，与前人引用的佚文是否相符。若前人引用的佚文不见

① 杨伯峻. 列子集释［M］. 北京：中华书局，1979：323—324.

于今本，或前人所称引的内容与今本不合，则今本的真伪可疑。

（7）实地调查伪作的来历。

辨伪方法很多，此处就不再详列。需要强调的是，判定一书的真伪，不能仅仅抓住一两条，而应综合考察，因古书在流传过程中，难免有后人改编、增补的成分。

四、伪书的价值

伪书与伪史有所不同。一般说来，一条史料已经认定为伪，便失去了原有的史料价值，只能作为研究那个时代产生的社会环境、思想观念、物质条件、学术源流、文化艺术等方面的参考资料来用，以为真实史实的反证，从而得出可靠的结论；而伪书则有所不同，许多伪书一经考定其产生的真实年代或作者，其真的身份便恢复了，伪书身份的文本价值固不足取，但其作为伪造者与伪造时代的产物的价值仍然存在（以史事作伪的伪书除外）。所以，伪书有无价值要具体分析，区别对待。一般说来，伪书的价值主要体现在如下六个方面。

第一，保存了古代的佚书。伪书不能凭空捏造，凡在位者大都借助当时流行的古书，或辑录征引，或窜乱增删，而其所凭借之书后世大都亡佚，借助这些伪书得以保存一二。梁启超指出："自唐以前或自汉以前的伪书却很宝贵……其故因为书断能凭空造出，必须参考无数书籍，假中常有真宝贝，我们可把它当做类书看待。战国人伪造的书一定保存了秦始皇焚书以前的资料，汉人伪造的书一定保存了董卓焚书以前的资料，晋人伪造的书一定保存了八王之乱以前的资料。"①

第二，保存了古代的神话。《山海经》旧题"禹益作"，因而归入伪书之列，但其内容是记述地理的神话，特别是记载了许多神话传说，是一部研究先秦神话的重要文献，很有价值。

第三，保存了古代的制度。《周礼》本名《周官》，托古者以其为周公所作，专记周代官制。自汉末的林孝存、何休到清代的万斯大、姚际恒及《四库全书总目提要》，都认为书中记载的并非周代真正行用的官制，更与周公无关。关于《周礼》的成书年代，至今仍无定论，但它不是周代的著作则是确定无疑的。梁启超以为：

① 梁启超. 国学要籍研读法四种［M］. 长春：吉林出版集团股份有限公司，2017：57.

> 这书总是战国秦汉之间，一二人或多数人根据从前短篇讲制度的书，借来发表个人的主张（有如黄宗羲的《明夷待访录》）。主张也不是凭空造出来的，一部分是从前的制度，一部分是著者理想……自然不相信是周公的书。若编周公或周代史，拿来做资料，糟不可言。但拿一部分来分别看做春秋战国一度通行的制度，看其余一部分为政治学上的理想的建国制度，那是再好不过的。①

第四，保存了古代的思想。很多学者考证认为，今本《列子》不是先秦的著作，而是出于晋人张湛之手，只要不把它当作列御寇的思想来看，而是作为研究张湛及魏晋思想的重要资料，则其是非常有价值的文献。

第五，保存了古代的科技。《神农本草》《黄帝内经》《周髀算经》之类是我国古代医药学、数学的重要文献，是我们祖先对世界文明的伟大贡献。这些书托名神农、黄帝、周公，实属虚妄，可我们认清其成书的真实年代——汉代，却毫不损伤它自身的内在价值，它们都是中国医药学史、数学史上极其有价值的史料。这类伪书非但不可舍弃，而且应当整理利用，倍加爱护。②

第六，保存古代的语言。《周礼》虽不是周代行用的官制，但作者在用语、名物上不可能不用当时通行的语句、名词，而独出心裁地另搞一套。因此，我们在考查周代名物训诂方面，在研究周秦语言文字的发展方面，都可以利用它提供资料。③

对于上述类型的伪书，只要考辨清楚其真正作者、写作时代和写作背景，它们的价值仍然是不可低估的；至于那些内容荒谬、错误百出的伪书，书贾牟利、粗制滥造的伪书，自然另当别论。

五、中国古典科技文献中的伪书

中国古典科技文献中也存在着大量的伪书。据《中国伪书综考》所述，其中有关科技文献的伪书情况见表 10-2。

---

① 梁启超. 国学要籍研读法四种［M］. 长春：吉林出版集团有限公司，2017：103—104.

② 梁启超. 古书真伪及其年代［M］. 北京：中华书局，1955：66—68.

③ 李国祥，杨昶. 国学知识指要——古籍整理研究［M］. 南宁：广西人民出版社，1993：57—58.

表 10-2 中国古典科技伪书表

书名	伪书类型	备考
《周髀算经》	作者伪	旧题周姬旦撰。陈振孙在《直斋书录解题》中对其作者进行考证，姚际恒《古今伪书考》中断定其作者必伪无疑。《四库全书总目提要》中怀疑是后人伪造
《九章算术》	作者伪	旧题周姬旦撰。经考证认为该书最终定型大概于公元一世纪下半叶，托为周公所作
《夏殷周鲁历》	全书内容伪	祖冲之对其进行参校考证，认为该四历书与其时代应有著作《春秋》不相符合，是后世好事之徒所为。《合朔议》也对该书进行考辨，认为其确实伪造
《甘石星经》	作者伪	原题为汉甘公、石申撰。经考证该书并非战国时期所作，而是北宋人所伪作。其作者也并非甘公与石申二人
《步天歌》	作者伪	旧题隋丹玄子撰。该书作者问题颇有疑义。《宋史・艺文志》认为该书为王希明所作，宋代郑樵认为该书是隋代丹玄子所作，晁公武认为该书作者未详。至清代，钱大昕则从书的文字、内容及该书著录情况来推断，称该书绝非隋人所为。《四库全书总目提要》认为其为后人所窜乱
《星象考》	疑作者伪	原题宋邹淮撰。《宋史・艺文志》著录有邹淮《考异天文书》一卷，并未提及其有《星象考》一书。《四库全书总目提要》中考证可知该书非邹淮所作。此外，《直斋书录解题》认为该书系商贾为利而假托邹淮之名
《齐民要术》	疑伪	原题北魏贾思勰撰。《四库全书总目提要》中认为该书疑伪，非贾思勰所作。今人张心澂认为《四库全书总目提要》中的怀疑不正确
《相牛经》	作者伪	原题周宁戚撰。《相牛经》最早见于史载的是梁庾仲容《子抄》中有其一卷，未题撰人名。《隋书・经籍志》有《相牛经》一卷，并下注称是梁朝周宁戚著。之后《旧唐书・经籍志・农家》、《新唐书・艺文志・农家》、《郡斋读书志》和《说郛》中都认为该书实周宁戚撰。到了明代胡应麟《四部正讹》认为该书是托名之作
《禽经》	作者伪	原题周晋师旷撰。旷，周代晋国人。宋代陆佃《埤雅》始见引用该书，因而一般认为是唐末宋初冒名之作。《四库全书总目提要》考证认为《禽经》出于南宋末年
《岁华纪丽》	疑伪	原题唐韩鄂撰。《新唐书・艺文志・农家》《宋史・艺文志・农家》均有韩鄂《岁华纪丽》。胡震亨的《秘册汇函》中载有该书，称是从郑晓家得之。王士祯的《居易录》认为是胡震亨伪造。钱曾的《读书敏求记》认为，"此书确出宋本，不由震亨之依托也"。《四库全书总目提要》对钱说提出怀疑，认为其证据不足
《何首乌传》	书中有伪	不题撰人。南宋陈振孙在《直斋书录解题》中有著录："《何首乌传》一卷，初见唐《李翱集》，今本后人增广之耳。"
《神农本草经》	作者伪	原题神农氏撰。托名古人
《神农皇帝真传针灸图》	作者伪	原题神农氏撰。托名古人
《素问》	作者伪	原题黄帝撰。托名古人
《灵枢经》	全书伪	原题黄帝撰。托名古人

续表

书名	伪书类型	备考
《子午经》	作者伪	原题周扁鹊撰。宋代晁公武的《郡斋读书志》，认为该书非扁鹊所撰，是后人伪托
《难经》	作者伪	原题周秦越人撰。秦越人，即扁鹊
《伤寒论》	内有伪	汉张仲景撰，晋王叔和集。世传《伤寒论》编次、篇目与原作相差繁多。姚际恒在《古今伪书考》里将该书归于“真书杂以伪者”一类
《金匮玉函经》	疑有伪	汉张仲景撰，晋王叔和集。该书原本在流传过程遭到后人更动，使人认为该书有伪
《玄门脉诀内照图》	作者伪	原题汉华佗撰。托名古人
《脉诀》	作者伪	原题晋王叔和撰。历代学者均考证该书非王叔和所作，而是后人托其名而伪之
《褚氏遗书》	或疑作者伪	原题南齐褚澄撰。《四库全书总目提要》怀疑该书是宋代精于医理一人所著，伪托褚澄，使该书更能为世人所重视，得以流传
《水牛经》	作者伪	原题唐造父撰。《四库全书总目提要》考证出该书伪造。在医类著作中，一些医家因本人名声不显为使著作流传，常伪托名人之作；也有一些书商为获得钱财而杂以医书内容，伪托名家。《水牛经》即是此种
《银海精微》	作者伪	原题唐孙思邈撰。托名古人
《杜天师了证歌》	作者伪	原题唐杜光庭撰
《疮疡经验全书》	作者伪	原题宋窦汉卿撰
《类编南北经验医方大成》	书名伪	旧题元孙允贤撰。《四库全书总目提要》说该书本名《医方集成》，元时旧刻。书贾为求畅销，而在原书之名前妄加几字，以炫耀书之价值，索取更多钱财
《雷公炮炙药性解》	作者伪	原题明李中梓撰。《四库全书总目提要》考证该书为书贾托其名伪之
《山海经》	作者及时代伪	旧题夏禹及益撰。当今学术界普遍认为《山海经》由几个部分荟萃而成，并非出于一时一人之手
《古岳渎经》	伪托古人而作	该书可能是六朝文人仿《山海经》之作，而非远古之书
《历代地理指掌图》	作者伪	旧题苏轼撰。关于该书作者，说法繁多，至今尚无定论
《华岳全集》	后人续补而成	明李时芳撰。今本撰者非李时芳一人所作，其初成时为十卷，后经数人重撰增补今本已有十三卷

第三节　校　勘

校勘是文献整理的重要方法之一，主要是对古典文献文本的字、词、句进行校对、勘正。我国校勘书籍起源很早，史迹有载的是汉代刘向、刘歆父子校勘书籍。以后列朝都很重视对书籍进行校勘。

一、校勘及校勘的重要性

校勘，又称为“校雠”，是将一部书的不同版本及相关文献进行比较分析，考订文字异同与篇章次第，校正勘误，整理出一个接近原稿的本子。研究校勘的基本理论、操作方法和历史沿革的学科就是校勘学。

在漫长的历史发展进程中，古代书籍辗转流传。由于人们书写条件、刊刻技术和学识见闻的限制，以及统治者出于政治的需要、政治动乱和兵燹不断等，古籍往往出现衍、脱、讹、倒等谬误，这就改变了古籍字句文义的本来容貌，使古籍严重失真。据前人校勘古籍发现，古书存在的谬误的种类和数量之多，是令人吃惊的。张舜徽就指出：“近人章钰，曾采用各种宋本校订《资治通鉴》正文，章氏自言校出了脱、误、衍、倒四者，盖在万字以上。内脱文五千二百余字，关系史事为尤大。”[①]如此，校勘古籍对于我们研究文献来讲是非常重要的。

第一，古书经过精心校勘，还原了其真相，文字通达，才能易于阅读，易于理解。

第二，在易于阅读和易于理解的基础上，校勘过的古籍也就成了可供一般研究者利用的可靠资料。如先秦诸子典籍错讹多，本难通晓，所以历来问津的人不多。但经乾嘉学派认真校勘后，就促成了学者研究“诸子学”的热潮，对学术界产生了极大的影响。

第三，经专人校勘过的古籍能让人们读懂、理解和运用，那么一般研究者就不必虚耗精力，再去费神辨别、剖析书中窜乱者，从而提高读书效率，获得事半功倍的治学效果。

第四，在今天看来，校勘古籍的意义已经远远超出了前人的认识范围。从文献学的更高层次看，古籍校勘工作是对古代文化遗产进行扬弃和进行科学研究时不能离开的基础。要把历史上的优秀文化传统转化为精神文明建设的精神力量，把历史上辉煌的科学文化成果转化为物质文明建设的物质财富，就不能不进行还原古代文物遗产本来面貌的基础工作。

---

① 张舜徽. 中国古代史籍校读法［M］. 北京：中华书局，1962：114—115.

二、文献的错讹及其原因

科技文献在流传过程中，由于各种原因，在内容上往往会产生许多错误。这些错误中，最为常见的是衍文、脱文、讹文和倒文。一般情况下，传抄、翻刻愈多，产生的错误愈多，有的甚至不能卒读，文献的面貌完全失真。

文献中出现错讹的原因有许多，主要有以下四种。

（一）衍文

衍文，系指文献在抄写、翻刻过程中多写或多刻了原书内容之外的字句。显然如前所述，这是文献反复传抄和多次翻刻才造成的，这是大前提，但若细究，情况还略有不同。

其一，撰书人、抄写人或刻写人的马虎所致。例如，《周礼·秋官·掌客》："车皆陈。"①郑玄注："皆陈于门内者，于公门内之陈也。言车者，衍字耳。"②《左传·僖公二十八年》："晋侯患之，听舆人之谋曰：'称舍于墓'。"③清代高邮王氏（王念孙、王引之）以为，句中"曰""称"同义，考《太平御览·兵部》卷四十五引这段文字作"听舆人之谋称舍于墓"④。没有"曰"字，从而勘定原文"曰"字是涉下文"称"字而衍。

其二，抄写人或刻写人奉命或有意加上去的，此类衍文一般较长，有时是好几句话，有时则是一大段文字。例如，"《金匮要略》首篇在论述肝虚证用药时提出：'补用酸，助用焦苦，益用甘味之药调之。'其后17句用补注的形式加以阐释：'酸入肝，焦苦入心，甘入脾。脾能伤肾，肾气微弱，则水不行；水不行，则心火气盛，则伤肺；肺被伤，则金气不行；金气不行，则肝气盛，则肝自愈。此治肝补脾之要妙也。肝虚则用此法……'，并从五行生克制化的角度进一步说理。后世不少医家乃至当今教材讲义均把其当作张仲景的原文来解释，以谬释正，对学习领会原书原意产生了不利影响。有人便从'焦苦入心不符合医理'

① （汉）郑玄注. 四库家藏·周礼注疏（三）[J]．济南：山东画报出版社，2004：1074.
② （汉）郑玄注. 四库家藏·周礼注疏（三）[J]．济南：山东画报出版社，2004：1076.
③ （清）阮元. 十三经注疏·春秋左传正义·僖公二十八年［J］．北京：中华书局，1980：1824.
④ 李毅忠. 春秋战国"舆人"辩证［J］．古代文明，2017（1）：33—41，126.

‘焦苦助心不符合逻辑’‘五行生克制化的矛盾’‘仲景用焦苦和甘药的真实意义’等方面详细考订，认为‘酸入肝’以下 17 句是后人误注，属于衍文”。[①]

（二）脱文

脱文，或称脱字，系指文献在传抄翻刻过程中漏掉了应有的字句。“古籍有脱文就使文章的上下文义不相连贯，文章意思不能清楚地表达，甚至改变原书文义。”[②]如从敦煌发现的《食疗本草》残卷。其中在木瓜、甜瓜等药条下出现成段脱文。脱文出现的原因，大体有二：

其一，抄写人或刻写人无意为之，亦即前文所言的马虎所致。

其二，抄写人或刻写人有意为之。这种有意为之的原因，或者是因为厌倦，或者是因为制度不严，管理不善，或者是因为对得到的报酬不满意。据刘声木《苌楚斋续笔》卷五记载，清末诗人夏敬观就曾目睹《四库全书》里“甚至有全部每页只抄外面数行字，以便翻阅之用者”[③]，其余的文字，则故意不再抄写。事实也果真如此，文津阁本《四库全书》中之《少室山房笔丛》，脱文严重，脱文之外，再加上误文、衍文，几乎到了不能卒读的地步，对待《四库全书》的态度尚且如此，其他文献就可想而知了。

（三）讹文

讹文，或称伪文，系指文献在传抄或翻刻过程中出现了文字上的错讹，多半是汉字特殊的形体造成的，再加上反复的传抄和翻刻，司职者稍不留神，便容易致误。如张仲景的《伤寒杂病论》，是一部著名的古代医学著作。但《新唐书·艺文志》却载录为“《伤寒卒病论》十卷”。“杂”与“卒”仅一字之误，就使张仲景的这部著作的名称混乱，且容易引起人们误解这部著作的内容。

（四）倒文

倒文，亦称错简，系指文献在传抄或翻刻过程中颠倒了文字或文句的顺序。

---

① 杜光明，宋建平. 《金匮要略》“酸入肝”以下 17 句当属衍文［J］. 河南中医，2014（12）：2289—2290.

② 杨燕起，高国抗等. 中国历史文献学［M］. 北京：北京图书馆出版社，2003：298.

③ （清）刘声木撰，刘笃龄点校. 苌楚斋随笔续笔三笔四笔五笔·续笔卷五刍言报语［M］. 北京：中华书局，1998：333.

先秦时期，我国文献的主要书写材料为简牍，简牍经过编连方能成册，一旦编连的绳索断开，就需要重新编连。编连者稍不注意，就容易弄混简牍的左右顺序。弄混了简牍的左右顺序，也就弄乱了文字或文句的前后位置，出现了倒文。秦汉以后，虽然纸张成为主要的书写材料，但此类错误仍不能免，与抄写人或刻写人的态度仍大有关系。倒文不论字数多少，都会影响人们对书中内容的理解，并影响书中文采，使文理不通。

文字颠倒之例，如《淮南子·人间训》篇云："家富良马。"王念孙指出："良马本作马良，与家富相对为文。《汉书》《后汉书注》《艺文类聚》《太平御览》引此并作家富马良。"①

错简之例，如《淮南子·天文训》："其加卯酉，则阴阳分，日夜平矣。"程千帆先生在读"因错简错叶而倒"时说：

> 错简现象多数是在编连、装订过程中疏忽造成的。王念孙《读书杂志·淮南内篇》后序云："有错简者，《天文》篇：'阳气胜，则日修而夜短；阴气胜，则日短而夜修。其加卯酉，则阴阳分，日夜平矣。'各本'其加卯酉'三句，错简在下文'帝张四维，运之以斗'一节之下，则既与上文隔绝，又与下文不相比附矣。"②

三、校勘的基本方法

前人在校勘的实践中，创造并总结出了许多校勘的方法，如叶德辉在《藏书十约》将校勘方法归结为"死校""活校"两种方法：

> 死校者，据此本以校彼本，一行几字，钩乙如其书，一点一画，照录而不改，虽有误字，必存原文。顾千里广圻、黄荛圃丕烈所刻之书是也。活校者，以群书所引改其误字，补其阙文。又或错举他刻，择善而从，别为丛书，版归一式。卢抱经文弨、孙渊如星衍所刻之书是也。③

① 王念孙. 读书杂志·淮南内篇第十八·人间·良马［M］. 北京：中国书店，1985：108.
② 程千帆，徐有富. 程千帆全集·第二卷·校雠广义·校勘编［M］. 石家庄：河北教育出版社，2000：157.
③ 叶德辉著，陈小林点校. 书林清话［M］. 杭州：浙江人民美术出版社，2016：460.

近人陈垣先生通过详校《元典章》，对前人的校勘方法进行了全面总结，归纳出《校法四例》，得到学术界的公认并被广泛采用。陈垣先生的“四校法”内容如下。

（一）对校法

对校法是在广备众本的基础上，用同一部书的各种不同版本进行相互校勘的方法。《校法四例》云：

> 一为对校法。即以同书之祖本或别本对校，遇不同之处，则注于其旁。刘向《别录》所谓“一人持本，一人读书，若怨家相对者”，即此法也。此法最简便，最稳当，纯属机械法。其主旨在校异同，不校是非。故其短处在不负责任，虽祖本或别本有讹，亦照式录之。而其长处则在不参己见。得此校本，可知祖本或别本之本来面目。故凡校一书，必须先用对校法，然后再用其他校法。[①]

对校法的前提和关键是要考察版本的源流及优劣，鉴别、确定底本与校本。所谓底本，就是校勘古籍时，校书人从各种本子中选用的某个为主的本子，并运用各种方法对这一本子进行校勘。这样的本子就是底本。校本，指用来和底本相对校的其他本子。古籍经过长期传抄刊刻，通常都有多种本子。各本子之间互有异同，互有优劣。因而，校勘古书必须选择善本为底本。对校法的主旨在于校其异同，而不校是非，它是校勘工作的第一步。同时用对校法校书，尤为重要的是要求校书者熟习版本源流，这样才能分辨出底本与校本所用异本之间的源流关系，只有底本来源与异本来源不同，或距离较远，所校出之书价值才愈大。

（二）本校法

本校法是将本书文字互证，比较其异同，从而判断书中的错误，它要求校者对本书进行全面深入的了解和研究。《校法四例》云：

---

① 陈垣. 校勘学释例［M］. 北京：中华书局，1959：144.

本校法者，以本书前后互证，而抉摘其异同，则知其中之谬误。吴缜之《新唐书纠谬》，汪辉祖之《元史本证》，即用此法。此法于未得祖本或别本以前，最宜用之。予于《元典章》曾以纲目校目录，以目录校书，以书校表，以正集校新集，得其节目讹误者若干条，至于字句之间，则循览上下文义，近而数叶，远而数卷，属词比事，抵牾自见，不必尽据异本也。①

如河北大学汤伟的博士论文《敦煌医药文献研究——校勘与疑难俗字考释》中就曾大量运用本校法对敦煌医药文献整理本重新进行了考察研究，对敦煌医药诸整理本中的校勘失误进行了补正，对诸整理本中的失校之处进行了补充校勘，进一步还原了敦煌医药文献的真实面貌。②

本校法的前提条件是书籍须是出自同一作者之手，资料来源必须相同，否则不宜使用。

（三）他校法

他校法是利用不同书籍中的相同内容进行相互校勘的方法。《校法四例》云：

他校法者，以他书校本书。凡其书有采自前人者，可以前人之书校之。有为后人所引用者，可以后人之书校之。其史料有为同时之书所并载者，可以同时之书校之。此等校法，范围较广，用力较劳，而有时非此不能证明其讹误。丁国钧之《晋书校文》，岑刻之《旧唐书校勘记》，皆此法也。③

他校法的前提条件是必须弄清本书与他书的关系。一般而言，与本书有关的他书，一是本书所引前人之书，二是本书为后人引用之书，三是与本书内容相同或相近的同时之书，四是同一作者的他书，或由同一著作分化出来的他书。对他书必须有所选择，尤其是他书的版本，应以善本为妥。

（四）理校法

理校法是据理推测正误的校勘方法。《校法四例》云：

---

① 陈垣. 陈垣史学论著选［M］. 上海：上海人民出版社，1981：296.

② 汤伟. 敦煌医药文献研究——校勘与疑难俗字考释［D］. 保定：河北大学博士学位论文，2017.

③ 王欣夫述，徐鹏整理. 文献学讲义［M］. 上海：上海古籍出版社，2016：307.

段玉裁曰："校书之难，非照本改字，不讹不漏之难，定其是非之难。"所谓理校法也，遇无古本可据，或数本互异而无所适从之时，则须用此法。[①]此法须通识为之，否则鲁莽灭裂，以不误为误，而纠纷愈甚矣。故最高妙者此法，最危险者亦此法。昔钱竹汀先生读《后汉书·郭太传》'太至南州过袁奉高'一段，疑其词句不伦，举出四证，后得闽嘉靖本，乃知此七十四字为章怀注引谢承书之文。诸本皆傻入正文，惟闽本独不失其旧。今《廿二史考异》中所为某当作某者，后得古本证之，往往良是，始服先生之精思为不可及。经学中之王、段（按：指王念孙、王引之父子及段玉裁）亦庶几焉。若《元典章》之理校法，只敢用之于最显然易见之错误而已，非有确证，不敢借口理校而凭臆见也。[②]

这说明运用理校法进行校勘，必须谨慎，要以事实为根据，不能凭空臆断。这就要求校勘者必须要精通古汉语知识，精通本专业的知识，才能发现并正确处理问题。

校勘方法虽分为对校、本校、他校、理校四种，但实际校勘活动中常常是多种方法综合使用。其实通过上面的阐释已不难看出，所谓校勘方法，原是对古籍文字进行检查，以所依凭的资料来源（本书、他书）及其不同性质（直接、间接）而做出的划分。四种校勘方法的思维过程都有分析和综合以及推理和判断，不会有不动脑筋的"纯机械法"的存在，当然理校法因缺乏直接证明材料，推理考证尤显突出罢了。而不论何种校法，欲求判断准确，不仅推理要严密，还有赖前提条件的充实，这种前提条件就是校勘所依据的资料，所以常常是本书、他书多方面的资料都加以引用，在校勘方法上便呈现为对校、本校、他校几种方法的综合运用。如陈叔侗校注，方志出版社出版的《淳熙三山志》。

《淳熙三山志》是南宋福州地方志。原为陈傅良等撰写，由梁克家署名，淳熙九年（1182年）成书。三山是福州的别称，因而该书名为《淳熙三山志》。五代时，福州曾一度升为长乐郡，故又名《长乐志》。作者采择北宋庆历三年（1043年）林世程纂修的福州志资料，并增入庆历三年至淳熙九年计139年事，共四十卷，分地理、公廨、版籍、财赋、兵防、秩宫、人物、寺观（末附山川）、土

① 陈垣. 陈垣史学论著选［M］. 上海：上海人民出版社，1981：298.

② 张舜徽. 文献学论著辑要［M］. 北京：中国人民大学出版社，2011：308—309.

俗九门。所证五代十国事迹，可补正史缺失。其中版籍、财赋两门，系通判陈傅良执笔，内容翔实，参考价值较高，在今天传世的南宋地方志中尚属佳作，是研究福州地方史和宋史的重要史料。该书在明清之际罕有流传，原本四十卷，今本四十二卷，为后人所增补。现有明崇祯十一年本、清乾隆张德荣抄本及四库全书本。

陈叔侗在校注该书时便是综合运用了上述四种校法。其校注选本主要有三种：一是 1980 年由台北缩印“宋元地方志三十七种”之一的乌程程氏抄本，该本是经过缪荃孙、海宁陈氏鉴藏的精抄本，较好地保存着古本的面貌，亦作为“底本”。二是华东师范大学收藏且列为全国善本书目之一的明崇祯十一年本，简称“崇抄”。三是清《四库全书》文渊阁抄本，称为“库本”。此外，还参照福建师范大学馆藏的螺洲陈氏赐书楼节抄本和福建省图书馆藏的抱山堂抄本。陈叔侗以底本、崇抄、库本为主，偶有参考其他抄本进行对校，凡是三本汇校中疑似、缺漏、衍夺之处，歧异互见者择善从之，疑则注疑。如果各本皆误，则于前后文中采用本校法，或从经籍史书中运用他校法解决，或以理校法明其讹者。

笔者再以《水经注》校勘为例介绍一下该书的校勘成果及具体实例。《水经注》从宋初缺佚以后实际上已经成为一部残籍。这部残籍辗转传抄，辗转翻刻，最后至于经注混淆，错漏连篇，不堪卒读。该书之能达到今日的成就，实为历来校勘家辛勤耕耘的结果，特别是从明朱谋㙔以来以至乾隆年代诸郦学考据派精心校勘的成果。该书从旧本以至今日，校勘的成果主要有两项，其一为分清了经注，其二为校正了许多缺漏、妄增、臆改。

在分清经注方面，主要是三位郦学家的成就，始其事于全祖望、赵一清，而终其功于戴震。区分经注的关键，主要在对经注文字体例的琢磨，即全祖望在五校本《题辞》中所说的：“经文与注颇相似，故能相混。而不知熟玩之，则固判然不同也。”①所以发现经注的“判然不同”的手段在于“熟玩”，也就是要仔细地揣摩两类文字在行文体例上的差别。可以举赵一清的一个“熟玩”例子。赵一清在其《水经注释附录》卷上《禹贡锥指例略》下说：“经仿《禹贡》，总书为‘过’，注以‘迳’字代之，以此例河、济、江、淮诸经注混淆，百无一

① 陈桥驿. 水经注论丛・全祖望校《水经注》稿本合编序［M］. 杭州：浙江大学出版社，2008：9.

失。”[①]所以在全祖望、赵一清两家的校本中，经注已经分清。而戴震把全祖望、赵一清“熟玩”的经验，归纳为系统分明的语言，殿本《校上案语》中有一段话说：

> 至于经文、注语，诸本率多混淆，今考验旧文，得其端绪。凡水道所经之地，《经》则云过，《注》则云迳。《经》则统举都会，《注》则兼及繁碎地名。凡一水之名，《经》则首句标明，后不重举；《注》则文多旁涉，必重举其名以更端；凡书内郡县，《经》则但举当时之名，《注》则兼考故城之迹。皆寻其义例，一一厘定。[②]

分清经注的过程已如上述，这是三位郦学大师深入钻研经注文字的结果，于版本研究的关系不大。但校勘成就的另一部分，即上述对于旧本缺漏、妄增、臆改的校正，版本研究就起了很大作用。不少成果都是郦学家比勘版本所获得的。先说两件大事：第一，殿本以前的多数版本，都没有郦道元为该书所作的原序。殿本是从大典本录入这篇文字的。除大典本外，卢文韶的《群书拾补》也收入此序，系借武进臧琳抄校自绛云楼宋本，来源虽不同，但全文470余字，两篇间的异字不过十余，当是传抄之讹。又明正德柳大中影宋本亦收有此序，为赵一清从孙潜抄本所录入，但较大典本少219字。所以原序的失而复得，无疑是版本之功。

第二是卷十八《渭水》经“又东过武功县北”下，注文“刘耀之世是山崩，长安人刘终于崩”之下，朱谋㙔已经发现其讹，他在《水经注笺》中说：“此下文理不属，盖脱简也。”[③]结果也是清初孙潜从柳大中本中抄得脱简420字，才弥补了其他多本的缺漏。

除了上述两件几百字缺漏的大事外，旧本中的其他错漏为数也很多，从朱谋㙔以来各家的校勘成果，最后都归纳于殿本的《校上案语》之中：“凡补其缺漏者，二千一百二十八字；删其妄增者，一千四百四十八字；正其臆改者，三

---

① 郑德坤纂辑. 水经注研究史料初编；水经注研究史料汇编（下）［M］. 台北：艺文印书馆，1984：532.

② （清）纪昀. 四库全书总目提要［M］. 石家庄：河北人民出版社，2000：1854—1855.

③ （北魏）郦道元. 水经注［M］. 杭州：浙江古籍出版社，2013：244.

千七百一十五字。”[①]这些实际上都是版本比勘的成果。

郦学专家如杨守敬、熊会贞、王国维、岑仲勉、胡适等，在《水经注》的校勘方面做出了不少成绩。可以举一个《水经注疏》的校勘例子。《水经注疏》卷三十五《江水》经“又东北至江夏沙羡县西北，沔水从北来注之”[②]注云：

通金女、大文、桃班三治，吴旧屯所，在荆州界尽此。[③]

对上列“三治”，历来无人能解。李鸿章在同治间为李兆洛的《历代地理志韵编今释》作序说：“又金女、大文、桃班、阳口、历口之类，皆不见于诸《志》。……亦不能无疑也。”[④]因为既然地名称“治”，看来不像个小地名，而历代地理志均不见，李鸿章对此有疑，却无法解决。《水经注疏》为这些地方做出了正确解释。在金女、大文、桃班下，杨守敬疏云：

《隋志》：江夏县有铁。《寰宇记》：冶唐山在江夏县南二十六里。《旧记》云：宋时依山置冶。即注所指之冶。[⑤]

杨守敬怀疑金女、大文、桃班三治的“治”字是“冶”字之误，这项校勘很有价值，但是尚非确据。后来熊会贞的校勘中才算彻底解决了这个问题。《水经注疏》卷三十五《江水》经“鄂县北”注云：

江津南入，历樊山上下三百里，通新兴、马兴二治。[⑥]

此处，熊会贞疏云：

《晋志》，武昌县有新兴、马头铁官。《唐志》，武昌有铁。《御览》八百三十引《武昌记》，北济湖当是新兴冶塘湖。元嘉发水冶。……《一统志》，

---

① 陈桥驿. 水经注论丛·排印武英殿聚珍版本《水经注》的说明［M］. 杭州：浙江大学出版社，2008：17.

② （北魏）郦道元著，陈桥驿注. 古典名著聚珍文库. 水经注［M］. 杭州：浙江古籍出版社，2013：458.

③ （北魏）郦道元著，陈桥驿注. 古典名著聚珍文库. 水经注［M］. 杭州：浙江古籍出版社，2013：459.

④ 李鸿章全集（1—12 册）［M］. 长春：时代文艺出版社，1998：7347.

⑤ （北魏）郦道元著，陈桥驿注. 古典名著聚珍文库. 水经注［M］. 杭州：浙江古籍出版社，2013：463.

⑥ （北魏）郦道元著，陈桥驿注. 古典名著聚珍文库. 水经注［M］. 杭州：浙江古籍出版社，2013：460.

> 新兴冶在大冶县南。[①]

熊疏由于找到了新兴冶的确切依据，可以充分证明金女、大文、桃班、新兴、马头五处，各本郦注中的“治”字，均应改作“冶”字。

再举一个关于温泉的例子。《水经注疏》卷十八《渭水》经“又东北过武功县北”注云：

> 渭水又东，温泉水注之。水出太一山，其水沸涌如汤，杜彦达曰：可治百病，世清则疾愈，世浊则无验。[②]

对于这一处温泉的记载，目前能见的郦注各本均同，但温泉疗疾竟与“世清”“世浊”拉扯在一起，实在牵强附会。在这方面，康熙《陇州志》所引郦注为深入校勘提供了极好的依据。《陇州志》卷一《方舆·温泉》引《水经注》云：

> 然水清则愈，浊则无验。[③]

可见现存各本的“世清”“世浊”，实为“水清”“水浊”的音讹。

例子实在还有很多，不再一一赘述。总而言之，对于《水经注》的校勘，前人已经做出了许多贡献，但是今后仍有不少工作可做。[④]

又如向达校注，中华书局出版的《蛮书校注》。《蛮书》，唐代樊绰所撰，是记载南诏史事的史书，又名《云南志》《云南记》《云南史记》《南夷志》《南蛮志》《南蛮记》。书中不仅对南诏统治区的政治、经济、民族等作了介绍，而且还对该地区的地理特征作了详细介绍，是现今仅存唐代著述中有关云南地区的专著，史料价值极高。该书自宋元至明初流传不绝。《新唐书·艺文志》、晁公武《群斋读书志》、《宋史·艺文志》等书均有著录。此后不见传本。唯有《永乐大典》收入该书，题作《云南史记》，为明初以来仅有之本。清乾隆间，四库馆臣从《永乐大典》辑出，刊入《武英殿聚珍版丛书》中，复流传于世。此后福建、广东有翻刻本，《琳琅秘室丛书》《渐西村舍汇刊》均收入；桐叶馆、知

---

① （北魏）郦道元著，陈桥驿注. 古典名著聚珍文库. 水经注［M］. 杭州：浙江古籍出版社，2013：463.

② （北魏）郦道元著，张步天疏证. 水经注地理疏证（上）［M］. 北京：线装书局，2017：311.

③ （北魏）郦道元著，陈桥驿注. 古典名著聚珍文库. 水经注［M］. 杭州：浙江古籍出版社，2013：244.

④ 参见陈桥驿. 《水经注》版本和校勘的研究［J］. 杭州师范学院学报，2000（1）：20—24.

不足斋有单刻本，《云南备征志》亦收入，并为一卷，但错简讹夺较多，有待校理。四库馆臣虽对《蛮书》进行了校注整理，但是书中误字错简仍层见叠出。一方面是由于《永乐大典》中有错误，另一方面是《蛮书》本身也有错误之处。

向达校勘《蛮书》所采用的底本是从《永乐大典》辑出，刊入《武英殿聚珍版丛书》中的“内聚珍本”。自宋以后的《蛮书》古本，一个也没有流传下来。今天的《蛮书》通行本亦非善本，故而在校勘《蛮书》时所采用的方法主要是本校法和他校法相结合。具体而言：一是用他校法，即用《太平御览》和《通鉴考异》所引《蛮书》来校“内聚珍本”。《太平御览》所收《南夷志》即《蛮书》别名，共有好几十条。《通鉴考异》里也经常引到《蛮书》。宋代《蛮书》的面目，从《太平御览》和《通鉴考异》里可以窥见一斑。除此之外，《新唐书·南蛮传》以《蛮书》为主要史料，也可作为校勘的依据。二是用金石文字和唐人集子来校勘。此外也适用本校法，即从本书的前后上下文中发现矛盾，求得正确的字名。①

四、校勘成果的处理

运用上述方法校勘古籍，所取得的成果至少有两种表现形式，或者说有两种处理方式，一是在古籍文本中对确定错误的字、词、句等进行改正或标识；二是对文本中的改正或标识之处做出说明、解释。

（一）改正或标识原则

对古籍中错误字词句究竟如何进行改正或标识，早在两千多年前，孔子就为我们做出了榜样。《春秋》：“昭公十二年春，齐高偃帅师纳北燕伯于阳。”②《公羊传》解释说：“‘伯于阳’者何？公子阳生也。子日：我乃知之矣。在侧者曰：子苟知之，何以不革？曰：如尔所不知何？”③这就是说，“伯于”二字是“公子”二字之误，且“阳”字后脱一“生”字，孔子编《春秋》时已知其误，但没有径改，有人问他何以不改正这一错误，孔子以为：我知其错，像你这样不知其错的人更多，如果我径改其错，会引起众多不知其错的人怀疑，还不如暂

① 方国瑜. 云南史料丛刊（第二卷）[M]. 昆明：云南大学出版社，1998：94—100.

② （清）阮元. 十三经注疏·春秋公羊传注疏·昭公十二年 [M]. 北京：中华书局，1980：2320.

③ （清）阮元. 十三经注疏·春秋公羊传注疏·昭公十二年 [M]. 北京：中华书局，1980：2320.

存其错。何休《春秋公羊传解诂》指出："此夫子欲为后人法，不欲令人妄亿错。子绝四：勿意，勿必，勿固，勿我。"①东汉大经学家郑玄遍注群经，他首先做的是校勘文字异同，但他并不轻改原文，只是在注中指出："某当作某。"如他注《仪礼》用了今文、古文两种文本参校，一一载其异同，并说明"古文某作某，今文某作某"。唐陆德明撰的《经典释文》、宋朱熹撰的《韩文考异》，都是依据一个相对较好的本子，然后附注别本异同于其下，同样不轻易更改原文。不轻易更改古籍文本文字，是校勘古籍应该树立的一个根本原则。这种认真审慎地处理古籍疑误的做法，体现了古人客观、严肃的校书态度，反映了古书校勘原则的基本精神，为后来校勘古籍的学人树立了榜样。

那么，究竟如何对待古籍中的文字异同呢？自古至今，形成了两种不同意见。一种意见是径改错字。这要求校勘者必须具有广博的学识和严谨求实的治学态度。前已有言，古籍文字是绝不可能随意增损的，妄加改削，贻害无穷。或以不误为误，破坏古籍原貌。所以，清代以来，学术界对此主张附和者无多。但在证据确凿的情况下，笔者认为未尝不可以径改错字。

另一种意见是慎改多注。清阮元在《揅经室三集》卷二中指出："刻书者最患以臆见改古书，今重刻宋版，凡有明知宋版之误字，亦不使轻改，但加圈于误字之旁，而别据校勘记择其说，附载于每卷之末，俾后之学者不疑于古籍不可据，慎之至也。"②阮元的主张既审慎又便利可行，因此，该主张自提出以后，就受到了校勘学界广泛的赞同，人们在做改字处理时，绝大多数都以"慎改多注"为准则。

总之，笔者认为，对于古籍文本中的讹误，既不可轻易更改，也不必明知其有错而不改；既勇于改正古籍文本中的明显错误，又不轻易以己意武断其错，才是正确的态度。即使要改正或标识出文本中的错误，也要出校说明。

（二）出校原则

校勘出古籍文本中的错误，除了更正或标识其错外，重要的是对文本中的改正或标识之处做出说明、解释，从而形成校勘记，这种说明、解释叫作"出校"。那么，哪些应该出校、哪些不应该出校呢？综合前辈学者的经验，约有下

① 杨树达. 民国大师文库·论语疏证［M］. 北京：北京联合出版公司，2015：171.

② （清）阮元. 揅经室集（下）［M］. 北京：中华书局，1993：620.

列几条原则。

其一，底本文字无谬误，他本文字有谬误；本书文字无谬误，他书文字有谬误。诸如此类，都不必出校说明。

其二，底本文义可通，他本文义不见长者，或者文义没有特殊差异，只是个别虚字有异，不必出校记：若他本文义见长，可出异文校记：底本与他本文义互异，也可出异文校记。

其三，古人引书，多有省改。凡本书节引他书，但不失原意，且文义可通者，应努力保持本书原貌，不必据他书而改动本书。古代本子流传情况比较复杂，现在我们用来校勘他书，其本子并不一定是本书作者所亲见的。本子不同，大多有异。为了避免损伤本书原貌，又不破坏另一种古本的面目，不可随意改动本书中之引文。

其四，底本文义不通，但有他本、他书等作校勘根据，可以据证改之，并出校说明。底本文义疑误，但没有校改依据，不可改易原文，但可以出校说明所疑。

其五，底本中的衍、脱、讹、倒诸误，有确实根据，应据证删、补、改、正之，并写出校记，说明校改之理由。至于疑底本中有衍、脱、讹、倒等，但一时又无确证能指明其谬，不可臆断改动，可以写出校记并说明之，存疑可也。

其六，底本中作者避本朝讳或家讳者，不做改动，缺笔字补足笔画可也。影响理解文义的避讳字，可出校记说明。对于后人传刻古书为避当朝讳者或家讳者，可以凭确证回改，并写出校记说明之。

其七，底本中之古今字、异体字、通假字、正俗字，一般不做校改。

其八，校勘只限于底本文字的衍、脱、讹、倒等谬误，对作者见解上的错误，不在校勘范围之内，不必出校记纠驳。

当然，在具体的古籍校勘实践中，如何出校会因人、因事、因书而异，应当根据事先拟订的校勘体例来决定，不必拘泥。

第四节　标点与注释

标点与注释也是文献整理的重要方法。古往今来阅读古文献，首要的工作就是断句，只有判断清楚古人说话的语句承续、语气抑扬，才有可能理解其中的意义。在文献整理工作中，完成对文献的断句标点之后，下一个任务便是对文献的篇章，特别是文献中难懂的字、词、句、段进行浅显的解释，以便让更多的人能够读懂。而如何准确地解释文献的字、词、句、段便是注释的工作了。

一、标点

标点，古代又叫句读，是指用来标明句子停顿、语气以及词语性质和作用的书写符号。文献加了正确的标点，可以帮助读者对文献的理解。

（一）标点的重要性

中国古代文献绝大部分是没有标点的，因而给文献加标点是十分重要的。

首先，从某种角度讲，标点承担着传承中华文化的重任。中国现存的古籍尚无一个准确的统计数字，专家们的估计也不统一，比较可信的一种看法是有十二三万种。经过近数十年的整理，亦只有数千种加有标点符号，很大部分还没有添加标点。这些未加标点的典籍，专门研究和利用它们的学者读起来都觉得费时、吃力，普通读者就更加难以读懂它们了。这显然对研究、普及和传承中华文化极为不利。改变这种不利状况的一个积极做法就是加强包括加标点在内的古籍整理工作。显而易见，为古籍加标点对今人和后人继承古人的丰富文化遗产是极为重要的。

其次，读懂和正确标点古代典籍是一件比较困难的工作。中国早期的典籍文句简古，加之绝大多数没有加任何标点性质的符号，因此很难读懂。

最后，只有正确标点古籍，才能够真正理解古人的思想。由于古代典籍文句简古，又没有标明停顿之处，所以后人在阅读或给它们加标点时往往出现错误，以致不能正确地理解原文。

（二）古代句读与现代标点符号

1. 古代的句读

纵观中国古典文献，很少有加句读的，尤其是先秦典籍，文句停顿处皆由师承家学口授，书面形式较少。到了汉代以后，随着注疏古籍的兴起，表示停顿的书面形式多了一些，尽管所用符号简单，使用时也没有统一的规范和固定的形式，往往一种符号可以用来表示几种意思的停顿，或者一种意思的停顿可以用不同的符号来表示，但是有所发展。①下面，笔者将略介绍几种常用的标点符号。

、　顿号，表示停顿，用于句中作读号。

|　竖线号，表示停顿，用于句中作读号，又用于句末作句号。

●　大圆点，表示文句开始，用于篇首作篇号。

•　中圆点，表示文句开始，用于章首作章号。又表示终止，用于句末作句号。

·　小圆点，表示文句开始，用于篇首作篇号。又表示终止，用于句末作句号。

○　大圆圈，表示文句开始，用于章首作章号。又表示终止，用于句末作句号。

○　小圆圈，表示终止，用于句末作句号。又表示着重之意，用于文字旁，往往一字一圈。

▲　三角形，表示文句开始，用于篇首作篇号。又表示终止，用于句末作句号。在经文和注疏文字之间之旁，或有▲号，作为校勘符号使用，该书凡例或校勘记一般都有相应说明。

■　黑方块，用于篇首表示开始或者篇尾及句末表示结束。

2. 现代标点符号

目前，我们所使用的标点符号是中国法定标点符号的标准版，即《标点符号用法（GB/T 15834—2011）》（2012 年 6 月 1 日开始实施）。新式标点符号分为“标号”与“点号”两种，二者略有分工，大致说来，标号表示语言的特殊性质和某种作用，如引用、注释、省略、强调，以及表示人名、地名、书名等的符号；点号则表示语言中各种长短不同的停顿和语气，如顿号、逗号、句号等符号，详见图 10-12。

---

① 管锡华. 中国古代标点符号发展史［M］. 成都：巴蜀书社，2002：336. 该书统计有六大类五十余种之多。

- 标点符号
  - 标号
    - 引号（“”、‘’）
    - 括号（()）
    - 破折号（——）
    - 省略号（……）
    - 间隔号（·）
    - 着重号（人民，字下加点）
    - 书名号（《》、〈〉）
    - 连接号（—）
    - 专名号（人民，字下加线）
  - 点号
    - 句内点号
      - 顿号（、）
      - 逗号（，）
      - 分号（；）
      - 冒号（：）
    - 句末点号
      - 句号（。）
      - 问号（？）
      - 叹号（！）

图 10-12　现代标点符号

还有一种叫分隔号，是标号的一种，形式是“/”，标示诗行、节拍及某些相关文字的分隔。

需要特别注意的是，竖排文稿标点符号的位置和书写形式：

第一，句号、问号、叹号、逗号、顿号、分号和冒号均置于相应文字之下偏右。

第二，破折号、省略号、连接号、间隔号和分隔号置于相应文字之下居中，上下方向排列。

第三，引号改用双引号“﹃”“﹄”和单引号“﹁”“﹂”，括号改用“︵”“︶”，标在相应文字的上下。

第四，竖排文稿中使用浪线式书名号“﹏﹏”，标在相应文字的左侧。

第五，着重号标在相应文字的右侧，专名号标在相应文字的左侧。

第六，横排文稿中关于某些标点不能居行首或行末的要求，同样适用于竖排文稿。①

3. 文献的句读标点

1）文献句读、标点的要领

句读或校核时掌握以下三大要领，可以达到以简驭繁之效，做到大体无误。

第一，是否文气贯畅。古籍之所以能流传至今，盖因文章典范、文气贯畅。

---

① 《标点符号用法》（GB/T 15834—2011），2012 年 6 月 1 日开始实施。

因此，我们可用文气是否贯畅来检视一个句读、标点是否正确。

第二，是否有违事理。无论是阐说一个道理还是叙述一件事情，都有一个是否合乎事理的问题。不合事理的句子，反映在语句的内部层次和标点符号上，往往出现问题。因此，我们可从事理的角度对标点符号的正误进行判断，予以调整。

第三，是否有违事实。有些句子的标点符号，单从文气、语法、事理等方面都不能判断其误，但用事实稽核，往往就能发现问题之所在。

2）标点文献中的几个具体问题

标点文献，应该用现代通行的标点符号，这是原则。旧式的句读法，不可能完全展示文章的内容和语气。不过文献有文献的特点，在实际操作中有一些具体问题需要说明。

（1）不用省略号。

古人说话也有语意未尽处，但通常都用句号作结以避免造成误解。凡遇原文有脱漏，有无法校补，宜用□号占据位置，或加注说明，而不用省略号。古人行文中的引用部分，若前后均录的原文，中有省略，可对引录原文分别加前后引号将它标出，中间不加省略号。

（2）慎用引号。

古人行文中的对话或引文，往往前有“曰”字，非常醒目。如果引述的原文，加引号自然不成问题。但很多时候引语不是原文，而只是撮其大意，这种情况就不能加引号，只在撮录的话前加冒号便可以了。要知其所录是否为原文，一定要找所录原书复核。

（3）提倡加专名号。

现代文中的人名、地名、族名、国名、团体名等，大家都较熟悉，一般未用专名号（随名的长短在其下或其旁加一条线），减少麻烦。但古代的人名、地名、朝代、年号、族名之类，现代读者往往生疏，而且文言本身又极简赅，专名与一般词语混在一起，常令一般读者不能分辨，读断句或造成误会。为了减少阅读障碍，凡遇专名，均宜用专名号标识，醒人眼目。

（4）灵活使用书名号。

古人援引古书，往往不提所引书的全称，只用简称，甚至不提书名只标篇名，如《史记》《汉书》为《史》《汉》，《礼记·王制》单称《王制》，这种情况，就按简称、篇名标注。如所整理古籍是为了普及，或几种书中都有同样的篇名，则可用括号补足书名，作《史［记］》《［荀子］·劝学》。

古人还常以数字概举某一类书，如称四书、五经、十三经、二十一史。是否用书名号要具体分析，若系一部丛书自然加书名号。

（三）中国古典科技文献的标点问题

在研读古典科技文献中，常会遇到标点或句读问题，如一些本草文献中，每药之前的药性部分、方剂或方剂加减也会遇到类似问题，必须像对待文字一样，认真思考、认真领会。

古人说："学识如何观点书。"鲁迅也深有体会地说："标点古文，确是一种小小的难事，往往无从下笔；有许多处，我常疑心，即使请作者自己来标点，怕也不免于迟疑。"[①]又说："标点古文，不但使应试的学生为难，也往往害得有名的学者出丑。"[②]可见标点古籍是一件困难的事，古籍标点出现一些错误是常见现象。

因此，在给科技文献校点时，必须铭记：标点、句读不是可有可无的，一定要严肃对待。近现代出版了多种校点的科技文献，对于学习、研究古代科学技术起到很好的作用，也加强了原文献的学术价值、实用价值。但也要看到，其中也确实存在着标点、句读的错误，不但无助于阐明原文献，甚至贻误后学，发生误导、歪曲。错误的标点或句读等于篡改原著，无论有意、无意，都应该避免。

二、注释

注释，就是对文本的主旨、词语、用典、具体内容等方面所做的说明。"注释"一词在古代有很多不同名称，如诂（故）、训、传、说、记、章句、解诂、疏、笺、解、义疏、义证、正义、音、音义、音注等。其中，"训诂"在古代是与"注释"同义而使用更广、更具有普遍意义的一种概念，在《四库全书》及《四库全书总目提要》中，"训诂"一词出现三千零五十三次，"注释"一词出现

---

① 鲁迅. 华盖集续编·马上日记［A］//鲁迅全集（第二卷）［C］. 北京：人民文学出版社，1973：313.

② 鲁迅. 且介亭杂文二集·题未定草（六）［A］//鲁迅全集（第6卷）［C］. 北京：人民文学出版社，1981：423.

一千六百九十五次，使用频率的高低不言而喻。有人认为，注释就是训诂，这种看法是不全面的。诚然，训诂是注释中一项很重要的内容，不懂训诂，就无法注释。但训诂学主要研究词义和词义系统，而注释涉及的范围则广泛得多。

（一）注释的内容与价值

注释的内容大致可以概括为十个方面，即解篇题、述作者、释词语、疏章句、明日期、析地名、叙人物、详事由、考典故、评文章。

对于从事学习和研究的人而言，注释是非常重要的。首先，注释能帮助我们熟悉古汉语，读懂古文献。许多文献离现在数百年甚至数千年，在如此漫长的时期，文字、语音、词汇等都发生了翻天覆地的变化。如果不很好地利用注释，大量的原文根本无法读懂。其次，注释有助于我们把握古代学术文化的历史。在古代，注释并不仅仅是一种辅助方法，它也是古人的一种典型著述方式，成为古人表达自己思想观念、学术取向的一种途径，因而有其独立存在的价值。此外，注释对丰富史料、熟悉典章文化，也具有重要价值。

（二）注释的方法

1. 形训

形训是指通过对文字形体结构的分析来解释其义。具体来说，就是剖析象形、会意、指事、形声等造字方法，从而揭示字形与字义之间的关联。其对辨别字词的本义、引申义、假借义，了解字义训释依据以及字形演化、讹变等方面的问题，都很有价值。

中医术语最早的形训，见于《左传·昭公元年》“于文，皿虫为蛊”。这是春秋时代人们对蛊的一种解释。医和是秦国的名医。他这样分析会意字，反映了文字学和医学在那时已具有相当高的水平。《国语·晋语》也有“夫文，虫皿为蛊”的记载。

后世医家能运用形训的指不多屈。清代的于鬯说：“素问家鲜通训诂”，“医工能习六书甚少”(《香草续校书》)。这大约是社会分工越来越细造成的。

一、金·成无己《注解伤寒论》释“翕翕”为“若合羽所覆”，把“翕”看作“合羽”会意。按《说文》：“从羽，合声。”成氏修改了许慎的观点。

二、元·滑寿《难经本义》有两处形训：[尺]《说文》云："尺，度名，十寸也。人手却十分动脉为寸口，十寸为尺，规矩事也。古者寸尺只寻仞诸度量，皆以人之体为法，故从尸从乙。"（按：所引文字与原文有出入）滑氏在引证《说文》之后说："象布指之形。"

[寸]"寸，十分也，人手却一寸动脉，谓之寸口，从又从一。"

可见滑寿解释词的本义原本于《说文》。

三、明·李时珍《本草纲目》相当广泛地在各种药物的"释名"中运用形训。大致有以下几种来源：

（一）依据《说文》，或基本上依据《说文》。

[冰]字从水从仌。（卷五·夏冰）

[泉]字象水流穴中之形。（卷五·井泉水）按：《说文》："象水流出成川形。"

[丹]其字从井中一点，象丹在井中之形。（卷九·丹砂）按：《说文》："象采丹井，一象丹形。"

（二）依据宋明文字学新说。

[艾]王安石《字说》云："艾可乂疾，久而弥善，故字从乂。"（卷十五·艾）

[蓍]陆佃《埤雅》云："草之多寿者，故字从耆。"（卷十五·蓍）

[术]按《六书本义》："术字篆文象其根干枝叶之形。"（卷十二·术。《六书本义》，明·赵古则撰）

[黍]魏子才《六书精蕴》云："禾下从氽，象细粒散垂之形。"（卷二十二·黍。魏校，字子才，明人）

王安石、陆佃说字形，倾向于把形声字解释为会意字。这显然与北宋兴起的"右文说"有关。他们注意到了形声字的声符也含有意义，已露因音求义端倪。李时珍对宋元文字学新说的吸收和介绍，可以反映他追求真理的精神。同时，也不免把一些牵强附会的臆说采入《本草纲目》。

（三）李时珍的个人见解。

[砂]小石也。字从少石，会意。（卷十·河砂）按《说文》："沙，水散石也，从水从少，水少沙见。"李时珍的解释与《说文》并不乖谬。

四、清·吴塘《温病条辨·原病篇》："烦，从火从页，谓心气不宁，而面若火烁也。”

按《说文》:“热头痛也，从页从火，一曰从焚省声。”吴氏的解释与《说文》异曲同工。

五、近人张寿颐《难经汇注笺正》偶用形训。

[俞]《说文》俞字本训空中木为舟也，其字从舟从巜，会意。

[脉]许氏《说文》曰：脉，血之分衺行体中者，从辰从血，会意。

张氏对尺、寸二字的形训，还引用段玉裁《说文解字注》的观点。“尺所以指斥规矩事也。”(指斥，本作“指尺”，据段说改。指斥，段谓犹标目也。颐按犹指点)。张山雷关于“寸”字的六书归属，提出了与段玉裁不同的看法:“颐谓一者，即以指出腕后寸口动脉之处，于六书实是指事。段谓会意，似不如言指事之确。”

张寿颐的《中风斠诠》《沈氏女科辑要笺正》等著作中也有一些形训。

综上所述，医籍形训大多以《说文》为指归，而又吸取了历代文字学新观点。[①]

2. 音训

所谓音训，即以字的读音为线索以探求词义的训诂方法，具有破通假与求语源两方面的作用。清代以前，训诂工作多以字形为基础，到了清代，王念孙、王引之等学者开始摆脱字形的束缚，从声音上去寻求古义，把训诂学推进到了一个新阶段。关于音训之重要，段玉裁有云:“学者之考字，因形以得其音，因音以得其义。治经莫重于得义，得义莫切于得音。”[②]现以《素问》为例，以音训为主要方法，对书中三处内容进行训释。

1.《生气通天论》:“阳气者，精则养神，柔则养筋。”精，借作清；清静的意思。

考精、清之上古读音，精属精纽耕韵，清属清纽耕韵，精、清二纽同属齿音，可以通转，故二字读音相近。《说文》:“精，择也。”“清，朖也，□水之貌。”二字原义并无所涉，为通假字。《中华大字典》:“精通清”。并

① 崔仲平. 医籍形训拾零［J］. 中医药文化，1985（2）：5—6.

② 山右历史文化研究院编. 山右丛书・初编（八）［M］. 上海：上海古籍出版社，2014：416.

引《礼记·缁衣》:“精知略而行之。”注云:“精,或为清。”在《内经》中精、清互通之处尚见于《灵枢·本神》之“魂伤则狂忘不精”(精通清)及《素问·风论》之“疠者,荣气热胕,其气不清,故使其鼻柱坏而色败”(《太素》清作精,清通精)。

《生气通天论》又曰:“苍天之气,清净则志意治,顺之则阳气固,虽有贼邪,弗能害也”,阳气“清静则肉腠闭拒,虽有大风苛毒,弗之能害”。可以见得,《内经》所论阳气的生理状态,应是清静柔和,“精则养神,柔则养筋”,实乃互文见义,均是指阳气的这种清静柔和的生理状态,这种状态下所产生的作用即是所谓的“养神”、“养筋”。

据上所述,本句可译成:阳气在清静柔和的状态下,就能发挥养神、养筋的作用。

至于很多注家(如王冰、吴崑、张介宾)把阳气分为精、柔两个方面,认为“精”指有形物质,“柔”指性能作用,以及现代学者认为“养神”、“养筋”是阳气的温养作用,而“精”、“柔”则是在这种作用下的效果反应,将本句释为“养神则精,养筋则柔”等等说法,可以并存,尚难作出定论。

2.《太阴阳明论》:“脾藏者,常著胃土之精也。”著,借作贮;贮藏的意思。

考著、贮之读音,均属上古端纽鱼韵,具有双声叠韵关系。“著”之原义为“明也”,“贮”之原义为“积也”,亦无关系。《康熙字典》:“著,与贮通。”《集韵》、《辞源》、《中华大字典》均认为著与“贮”同。《史记》:“子贡废著鬻财于齐鲁之间”、“积著之理”等均可为“著”通“贮”之佐证。

对本句“著”字的解释,一般多从高世栻之注:“著,昭著也。胃土水谷之业精,昭著于外,由脾脏之气运行,故脾脏者,常著胃土之精也。”释为“明显”的意思。从字面上虽能讲通,但联系上下文内容,仔细玩味个中差别,显然值得商榷。本节原文内容分为两个层次:先论脾为胃行其津液,即胃所受纳之水谷精气通过脾的转输而达于四肢;次论脾不主时,即脾在五行属土,在方位主中央,土气生养万物,故不独主于时。可见,第一层次论脾胃之关系,第二层次单论脾的作用,重点各有不同。因此,第二层次所述脾脏著胃土之精,意不在脾胃之相互关系,而在脾胃中土之功能。胃主受纳、熟腐水谷,脾主运化、贮藏、转输水谷精气,二者合为中焦，同主土气，相辅相成，通过一系列的作用，水谷精气最终贮藏于脾而为全身之用。所以下文接着说："土者，生万物而法天地。"在这里，将"著"作为"贮"之借字，释为贮藏，较为合理。

3.《阴阳应象大论》："其剽悍者，按而收之。"按，与遏、抑属同源字，释为遏止、抑制。

考按、遏、抑三字读音，按属上古影纽元韵，遏属影纽月韵，抑属影纽质韵，元、月二韵有阳入对转关系，故按、遏读音相近。而月、质二韵具旁转关系，故遏又与抑音近。遏，《尔雅·释诂》、《释文》等均释"止也"，遏止之义。如《诗·大雅》"无遏尔躬"、《民劳》"式遏寇虐"等句中之"遏"字均属此义。按，《诗·大雅》："以按徂旅。"传："按，止也。"《释文》："按……本又作遏……此二字皆训止也。"《孟子·梁惠王下》引《诗》作"以遏徂莒"。《广韵》："按，抑也，止也。"抑，《说文》、《广雅·释诂三》均释为"按也"。《助字辨略》："抑者案（通按）之使下也。"《礼记·内则》："疾痛苛痒，而敬抑搔之。"《淮南子·精神》："捧心抑腹。"其中的"抑"字均为"按"之义。又《索隐》："抑者，遏也。"《荀子·成相》："禹有功，抑下鸿。"注："抑，遏也。"由此可见，遏、按、抑三字不仅音近，而且都有止的意思，其义亦通，属同源字。故"按"可释为遏止、抑制。

历代注家对此"按"字的解释看法不一。如张介宾："凡邪气之急利者，按得其状，则可收而制之矣。"以诊察解。观本节经文均系探讨治则，而无诊病之义，故张氏之说与经文之义不符。杨上善："以手按取然后投针"，马莳、吴崑、张志聪均言"按摩"，都是指的具体治法，且以手按取或按摩与□悍之疾究竟有何关系，尚未见例证。可见杨上善及马莳等说亦难与经旨相合。姚止庵："□悍者，发越太过，如虚阳外浮，真阴不足之类。按者，抑而下也，抑而下降，使之收敛以归于原也。"以抑制解，于义较切。因此，将"按"作为"遏"、"抑"之同源字，释为遏止、抑制之义，是比较合理的。本句可译为：病势急猛之证，运用遏止、抑制之法，以收敛其势。[①]

3. 义训

义训，就是直接用语义相关的词、短语来解释词义。其总体原则，或以今

① 王沁凯.《素问》音训三则［J］. 江苏中医，1997（8）：40—41.

语释古语，或以通用语释方言。现以《黄帝内经》为例，介绍义训的一般方法。

《黄帝内经》作为中医基础理论的渊源，它的产生是哲学与经验结合，并由此逐步形成和上升为一套独特的完整的理论体系，这其中还包含文化生活的逐渐进步，又把各方面有关的知识综合在一起，使它成为一个中国整个历史文化的特殊理论体系。也就是说，它是医理、哲理和文理三结合的产物。那么，我们今天的研究工作，也就应当从这三个方面着手，以使它趋于自身本来面貌，从而更好地为医学实践服务。现就《内经选读》（上海科学技术出版社 1978 年版，以下简称《选读》）所辑文中若干问题展开义训阐释。

1.“神明之府”（《阴阳应象大论》，见《选读》第 12 页）

《选读》将“神明”注释为：“指能使万物发生变化的巨大力量”。似太笼统。

其一，从本节句式来看，是采用五个排比句来阐发阴阳学说总的概念的，前四句既然都有明显的针对性，本句也当不例外，这符合古代文学的特点。

其二，考“神明”意，按高士宗说，“阴阳不测之谓神，阴阳昭著之谓明”。不测者，神秘莫测，当指精神意识；昭著者，分明可见，当指功能活动。

“府”，自然是代表“处所”。

据此，“神明之府”，当解释为：精神意识和功能活动的寄托处。

2.“清阳”、“浊阴”（同上篇，见《选读》第 13 页）

经曰：“清阳出上窍，浊阴出下窍；清阳发月腠理，浊阴走五脏；清阳实四肢，浊阴归六府。”

这段话用三个并列句来阐述“清阳”和“浊阴”的功能，《选读》顺序解释三次无可非议，但若从医、哲、文理三结合的原则出发，结合古文语法特点，用阴阳说总的概念加以概括，似更有益于对经文实质的理解：“清阳”之清者，为轻清、洁静之意；阳，这里指功能活动。“浊阴”之浊者，为混浊、浓厚之意，阴，这里指物质基础。

3.“见微得过”（同上篇，第 19 页）

《选读》注释：“微，指病初起时轻微的异常表现。过，指病变而言”。

“过”，度也（《说文》），经过也（《说文大字典》）；过分、太甚（《古汉语常用字字典》)。这里当与“微”相衬，理解为“甚”，引申为“重”。全句话的大意是：见轻知重，见开始知结果，比喻对疾病的认识有预见性。[①]

（三）注释的类型

注释的类型，可以从不同的观察角度去划分。按注文与原文的关系，可分为单行注、随文注；按注释与原文作者的关系，可分为自注、他注；按注释者的数量，可分为独注、集注；按注释的主要目标，可分为字词体、音义体、章句体；按注释的时间先后，可分为首注、补注；按注释的繁简程度，可分为简注、详注；等等。具体如下：

1. 单行注、随文注

单行注是指注文在正文之外单独成书，如《左传》《公羊传》《穀梁传》注《春秋》，注与经各自单行。随文注则是将注文夹附在正文之中。如司马迁作《史记》，其《三代世表》自注，已有其例。这种体式将注文与正文集中在一起，既可避免翻检之劳，又可使文、注相互印证，对阅读正文、理解注文都有好处。因而现在我们看到的，大都属于随文注。

值得注意的是，有的最初为单行注，后人写刻刊行时，为了阅读便利，就将它们与原文并在一起。所以，现在我们所见到的随文注，有可能一开始就是这种体式。

2. 自注、他注

为别人的书作注，叫他注。如郦道元注《水经》，撰《水经注》。《水经注》不仅在文字数量上逾《水经》20 倍，在注文内容上也摆脱《水经》格局而自成体系。为自己的书作注，叫自注。自注只是著述的补充手段，所占的篇幅一般不大，因此最常见的还是他注。

3. 独注、集注

一人或数人合作注同一部书，叫独注。汇编或综合不同注家对同一古籍的注释，叫集注。如张志聪撰《素问集注》9 卷和《灵枢集注》9 卷就是综合汇编了不同注家对同一古籍的注释。集注异名很多，又称“集解”“集传”“集说”“集释”“集疏”“集证”“训纂”“诂林”等。集注荟萃众说，资料集中，为择善而

① 温长路. 关于《黄帝内经》若干问题义训之浅见［J］. 山东中医学院学报，1983（2）：40—41.

从以正确理解原文提供了便利。

4. 字词体、音义体、章句体

注释首先要解决的是字词问题。字词的形、音、义是字词体、音义体的基本内容。字词注以解释字词为主。

音义也叫音、音释、音训、音注，主要为疑难字词注音，有的也兼释语义。

章句体主要是对原文句读、篇题、句意、段意、全文大意的诠释。在汉代，这种体式曾经盛极一时。

5. 首注、补注

首注是“指某一典籍的最早的注释”①。如《素问》的首注是南北朝时全元起的《注黄帝素问》。首注是开创性的，著述难度大，值得珍视。

补注是在首注及其他注本的基础上进行的补充。好的补注，能够将前人漏注、误注、略注之处，一一订正充实，帮助人们更准确地理解原文。

6. 简注、详注

简注，顾名思义，就是注文比较简括；详注是指注文比较详尽。

第五节　汇编与辑佚

文献的汇编，有广义和狭义之分。广义的汇编包括总集、别集与“资料汇编”等的编纂。狭义的汇编是指资料汇编。笔者这里讲的是狭义汇编。另外，我国文献成书较早，在长期的流传过程中，不可避免地会出现佚失现象，因而历代学者都很重视辑佚工作。

一、汇编

狭义的汇编亦即资料汇编。资料汇编是围绕某一学科或专题而辑集的文献资料的总汇。它把散见的或罕见的资料集中起来，或按问题分编，或依时间为序，或以作家作品为目，有序而醒目。资料汇编的主要职能是提供文献资料的

---

① 汪耀楠. 注释学纲要［M］. 北京：语文出版社，1991：61.

原文，或全录，或节选，不论全录或节选，都必须忠于原文，不可改动一字。如原文有明显的错字，也要将原文与校改文字同时标明；如不同的版本有异文，则另列校记。

资料汇编的编纂，力求搜罗全面，编排有序。河南教育出版社 1993 年出版的《中国科学技术典籍通汇》是较有代表性的。该书从先秦到清末的数万种古代有关科技的文献中精选出数百种科技文献，并按现在学科分类，分为数学、天文、物理、化学、地学、生物、农学、医学、技术、综合共十类影印出版，其技术卷又包括综合性的技术著作以及纺织、水利、建筑、采矿、冶铸、机械、交通运输工具、印刷、仪器、军事等类的工程技术专著。

在资料汇编的编纂过程中，编者不但要善于发掘资料，还要对资料进行细致的鉴别、校勘、编排，作必要的说明或注释，这都要求编者有深厚的学养。吴调公说："这种'研究资料'虽说是工具书，但如果搜罗得法，编辑的质量较高，它完全有可能显示学养深厚的编撰者的功力，而不愧于那些论析、考辨的著作分庭抗礼。等闲视之，自然是错误的。"①

资料汇编大致可以分为以下几类。

（一）学科史资料汇编

如中国科学院北京天文台从众多地方志中摘录了数百万字的天文资料，汇编成《中国天文资料汇编》；中国农业遗产研究室从 8000 多种地方志中摘录出数千万字的资料，辑成了 400 册的《方志物产》；地质学家章演存先生经过几十年的资料收集，辑录了数十万字的矿产资料《古矿录》等。

（二）人物研究资料汇编

中国历史上有很多流芳千古的名人，这些人物自然引起了研究者的重视。如《畴人传》，是中国第一部记述历代天算家学术活动的传记集，清阮元撰，凡 46 卷，269 篇，337 000 余字，始作于乾隆六十年（1795 年），完成于嘉庆四年（1799 年）。阮元的学生李锐、周治平参加了撰写工作，并经钱大昕等协助订正。

该书收有自上古至清乾隆末年的天文、历法、算学家 300 多人（包括西洋

---

① 曹培根. 汇编的特点、作用及其利用［J］. 山东图书馆季刊，2006（4）：17.

天文学家、数学家和来华传教士 41 人），叙述他们的事业和贡献，内容涉及历代天文历法推算资料、论天学说、仪器制度以及算学等许多方面。所叙事迹、论说及著作，均摘编自有关典籍的原文。除人物姓名、籍贯、生卒年月、曾任主要官职外，其他政治与文化成就都略而不载。有些传后附有编者的评论。《畴人传》的编撰方法是每人一传，传末有作者评说，篇末注明材料出处。该书前 42 卷记中国学者，后 4 卷附记对中国科技有影响的外国学者，打破了学术上的国界，在闭关锁国的清朝，其思想难能可贵。

（三）专书研究资料

中国历史上有的作家以一部作品名垂史册，有的却难于详考，这在通俗文学如小说的创作领域中尤为多见。于是专家们在编纂资料汇编时，多以作品为名。而我们也能见到一些今人对古典科技文献的专书研究资料。如陈桥驿编著的《〈水经注〉地名汇编》（中华书局，2012 年 5 月版），书中对《水经注》所记载的各类地名加以系统地整理和分析，将全部地名归入相应类别，共计 65 类。

（四）专题史资料汇编

如《清代海河滦河洪涝档案史料》（中华书局，1981 年 12 月版）、《清代天文档案史料汇编》（大象出版社，1997 年 2 月版）、《中国古代建筑文献精选》（同济大学出版社，2008 年 1 月版）、《中国古星图》（辽宁教育出版社，1996 年 12 月版）等。

（五）特种文献资料汇编

如中国科学院历史研究所资料室编《敦煌资料》、中国第二历史档案馆编《中华民国史档案资料汇编》等。

学术界为了总结已有的成果，创辟未来，往往对某一方面的收获作比较全面的清理，以资料汇编丛书的形式表现出来，其体例则可能涵盖上述两种以上的资料汇编样式。

二、辑佚

一种著述已经亡佚散落，但在其问世传播的年代中，曾被他书引用、摘录或选辑，因而该书不仅见于书目著录，而且可以在他书中见到遗篇断章。后人通过各种方式途径把它们抄录出来，按一定的方法、原则加工汇集在一起，就是辑佚。概括而言，文献的辑佚，就是指将散见于现存典籍中的亡佚文献的残篇散句等各种佚存之文逐一抄录出来，按一定的方法原则编辑成册（篇），使亡佚古籍失而复现。其实质是对文献文本的完整性进行实证，并在此基础上予以弥补。

辑佚的产生，是由于好学深思、广搜博览之士，对于散佚了的古代名流学者的著述，寄予无穷的歆羡和向往，试图恢复作者原书的面貌。辑佚的起源虽可追溯到魏晋甚或更早，但是辑佚进入相对明确、自觉、较为成熟的时期是在宋朝。南宋郑樵在《通志·校雠略》中指出："书有亡者，有虽亡而不亡者，有不可以不求者，有不可求者。《文言略例》虽亡，而《周易》具在；汉魏吴晋《鼓吹曲》虽亡，而《乐府》具在；《三礼目录》虽亡，可取诸《三礼》；《十三代史目录》虽亡，可取诸《十三代史》。……凡此之类，名虽亡而实不亡者也。"[①]就已经提出了辑佚的理论和方法。可惜的是，元明两朝并未将辑佚事业发扬光大。直到清朝，随着乾嘉汉学的崛起，辑佚也日益发展并呈现出前所未有的鼎盛局面。

（一）辑佚的类型

文献散佚是民族文化的悲剧。自周秦以来这种悲剧就不断地重复上演，致使数以万计的珍贵文献亡佚绝世。这些散佚文献大致可以分为亡佚之书、散佚之篇、脱佚之文三种类型。

1. 亡佚之书

亡佚之书，简称"佚书"（初作"逸书"，而"佚书"一词晚出）。辑佚学所讲的佚书（逸书），是指原有其书而后代毁亡、散失不传的书。佚书分三种情况，一是全佚之书，二是缺佚之书，三是散佚之书。

（1）全佚之书是原文献的文本形式已经一页不存。如晋著作郎王涛曾撰有《三国志序评》3 卷，南朝梁时尚存，到隋时全书已不见传，其中的独立篇章也不见于他书有完整保存，只有零文散句被他书征引，故《隋书·经籍志》记

① （宋）郑樵撰，王树民点校. 通志二十略·校雠略［M］. 北京：中华书局，1995：1807—1808.

曰“亡”。

（2）缺佚之书是指原文献的文本形式尚存，但已残缺不全，所存并非原书完帙。如宋时的本草文献《宝庆本草折衷》，简称《本草折衷》，由南宋医家陈衍编撰。宝庆三年（1227年）初稿成，名为《本草精华》。之后，陈衍又不断收集资料，反复考证，于淳祐八年（1248年）定稿，定名为《宝庆本草折衷》。全书共20卷，现亡佚卷4—9卷，仅存14卷。原载药789种，今存523种。

（3）散佚之书是指原文献的文本形式已不存在，但其中的部分或全部篇章却完整地保存于其他文献当中。如南北朝时的中药文献《小品方》，又名《经方小品》，共12卷。作者陈延之，该书成书于南朝宋孝建元年（454年）至元徽元年（473年）。原书早佚，其佚文散见于《外台秘要》及《医心方》等书中。又如唐代的《食疗本草》，它是我国现存最早的一部营养学和饮食治疗类典籍。其原书早已佚散，但内容在它问世后不久，即为他人著述引用，其中注明引用其原文的是陈藏器的《本草拾遗》。遗憾的是，《本草拾遗》今佚，但在宋以后的主流本草《证类本草》中，大量引用《本草拾遗》中的内容，可据以了解其概貌。

2. 散佚之篇

散佚之篇是指在辑编诗文总集、别集或其他文献汇集时，从多种书里零散搜集出来的那部分诗文，以及全集编成之后漏收之诗文或其他文献。其漏收之篇又有两种情况：一是辑编之时，因编辑者未识、未知，在无意之中漏收者；二是编辑者因某种原因，有意弃而不收者。散佚之篇，包括诗、词、曲和诸体文等。相对而言，散佚之篇中科技文献较少。

3. 脱佚之文

脱佚之文是指那些形式上似乎完整保存下来而实际上有文句、文段脱佚现象的古籍。古籍在流传过程中，特别是雕版印刷术产生以前的古代典籍，没有多少能完整保存下来的。有一些古籍似乎是完整流传下来了，卷数也不缺，但深究起来其中仍有不少佚脱之文。如南宋洪迈《容斋三笔》卷1、《容斋四笔》卷1，曾分别提到《太平御览》所引《史记》《战国策》之文，“多今本所无”。以篇为单位的文献（如文、赋、长诗）也存在脱佚之文的问题，即篇似完存，而其中实有脱佚之句。

（二）古典科技文献散佚的原因

1. 古代政府不重视

在中国封建社会，儒家思想长期占据主导地位，科举考试亦多以儒家经典为考核内容，由此造成统治阶级及社会各阶层不重视科学技术的发展及相关文献的搜集整理。在蔚为壮观的现存十几万部古籍中，90%以上是社会科学文献，除史部和子部包涵一部分科技文献外，其余多属于人文学科方面的文献。在集中国古籍分类法之大成的《四库全书总目》中，44 个类目中只有史部地理、政书和子部农家、医家、天文算法、术数、谱录等几类与科技有关，但所占比例都很小。有些已采进的重要科技文献，如《甘石星经》《饮膳正要》《豳风广义》《司牧安骥集》《洗冤录》《南船纪》《糖霜谱》《酒谱》《梓人遗制》等，在《四库全书》中也未收入，仅仅是存目而已，有的后来甚至连底本也散失了。该书在卷首《凡例》中甚至明确宣称“盖圣朝编录遗文，以阐圣学、明王道者为主，不以百氏杂学为重也”①。这种文化发展的政治化倾向，使中国古代的科学技术文献得不到应有的保存，天文、历算、医药、农桑等自然科学尽管也有一定成就，但因统治者的鄙薄和人们的普遍轻视很难形成气候，此类文献因此而疏于保存和流传。

2. 兵燹

中国古代藏书事业虽十分发达，但因古代社会始终处于分裂—统一—再分裂—再统一的过程中，每次统一—分裂都会产生战乱，而且都会给当时的藏书事业带来沉重的打击，历代图书因战乱遭受的劫难与损失也甚为惨重。

早在隋代，牛弘就提出“五厄”之说：秦始皇焚书、西汉末赤眉入关、董卓移都、刘石乱华、梁元帝焚书。明代胡应麟续上“五厄”：隋大业十四年（618年）江都焚书、安禄山入关、黄巢入长安、靖康之难、南宋末伯颜南下军入临安。明代以后，近人祝文白又续上“五厄”：李自成陷北京、钱氏绛云楼烈焰、清高宗焚书、咸丰朝内忧外患、民国中日战役。事实上还远不止这“十五厄”，我们还可以再补上“五厄”“十厄”。而仅这“十五厄”中兵燹就占到十二次，只有秦始皇焚书、钱氏绛云楼烈焰、清高宗焚书与战争无关。战争给古代文献造成了极大损失，不是“宫室图书，并从焚烬”②，就是“干元旧籍，亡散殆

① 纪昀等撰，四库全书研究所整理. 四库全书总目提要・凡例［M］. 北京：中华书局，1997：34.

② （唐）魏徵等. 隋书・列传第十四［M］. 北京：中华书局，2000：107.

尽”[①]。当然，兵燹之中，玉石俱焚，科技文献也难逃此劫。

3. 统治阶级禁毁

封建统治者出于政治的需要，往往禁止与焚毁一部分对其不利的图书，虽然通常情况下禁毁的是谶纬书、持不同政治观点者的著作或离经叛道的文艺作品，但往往扩大到其他方面的文献。唐五代禁书就扩大到天文、历法、兵书等方面，并悬为禁令，著于法律。《唐律疏议》中有关禁书的条文对后世影响就颇大。此后的宋元两代都曾沿袭旧有传统，屡次焚毁天文、图谶、阴阳等类文献。其实，谶纬书中也含有不少科学道理，天文、地理知识尤为丰富。如张华《博物志》卷一就引《考灵曜》云：“地恒动不止，而人不知。譬如人在大舟中，闭牖而坐，舟行而人不觉也。”[②]

中国古代的天文学和数学、历法关系极为密切。在《汉书・艺文志》中，历法、数学同属于历谱类；《隋书・经籍志》《明史・艺文志》中，历法、数学同属于历数类；《旧唐书・经籍志》《宋史・艺文志》中，历法、数学同属于历算类；《清史稿・艺文志》中天文和历法同属于天文算法类推步之属；天文、历法和数学同属于天文算法类，从以上可看出古代天文学、历法和数学密不可分的关系。统治阶级禁毁谶纬、阴阳等带有迷信色彩的文献本无可非议，可是连带扩大到天文、历书类，并不加选择地一律禁毁，这也是唐以后天文、历法、数学类文献数量较少的一个原因。除了禁毁天文、历法、谶纬等类文献，古代统治者还常常因人废言。明代宋应星所著《天工开物》是一部关于中国古代农业和手工业生产技术的百科全书，其内容几乎涉及当时社会的全部生产领域，却也不见于《四库全书》，其原因很可能是宋应星有反清思想，其兄又殉明自尽，所以被排斥在《四库全书》之外了，这一举措导致《天工开物》后来在国内失传。[③]

4. 流落海外

尤其令人痛惜的是，由于多种原因，中国古代科技文献大量流落海外。其中最引人注目的当数敦煌遗书，因为敦煌遗书都是5—11世纪的古写本及印本，非常珍贵，其中有不少医学、天文、历法、算书和地志等方面的文献。英国人

① （后晋）刘昫等. 旧唐书・经籍志［M］. 上海：商务印书馆，1936：2.

② 程千帆，徐有富. 校雠广义（典藏编）［M］. 济南：齐鲁书社，1998：286.

③ 何绍庚. 《四库全书》中的科技文献［N］. 光明日报，2004-02-10.

翟林奈撰的《英国博物馆藏敦煌汉文写本注记目录》将道教典籍分10类，其中第9类为医药，第10类为历法。世俗文书分22类，其中第3类是地志，第13类为算书。又如，清杨守敬《日本访书志》所记载283种（《日本访书志》237种加《日本访书志补》46种）流落日本的古籍中，多为“唐宋逸籍、宋元旧椠”，其中有北宋天圣刊本《齐民要术》残本，宋干道本《梦溪笔谈》，朝鲜刊本《乘除通变算宝》、《续古摘奇算法》和《田亩比类乘除捷法》等，在第9、第10两卷则集中著录了近30种中国古代医药学文献的刊刻本。王重民辑的《日本访书志补》中还有医学文献7种。足见中国古代科技文献流落海外的情况。清末民初，个别私人藏书家出于各种原因将藏书变卖给外国人，其中也有不少科技文献。

5. 自然淘汰

除人为原因外，科技文献还有自然淘汰的过程。新陈代谢是事物发展的一般规律，科技文献也是如此，而且其速度更快。如中国古代秦、西汉前期用《颛顼历》，汉武帝用《太初历》，汉成帝用《三统历》，东汉用《四分历》《干象历》，南北朝用《大明历》，南宋用《统天历》，元朝用《授时历》等，每次起用新的历法，旧的历法就被弃之一旁，任其自然淘汰。又如，中国药学经典《神农本草经》的原文被收入陶弘景的《本草经集注》和唐代官修药典《新修本草》等文献中，《神农本草经》一书在中国逐步散佚失传。随着宋代《开宝本草》等文献的成书与流行，《新修本草》逐渐失传，嘉祐三年（1058年）的《敕撰本草图经诏书》中，就有当时《新修本草》已“罕有完本”的说法，唯其基本内容被保存于历代诸家递相修订的本草中。

此外，宋代以前的书籍，大多靠手抄流传。经过历代书厄，亡佚甚巨，自不待言。且书籍集中于少数人手中，深闭固拒，不肯借人阅览，这也给文献的流传带来了灾难。还有部分科技文献由于保管不善，遭水灾、火灾、虫蛀、鼠害等而使典籍亡散残失的，也为数不少。

（三）辑佚的方法

辑佚的方法大致分为以下四个阶段。

1. 准备阶段

准备阶段要做的工作有：第一，查考将辑之文献是否确实为散佚文献。如清乾隆时《永乐大典》辑出元代《农桑辑要》，以后200年中在社会上广泛流行，版本不下20种。实际上元刻本《农桑辑要》并未佚，1979年由上海图书馆影印公之于世。第二，调查搜集前人已有的辑佚成果，分析其资料来源。第三，尽可能全面地搜集前人有关散佚文献及其作者的研究、论述、评说、著录资料，并对其进行全面考订、甄别。第四，确定保存有佚文的图书文献目录，并在查找过程中根据新线索不断扩大查找范围。第五，拟定工作方案、凡例，统一处理原则。

2. 辑录阶段

辑录阶段要做的工作有：第一，根据拟定的文献目录查找保存有佚文的所有图书资料，觅出佚文。第二，按照统一的标准移录（或抄录，或剪贴，或复印并剪贴等）佚文并详注出处。

3. 整理阶段

整理阶段的工作有：第一，将辑录出的佚文按一定的原则和方法初步厘定、编排。第二，校勘佚文，即将载有佚文的该图书的不同版本进行校勘，或者将载有同一条佚文的两种以上的不同书籍进行校勘。第三，补缀佚文，即对不完整的佚文进行科学的补缀，使文意明确。第四，甄别、考证文字和内容或误或异的佚文，并以按语或注文的方式出之。第五，辨识佚文之真伪，剔除伪文并加说明。

4. 成书阶段

成书阶段的工作主要有：第一，按一定的原则方法对佚文进行整序。第二，撰写序言或书跋，编定正文目录，详列引用书目或参考书目。第三，必要时可以附录有关资料（如作者传记资料、旧辑本序跋、佚书记述评论资料等），编制内容索引。

（四）中国古典科技文献散佚情况

中国封建统治者比较重视文献典籍的收集与整理，历朝在政府主持下都进行过大规模的文献整理工作。但由于中国古代社会长期重经学、轻科学，科技文献在古籍分类法中没有直接而明确的类目，除子部农家、医家、天文算法、术数、谱录、杂家等类目中集中了较多科技专门文献外，其他部类如经部、史部甚至集部虽都包涵科技文献资料，但多较零散。表 10-3 是正史里原有的“艺文志”所载农学、医学、天文和历数类文献的数量，可从一个侧面反映当时科技文献的收藏情况。

表 10-3　“艺文志”所载农学、医学、天文和历数类文献数量[①]　　单位：种

出处	农学类	医学类	天文类	历数类	总计
《汉书·艺文志》	9	18	21	18	66
《隋书·经籍志》	5	256	97	100	458
《旧唐书·经籍志》	20	136	26	58	240
《新唐书·艺文志》	37	230	41	100	408
《宋史·艺文志》	107	509	139	165	920
《明史·艺文志》	23	68	50	31	172
《清史稿·艺文志》	44	252	134	238	668

注：《明史·艺文志》《清史稿·艺文志》所载仅为当朝著述，非当朝藏书

从表 10-3 中可以看出，宋朝、清朝（《清史稿·艺文志》记载的 4 类文献数量加上《四库全书总目》中清朝以前的 4 类文献，可视为清朝所藏，合计为 897 种。《四库全书总目》收录清朝前期以上 4 类文献共 63 种，其中《四库全书》35 种，《四库全书总目提要·存目》28 种）4 类文献收藏数量居各朝前列，其次为隋朝、唐朝，汉朝最少。可见，并非如我们据常规推测：随着科技的发展，知识的积累，科技文献数量逐步增多，而是时多时少，且常常后朝藏书数量远不及前朝，这说明有大量古代科技文献在历史变迁中散佚。

据近人顾实《〈汉书·艺文志〉讲疏》记载，汉代所藏农学类文献 9 种，到近代原著皆亡佚，只有 6 种尚存辑本；天文类文献 21 种，20 种已亡；历谱类文献 18 种，除其中 2 种数学文献外，其他 16 种皆亡；医经 7 种，6 亡 1 残；方经 11 种，10 亡 1 存。《汉书·艺文志》问世之后出现的许多科技文献，到编写《隋书·经籍志》时也只剩下“梁有卷，亡”的记载了。《宋史·艺文志》著录的农学、医学、天文、历数类文献合计达 920 种，而《四库全书总目》著录的只有不到 300 种，这还主要是宋朝以后的元、明及清前期的文献，说明唐宋以前科技文献到清乾隆年间就已所剩无几。又如东汉张衡的《灵宪》是一部阐述天地日月星辰生成及其运动规律的天文理论文献，它总结了当时的天文知识，提出

① 张秀红. 中国古代科技文献散佚原因分析［J］. 科技情报开发与经济，2005（15）：53—55.

了不少先进的科学思想和独到见解，记录了在中原洛阳观察到的恒星2500颗，与近代天文学家观察的结果相接近。在他的另一部天文著作《浑天仪图注》里，测定出地球绕太阳一周所需的时间是“周天三百六十五度又四分度之一”，也与近代天文学家所测量的数字十分接近。这两部著作在《新唐书·艺文志》中还有记载，在《宋史·艺文志》中就无记载并已散佚。再如，祖冲之将圆周率精确到小数点后7位有效数字，在世界上领先千余年，并从面积、体积问题引出含负系数的二次、三次方程，首次突破了开方式系数为正的限制。李淳风的《九章算术注释》还记载了祖日恒之开立圆术，并受此启发，彻底解决了球体积问题。数学史界普遍认为，上述成就都是《缀术》的内容。[①]该书在唐代流传很广，还被收入《算经十书》，成为唐代国子监算学课本，但到《宋史·艺文志》也无记载并已散佚，人们只能通过其他文献了解其大概内容了。这几本文献代表了当时各自学科的发展水平，都很受重视，可是却都散佚，其他科技文献的命运也就可想而知了。

（五）中国古典科技文献的辑佚

宋代以前的辑佚现象由于多不述诸文献，所以目前总结辑佚的历史成绩只能从宋代开始。宋元、明清时期都有辑佚古籍现象，就科技文献的辑佚而言，成就较高的是清朝。这一时期比较有价值的科技方面的佚书：农家如《四民月令》《氾胜之书》《农桑辑要》《范子计然》等；医家如《神农本草经》《伤寒微旨论》《急救仙方》等；算学如《九章算术》《孙子算经》《海岛算经》《周髀算经》等；天文学类如《盖天说》《难盖天》《灵宪》《浑天象说》等，都是非常珍贵的专业书籍，对研究科技发展史极有价值，有许多是久寻不得的古书。

① 郭书春. 中国科学技术典籍通汇·数学卷·叙（一）［M］. 郑州：河南教育出版社，1993：11.

第十一章　中国古典科技文献的典藏与传播

中国古典科技文献作为我国古代科学技术活动体系的有机构成部分，是中国古代辉煌的科学技术成就的重要部分。古代典籍在品种数量上可称浩如烟海，但科学技术文献所占比例却极小，幸好历代统治者大多比较重视文献典籍（包括科技文献）的收藏，并经常搜求典籍，编纂文献。一些古代科技文献通过长期的收藏和传播，被人们以各种方式保存至今，成为历史的见证，且在一些科学领域中发挥着独特的作用。

第一节　国家典藏

中国古代科技文献的典藏主体包括国家、私人、学校、宗教寺观等，但国家典藏始终具有突出的地位与作用。国家典藏包括大量的原始文献——档案以及图书等，此处以国家档案典藏为主介绍中国古代科技文献的国家典藏。

一、先秦时期的国家科技文献典藏

先秦时期的科技文献遗存丰富，制度也逐渐地建立与完备。先秦时期科技文献的收藏以官方为主，并且已初步形成了一套关于形成者、经费、文档形制等的制度与办法。

（一）先秦时期科技文献典藏机构

先秦时期已形成了对科技文献保存的制度，在早期的保管处所——宗庙中已有所体现。

夏王室已经形成了保管文献的观念，其王室的文献由大史掌管。《吕氏春秋·先识览》："夏太史令终古出其图法，执而泣之；夏桀迷惑，暴乱愈甚。太史令终古乃出奔如商。"[①]夏时期的文献与商、周一样，以十篇编为一卷，如《墨子》记载："子胡不尚考之乎商、周、虞、夏之记？从十简之篇以尚，皆无之，将何若者也？"[②]

夏王室收藏文献有专门的处所，即宗庙。《周礼·冬官考工记·匠人》："夏后氏世室，堂修二七，广四修一，五室，三四步，四三尺。九阶。四旁两夹，窗。白盛。门堂三之二，室三之一。"[③]郑玄注："世室者，宗庙也。"[④]又《墨子·明鬼下》："昔者虞、夏、商、周三代之圣王，其始建国营都日，必择国之正坛，置以为宗庙。"[⑤]

商王室设置史官来掌管文献，有大史、小史、内史、外史和御史等。其主要职权是掌管国家最高行政机关的文书，并以这些文书推行国家各项政令，实现王室对国家的统治。殷商时期史官位高权重，他们是商代档案的形成者和掌管者。王国维指出：史官其职"专以藏书、读书、作书为事"，"史为掌书之官，自古为要职，殷商以前，其官之尊卑虽不可知，然大小官名及职事之名多由史出，则史之位尊地要可知矣"。[⑥]除了史官集团的掌管外，还有其他的辅助档案管理者如龟人、太卜、華氏、占人、贞人等。《周礼》记载职方氏"掌天下之图，以掌天下之地，辨其邦国、都鄙、四夷、八蛮、七闽、九貉、五戎、六狄之人民与其材用，九谷、六畜之数要，周知其利害"。郑玄释说，"天下之图，如今司空舆地图也"。[⑦]可见，包括"四夷、八蛮、七闽、九貉、五戎、六狄"在内的疆舆地图等档案资料，是有职方氏掌管与收藏的。

商朝档案职官大致分为三大类：一类为宗教官员，也称神职官员，这是商代最显赫的执政官员，这类官员后世统称为史官，也是商朝掌管档案工作的官

① 许维遹撰，梁运华整理. 吕氏春秋集释·卷十六·先识览［M］. 北京：中华书局，2009：395.
② （战国）墨翟著，（清）毕沅校注，吴旭民校点. 墨子·非命下［M］. 上海：上海古籍出版社，2014：154.
③ 杨天宇. 十三经译注·周礼译注［M］. 上海：上海古籍出版社，2004：666.
④ （汉）郑玄注，陈戍国点校. 周礼·仪礼·礼记［M］. 长沙：岳麓书社，2006：108.
⑤ （战国）墨翟撰，李小龙译注. 墨子·明鬼下［M］. 北京：中华书局，2011：91.
⑥ 王国维. 观堂集林（上）［M］. 北京：中华书局，1959：269.
⑦ （汉）郑玄注，（唐）贾公彦疏. 四库家藏·周礼注疏［M］. 济南：山东画报出版社，2004：921.

员。第二类为事务官，第三类为武官。

在商代，军事测绘主要是由巫史承担的。巫是上知天文下知地理的人。巫或巫史是商周时期的贵族阶层的一部分，他们的主要任务是占卜、祭祀，还负责掌握历法、调查地理、保管档案典册、奉命出使、审理诉讼等。商代甲骨卜辞中的“贞人”就是当时巫史的一种，它既是甲骨档案的形成者，也是当时的专门经管人员。

概括地说，先秦时期科技文献保管处所的主要形式可以归纳为三种：一是王室文献库，二是中央政府文献库。三是本部门文献保管场所，相当于现在的档案室或资料室。关于本部门档案文献保管场所，史料中没有明确记载，但从“府”一职和各部门保存有档案文献等物看，综合性库房的存在是必然的。严格地说，当时还没有专门档案文献库的概念，所以所记载或规定的档案文献库实际上是一种混合性库房。

（二）先秦时期各种科技文献的典藏

1. 地理文献的形成与收藏

早在夏禹治水时，史籍中就有大禹使用规矩制图，并在治水中加以运用的记载。同时，关于禹铸九鼎图的记载很多，如《左传·宣公三年》载：“昔夏之方有德也，远方图物，贡金九牧，铸鼎象物，百物而为之备。”[①]人称铸在九鼎上的地图为九鼎图。后来的帝王把九鼎图看成是统治权力的一种象征，各代君王视九鼎为重宝，谨慎保存。《汉书·郊祀志》说，夏王朝灭亡后，商王朝夺取并妥善保存了九鼎图；商王朝灭亡后，周王朝珍藏着九鼎图；后来，秦国从周王朝夺得了九鼎图；在秦国和郑国交战的过程中，“鼎沦没于泗水彭城下”[②]，从此失踪。九鼎图流传千年，像珍宝一样保存在秘府，开创了官府秘藏地图的先河。

九鼎图的保管是当时档案工作者的职责，明代学者杨慎认为：“鼎之象则取远方之图，山之奇，水之奇，草之奇，木之奇，禽之奇，兽之奇，说其形，著其生，别其性、分其类。……九鼎既成，以观万国，同彼象而魏之，曰使耳而目之。”[③]可见，九鼎图是一种较为原始的全国性地图。“则九鼎之图，其传固出于终古、孔

① 刘国建主编，管曙光注解. 左传［M］. 郑州：中州古籍出版社，2009：58.

② （汉）班固，（唐）颜师古注. 汉书［M］. 郑州：中州古籍出版社，1991：583.

③ （明）杨慎著，王文才，张锡厚辑. 升庵著述序跋［M］. 昆明：云南人民出版社，1985：38.

甲之流也。”[①]夏、商、周三代设有官员管理地图档案，孔甲、终古就是先秦时期管理这些地理档案的档案工作者。

2. 历法文献的形成与收藏

历法档案的产生要晚于天象记录档案，因为历法是在天象观测的基础上产生的，是人们认识天象到达一定程度后的产物。据现有材料看，中国历法档案最迟产生于夏代，《夏小正》为这一论断提供了有力依据。《夏小正》是按照时间顺序将有关物候记录和天象记录汇编在册的著作，是中国现存最早的一部记述天象和物候的著作。历法与农业生产关系甚密，而国家政权负有领导农业生产之职责。因此，制定和颁布历法就成为中央政府的一种职责。将所颁布的历法原本郑重地保存起来，就形成了历法档案。历法在当时是权力和国家的象征，因此历法由史官来掌管。柳诒徵先生说：“古代星历之事，掌于史官，世传其学，往往守之历千百年。汉、晋之人，犹及见古历。”[②]说明当时的历书作为科技档案由史官保管，且代代相传，流传十分久远。

3. 气象文献的形成与收藏

古代气象档案主要是由天象观测人员在进行天象观测活动过程中形成的，负责气象观测的天象机构是气象档案的形成主体，气象档案的管理也是由官方的气象观测人员集中统一完成的。夏代重视云物观测，亦有专人负责。由于夏代已有文字，所以开始总结、整理以前的经验和当时的观测记录。于是“夏后制德，昆吾列神”，总结历来物候及天象经验，诸如风、雨、晴、雾、寒、暑、动物、植物的物候现象，天上的日月星辰运行等，不过，还没有夏代的气象文字原件的出土。今天能够见到的最早的气象档案是殷商的甲骨气象档案。夏代官方的气象观测工作主要在宗庙——世室。其气象观测活动规整、有序。河南偃师二里头发掘的夏代初期大型宫殿遗址，已被证明是夏代的明堂——世室。

4. 甲骨文献的收藏

在商王朝的档案中最具特点的要数甲骨档案，甲骨档案记录中包括了当时殷商统治者的全部统治活动，反映了商代政治、军事、经济、科技、文化等各

---

① （明）杨慎著，王文才，张锡厚辑. 升庵著述序跋［M］. 昆明：云南人民出版社，1985：38.

② 柳诒徵. 中国文化史［M］. 长春：吉林人民出版社，2013：57.

个方面的社会活动内容。其中包括反映农业生产、天文、历法、气象、医药卫生、交通、手工业等科学技术方面内容的科技档案。

甲骨科技档案的管理已经具备了正规化档案管理的一些基本要素：专门的档案形成与管理者——巫史、专门的库房——窨库、基本的分类排列方法——流水排列法。

夏、商、周三代处于巫医同源时期，巫医不分，那时没有独立的医药文献，当时的医药知识均散见于各种卜辞之中，这些甲骨卜辞虽然不能被看作中医药文献，但是因为它们记载了许多医药知识，因此我们可以视其为中医药文献的萌芽。殷商甲骨文是迄今发现的我国最早的文字，其中记载了大量的医药学知识，但是受到“医源于神”思想的控制，商周时期并没有独立的医药学，巫师兼任医生，医药事物完全在巫师的控制之下。因此，当时与医药相关的记载也必然出现在卜辞之中。

从考古发掘资料来看，夏商时期官营手工业涉及青铜冶铸业、制陶业、兵器制造业、骨器业、玉石工艺业以及皮革、竹木、舟车、建筑业等。甲骨档案中也有许多关于交通运输、工具制造、冶铸、酿造、土木工程、纺织等手工业方面的记载。手工业部门内部也已有了一定程度的分工。卜辞中有关于商代“百工”的记录，“王其令山司我工……工载王事（《掇一》431）”[①]，是说商王命令一个叫山的奴隶主负责总管手工业，手工业是重要的王事之一。

现存甲骨中有一部分是建筑档案。从目前的资料来看，中国较早的集中保藏档案的处所为殷墟甲骨窑穴，可见，中国从商代就已经对官方形成的建筑档案进行了统一管理。

对于物候、气候和节气形成学问，并进行有规律的记录大气现象大约始于奴隶社会的夏代。但现存最早的游子记载的气象档案是殷商时期的甲骨档案。《周礼·冬官考工记》：“殷人重屋，堂修七寻，堂崇三尺，四阿，重屋。”[②]重屋为商王朝官方进行气象观测的主要场所。

商王室的史官将甲骨文献分类典藏，分类的标准有两条，一是看有用还是无用，其核心是看是不是有用的刻辞；二是按载体物质形态区分，将龟甲与兽

① 中国社会科学院考古研究所夏商周考古研究室. 三代考古（一）［M］. 北京：科学出版社，2004：51.

② （清）阮元. 十三经注疏·周礼注疏·冬官考工记［M］. 北京：中华书局，1980：928.

骨分开。从文献存放排列方面来看，也是有一定顺序的，分册按干支顺序排放。甲骨文献出入库房制度严格，都要记其去向或来源，并有当值史官签名后才可出库或入藏。

对于周王室藏书的管理制度有不同的看法，一种观点认为当时是“设官分守”，就是以周王朝的职官设置体系作为典籍分类的标准。太史府所藏档案依周代的史官制度分类保管。据《周礼》记载“天、地、春、夏、秋、冬”六官，分别掌管六种不同的档案，即政治事务、教育风化、礼仪形式、军事事务、法律事务、手工建筑等，他们分别负责收藏和保管有关的文献资料，由大史总管。而小史、内史、外史、御史按各自的职责分工收藏有关的档案，职掌与责任的划分极为分明。

还有一种观点认为当时已有科学分类，章学诚说：“六艺非孔氏之书，乃《周官》之旧典也”[①]，六艺实际上为六类典籍，而且各类还可细分为所干类，都有一定的标准，或按时代，或按国别，或按地域，或按内容，或按体裁，与今天的图书分类法有不少相通之处。

周王室掌管藏书的史官在长期实践中已经注意采用分类的方法来管理藏书，虽不一定复杂精细，但图室分类的萌芽在西周至战国时已经产生的结论还是成立的。

（三）《周礼》中有关科技文献形成与典藏的记载

《周礼》一般认为是成书于战国或秦初的作品。其内容主要反映先秦的政治、文化，也包括部分作者的理想。在反映国家制度的同时，也反映了国家在各种文献的形成与典藏中的作用。

1. 地理文献保管

《周礼》中记载着一些掌管地图档案有关的官员，如“司会”是天官系统中的重要官员，《周礼·天官冢宰·司会》载：“司会掌……凡在书契版图者之贰，以逆群吏之治，而听其会计。”[②]又如，《周礼·天官冢宰》：“司书掌……邦中之

① （清）章学诚. 续修四库全书·史部·目录类·校雠通义·卷一［M］. 上海：上海古籍出版社，2002：767.

② 杨天宇. 十三经译注·周礼译注［M］. 上海：上海古籍出版社，2004：99—100.

版，土地之图。”[①]说明周时天官所属版图，主要由司书掌管。《周礼·地官司徒》载：“大司徒之职，掌建邦之土地之图与其人民之数，以佐王安扰邦国。”[②]说明司徒作为掌管农业的部门，保存有农业物产方面的地图，这些地图档案由司徒的属官士训负责掌管。《周礼·地官司徒·土训》：“土训掌道地图，以诏地事。道地慝，以辨地物而原其生，以诏地求，王巡守，则夹王车。”[③]土训掌管的地图主要是记载地理形势和物产的地图。用于墓葬陵堂规划的地图也设有专门负责测绘、管理这类地图的官职——“冢人”和“墓大夫”。他们的职责是“冢人掌公墓之地，辨其兆域而为之图”[④]；“墓大夫掌凡邦墓之地域，为之图，令国民族葬而掌其禁令”[⑤]。

根据《周礼》记载，夏官司马是负责军事的，因此，在夏官部门中也形成与保存了大量军事地图档案。在军事部门里设置了专门管理军事测绘和军事地理的职官和机构。这些保管测绘档案的职官主要有：量人、司险、掌固、职方氏、挈壶氏、土方氏、形方氏、山师、川师、原师等。

《周礼·夏官司马·量人》载：“掌建国之法，以分国为九州，营国城郭，营后宫，量市、朝、道、巷、门、渠。造都邑亦如之。营军之垒、舍，量其市、朝、州涂（途）、军社之所里。邦国之地与天下之涂数，皆书而藏之。”[⑥]可见，量人是负责城市、城堡测绘与图样保管的专职人员。“皆书而藏之”明确说明了地图档案的收藏与保管工作的存在。

《周礼·夏官司马·司险》载：“掌九州之图，以周知其山林、川泽之阻，而达其道路。”[⑦]

《周礼·夏官司马·职方氏》载：“掌天下之图……周知其利害。”[⑧]职方氏是领导地理调查和分析以及制图与地图档案管理的主官。职方氏掌管地图档案文献的制度在中国古代史上影响深远，以后各代多有仿效，逐渐形成了一套严

① 杨天宇. 十三经译注·周礼译注［M］. 上海：上海古籍出版社，2004：100—101.
② 杨天宇. 十三经译注·周礼译注［M］. 上海：上海古籍出版社，2004：145.
③ 杨天宇. 十三经译注·周礼译注［M］. 上海：上海古籍出版社，2004：241—242.
④ 杨天宇. 十三经译注·周礼译注［M］. 上海：上海古籍出版社，2004：322.
⑤ 杨天宇. 十三经译注·周礼译注［M］. 上海：上海古籍出版社，2004：324.
⑥ 杨天宇. 十三经译注·周礼译注［M］. 上海：上海古籍出版社，2004：429.
⑦ 杨天宇. 十三经译注·周礼译注［M］. 上海：上海古籍出版社，2004：435.
⑧ 杨天宇. 十三经译注·周礼译注［M］. 上海：上海古籍出版社，2004：479—480.

密的档案形成与保管制度。

在周代有一支专职的地图测绘与地图档案文献管理队伍，以周代的军事部门为例：周代爵位有卿、大夫、士三级，每级又分为上、中、下三级。在军事地图测绘与地图档案管理队伍中，有爵位的 114 人，其中大夫级别的 23 人，士级别的 91 人。没有爵位的 681 人，约占总人数的 86%。其中府、史、胥共计 131 人，应该是一批组织军事测绘任务的小官吏，或者是管理地图和地理等文书的小官吏。在夏官司马直接领导的测绘管理系统中，有一个部门——职方氏——人员较多，达 224 人。并且，在分管地图测绘与地图档案文献管理的职官中，只有职方氏是手下配有中大夫 4 人、下大夫 8 人这样有爵位的官吏，原因在于职方氏是面向全国、全军的地图测绘与管理的主管部门，地图档案文献主要由他保管。

2. 医药文献保管

较正规的医药档案文献产生于周代。在《周礼》的记载中，医疗部门所形成的档案材料主要包括："医之政令"、医生工作成绩档案和重症而亡者的病历档案等。

《周礼·天官》载：

> 医师，上士二人，下士四人，府二人，史二人，徒二十人。[①]医师掌医之政令，聚毒药以共医事。凡邦之有疾病者，有疕疡者造焉，则使医分而治之。岁终，则稽其医事，以制其食：十全为上，十失一次之，十失二次之，十失三次之，十失四为下。[②]

王安石注曰："医师，掌医之政令，聚毒药以共医事，故有府掌医之政令，而使之分治医疡，稽其事，制其食；则其书具有政令矣。故有史有徒，诸医资药于医师，受政令，听所使治而已，则无所用府史徒矣。"[③]林尹注："府：职司保管文书及器物之官员。"史："主作文书之官员。"[④]

《周礼·天官》又载："凡民之有疾病者，分而治之，死终则各书其所以，

① 杨天宇. 十三经译注·周礼译注［M］. 上海：上海古籍出版社，2004：7.
② 杨天宇. 十三经译注·周礼译注［M］. 上海：上海古籍出版社，2004：68.
③ （宋）王安石. 周官新义［M］. 北京：中华书局，1985：4—5.
④ 林尹. 周礼今注今译［M］. 北京：书目文献出版社，1985：4.

而入于医师。”[①]可见，这时已有记载病况和治疗结果，并用以衡量诸医工作成绩、发给食俸的档案记录。“书其所以”上呈给医师的档案材料由医师之府存档保管。这种档案材料有专人保管，保管者就是医师所属之史官。

3. 天文、气象文献保管

中国古代天文文献最早是以卜辞的形式出现的，从它出现开始就有专门的机构来管理。之后历代都设有专门机构对其进行管理。虽然历代机构名称、规模、人员设置有所不同，但大同小异，并形成了天文文献的形成与管理制度。

古代的天文机构是天文文献形成与管理的主体，由于天文与维护中央王朝统治和国家经济密切相关，因而历朝都设有自己的天文机构。传说，夏商两朝已建有天文台，周初也设有灵台。夏商两代即有太史。[②]而在《周礼》中，“春官宗伯”所载至少有六种职官，其司职都与天学事务有关，其分工已呈专业化。他们是：大宗伯，祭祀天地鬼神日月星辰；占梦，察天地阴阳，以日月星辰占梦；视祲，观察异常天象；太史，颁告朔，为大事择吉日；冯相氏，管理历法；保章氏，进行星占。除大宗伯和太史还要担任许多别的工作外，其他官员皆以天事为职责。此时天文机构与人员的设置比较分散。

《周礼·春官宗伯·大史》记载：“正岁年以序事，颁之于官府及都鄙。颁告朔于邦国。……抱天时与大师同车。”[③]大史所掌之天文历法档案包括历法档案和预测天时之图籍。

《周礼·春官宗伯·冯相氏》记载：“冯相氏掌十有二岁，十有二月，十有二辰，十日，二十有八星之位，辨其叙事，以会天位。冬夏致日，春秋致月，以辨四时之叙。”[④]

《周礼·春官宗伯·保章氏》记载：“保章氏掌天星，以志天星、辰、日、月之变动，以观天下之迁，辨其吉凶。以星土辨九州之地，所封封域皆有分星，以观妖祥。以十有二岁之相，观天下之妖祥。以五云之物，辨吉凶、水旱降丰荒之祲象。以十有二风，察天地之和命、乖别之妖祥。凡此五物者，以诏救政，

① 杨天宇. 十三经译注·周礼译注［M］. 上海：上海古籍出版社，2004：71.

② （唐）杜佑. 通典［M］. 北京：中华书局，1984：156.

③ 杨天宇. 十三经译注·周礼译注［M］. 上海：上海古籍出版社，2004：375—376.

④ 杨天宇. 十三经译注·周礼译注［M］. 上海：上海古籍出版社，2004：378.

访序事。”①

冯相氏和保章氏属于具有很强专业性的官员，他们“登高台以视天文”，“志星辰之变动”，“世守天文之变”，而他们进行的这些观察、记录与保管的工作，为后人留下了宝贵的天文档案。

视祲所掌主要是一种与云气变化有关的天文气象档案，它不涉及日月星辰的变化，而同样以迷信为出发点形成的侧重星辰变化的天文档案则形成于占梦。《周礼·春官宗伯·占梦》载：“占梦掌其岁时观天地之会，辨阴阳之气。以日月星辰占六梦之吉凶：一曰正梦，二曰……季冬，聘王梦，献吉梦于王，王拜而受之。”②

《周礼》中规定至少有 6 种明显与天学气象相关的官员：大宗伯、占梦、视祲、大史、冯相氏、保章氏。各官下又有多名下属：中士、下士、府、史、徒等。

4. 农业文献保管

中国古代农业科技文献的形成主体主要包括它的形成机构和形成者。不同时期的官府皆设有掌管农业的机构，它们在管理农业生产活动中形成并保存了农业档案。

先秦时期，根据《周礼》中的记载，地官司徒是主管农业生产的官员，因此，有关农业生产的技术档案，多产生在这个部门中，如《周礼·地官司徒·草人》：“掌土化之法以物地，相其宜而为之种。”③据以上材料，地官部门的草人在本职范围内形成有关因地制宜、改良土壤、因地因年交纳赋税等的文件、档案。根据《周礼》其他部分的记载，分别以“和”（宣布）、“悬”、“授”等方式施行于民，而本官保存其正本，作为档案，以资依据。

在《周礼》中，秋官是主管法律的部门。在这一部门的诉讼工作中也常有一些关于田地的纷争，这种争执常根据地传、地约档案来解决。《周礼·秋官司寇·朝士》：“凡属责者，以其地傅，而听其辞。”④王昭禹曰：“地传，谓其人有地著而书之，以附事也，有地传则追证焉。”⑤郑玄注：“地约，谓经界所至，田、

① 杨天宇. 十三经译注·周礼译注［M］. 上海：上海古籍出版社，2004：379—381.
② 杨天宇. 十三经译注·周礼译注［M］. 上海：上海古籍出版社，2004：357—358.
③ 杨天宇. 十三经译注·周礼译注［M］. 上海：上海古籍出版社，2004：239.
④ 杨天宇. 十三经译注·周礼译注［M］. 上海：上海古籍出版社，2004：531.
⑤ （宋）王昭禹著，（清）祝德麟校. 钦定四库全书经部·周礼详解卷三十一［M］. 清乾隆四库全书本：8.

莱之比（比例）也。”[①]以上所列的两种档案，一是针对私人，一是针对邦国。特别是后者，是当时封邦建国的重要依据，它要用丹砯写在帛书上，其保管和开启十分郑重，有专门的礼仪。如果发生重大的事件，还要六官（天官、地官、春官、夏官、秋官、冬官）会同开启，足显其重要性。

根据《周礼》记载，地官司徒是主管农业生产的官员，因此，有关农业生产的技术档案多产生在这个部门中。

《周礼・地官司徒・载师》：“掌任土之法，以物地事，授地职，而待其政令。”[②]

《周礼・地官司徒・土均》：“掌平土地之政，以均地守，以均地事，以均地贡。以和邦国、都鄙之政令、刑、禁与其施舍，礼俗、丧纪、祭祀，皆以地美恶为轻重之法而行之，掌其禁令。”[③]

《周礼・地官司徒・土训》：“掌道地图，以诏地事。道地慝，以辨地物而原其生，以诏地求。王巡守，则夹王车。”[④]

《周礼・地官司徒・司稼》：“掌巡邦野之稼，而辨穜稑之种，周知其名，与其所宜地以为法，而县于邑闾。巡野观稼，以年之上下出斂法。”[⑤]

《周礼・夏官司马・土方氏》：“以辨土宜、土化之法，而授任地者。”[⑥]

根据以上材料，地官部门的土均、草人、土训、司稼以及夏官部门的土方氏，分别在本职范围内形成有关因地制宜、改良土壤、因地因年交纳赋税等的文件、档案。这些文件法令直接用来指导农民生产实践，本官保存其正本，作为档案，以资依据。

5. 手工业文献保管

西周以后，几乎所有的手工业品都是由官府设立作坊制造，周王、诸王侯贵族都拥有各种各样的手工业作坊，分工更加细致。《礼记・曲礼》记载，“天子之六工，曰土工、金工、石工、木工、兽工、草工，典制六材”[⑦]。官府还按行业设立司工、陶工、车正、工正等官职加以管理，号称“百工”。

---

① 杨天宇. 十三经译注・周礼译注［M］. 上海：上海古籍出版社，2004：535.
② 杨天宇. 十三经译注・周礼译注［M］. 上海：上海古籍出版社，2004：189.
③ 杨天宇. 十三经译注・周礼译注［M］. 上海：上海古籍出版社，2004：238.
④ 杨天宇. 十三经译注・周礼译注［M］. 上海：上海古籍出版社，2004：241—242.
⑤ 杨天宇. 十三经译注・周礼译注［M］. 上海：上海古籍出版社，2004：255.
⑥ 杨天宇. 十三经译注・周礼译注［M］. 上海：上海古籍出版社，2004：487.
⑦ 陈戍国. 礼记校注［M］. 长沙：岳麓书社，2004：22.

在中国古代的历朝历代中，最重要的建筑皆为当时的宫室建筑。同时，最早的一些建筑图样多是这种宫室建筑图样，并且，它们也是保存条件较好、保管制度较严格的一种科技档案。据《周礼》记载，周代的宫室图形档案为内宰掌管。

《周礼·天官冢宰·内宰》："掌书版图之法。"[①]内宰掌管的"图"是宫室建筑图，这种图样档案是内宰管理宫室的依据。内宰既是掌管者，也是使用者。

古时的宫室及城池的建筑多有某种规范或法式，这种规卝（矿）文件是当时一种重要的档案。它由司空掌管正本，大史收藏其副本。《周礼·春官宗伯·大史》载："大迁国，抱法以前。"[②]

《周礼》的记载中还有一种更广泛的规划工作，这种工作是由量人来进行的，由量人形成与保管这种建筑规划科技档案。《周礼·夏官司马·量人》载："掌建国之法，以分国为九州，营国城郭，营后宫，量市、朝、道、巷、门、渠。造都邑亦如之。营军之垒、舍，量其市、朝、州涂、军社之所里。邦国之地与天下之涂数，皆书而藏之。"[③]

由上可见，这是一种范围广、内容多且具体的规划工作。通过测量，应画出平面图，然后"藏之"。这种科技档案的保管者是量人的属吏之一的"府"。根据《周礼》记载，量人的属吏中有"府"一人。

据《周礼》记载，当时掌管造酒的官吏为酒正。酒正形成与掌管的档案有两种：一种是类似于配方的技术档案，称为"法式"（或"式法""五齐"）；另一种是生产管理档案，包括"成"与"要"，"成"是下属上报给酒正的，"要"是酒正呈报给小宰的。

《周礼·天官冢宰·酒正》载："掌酒之政令，以式法授酒材。……辨五齐之名……酒正之出，日入其成，月入其要，小宰听之。岁终则会。……以酒式诛赏。"[④]林尹注："日入其成：谓酒人每日须将用酒之数量记载于簿书，每十日作一总计，呈报酒正核之也。""月入其要：酒正根据酒人之呈报资料，然后于每月

① 杨天宇. 十三经译注·周礼译注［M］. 上海：上海古籍出版社，2004：107.
② 杨天宇. 十三经译注·周礼译注［M］. 上海：上海古籍出版社，2004：376.
③ 杨天宇. 十三经译注·周礼译注［M］. 上海：上海古籍出版社，2004：429.
④ 杨天宇. 十三经译注·周礼译注［M］. 上海：上海古籍出版社，2004：74—77.

月终统计造册呈报小宰也。”“酒式：造酒之法式，合此法式者为善。”①

采矿业在古时往往也是由国家垄断的。《周礼》中有“矿人”一职，专掌矿业，他要测绘和保管矿区地图，并颁发给采矿的具体负责人。《周礼·地官司徒·矿人》载：“掌金玉锡石之地，而为之厉禁以守之。若以时取之，则物其地图而授之。巡其禁令。”②

大司马是《周礼》中的最高军事长官，为六官之一。但他也参与工程建设，并收受下属交来的记载民工人数、工程进度等情况的文书——“要”，并加以妥善保管，作为考评有关官吏的凭据。《周礼·夏官司马·大司马》：“大役，与虑事，属其植，受其要，以待考而赏诛。”③

与大司马所掌之“要”相类似的手工业生产管理档案还有很多种，几乎所有掌管手工业生产的官员都要有这类档案材料，它是考核官员政绩，记录生产进度的必要工具。如：《周礼·夏官司马·槀人》载：“凡赍财与其出入，皆在槁人，以待会而考之，亡者阙之。”④

二、秦汉时期的国家科技文献典藏

（一）秦汉时期科技文献典藏机构

秦统一全国后，建立了历史上第一个中央集权的封建国家，秦在采取一系列巩固政权措施的同时，也相应地设立了从中央到地方的文献机构和制度。九卿中除少府作为主要文书档案工作机构外，其他各府都设有具体主管档案的官吏。

汉承秦制，西汉成为我国官方文献机构从无到有的过渡阶段。西汉初期，丞相府和御史府依然是文书档案工作的主管机构。汉武帝以后尚书地位上升，到汉成帝时设尚书台，具有专门处理下达诏书、收受奏章、郡国记簿等职权。

秦汉时代档案文献职官几乎存在于所有国家机构中，且身兼数职。秦汉官方文献管理中的官员可分为两大类：官和吏。官为主管官员或高一级文书官员，

① 林尹. 周礼今注今译［M］. 北京：书目文献出版社，1985：51.
② 杨天宇. 十三经译注·周礼译注［M］. 上海：上海古籍出版社，2004：247.
③ 杨天宇. 十三经译注·周礼译注［M］. 上海：上海古籍出版社，2004：424.
④ 杨天宇. 十三经译注·周礼译注［M］. 上海：上海古籍出版社，2004：466.

即为“官”；另一类为一般掌管人员，即为“吏”。“官”主要分布在皇宫或中央政府中。在宫廷中，如侍从皇帝、传达诏令、掌管文书的中常郎、侍中、中书令等；在中央政府中，如掌管文书图籍的御史中丞、尚书台六曹中的尚书郎。“吏”主要为主簿、令史、掾史、书佐等。两汉各级官署中均设主簿一职，上至三公九卿，下至郡县，其职掌为典领一府的文书档案人员及掌管文书事务。两汉各级官署还都分曹办事；每曹各设主管事务官一人，称为掾史。其下属掾属有令史、书佐等。令史，即为从中央到地方各级政府中主典文书事务的官吏。书佐为主要起草和缮写文书的人员。这与各级国家机构的工作密切相关。因为各级官署的工作都离不开文件的形成和处理。

秦汉两代均实行三公九卿制，三公九卿府中均设有文书典籍管理的官吏来负责府内文书档案处理和管理工作，但所涉及科技类文献的机构较少。三公中唯御史府掌版籍、地图；九卿中太常、大司农、少府等府涉及科技文献的保存。

在地方，秦行郡县制。在郡中设有主簿，统领郡府的文书档案工作。其下设有若干掾史等具体负责文书档案工作。汉代郡国并行，各级政府也都设有负责文书档案工作的专职官吏。

西汉王朝坐稳天下后，为总结、借鉴前朝经验教训，迅速恢复和加强对国家的管治，刘邦即命“萧何次律令，韩信申军法，张苍为章程，叔孙通定礼仪”[①]。西汉初年，高祖刘邦重视朝廷藏书建设，命萧何主持建造石渠、天禄、麒麟三座藏书阁，使皇家藏书终于有了固定的处所。西汉官府藏书至成帝时达到顶峰，但毁于王莽之乱，两百年的官府藏书成果毁于一旦。

在藏书处所上，西汉的管理藏书的官制基本上沿袭秦朝。史载汉有御史大夫，其属官有御史中丞。御史中丞“在殿中兰台，掌图籍秘书”“内则有延阁、广内，秘室之府”。[②]可见，汉朝内府中有兰台、延阁、广内三个藏书处所，其藏书由御史中丞掌管。外府有金匮、石室、石渠、天禄、麒麟、曲台六个藏书处所。《三辅黄图》有“石渠阁，萧何造……所藏入关所得秦之图籍”[③]，《汉书·扬雄传》有“雄校书天禄阁上”[④]的记载。《汉宫殿疏》云：“天禄、麒麟……以藏

① （汉）司马迁. 史记. 卷一百三十·太史公自序［M］. 北京：中华书局，1982：3319.

② （南朝宋）范晔. 后汉书［M］. 北京：中华书局，1965：927.

③ 陈直. 三辅黄图校证［M］. 西安：陕西人民出版社，1980：131.

④ 王继如. 汉书今注［M］. 南京：凤凰出版社，2013：2109.

秘书。”[①]《汉书·儒林传》颜师古注有“在曲台校书、著记”[②]。可知，天禄、麒麟、曲台三阁，既是藏书处所，又是校书之地。太常、大史是掌管金匮和石室藏书处所的官员，博士官掌管石渠阁的藏书。

汉朝对于地图文献的绘制、收集和管理都非常重视，并规定地方政府必须定期向中央政府呈送地图。下面，笔者将举例介绍几处汉代保存地图文献的文献库。

（1）石渠阁。

萧何深知地图文献的作用，因此在汉政权建立后就建造了一座档案文献库——石渠阁，来保存地图档案。据《三辅黄图》卷六记载：“石渠阁，萧何造，其下砻石为渠以导水，若今御沟，因为阁名。所藏入关所得秦之图籍。至于成帝，又于此藏秘书焉。”[③]修建石渠阁的目的是收藏刘邦军进咸阳后萧何收集的秦朝图籍文献。汉代为收藏前朝的档案文献专门修建阁库，并注意了档案保护的特定要求，在阁库周围以磨制石块筑成渠，渠中导入水，围绕在阁库四周，对于防火防盗十分有利。自汉武帝后，石渠阁由档案典籍收藏机构发展为兼有学术讨论性质的场所，许多儒学者、公卿大臣充分利用阁中所藏典籍研究文学经义。

（2）兰台。

兰台是汉代中央档案典籍库，位于宫中，隶属御史府，由御史中丞主管。置兰台令史，秩六百石，“掌图籍秘书”[④]，选能通仓颉、史籀篇者担任。西汉成帝后，兰台令史有 18 人之多。由于汉代重视典籍的收集，兰台典藏十分丰富，包括皇帝诏令、臣僚章奏、国家重要律令、地图和郡县计簿等。东汉明帝时任班固为兰台令史，奉诏修史，此为兰台典藏的最盛时期。此后，一批著名学者先后任兰台令史，他们在兰台管理文献，典校秘书，撰写史书。班固在兰台除撰写《汉书》外，还完成了《东观汉记》的《世祖本纪》和列传、载记二十八篇。班固修《汉书·地理志》，开风气之先，是他身在兰台，能够看到其中所藏的地图等地理文献的缘故。

后汉将收藏图籍秘书的中心移至东观，东观收藏逐渐盛于兰台，修史遂移

① 《古籍整理与研究》编辑部. 古籍整理与研究（第 7 期）［M］. 北京：中华书局，1992：277.

② 王继如. 汉书今注［M］. 南京：凤凰出版社，2013：2131.

③ 陈直. 三辅黄图校证［M］. 西安：陕西人民出版社，1980：131.

④ （南朝宋）范晔. 后汉书［M］. 北京：中华书局，1965：927.

入东观。然而，兰台对后世的影响仍是很大的。由于班固曾任兰台令史，后世称史官为“兰台”，又因兰台也是修史机构，后世把史官机构也称“兰台”，如唐代高宗时（龙朔二年，662 年）曾改秘书省（掌太史、著作两局）为兰台。因为兰台典藏文献也可作为监察弹劾百官之用，故后世也有称御史台为兰台的。

（3）东观。

自章帝、和帝始，东观成为王朝收贮文献典籍的中心。东观所藏有历朝注记、尚书所掌档案文献、功臣功状和前朝旧典等档案文献。其中，历朝注记为帝王或临朝称制的太后言行以及相关事迹的记载，也包括汉太史令之所掌，如五行历数、天人相应之等天文方面的记录。关于尚书所掌档案文献，史载称“故事”。《后汉书·应劭传》集解：“每读高祖及光武帝之后，将相名臣策文通训条在南宫，秘于省阁。”①

（4）天禄阁。

《三辅黄图》卷六：“天禄阁，藏典籍之所。”②《文选·西都赋》李善注引《三辅故事》：“天禄阁在大殿北。”③又《汉宫殿疏》：“天禄、麒麟阁，萧何造，以藏秘书，处贤才也。”④成帝末，刘向在此处领导校书。王莽时，杨雄继续校书于天禄阁。天禄阁既是收藏文献的地方，又是整理文献的工作场所。

（5）麒麟阁。

《三辅黄图》引《汉宫殿疏》：“麒麟阁，萧何造，以藏秘书，处贤才也。”⑤又引《汉宫阙疏》：“未央宫有麒麟阁。”⑥可知麒麟阁也是宫内藏书处所之一。

（6）石室。

《史记·太史公自序》：由于秦“焚灭《诗》《书》，故名堂石室金匮玉版图籍散乱”⑦。《汉书·高帝纪》也说：“与功臣剖符作誓，丹书铁契，金匮石室，藏之宗庙。”⑧颜师古注称：“以金为匮，以石为室，重缄封之，保慎之义。”⑨又

① （南明梁）萧统. 文选［M］. 上海：上海古籍出版社，1986：1141.
② 陈直. 三辅黄图校证［M］. 西安：陕西人民出版社，1980：132.
③ （南朝梁）萧统编，（唐）李善注. 文选［M］. 长沙：岳麓书社，2002：1743.
④ （明）章玄应著，阮伯林校注. 章玄应集［M］. 北京：线装书局，2011：333.
⑤ （明）章玄应著，阮伯林校注. 章玄应集［M］. 北京：线装书局，2011：333.
⑥ 何清谷. 三辅黄图校注［M］. 西安：三秦出版社，1995：112.
⑦ （汉）司马迁. 史记·卷一百三十·太史公自序·第七十［M］. 北京：中华书局，1982：3319.
⑧ 王继如. 汉书今注［M］. 南京：凤凰出版社，2013：42.
⑨ （汉）班固. 汉书［M］. 上海：上海古籍出版社，2003：60.

《史记·太史公自序》："迁为太史令，紬史记石室金匮之书。"司马贞《索隐》案："石室、金匮，皆国家藏书之处。"[①]由上可知，石室是以石砌成的藏书室，所藏多为行政管理档案文献，石室建于宗庙，由太常主管。

另外，延阁、广内也是藏书处所，但文献记载阙如，无从考索。

东汉政府的文献收藏在西汉的基础上继续发展。此时，政府创建了中国历史上第一个管理文献的最高中央机构——秘书监。见于记载的主要藏书处所有石室、兰台、东观、仁寿阁、辟雍、鸿都、宣明等，且各藏所的分工比前代更为细致，如兰台石室多藏综合性文献，东观多展学术研究，辟雍藏书多为培养官员而备，金匮则专藏皇室文献。以下分述之。

（1）辟雍。

最早建于西周，本为周天子所设立的大学，后废。西汉武帝于长安西北重又设立，仍作为政府的教育处所。东汉时期，刘秀于中元元年（56 年）在洛阳城北再建辟雍，其不再作为教育部门，而是皇帝行礼的所在。辟雍所藏可能多为礼仪书。

（2）宣明殿。

位于北宫。明帝曾令桓郁校定《五家要说章句》于宣明殿。可见宣明殿为宫内藏书处之一。

（3）鸿都。

宫掖门名，因在此设立学校，故称鸿都学；又因这里的学生最初皆工文赋，故又称鸿都文学。同时还设立书库，藏文学、艺术之典籍。由光禄勋直接掌管。

（4）仁寿阁。

东汉政府于宫中新开辟的典籍收藏处所，建于明帝时期，其所藏图书为东汉政权建立后搜集到的，同时这里也是著书之地。

东汉政府于桓帝延熹二年（159 年），创设了中国封建中央政府中第一个主持文献收藏的机构——秘书监。它创立的意义重大，所以范晔在《后汉书·桓帝纪》中特书了一笔。据应劭《汉官仪》："秘书监一人，秩六百石。"[②]它既是机构名称，又是该机构最高长官的名称，为太常属官。

---

① （汉）司马迁. 史记·卷一百三十·太史公自序·第七十［M］. 北京：中华书局，1982：3296.

② （南朝宋）范晔. 后汉书［M］. 北京：中华书局，1999：202.

（二）秦汉时期各种科技文献的典藏

1. 地图文献典藏

秦代御史府是掌管朝廷律令、图书、奏章等事务的机构。御史在秦汉之前原为史官。秦时具有保管地图档案文献的职责，成为丞相的副官，地位越来越高，汉时成为国家最高监察官。秦代御史大夫主管图籍负其总责，而具体职掌工作由御史及侍御史的官员承担。据《汉书·百官公卿表》记载，“御史大夫，秦官，位上卿……在殿中兰台，掌图籍秘书”[①]。

在御史府中，具体负责管理地图档案文献的是御史大夫的两个副手之一——御史中丞。汉代亦由御史大夫的属官御史中丞负责地图档案文献的保管工作，并将地图档案文献保存于御史府兰台。《汉书·百官公卿表》载：御史中丞“在殿中兰台，掌图籍秘书，外督部刺史，内领侍御史员十五人，受公卿奏事，举劾按章”[②]。马端临的《文献通考》卷五十三《职官七》载：“汉氏图籍所在，有石渠、石室、延阁、广内贮之于外府，又有御史中丞居殿中掌兰台秘书，及麒麟、天禄二阁，藏之于内禁。”[③]说明当时的地图档案文献藏于宫廷之外，御史中丞所掌的是内禁（宫中）的部分。宫外部分则由丞相及其他有关机构所掌。成帝绥和元年（公元前 8 年），将管理图籍的御史府更名为“秘书监”，把御史大夫更名为“大司空”，其地位和俸禄比御史大夫稍高，但职责未变。此后，汉哀帝于建平二年（公元前 5 年）又恢复了御史大夫的名称，而汉平帝又于元寿二年（公元前 1 年）将御史大夫改为大司空，府中专管地图档案文献的御史中丞改为“御史长史”。208 年，东汉献帝刘协又罢司空，复设御史大夫，其仍有掌管地图档案文献的职责。此外，唐杜佑《通典》云：“至成帝建始四年，罢中书宦者，又置尚书五人，一人为仆射，四人分为四曹，通掌图书、秘记、章奏之事，及封奏示内外。”[④]当时的“图书”概念与现代不同，“图”是指地图。因此，尚书由于日益权重，也拥有了掌管地图档案文献的权利。

西汉官府藏书管理，在桓帝延熹二年（159 年）正式设置秘书监之前，基本上是由相关官员兼管的，由于兼管人员数量不足，无以投入较大精力，总体上

---

① （汉）班固. 汉书·卷十九上·百官公卿表·第七［M］. 北京：中华书局，2007：103.

② （汉）班固. 汉书·卷十九上·百官公卿表·第七［M］. 北京：中华书局，2007：103.

③ （元）马端临. 文献通考·卷五十三·职官七［M］. 北京：中华书局，1986：483.

④ （唐）杜佑. 通典·卷二十二·职官四·尚书上［M］. 北京：中华书局，1984：129.

处于放任、无为状态，所藏图书在自然状态下损坏颇多。西汉也组织了多次藏书整理工作，其成效不小，但在很大程度上说是迫不得已之举。

2. 天文文献典藏

秦汉之时，中央政权由太史令主管天文历算之事。其所形成的天文历法档案文献主要分为两大类：一是历书；二是各种瑞应、灾异等天文观测记录。

太常作为掌宗庙礼仪的机构，保存了大量观星、历法等与天文历法和气象变化有关的档案文献。《汉书・百官公卿表》云："奉常，秦官，掌宗庙礼仪，有丞。景帝中六年更名太常。"[①]《后汉书・百官二》本注载，"掌礼仪祭祀"[②]，即主管皇家祭祀及其相关的宗教事务。自古以来就有将文献档案等藏于宗庙"石室金匮"的做法，秦汉时期太常中亦藏有大量的典籍。其"属官有太乐、太祝、太宰、太史、太卜、太医六令丞，又均官、都水两长丞，又诸庙寝食宫令长丞，有雍太宰、太祝令丞，五畤各一尉"[③]。其中，文书档案官吏主要有太史令、博士。

关于太史令，《后汉书・百官二》曰："掌天时、星历。凡岁将终，奏新年历。凡国祭祀、丧、娶之事，掌奏良日及时节禁忌。凡国有瑞应、灾异，掌记之。丞一人，明堂及灵台丞一人，二百石。"[④]司马迁曾任太史令一职，照他的说法，太史令的职责就是"文史、星历，近乎卜祝之间"。也就是说，司马迁是既掌管文献档案史料，又掌管天文历法的官吏。

清《历代职官表》载："灵台待诏四十二人，其十四人候星，二人候日，三人候风，十二人候气，三人候晷景，七人候钟律，一人舍人。"[⑤]

由以上可见，太史令有副职丞一人和三十七名各领其职的工作人员，从他们的分工看，负责每年历法的编纂者有六人。太史还下辖两个分支机构——明堂与灵台，各设负责人丞一人。灵台是负责天象（包括气象）观测的机构，人手最多的是进行对星辰的观测，所谓"候日"是指对太阳的观测，而"候气"和"候晷景"都与晷景的测量有关。"守明堂、灵台"，实则是观测天象，其天

① （汉）班固. 汉书・卷十九上・百官公卿表・第七［M］. 北京：中华书局，2007：103.

② （南朝宋）范晔. 后汉书・志第二十五・百官二［M］. 杭州：浙江古籍出版社，2000：990.

③ （汉）班固. 汉书・卷十九上・百官公卿表・第七［M］. 北京：中华书局，2007：103.

④ （南朝宋）范晔. 后汉书・志第二十五・百官二［M］. 杭州：浙江古籍出版社，2000：990.

⑤ （清）永瑢. 历代职官表・卷三十五［M］. 北京：中华书局，1985：944.

象观测另有大典星、望气等进行。其记录除自存外，重要的观测记录如瑞应、灾异等还要上奏，故宫中与太史令官署皆保存有该种天文观测档案文献。太史令属官中有治历一职，专掌制定历法，年底上奏，自存副本。这种制度沿自先秦，秦汉之时较前职掌更为集中、明确。它对后世产生了巨大的影响，各朝代对于该机构的名称或有变迁，人员的配备或有多寡，但其主要职责与做法均未改变，成为国家政权机构中不可或缺的组成部分。

此外，地方政府亦有相应的职责，各郡对各种特殊星象亦要上报。《汉书》卷四十二载："萧何为相国，而苍乃自秦时为柱下御史，明习天下图书计籍，又善用算律历，故令苍以列侯居相府，领主郡国上计者。"①《汉书》卷七十四载："或有逆贼、风雨、灾变，郡不上，相辄奏言之。"②由此可见，各郡须将气象、特殊天象等上报相国，由相国转奏皇上。这些文书保存起来，亦成为天文档案。

3. 农业文献典藏

秦汉时期，各级政府十分重视农业文献的编写，以及总结农业生产的经验和创造新的耕作技术。这些农业文献大多为官吏所作，大概因为各级官吏有督课农桑之责，其中的有心人往往利用积累的经验和知识，写出各种农学著作或创造出新的耕作技术用以指导农业生产，如秦国丞相吕不韦主持编写的《吕氏春秋》中《上农》《任地》《辩土》《审时》4 篇，是中国最早的农书论文，有"后稷之书"与"先秦农家言"之称。

4. 手工业文献典藏

秦汉时期官营手工业涉及的范围很广，但出于集中管理的需要，每个手工业部门都设有专职官员，负责本部门的手工业管理工作，形成了一整套的管理体系。少府作为九卿之一，"掌山海池泽之税，故以给共养，有六丞"③。凡皇帝衣食起居、医药供奉、园林游兴、经费开支和皇帝所需的奢侈生活用品等手工业品的生产等皆掌于少府。其属官考工室令"主作兵器刀铠之属"；左右司室令"当为制作陶瓦之官"；东织令与西织令"织作文绣郊庙之服"；东园匠令"主作陵内器物"；尚方令"掌上手工作御刀剑诸好器物"；御府令"主天子衣服"

---

① （汉）班固. 汉书・卷四十二・张周赵任申屠传・第十二［M］. 北京：中华书局，2007：446.

② （汉）班固. 汉书・卷七十四・魏相丙吉传・第四十四［M］. 北京：中华书局，2007：741.

③ （汉）班固. 汉书・卷十九上・百官公卿表・第七［M］. 北京：中华书局，2007：104.

等。[①]可见当时与皇室有关的手工制造业主要归少府管辖。

西汉时期，属于工官系统的中央部门有大司农、少府卿、太仆卿、将作大匠等，这些工官部门各尽其责，相互之间不存在隶属关系，因此其形成的档案文献材料不可能统一管理，骨签档案也只能是其中一个部门形成的。骨签档案属于西汉国家工官部门（官方手工业管理部门）形成的手工制造业系统的管理档案，“涉及兵器、皇帝乘舆之物等，范围很大”[②]。从整体上看，它们是手工业管理档案文献。综合分析西汉工官部门的职掌，与骨签档案内容最相接近的为位列九卿的少府卿。少府卿总的职掌为“掌中服御储物，衣服实货珍膳之属”[③]，即掌管皇家财政及供养。其属官考工令“主作兵器刀铠之属”[④]；尚方令“掌上手工作御刀剑诸好器物”[⑤]；御府令“典官婢作中衣服及补浣之属”[⑥]等。可见，当时与皇室有关的手工制造业主要归少府卿管辖。因此，骨签档案极有可能是少府卿产生并保存起来的。另外，由于其职掌与皇室生活密切相关，使它有可能使用这种珍贵的骨签作为文献载体。另外，骨签档案所涉及的内容范围很广，而将作大匠、太仆卿等的职掌范围都不及少府卿广，称得上“范围很广”的只有少府卿。因此，这种骨签档案很有可能是西汉少府卿所属部门产生的。

三、三国两晋南北朝时期的国家科技文献典藏

三国两晋南北朝时期，是中国处于分裂割据、政权更替频繁的混乱时期。但在这一时期，社会并非停滞不前，该历史阶段的科技文献主要有农学文献、生物学文献、天文历法文献、算学文献、地理文献、中医药文献六大类。

三国两晋南北朝是中国封建社会由汉代走向唐代文明的过渡阶段，也是中国藏书事业走向新的发展高峰的过渡阶段，其承前启后的作用不可磨灭。在漫长的、动荡不定的历史进程中，藏书事业还是取得了发展，这与历朝统治者大都重视文献的搜求和典藏是密不可分的，如三国时曹操、曹丕父子，晋武帝司

---

① （南朝宋）范晔．后汉书·志第二十五·百官三［M］．杭州：浙江古籍出版社，2000：993.

② 西汉未央宫遗址出土三万余片骨签文书［N］．光明日报，1989-03-07.

③ （南朝宋）范晔．后汉书·志第二十六·百官三［M］．北京：中华书局，1965：3592.

④ （南朝宋）范晔．后汉书·志第二十六·百官三［M］．北京：中华书局，1965：3581.

⑤ （南朝宋）范晔．后汉书·志第二十六·百官三［M］．北京：中华书局，1965：3596.

⑥ （南朝宋）范晔．后汉书·志第二十六·百官三［M］．北京：中华书局，1965：3595.

马炎，北魏道武帝和孝文帝，梁武帝萧衍等都十分重视文献的搜集和典藏，同时秘书监制度在这一时期也得到了长足的进步。

秘书监是中国古代中央掌管图书、典籍的主要官方机构，始于东汉桓帝延熹二年（159 年），在魏晋南北朝时期得以发展和完善。虽然这一时期战争频仍，但由于统治者对藏书事业并未松懈，官方藏书的数量依旧有所增加。

曹魏初，曹操改置秘书令、丞，职能改为“典尚书奏事”，成为承揽朝廷日常行政公文的机构。直到文帝时，另“置中书令典尚书奏事，而秘书改令为监”[①]，秘书监才恢复了专司图籍的职能。此时，秘书监设员一人，第三品，属官有左、右丞各一人，郎四人等。与东汉末相比，品级明显提高，内部机构和属官设置开始健全完善。曹魏统治者十分注重文献的收藏，《隋书·经籍一》总序曰：“魏氏代汉，采掇遗亡，藏在秘书中外三阁。”[②]袁涣舍财而独取书籍之举深得曹操赏识，后来他出任郎中令，行御史大夫之事，建议曹操收书，说：“今天下大难已除，文武并用，长久之道也。以为可大收篇籍，明先圣之教，以易民视听，使海内斐然向风，则远人不服可以文德来之。”[③]曹操对此表示赞同。建安五年（200 年），曹操在官渡之战中打败了袁绍，“尽收其辎重图书珍宝”[④]，充分体现了曹操对文献收集工作的重视。

蜀主刘备定都成都，以复汉为旗帜。蜀汉政权在中央设秘书令，参与国事，掌校秘书。刘备在藏书上仿照汉制，设立东观，以及秘书令、秘书郎、东观郎等掌管典籍秘记，建立宫廷藏书。刘备深感“承丧乱历纪，学业衰废”[⑤]，于是“鸠合典籍”，并任以安贫好学、博览坟籍著称的大学者郤正为秘书郎，主掌蜀宫廷藏书[⑥]。

吴大帝孙权也仿汉制，在中央设东观，并另设秘府中书丞、中书郎，典藏书籍，建立吴宫廷藏书。吴景帝孙休虽大权旁落，但犹倡导文事，雅好读书。孙休计杀权臣大将军孙綝，“委韦曜为中书郎、博士祭酒。命曜依刘向故事，校

① （南朝梁）沈约. 宋书［M］. 长沙：岳麓书社，1998：690.
② （唐）魏徵等. 隋书·卷三十二·经籍一［M］. 北京：中华书局，1973：609.
③ （晋）陈寿. 三国志·魏书·袁涣传［M］. 北京：中华书局，2011：279.
④ （晋）陈寿. 三国志·魏书·武帝纪［M］. 北京：中华书局，2007：22.
⑤ （晋）陈寿. 三国志·蜀志·许慈［M］. 北京：中华书局，2011：852.
⑥ 向斯. 宫廷藏书兴衰研究［J］. 故宫博物院院刊，1997（3）.

定众书”[①]。

晋代是秘书监制的一个发展时期。西晋官府藏书机构，基本沿袭汉魏旧制，以兰台为外台，以秘阁为内阁，并保留了御史中丞掌兰台图籍的传统。为了更好地开展官府藏书活动，如《通典》所载，晋惠帝永平元年（291 年）恢复了秘书监一职，其属官有秘书丞、秘书郎、秘书令史，不久又将秘书监职权扩大，这不仅有利于晋代的官方藏书，而且使晋代的官府藏书管理机构更为完备了。

西晋除了集中了魏、蜀、吴三国的藏书外，各地也向中央献书。凉州刺史张寔曾“遣督都护王该送诸郡贡计，献名马方珍、经史图籍于京师”[②]。经过不断的收集，西晋的国家藏书达到两万九千九百四十五卷。

由于西晋后期的社会动乱，黄河流域的经济和文化遭到了比东汉末年更为严重的摧残，魏晋以来的官府藏书全部毁于战火，因此东晋建国之后，东晋皇帝以文事兴国，艰辛地建立宫廷藏书，具相当规模。但中期以后，宫廷藏书日渐散乱。

刘宋代替东晋后，其官制建置基本沿用晋朝，少有改变，仍设秘书监机构，掌管官府藏书，并典校书，秘书监下有秘书丞、秘书郎等官员。开国皇帝刘裕对文献的重视在其任东晋大将军时就有所体现。晋安帝义熙十三年（417 年），刘裕北伐攻打姚秦，进入长安后，“收其图籍，五经子史才四千卷，皆赤轴青纸，文字古拙……故知衣冠轨物，图画记注。播迁之余，皆归江左”[③]。取代东晋后，全部接管了东晋的官府藏书。

萧齐灭宋，于中央政府保留秘书监机构，下有秘书丞、秘书郎和著作佐郎等官员，典校秘书，编制目录，宫廷藏书有所发展。齐末兵乱，宫禁失火，延烧殃及秘阁，所藏经籍遗散几近。

梁氏代齐，正式建立秘书省，与尚书省、门下省、集书省、中书省并排序列，成为国家的重要机构之一，设有秘书监、秘书丞各一人，为秘书省的最高正、副长官，下有秘书郎四人，掌国之典籍图书。梁武帝好学不倦，是位学者型皇帝，建立了规模空前的丰富藏书。他即位不久，秘书丞王泰上表要求校订

① （晋）陈寿. 三国志・吴书・韦曜传［M］. 北京：中华书局，2011：1217.

② （唐）房玄龄等. 晋书・卷八十六・张寔［M］. 北京：中华书局，1974：2227.

③ 王云五. 清朝续文献通考［M］. 上海：商务印书馆，1936：1506.

缮写图书，梁武帝同意下诏向民间收书，要求“便宜选陈农之才，采河间之阙。怀铅握素，汗简杀青，依秘阁旧录，速加缮写”①。此外，武帝萧衍在平东昏侯时，大臣柳恽上书，请求平城尽收所有图籍。萧衍采纳，命吕僧珍封存府库、图籍，入藏梁宫。由于梁武帝大力征集，国家藏书增加到二万三千多卷。史书称“于是东宫有书几三万卷，名才并集，文学之盛，晋、宋以来未之有也”②。

陈朝时，因为国力日衰，统治者自顾不暇，无力顾及国家藏书，因此国家藏书数量没有增加。③

进入北朝后，北魏统一北方，在长达一个多世纪的统治后，北魏秘书监制度发展得最为完善。秘书省有秘书监、秘书令、秘书丞、秘书郎中、秘书郎、校书郎、秘书令史和秘书舍人诸官员。

北魏分裂成东魏和西魏以后，秘书监制度非但沿袭未改，而且其职权还有所扩大。

北齐代替东魏后，其官制多循东魏，与南朝略有不同。《隋书》卷二十六载：“高齐创业，亦遵后魏，台省位号，与江左稍殊。”④

北周取代西魏后，在官制上进行了很大的改革，在中央按照《周官》设官分职，但在掌管图书典籍方面一如既往，仍由秘书省负责，下设秘书监、秘书丞和秘书郎等官员，而且还扩大了秘书监的职权。

古代官府藏书的兴衰受制于各朝政治、经济、文化，以及最高统治者的好恶等因素。这些因素在上述的叙述中都有所体现，也反映出不同时期官府藏书的起伏。

四、隋唐时期的国家科技文献典藏

隋唐时期是我国古代社会中的盛世，以其高度发达的农业文明而闻名于古今中外。由于这个时期的统一与安定，经济得到较大的发展与繁荣，科技体系到达成熟阶段，为人类文明做出重大贡献的科技发明也相继问世。

① （清）严可均辑，冯瑞生审订. 全梁文［M］. 北京：商务印书馆，1999：448.

② （唐）姚思廉. 梁书・卷八・昭明太子［M］. 北京：中华书局，1973：167.

③ 来新夏等. 中国古代图书事业史［M］. 上海：上海人民出版社，1990：73.

④ （唐）魏徵等. 隋书・卷二十六・百官上［M］. 北京：中华书局，1973：720.

（一）隋唐时期科技文献典藏机构

隋承汉魏旧制，设置了秘书省。隋初有“秘书省置监、丞各一人，郎四人，掌国之典籍图书。著作郎一人，佐郎八人，掌国史，集注起居”①。校书郎十二人，正字四人，录事二人，领著作、太史二曹。太史曹置令、丞各二人，司历二人，监候四人。另有藏书机构如下。

（1）嘉则殿。

嘉则殿建于开皇二年（582 年）。《隋书·高祖纪》载开皇十三年二月戊子，文帝曾“宴考使于嘉则殿”②，该殿是大兴宫中重要场所之一。《新唐书·艺文志》序载：“初，隋嘉则殿书三十七万卷。”③《资治通鉴》卷一八二亦云：“初，西京嘉则殿有书三十七万卷。”④嘉则殿位于禁中，其藏书也主要是便于皇室参阅，因此要求图籍质量精良。

（2）秘书省。

秘书省，又称秘阁，位于西京大兴城皇城内。秘书省是国家专门职掌图书典籍的部门。秘书省与尚书省、门下省、内史省、殿中省并为五省。严格地说，嘉则殿藏书属于皇室藏书，秘阁藏书具有国家图书馆的性质。

秘书省的最高负责人是秘书监。《隋书·百官下》载：“秘书省，监、丞各一人，郎四人，校书郎十二人，正字四人，录事二人。”⑤

（3）修文殿。

炀帝平生好书，故其嗣位后急于搬运西京宫中藏书以实东都，以便己览。他命秘书监对西京嘉则殿三十七万卷书进行整理，《资治通鉴》卷一八二载：“除其复重猥杂，得正御本三万七千余卷，纳于东都修文殿。”⑥

（4）观文殿。

观文殿位于东都洛阳宫内，是修文殿之外禁中最著名的藏书处所。《隋书·经籍一》序载：

① （唐）魏徵等. 隋书·卷二十六·百官上［M］. 北京：中华书局，1973：723.

② （唐）魏徵等. 隋书·高祖纪［M］. 北京：中华书局，1999：27.

③ （宋）欧阳修，宋祁. 新唐书·艺文志［M］. 北京：中华书局，1999：936.

④ （宋）司马光. 资治通鉴［M］. 长沙：岳麓书社，1990：373.

⑤ （唐）魏徵等. 隋书·百官下［M］. 北京：中华书局，2000：526.

⑥ （宋）司马光. 资治通鉴［M］. 长沙：岳麓书社，1990：373.

炀帝即位，秘阁之书，限写五十副本，分为三品：上品红琉璃轴，中品绀琉璃轴，下品漆轴。于东都观文殿东西厢构屋以贮之，东屋藏甲乙，西屋藏丙丁。又聚魏已来古迹名画，于殿后起二台，东曰妙楷台，藏古迹；西曰宝迹台，藏古画。①

唐代官府藏书初期一方面是接受前朝遗书；一方面是广征社会遗逸，藏书发展较快。唐代官府藏书继承隋代制度，以下是较为集中的收藏机构。

（1）秘书省。

唐设秘书省，掌管国家图书。秘书省内设置有监院、后堂、校书院等，监院东侧有书阁重复，贮古今图书。唐代数百年，秘书省曾屡改其名。龙朔二年（662 年）至咸亨元年（670 年），一度改称兰台，秘书监称为兰台太史，少监为兰台侍郎；天授初年至神龙元年（705 年）曾改称麟台，监等职官也随之改名。此外，其余年代一直称秘书省。

关于秘书省的人员编制，《唐六典》卷一〇《秘书省》载：

秘书省，监一人，从三品；少监二人，从四品上；丞一人，从五品上。秘书监之职，掌邦国经籍图书之事。有二局：一曰著作，二曰太史，皆率其属而修其职；少监为之贰焉。丞掌判省事。秘书郎四人，从六品上；校书郎八人，正九品上；正字四人，正九品下；主事一人，从九品上；令史四人，书令史九人，典书八人，楷书手八十人，亭长六人，掌固八人，熟纸匠、装潢匠各十人，笔匠六人。秘书郎掌四部之图籍，分库以藏之，以甲、乙、景、丁为之部目。②

由上述史料可见，唐秘书省地位极高，秘书省人员设置更加完善，秘书省藏书数量在开元时多达五千余部、六万余卷，是唐代官府藏书的重要机构之一。

（2）弘文馆。

弘文馆，属门下省领导，其是皇室重要藏书处所之一。“弘文馆学士掌详正图籍，教授生徒，朝廷制度沿革，礼仪轻重皆参议焉。”③据《唐会要》载：“太

① （唐）魏徵等. 隋书・经籍一［M］. 北京：中华书局，1973：908.

② （唐）李林甫等. 唐六典・卷一〇・秘书省［M］. 北京：中华书局，1992：295—299.

③ （宋）刘克庄著，钱仲联笺注. 后村词笺注［M］. 上海：上海古籍出版社，1980：283.

宗初即位，大阐文教，于弘文殿聚四部群书二十余万卷，于殿侧置弘文馆。”[①]这都说明弘文馆的典藏文献的功能。

（3）史馆。

史馆专掌修撰国史之事，原属门下省，后移中书省，其所出原委及设置地点，《旧唐书·职官二·中书省》记述颇详：

> 历代史官，隶秘书省著作局，皆著作郎掌修国史。武德因隋旧制。贞观三年闰十二月，始移史馆于禁中，在门下省北，宰相监修国史，自是著作郎始罢史职。及大明宫初成，置史馆干门下省之南。馆门下东西有枣树七十四株，无杂树。开元二十五年三月，右相李林甫以中书地切枢密，记事者官宜附近，史官尹愔奏移史馆于中书省北，以旧尚药院充馆也。[②]

《新唐书·百官二》言：“有令史二人，楷书十二人，写国史楷书十八人，楷书手二十五人，典书二人，亭长二人，掌固四人，熟纸匠六人。”[③]朝廷不仅将史馆修史之事视为学术，聘才学出众、享有权威者主掌之，而且还将其视为重大行政事务，经常有皇帝过问。

（4）崇文馆、司经局。

崇文馆、司经局皆为太子东宫中机构。《旧唐书·职官三》载崇文馆有“学士，直学士，学生二十人，校书二人，令史二人，典书二人，拓书手二人，书手十人，熟纸匠三人，装潢匠五人，笔匠三人。学士掌东宫经籍图书，以教授诸生。凡课试举送，如弘文馆。校书掌校理四库书籍”。[④]司经局与崇文馆相同，都是为东宫太子而备的图书馆。不同之处在于，司经局专门收受献书，校雠典藏，为太子的各项社会活动提供文献服务，是秘书省在东宫的缩小复制品。

（5）集贤院。

集贤殿书院是皇室重要藏书之处，兴起于唐玄宗时期。分设两处，一在西京长安，一在东都洛阳。集贤殿书院人员编制，有学士（五品以上）知院事一人（通常以宰相一人知院事），副知院事一人，判院一人，押院中使一人，侍讲

① （宋）王溥. 唐会要［M］. 上海：上海古籍出版社，2006：1316.

② （后晋）刘昫等. 旧唐书·卷四十三·职官二·中书省［M］. 北京：中华书局，1975：1852.

③ （宋）欧阳修，宋祁. 新唐书·卷四十七·百官二［M］. 北京：中华书局，1975：1214.

④ （后晋）刘昫等. 旧唐书·卷四十四·职官三·崇文馆［M］. 北京：中华书局，1975：1908.

学士、修撰官、校理官、待制官、留院官、检讨宫、孔目官一人，专知御书典四人，知书官八人，书直、写御书一百人，拓书六人，书直八人，装书直十四人，造笔直四人，等等。这些职员名称及人数编制，“两唐书”记载略有不同，这与集贤殿书院历史发展中常有变故有关。集贤殿书院的主要职责是收集经籍，校刊抄写，为皇帝提供高质量的御本。《唐六典》卷九《集贤殿书院》言：“集贤所写，皆御本也。”①集贤殿书院的藏书数量也令人叹为观止。东都洛阳宫之集贤殿书院，在开元十九年（731 年）有书八万九千卷。

唐代官府藏书处所，除上述主要机构之外，见于史籍的还有内宫、翰林院、礼部、国子监、太常寺、各亲王府等，其藏书数量不大。

在以上机构中，除部门首长外，与文件形成、档案管理有关的人员还有丞、史、书令史等。

（二）隋唐时期各种科技文献的典藏

隋唐时期我国实行三省六部制及九寺五监制。由于分工越发专职化，官方科技文献的保管部门以及保管制度也越发的固定与明确。

1. 地图文献

由于隋代的统一诞生于分裂之后，因而对地图档案文献的管理十分重视，并且将原由御史台掌管的图籍转交由兵部保存。隋代“高祖又才后周之制”，在朝廷中设虞曹官，“掌地图、山川远近，园囿田猎，殽膳杂味等事”。②又设兵部，在兵部下设“职方侍郎”管理地图档案文献。隋炀帝即位，改革管制，地图档案文献由“兵部曹郎”管理。《通典》卷二十三载：“至后周依《周官》，隋初有职方侍郎，炀帝除‘侍’字，武德中，加‘中’字，龙朔二年，改为司城大夫。咸亨元年复旧，掌地图、城隍、镇戍、烽候、防人路程远近，归化首渠。”③说明了管理地图档案文献的职方一职的变化情况。

唐承隋制，地图档案文献由兵部职方管理。唐代兵部职方设职方郎中 1 人，员外郎 1 人。“职方郎中、员外郎掌天下地图及城隍、镇戍、烽候之数，辨其邦

---

① （唐）李林甫等. 唐六典・卷九・集贤殿书院［M］. 北京：中华书局，1992：280.

② （唐）魏徵等. 隋书・卷二十七・百官中［M］. 长春：吉林人民出版社，1995：478.

③ （唐）杜佑. 通典・卷二十三・职官五［M］. 长沙：岳麓书社，1995：335.

国、都鄙之远迩及四夷归化者。"[①]最初唐朝政府规定："凡地图委州府三年一造，与版籍偕上省。"[②]外域地图，兵部职方委托鸿胪绘制："其外夷每有番官到京，委鸿胪讯其人本国山川、风土，为图以奏焉。"[③]有些外域地图还直接来源于外国，如《旧唐书·西戎》载：唐太宗贞观年间，天竺所属迦没路国"其王发使贡以奇珍异物及地图"[④]。如山河改移、州县变更、城镇废置、疆场争执，均随时改正上报职方。建中元年（780 年）十一月二十九日，又将每三年造图送职方的制度改为"五年一造送"。

除职方保管地图档案文献外，皇宫内已有地图档案文献存留，如《新唐书·百官一》载："凡蕃客至，鸿胪讯其国山川、风土，为图奏之，副上于职方。"[⑤]可见，当时的邻国地图等重要的地图档案文献皆保存在宫内，副本保存在职方。

而唐代之后的五代十国延用隋唐时期的管理制度。由兵部的职方统一管理，如《五代会要·职方》载：

> 长兴三年五月二十三日，尚书吏部侍郎王权奏：伏见诸道州府，每遇闰年，准例送尚书省职方地图者，顷因多事之后，诸道州府，旧本虽存，其间郡邑或迁，馆递曾改，添增镇戍……必有差殊。伏请颁下诸州，其所送职方地图……其有山岭溪湖，步骑舟楫，各得便于登涉者，亦须备载。[⑥]

2. 天文历法文献

隋唐时期的天文机构趋于完善，天文观测、历法文献的形成与掌管也更为专门化。以唐代为例：唐设司天台（或称太史局等），专掌天文星历之事，成为独立的国家天文气象机关。司天台除设有监、少监、丞、主簿等外，主要有正、副正、保章正、监候、司历、灵台郎、挈壶正、司辰等。这些官员于乾元元年（758 年）都加上春官、夏官、秋官、冬官、中官等五官为名。五官正各 1 人，副正各 1 人，掌四时及四方变异，为特殊星象记录档案文献的形成者。他们记

① （唐）李林甫等. 唐六典·卷五·尚书兵部［M］. 北京：中华书局，1992：161—162.
② （唐）李林甫等. 唐六典·卷五·尚书兵部［M］. 北京：中华书局，1992：162.
③ （唐）李林甫等. 唐六典·卷五·尚书兵部［M］. 北京：中华书局，1992：162.
④ （后晋）刘昫. 旧唐书·卷一百九十八·西戎［M］. 长沙：岳麓书社，1997：3359.
⑤ （宋）欧阳修，宋祁. 新唐书·卷四十六·百官一［M］. 北京：中华书局，1975：1198.
⑥ （宋）王溥. 五代会要·卷十五·职方［M］. 北京：中华书局，1985：195—196.

录或预测的文件要上奏，存于宫廷秘阁。五官保章正各2人，五官监侯各3人，五官司历各3人，掌历法及侧影，为历法档案文献的形成者。历法文件亦要上奏，正本存于内廷。五官灵台郎掌观测天文变化，为观测记录档案之形成者。

此外，司天台的部分天文档案文献亦要报送史馆，以供修史之用，报送材料包括“天文祥异”和气象材料等。《旧唐书·职官二》载：司天台“凡玄象器物、天文图书，苟非其任，不得予焉。每季录所见灾祥，送门下中书省，入起居注，岁终总录，封送史馆”①。因此，史馆亦存有天文档案文献。

3. 医药卫生文献

隋唐时期，医药卫生工作逐渐制度化、规范化，特别是由于政府的积极参与，医政建设取得了显著的成绩，出现了明显的事业化倾向。在这个大背景之下，医药档案文献工作也逐渐制度化、规范化。

隋文帝建立政权之后，除改周之六官外，其制度多依前代之法：唐承隋制，改动不大。隋唐两代的医事制度，主要建有三个系统：一是为帝王服务的尚药局；二是为太子服务的药藏局；三是兼医疗及教育机构的太医署和地方医疗机构。

隋文帝时，尚药局属门下省，设典御2人、侍御医4人、直长4人、医师40人、主药4人、药童24人、按摩师120人。唐代尚药局属殿中省、有尚药奉御2人、侍御医4人、直长4人、主药12人、药童30人、司医4人、医佐8人、按摩师4人、咒禁师4人、合口脂匠2人。此外，尚食局设有食医8人。尚药奉御的职责是掌管为帝王合和医药及诊侯方诊等事，直长为其助理。侍御医的职责为诊侯调和。司医协助其分疗众疾；主药、药童掌加工药物；按摩师、咒禁师职同太医。食医掌膳食四时五味配合之宜。在内侍省有奚宫局，设令2人及药童4人等，掌管奚隶、工役、宫观之品命及供应有病宫人之医药。

由以上可以看出，隋唐时期官方医疗机构建设已相当完善，而相应较完善的文秘、档案文献制度的建立也势在必行。除日常行政管理类档案外，与医药有关的档案文献记录有医事考核记录、医案档案、方剂档案、药物档案、食谱档案等。

《唐律疏议》规定：“诸医为人合药及题疏、针刺，误不如本方，杀人者，

① （后晋）刘昫等. 旧唐书·卷四十三·职官二［M］. 北京：中华书局，1975：1856.

徒二年半"，"其故不如本方，杀伤人者，以故杀伤论；虽不伤人，杖六十。即卖药不如本方杀人者亦如之。"[①]可见，当时国家对医事管理是非常严格的，这也是国家机器迫使医疗行为规范化的一种表现。

当时对方剂档案的记录与管理最为严格，特别是在给帝王看病时，尤为如此。合和帝王用药时，尚药奉御和殿中监负责共同监督直至药成，然后由医佐职务以上人员尝试后封印，写上该药名及组成、制成时间等，监督者亦并签名于上，然后方可上奏。上奏后药剂文件将慎重保管而形成药剂档案。

五、宋代的国家科技文献典藏

（一）宋代科技文献典藏机构

宋代的典藏在唐代的基础上又有了很大的发展，其馆阁藏书也较唐代更兴旺，三馆（昭文馆、集贤馆、和史馆）加上后建的秘阁，被正式称为"馆阁"，并由此形成了一套在我国古代国家典藏管理中继秘书监制之后产生过极大影响的又一典籍管理制度——馆阁制。尽管秘书监制仍然存在，但它的作用远非昔比。馆阁加上皇家的众多楼阁藏书构成了宋代国家典藏的主体。

北宋主持国家图书事业的主要机构是三馆、秘阁、崇文馆、秘书省。

宋初沿用五代三馆的设置，设三馆与长庆门北，称西馆。太宗继位后，命有司别建三馆，太平兴国三年（978 年）二月，以三馆新修书院为崇文院，尽迁西馆之书入藏。东廊为昭文书库，南廊为集贤书库，西廊为史馆书库。三馆各分四部，规模宏大，前所未有。

秘阁建于端拱元年（988 年）与三馆合称馆阁，亦称四馆。开始，三馆秘阁统在崇文院中，大中祥符八年（1015 年），荣王宫失火，延及崇文院，图书之"仅存者，迁于右掖门外，谓之崇文外院"[②]。

宋神宗元丰五年（1082 年）以前，秘书省与崇文院互不统属，秘书省的主要工作是掌管祭祀祝板之类，当时政府图籍实在三馆秘阁。元丰改制以后，即在崇文院设秘书省，此后，秘书省的职掌分为国史、太史、经籍、知杂四案，前此，三馆秘阁的职能主要集中在经籍案。此种体制，一直延续到北宋灭亡。

---

① 曹漫之. 唐律疏议译注·卷二十六·杂律七［M］. 长春：吉林人民出版社，1989：874.

② （元）脱脱等. 宋史［M］. 北京：中华书局，2000：3366.

崇文院及三馆秘阁职官，有馆职和贴职之别。凡“直馆、直院，则谓之馆职，以他官兼者谓之贴职”①。元丰五年（1082年）改制后，秘书省设监、少监、丞各一人。秘书监掌古今经籍图书、国史实录、天文历数之事，少监是监的副手，而秘书丞参令之，另有著作郎一人，著作佐郎二人，掌纂修日历；秘书郎二人，掌三馆、秘阁图籍，以甲乙丙丁为序，各分其类；校书郎四人，正字二人，负责校雠典籍，判正讹谬，各以其职隶于长贰。

（二）宋代各种科技文献的典藏

1. 地图典藏

宋代的疆域较小，对于丧失的疆土，常有收复之意。因此，出于政治上和军事上的原因，宋代的统治者对地图文献的收藏管理非常重视，上至皇帝，下至各级官员，对地图的作用都有较深刻的认识。

（1）收集工作。

第一，宋初，在讨平各割据王国的同时接受了大量的图籍。

第二，宋建国初期，实行闰年造送低通的规制，不久改为再闰一造送，后来还有三年一造送的。全国各地按时向重要政府呈送府州县地图。《续资治通鉴》载：“有司上诸州所贡闰年图。故事，每三年一令天下贡地图，与版籍皆上尚书省。国初以闰为限，所以周知山川之险易，户口之众寡也。”②

第三，有时，皇帝还会根据特殊需要而下令进行专门性的地图绘制与保管。如真宗皇帝：“四年七月戊子，诏翰林院遣画工分询诸路，图上山川形势地理远近，纳枢密院。”③

第四，宋朝还很重视邻国与边境地图档案文献的制作与收存。例如，北宋时契丹国逐渐强大，契丹与北宋之间的战争不断发生。至道元年（995年）北宋打败契丹，并趁机深入契丹国境，测量调查契丹国的山川地势，绘成地图，由内臣杨守斌献给皇帝。此外，保存在宋中央政府的契丹地图还有《契丹疆宇图》二卷、《契丹地理图》一卷等。

---

① （元）脱脱等. 宋史［M］. 北京：中华书局，2000：2559.

② （清）毕沅. 续资治通鉴・卷第九・宋纪九［M］. 长沙：岳麓书社，2008：114.

③ （宋）王应麟. 玉海・卷十四・景德山川形势图［M］. 扬州：广陵书社，2003：259.

（2）管理制度。

宋代中央政府地图档案文献的保管主要分三处：一是皇宫内廷“秘府”；二是中书、枢密两院，主要是枢密院；三是职方。在宋代，凡是重要地图档案文献，宫廷内皆有收藏。各路、各州府所制作的地图分别送至负责仪仗、内廷、祭祀等事务的仪鸾司。保存在仪鸾司实际上就是保存在宫廷。宋初沿五代制度，每闰年一造送。《宋史・职官三》载：“国初，令天下每闰年造图纳仪鸾司。”①并且规定所进地图必须标有方域广袤、郡邑、镇砦和通路的远近；还规定图志内容是土地所产之物；风俗习惯、古今地物兴废之原因等。后来，由于数量越积越多，不易管理，成平四年（1001 年）四月，“诏诸州所上闰年图，自今每二闰一造”②。再后来则为各转运司 10 年一造送。

宋代时，枢密院军事是军事地图档案文献的集中保管之所，如《宋会要辑稿・职官六》载：“四年七月，诏诸路转运各上所部，山川形势、地里远近，朝廷屯戍军马支移租赋之数，召翰林画工为图，纳枢密院，以备检阅。”③

同时，宋代很注意地图档案文献的保密工作，除上面所谈到的枢密院加“密印”外，还要对秘造地图和外国人仿制中国地图者追究原因，并将地图没收。

2. 工程文献典藏

中国古代的工程图相对地图而言，数量较少，较零散，主要附庸于其工程管理档案文献。宋以前，除建筑图外，其他工程图档案文献的材料很少。

宋代建筑工程技术已有相当高的水平，制度也很完善。当时，任何一项大的工程建筑都要先进行调查研究，绘制图样，然后经过审查修改，按图施工，将图样作为档案加以保存。这种程序已符合现代工程技术的一般方法和原则。特别是图样的绘制与存档的程序化、制度化，在科技文献史上具有很重要的意义。

宋王朝中央政府设有将作监、军器监等机构管理手工业生产和工程建设。为了实现国家手工业生产和工程建设的技术标准化，在长期建筑实践的基础上，朝廷对建筑工艺规范进行了新的总结。熙宁五年（1072 年），朝廷命将作监编修一部法典性著作，以便加强对建筑工程的管理，历时近 20 年，于元祐六年（1091 年）编成，后称《元祐法式》。但该书“只是料状，别无变造用材制度。其间工

① （元）脱脱等. 宋史・卷一百六十三・职官三［M］. 北京：中华书局，2000：2583.
② （清）徐松. 宋会要辑稿・卷一千一百一・职官六［M］. 北京：中华书局，1957：2498.
③ （清）徐松. 宋会要辑稿・卷一千一百一・职官六［M］. 北京：中华书局，1957：2498.

料太宽，关防无术”①。经过一段时间的检验后，因为不切实际，“难以行用”，绍圣四年（1097 年），哲宗皇帝令李诫重修。

3. 天文历法文献典藏

自北宋太平兴国元年到元至元年间的约 300 年中，曾先后进行了 8 次恒星位置的实测工作②，其中 4 次是对全太难星官的测量，另外 4 次则仅限于对二十八星宿位置的复测。这些恒星位置观测工作的总趋势是数据日益精确，其结果多以星图或星表的形式反映出来。

候簿是中国古代一种比较重要的天文记录档案。它的作用在于通过长期、连续的观测记录，并通过数学运算，来研究天文变化规律，特别是以此来准确地制定历法。

沈括在《梦溪笔谈》卷八中，较详细地记载了候簿的内容与作用，并说明由于政治腐败，而没有形成完整的候簿。其曰：

> 卫朴造历，气朔已正，但五星未有候簿可验……其法须测验每夜昏晓夜半月及五星所在度秒，置簿录之，满五年，其间剔去云阴及昼见日数外，可得三年实行，然后以算术缀之，古所谓“缀术”者此也。是时司天历官皆承世族，隶名食禄，本无知历者，恶朴之术过己，群沮之，屡起大狱，虽终不能摇朴，而候簿至今不成。③

六、元代的国家科技文献典藏

（一）元代科技文献典藏机构

元代是我国历史上北方游牧蒙古族统治者建立起来的封建王朝，它实行蒙汉两族联合进行统治的体制，这种体制具有强烈的民族压迫的色彩，同时也有蒙汉两族相互之间的文化渗透和影响。它既吸收了汉族先进的文化，也保存了许多蒙古族的草原游牧文化。因此，元代的文化呈现出比较复杂的现象。

元朝入主中原后，先后建立了秘书监、艺文监、奎章阁等典籍收藏处所。

---

① （宋）李诫. 营造法式・劄子［M］. 北京：中国建筑工业出版社，2006：13.

② 参见潘鼐. 中国恒星观测史［M］. 南京：学林出版社，1989：166，271.

③ （宋）沈括. 梦溪笔谈・卷八・象数二［M］. 长沙：岳麓书社，1998：71—72.

此外，翰林院、国子监、国史院、集贤院等处也都是元朝重要的典籍收藏处。

元代官方藏书机构大多是庋藏和刻印结合在一起的，既是藏书的机构，也是刻印出版的场所。钱大昕在《补元史艺文志自序》中说："元起朔漠，未遑文事。太宗八年，始用耶律楚材，言立经籍所于平阳，编集经史。世祖至元四年，徙置京师，改名宏文院，九年置秘书监，掌历代图籍，并阴阳禁书。"[①]

1. 经籍所和秘书监

经籍所，太宗八年（1236 年）六月成立，是当时印刷出版中心，也是中央藏书之所。至元四年（1267 年）从平阳（今山西临汾）迁往大都，改名宏文院，以马天诏知院事。世祖至元九年置秘书监。"秘书之官，始由两汉，爰至我朝，收古今之图籍，贮之秘府。"[②]可见，秘书监是藏书的机构。秘书监，秩正三品，设卿、太监、少监、监承、典簿、令史、知印、奏差、译史、通事、典书、典吏等。属官则有著作郎、著作佐郎、秘书郎、校书郎、辨验书画直长等。

据《秘书监志》记载，秘书监藏书尚无正规的藏书目录，只有记载书的数量的图书清册。上有类、部数、册数，没有书的名称、作者和卷数。清册如下[③]：

至正二年五月，准监丞王奉议道关，切谓古之书库，亦各有目，书画亦各看题，所以谨贮藏而便披玩也。伏睹本监所藏，俱系金宋流传及四方购纳古书名画，不为少矣，专以祗备预览也。然自至元迄今，库无定所，题目简秩，宁无紊乱，若不预为，将经史子集及历代图书随时分科，品类成号，倘时奉旨，庶乎供奉有伦，因得尽其职也。合无行下秘书库，依上类编成号，置簿缮写，诚为相应。

在库书

（点校者注：此处原空一行）

书

（点校者注：此处原空一行）

经一百二十一部，一千二十三册

---

① （清）钱大昕. 补元史艺文志自序［A］//雒竹筠编著，李新乾编补. 元史艺文志辑本［C］. 北京：北京燕山出版社，1999：547.

② （元）王士点，商企翁编次，高荣盛点校. 秘书监志·卷九［M］. 杭州：浙江古籍出版社，1992：159.

③ （元）王士点，商企翁编次，高荣盛点校. 秘书监志·卷六［M］. 杭州：浙江古籍出版社，1992：109—112.

史七十九部，一千七百二十四册

集五十七部，一千七百二十四册

道书三百三部，四百二册

医书一十四部，一百七十一册

方书八部，一百五十二册

先次送书库一十二部，四百七十八册

经六部，一百一十三册

史四部，七十五册

集二部，二百九十册

后次发下书一千一百五十四部，一万六百三十四册

经书二百四十四部，二千一百四十五册

史一百三十二部，一千八百四十三册

子一百二十二部，七百一十二册

集四百六十三部，五千九百三十四册

法帖四十二部，二百一十七册

续发下书六百四十二部，七千五百一十册

经一百六十六部，一千九百四十六册

史四十六部，一千二百七十册

子二十六部，七十三册

集一百二十部，二千五十三册

类书九十六部，九百三十一册

小学书六十八部，二百二十八册

志书三十三部，三百三十册

医书五十一部，四百六十一册

阴阳书一十五部，一百三十册

农书一十二部，三十七册

兵书五部，二十一册

释道书三部，二十二册

法帖一部，一十册

书画二千单八轴

法书四百八十二轴

法书八十三轴

手卷三百九十九卷

内府取三十十五卷

今在库三百六十四卷

名画一千五百五十六轴

名画一千一百五十五轴

内府取八十三轴

今在库一千七十二轴

以上秘书监所藏文献专供皇帝阅览。值得注意的是，清册中记录了一定数量的科技文献，如医学和农学文献。

此外，顺帝至正年间（1341—1367年）有危素撰的《史馆购书目录》及毛文在撰的《上都分学书目》两种目录文献，但都已失传。

2. 兴文署

兴文署，初建于至元十一年（1274年），据《元史》载："兴文署，秩从六品。署令一员，以翰林修撰兼之。署丞一员，以翰林应奉兼之。至治二年罢，置典簿一员，从七品，掌提调诸生饮膳，与凡文牍簿书之事。仍置典吏一人。"[①]至元十三年并入翰林院（《元史》卷八十七《百官志三》）。至元二十四年与国子监皆属集贤院。至元二十七年正月，"复立兴文署，掌经籍板及江南学田钱谷"[②]。兴文署设官三员、令一员、永三员、校理四员、楷书一员、掌记一员、镌字匠四十名、作头一、匠户十九、印臣十六。元代官刻书，首推兴文署。

3. 奎章阁

奎章阁也是官府藏书、刻书的机构。天历二年（1329年）三月，建立于西宫兴圣殿西廊，分南、中、北三间。阁官署衔，初名奎章阁学士，隶东宫属官，后升为奎章阁学士院；置大学士五员，并知经筵事；侍书学士二员、承制学士二员、供奉学士二员，并兼经筵官幕职；置参书二员、典签二员，并兼经筵参赞官；照磨一员；内掾二名，内二名兼检讨；宣使四名，知印二名，译史二名，典书四名。属官则有群玉内司，阶正三品，置监群玉内司一员，司尉一员，亚

① （明）宋濂. 元史·卷十六［M］. 北京：中华书局，1976：2193.

② （明）宋濂. 元史·卷十六［M］. 北京：中华书局，1976：334.

尉二员，佥司二员、典簿一员，令史二名、典史二名、司钥二名、司膳四名、给使八名。

创立奎章阁的目的，据虞集撰的《奎章阁记》中所说："大统既正，海内定一，乃稽古右文，崇德乐道……备燕闲之居，将以渊潜遐思，缉熙典学，乃置学士员，俾颂乎祖宗之成训，毋忘乎创业之艰难，而守成之不易也。又俾陈夫内圣外王之道，兴亡得失之故，而以自儆焉。"①

奎章阁成立以后，天历二年（1329 年）九月，文宗命翰林国史院官同奎章阁学士采辑本朝典故，编著《经世大典》。至顺元年（1330 年）二月，命奎章阁阿邻帖木儿、忽都鲁都儿迷失等译蒙古语所记典章为汉语，由赵世延、虞集等任纂修。可见奎章阁的职务，除藏书以外，还有编辑、翻译、校勘、出版图书的任务。

（二）元代各种科技文献的典藏

1. 元代地图典藏管理制度

元代疆域广大，元世祖"乃命大集万方图志而一之，以表皇元疆理无外之大"②，元秘府藏的大一统志有中国各地之图。

元朝至元四年（1267 年），扎马鲁丁制造了中国第一个地球仪。他用木作圆球，然后在木球上画各种地理要素。《元史·天文一》载："其制以木为圆毬，七分为水，其色绿，三分为土地，其色白。画江河湖海，脉络贯串于其中。画作小方井，以计幅员之广袤、道里之远近。"③

2. 元代天文典藏管理制度

元代疆域广大，出于天文历法研究的需要，元统治者修建了多处天文台。其中著名的有上都天文台、大都天文台、登封天文台等。

据史料记载，大都天文台系元世祖忽必烈于 1279 年批准兴建的。其地址选择在"都邑东墉下"，即今北京建国门外泡子河北。大都天文台又名灵台，由太史院主管。大都天文台建筑规模宏大，设备仪器完善，工作人员众多，管理也十分严格。负责时间之人观测高表、仰仪、日晷，并和滴漏校对；负责历算之人则在中间阅读利用各种观测记录档案，计算新的历法。白天、晚上均有人工

① 姜一涵. 元代奎章阁及奎章人物［M］. 台北：联经出版事业股份有限公司，1981：37.

② 杨翼骧. 中国史学史资料编年（第 3 册）［M］. 天津：南开大学出版社，1999：27.

③ （明）宋濂. 元史·卷四十八·天文一［M］. 北京：中华书局，1976：999.

作，白天整理千页观测记录并将其归档，并且每晚的观测都要事先拟订观测计划。夜晚时分于不同方向操作浑天仪、简仪等观察深邃的天空。观测的项目包括日月出没、未命名新星、日食、月食、天极位置、彗星流陨、异常天象等。遇有异常天象，需连夜整理后上奏朝廷。

七、明代的国家科技文献典藏

朱元璋在推翻元朝创建明朝的过程中，由于复杂的军事、政治斗争的锻炼以及投奔在他周围的知识分子的影响，朱元璋认识到图书的重要性，因而注意读书并重视求书、藏书。早在正式建立明朝之前，他就曾命有司访求古今书籍，藏之秘府，以资阅览。洪武元年（1368 年）大将军徐达率军破元大都时，收其秘阁所藏图书典籍，致之南京，从而使明朝把宋、辽、金、元的国家藏书全部承袭下来，奠定了自己的藏书基础。

（一）明代科技文献典藏机构

明太祖朱元璋十分重视图书、典籍的收藏。永乐皇帝也是如此，“永乐四年，帝御便殿阅书史，问文渊阁藏书。解缙对以尚多阙略。帝曰：‘士庶家稍有余资，尚余积书，况朝廷乎？’遂命礼部尚书郑赐遣使访购，惟其所欲与之，勿较值”[①]。与此同时，由于当时的历史原因以及沿袭前朝图书收藏的方式，明朝的官方图书收藏有宫廷收藏、中央收藏和藩府收藏，对于中央收藏又有官府收藏、地方收藏与学府收藏。

明代宫廷藏书是以文渊阁和皇史宬为中心的皇家藏书。明代宫廷收藏汇集了宋、辽、金、元国家藏书的精华。“明太祖定元都，大将军收图籍致之南京，复诏求四方遗书，设秘书监丞，寻改翰林典籍以掌之。永乐四年，帝御便殿阅书史，问文渊阁藏书。”[②]这些也构成了明代文渊阁藏书的基础，使得明代官府藏书有了一个较高的起点。文渊阁是朱元璋在立国之初，即于南京奉天门之东兴建的，以贮藏古今载籍。此后，又兴建了东阁、华盖殿、弘文馆、秘书监等以庋藏古今图书。为了管理这些宫廷藏书，朱元璋还设置了独立的国家藏书机

① （清）张廷玉. 明史 • 卷九十六 • 文艺一［M］. 北京：中华书局，1982：2343.

② （清）张廷玉. 明史 • 卷九十六 • 文艺一［M］. 北京：中华书局，1982：2343.

构——秘书监。永乐十九年（1421 年），“北京既建，诏修撰陈循取文渊阁书一部至百部，各择其一，得百柜，运致北京”[①]。为了存放这些图书，明成祖特建文渊阁于午门之东。而在明代的宫廷藏书中除了文渊阁，闻名中外的皇史宬藏书也是值得一提的。皇史宬建于明嘉靖十三年（1534 年），位于北京东苑（今天安门东南池子一带），皇史宬中所存放的典籍，主要是历朝的宝训、实录和其他重要典籍。嘉靖四十一年，世宗命人将孤本《永乐大典》副本，于隆庆元年（1567年）誊录完毕，正本贮于文渊阁，副本就藏于皇史宬。

在官府藏书中，明代的藩府藏书也是值得一提的。明洪武时期，朱元璋建立起封藩制度，但是后来由于历史原因，建文、永乐以后朝廷对藩王势力严格控制，藩王的政治地位被削落，他们从此在政治上不再过问朝事，于是便整日与图书典籍为伍，致力于刻书、藏书、著书，以求从中寻找到精神寄托，这也是明代藩府刻书之盛的重要原因之一。

（二）明代科技文献典藏管理制度

明朝建立以后，朱元璋就非常重视典藏的收集以及管理，并在洪武三年（1370 年）置秘书监，掌内府藏书，建立了宫廷典籍收藏体系。

1. 农业科技文献

农业在中国的发展史上一直都有着非常重要的地位。明朝农业的发展在中国农业的发展史上是一个非常重要的时期。一方面，农业生产力已接近或达到传统技术条件下所能达到的最高限度；另一方面，在农业经营和生产关系方面都出现了一些前所未有或以前不太明显的新因素，特别是商业性作物的广泛种植，为工商业的发展和市镇经济的繁荣提供了动力。与此同时，朱元璋的重农政策，也使明朝在农业文献收藏等方面颇有建树。

在档案领域，明朝农业的记载，最有代表性的是鱼鳞图册。鱼鳞图册是一种专门用于农业税收管理的田亩图档案，它与黄册（户口册）一起，在当时的国家管理工作中曾起到了巨大的作用。

鱼鳞图册的绘制并不是从明朝才开始的。宋朝已有个别地区的官府绘制鱼鳞图册，并作为农业管理的工具，如《宋史》卷一百七十三《食货上一》记载：

---

① （清）张廷玉. 明史・卷九十六・文艺一［M］. 北京：中华书局，1982：2343.

“凡结甲册、户产簿、丁口簿、鱼鳞图、类姓簿二十三万九千有奇。创库匮以藏之，历三年而后，上其事于朝。”[①]但是到了明朝，已将这种制度在全国范围内推广开来。据明人余继登《典故纪闻》卷一百八记载：

> 国初，两浙富民畏避徭役，往往以田产诡托亲邻佃仆，谓之铁脚诡寄。久之相习成风，乡、里欺州、县，州县欺府，奸弊百出，谓之通天诡寄。太祖素知其弊，及即位，乃遣国子（监）生往各处，集里甲、耆民，躬履田亩，以量度之，图其田之方圆，次其字号，书其主名，及田之丈尺四至，类编成册。而所绘若鱼鳞然，故号鱼鳞图册。[②]

这种说法和我们现在所看到的鱼鳞图册实物基本相符且《明史》《明实录》等亦有相关记载。当时，一个州、县或一个乡、都、里往往有自己的鱼鳞总图册，把辖内的耕地绘制在一起，栉比排列，很像由许多鱼鳞片构成的图案。除总图册外，还按每一小块土地为单位画成分图，每分图内都绘有简单的地形图状、大小、四至，并写明土质、税则等级（上、中、下地），还要注明这一小块土地的地名（土名），然后再由官府逐一排列顺序档号（如某字几千几百几十几号之类）。在各分图上还注明业主姓名及所在都、图（里）、甲，有些鱼鳞图上还有“分庄”一栏（一般在分图上没有此栏），准备土地买卖过割或父子、兄弟分家之类使用。作为一种较特殊的地图档案文献，鱼鳞图册在当时的国家管理活动中发挥了巨大的作用，并具有一整套的管理制度和方法，管理较为完善，使之能够流传下来。

2. 天文和气象科技文献

明代，钦天监为官方天文机构，是天文档案文献的主要形成者，其天文档案文献的形成与保管具有良好的制度。《明史》卷七十四载：

> 监正、副掌察天文、定历数、占侯、推步之事。凡日月、星辰、风云、气色，率其属而测候焉。有变异，秘书以闻。……每岁冬至日，呈奏明岁大统历，移送礼部颁行。其御览月令历、七政躔度历、六壬遁甲历、四季

---

① （元）脱脱等. 宋史·卷一百七十三·食货上一［M］. 北京：中华书局，1977：4179.

② （明）余继登. 元明史料笔记丛刊典故纪闻［M］. 北京：中华书局，1981：77.

> 天象录，并先期进呈。……日月交食，先期算其分秒时刻、起复方位以闻，下礼部移内外诸司救之，仍按占书条奏……灵台郎辨日月星辰之躔次、分野，以占侯天文之变。观象台四面，面四天文生，轮司测候。保章正专志天文之变，定其吉凶之占。①

在档案领域《明史》和《明实录》对于天文和气象都有记载，其中《明史·天文一》中记载“（恒星）又有古多今少，古有今无者。……角宿中之库楼十星今八。亢宿中之折威七星今无”②。同时，《明史·五行一》中也有对气候的记录：“景泰四年冬十一月戊辰至明年孟春，山东、河南、浙江……大雪数尺，淮东之海冰四十余里……弘治六年十一月，郧阳大雪……正德元年四月，云南武定郧霜杀麦，寒如冬”③，“永乐十三年，凤阳、苏州、浙江、湖广旱。十六年，陕西旱。”④《明实录》中对于天文或气象的记载也有其详尽之处，对于《明史·天文志》和《明史·五行志》有着很大的补充。

3. 医药科技文献

明代设太医院，掌管宫廷医事。《明史》卷七十四载：

> 珍视御脉，使、判、御医参看校同，会内臣就内局选药，连名封记药剂，具本开写药性、证治之法以奏。烹调御药，院官及内臣监视。每二剂合为一，候熟，分二器，一御医、内臣先尝，一进御。仍置历簿，用内印钤记，细载年月缘由，以凭考察。王府请医，本院奉旨遣官或医士往。文武大臣及外国君长有疾，亦奉旨往视。其治疗可否，皆具本复奏。⑤

在政治相对稳定、商品经济发展以及明朝中后期资本主义萌芽等推动着对外交流、科学技术和文化发展的背景下，明朝的医学水平有了明显的提高。明朝有很多散在医史资料和专题医史的著述，而李时珍的《本草纲目》无疑是明朝医学界一个辉煌的里程碑。

---

① （清）张廷玉. 明史·卷七十四·职官三［M］. 北京：中华书局，1974：1810—1811.

② （清）张廷玉. 明史·卷二十五·天文一［M］. 北京：中华书局，1974：342—343.

③ （清）张廷玉. 明史·卷二十八·五行一［M］. 北京：中华书局，1982：426.

④ （清）张廷玉. 明史·卷三十·五行三［M］. 北京：中华书局，1982：481.

⑤ （清）张廷玉. 明史·卷七十四·职官三［M］. 北京：中华书局，1974：1812—1813.

明朝的医学档案文献除了在《明史》和《明实录》有所记载之外，在明朝各种文件档案，以及官方编写的大型丛书如《永乐大典》等，也有很多医学史料。与此同时，从清代编写的《古今图书集成全录》所收医史材料可以看出，该书大部取材于明代地方志。所以明朝的地方志也有很多的医学档案文献，如《广西通志》和《云南通志》。地方志虽然不是专门记录医药学知识的，但其中对地方上出产的药物，乃至有关药物的用法的记载，也可以从侧面看出医药发展的情况。明代林富、黄佐编纂的《广西通志》在二十一卷《食货一》章下，立“属”节，记载了一百余味广西产药物。明末清初，几乎各府县均有医学署，如郭世重纂辑的《南宁府志》记有，“本府治居城中西南……后堂设有医学”，“武缘县开设医学”，“横州治设有阴阳医学，永淳县亦有医学，上思亦有之”。[①]道光年间，在忻城土司衙门西侧建起一练“大夫第”，莫氏土司第十九代孙莫述经就是“大夫第”里的专职医师，主管土司衙门大小官员及其眷属的医疗保健，兼理一些民间疾患。清代地方志有关科学技术方面的记载范围很广，《云南通志》物产门所记医药内容尤详。至于医理、医案、医方以及名医的高尚品德方面的记载，在方技（人物）中有所反映。地方志是自然科学史料、社会科学史料的渊薮，也是中国医药学史料的宝库，现今尚未得到充分发掘利用。

4. 地图科技文献

明代统治者很重视地图档案文献。朱元璋称帝后不久，在宫中特建大本营，用来收贮从元代官府收集来的图籍档案。明定制后，地图档案归兵部职方司管理。《明史·职官一》载：“职方掌舆图、军制、城隍、镇戍、简练、征讨之事。凡天下地里险易远近、边腹疆界，俱有图本，三岁一报，与官军车骑之数偕上。”[②]职方由郎中 1 人，员外郎 1 人，主事 4 人组成。正统十年（1445 年），为了加强对地图档案文献的管理，增设郎中 1 人。

明代除了兵部职方司之外，朝廷保管地图的还有掌管天下户口、税赋的户部、管理内廷事务的詹事府等。

明代边患较重，故边防地图档案文献较受重视，数量较多。已知的有《九边图论》《九边图说》《九边图志》《九边图》《北方边口图》等，且这些边防图

① 转引自李经纬，林昭庚. 中国医学通史·古代卷［M］. 北京：人民卫生出版社，2000：633.

② （清）张廷玉. 明史·卷七十二·职官一［M］. 北京：中华书局，1974：1752.

多是由掌管地图档案文献的职方官员编绘的，如许论（绘有《九边图论》）为职方主事、霍冀（绘有《九边图说》）为兵部尚书、申用懋（绘有《九边图说》）为职方郎中等，他们利用职务之便，参考职方掌管的地图档案文献，编绘出边防地图。

从明太祖洪武二十六年（1393 年）开始，明朝实行了三年造送地图一次的制度。《大明会典》卷一百三十三载："洪武二十六年，定凡天下要冲及险阻去处，各画图本，并军人版籍，须令所司成造送部，务知险易。"①明代的这种地图档案文献收集制度是比较严格的，三年一造，不得有误。《明史・职官一》载："凡天下地里险易远近，边腹疆界，俱有图本，三岁一报，与官军车骑之数偕上。"②成化三年（1467 年），兵部职方司为了了解各地户籍及人口情况，特令各地绘制时加制户口文册，"俱限三年一次造报"③。如果地方上的疆域制度没有多少变动，为了循例呈送，一般将旧图照抄一份，报送朝廷。

由于明代很重视地图档案文献的收集和管理，使许多珍贵的舆图档案文献也得以流传下来，如《九州山镇川泽图》《九边图》《海防图》《天球图》《大明混一图》等，它们是中国现存较早的古代地图档案，具有很高的科学价值和历史价值。

八、清代的国家科技文献典藏

清沿明制，没有设专门的国家藏书机构，典籍都分散收藏，除国子监、翰林院等藏有部分典籍外，其他典籍主要藏于内府各部门，如武英殿、养心殿、昭仁殿、内阁大库等，各处所藏各有特色，内阁以收藏明代文献、档案、历朝实录和本朝各种公文为主；皇史宬收藏本朝实录、玉牒和国家典章制度有关的大清会典、方略等；昭仁殿之天禄琳琅是宫廷内的善本书库，收藏宋、辽、金、元、明的善本书；武英殿因设有修书处，所刻之书多在此存贮，实际上是国家的殿本书库。乾隆时又在乾宁宫后之摛藻堂、圆明园之味腴书屋分藏《四库全书荟要》各一部。嘉庆时还于养心殿放置四库未收之书，并称之为《宛委别藏》。

① （明）李东阳纂，（明）申时行重修. 大明会典・卷一百三十三［M］. 台北：文海出版社，1985：1881.
② （清）张廷玉. 明史・卷七十二・职官一［M］. 北京：中华书局，1974：1752.
③ （清）张廷玉. 明史・卷七十二・职官一［M］. 北京：中华书局，1974：1752.

在清代国家藏书机构中，对书籍的保存和流传作用较大的是“南北七阁”。北四阁是指北京故宫的文渊阁、圆明园的文源阁、承德避暑山庄的文津阁和沈阳故宫的文溯阁。在《四库全书》馆开馆不久，为了贮放即将修成的《四库全书》，乾隆帝决定建立北四阁。南三阁包括镇江金山寺之文宗阁、扬州大观堂之文汇阁和杭州西湖圣因寺之文澜阁，分别建于乾隆四十四年（1779 年）至四十九年。它们的建阁之初，原为贮存康熙间所修之《古今图书集成》。

清王朝的官府藏书体系是随着《四库全书》的编纂而逐步建立和不断完善起来的。早在《四库全书》编纂伊始，统治者就从“彰千古同文之盛”出发，收集藏书，并着手建立宫廷藏书楼阁。“凡事预则立，书之成，虽尚需时日，而贮书之所，则不可不宿构。宫禁之中，不得其地，爰于文华殿后建文渊阁以待之。”[①]自文渊阁之后，清政府又建文源阁于圆明园，文津阁于避暑山庄，文溯阁于盛京，这就是闻名的内庭四阁。乾隆四十九年，《四库全书》修成，内庭四阁各藏《四库全书》一部。

乾隆等统治者对清国家藏书又一重大贡献是在江南建立藏书楼阁。与北方内庭四阁相对，在南方建立三阁，即扬州大观堂的文汇阁、镇江金山寺的文宗阁和杭州圣因寺的文澜阁。《清实录》载：

> （乾隆四十七年七月）甲辰，命续缮《四库全书》三分，分度文汇、文宗、文澜阁。谕：“朕稽古右文，究心典籍。近年命儒臣编辑《四库全书》，特建文渊、文溯、文源、文津四阁，以资藏庋。现在缮写头分告竣，其二、三、四分限于六年内按期蒇事，所以嘉惠艺林，垂示万世，典至钜也。因思江浙为人文渊薮，朕翠华临莅，士子涵濡教泽，乐育渐摩，已非一日。其间力学好古之士愿读中秘书者，自不乏人，兹《四库全书》，允宜广布流传，以光文治。如扬州大观堂之文汇阁、镇江金山寺之文宗阁、杭州圣因寺行宫之文澜阁皆有藏书之所。着交四库馆再缮写全书三分，安置各该处。”[②]

“南北七阁”，遥相对应，各贮《四库全书》一部。七阁的建成和《四库全

---

① （清）爱新觉罗·弘历. 文渊阁记. 转引自陈登原. 古今典籍聚散考·古学纵横［M］. 上海：华东师范大学出版社，2010：104.

② 项文惠. 明清实录·杭州史料辑录［M］. 杭州：杭州出版社，2012：457—458.

书》的入藏，基本上奠定了清代官府藏书的基础。

除七阁外，其他的宫廷和官府藏书机构还有很多，如昭仁殿藏书处天禄琳琅，收宋、金、元、明的善本书；御花园藏书处摛藻堂，藏《四库全书荟要》；内庭藏书处《宛委别藏》收四库未收之书；圆明园藏书处味腴书屋，收《四库全书荟要》；武英殿修书处主要收藏由其所刻印之书，如《五曹算经》《五经算术》《夏侯阳算经》《海岛算经细草图说》《墨法集要》等科技文献都存贮于此；皇史宬收藏科技文献主要是《大清会典》和一部分方略等。此外，翰林院、方略馆、图书集成馆等修书机构也负责收藏图书，如方略馆主要负责收藏政府编纂的方略，医宗金鉴馆负责收藏相关的医学典籍等。清代的地方官署藏书也很普遍，就连邑县也有不同形式的藏书之所，县廨署书房、圣喻宣讲所藏书室等是很常见的藏书之处，不少县廨署的藏书还有一定的规模，如光绪二年（1876年）孝感县重修县廨署时，就建了八间书房，用以收藏古籍，以供使用。可见，清官府藏书自上而下，面广量大，形成体系。

需要特别介绍的是，清代还出现了专门的科技文献典藏机构。清代内务府下设的营造司、造办处等部门的职掌都与工程有关，自然也要形成一定数量的工程档案文献。特别是清代专门性的图样档案库——舆图房就在内务府造办处的管理之下，舆图房内藏有一定数量的工程图档案，包括宫殿、陵墓、碑亭、炮台及其他工程的图样档案。

第二节 私人典藏

一、私人典藏产生的背景与根源

私人典藏作为科技文献典藏中重要的一部分，据刘渝生考究始于周文王时期，其师鬻熊是我国诸子著书、藏书最早之人。因为先秦时官府视藏书为宝物，藏书也主要为统治集团中上层贵族服务。因此，此时的藏书以官府藏书为主。但到了春秋战国时期，我国社会出现了由奴隶制度向封建制度过渡，社会处于大动荡、大发展之中。“士”阶层有了很大的发展与壮大，因此在学术上出现了百家争鸣、讲学之风盛行、文化大发展、学术大繁荣的局面。也正是在这样的背景下，本由官府垄断的藏书局面出现松动，使得诸子藏书有了一定的发展，使我国古代藏书事业中出现了私人藏书。

究其后世私人藏书的原因大致可以分为以下四种。

（一）政治需要

我国的典籍自产生之日起就与政治有着千丝万缕的联系，而政治需要直接影响我国典籍的私家收藏。

西汉初年，刘邦在剿灭异姓王的同时，为永保刘氏政权，又大封同姓诸侯王。刘邦死后，这些诸侯势力膨胀，不少人自立为国，做起了土皇帝。有些实际上已脱离了中央政权，如淮南王刘长自恃为刘邦少子，在其封国内“不用汉法，出入称警跸，称制，自为法令”[①]，随后发生了吴楚七国之乱。汉朝廷在以武力削平诸侯叛乱的同时，以怀柔政策瓦解诸侯王与中央争权夺利的斗志，从而开了颁赐典籍的先例。西汉政府将秘阁所藏典籍的副本颁赐给各诸侯王，鼓励他们收藏典籍。很多诸侯王为了保住王侯地位和封国，也顺从朝廷的意思，潜心于典籍的收藏和整理。因而，在西汉形成了一批出于政治原因而收藏典籍的藏书家，如河间献王刘德、淮南王刘安等。此后，历代政府都仿照西汉的做法，引导王公贵族埋首于典籍故纸，以泯灭他们的政治野心，从而在私人典籍收藏体系中形成一个特殊的阵营。这一部分藏书家由于有朝廷做靠山，具有相当的经济实力，并且可以获得朝廷所颁赐的典籍，因而很容易建立起藏书体系，从而有力地推动我国典籍的私家收藏。东汉章帝建初七年（82 年），东平王刘苍上朝求书，帝赐以秘书列仙图和道书、秘方典籍，使东平王的私藏典籍达到一定数量。东晋太元三年（378 年），孝武帝一次就赐给会稽王秘阁所藏典籍八千卷，使他一下子成为颇有影响的藏书家。唐宋以后，历代的藏书家中有不少皇亲国戚。唐高祖的第十一子韩王李元嘉“少好学，聚书至万卷，又采碑文古迹，多得异本”[②]。宋英宗之弟荣王宗绰，所藏典籍更达七万卷之多。特别是明代，文帝朱棣以燕王谋反夺取皇位后，害怕诸藩再行故事，于是大力削藩，各藩人人自危，许多人为避免引起朝廷猜疑而钻故纸堆，因而明初的藏书家以藩王为主。诸

① （汉）班固. 汉书・卷四十四・淮南衡山济北王传［M］. 北京：中华书局，1962：2136.

② （后晋）刘昫等. 旧唐书・卷六十四・高祖二十二子［M］. 长春：吉林人民出版社，1995：1533.

藩王中以周定王朱棣和晋庄王朱钟铉所藏典籍最为宏富，其次为宁献王朱权等。他们的藏书为子孙所继承，很多发展成为明代著名的藏书家，如周定王六世孙朱睦㮮所藏典籍为北方之最，宁献王七世孙朱谋㙔的藏书甚至可与天府相比。

（二）学术研究

典籍所记载的是人类的文化精华和学术研究的成就。自古以来，所有的学术研究无不以掌握典籍为先，而在古代，能够利用公藏典籍的学人微乎其微，故而，所有学者无不进行典籍的收藏和整理。可以说，我国典籍私家收藏的出现，主要是适应学术研究发展的需要。孔子、惠施、墨子等我国最早的私人藏书家的典籍收藏实践完全是为了更好地著书立说，传播他们的学术和思想。自此以后，历代的许多学者为了学术研究的需要都潜心于典籍的收集，极大地促进了我国典籍私家收藏的发展。

秦始皇的“焚书坑儒”使儒学典籍受到极大破坏，在一定程度上导致汉代儒学研究的今古文经之争。汉代各学派的学者、政府的博士官及其他官吏为了进行经学研究和在学术争论中取胜，都尽力搜寻典籍，建立自己的藏书，使汉代典籍的私家收藏得以迅速发展。刘向在整理公藏典籍时曾充分利用私人藏书，如他在《别录》中多次提到，校对某书曾据“文中大夫臣圭书”。蔡邕是汉代著名的学者、文学家、书法家，精通经史、音律、天文。他的学术研究促使他进行典籍收藏，灵帝重其才，特赐予典籍四千余车，使其建立起自己的典将收藏体系，成为汉代著名的藏书家，藏书达万卷之多。时人王充的哲学巨著《论衡》完成后，学界少有流传，但蔡邕却能获其抄本。三国曹魏时的哲学家王弼是魏晋玄学的开创者，著有《老子注》《周易注》等著作，同时其以万卷藏书成为当时最著名的藏书家。以《博物志》专世的西晋文学家张华藏书宏富，“尝徙居，载书三十车”，“天下奇秘，世所稀有者，悉在华所”。[①]唐代史学家以《武后实录》《贞观政要》著称于世的吴兢“聚书颇多，尝目录其卷第，号《吴氏西斋书目》”[②]。宋代的著名藏书家多是当时著名学者，如自嘲居室为“书巢”的诗人陆游、史学家司马光等。清代汉学的复兴和考据学风的盛行，使学人更埋首于故纸堆，更多的收藏典籍，学术大家无不广收宋元精椠，如经学家钱大昕、汉

① （唐）房玄龄等. 晋书·卷三十六［M］. 长春：吉林人民出版社，1995：620.

② （后晋）刘昫等. 旧唐书·卷一〇二［M］. 长春：吉林人民出版社，1995：2022.

学家戴震、思想家顾炎武等。清初的著名思想家、史学家黄宗羲为了“穷经究史，旁求之百家九流”而极力收藏典籍，“于书无所不窥，得先世遗书，并抄之同里世学楼纽氏、澹生堂祁氏，以及江苏千顷堂黄氏、绛云楼钱氏，穷年搜讨”[①]，成为名著一时的藏书家。他们的典籍收藏实践极大地推动了典籍私家收藏的发展，使清代私藏典籍达到了一个前所未有的高峰。

（三）典籍整理和研究

典籍自产生以后，就开始有人对其进行整理和研究，而收藏是典籍整理和研究的第一步。典籍的私家收藏出现以后，有更多的藏书家为了研究整理典籍而竭力搜访典籍，进而建立起自己的典籍收藏系。三国时蜀人向朗，“自去长史，优游无事垂三十年，乃更潜心典籍，孜孜不倦。年逾八十，犹手自校书，刊定谬误，积聚篇卷，于时最多”，并且“开门接宾，诱纳后进，但讲论古义，不干时事，以是见称”。[②]齐梁三大藏书家之一的任昉，一生致力于典籍的收集和研究，聚书万卷以上，并且第一次将所藏典籍编成目录，开创了我国私藏目录的先河。

唐宋时期，由于经济的发展和印刷技术的提高，研究整理典籍的藏书家越来越多，韦述“蓄书二万卷，皆手校定，黄墨精谨，内秘书不逮也”[③]；柳公绰“家有书万卷，所藏必三本：上者贮库，其副常所阅，下者幼学焉”[④]；而著名藏书家李泌则将所藏典籍进行精心整理，分别用不同颜色的牙签区分所藏三万卷典籍。两宋的著名藏书家江正、王钦臣、叶梦得、晁公武、陈振孙、尤袤等则以整理研究典籍为己任，潜一收集，所藏皆达数万卷之多。他们倾毕生精力对所藏典籍进行研究整理，编纂出永垂青史的私藏典籍目录。明清两代为整理研究而进行典籍收藏的藏书家更是比比皆是，如明代的朱权、叶盛、赵琦美等，著名藏书家高儒一生勤访穷搜，“锐意访求，或传之士大夫，或易诸市肆，数年之间”[⑤]，聚书万卷，并花六年时间整理考索所藏，三易其稿成不朽之作——《百川书志》。明末清初著名藏书家、出版家毛晋为整理刊刻典籍，毕生收罗宋元名刻，多方购求抄录，以汲古阁收藏典籍八万四千多卷，为其时之最。清代，如

① 李致忠，周少川，张木早. 中国典籍史［M］. 上海：上海人民出版社，2004：343.
② （晋）陈寿. 三国志［M］. 郑州：中州古籍出版社，1996：451.
③ （宋）欧阳修，宋祁. 新唐书·卷一百三十二［M］. 北京：中华书局，1975：4530.
④ （宋）欧阳修，宋祁. 新唐书·柳公绰传［M］. 北京：中华书局，1975：5025.
⑤ （明）高儒. 百川书志·序［M］. 上海：上海古籍出版社，2005：3.

钱谦益、钱曾、徐学乾、朱彝尊、黄丕烈等。著名藏书家黄虞櫻为研究明代所著典籍，在其世藏的基础上继续收购图书，使所藏典籍达到八万余卷，其中大多为明人著作，经整理所藏，编出著名的《千顷堂书目》，该书成为清代编纂《明史·艺文志》的基础。

（四）嗜书

典籍产生初期，由于技术落后，典籍的数量非常有限，故而社会都十分珍视。这种珍视使许多藏书家嗜书如命，一生孜孜以求，穷搜苦寻，甚至倾家荡产。这种精神构成了一种贯穿于中国整个私家典籍收藏史的优良传统，极大地促进了典籍的私家收藏。历南朝宋、齐两朝的藏书家刘善明独嗜典籍，一生苦聚，到南齐建元二年（480 年）去世时，"家无遗储，唯有书八千卷"[①]。

二、私人典籍收藏

我国典籍私家收藏产生以后，虽先后遭受秦孝公挟书令的压制和秦始皇"焚书坑儒"的摧残，但到两汉之际，由于汉惠帝接触挟书令，使私人典籍收藏获得了很大发展。收藏典籍的人大量增加，主要藏书家有伏生、刘德、刘安、孔国安、刘向、郑玄、蔡邕等，其中最著名的有西汉河间献王刘德和东汉学者蔡邕。

刘德（公元前 171 年—公元前 130 年），汉武帝之弟，受封为河间王，卒溢"献王"。他好学多艺，喜藏典籍，利用自己的特殊地位，千方百计地收集典籍，成为西汉具有代表性的私人藏书家。他所藏典籍主要得自于民间，由于他"每从民间得善书，必为好写与之，留其真，加金帛赐以招之"，于是，"四方道术之人不远千里，或有先祖旧书，多奉以奏献王者，故得书多，与汉朝等"。且"献王所得书皆古文先秦旧书，《周官》、《尚书》、《礼》、《礼记》、《孟子》、《老子》之属，皆经传说记，七十子之徒所论"。[②]

东汉蔡邕（133—192 年），字伯喈，陈留人，博学多才，曾校书东观，并且参与整理和书写《六经》成《熹平石经》。另外，他还喜藏典籍，是我国私人藏书史上第一个有明确文献记载的藏书达到万卷的藏书家。蔡邕所藏典籍来源于

---

① （南朝梁）萧子显. 南齐书·卷二十八·刘善明传［M］. 北京：中华书局，1972：527.

② （汉）班固. 汉书·卷五十三·河间献王刘德传［M］. 北京：中华书局，1962：2410.

两个方面，其一是政府赐书。曹操曾就蔡邕藏书事问其女蔡文姬："闻夫人家先多坟籍，犹能忆识之不？"文姬回答说："昔亡父赐书四千许卷，流离涂炭，罔有存者，今所诵忆，裁四百余篇耳。"[①]其二是收集。据《后汉书·王充传》裴松之注记载，"充所作《论衡》，中土未有传者，蔡邕入吴，始得之，恒秘玩以为谈助"[②]，连没有流传的典籍蔡邕都能收集到，可见他收集典将的范围之广。蔡邕的藏书后来全部赠送给了当时只有十四岁、后来成为"建安七子"之一的王粲。"献帝西迁，粲徙长安，左中郎将蔡邕见而奇之。时邕才学显著，贵重朝廷，常车骑填巷，宾客盈坐。闻粲在门，倒屣迎之。粲至……邕曰：'此王公孙也，有异才，吾不如也。吾家书籍文章，尽当与之。'"[③]蔡邕是第一个将自己的藏书赠送给他人的藏书家，开创了一个很好的先例，此后历代都有藏书家赠书的佳话，他们无不以蔡邕自比，从而形成了中国私人藏书史上一个优良的传统。蔡邕赠给王粲的典籍不但促成王粲登"建安七子"之首，成为一代文豪，而且惠及其族人和亲友。两汉以后，由于纸的发明和使用及私人著述的发展，个人获得典籍相对于汉前较易，从而使典籍的私家收藏获得了很大的发展，南北朝时期是私家收藏典籍的第一个高峰，特别是梁代。《隋书·经籍志》载："梁武敦悦诗书，下化其上，四境之内，家有文史。"[④]这一时期收藏典籍达数千卷至万卷的藏书家多达数十人，著名的有任昉、沈约、孔休源、沈驎士、崔慰祖等。这一时期由于收藏量的增加，已经开始出现专门的藏书楼，如北魏藏书家平恒"别构精庐，并置经籍于其中"[⑤]。隋唐时期是宋前典籍私家收藏的又一个兴盛期。隋朝有许善心、牛弘等著名藏书家。至唐，由于经济的发展、科举制度的促进、六朝藏书传统的推动，东都洛阳和西都长安形成了两大藏书中心，并进而遍布全国。魏徵、颜师古、韦述、吴竞、李泌、苏弁、柳公绰等都是名噪一时的著名藏书家。是时，不但藏书家的数量大为增加，所藏典籍的数量也远超汉魏，如苏弁"聚书至二万卷，手自雠定，当时称与秘府将"[⑥]，张弘靖"家聚

① （南朝宋）范晔. 后汉书·卷八十四·烈女传［M］. 北京：中华书局，1965：2801.
② （南朝宋）范晔. 后汉书·卷四十九·王充传［M］. 北京：中华书局，1965：1629.
③ （晋）陈寿. 三国志［M］. 郑州：中州古籍出版社，1996：265.
④ （唐）魏徵等. 隋书·卷三十二［M］. 北京：中华书局，1973：907.
⑤ （北齐）魏收. 魏书·儒林［M］. 长春：吉林人民出版社，1995：1133.
⑥ （宋）欧阳修，宋祁. 新唐书·食货二［M］. 北京：中华书局，1975：1359—3993.

书画，侔秘府”[①]。而且开始出现独立的典籍收藏馆舍，如田弘正曾“起楼聚书万余卷”[②]。这时私藏典籍的管理已相当完备，不但分类编目成为风气，而且典籍收藏也颇有章法。柳公绰将所藏万卷典籍各备三本，“色彩尤华丽者，镇库；又一本，次者，长行披览；又一本，又次者，后生子弟为业”，对这三部分典籍都各自分藏，“不相参错”。[③]

李泌（722—789 年），字长源，京兆人。博学多才，一生喜聚典籍，积至三万余卷。他将所藏进行了系统地整理列架，仿秘府典籍收藏方法，用不同颜色的牙签分别标记所藏典籍的种类，以红牙签标示经部典籍，以绿牙签标示史部典籍，以青牙签标示子部典籍，集部典籍则以白牙签标示。

宋元之际，由于雕版印刷的出现，典籍的生产量和社会拥有量大大增加，私人得书更易。苏轼在《李氏山房藏书记》中即言道：“余犹及见老儒先生，自言其少时，欲求《史记》、《汉书》而不可得……近岁，市人转相摹刻诸子百家之书，日传万纸；学者之于书，多且易致于此。”[④]且五代之乱，使许多公藏典籍流落民间，故而使宋元时期典籍的私家收藏成为一种全国性的风尚。这一时期出现了许多著名的藏书家，北宋如江正、宋敏求、王若钦、司马光，南宋如叶梦得、晁公武、陈振孙、尤袤，元代如庄肃、段直、孙道明、元好问等。

叶梦得（1077—1148 年），字少蕴，号石林，江苏吴县人，是跨南北两宋的著名藏书家。他一生辛勤劳作，广收典籍，或手抄，或购买，终于建立起了自己的藏书体系。至北宋末年，他已收集到三万多卷典籍。靖康之乱，国破家亡，他的藏书损失了将近一半，所余仅两万余卷，但他毫不气馁，南渡后继续全力收寻存世典籍，使所藏达到十万卷之巨，成为当时最著名的藏书家。晚年他在自己定居的吴兴弃山建书楼，尽贮所收之书。他不但酷嗜藏书，而且颇喜读书，在《过庭录》中说“惟六经不可一日去手”[⑤]。每年夏天从五月到八月十五，即使天气炎热也要每天读一卷《六经》。这种“夏课”他一直坚持了二十多年。到了晚年，他因体弱多病，视力不佳而不能亲自读书，就让他的两个学生在身边

---

① （宋）欧阳修，宋祁. 新唐书·卷一百二十七［M］. 北京：中华书局，1975：4448.

② （宋）欧阳修，宋祁. 新唐书·卷一百四十八［M］. 北京：中华书局，1975：1784.

③ （宋）钱易. 南部新书［M］. 北京：中华书局，1958：34.

④ （宋）苏轼著，孙育华评注. 苏轼文学散文选［M］. 太原：山西高校联合出版社，1991：112.

⑤ （元）马端临. 文献通考·卷 174·经籍考一［M］. 北京：中华书局，1986：1510.

轮流读他喜欢的书直至日暮。家藏的《六经》及其他各类的三千多卷好书，他都读过多遍，其余藏书也至少读过一遍，辛勤地利用家藏使他成为名噪一时的文学家。他著作颇丰，流传至今的还有《石林建康集》《石林诗话》《避暑录话》等多部。他还利用家藏对典籍的各个方面进行了广泛的研究。他通过对当时杭州、四川、南京、福建四个著名的刻书中心所刻版本的研究，得出杭州刊刻本质量最好、福建次之、四川最差、南京刻本虽质量可比杭刻本但用纸较次的结论。叶梦得是我国藏书史上集收藏和研究于一身的重要藏书家。虽然他苦苦搜寻几十年的十万卷藏书在1147年毁于一场大火，但他的藏书实践和研究成果成为后世藏书家的宝贵财富。

尤袤（1127—1194年），字延之，号遂初居士，常州无锡（今江苏无锡）人，自幼聪颖，非常喜欢读书，才富八斗，是南宋著名诗人，同杨万里、范成大、陆游一起被称为“南宋四家”。尤袤一生对典籍嗜好既笃，故而广为收集，网罗备至。尤袤典籍的获得主要是抄写。他曾长期担任国史院编修、侍读等职，有机会借阅三馆秘阁所藏，并抄录收藏，太史李焘说他“于书靡不观，观书靡不记。每公退，则闭户谢客，日记手钞若干古书，其子弟及诸女亦抄书”①。他曾对李太史说：“吾所钞书若干卷，将汇而目之。饥以当食，寒以当衣。孤寂以当友朋，幽忧以当金石琴瑟。”②从而共收集典籍五千多种，数万卷，成为南宋最著名的藏书家，真是“异书名刻堆满屋，欠伸欲起遭书围”③。他在无锡九龙山下建楼贮之，取孙绰《遂初赋》之名为堂号曰“遂初堂”，堂匾由宋光宗御笔亲书。他的藏书范围极广，经史子集无所不包；稗官小说、释道典籍无所不有。其藏书多抄本、善本、史书、法书，质量之高为当世之冠。其所藏典籍大都经他仔细校勘，所校过的书大多被后人用作校雠和刻印的底本，如《战国策》《山海经》等。由于受“秘藏”风气的影响，尤袤的藏书从不外借于人，故而所藏典籍保护完好，皆“新若手未触”。在晚年，他将自己所藏汇编成《遂初堂书目》，并且首创著录版本，是我国最早的版本目录。可惜的是，在他去世后三十年，他一生苦聚的典籍被毁于一炬，但他的《遂初堂书目》却流传至今，后人得以

① （宋）黄裳. 来燕榭抄作五种［M］. 北京：生活·读书·新知三联书店，2009：188.

② 笔记小说大观（三十三编）·第4册·霞外捃屑［M］. 南京：江苏广陵古籍刻印社，1983：135.

③ （宋）陆游撰，钱仲联校注. 剑南诗稿校注·卷二十一·遂初堂诗［M］. 上海：上海古籍出版社，1985：1587.

略窥遂初堂藏书的盛况和尤袤学术成果之一斑。

陈振孙（1181—约 1262 年），字伯玉，号直斋，是南宋又一位著名的藏书家和目录学家。他小时候由于家贫，无书可读，虽二史亦从人借，曾经从班固的《汉书》中录出有关绍兴的《志》《传》便于阅读。他 30 岁左右任江西南城县令，从此开始了他典籍收集的历程。他对典籍的收求，无时无刻不留心。一日“往宰南城出谒，有持故纸鬻于道者，得此书乃古京本，五代开运丙午（946年）所刻也，遂为家藏书籍中之最古者”[①]。由于他潜心访求典籍，南城名士吴炎曾从自己的家藏中录出《庞氏家藏秘宝方》《龙髓经》等二十多部相赠。宝庆三年（1227 年）陈振孙调任福建兴化军通判，在这段时间，他尽自己所能全力搜访典籍。当时兴化地区有很多藏书家，他从这些藏书颇富的藏书家中借抄了大量典籍，成为藏书的基础。他在宁波府学访问同官薛师雍时，见其几案有书一编，颇有价值，且己所无，于是借而录之。在宁波期间还录得《琴谱》等书。他还抄录了许多流传极少且很难见到的典籍。南宋文学家周必大的《周益公集》在刊刻时，由于某些篇章如《奉诏集》《龙飞录》等内容触犯时忌被焚，故世间少流传。陈振孙为了获得这几卷，广求勤访，终于借到一部私刻本，遂抄录补齐了家藏本。有一次，他闻有出售《三朝训鉴图》一书，“亟求观之，则已为好事者所得，盖当时御府刻本也。卷为一册，凡十事，事为一图，饰以青赤，亟命工传录，凡字大小，行广狭，设色规模，一切从其旧”[②]。嘉熙二年（1238年），他任国子监司业，有机会阅读和传抄许多官家秘藏。经过多年的搜求，他的藏书达到五万一千多卷，其数超过了南宋初年秘书省的收藏量（据《中兴馆阁书目》记载为四万四千四百八十六卷）。他对所收藏的典籍都进行了精心的雠校整理，并且在任国子监司业时开始将其全部编成一部著名的解题目录《直斋书录解题》，直至晚年方成，成为我国典籍发展史上一部极为重要的目录学著作。

庄肃，字恭叔，号蓼塘，松江县人，元代著名藏书家，宋时为秘书省小吏，宋亡以后弃官不仕。一生喜聚典籍，经多方搜求，所藏达八万余卷，是元代私人典籍收藏家的代表。其藏书多为抄本，且涉及面极广，“经、史、子、集、山经地志、医、卜、方伎、稗官小说，靡所不具，书目以甲乙分十门”[③]。其所藏

① （宋）陈振孙撰，徐小蛮，顾美华点校. 直斋书录解题 • 卷三［M］. 上海：上海古籍出版社，1987：81.
② （宋）陈振孙撰，徐小蛮，顾美华点校. 直斋书录解题 • 卷五［M］. 上海：上海古籍出版社，1987：163.
③ （元）陶宗仪. 陶南村辍耕录 • 下编［M］. 上海：均益图书公司，1944：231.

多为珍贵版本，甚至连秘府所无的典籍他都有藏。元末至正年间，政府修撰宋、辽、金史时，特从庄肃家中购得罕见典籍五百余卷。据《五茸志逸》记载，元文宗有一次“语及唐聂夷中诗，上询其有文集否？诸学士皆以未闻对，或进言庄氏富藏书，特旨访其家，果有《聂集》”①。

明清两代是我国典籍私家收藏最发达的时期。这一时期由于经济的发展、学术的进步、社会的繁荣，使收藏典籍的人从宋元时的士大夫阶层扩展到一般学子，进而发展到全社会，使藏书家的数量及所藏典籍的数量、质量等较此前都有重大的发展。据统计，宋代知名的藏书家不到百人，而明清两代著名的藏书家均达四五百人。明代著名藏书家有周王朱橚，宁王朱权，宁波范钦，昆山叶盛，乌程沈吉甫，常熟毛晋、赵用贤，山阴祁承㸁，会稽钮石溪等。清代知名藏书家中清初有黄虞稷、钱氏叔侄、黄宗羲等，乾嘉之际有黄丕烈、周锡瓒、顾之逵、袁廷梼四大家及孙星衍、吴骞、顾广圻等，清末则有杨以增、陆心源、丁国典、瞿镛四大家。

宋代以后，我国的经济中心南移至浙江一带，而南宋以杭州为都，更使这一带的文化传统得以发扬光大。浓郁的学术气氛、坚实的经济基础促使这里典籍刻印业也高度发达，这里的藏书之家能相对容易地获得典籍。因此，明清以后，浙江一带成为私家典籍收藏的主要区域，全国最著名的藏书楼都集中在这里，如明代范钦的“天一阁”、祁承㸁的“澹生堂”、钮纬的“世学楼”，清末四大藏书楼中除杨以增的“海源阁”以外，其他三家都在此处。

清代无论是社会经济的发展，还是学术文化的进步都达到我国封建社会的顶峰，因而其典籍的私家收藏也最为发达，而清初，清廷残酷的文字狱和文化迫害政策使大多数汉族学子埋首于故纸堆中，从而促使汉学的复兴，进而更推动了私人收藏典籍的社会风气。这一时期，不但藏书家众多，而且由于他们收藏背景不同，收藏范围各异，形成了各种不同类型的藏书家。乾嘉时期的著名学者洪亮吉在他的《江北诗话》中曾归纳道：

“藏书家有数等，得一书必推求原本，是正缺失，是谓考订家，如钱少詹大昕、戴吉士震诸人是也。次则辨其版片，注其讹错，是谓校雠家，如卢学士文弨、翁学士方纲诸人是也。次则搜采异本，上以补金匮石室之遗，

① （清）叶昌炽. 藏书纪事诗［M］. 北京：燕山出版社，1999：81.

下可备通人博士之浏览，是谓收藏家，如鄞县范氏之天一阁、钱唐吴氏之瓶花斋、昆山徐氏之传是楼诸家是也。次则第求精本，独嗜宋刻，作者之旨意纵未尽窥，而刻书之年月最所深悉，是谓赏鉴家，如吴门黄主政丕烈、邬镇鲍处士廷博诸人是也。”①

朱睦㮮（1518—1587年），字灌甫，号西亭，又号东陂居士，系朱元璋七世孙周定王的后裔，15岁受封镇国中尉，是明代北方著名的藏书家。在明代私人藏书家中，宗藩藏书占有重要的地位，朱睦㮮是宗藩藏书的代表。他一生藏书达到四千三百一十一部，四万二千七百五十卷，成为国内著名、北方独秀的著名藏书家。他在其宅西建有广五楹的藏书处，贮藏他一生所积累的典籍。为提高所藏典籍的价值，他不但对家藏进行分类，并在隆庆四年（1570年）编成《万卷堂书目》，还依唐人方法，用各色牙签进行标识，而且对典籍进行精细校雠，丹铅圈点，撰写题评。通过对典籍的收藏、整理和利用，朱睦㮮不但成为著名的藏书家，而且成为著名的学者。

祁承爜（1563—1628年），字尔光，号夷度，浙江山阴人，官至江西右参政，一生别无他好，爱书成癖。他的藏书达十万卷，其所藏除传统的经、史、子、集各类典籍外，更有元明传奇八百部，为明代藏书家之最。为了保存藏书，他在自己的庄园中建藏书楼曰“澹生堂”，并且附建“东书堂”以作读书之用。他的藏书楼按他的要求建成“迥然与住房、书室不相连接，自为一境”②，“我意若起楼五间，便觉太费，而三间又不能容蓄。今欲分做两层，下层离基地二尺许，用阁栅地板，湿蒸或不能上，只三间便有六间之用矣。前面只用透地风窗，以便受日色之晒，惟后用翻轩一带，可为别室检书之处，然亦永不许在此歇宿，恐有灯烛之入也。楼上用七架，又后一退居，退居之中，即肖我一像。每月朔日，子孙瞻礼我像，即可周视藏书之封锁何如。而此楼之制，既欲其坚固，又欲其透风，须我与匠人，自以巧心成之，但汝辈定此一处，可吩咐筑基也”③。这样建设的藏书楼自然十分利于典籍的保存。他对所藏典籍都精心整理，仔细校核，并于万历四十八年（1620年）对典籍进行了一次大规模的整理，作《庚

① （清）王韬. 弢园文录外编［M］. 上海：上海书店出版社，2002：183.

② 祁承爜手稿，转引自黄裳. 银鱼集［M］. 北京：生活·读书·新知三联书店，1985：277.

③ 黄裳. 来燕榭集外文钞［M］. 北京：作家出版社，2006：503.

申整书小记》以记之，并根据其经验，作《庚申整书略例四则》，从理论上对典籍整理进行了阐述。在精细整理的基础上，他将自己的所有藏书编成《澹生堂书目》，成为一份重要的目录学遗产。

范钦（1506—1585年），字尧卿，号东明，浙江鄞县人，官至兵部右侍郎。他一生喜爱收藏典籍，尤善收集说经诸书及前辈诗文集未传世者。鄞县丰氏的万卷楼是著名的藏书楼，收藏有许多宋元两代珍贵的刻本、抄本及碑帖。范钦经常借读丰氏万卷楼的藏书，并且从中抄录了大量自己没有的珍本、善本。后来万卷楼由于管理不善，又遭到回禄之祸，典籍散失严重，范钦出资将丰氏万卷楼所剩典籍全部购入。后来，范钦又购入了袁忠彻静思斋的部分藏书。为了更多地获得典籍，他还与当时另一著名藏书家王世贞相约，各出书目，互抄典籍，以补各自阙失，因而从王世贞那抄得许多珍贵典籍。范钦所藏典籍达七万余卷之多。其中主要为宋元以来的刊本、稿本、抄本，以明刻本为主，并且有不少海内孤本，如宋代建阳刻本《十七史百将传》、元代建安书堂活字本《元诗前后集》、明弘治八年（1495年）铜活字本会通馆印正辑补《古今合璧事类》等国内罕见的孤本。就内容而言，范钦所藏典籍中不但经史子集具备，而且收有许多明代方志、登科录、政书、诗文集等。

为了收藏他所收集的这些精品，范钦于嘉靖末年建了一座宏伟的藏书楼——天一阁来取代原来的藏书室东明草堂。天一阁设计精妙，历四百余年而不毁，成为我国现存最古老的藏书楼，而且在清乾隆时期还被作为典籍收藏之所的典范。乾隆为了收藏《四库全书》，于乾隆三十九年（1774年）特令军机大臣传谕杭州织造寅著亲自前往勘察天一阁之建制。

为保证典籍集中管理，范钦制定了严格的管理制度。他所收藏的典籍轻易不借人，连亲族也不例外，他的侄子范大澈曾跟随他游历京城，颇有才智，然多次借书均被拒绝。他立下“代不分书，书不出阁”的遗训，保证其典籍能集中收藏。他的次子范大冲承其志以后，更规定阁门和厨门的钥匙分房管制，并制定了严格的藏书禁则：“凡阁厨锁钥，分房掌之。禁以书下阁梯，非各房子孙齐至，不开锁。子孙无故开门入阁者，罚不与祭三次。私领亲友入阁及擅开厨者，罚不与祭一年。擅将书借出者，罚不与祭三年。因而典鬻者，遂不与祭。”[①]

① （清）陆以湉撰，崔凡芝点校. 冷庐杂识［M］. 北京：中华书局，1984：354.

范钦不但以藏书著称于世，并且刻印了不少所藏典籍，如《范氏奇书》二十一种，包括仅存于世的纬书郑注《乾坤凿度》二卷、《穆天子传》六卷、《论语笔解》二卷等名著。

第三节 学 校 典 藏

我国的学校教育源远流长，从孔子私学到历代官学，教育的传统在我国绵延不断。教育需要教材，因此与著述、刻书、藏书的关系极为密切。本书主要以中国古代教育机构的典型——书院为例，介绍中国古代的学校典藏。

一、学校典藏的历史演变

书院，即我国古代读书人集聚一地，围绕着书，开展包括藏书、读书、教书、讲学、著书、校书、刻书等进行各种活动，从事文化积累、创造与传播的文化教育组织。书院藏书随着书院的兴起而出现。时至唐代，为了适应读书人日益增长的文化需要，我国出现了“书院”这一新的组织。从现有文献资料来看，书院最早出现在唐代初期。

（一）唐代书院文献收藏

最早的书院文献收藏出现在唐代。唐代起源于民间的书院绝大多数都与读书有关，少数则具讲学授徒、祭祀先贤、讨论时政等功能。官办书院出现相对较晚，至唐玄宗开元年间，长安、洛阳两都出现了丽正书院、集贤书院。唐末，全国已有书院至少三十六所。

既然读书人居院读书，那就意味着院中必然藏有一定数量的图书。对于文献收藏，唐代书院予以足够的重视。书院建阁收藏文献，在唐代，书院虽然处在兴起阶段，但它的文献收藏活动已经相当普遍。因此，可以说文献收藏作为一种事业追求，和书院天生连为一体，从初期阶段起就形成了同步发展的态势。唐代书院的文献收藏规模不一。官府如东都洛阳宫之集贤书院，开元十九年（731年）时有文献收藏八万九千卷，数量已经相当多。需要指出的是，丽正书院、集贤书院文献收藏的特殊性在于，一方面它上承东观、兰台之制，具有皇室图书馆的性质与功能，从大处着眼，可以视作官府文献收藏；另一方面，它又开后世书院文献收藏事业之先绪，在中国文献收藏史上，起着将千余年国家文献收藏事业的经验传输给新兴的书院组织的桥梁作用，为日后书院文献收藏事业的发展及其特色的形成、制度的成熟等打下了坚实的基础。民间书院的文献收藏数量比官府书院要少很多，一般为千余卷或数千卷，如江州陈氏义门书院建有书楼，文献收藏数千卷，凡族中子弟之秀者，弱冠以上皆令就学其中；四方游学之土，亦可进院登楼读书。大顺元年（890 年）制定的《陈氏家法》还规定："除现置书籍外，须令添置。于书生中立一人掌书籍，出入须令照管，不得遗失，或者宾客寄止修业者，供应并出东佳庄。"[①]十分明显，义门文献收藏已经将唐代书院文献收藏的两个特点突显出来了：一是其公共性、开放性，文献收藏的目的是让进入院中的人阅读，有别于私家文献收藏和官府文献收藏；二是开始制度化管理，它表明书院文献收藏已摆脱自发的需要而进入一种自觉的追求，可以视作中国书院文献收藏制度初步形成的一个重要标志。

（二）宋代书院文献收藏

宋代书院称名天下，并汲取官学、私学及佛教丛林、道家清规等长处，和各大学派紧密结合，确立规制，形成制度，从而走上了繁荣发展的道路。这一时期的书院总数，据统计有七百十一所[②]，其数量之大，远不是五代时期之三四十所可以比拟的。其分布范围，北及今山东、河北、山西、陕西，西达四川、贵州，南抵海南岛，尤以江南地区比较密集，其中江西最多，浙江、福建、湖南次之。这个时期书院的文献收藏事业也有了很大的发展，藏书楼建设、文献收藏规模、文献收藏品种、文献收藏特色等都有可纪念之处。

书院作为宋代的一种教育组织，作为教育和文化中心，必然发展刻书与文献收藏事业。据《史记》载，宋代在全国各地设立的书院近四百所，其中北宋有著名的书院典藏四大处所：嵩阳书院藏书楼、睢阳书院藏书楼、白鹿洞书院云章阁、岳麓书院藏书楼——御书阁；南宋亦有岳麓、白鹿、丽泽、象山四大书院。书院是教育之所，理所当然地藏有书籍。宋代的书院文献收藏主要是朝

① 《陈氏秀甫公系族谱》统编理事会编. 陈氏秀甫公系族谱·总谱［M］. 2011：186.

② 陈谷嘉，邓洪波. 中国书院制度研究［M］. 杭州：浙江教育出版社，1997：355.

廷颁赐的国子监印刷的各种书籍，或私人捐赠，或原有书舍、学楼留下的书籍，书院文献收藏的数量是很多的，如光绪《浙江通志》载："南国书院在浙江东州县，宋蒋友松建，聚书三万余卷。"[①]宋代四大书院皆富有藏书，如南宋孝宗淳熙八年（1181 年），朝廷赐白鹿书院国子监经书。应天书院聚书一千五百卷，仁宗时，以应天书院为府学。太宗至道二年（996 年），朝廷赐崇阳书院院额及印本"九经书疏"，真宗大中祥符三年（1010 年），又赐书院"九经"。其他书院藏书楼有：扎溪书院明经阁、龙光书院六经楼、明道书院御书阁、南阳书院尊经阁、鹤山书院尊经阁等。书院藏书楼的建立，说明文献收藏已成为书院的一种事业而被肯定、固化，它和讲堂、祠宇一起成了书院讲学、文献收藏、祭祀三大事业的标志。

宋代书院的文献收藏事业，由于朝廷的提倡，更由于各书院建设者的努力，得到了前所未有的大发展，逐渐形成了自己的特色，走上了繁荣之路。其一，书院文献收藏规模在扩大。随着雕版印刷技术的推广，书籍得以大量产生，从千余卷到数万卷的变化和一所书院所藏图书之数即敌朝廷秘府典籍的事实，也足以说明宋代书院文献收藏已经立稳脚跟。其二，书院文献收藏品种呈现多样化，印本、刻本盛行。北宋初期，书院盛极一时，后期衰落，到了南宋又大盛。经济发达，为书院刻书提供了有利条件，书院刻书是宋代书院文献收藏的一大特点，顾炎武在《日知录》中说："闻之宋元刻书，皆在书院，山长主之，通儒订之。"[②]书院所刻之书，质量一般是比较高的，历来受公、私藏书家所推崇，如绍定年间婺州丽泽书院重刻司马光的《切韵指掌图》二卷、象山书院刻袁燮的《斋家塾书钞》十二卷、竹溪书院刻方岳《秋崖先生小亭》八十三卷、环溪书院刻《仁斋直指方论》二十六卷、咸淳年间建安书院刻晦庵先生的《朱文公文集》一百卷等。其三，书院文献收藏具有特色的公共性与开放性。其目的与私家文献、寺观文献收藏不同，它是服务于教学与学术研究的，便于取阅公众。下引叶适的《石洞书院记》：

东阳郭君钦止，作书院于石洞之下。石洞，郭氏名山也。……（郭君）既而叹曰："吾寒生也，地之偶出于吾庐，非赐余者，吾其可自奉而游！将

① 转引自：谢灼华. 中国图书和图书馆史［M］. 武汉：武汉大学出版社，1987：164.

② （清）顾炎武著，陈垣校注. 日知录校注［M］. 合肥：安徽大学出版社，2007：999.

使子孙勤而学于斯，学其可以专，盍使乡里之秀并焉！”于是度为书院，礼名士主其学，徙家之藏书以实之，储洞之田为书院之田，而斥洞之山为书院之山，示郭氏不敢有也。[①]

（三）元代书院文献收藏

元代书院文献收藏事业在宋代的基础上得到了继续发展，不但具有鲜明的时代特色，而且文献收藏规模甚大，制度化、正规化建设成绩突出，成为整个元代文献收藏事业中最闪亮的一点。

历经政权建立的战乱后，元政府对书院采取保护扶持政策，全国书院开始复兴，书院文献收藏事业也进入了恢复调整阶段，对宋代一些著名书院的藏书楼阁或重修或重建。书院藏书楼建设作为文献收藏事业的一个重要组成部分，成了书院文献收藏事业发展的一个重要标志，如太极书院藏书楼、雪林书院五车楼、伊川书院稽古阁、南阳书院尊经阁、东庵书院藏书堂、草堂书院石室、南阳书院尊经阁、岳麓书院尊经阁、主一书院藏书阁、南轩书院藏书阁等。

元代书院文献收藏在继续扩大规模的同时，也形成了文献收藏建设的制度化，设置了专人管理书院典藏，“收拾宋学旧籍，设司书者掌之”[②]。表明当时书院有专职人员管理典籍。另外，还形成了典籍的借阅制度，许昌的颍昌书院，“师生有欲借之者，则具姓名，列书目，而以时谨其出纳”[③]，表明图书借阅制度在元代书院中已经出现。许有壬在《冯氏书堂记》中对其文献收藏及借阅有比较详细的记载，冯梦周（1285—?）积官至礼部尚书，深感自己早年无书读之苦，出仕之后悉力购置，并在家建立了冯氏书堂。“构堂蓄之，以待里之不能有书者。为之约曰：‘凡借者恣所取，记其名若书目。读竟则归而销其籍。损者不责偿。不归者遂与之以激其后，缺者随之。’”[④]

从登记读者姓名及所借书目到还书销号，都说明借阅制度已比较完善且具条理。院藏书目的编制主要是为了方便阅读，为读者提供检索工具，而其原始

① 东阳市地方志编纂委员会. 东阳市志・石洞书院记［M］. 上海：汉语大词典出版社，1993：796.

② 陈谷嘉，邓洪波. 中国书院史资料［M］. 杭州：浙江教育出版社，1998：457.

③ （元）郑元佑. 郑元佑集［M］. 杭州：浙江大学出版社，2010：216.

④ 虞浩旭主编，天一阁博物馆编. 天一阁文丛，第3辑［M］. 宁波：宁波出版社，2006：89.

的动因则在于保管的需要，这是元代书院文献收藏的又一特点所在。成千上万甚至几十万卷图书，要有效地保管好，必须使其处于有序状态，有序的结果势必是书目的编制，而使众多图书进入有序状态的指导原则是目录学思想的体现。在有关元代书院的文献中，《杜洲书院书板书籍目录》《共山书院藏书目录序》《西湖书院书目序》是现存最早的中国书院的文献收藏目录和书目序。

（四）明代书院文献收藏

明代书院的发展历经曲折，明初并未受到重视，成化以后，明代书院建设逐步兴起，嘉靖、隆庆、万历年间，各地所建书院更多，书院进入兴旺时期。从明代书院文献收藏的规模及影响方面来说，明代书院文献收藏的成就并不突出。

明代书院的创建者大都重视藏书楼建设。当时，各地书院大都建有尊经阁、藏书楼，足以看出对文献收藏设施建设的重视。在江西，嘉靖六年（1527 年）所建的泰和静斋书院，“鼎建绿野堂三间，堂左右为夹室，后为重屋，庋书其上，匾曰万卷楼”[①]。卢同建于嘉靖间的安福复真书院、复古书院，均建阁以收藏文献。在湖南，益阳龙洲书院尊经阁，“凡三层，高可五丈，深广各以其度”[②]；长沙岳麓书院为宋元旧院，弘治年间杨茂元重修时，即“增公田，储经书”，重建尊经阁。在广东，合浦书院建有崇正门、克复堂、崇经阁、环翠阁、射圃等建筑；西樵山，石泉书院有沛然堂、紫云楼、御书楼。在浙江，慈溪慈湖书院为宋元旧院，嘉靖间重修时建横经阁以收藏文献；绍兴稽山书院古已有之，嘉靖间山阴令吴瀛增修扩建，又新建尊经阁于其后，王守仁曾为之作记；金华崇正书院也是宋元旧院，万历十七年（1589 年）扩建了经义、治事二堂与尊经阁；宁海缑城书院，建于万历二十二年，院中有扶摇阁、藏书楼；杭州虎林书院为万历三十六年（1608 年）建，内有明贤堂、凝道堂、友仁堂、孝廉博士馆、藏书楼。[③]其他如安徽复初书院、甘肃徽县徽山书院、陕西西安正学书院、陇州岍山书院、河南永城太邱书院、商丘范文正公书院等，也建有尊经阁或藏书

---

① 任继愈. 中国藏书楼（第 2 册）［M］. 沈阳：辽宁人民出版社，2000：1160.

② （光绪）湖南通志 · 卷六十八，转引自陈谷嘉，邓洪波. 中国书院制度研究［M］. 杭州：浙江教育出版社，1997：147.

③ 徐凌志. 中国历代藏书史［M］. 南昌：江西人民出版社，2004：311.

楼。明代主要的书院文献收藏处所有白鹿洞书院、东林书院、岳麓书院、虞山书院、静斋书院、白鹭洲书院、百泉书院、岍山书院。下面，笔者将以个别书院为例介绍如下。

白鹿洞书院位于江西庐山五老峰南麓，是中国历史上时间最悠久、影响最大的一所古代学府。明以后，白鹿洞书院在正统间修复，后又经多次修葺、增建，规模较前代有所拓展。据记载，正德间，白鹿洞书院文献收藏分经、史、子、集4部，其中经部11部、子部25部、史部31部、集部16部，凡83部；另有书版10部，计2768片。嘉靖年间文献收藏有经部49部、史部29部、子部64部、集部34部，计176部；镂版书籍11部，共计3151片。万历中期，文献收藏有圣制7部、经部35部、史部40部、子集部112部，共计194部。天启初，文献收藏共191部，未分经史子集。

岳麓书院在湖南善化县（今长沙市）西岳麓山抱黄洞下，宋开宝九年（976年）由潭州太守朱洞创建，有讲堂5间，斋舍52间，为宋初四大书院之一。弘治间，岳麓书院文献收藏有《四书大全》《书经大全》《易经大全》《诗经大全》《礼经大全》《春秋大全》《性理大全》7部，大都是朝廷颁降图书。

虞山书院，明万历间孙慎行、张鼐刊的《虞山书院志》卷六中载有虞山书院书籍志，即书院的文献收藏目录。内分圣制、典故、经部、子部、史部、理学部、文部、诗部、经济部、杂部、类书11类，著录该书院文献收藏265部，其中，圣制类11部，皆明代皇帝御制或钦定之书；典故类8部，皆国体政要之书；经部类37部；子部类21部；史部类36部；理学部类54部，多为程朱陆王各派理学家文集；文部类19部；诗部类13部；经济部类31部，涉及盐铁、天文、边舆、海防、水利、荒政、赋税等方面；杂部类20部；类书类15部。该志的分类，去掉了集部，增加了典故、理学、圣制、经济、文部、诗部、杂部、类书等类目，突破了传统的四部分类法。虞山书院的文献收藏较为丰富，且极具特色，它既重视理学等学术书籍的收藏，又重视经济实用类书籍的收藏，反映了当时学术风气已开始向经世致用方向转变。

明代书院文献收藏的管理制度的逐渐完善主要体现在正规的图书管理条例的出现。据李梦阳的《白鹿洞书院新志·书籍志》记载，正德年间，白鹿洞书院已建立了山长清点文献收藏、装造目录、登记存失、钤印备查、设置库子管理图书等制度。白鹿洞书院还建立了新旧山长交盘制度、图书借阅制度、书目分类制度，图书整修制度。其图书整修制度最具特色，“修整书籍，每五年一大修，三年一小修。南康府呈委主洞教官，慎选博识谨笃洞生四名，查理损坏书籍若干本，动支洞租，招募书匠逐一修整”①。

（五）清代书院文献收藏

清代书院文献收藏得到了朝廷的扶持，皇帝会御赐书籍至书院，通常名气较大的书院得到这样的机会会多一些，如白鹿洞书院。清政府鼓励地方政府拨公款给各地书院购书的措施也是清代书院文献收藏的主要来源之一，是书院文献收藏能稳步增长的重要保障。例如，江西巡抚刘坤一，在同治年间向所属各府书院新置了官书，其中，给瑞州府凤仪书院的书籍就有《周易折中》22 卷、《钦定书经传说汇纂》21 卷、《钦定周官义疏》48 卷、《钦定仪礼义疏》48 卷、《钦定春秋传说汇纂》38 卷、《钦定礼记义疏》82 卷、《小学集解》6 卷、《资治通鉴纲目》3 编 48 卷、《中庸衍义》17 卷、《佐治药言》、《学治臆说》、《图民录》等。当然，书院自身也会出经费设法购置一些必备书籍，另外还有社会的捐资与捐书。

清代书院对于典籍的收藏都有自己的原则。书院要对入院后的典籍进行整理与编目，标明文献的来源、种数、卷数及收入的日期等，对典籍登记造册，并加盖书院文献收藏印记。随后，要按照分类法对图书进行分类，多数书院采用的均为经史子集四部分类，编制的书目既是对“馆藏”情况的反映，又能起到帮助书院师生检索的作用。典籍的利用方面主要体现在书籍的借阅方面。书院是为师生教学研究服务的，各书院对文献收藏出借均有比较详细的规定，如安徽于湖中江书院：

> 一、诸生借阅，掌书者先将书页当面数清，如有脱页，即于书头上盖戳记。收还亦须当面过数，倘有缺损，须借书补钞。（恐有赖于照钞，将书撕下，或有忌人知之者，会课时尤宜防。）若妄加圈点批评，亦须面斥，以后不准借书。
>
> 一、借书但准平时，若课期前，即未逾十日限期，亦须送缴，以备出题时查考出处。出题日但准来查，自带笔墨来钞，不准借出。（缘书止一部，

① （明）郑廷鹄. 白鹿洞志·卷十六［A］//李梦阳等. 白鹿洞书院古志五种［C］. 北京：中华书局，1995：427—428.

查者众多也。）

一、史汉三国及各种类书，只准偶尔翻查，不准借出。四史局价甚廉（金陵书局史记钱叁串贰百，两汉钱陆串，三国钱壹串捌百），须各置一部，或数人分买传观亦可。若类书一查即了，不必借出。且恐常有人来查，至于孤本、钞本，尤不准借。[①]

还有的书院对借书数量有限制，规定一次只能借一种，且不得超过五卷；书院每年对借阅情况进行盘点，到了年终，不管所借书是否读完，必须在腊月二十日前一律归还等，这些措施的颁布执行，其实就是为了保证书院文献收藏利用的公共性。

图书的保管在当时也受到了高度重视。书院文献收藏得来不易，因此对管理一环尤为重视，很多书院委派专人管理，以策安全。兴华文正书院就规定："立斋长以专其成。所藏书籍，整齐卷页，谨守管钥，统归经理，无事不得擅离，有事回家，须禀明山长，择人庖代。每逢夏季六月，在书院检出曝晒，必亲自监管，以防遗失。"福州的鳌峰书院也有类似的规定："每年将散馆时，该书吏将诸生所借之书一概收回，监院官详细查点，倘有遗失着落，该胥赔补。"[②]

一般的书院除了建造楼阁以远潮湿之外，还要想方设法解决霉变、虫蚀等问题。在众多书院的规章中，惠州丰湖书院的《藏书约》比较周全，涉及通风、去湿、防潮、防蚁、防漏、检书、晒书、防污、防火、防鼠、分类存放、书籍编号等保管环节的问题。

二、学校典藏的来源及所藏科技文献

书院之所以以"书"为名，是因为它为藏书之所。唐代书院初设时书院多为藏书、校书之所。其后，书院作为独立的教育机构，藏书仍是其"三大事业"之一。书院藏书的来源极为广泛，大体可分为：皇帝赐书、地方政府拨款购置、社会人士捐赠、书院自置、书院自刊等。

科技文献不是书院藏书的主体，但是其不可缺少的部分，传统的天文、算

① 李希泌，张椒华. 中国古代藏书与近代图书馆史料（春秋至五四前后）［M］. 北京：中华书局，1982：71.

② （清）来锡蕃撰，赵所生，薛正兴编. 中国历代书院志 • 第八册 • 鳌峰书院志 • 卷七藏书［M］. 南京：江苏教育出版社，1995：331.

学、农业、医学、地理、手工业文献等一般是其必备的藏书。在以上文献来源中，官方文献的内容一般比较固定，一般是经、史、子、集皆备，内含天文、算学、农业、医学、地理、手工业文献等。

社会人士捐赠文献最具灵活性，所捐文献的内容、数量区别较大，与个人偏好关系较大，其中亦有偏好科技类文献者，如清代长沙丁取忠，一生专注数学，虽然家境贫寒，但他仍倾囊中所有购书、藏书，和朋友互赠算书，所以有人称他“几间老屋，万卷藏书”。他曾给岳麓书院捐书，包括算学丛书 21 种、《易象阐微》5 卷等。再如湘阴张自牧捐书中包括《水经》2 卷、《星经》2 卷、《竹谱》1 卷、《禽经》1 卷等。

第四节　寺观典藏

寺观文献收藏为我国古代文献收藏史增添了丰富的内容，作为中国古代文献收藏体系中的一部分，寺观典藏为当时及现在的后辈留下了一笔宝贵的遗产，这些典籍文献的收藏与传播影响到各个领域，并产生了深远的影响。

一、寺院文献收藏

学术界一般认为，佛教正式传入中国始于西汉末年、东汉初年，首先在统治者中间流行。据传，汉明帝夜梦金人，在殿庭飞行，第二天向卜问吉凶，傅毅以佛法对之，于是，明帝派遣郎中蔡愔和秦景等十八人到天竺寻求佛法。永平十年（公元 67 年），蔡愔等人在大月氏国请得迦叶摩腾和竺法兰两僧，并用白马驮载佛经四十二章及释迦牟尼立像一尊而归。翌年，明帝在洛阳建寺，以白马命名。此后，白马寺便成了僧侣住宿、译经、传教的场所，而佛教寺院文献收藏也便从此而起源。东汉末年，那时的白马寺等寺院已有文献收藏的初态出现，并具备了一定数量的文献收藏。相传佛典《四十二章经》流入中国后，便收藏于兰台石室。

至魏晋南北朝时期，佛教在中国有了很大的发展，印度和西域僧人大量进入中国，在中原内地广泛传教，大量译经，中国信佛人和出家人成倍增长，全国各地广建寺院，历代统治者不仅实行扶持佛教政策，而且还专门设立僧官制度，置专地庋藏佛教典籍，佛典目录开始产生。

事实上，寺院在中国一出现，就开始藏经了。汉末三国时期，统治者虽信佛，但那时把佛教看成道术中的一种，进行祭祀，与儒经相比，佛经不受重视，只有寺院中的僧人诵读。随着寺院的增多，佛教的陆续译出，寺院文献收藏也就渐形规模。当时的书籍都是手工抄写的，十分珍贵，所以一旦拥有一部书，是非常珍爱的。佛经译出后，不同寺院僧人往来传抄，使寺院文献收藏日益增多。

西晋前期佛教发展不大，以译经为主。后期惠帝崇信佛教，在洛阳建寺院，供养百僧，当时的两大佛教传播中心，共有佛寺一百八十所，僧尼近三千七百余人。在此背景下，寺院文献收藏事业有了很大的进步，在封建统治者的扶持下，开始允许国人出家为僧，僧尼数量增加，寺院随之扩建，佛典也日益丰富。我国南方地区形成了以庐山东林寺和建康道场寺为主的两大寺院文献收藏中心，在此期间，还产生了专门的佛典目录——《众经目录》和《综理众经目录》。

南北朝时期，在封建统治者的扶持下，社会上迎来了崇佛热潮，僧尼数量继续增加，寺院林立，佛典繁富，寺院文献收藏有了很大的发展，个别寺院出现了藏经数千卷的情况。

南朝宋著名藏经寺院丹阳南牛头山佛窟寺，藏有各类佛经、道书、佛经史、俗经史、医方图符等。南朝梁的开国皇帝梁武帝，崇佛达到极点，他是中国历史上唯一“四次舍身入寺”的皇帝，在他的大力扶植下，南朝佛教达到了鼎盛，有佛寺两千八百四十六所，僧尼八万多人。梁武帝躬亲讲经、译经，特辟华林园庋藏佛典。另外，定林寺、建初寺和长沙寺也都是当时藏佛经的著名寺院。

北朝诸帝，除北魏太武帝和周武帝灭佛外，其余皇帝都不同程度地崇信佛教。北魏道武帝建僧官制度，文成帝始凿云冈石窟，孝文帝开龙门石窟和建少林寺等。有了皇帝的支持，佛教在北方得以飞速发展。但佛教在北朝也经历了两次厄运，一是北魏太武帝灭佛，二是周武帝灭佛，寺院文献收藏在这两次灭佛中遭到了毁灭性的破坏。

北魏末年，佛寺已达三万余所，僧尼有二百万人。北魏、东魏有专门储藏佛典之处——经书库，北齐、北周均有经藏专地，北周弘农郡五张寺藏佛典三百余部。

隋唐时期是寺院文献收藏的极盛时期，无论是寺院文献收藏的数量，还是寺院文献收藏的品种和规模，都达到了前所未有的水平。佛道两教经本几乎都在隋唐时期达到繁盛，一方面是因为经本种数增加；另一方面是因为写经活动持久不衰。佛道两教都有自己的大藏，即各自经典的结集。初，佛道两教随着经本的增加，对自身拥有的众多经本不断进行整理汇集。这样的工作一般都在富有文献收藏的寺观里开展，是以寺观所藏经本为工作基础的。当时，结集起来的一套藏书尚无成熟之名称，曰“众经”或“一切经”。梁释僧绍、释宝唱依宫苑华林园宝云殿藏经分别编出《众经目录》一部。唐代僧人慧琳在元和十二年（817 年）编成佛教经本名词检索辞典，名曰《一切经音义》。道教受佛教影响，也曾称自己的经典结集为“众经”或“一切经”。如隋大业年间（605—617 年）皇室内道场收藏佛道两教经本，当时道教文献收藏目录据《道藏阙经目录》卷上著录，名为《众经目录》。

佛教经本在南朝梁时，皇室宫苑华林园藏有五千四百卷，而至隋代，皇室禁中则收藏有六千一百九十八卷。经本种数迅速增长近八百卷。另外，佛经复本的抄写在隋代非常盛行。《隋书·经籍志》卷四载：“开皇元年，高祖普诏天下，任听出家，仍令计口出钱，营造经像。而京师及并州、相州、洛州等诸大都邑之处，并官写一切经，置于寺内；而又别写，藏于秘阁。天下之人，从风而靡，竞相景慕，民间佛经，多于六经数十百倍。”①

明代胡应麟在《少室山房笔丛》卷二《经籍会通二》中曰：“凡释氏之书，始于汉，盛于梁，极于隋唐。”②其时，各地寺院都或多或少收藏有官写及民间所抄的佛经典籍，其中一些像庐山东林寺这样大的寺院往往收藏量在万卷以上。其中手写的大藏是这一时期寺院文献收藏的主体，另外还有少量的雕版印刷的佛经。与此同时，寺院文献收藏制度也趋于完善、成熟。如庐山东林寺在义彤主持经藏院时，从采集到分类、编目、排架等工作，已形成了比较完备的文献收藏工作程序，与现代图书馆的业务流程几乎无二，这表明经藏制度在唐代已经确立。

佛道两教的发展与统治者崇信关系极为密切。皇帝崇信之时，皇室每于宫苑之中要设立佛、道经本专门收藏处所。如梁武帝佞佛，故于华林园宝云殿专门储藏五千四百卷佛经，并在华林园大开讲筵、译场。设佛道经本专藏于禁中，表示对佛教的尊崇，其管理与宫中秘府类似，使用阅读经本也极为方便。《隋

① （唐）魏征等. 隋书·卷三十五·经籍志［M］. 北京：中华书局，1973：1099.

② （明）胡应麟. 少室山房笔丛·卷二·经籍会通二［M］. 上海：上海书店出版社，2011：28.

书·经籍志》卷一序曰：隋炀帝“于内道场集道、佛经，别撰目录”[①]。内道场是佛道两教诵经讲法、举行教内仪式的场所，而所谓内道场即是设于皇宫禁苑中的道场称谓。《旧唐书·王缙传》卷八十八载唐代宗“尝令僧百余人于宫中陈设佛像，经行念诵，谓之内道场”[②]。其法显然取自杨隋等前朝，隋朝秘阁之中虽然也有佛道经本之收藏，但内道场却是皇家收藏佛道经本的主要处所。当时内道场中储藏佛道经本共计两千三百二十九部七千四百一十四卷。

隋代官方所有佛道两教经本主要贮存在宫中内道场，秘阁所藏经本仅为官写藏经之副本。《隋书·经籍志》卷四载，开皇元年（581 年）高祖崇佛，官写一切经，置于各地寺内，“而又别写，藏于秘阁”[③]。敦煌写本 S. 2295 号《老子变化经》卷后有题记云：“大业八年八月十四日经生王俦写，用纸四张，玄都玄坛道士覆校，装潢人，秘书省写。”[④]此为当时官本之珍贵存留。秘阁并非当时佛道经本收藏的主要官方机构。不过到了唐朝，官方所有的佛道经本则主要收藏在秘阁之中。开元三年（715 年）马怀素等学者整理秘书省文献收藏，开元八年修成新的文献收藏目录《群书四部录》二百卷，这个目录中似应附有佛道教经本目录。因为，毋煚依此为据又新编一部简本书目《古今书录》四十卷，以为佛道经本目录附在四部书目之后不妥，别撰独立成《开元内外经录》。《旧唐书·经籍志》卷上序载毋煚《古今书录序》云所编书目收录范围：

> 凡四部之录四十五家，都管三千六十部，五万一千八百五十二卷，成《书录》四十卷。其外有释氏经律论疏，道家经戒符录，凡二千五百余部，九千五百余卷。亦具翻译名氏，序述指归，又勒成目录十卷，名曰《开元内外经录》。若夫先王秘传，列代奥文，自古之粹籍录符，绝域之神经怪牒，尽载于此二书矣。[⑤]

唐代官府文献收藏以开元为盛。该时期秘阁收藏佛道经本“凡二千五百余

① （唐）魏征等. 隋书·卷三十五·经籍志［M］. 北京：商务印书馆，1973：1099.
② （后晋）刘昫等. 旧唐书·王缙传·卷八十八［M］. 北京：中华书局，1997：750.
③ （唐）长孙无忌等. 隋书·经籍志·卷四［M］. 北京：商务印书馆，1955：146.
④ 伏俊琏，徐正英. 古代文学特色文献研究，第 2 辑［M］. 上海：上海古籍出版社，2016：290.
⑤ （后晋）刘昫等. 旧唐书·卷五十·经籍志［M］. 北京：中华书局，1975：1965.

部，九千五百余卷”[①]，要比隋朝时东都内道场多两千余卷。可知该时期佛道经本在种数上又有大量增长。除了秘阁中收藏佛道经本外，唐代僧道学者还可以进入官方文献收藏机构中任职，这也是历代鲜事。

唐代寺观林立，殿堂栉比，库藏盈满，唐代大寺名观均富有文献收藏，它们是当时官府文献收藏机构之外的主要社会机构文献收藏类型。唐代佛教寺院文献收藏机构有如下几种。

（一）京师大慈恩寺、大雁塔

它们是现今遗存最古老的佛教文献收藏库房，从文献收藏史上看，作为文献收藏处所，要比现存的明代天一阁等更有历史价值。

（二）京师西明寺

唐释慧立、释彦悰《大唐大慈恩寺三藏法师传》载：“其寺面三百五十步，周围数里。左右通衢……而廊殿楼台，飞惊接汉，金铺藻栋，眩目晖霞。凡有十院，屋四千余间，庄严之盛，虽梁之同泰，魏之永宁，所不能及也。”[②]西明寺经藏，《大唐大慈恩寺三藏法师传》卷十、《宋僧传》卷五《唐京师西明寺慧琳传》中都曾提及，称为“西明寺藏”。西明寺的法师道宣曾依寺藏撰书目《京师西明寺录》三卷、《大唐内典录》十卷。前者今已亡佚，后者保存完好。西明寺经藏文献收藏内容及数量，现仍可通过道宣的《大唐内典录》得以详细了解。《大唐内典录》前七卷载录的是历代译经，卷八《历代众经见人藏录》是反映寺藏经本的，而且《历代众经见人藏录》还将寺藏大藏分为八类，每一类经目之中还注明排架位置。如“大乘经一译”类中：《大方广佛华严经》六十卷六帙，右一经六帙内中间从上第一隔，《大方等大集经》五十八卷六帙，《大涅槃经》四十卷四帙《大威德陀罗尼经》二十卷二帙，《大菩萨藏经》二十卷二帙，右四经一十四帙中间从上第二隔以此为线索。经过分析可知，西明寺经藏内共有三大间书橱：内中间、内左间、内右间。内中、内右皆为八隔排架，内左为九隔排架。每隔排架平均存放十余帙经本。

---

① （后晋）刘昫等. 旧唐书·卷五十·经籍志［M］. 北京：中华书局，1975：1965.

② （唐）慧立，彦悰. 大唐大慈恩寺三藏法师传［M］. 北京：中华书局，1983：214.

（三）五台山金阁寺

金阁寺与中国密宗的传播和密宗创始人之一的不空法师有极密切的关系。密宗，亦称“密教”“秘密教”“真言乘”“金刚乘”等，自称受法身佛大日如来深奥秘密教旨传授，为“真实”言教，故名。以高度组织化的咒术、仪礼、民俗信仰为特征，主要经典是《大日经》《金刚顶经》《苏悉地经》。不空（705—774 年），中国佛经四大译师之一，密宗创始人之一，狮子国（今斯里兰卡）人，一说是西域人。不空 746 年到长安，历玄宗、肃宗、代宗三代，极受朝廷的尊重和礼优。唐代宗称赞不空为“我之宗师，人之舟楫”。他圆寂后唐代宗谥曰“大辨正广智不空三藏和尚”。不空的译著极其丰富，为密宗在唐代的一时兴盛做出了重大贡献。

（四）庐山东林寺

庐山东林寺文献收藏从东晋慧远法师建立经藏起，至唐中叶已有五六百年的发展。元和年间（806—820 年）东林寺文献收藏最盛。东林文献收藏在寺东庑经藏院。李肇的《东林寺经藏碑铭》记经藏院为江南西道观察史武阳公韦丹于元和四年（809 年）施财建造，韦丹又请浮槎寺大德义彤为主藏僧。

> 初，彤公受具于庐山浮槎寺，尝讨大藏，恶其部帙繁乱，将理之，不可。遂发弘誓。四十余夏，果得至焉。于是搜远近之逸函坠卷，目在辞亡者得之，互文合部者兼之，断品独行者类之，本同名异者存之，以伪乱真者标之。又病前贤编次不以注疏人藏，非尊师之意。并开元庚午之后，洎德宗神武孝文皇帝之年，相继新泽，大凡七目四千九百余卷，立为别藏。著杂录七卷，以条贯之。合开元崇福旧录，总一万卷。举藏以志函，随函以命轴，微尘句偈，如在常中。然后金口之说，流于婆娑者，尽在于兹山也。①

该段文字交代了玄宗至德宗年间新译经本加之旧藏，数量已达一万卷。义彤主持经藏院，进行了许多艰苦的工作，搜聚经本，校阅卷轴，分类编目，整理上架。他参照开元崇福旧录，编制出东林经藏目录，把注疏性质的经本及搜集到的新译经本立为别藏。从采集，到分类、编目、排架的一系列工作，组成

① 吴宗慈编撰，胡迎建，宗九奇，胡克沛校注. 庐山志（下）[M]. 南昌：江西人民出版社，1996：506.

了完备的文献收藏工作程序，已与现代图书馆业务流程几乎没有多少差别，标志东林寺文献收藏制度已经非常成熟。

辽、宋、西夏、金、元数代的统治者都非常注重对佛教的扶持，故这一时期的寺院文献收藏虽不及隋唐之盛，但也比较发达，一些大的寺院往往文献收藏达万卷上下。当然，这些寺院文献收藏绝大多数为佛教经卷，但也有少数为历朝君主所赐的御书、御札和僧人所作的语录及诗词、散文等。这一时期文献收藏特色除传统的手抄本外，其余大量为雕版印刷品。

寺庙道观是佛道两教的神圣领地，佛道典籍是载录传播其思想教义的工具，所以寺庙宫观所藏图书以佛道两教典籍为主。由于宋朝政府对宗教采取了宽容政策，寺院经济发达，朝廷对寺院赐田、赐物，并免税、免徭役，促进了寺院文献收藏的发展。寺庙对佛教典籍的收藏就寺院而言，主要是佛教经卷，辅之以善男信女抄写和印造，以及文人墨客在寺院的藏书。其来源一是手抄，二是雕版印制。其中，雕版《大藏经》最具特色。太宗太平兴国八年（983 年）世界上第一部雕版印刷的汉文大藏经《开宝藏》在四川成都雕印成功，成为宋代寺院文献收藏的主要来源，后又雕印了《崇宁万寿藏》、《毗卢藏》、《思溪藏》（包括《思溪圆觉藏》《思溪资福藏》）、《碛砂藏》等，每雕完一部大藏，都要掀起一次寺院收藏的高潮。善男信女为示自己虔诚，把抄写和印造佛经作为造功德的主要手段并施于寺院，如南宋四川人冯楫，自捐俸资印造的《大藏经》《小藏经》各四十八部，共二十八万余卷，极大地丰富了寺院文献收藏。手抄佛书经卷，成为寺院文献收藏的又一主要来源。相传五代时，南唐后主李煜曾手写《般若心经》一卷，赠给宫女乔氏，南唐亡，乔氏成宋禁中宫女，闻后主死，舍《般若心经》于相国寺西塔院，后藏于大禧寺塔相轮中，后该寺失火，经书自火中坠落未损丝毫，成为寺院文献收藏的一段佳话。读书人藏书寺院，给宋代寺院文献收藏又增一抹色彩。江西李常将自己所读之书藏于少年求学时庐山五老峰下的白石庵，苏轼的《李氏山房藏书记》曾高度赞扬了李常无私奉献和化私为公的精神。

余友李公择，少时读书于庐山五老峰下白石庵之僧舍。公择既去，而山中之人思之，指其所居为李氏山房，藏书凡九千余卷。公择既已涉其流，探其源，采剥其华实而咀嚼其膏味，以为己有，发于文词，见于行事，以闻名于当世矣。而书固自如也，未尝少损，将以遗来者，供其无穷之求，而各足其才分之所当得。是以不藏于家，而藏于其所故居之僧舍，此仁者之心也。[①]

南宋洪咨夔为官失意后回宝福寺苦研，将一生所得家藏一万三千余卷藏书全部藏于宝福寺，总之，两宋寺院文献收藏在中国文化史上堪称壮举。

元代寺院所藏的书籍以佛教书籍为主，其中又以《大藏经》的收藏最为突出。元代佛教发达，统治者常常将卷帙浩大的《大藏经》刊刻后颁赐给天下的寺院。《大藏经》以文字来分，有汉文《大藏经》、蒙文《大藏经》、藏文《大藏经》、西夏文《大藏经》四种。

明清时期的寺院文献收藏沿袭唐宋以来的传统，文献收藏内容仍以《大藏经》为主并在寺院文献和道观文献收藏的文献收藏楼建设及图书管理方面取得了一定的成就。

明代，由于朱元璋原本僧人出身，崇信佛教，顾对佛经刊刻和收藏颇为重视。官版《大藏经》常颁行天下名山大刹，佛寺刊《大藏经》亦可至规定地点“请藏”，故明代寺庙藏经颇为普遍。山西太原崇善寺、大同华严寺皆收藏有各代《大藏经》。

清朝各代皇帝都信奉佛教，影响及于民间，正因于此，刊刻佛教经典在清代甚盛，各地名山大刹，都有藏经楼、藏经阁、藏经院等典藏佛经的场所。例如，山西太原崇善寺，初名白马寺，后改名延寿寺，明代改为崇善寺，寺名相延至今。清代崇善寺藏有宋元明版《大藏经》。清同治三年（1864 年），寺内大部分建筑毁于火灾，惟藏经未毁，大体保存完好。清代寺院藏经是和统治者提倡刻经及颁赐密切相关的。官刻的经书除免费颁赐各地大寺院收藏外，经版还可供各地寺院僧俗“请藏”刷印。总体上说，清代寺院藏经是十分盛行的，如著名学者阮元曾分别在清嘉庆十四年（1809 年）、嘉庆十八年为杭州灵隐寺和镇江焦山寺撰写了《书藏条例》。

二、道观文献收藏

道经作为传播道教的典籍和道教文化的载体，历史久远。东汉魏晋南北朝

① 方笑一. 唐宋八大家散文选［M］. 上海：汉语大词典出版社，2002：186.

时期是原始道教从民间兴起，并逐步演变发展为成熟的官方正统宗教时期，与此同时，道教典籍与日俱增，道教的宫观文献收藏起源时间要比寺院文献收藏稍迟一些，开始于西晋，并伴随着道教的发展日臻完善，成为我国古代文献收藏的重要组成部分。从宗教正式产生需要具备的基本条件来考察，一般认为，早期道教形成于东汉后期，起初，东汉政府为对其教团组织宗教活动进行阻止，是禁止道书流传的，《太平经》虽历经献书与禁止，但奠定了道教理论，它的出现与传播，标志着早期道教的形成。东汉一代道书并不多，因为道教徒均为贫苦百姓，有文化者鲜少，道书不像佛典，可以从西域和印度求取，再经翻译引入中国，而只能靠有文化的道士假托天神降授的形式来制作，所以早期道书产生得极慢。汉代纯粹的道书除《太平经》外，还有《周易参同契》、《老子想尔注》、《河上公章句》、《太平洞极经》和《天官章本》等，此外，还有一些符、科仪等书。这些书籍不被官方认可，只在民间秘密流传，因其受冷落，故而在流传中又有所亡佚。当时，尚无宫观设置，自然谈不上宫观文献收藏问题。

道教徒在长期的传教中悟得了宗教的发展，一靠民众，二靠政府。所以，自西晋开始，道教徒逐渐接近上层人物，向他们传道，影响他们，使之扶持本教，道教开始向官方宗教发展。

尽管道教在魏晋遭禁，道书的撰写与流传也非易事，但道教一直在民间秘密地发展着，道书也在慢慢地产生着，一天也没有停止。只不过道书的地位的确不及儒经，也不如佛典产生得快，流传也不及佛典广。但日积月累，至西晋末期，道书已为数不少，这时出现了道士收藏道书的现象，其中郑隐藏书最具代表性。郑隐是西晋末年道士，本为大儒，通晓《五经》，少为书生，善律、历、候、纬，晚好仙道，家富藏书，道经居多，计有道经约六百七十卷，另符五百数十卷，合计约一千二百卷。此时道经流传不广还有一个原因，就是魏晋道士普遍珍秘其书，不轻易示人。道书本来就不被官方赏识，又不如儒经、佛典接受的人多，自己再秘而不宣，这样道经的传播也就受限了，影响自然也就小了，流传下来的也就少了。东晋以前的道经共有多少，今天已不可详考，有一千四五百卷。此时仍无宫观建置，宫观文献收藏问题尚无从论述。道教至东晋开始复兴，并逐渐在统治者中间传播开来，经过以陆修静、陶弘景为代表的道教徒的改造，最终在南朝确立了官方宗教地位。东晋的一些皇帝、王公贵族，在崇信佛教的同时，又信奉道教，以求变神成仙，得道升天，长生不死。为了迎合他们的需要，得到他们的支持，东晋道教复兴以后，需要有大批新的经典，传播其教义，于是一些有文化的道教徒，趁此时机，制作了大量的道书，其制作道书的主要方法是，抄袭或改造前代道家、医方著作、谶纬符图等，以及从佛经中引进内容，作为东晋道经制作的主要思想材料。这样一来，道书蜂出，连篇累牍，其中以《三皇经》《灵宝经》《上清经》三组道经最重要，此即道教所谓的“三洞真经”。这些道书的出现，遂使道书目录随之产生。西晋时期还出现了我国最早的道书目录——葛洪的《抱朴子·遐览篇》。

南朝道经，至刘宋明帝泰始年间（465—471 年），已达一千二百二十八卷，而且种类繁多，自成体系。以后，仍有道士不断制造道书，为了辨别真伪，考镜源流，分门别类，陆修静开始了全面整理道经的工作，对道经进行搜集、整理、分类、编目。陆修静，字元德，吴兴东迁（今浙江吴兴）人，南朝前期著名道士，对江南道教改革做了大量的工作，在中国道教史上占有重要地位。他也是整理、分类、编目道经的第一人，他在政府的支持下，校理道经，经过五年的艰辛工作，于泰始七年（471 年），完成整理任务，奉敕编成《三洞经书目录》，献给朝廷。该部道经目录共著录道经并药方、符图等，共一千二百二十八卷。他首创道经分类法，采用“三洞四辅十二类”的分类体系，即将道书分为三洞（洞真、洞玄、洞神）、四辅（太玄、太平、太清、正一）七大部类，其中三洞各部又分为十二小类。这一分类体系，客观地反映了早期道经传世的情况，在道教史上影响深远。

南朝梁时期的道士陶弘景最具代表，他一边遍访江东名山，搜求道书，一边自己编撰，他所编的与道教有关的著作，约有五十种。

至南北朝时期，道观藏书经过充实与完善有了较快的发展，个别道教道观已收藏有近万卷经书。

东晋时期，一些神仙道士，采药服食，探名山，访洞穴，寻仙馆，因此出现了最早的道教馆舍。之后的陆修静在庐山构筑简寂馆，馆中有众多门徒随之修道，已初具后世道观的规模。陆修静到京师后，宋明帝为他建崇虚馆，该馆是已知最早的封建王朝为道士建筑的道馆。南朝齐、梁、陈三代，道馆的兴建越来越多，遍及江南各名山大都，这些道馆规模虽有大小，但其构造大多为宫殿式，内有藏经楼，专贮道藏，为出家道士所用。隋唐以后，道馆统称为观，大的道观称作宫。宫观藏书自晋宋始，一直沿袭到近代。

北魏太武帝为寇谦之建的坛、宇，即有道馆性质。太武帝接受寇谦之的道教之后，“乃使谒者奉玉帛牲牢，祭嵩岳，迎致其余弟子在山中者。……及嵩高道士四十余人至，遂起天师道场于京城之东南，重坛五层，遵其新经之制。给道士百二十人衣食，齐肃祈请，六时礼拜，月设厨会数千人”①。这种道馆的规模已很可观，北周武帝时改馆为观，北周时有云台观、通道观、玄都观等。这时的道观建筑已基本定型，内设道房，寓道士，藏经阁藏道书，供道士修读。

总之，晋宋之际开始的道观文献收藏，经南北朝的充实、完善，有了一定的发展，而其真正繁荣昌盛，还是在隋唐及以后的时期。

隋唐时期是道观文献收藏的繁荣时期，其时一些大的道教宫观文献收藏量往往在万卷左右；其内容涉及道家诸子、道教经典、科仪、类书、论著、诗词及变文等，而且大多还编有目录。此后，道观文献收藏随着道教的不断发展而日臻完善，成为我国古代文献收藏的重要组成部分。

唐道教宫观文献收藏处所有如下几种。

（1）京师昊天观。

京师昊天观位于保宁坊，为当时重要的文献收藏机构之一。据《道藏》中明代《道藏阙经目录》卷下附元本《道藏尊经历代纲目》载，尹文操在京师昊天观曾编撰观藏道教经本目录《玉纬经目》，著录藏经七千三百卷。

（2）京师太清宫。

京师太清宫有道藏目录，当存有道藏经本。人唐后曾有修葺，并先后称为太上老君庙、玄元庙、紫极宫等。

（3）江州冲阳观。

官方推行写经活动，并要求各地宫观要收藏经书以广流布。因此，江州冲阳观等重要道观，在天宝以后均建立观内经藏。

唐五代敦煌寺观文献收藏敦煌地区建寺颇早。自前凉张轨政权占据凉州以后，敦煌世信佛教，村坞相属，多有塔寺。该地之译经常传入关中，内地经本也往往流向敦煌。加之凉州地处西北边陲，战事较少，内地衣冠人物不乏避乱而至者，东汉以来的文化学术在此保存，留传较为完整，佛教寺院也能在此地稳定发展而免遭战争破坏。尽管寺院在敦煌早有建立，然而寺院经藏文献却受

① （北齐）魏收. 魏书 • 释老志 • 第二十［M］. 长春：吉林人民出版社，1995：1779.

中原经藏制度的影响，在唐代才趋昌盛。通过敦煌遗书中的某些文书及经卷上的题记，我们知道在盛唐、五代时期，至少龙兴寺、开元寺、永康寺、报恩寺、三界寺、灵图寺、净土寺、乾元寺、乾明寺等寺院是有经藏的，如敦煌遗书中许多经卷上至今有“净土寺藏经”印，说明原为净土寺所藏经卷。

敦煌的道教文献收藏虽然不如佛教文献收藏兴盛，但也有一定规模。仅敦煌石室发现的道教遗书，总数有五百余件写本。1978 年日本福武书店出版的大渊忍尔的《敦煌道经目录篇》，著录敦煌道教经本四百九十三件，其内容包括道家诸子、道教经典、科仪、类书、论著、诗词、变文等一百多种。写经年代在六世纪中叶至八世纪中叶，即北朝后期至唐代中期约二百年间。尤以唐高宗、武后至玄宗时的写本为多，恰与中原地区道教兴盛期相符。其中许多写本是元代《正统道藏》所未收之早期道内古籍。敦煌地区道观今可考者，有清都观、神泉观、法部观等，这些道观皆有文献收藏。今存数种道经写本，题记中列有观名，说明这些写经均出于该观写经道士或经生之手。

宋代统治者在京城与各地大建宫观的同时，十分注意对道教典籍的收集管理。早在太宗时即收集了道教经典七千余卷，包括君主在内由朝廷收集整理的道教典籍，或分赐给京城与各地的宫观，或由各地宫观抄录，成为宫观文献收藏的主要内容与来源。

除了佛道典籍外，宋代寺庙道观还藏有其他类图书。其中一个重要方面是本朝君主的御书御札。据史籍记载，宋代各朝君主除了将自己的御书御札等赐近侍大臣外，亦常赐寺庙宫观，其中北宋时以太宗、真宗最多，南宋以宋高宗赵构为甚。兹举数例：

太宗曾草书经史三十纸，刻石模印，装饰百轴，至道元年（995 年）六月，遣内侍裴愈乘船往江南诸州购募图籍时，“于是付愈赍诣名山福地，道宫佛寺，各藏数本”①。

大中祥符六年（1013 年）六月，“以御制《大中祥符颂》、《真游颂》、《圣祖临降记》赐天下道藏”②。元代道观也十分重视道书的收藏，在当时的道观中，往往收藏有大量的道教书籍，其中当以《道藏》的收藏最为突出。

① （宋）李焘. 续资治通鉴长编・卷三十八・太宗至道元年［M］. 北京：中华书局，2004：817.

② （宋）李焘. 续资治通鉴长编・卷八十・真宗大中祥符六年［M］. 北京：中华书局，2004：1829.

三、典藏制度

以唐寺观文献收藏制度为例：今天检阅唐代文献，会发现寺院设立经藏已成定制，或阁，或堂，或院，或楼。段成式的《酉阳杂俎》卷六《寺塔记》下云西京翊善坊保宁寺的“经藏阁规构危巧”，白居易的《香山寺新修经藏堂记》言龙门香山寺有经藏堂。北宋赞宁的《宋高僧传》卷十九《唐洛京天宫寺惠秀传》云长安崇仁坊资圣寺一夜遗火，“佛殿、钟楼、经藏三所悉成灰炭”[①]。总之，经藏的设置在唐代是很普遍的。唐代道教受佛教影响，也将宫观文献收藏处所称为“经藏”。但以寺观设经藏尚不足以说明寺观文献收藏制度已经成熟、完善，因为还要考察当时寺观经藏的管理是否已有成法。洛阳龙门香山寺有开成五年（840 年）白居易出资修建的经藏堂，《白居易集》卷七十一《香山寺新修经藏堂记》云：

> 乃于诸寺藏外杂散经中，得遗编坠轴者数百卷帙。以《开元经录》按而校之，于是绝者续之，亡者补之，稽诸藏目，名数乃足。合是新旧大小乘经律论集，凡五千二百七十卷，乃作六藏，分而护焉。寺西北隅有隙屋三间，土木将坏，乃增修改饰为经藏堂。堂东西间辟四窗，置六藏，藏二门，启闭有时，出纳有籍。[②]

“乃作六藏，分而护焉”是说香山寺文献收藏有分类排架体系。“启闭有时，出纳有籍”是讲图书流通在时间、借阅手续上有严格的规定。此外，白居易收藏其文集的另一所寺院庐山东林寺，也有缜密的管理制度。白居易作江州司马时，常与东林寺长老来往，后把自己的文集勒成六十卷，存于东林寺经藏院。“仍请本寺长老及主藏僧，依远公文集例，不借外客，不出寺门。”[③]“主藏僧”是指专门管理经藏的僧人，其职能等同今日文化单位中的图书馆馆长。另外，经藏院的文献收藏不出寺门，其图书流通主要局限在寺内阅览范围。

唐代道教经藏在文献收藏管理上也有相当讲究之规则。《道藏》“太平部”《洞

① （宋）赞宁撰，范祥雍点校. 宋高僧传・卷十九［M］. 北京：中华书局，1987：497.

② （唐）白居易著，喻岳衡点校. 白居易集［M］. 长沙：岳麓书社，1992：1131.

③ （唐）白居易著，喻岳衡点校. 白居易集［M］. 长沙：岳麓书社，1992：969.

玄灵宝三洞奉道科戒营始》一经（简称《三洞奉道科戒营始》）共有六卷，专述道教戒律仪范，其十品中第四品《置观品》言造立道观之法度，谓凡道观应备天尊殿、天尊讲经堂、说法院、经楼、钟阁、师房、门楼、玄坛、斋堂、写经坊、校经堂、演经堂、熏经堂、浴堂、烧香院、骡马坊等，并备述营建之法度。

经藏的使用：①抄经底版；②助人研读、著述。由于寺观有丰富的文献收藏，许多寺观经藏就成了教内外人士接受教育、潜心学习的场所，如京师西明寺，曾有日僧前往居住学习。其中空海（弘法大师）除受显密二教外，又学梵文及书法，留心文学。他归国后写的《文镜秘府论》六卷，是今日研究汉唐文学辞法的重要理论著作，饮誉中国和日本。西明寺经藏文献是十分丰富的，除了供人阅读、学习，还为著述活动做出了贡献，如道宣撰写的《法门文记》《广弘明集》《续高僧传》《三宝录》《羯磨戒经》《行事钞》《义钞》等二百二十余卷著作，道世编成佛门最著名的类书《法苑珠林》十帙一百卷。再有唐玄宗先天年间（712—713 年），曾命京师太清观主史崇玄及京城太清观、玄都观、东明观、宗圣观、东都大福唐观、绛州五京观等观主、大德，与昭文馆、崇文馆众学士四十余人共同编撰当时规模最大的道教辞典《一切道经音义》。

第五节 传 播

传播作为文献的功能之一，自古代最早的文献出现至今，得以保存下来的文献为历史、文学、宗教等方面的研究提供了重要的资料来源。文献从编撰、制作、流传到收藏，是一个完整的运行过程。下面，笔者将分别介绍图书与档案的传播——档案利用与图书出版。

一、档案利用

档案和图书虽然都是知识载体，但各自记载的知识主体却分属不同的知识层次。档案与图书不同，首光，它不是提供科学知识的出版物，而是把原本属于人类社会实践活动组织部分的文件材料，按历史联系加以汇集、整理并进行知识性加工的产物。它不但记录了事物的结果，而且记录了事物的具体发生和发展过程。它是人类社会实践活动的真实反映，它所记录的内容也侧重于具体的事物，成为具体的客观事物的原始性记录。档案是从过去作为执行传达意图的工具而使用的文件转化来的，不是事后另行编写的。它是随着工作活动的客观需要而形成的历史记录，是人们进行社会实践活动的自然产物，档案注重原本、原稿，而且往往只有一份，这是档案更加珍贵的原因之一。

（一）利用者

1. 统治阶级占有

历代统治者将档案视为深藏严守的秘密，档案利用主要限于王朝内部。对于朝政的审查，抑或编史修志等需要利用档案的行为，都是在王朝统治内部进行的。

2. 私人利用

既然私家藏书有存在，那么毫无疑问，在一定条件下也存在着私家利用档案者。如宋朝时，在统治者的倡导和支持下，私家利用档案编史取得了较大的成就，司马光广泛参考官府收藏的丰富文献典籍及前朝遗留的档案材料，编撰了《资治通鉴》。同时，民间也存在利用档案的情况。在社会战乱动荡时期，难免有档案流散于民间，这也在客观上促进了文献的传播和利用。

（二）利用方式

我国古代科技文献典籍多被人们利用编入丛书、类书、史书及方志等，这样有利于文献的保存和流传。以明末徐光启的《农政全书》和宋应星的《天工开物》为例，它们分别是记述农业和手工业生产技术的文献，均具有十分重要的价值。乾隆年间编《四库全书》时，收录了《农政全书》，却没有收录《天工开物》，结果前者得以流传，后者不幸亡佚。

1. 编入丛书

丛书有综合性和专门性两类，原著的汇辑具备某些共同特征，具有配套出版的条件，可以满足不同读者的需要，为后代保存了不少古代典籍。我国古代许多篇幅较小的文献多赖于原著得以保存、流传，这也是我国古籍利用的重要方式之一。综合性丛书《说郛》《四库全书》《四库全书存目丛书》《摛藻堂四库全书荟要》《钦定武英殿聚珍版书》的子部、《玉函山房辑佚书》及续编的子编、《丛书集成初编·应用科学类》和《丛书集成初编·自然科学类》等丛书中大都收录有古代科技文献。专科丛书中，如天文学方面，明徐光启辑的《西洋新法历书》主要收录汤若望、罗雅谷等撰写西洋天文历书 25 种；李之藻等辑的《天学初函》；明抄本《天文汇钞》，等等。农学方面，如清王毓瑚辑专科丛书《区种十种》和《秦晋农言》共收明清农书 13 种；明万历末李际期刻《说郛》，其中收有《齐民要术》《洛阳花木记》《种树书》等。其他专科丛书在此不一一列举，从中可知，将科技文献汇入丛书是人们利用科技档案的方式之一。

2. 编入类书

类书是指古籍中辑录各种门类或某一门类的资料，按照一定的方法加以编排，便于寻检、征引的一种工具书。类书为我们提供了各种汇集的原始资料，对学术研究具有重大的意义，其中保存了许多科技文献，下面，笔者将举例说明。

唐代的《艺文类聚》是现今保存较完整、最早的类书之一，收集了大量篇幅的唐以前的科技发展史实，如“地”类可以说是一部山水地理科学资料线索汇编，辑录了近 50 处名山大川及各种水文现象，对天文、地理、水土保持及气象等方面有较大的参考价值，该书引用了《本草经》《山海经》《论衡》《地理志》等科技文献。

宋代的《太平御览》摘录古书的内容涉及天文、地理、政治、经济、军事、文化、飞禽、草木、虫鱼等，内容极为广泛。例如，该书中的天部、地部、珍宝部、器用部等部收录了较多的科技文献，涉及天文、地理、水利及金属学方面的科技文献。

明代的《永乐大典》收录了经、史、子、集、释、道、戏曲、评话、医卜、工技、农艺等各类文献。例如，在《永乐大典》11127—11139、11141 等卷几乎保存了一部完整的《水经注》。

清代的《古今图书集成》是我国现存规模最大的一部类书。在其“历象编”中天文、历法、算法类科技文献较多；“庶征典”中水患、地异等自然灾害资料较集中；“博物编”下“艺术典”之“农部”“医部”有涉及农学和医学的科技文献等，还有手工业、建筑等方面的文献集中收录。

这些大型类书在原书已佚的情况下，为我们保存了大量接近原著的文献资料。

3. 编史修志

自古以来，我们的祖先便注重利用文献编史修志。后朝修前朝之史，代代相承。从最早的史书《尚书》到孔子根据鲁国所存档案作《春秋》及《周礼》的汇编而成，再至《史记》《汉书》到《明史》和《清史稿》等，都是利用档案编修而成的。例如，在《宋史》《河渠志》《五行志》《食货志》中，均有丰富的农田水利和漕运之史料。

编修方志也是人们利用档案的方式之一。地方志记事范围极为广泛，大到包含一个地区的天文地理、政治经济、科学文化、工农业生产等方面的材料，小到一个地区的风俗、文物、古迹、水利、交通、军事等，应有尽有。例如，清时章学诚先后修成《和州志》《永清县志》《荆州府志》《湖北通志》等。

二、图书出版

图书是文献的一种表现形式，是为我们提供系统知识的载体。书史专家钱存训认为图书起源于简牍，他曾说：古代文字之刻于甲骨、金石，印于陶泥者，皆不能称为“书”。书籍的起源，当追溯到竹简木牍，编以书绳，聚简成篇，如同今日的书籍册页一般。从图书的起源看，图书不能代替“文献”加以使用，它同档案、报纸、杂志等都是文献的一种表现形式。将著作物加以复制的过程就是出版，著作是为了传播知识，人们通过著作获取知识，在适应社会需求的形势下，图书出版也就应运而生了。我国古代图书出版主要分为抄写和刻印两种形式。

（一）抄写文献出版

秦统一中国后，下令焚书，使得秦以前的书籍大多失传，统治者对书籍出版加以管理和控制，对那些凡是不符合自己意志和利益的书籍，禁止其出版并进行销毁。汉兴伊始，对于著作予以鼓励，废止禁书律令，使著作出版活动生机勃勃。汉武帝采纳董仲舒建议，利用儒家思想以巩固专制，继而下令征集书籍，在宫内建立藏书馆舍，开官方组织著作、出版、收藏图书之先河。《隋书·经籍志》载："武帝置太史公，命天下计书，先上太史，副上丞相，开献书之路，置写书之官，外有太常、太史、博士之藏，内有延阁、广内、秘室之府。"[①]西汉征集书籍并对其进行整理、校阅、编定等活动，促进了著作和出版的发展，出现了一批具有深远影响的书籍，如《尔雅》《史记》《七略》及韩信的兵法等。东汉蔡伦发明纸张之后，纸张并没有立即普遍使用，简帛仍为主要载体。东汉至南北朝时期，著作范围和出版类型不断扩大，著名的有东汉班固的第一部断代史史书《汉书》；西晋陈寿的编年体史书《三国志》；东晋袁宏的编年体史书《后汉纪》；南朝宋范晔的纪传体史书《后汉书》；北魏郦道元的《水经注》等。东汉亦有个人著作编辑为一书的别集，南北朝时大盛。并且随着印度及西域各国，匈奴、羯、氐、羌、鲜卑各族语言的传入，还出现了翻译学著作和外国语与本国语比较研究的著作。东汉张衡的天文学著作《灵宪》《浑天仪图注》，明确提出了"宇之表无极，宙之端无穷"的理论，另外，张衡的有关天文仪器的著作，第一次正确解释了月食的成因，说明了月光是日光的反照。其时还有张仲景的中医学著作《伤寒杂病论》《金匮要略》，它们总结了汉以前的医疗经验，是中医的宝典。还有汉末华佗的《青囊经》及《神农本草经》。魏晋间皇甫谧的《针灸甲乙经》阐述了经络理论，明确了穴位名称和位置，并详述了疾病的针灸取穴法等，总结了晋以前的针灸学成就，为世界上最早的针灸学著作。南朝宋祖冲之的数学著作《缀术》《九章算术义注》《大明历》等中计算的圆周率和制订的历法都是当时世界上最先进的。北魏贾思勰的著作《齐民要术》，是第一部农业百科全书，也是现存最早的农学著作。总的来说，东汉至魏晋南北朝时期虽然战争频仍、社会动乱，但是书籍制作出版容易，官府仍然是重视抄书、藏书的。且社会对于书籍的需求不断扩大，又由于纸的发明与广泛应用，著作收藏和抄写流传已颇为盛行。此外，除了官府行为，私人也同样重视抄书、藏书。

隋唐时期是抄写出版书籍的极盛时期，书籍出版呈现生气蓬勃的景象。隋代的官方抄书、藏书规模特别宏大，隋开皇三年（583 年），隋文帝派专人到民间搜集采访各类不同版本的书籍，经过整理，存为古本，抄写正副二本，藏于宫中，计有三万余卷。隋炀帝即位后，将秘阁的书籍各抄写五十副本，然后将这些书籍分为上、中、下三品。隋代私人抄书、藏书也很宏富，如柳吾、尹崇、

① （唐）魏徵等. 隋书・卷三十五・经籍志［M］. 北京：中华书局，1973：905.

明克让等藏书万卷或近万卷。唐代文风大盛，更是扩大抄书、藏书规模。官修制度自唐代以来逐渐完备、严密地建立起来，唐玄宗时，设立了修书院，专门司掌抄书。将所抄书籍“以甲乙丙丁为次，列经史子集四库”，藏于长安、洛阳两都，计有十二万五千九百六十卷。这些藏书在安禄山之乱后，几乎消灭殆尽。文宗时又重抄写了五万六千多卷，但到唐末时又多有散失。唐代私人抄书、藏书现象也极为可观，民间抄书、藏书更是不计其数。太宗时房玄龄总领监修编撰了纪传体史书《晋书》《梁书》《北齐书》《周书》《隋书》，其中《晋书》是最早的官修正史。《隋书·经籍志》使用的经史子集四部分类法，成为后来分类目录的标准。高宗时修撰了《五代史志》。此外，还有杜佑的《通典》，开制度史的先例；刘知畿的《史通》，是第一部理论史学著作；吴兢的《贞观政要》，分类编辑了唐太宗与魏徵、房玄龄、杜如晦等大臣的问答、大臣的争议和所上劝谏的奏疏，以及政治上的设施；玄宗时官修的《唐六典》，反映了唐代政治、经济的制度、规程；高宗时长孙无忌奉命主编的《唐律疏议》，是唐代《永徽律》的律文注解全书，宋、元、明、清各代制定和解释封建法典都以《唐律疏议》为蓝本，它是中国保存至今最早、最系统的封建法律著作。孙思邈的《千金要方》三十卷和《千金翼方》三十卷，保存了唐以前不少的医学药学文献资料，是研究中国医药学的重要著作；《唐本草》五十三卷，记录了八百四十四种药物，由高宗时组织编写，是世界上第一部国家颁布的药典。高祖时，欧阳询等奉命编辑的《艺文类聚》一百卷，根据一千四百多种古籍，分门别类摘录汇编而成。其中征引的古代典籍，现多散佚，赖此书保存了不少珍贵资料。类书的大量编辑出版，为当时人们学习提供了方便，也成为后世校补典籍、查考文章典故时的重要工具。

唐代以后书写本书籍形制上有所变化，在以卷轴的形制使用不便的情况下，经折装出现了。经折装书籍形制在使用时方便得多，但也有从中间散开的麻烦。于此，又现旋风装形制。而后，又经改革，将散页装订成册，册页形制书籍出现，再加之印刷术的出现，促进了这种新的书籍形制的发展，图书进入了一个完全崭新的刻印出版时代。

（二）刻印文献出版

唐代初年，出现了贞观之治的局面，社会安定，经济、文化和学术的发展，给刻板印刷的发展提供了必要的条件。刻印书籍首先在盛产竹木、纸张，生产发达和文化滋长的地方兴起。到了唐代后期，刻板印刷已经流行，出版书籍的范围也相当广泛，特别是社会大量所需的出版物，如日历、佛经、文集、字书、小学以及阴阳占卜等大量发行。五代以后刻板印书更加盛行起来，出现了官方、私人、书坊都刻书的态势。

政府主持出版刻印工作从后唐长兴三年（932 年）依《石经》刻印《九经》开始，首次用刻板印行书籍，工作进行得严格精益。官方对于经典的刻印是为了使得流行的经书文字得以划一。民间的刻书也发展起来，如五代时，除官刻经典以外，士大夫阶层中也出现了出资刻书的人，著名的人物有毋昭裔、和凝等。

唐代中期，四川、安徽、江苏、浙江、洛阳等地已有书坊刻书。五代之后，书商设坊刻书更加普遍。书坊集中了刻书的工匠，这些工匠学有专长。书坊刻书以鬻卖为本，满足社会需求，所刻多为小学、字书、阴阳杂记、占梦相宅、九宫五纬之类。五代十国的刻书，流传下来的极少，年代久远是其中一个重要原因，其时战乱频仍是另一个重要原因。七十余年，转了五个朝代十个国家，兵火不断，书籍自然极易被毁。现存的五代十国刻书，有清光绪末年在甘肃敦煌发现的《唐韵》《切韵》，天福十五年（950 年）刻印的《金刚经》，还有今藏于巴黎博物馆的版画《观世音菩萨圣像》《地藏菩萨圣像》《贤劫千佛像》。

图书出版到了宋代也有了突飞猛进的发展。首先，在五代已见端倪的官府刻书、私家刻书和书坊刻书，到了宋代成为三大出版阵营，它们互相影响、互相促进，并在全国一些地区形成了出版中心；其次，出版书籍的种类增多、范围扩大，出版了在出版史上具有深远影响的许多著作；第三，在出版活动中，版权观念产生，出版法制渐趋明朗；第四，刻板印刷术达到了完美的境地，庆历年间又发明了活字排版印刷术。“宋版书”在书籍的形态制作上给后世带来了极为深刻的影响，今天出版的书籍，在形态制作上基本上还和宋代时的一样。

宋代的学术文化发达，著作内容丰富，为各类图书的大量出版发行提供了可能性。图书的大量出版发行，无疑又推动了科技文化的进步。宋代刻书内容丰富：经有“十三经”；史有“十七史”及古史，宋人记当代的私史，地理书有总志及地方志数百种；子部书除诸子百家外，又刊印《算经十书》、古农书等科技书；政府重视医药书，一再校正刊行中医典著作，又颁布《太平圣惠方》《圣济总录》，士大夫如苏轼、沈括等，更喜欢把自己用过及家传良方刊行，多至五十余种。还有小儿科、妇产科、针灸科、本草等书一再刊行。《太平御览》《太平广记》《文苑英华》《册府元龟》，合称宋代四大书，在中国出版史上有着重要的地位，在保存古文献上颇有贡献。

《太平御览》类书，李昉、李穆、徐铉等奉敕编辑。据传本所见，宋代有以下几种版本：①北宋本；②南宋闽刻本；③南宋蜀刻本。宋代以后，又有以下几种版本：①明倪炳校刻本；②明闺中饶世仁、游廷桂铜活字本；③清汪昌序活字本；④清嘉庆九年张海鹏从善堂刻本；⑤清鲍崇城精刻本；⑥日本仿宋聚珍本，日本孝明天皇安政二年，即清咸丰五年（1855 年）仿宋排印；⑦清光绪十八年广东重刻鲍氏本；⑧清光绪二十年上海积山书局石印本；⑨1960 年 2 月中华书局以商务印书馆《四部丛刊三编》缩版影印本。

《太平广记》小说总集，李昉、扈蒙、徐铉等奉敕编辑，始于太宗太平兴国二年（977 年）三月，六年正月奉旨刻板。全书共五百卷，目录十卷，按性质分为九十二大类，还系附一百五十余小类。据传本所见，有以下版本：①明嘉靖谈刻本，无锡谈恺于嘉靖四十五年得《太平广记》抄本；②明嘉靖常州府刻本，叶氏观古堂仿明刻周弘祖《古今书刻》有著录；③明隆庆活字本；④明许自昌刻本，以谈刻本作底本加以校雠；⑤清黄晟刻巾箱本，乾隆二十年（1755 年）据谈刻本刻印；⑥清嘉庆十一年苏州聚文堂刻本，据黄晟巾箱本翻刻；⑦民国十一年上海文明书局《笔记小说大观》本，据黄晟巾箱本翻刻；⑧民国十二年扫叶山房本；⑨民国二十三年北平文友堂影印谈刻本；⑩1957 年人民文学出版社印本；⑪1961 年中华书局印本。

《文苑英华》总集，李昉、扈蒙、徐铉、宋白等奉敕编辑，后来苏易简、王佑等参修。《文苑英华》编辑始于太平兴国七年，至雍熙四年（987 年）成书。全书共一千卷。《文苑英华》直到南宋宁宗时才刻板印行。历代印行传世有以下版本：①南宋嘉泰年间周必大刻本；②明隆庆闽刻本，于隆庆元年（1567 年）刻成印行；③明万历刻本；④明华氏会通馆铜活字本；⑤明庆府刻本；⑥清《知不足斋丛书》本，附《文苑英华辨证》；⑦广东翻刻《武英殿聚珍版丛书》本，附清劳格撰《辨正拾遗》；⑧1966 年，中华书局影印宋刊配明刊本，附《文苑英华辨证》和《文苑英华辨正拾遗》。

《册府元龟》类书。王钦若、杨亿等奉敕编辑。《册府元龟》编辑始于景德二年（1005 年）九月，至大中祥符六年（1013 年）八月成书。全书共一千卷，分三十一部，一千一百零四门，将历代事迹，自上古至五代，按人事、人物分类编排，所采以史籍为主，几乎概括了全部“十七史”。《册府元龟》对宋代以前史籍的辑佚和校勘颇有价值。历代所见版本如下：①北宋国子监本，书名为《新刊监本册府元龟》，今中国国家图书馆藏有残卷；②南宋蜀刻本；③明崇祯黄国琦刻本；④清康熙五绣堂补刻本；⑤1960 年中华书局据明刻缩版影印本。

《资治通鉴》，编年史，司马光编纂，全书共二百九十四卷，又考异、目录各三卷。《资治通鉴》对前代史书有发展，于后世史书有影响。其后继著作，在宋、元、明、清四代就有五十种以上，如宋李焘撰的《续资治通鉴长编》、宋朱熹撰的《资治通鉴纲目》，元金履祥撰的《资治通鉴前编》，明严衍撰的《资治通鉴补》，清徐乾学撰的《资治通鉴后编》、毕沅撰的《续资治通鉴》、胡三省撰的《资治通鉴音注》与《诵鉴释文辨误》、清钱大昕撰的《通鉴注辨正》，清康熙帝有《御批通鉴纲目》、乾隆帝有《御批通鉴辑览》与《通鉴纲目三编》等。自《资治通鉴》于元祐元年（1086 年）在杭州刻板印行以来，学术界对《资治通鉴》的注释、订补、评论、续编未尝中断，历代都有学者致力研究。历代所见版本如下：①宋元祐元年杭州刻本；②宋绍兴二年（1132 年）余姚刻本；③宋两浙东路茶盐司本；④宋刻十一行本，今上海图书馆有藏；⑤宋刻十行本，今上海图书馆藏有卷四十六至五十一，卷五十五至五十八；⑥元至元二十六至二十八年魏天佑刻本；⑦元至元二十七年（1290 年）兴文署刻胡三省音注本，有释文辨误十二卷，今各大图书馆多有收藏；⑧明嘉靖孔天胤刻本；⑨清胡克家翻刻元胡三省注本，清嘉庆二十一年（1816 年）刻成；⑩江苏书局于清同治八年（1869 年）覆刻修补胡克家本；⑪武昌书局翻刻胡克家本；⑫江安傅增湘影印宋刻百衲本；⑬商务印书馆影印百衲本；⑭涵芬楼《四部丛刊》本；⑮1956 年上海古籍出版社标点本。

宋代刊印发行特别之处还体现在宋代对于出版发行管理的政策和法制的若干情况：①规定了凡是印行涉及时政朝章、边机军务，本朝会要、实录等国家机密；违背儒教经义、宣扬异端、伤风败俗和谣言惑众的皆有罪，都必须禁毁。②规定了“书籍，欲雕印者。选官详定，有益于学者方许镂版，候印讫，送秘书省，如详定不当，取堪施行”和“雕印文书，须经本州委官看定，然后刊行”的审查制度。③规定了鼓励告发违禁出版发行事件的政策。④规定了杖打、徒刑、流放、缴收、焚毁的处罚措施。由上可见，宋代各朝对图书出版工作的重视及管理严谨。

元代的刻印出版是继宋代之后的又一个发展时期，其主要表现为：①由宋代兴盛起来的官府刻书、私人刻书和书坊刻书三大出版系统在此时期继续发展。元代从中央直属刻书机构到各路儒学、书院的官府刻书，加上遍布各地的私人、书坊刻书形成了一个发达的网络。②元代刻书数量超过了宋代，并且继承了宋代的优良传统，官私刻书都可与宋代的相媲美。至今研究版本，学者犹以宋元并称。③元代刻书范围扩大、种类增多。有适应市民阶层需要的，如杂剧、散曲，小说等，有适应仕人学者需要的，如经、史、子、集等；有适应学校、科举考试需要的，如纂图互注本经书、史书，各种经书的新注、史书的节本，类书和模范文章选集等，还有天文、历法、农业等科学技术方面的重要著作，如郭守敬编制的《授时历》、王祯撰写的《王祯农书》等。④元代大量广泛的出版实践，使得活字印刷术取得了富有成效的改进，并创造了套版印刷术。元代官府刻书，从中央到地方遍及各地。艺文监、兴文署、中书省、行中书省、各路儒学、各地书院以及太医院、官医提举等都有刻书。

例如，《农桑辑要》七卷，书前有王磐所做的序说。刻于至元十年（1273年），内容是北方主要是黄河流域一带的农业生产特点，材料来源主要是适用于北方的古农书，大体以《齐民要术》为蓝本，充实以《务本新书》《士农必用》《韩氏直说》《博闻录》等书中的有关内容。引文删去原书中关于名物训诂及迷信荒诞的成分，同时注明材料出处。由此保存了不少已佚的古农书资料。此外，《农桑辑要》也增添了新内容，如棉花种植技术在宋元之际始传入北方地区，该书就专列“木棉”一节加以详细介绍，它是关于北方地区植棉的最早记载。《农桑辑要》在元代重刻多次，但元刻本到清初已不见，现在我们看到的是根据从《永乐大典》上辑录下来的武英殿聚珍本重印的。

《农桑衣食撮要》书成于延祐元年（1314年），作者鲁明善，维吾尔族人，时任寿春郡监察史。《农桑衣食撮要》是他在任上为了奖励农桑，便于农民安排一年行事而编写的，材料来源主要采自《农桑辑要》。该书有便于农民阅读使用的特点：该书在体例上采用了传统农书编纂中常用的月令体裁，即把一年里种艺敛藏的农活根据季节、物候逐月安排；行文力求通俗平易，不引经据典，也不雕饰词句，在内容上于《农桑辑要》有所增补，所谈农事虽以农桑为主，但也兼及园艺、畜牧及加工、修建等农家必要的活动。传统的月令体裁滥觞于先秦的《夏小正》、《吕氏春秋》十二纪和《礼记·月令》等，历代都产生过不少仿这种体裁的作品，但它们中的绝大多数，都已散佚或仅见残卷。《农桑衣食撮要》能完整地保存到今天，与它的切合农民实用分不开。《农桑衣食撮要》从元代起就被多次翻刻，《永乐大典》《四库全书》都将它收入，该书书名在明代时曾被题为《农桑撮要》和《养民月宜》。1962 年有中国农业出版社排印本。

《王祯农书》由王祯撰写，《王祯农书》在《农桑辑要》颁行三十多年之后，此时元已灭宋统一中国，南北地区经济文化交流日益频繁，已显示出《农桑辑要》在地域指导上的局限性。王祯综合黄河流域旱地农业技术和江南水田精细作业的经验，撰写成了《王祯农书》，并花了十年时间修改补充，直到皇庆二年（1313 年）该书才正式出版。《王祯农书》弥补了前代农书在地区适应性方面的不足。《王祯农书》至今保存完好的主要有明万历二年（1574 年）刻本和从《永乐大典》中抄出单行的《四库全书》本。1956 年中华书局、1963 年中国农业出版社都根据商务印书馆万有文库本将《王祯农书》重印出版。

《河源记》。黄河系从青海省的星宿海流出，源出巴颜喀剌山脉。但在中国古代，却历来认为黄河源出积石山。元世祖至元十七年（1280 年），遣都实西穷河源。都实探险的结果，既发现了以往的错误，但自己也误以星宿海为河源。后来潘昂霄据都实弟阔阔出所言，始知其详，撰《河源记》1 卷。这是中国水文勘测史上的一件大事。

《授时历》为郭守敬撰，颁行于元世祖至元十七年冬。《授时历》以 365. 2425 日为一年。与地球绕日一周的实际时间仅差 26 秒，和现行公历的一年相同，但比公历早 300 年出现。

明代是刻板印书的鼎盛时期，受宋元时的影响，官方刻印、私人刻印及书坊刻印规模更超之前，图书出版刊行数量成倍剧增。明代图书出版具有其独特之处，书籍的版式、刻书字体、用纸等方面有着明显的不同，如插图版画在此时得到了发展，且在宗教经书中体现最为明显。明代刻印著名图书举例如下：

（1）《本草纲目》五十二卷，李时珍著。全书分 16 部、60 类，收药物 1892 种。每种药物以“释名”确定名称；“集解”叙述产地、形态、栽培及采集方法等；“辨疑”“正误”考订药物品种真伪和纠正历史文献记载的错误；“修治”说明炮炙法；“气味”“主治”“发明”分析药物的性味与功用；“附方”搜集古代医家和民间流传的方剂共 11 000 余剂，并附有 1109 幅药物的形态图。内容极为丰富，系统地总结了 16 世纪以前药物学的经验。对药物学的发展起着重大作用。该书成于万历六年，刊于万历十八年，覆刻甚多，并有多种外文译本在国外流传，为世界药物学者、植物学者所重视。

（2）《农政全书》六十卷，徐光启著。全书共 58 万字。分农本、田制、农事（营治、开垦、授时、占侯）、水利、农器、树艺（谷类及蔬果各论）、蚕桑、蚕桑广类（棉、麻、葛）、种植（竹木及药用植物）、牧养、制造、荒政等十二门。其中水利、荒政所占篇幅为多。书中大量辑录了古代和当时的文献，也随时提出作者自己的心得与见解，该书是明末一部重要的科学巨著。《农政全书》在徐光启逝世后六年，由陈子龙等整理修改，于崇祯十二年（1639 年）刊行。

（3）《天工开物》十八卷，宋应星著。全书分三编，全面系统地记述了明代及明代以前农业、手工业的生产技术和经验，并附有大量插图。上编内容包括谷类和棉麻栽培，养蚕、缫丝，染料、食品加工、制盐、制糖等；中编包括制造砖瓦、陶瓷、钢铁器具，建造舟车，采炼石灰、煤炭、燔石、琉黄、榨油、制烛、造纸等；下编包括五金开采及冶炼，兵器、火药、朱墨、颜料、曲药的制造和珠玉采琢等。另外，对原料的品种、用量、产地、工具构造和生产加工的操作过程等。记载也都很详细。作者通过实地观察研究，对生产技术成就进行了总结，该书是明代重要的科学技术文献，具有重要的科学价值。《天工开物》初刻于崇祯十年。

清前期著作大量出版，且有皇帝诏命编纂撰书，还亲自审查、批注、修改古籍，成为钦定著作。康熙时的钦定著作涉及经学、史学、天文、历法、农艺、文学等各个方面，之后的皇帝也纷纷效法。清代文人学者对于图书的出版也做出了贡献。例如，《四库全书》是继明代《永乐大典》以后的又一部写本大丛书。《四库全书》收书内容极为广泛，基本上包括了乾隆以前历代的重要著作，这种浩大的图书集中工作，对学术文化是一大贡献，起了保存和整理文献的作用，收书经过一定的选择，其中许多著作质量很高，因而一直受学术界的重视。乾隆四十六年（1781 年）《四库全书》告成，共收书 3470 种，79 018 卷，订成 36 300 册，缮写成 4 部，送藏大内（故宫）文渊阁。盛京（奉天，今沈阳市）文溯阁、御园（圆明园）文源阁及热河（今承德）文津阁各一部，以上是北四阁。继续缮写的 3 部，到乾隆五十二年（1787 年）相继完成，分藏于江苏扬州大观堂的文汇阁、镇江金山寺的文宗阁、浙江杭州圣因寺的文澜阁，是为南三阁。

三、对外交流

我国封建社会历朝统治者比较重视文献典籍的收集与整理，这为包括科技文献在内的我国古代文献的保存与流传做出了巨大贡献。社会各界人士的典藏为文献的流传奠定了基础。

我国古代科技文献的流传并不是一路平坦的。我国古代藏书事业在朝代更迭及社会处于分裂与统一的循环状态中，无数的文献数遭散失、毁坏，每次都给藏书事业带来沉重的打击，包括科技文献在内的我国古代文献遭受了巨大的劫难和损失。

（一）文献之散失

我国古代各学科领域中的一些重要文献，代表着当时各学科的发展水平，并对我国古代科技的发展起着很重要的作用，封建社会中倍受重视的文献惨遭散失的厄运，可见我国古代科技文献的流传之路之不易。例如，张衡的《灵宪》是一部阐述天地日月星辰生成及其运动规律的天文理论文献，代表了张衡天文研究的成果，总结了当时的天文知识，提出了不少先进的科学思想和独到见解。他的另一部天文著作《浑天仪图注》里测定出地球绕太阳一年所需的时间是“周天三百六十五度又四分度之一”，和近代天文学家所测量的时间 365 天 5 小时 48 分 46 秒十分接近，说明张衡对天文学的研究已经达到了比较高的水平。这两部探索自然奥秘的巨著在《新唐书·艺文志》中还有记载，但在《宋史·艺文志》中就已无记载了。

（二）文献之禁毁

古代帝王统治者往往出于政治统治的需要，会禁止与焚毁一些对其不利的藏书，这也同样影响中国古代科技文献的流传。

在唐、五代时期，禁书扩大到天文、历法、兵书等方面，并悬为禁令，著于法律。例如，《唐律疏议》卷九《职制》第二十款云："诸玄象、器物、天文、图书、谶书、兵书、七曜历、太一、雷公式，私家不得有及衷私传习，如有者，并须禁毁。其司天监、翰林院人员并不得将前件图书等，于外边令人看览。"①对天文类、历书类文献的禁毁，是唐以后天文、历法、数学类文献数量较少的一个主要原因。另外，明代宋应星所著的《天工开物》是一部关于中国古代农业和手工业生产技术的百科全书，其内容几乎涉及当时社会的全部生产领域，却也不见于《四库全书》，其原因就可能在于宋应星有反清思想，其兄又殉明自尽，所以该书被排斥在《四库全书》之外了，导致《天工开物》之后在国内失传。

这样的禁毁行为，统治阶级不但毁坏了文献，而且阻碍了这些领域的探索及学科的发展。

（三）文献之海外流失

中国古代科技文献大量流落海外是极其令人痛惜的。中国古代文献中损失数量最大的当属敦煌遗书，敦煌遗书都是唐代以前的文献，非常珍贵，其中有不少医学、天文、历法、算数和地志等方面的科技文献。在英国人翟林奈撰的《英国博物馆藏敦煌汉文写本注记目录》中将道教典籍分为 10 类，其中第 9 类为医药，第 10 类为历法。清代杨守敬《日本访书志》所记载 283 种流落日本的古籍中，多为"唐宋逸籍、宋元旧椠"，其中有北宋天圣刊本《齐民要术》残本 3 卷、宋乾道本《梦溪笔谈》26 卷、朝鲜刊本《乘除通变算宝》2 卷、《续古摘奇算法》2 卷、《田亩比类乘除捷法》2 卷等，其中集中著录了近 30 种我国古代医药学文献的刊刻本。王重民辑的《日本访书志补》中还有医学文献 7 种，可见，我国古代科技文献流落海外数量之多。另外，历史上也出现个别私人藏书家出于某些原因将藏书售予外国人，这也是我国古代科技文献流向海外的一个途径。

流向海外的古籍未能完整地保存于国人之手，必然遗憾。在努力挽回的同时，我们也可从中看到，流落他乡的文献也是一个向外宣传中国历史文化及中国古代科技的途径。

① （唐）长孙无忌等. 唐律疏议・卷九［M］. 北京：中华书局，1983：196.

参考文献

一、古代典籍

（战国）墨翟撰，李小龙译注. 墨子·明鬼下［M］. 北京：中华书局，2011.

（汉）班固. 汉书［M］. 北京：中华书局，1962.

（汉）班固. 汉书［M］. 上海：上海古籍出版社，2003.

（汉）班固，（唐）颜师古注. 汉书［M］. 郑州：中州古籍出版社，1991.

（汉）崔寔原著，石声汉校注. 四民月令校注［M］. 北京：中华书局，1965.

（汉）司马迁. 史记［M］. 北京：中华书局，1999.

（汉）王充. 论衡［M］. 上海：上海人民出版社，1974.

（汉）张仲景. 伤寒杂病论（桂林古本）［M］. 南宁：广西人民出版社，1980.

（汉）郑玄注，陈戍国点校. 周礼［M］. 长沙：岳麓书社，2006.

（汉）郑玄注，（唐）贾公彦疏. 周礼注疏［M］. 上海：上海古籍出版社，1990.

（汉）郑玄注，（唐）贾公彦疏. 四库家藏·周礼注疏［M］. 济南：山东画报出版社，2004.

（晋）陈寿. 三国志［M］. 郑州：中州古籍出版社，1996.

（晋）陈寿. 三国志［M］. 北京：中华书局，2011.

（南朝宋）范晔. 后汉书［M］. 北京：中华书局，1965.

（南朝宋）范晔. 后汉书［M］. 杭州：浙江古籍出版社，2000.

（南朝梁）沈约. 宋书［M］. 长沙：岳麓书社，1998.

（南朝梁）萧统编，（唐）李善注. 文选［M］. 长沙：岳麓书社，2002.

（南朝梁）萧子显. 南齐书［M］. 北京：中华书局，1972.

（北齐）魏收. 魏书［M］. 长春：吉林人民出版社，1995.

（唐）白居易著，喻岳衡点校. 白居易集［M］.长沙：岳麓书社，1992.

（唐）杜佑. 通典［M］. 北京：中华书局，1984.

（唐）房玄龄等. 晋书［M］. 北京：中华书局，1974.

（唐）房玄龄等. 晋书［M］. 长春：吉林人民出版社，1995.

（唐）李林甫等. 唐六典［M］. 北京：中华书局，1992.

（唐）李肇. 唐国史补. 景印文渊阁四库全书本·第1035册［M］. 台北：商务印书馆，1986.

（唐）马总. 意林［M］. 北京：中华书局，1991.

（唐）慧立，彦悰. 大唐大慈恩寺三藏法师传［M］. 北京：中华书局，1983.

（唐）孙思邈. 备急千金要方［M］. 北京：人民卫生出版社影印，1955.

（唐）魏徵等. 隋书［M］. 北京：中华书局，1973.

（唐）姚思廉. 梁书［M］. 北京：中华书局，1973.

（唐）长孙无忌等. 唐律疏议［M］. 北京：中华书局，1983.

（后晋）刘昫等. 旧唐书［M］. 北京：中华书局，1985.

（宋）陈旉，万国鼎校注. 陈旉农书校注［M］. 北京：农业出版社，1965.

（宋）陈元靓. 岁时广记［M］. 北京：中华书局，1985.

（宋）陈振孙撰，徐小蛮，顾美华点校. 直斋书录解题［M］. 上海：上海古籍出版社，1987.

（宋）李昉. 太平御览［M］. 北京：中华书局，1960.

（宋）李诫. 营造法式［M］. 北京：中国建筑工业出版社，2006.

（宋）李焘. 续资治通鉴长编［M］. 北京：中华书局，1992.

（宋）刘克庄著，钱仲联笺注. 后村词笺注［M］. 上海：上海古籍出版社，1980.

（宋）欧阳修，宋祁. 新唐书［M］. 北京：中华书局，1975.

（宋）钱易. 南部新书［M］. 北京：中华书局，1958.

（宋）沈括. 梦溪笔谈［M］. 长沙：岳麓书社，1998.

（宋）司马光. 资治通鉴［M］. 长沙：岳麓书社，1990.

（宋）苏轼. 苏东坡全集［M］. 上海：中央书店，1936.

（宋）苏轼著，孙育华评注. 苏轼文学散文选 ［M］. 太原：山西高校联合出版社，1991.

（宋）王怀隐等. 太平圣惠方［M］. 北京：人民卫生出版社，1958.

（宋）王溥. 五代会要［M］. 北京：中华书局，1985.

（宋）王溥. 唐会要［M］. 上海：上海古籍出版社，2006.

（宋）王象之原著，李勇先校点. 舆地纪胜（九）［M］. 成都：四川大学出版社，2005.

（宋）王应麟. 玉海［M］. 扬州：广陵书社，2003.

（宋）尤袤. 遂初堂书目［M］. 北京：中华书局，1985.

（宋）赞宁撰，范祥雍点校. 宋高僧传［M］. 北京：中华书局，1987.

（宋）曾巩撰，陈杏珍，晁继周点校. 曾巩集［M］. 北京：中华书局，1984.
（宋）郑樵. 通志［M］. 杭州：浙江古籍出版社，2007.
（宋）朱熹撰，吴樹平整理. 周易参同契考异［M］. 天津：天津古籍出版社，1988.
（元）马端临. 文献通考［M］. 北京：中华书局，1986.
（元）陶宗仪. 陶南村辍耕录·下编［M］. 上海：均益图书公司，1907.
（元）脱脱等. 宋史［M］. 北京：中华书局，2000.
（元）王士点，商企翁编次，高荣盛点校. 秘书监志［M］. 杭州：浙江古籍出版社，1992.
（明）高儒. 百川书志［M］. 上海：上海古籍出版社，2005.
（明）胡应麟. 少室山房笔丛［M］. 上海：上海书店出版社，2001.
（明）李东阳纂，（明）申时行重修.（万历）大明会典［M］. 台北：文海出版社，1984.
（明）宋濂. 元史［M］. 北京：中华书局，1976.
（明）万恭原著，朱更翎整编. 治水筌蹄［M］. 北京：水利电力出版社，1985.
（明）徐光启. 农政全书. 景印文渊阁四库全书本·第 731 册［M］. 台北：商务印书馆，1986.
（明）徐弘祖著，朱惠荣校注. 徐霞客游记校注［M］. 昆明：云南人民出版社，1985.
（明）章玄应著，阮伯林校注. 章玄应集［M］. 北京：线装书局，2011.
（清）毕沅. 续资治通鉴［M］. 长沙：岳麓书社，1996.
（清）陈梦雷等. 古今图书集成医部全录（第 12 册）［M］. 北京：人民卫生出版社，1991.
（清）董诰等. 全唐文［M］. 北京：中华书局影印，1983.
（清）黄丕烈著，（清）潘祖荫辑，周少川点校. 士礼居藏书题跋记［M］. 北京：书目文献出版社，1989.
（清）纪昀等.钦定四库全书总目提要［M］. 北京：中华书局，1997.
（清）焦循. 雕菰集［M］. 北京：中华书局，1985.
（清）阮元. 十三经注疏［M］. 北京：中华书局，1980.
（清）唐笠山纂辑，丁光迪点校. 吴医汇讲［M］. 上海：上海科学技术出版社，1983.
（清）王韬. 弢园文录外编［M］. 上海：上海书店出版社，2002.
（清）徐松. 宋会要辑稿［M］. 北京：中华书局，1957.
（清）徐松著，朱玉麒整理. 西域水道记（外二种）［M］. 北京：中华书局，2005.
（清）严可均辑，冯瑞生审订. 全梁文［M］. 北京：商务印书馆，1999.
（清）叶昌炽. 藏书纪事诗［M］. 北京：北京燕山出版社，1999.
（清）永瑢等. 四库全书总目［M］. 北京：中华书局，1965.
（清）张廷玉. 明史［M］. 北京：中华书局，1974.

（清）张之洞撰，苑书义，孙华峰，李秉新主编. 张之洞全集［M］. 石家庄：河北人民出版社，1998.

（清）章学诚. 校雠通义［M］. 上海：中华书局，1936.

二、今人论著

（一）著作类

《中国考古学研究论集》编委会. 中国考古学研究论集——纪念夏鼐先生考古五十周年［M］. 西安：三秦出版社，1987.

曹漫之. 唐律疏议译注［M］. 长春：吉林人民出版社，1989.

曹书杰. 中国古籍辑佚学论稿［M］. 长春：东北师范大学出版社，1998.

曹婉如，郑锡煌，黄盛璋，等. 中国古代地图集（战国—元）［M］. 北京：文物出版社，1990.

曹之. 中国古籍版本学［M］. 武汉：武汉大学出版社，1992.

曹之. 中国古籍编撰史［M］. 武汉：武汉大学出版社，2006.

曾贻芬，崔文印. 中国历史文献学［M］. 北京：学苑出版社，2001.

陈登原. 古今典籍聚散考·古学纵横［M］. 上海：华东师范大学出版社，2010.

陈谷嘉，邓洪波. 中国书院制度研究［M］. 杭州：浙江教育出版社，1997.

陈谷嘉，邓洪波. 中国书院史资料［M］. 杭州：浙江教育出版社，1998.

陈红彦. 元本［M］. 南京：江苏古籍出版社，2002.

陈建宪，曹英毅. 天地玄黄：中国古代神话典籍选［M］. 武汉：武汉测绘科技大学出版社，1997.

陈界，张玉刚. 新编文献学［M］. 北京：军事医学科学出版社，1999.

陈玲. 《唐会要》的科技思想［M］. 北京：科学出版社，2008.

陈美东，杜石然，金秋鹏，等. 简明中国科学技术史话［M］. 北京：中国青年出版社，2009.

陈美东. 中国科学技术史·天文学卷［M］. 北京：科学出版社，2003.

陈梦家. 汉简缀述［M］. 北京：中华书局，1980.

陈梦家. 殷虚卜辞综述［M］. 北京：中华书局，1988.

陈奇猷. 吕氏春秋校释［M］. 上海：学林出版社，1984.

陈垣. 校勘学释例［M］. 北京：中华书局，1959.

陈垣. 史讳举例［M］. 台北：文史哲出版社，1979.

陈直. 三辅黄图校证［M］. 西安：陕西人民出版社，1980.

程千帆，徐有富．校雠广义（典藏编）［M］．济南：齐鲁书社，1998.
程千帆，徐有富．校雠广义（版本编）（第 2 版）［M］．济南：齐鲁书社，1998.
程素红．中国历代兵书集成［M]，北京：团结出版社，1999.
道藏［M］．北京：文物出版社，上海：上海书店出版社；天津：天津古籍出版社，1988.
邓瑞全，王冠英．中国伪书综考［M］.合肥：黄山书社，1998.
丁安伟．中药文献学［M］．北京：科学出版社，2003.
丁海斌．档案学理论与历史研究［M］．香港：香港同泽出版社，1997.
丁海斌．清代“官科技”群体的养成与结构研究［M］．北京：中国社会科学出版社，2008.
丁海斌．中国古代科技文献史［M］.上海：上海交通大学出版社，2015.
丁海斌等．中国古代科技档案遗存及其科技文化价值研究［M］．北京：科学出版社，2011.
丁海斌，陈凡．中国科技档案史［M］．沈阳：东北大学出版社，2007.
丁海斌，方鸣，陈永生．档案学概论［M］．沈阳：辽宁大学出版社，2012.
丁海斌，张克复．中国科技档案史纲［M］．兰州：甘肃文化出版社，1999.
东阳市地方志编纂委员会．东阳市志［M］．上海：汉语大词典出版社，1993.
董恩林．中国传统文献学概论［M］.武汉：华中师范大学出版社，2008.
杜道群．中国古代文献学纲要［M］．咸阳：西北农林科技大学出版社，2009.
杜石然．中国科学技术史・通史卷［M］.北京：科学出版社，2003.
杜泽逊．文献学概要［M］．北京：中华书局，2001.
范凤书．中国私家藏书史［M］．武汉：武汉大学出版社，2013.
范希曾．书目答问补正［M］．上海：上海古籍出版社，1983.
方国瑜．云南史料丛刊（第 2 卷）［M］．昆明：云南大学出版社，1998.
冯浩菲．中国古籍整理体式研究［M］．北京：高等教育出版社，2003.
傅璇琮，谢灼华．中国藏书通史［M］.宁波：宁波出版社，2001.
盖建民．道教科学思想发凡［M］．北京：社会科学文献出版社，2005.
高晓山．本草文献学纲要［M］．北京：人民军医出版社，2009.
戈公振．中国报学史［M］．北京：中国新闻出版社，1985.
管锡华．中国古代标点符号发展史［M］．成都：巴蜀书社，2002.
郭沫若．十批判书［M］．北京：科学出版社，1956.
郭沫若著作编辑出版委员会．郭沫若全集・卜辞通纂［M］．北京：科学出版社，1983.
郭书春．中国科学技术典籍通汇・数学卷（一）［M］．郑州：河南教育出版社，1993.
郭书春．中国科学技术史・数学卷［M］．北京：科学出版社，2010.
国家档案局，中央档案馆．第十三届国际档案大会文件报告集［M］．北京：中国档案出版社，1997.

国家档案局，中央档案馆. 中国档案文献遗产名录［M］. 北京：中国档案出版社，2002.

国家图书馆善本特藏部，《中国典籍与文化》编辑部. 中国典籍与文化（第一辑）［M］. 北京：北京图书馆出版社，2007.

何清谷. 三辅黄图校注［M］. 西安：三秦出版社，1995.

何堂坤，何绍庚. 中国魏晋南北朝科技史［M］. 北京：人民出版社，1994.

洪湛侯. 中国文献学新编［M］. 杭州：杭州大学出版社，1994.

胡昌平，邱均平编著. 科技文献学［M］. 武汉：武汉大学出版社，1991.

胡道静. 中国古代的类书［M］. 北京：中华书局，1982.

胡道静. 中国古代典籍十讲 ［M］.上海：复旦大学出版社，2004.

华觉明. 中国科学技术典籍通汇·技术卷［M］. 郑州：河南教育出版社，1994.

黄建国，高跃新. 中国古代藏书楼研究［M］. 北京：中华书局，1999.

黄裳. 银鱼集［M］. 北京：生活·读书·新知三联书店，1985.

黄裳. 来燕榭集外文钞［M］. 北京：作家出版社，2006.

黄镇伟. 坊刻本［M］. 南京：江苏古籍出版社，2002.

黄镇伟. 中国编辑出版史［M］. 苏州：苏州大学出版社，2003.

江庆柏等. 稿本［M］. 南京：江苏古籍出版社，2002.

江晓原，钮卫星. 中华文化通志·天学志［M］. 上海：上海人民出版社，1998.

姜一涵. 元代奎章阁及奎章人物［M］. 台北：联经出版事业股份有限公司，1981.

蒋英炬，杨爱国. 汉代画像石与画像砖［M］. 北京：文物出版社，2001.

焦树安. 中国古代藏书史话［M］. 北京：商务印书馆，1991.

金实秋. 秦观研究资料［M］. 天津：天津古籍出版社，1988.

来新夏等. 中国古代图书事业史［M］. 上海：上海人民出版社，1990.

老铁.中华野史辞典［M］.郑州：大象出版社，1998.

雷文彬.中国古代文档史话［M］.昆明：云南大学出版社，2010.

黎难秋. 中国科学文献翻译史稿［M］. 合肥：中国科学技术大学出版社，1993.

黎难秋. 中国科学翻译史［M］. 合肥：中国科学技术大学出版社，2006.

李才栋. 白鹿洞书院史略［M］. 北京：教育科学出版社，1989.

李国祥，杨昶主编. 国学知识指要—古籍整理研究［M］. 南宁：广西人民出版社，1993.

李建中. 科技丰碑［M］. 北京：中国科学技术出版社，2009.

李经纬，林昭庚. 中国医学通史（古代卷）［M］. 北京：人民卫生出版社，2000.

李零. 李零自选集［M］. 桂林：广西师范大学出版社，1998.

李零. 简帛古书与学术源流［M］. 北京：生活·读书·新知三联书店，2004.

李梦生撰. 左传译注［M］. 上海：上海古籍出版社，2004.

李希泌，张椒华. 中国古代藏书与近代图书馆史料（春秋至五四前后）［M］. 北京：中华书局，1982.

李亚农. 李亚农史论集（上）［M］. 上海：上海人民出版社，1962.

李俨. 中国算学史［M］. 上海：上海书店出版社，1984.

李正宇. 敦煌学导论［M］. 兰州：甘肃人民出版社，2008.

李致忠. 古书版本鉴定［M］. 北京：文物出版社，1997.

李致忠，周少川，张木早. 中国典籍史［M］. 上海：上海人民出版社，2004.

连云港市博物馆，东海县博物馆，中国社会科学院简帛研究中心，等. 尹湾汉墓简牍［M］. 北京：中华书局，1997.

梁启超. 古书真伪及其年代［M］. 北京：中华书局，1955.

梁启超. 中国近三百年学术史［M］. 北京：中国书店，1985.

梁启超. 中国历史研究法·过去之中国史学界［M］. 上海：上海古籍出版社，1998.

廖育群. 中国古代科学技术史纲·医学卷［M］. 沈阳：辽宁教育出版社，1996.

林德宏. 科技巨著·第九卷（一）［M］. 北京：中国青年出版社，2000.

林徽因等著，张竟无编. 风生水起 风水方家谭［M］.北京：团结出版社，2007.

林尹. 周礼今注今译［M］. 北京：书目文献出版社，1985.

林洙. 中国营造学社史略［M］. 天津：百花文艺出版社，2008.

刘国建主编，管曙光注解. 左传［M］. 郑州：中州古籍出版社，2009.

刘国钧. 中国书史简编［M］. 北京：书目文献出版社，1982.

刘金沂，赵澄秋. 中国古代天文学史略［M］. 石家庄：河北科学技术出版社，1990.

刘乐贤. 简帛数术文献探论［M］. 武汉：湖北教育出版社，2003.

刘乐贤. 马王堆天文书考释［M］. 广州：中山大学出版社，2004.

刘琳，吴洪泽. 古籍整理学［M］. 成都：四川大学出版社，2003.

刘湘生，汪东波. 文献标引工作［M］. 北京：北京图书馆出版社，2001.

刘叶秋. 类书简说［M］. 上海：上海古籍出版社，1980.

刘屹. 敬天与崇道：中古经教道教形成的思想史背景［M］. 北京：中华书局，2005.

柳诒徵. 柳诒徵中国文化史［M］. 长春：吉林人民出版社，2013.

卢贤中. 中国图书学［M］. 合肥：安徽大学出版社，2004.

鲁迅. 且介亭杂文二集［M］. 北京：人民文学出版社，1973.

陆宏弟. 网络环境下的文科信息检索［M］. 上海：上海交通大学出版社，2009.

陆敬严，华觉明. 中国科学技术史·机械卷［M］. 北京：科学出版社，2000.
陆思贤，李迪. 天文考古通论［M］. 北京：紫禁城出版社，2000.
罗哲文. 中国古代建筑［M］. 上海：上海古籍出版社，1990.
牟玉亭. 中国古典文献学［M］. 北京：社会科学文献出版社，2005.
南开大学图书馆. 南开大学图书馆建馆八十周年纪念集［M］. 天津：南开大学出版社，1999.
潘吉星. 中国造纸技术史稿［M］. 北京：文物出版社，1979.
潘吉星. 中国科学技术史：造纸与印刷卷［M］. 北京：科学出版社，1998.
潘吉星. 中国造纸史话［M］. 北京：商务印书馆，1998.
潘树广，黄镇伟，涂小马. 文献学纲要［M］. 桂林：广西师范大学出版社，2000.
戚福康. 中国古代书坊研究［M］. 北京：商务印书馆，2007.
齐秀梅，杨玉良等. 清宫藏书［M］. 北京：紫禁城出版社，2005.
钱超尘，温长路. 孙思邈研究集成［M］. 北京：中医古籍出版社，2006.
钱存训. 中国纸和印刷文化史［M］. 桂林：广西师范大学出版社，2004.
钱存训编著. 书于竹帛：中国古代的文字记录［M］. 上海：上海书店出版社，2004.
钱存训著，郑如斯增订. 印刷发明前的中国书和文字记录［M］. 北京：印刷工业出版社，1988.
裘锡圭. 文字学概要［M］. 北京：商务印书馆，1988.
屈万里，昌彼得. 图书版本学要略［M］. 台北：中国文化大学出版部，1986.
任继愈. 中国藏书楼（第 2 册）［M］. 沈阳：辽宁人民出版社，2001.
上海古籍出版社，法国国家图书馆. 法藏敦煌西域文献（15）［M］. 上海：上海古籍出版社，2001.
石在，徐建春，陈良富. 徐霞客在浙江（续集）［M］. 北京：中国大地出版社，2002.
水利部长江水利委员会. 长江三峡工程水库水文题刻文物图集［M］. 北京：科学出版社，1996.
水利水电科学研究院. 清代海河滦河洪涝档案史料［M］. 北京：中华书局，1981.
睡虎地秦墓竹简整理小组. 睡虎地秦墓竹简［M］. 北京：文物出版社，1978.
司马朝军.《四库全书总目》研究［M］.北京：社会科学文献出版社，2004.
宋应离. 中国期刊发展史［M］. 开封：河南大学出版社，2000.
苏礼主. 中医医案学概论［M］. 北京：人民卫生出版社，2009.
孙稚雏. 金文著录简目［M］. 北京：中华书局，1981.
唐锡仁，杨文衡. 中国科学技术史·地学卷［M］. 北京：科学出版社，2000.

汪辟疆，傅杰. 目录学研究［M］. 上海：华东师范大学出版社，2000.

汪耀楠. 注释学纲要［M］. 北京：语文出版社，1991.

王国维. 观堂集林（上）［M］. 北京：中华书局，1959.

王国维原著，胡平生，马月华校注. 简牍检署考校注［M］. 上海：上海古籍出版社，2004.

王俊杰. 中国古典文献学概论［M］. 济南：齐鲁书社，2006.

王念孙. 读书杂志［M］. 北京：中国书店，1985.

王世伟. 历史文献研究［M］. 北京：国家图书馆出版社，2008.

王星光. 中国科技史求索［M］. 天津：天津人民出版社，1995.

王庸. 中国地图史纲［M］. 北京：商务印书馆，1959.

王余光. 高等学校文科教材——中国文献史（第一卷）［M］. 武汉：武汉大学出版社，1993.

王玉仓. 科学技术史（第2版）［M］. 北京：中国人民大学出版社，2004.

王云五. 清朝续文献通考［M］. 上海：商务印书馆，1936.

魏隐儒. 中国古籍印刷史［M］. 北京：印刷工业出版社，1988.

魏隐儒，王金雨. 古籍版本鉴定丛谈［M］. 北京：印刷工业出版社，1984.

魏永征，张鸿霞. 大众传播法学［M］. 北京：法律出版社，2007.

温克刚. 中国气象史［M］. 北京：气象出版社，2004.

温少峰，袁庭栋. 殷墟卜辞研究——科学技术篇［M］. 成都：四川省社会科学院出版社，1983.

吴枫. 中国古典文献学［M］. 济南：齐鲁书社，2005.

吴贤奇. 现代文献信息检索［M］. 南京：东南大学出版社，2007.

吴永贵. 中国出版史［M］. 长沙：湖南大学出版社，2008.

吴宗慈编撰，胡迎建，宗九奇，胡克沛校注. 庐山志（下）［M］. 南昌：江西人民出版社，1996.

武斌. 中医与中国文化［M］. 沈阳：辽海出版社，2006.

武汉水利电力学院，水利水电科学研究院. 中国水利史稿［M］. 北京：水利电力出版社，1979.

席泽宗. 科学史十论［M］. 上海：复旦大学出版社，2003.

向斯. 历朝皇宫宝籍［M］. 北京：中国文史出版社，2002.

项文惠. 明清实录·杭州史料辑录［M］. 杭州：杭州出版社，2012.

肖东发，杨虎. 插图本中国图书史［M］. 桂林：广西师范大学出版社，2005.

肖克之.农业古籍版本丛谈［M］.北京：中国农业出版社，2007.

萧樾. 中国历代的地理学和要籍［M］. 桂林：广西师范大学出版社，2002.
谢玉杰，王继光. 中国历史文献学［M］. 北京：民族出版社，1999.
谢灼华. 中国图书和图书馆史［M］. 武汉：武汉大学出版社，1987.
谢灼华. 中国图书和图书馆史（修订本）［M］. 武汉：武汉大学出版社，2005.
熊笃，许廷桂. 中国古典文献学［M］. 重庆：重庆出版社，2000.
徐凌志. 中国历代藏书史［M］. 南昌：江西人民出版社，2004.
许世瑛. 中国目录学史［M］. 台北：中国文化大学出版部，1982.
许维遹撰，梁运华整理. 吕氏春秋集释［M］. 北京：中华书局，2009.
薛冰. 插图本［M］. 南京：江苏古籍出版社，2002.
严敦杰. 中国古代数学的成就［M］. 北京：中华全国科学技术普及协会，1956.
严季澜，顾植山. 中医文献学［M］. 北京：中国中医药出版社，2002.
杨伯峻. 列子集释·附录［M］. 北京：中华书局，1979.
杨家骆. 四库大辞典［M］.南京：中国图书大辞典编辑馆，1932.
杨文衡. 中华文化通志·地学志［M］. 上海：上海人民出版社，1998.
杨小红. 中国档案史［M］. 沈阳：辽宁大学出版社，2002.
杨燕起，高国抗. 中国历史文献学［M］. 北京：北京图书馆出版社，2003.
杨翼骧. 中国史学史资料编年（第 3 册）［M］. 天津：南开大学出版社，1999.
姚孝遂，肖丁. 小屯南地甲骨考释［M］. 北京：中华书局，1985.
叶德辉. 书林清话［M］. 长沙：岳麓书社，1999.
余嘉锡. 目录学发微［M］. 成都：巴蜀书社，1991.
余嘉锡. 余嘉锡文史论集［M］. 长沙：岳麓书社，1997.
袁咏秋，曾季光. 中国历代国家藏书机构及名家藏读叙传选［M］. 北京：北京大学出版社，1997.
詹志华. 中国科学史学史概论［M］. 北京：科学出版社，2010.
张大可，俞樟华. 中国文献学［M］. 福州：福建人民出版社，2005.
张德泽. 清代国家机关考略［M］. 北京：学苑出版社，2001.
张汉. 周易会意［M］. 成都：巴蜀书社，2002.
张家璠，黄宝权. 中国历史文献学［M］. 桂林：广西师范大学出版社，1989.
张建中，金芷君. 中医文化撷芳［M］. 上海：上海中医药大学出版社，2005.
张静庐. 中国近代出版史料（二编）［M］. 上海：群联出版社，1954.
张静庐. 中国现代出版史料·甲编［M］. 北京：中华书局，1954.
张立. 从传统走向近代：中国科学文化史上的阮元［M］. 合肥：安徽教育出版社，2005.

张其成. 易经应用大百科［M］. 南京：东南大学出版社，1994.

张三夕. 中国古典文献学（第2版）［M］. 武汉：华中师范大学出版社，2007.

张舜徽. 中国文献学［M］. 郑州：河南人民出版社，1982.

张舜徽. 张舜徽集：中国文献学［M］. 武汉：华中师范大学出版社，2004.

张驭寰. 中国古代建筑欣赏［M］. 北京：北京出版社，1988.

张煜明. 中国出版史［M］. 武汉：武汉出版社，1994.

赵承泽. 中国科学技术史·纺织卷［M］. 北京：科学出版社，2002.

赵传仁，鲍延毅，葛增福.中国书名释义大辞典［M］. 济南：山东友谊出版社，2007.

赵国璋，潘树广. 文献学辞典［M］，南昌：江西教育出版社，1991.

赵前. 明本［M］. 南京：江苏古籍出版社，2003.

支伟成. 清代朴学大师列传（上）［M］. 长沙：岳麓书社，1986.

中国大百科全书总编辑委员会《本卷》编辑委员会，中国大百科全书出版社编辑部. 中国大百科全书·图书馆学·情报学·档案学［M］. 北京：中国大百科全书出版社，1993.

中国近代气象史资料编委会. 中国近代气象史资料［M］. 北京：气象出版社，1995.

中国科学院自然科学史研究所. 钱宝琮科学史论文选集［M］. 北京：科学出版社，1983.

中国科学院自然科学史研究所地学史组. 中国古代地理学史［M］. 北京：科学出版社，1984.

中国农业科学院，南京农业大学，中国农业遗产研究室. 中国农业古籍目录［M］. 北京：北京图书馆出版社，2003.

中国社会科学院考古研究所夏商周考古研究室. 三代考古（一）［M］. 北京：科学出版社，2004.

周瀚光，王贻梁. 百工竞技——阅读中国·科技史卷［M］. 上海：华东师范大学出版社，2006.

周世荣. 金石瓷币考古论丛·马王堆竹简养生方与中国古代养生学［M］. 长沙：岳麓书社，1998.

周雪恒. 中国档案事业史［M］. 北京：中国人民大学出版社，1994.

周月亮. 中国古代文化传播史［M］. 北京：北京广播学院出版社，2000.

朱士嘉. 官书局书目汇编［M］. 北平：中华图书馆协会，1933.

朱渊清. 再现的文明：中国出土文献与传统学术［M］. 上海：华东师范大学出版社，2001.

竺可桢. 竺可桢文集［M］. 北京：科学出版社，1979.

竺可桢著，施爱东编. 天道与人文［M］. 北京：北京出版社，2005.

邹建华. 中国文物之最［M］. 北京：中国旅游出版社，1987.

〔丹〕赫尔奇·克拉夫. 科学史学导论［M］. 任定成译. 北京：北京大学出版社，2005.

〔德〕马克思，恩格斯. 马克思恩格斯全集·卷二十［M］. 中共中央马克思恩格斯列宁斯大林著作编译局译. 北京：人民出版社，1971.

〔英〕李约瑟著，王玲协助. 中国科学技术史·科学思想史［M］. 北京：科学出版社；上海：上海古籍出版社，1990.

（二）论文类

蔡景峰. 唐以前的中印医学交流［J］. 中国科技史料，1986（6）.

曹婉如. 东汉城市局部地图的研究——成都市西郊东汉墓出土市井画像砖［J］. 自然科学史研究，1985（2）.

陈桥驿. 《水经注》版本和校勘的研究［J］. 杭州师范学院学报，2000（1）.

陈晓华. 20 世纪“四库总目学”研究述略［J］. 图书情报工作，2002（11）.

成雪. 从子部分类、收录看《四库全书总目》的实用原则［J］. 时代文学，2008（23）.

崔仲平. 医籍形训拾零［J］. 中医药文化，1985（2）.

丁海斌. 谈中国古代科技档案的直接遗存［J］.档案学研究，2008（6）.

丁海斌. 中国古代文献中遗存的科技档案［J］. 历史档案，2009（1）.

丁海斌，冷静. 中国古代气象档案遗存及其科技文化价值研究［J］. 辽宁大学学报（哲学社会科学版），2009（2）.

丁海斌，张克复. 我国古代水文档案［J］. 中国档案，1991（8）.

杜光明，宋建平. 《金匮要略》“酸入肝”以下 17 句当属衍文［J］. 河南中医，2014（12）.

樊东方，赵新生，孙发亮. 黄河水位观测技术与实践［J］. 水利技术监督，2005（5）.

范行準. 中国与亚拉伯医学的交流史实［J］. 医史杂志，1952（1-4）.

冯胜君. 从出土文献谈先秦两汉古书的体例（文本书写篇）［J］. 文史，2004（4）.

冯时. 殷卜辞月食资料的整理与研究［J］. 古籍整理研究学刊，2002（6）.

高建. 《尔雅》、“雅学”与中国古代生物学刍议［J］. 大自然探索，1984（1）.

高远，汪受宽. 近三十年来《四库全书》研究现状与思考［J］. 图书与情报，2008（3）.

高月. 论四部分类法［J］. 和田师范专科学校学报（汉文综合版），2006（6）.

郭金树.《四库全书》的形成和主要内容及其历史地位［J］. 社会科学论坛，2004（12）.

郭沫若. 古代文字之辩证的发展［J］. 考古学报，1972（1）.

何发甦，蒿凤. 试论四部分类法的确立［J］. 宁夏社会科学，2008（3）.

何绍庚. 《四库全书》中的科技文献［N］. 光明日报，2004-02-10.

黄爱平. 《四库全书》的编纂与中国传统文化［N］. 光明日报，2004-03-16.

黄梦萦. 中国图书起源研究综述［J］. 华章，2010（23）.
黄伟纶. 我国古代的水文科学［J］. 水文，1984（4）.
贾常业. 西夏文译本《六韬》解读［J］. 西夏研究，2011（2）.
来新夏. 论《四库全书总目》［J］. 河南图书馆学刊，1988（4）.
雷坤. 《四库提要》子部杂家与明清学术的新发展［J］. 河南图书馆学刊，2003（2）.
李丙寅.《诗经》中有关人类对环境认识的初探［J］. 黄淮学刊（社会科学版），1992（3）.
李林. 石刻医书［J］. 医古文知识，1991（4）.
李伟国. 《四库全书》的集合性价值及其借助现代技术的提升［N］. 上海《文汇报》，2005-04-03.
梁彦彬. 古建筑档案的性质与类型［J］. 档案学通讯，1994（3）.
廖丹. 日月经天以观妖祥——长沙汉墓出土最早天文气象书籍《天文气象杂占》［N］. 中国气象报，2003-03-08.
刘蕾，高瑄. 《新仪象法要》版本研究与校勘［J］. 文献，2000（3）.
刘庆. 辽金军事思想探微［A］//陈述主编. 辽金史论集（第5辑）. 北京：文津出版社，1991.
刘世俊. 言简意赅的传统训诂学小结——评《四库全书总目·经部总叙》［C］.宁夏大学学报（社会科学版），1995（4）.
刘毅. 宋代皇陵制度研究［J］. 故宫博物院院刊，1999（1）.
刘毅. 中国古代陵墓研究中的资料选择与利用问题［J］. 南方文物，2009（4）.
刘增羽. 中国古代的天文翻译［J］. 中国翻译，1996（4）.
柳燕. 《四库全书总目》集部研究［D］. 武汉：华中师范大学博士学位论文，2008.
卢良志. 明代防务地图制作［J］. 国土资源，2008（8）.
罗炳良. 《四库全书总目》史部提要的理论价值［J］. 史学月刊，2006（9）.
马晓斌. 物为人用　民先君后——柳宗元《晋问》研究［J］. 忻州师范学院学报，2007（6）.
马悦婷，张继权，杨明金. 《味水轩日记》记载的1609—1616年天气气候记录的初步分析［J］. 云南地理环境研究，2009（3）.
马忠庚. 中国古代科学家整体状况统计研究［J］. 史学月刊，2004（1）.
宁树藩. 《察世俗每月统记传》评述［J］. 新闻大学，1982（4）.
彭浩. 张家山汉简《引书》初探［J］. 文物，1990（10）.
乔好勤. 关于中国古典目录学的几个问题［J］. 武汉大学学报（社会科学版），1982（2）.
卿希泰. 试论道教对中国传统科技的贡献［J］. 中国哲学史，1999（1）.

阙维民. 论古地图文献在中国档案史研究中的重要作用——以南宋“架阁库”的历史地理考证为例［J］. 浙江档案，2001（4）.

申少春. 中国古代文献分类法之演进［J］. 图书馆界，2002（2）.

师曾志. 古典文献的渊薮、读书治学的门径——重评《四库全书总目》［J］. 国家图书馆学刊，1993（Z1）.

汤伟. 敦煌医药文献研究——校勘与疑难俗字考释［D］. 保定：河北大学博士学位论文，2017.

田兆元.《天问》中动物异类相触事象考释［J］.上海大学学报（社会科学版），2001（3）.

万妮. 先秦文献学研究［D］. 郑州：郑州大学硕士学位论文，2007.

王恩汉. 从“文件生命周期理论”到“档案本质属性”——兼谈中国档案学的特色［J］. 中国档案，2001（10）.

王丽. 从“以史附经”到史部确立［J］. 毕节学院学报，2009（3）.

王菱菱. 明代陆容《菽园杂记》所引《龙泉县志》的作者及时代——兼论宋代铜矿的开采冶炼技术［J］. 中国经济史研究，2001（4）.

王沁凯. 《素问》音训三则［J］. 江苏中医，1997（8）.

王信东. 我国图书起源论［J］. 山东图书馆学刊，1988（2）.

王英玮. 档案文化论［J］. 档案学通讯，2003（2）.

王真真. 中国古代农业文献综述［J］.安徽农业科学，2011（26）.

温长路. 关于《黄帝内经》若干问题义训之浅见［J］. 山东中医学院学报，1983（2）.

吴凤鸣. 我国科技翻译的历史回顾［J］. 中国科技翻译，1992（1）.

西汉未央宫遗址出土三万余片骨签文书［N］. 光明日报，1989-03-07.

向斯. 宫廷藏书兴衰研究［J］. 故宫博物院院刊，1997（3）.

肖东发，仝冠军. 图书起源五说［J］. 出版发行研究，2003（4）.

辛德勇. 中国古典目录学中史部之演化轨迹述略［J］. 中国典籍与文化，2006（1）.

徐中原. 《水经注》研究［D］. 苏州：苏州大学博士学位论文，2009.

杨东方，刘平，周明鉴.《四库全书·医家类》的几个问题［J］. 安徽中医学院学报，2011（2）.

杨海廷.《四库全书总目》史部文献学价值［J］.华北水利水电学院学报（社会科学版），2008（6）.

杨逊. 从经部易类看《四库全书总目提要》诸版本的异同和得失［J］. 湘潭大学学报（哲学社会科学版），1996（4）.

张秉伦. 经部科技文献述要［J］. 广西民族学院学报（自然科学版），2006（1）.

张开选. 中国古典目录学的源流与发展［J］. 学术界，2006（4）.

张兰英. 《四库全书》中杂家类著作的科技史料价值［J］. 雁北师院学报，1994（1）.

张培瑜. 甲骨文日月食纪事的整理研究［J］. 天文学报，1975（2）.

张秀红. 中国古代科技文献的内容与特点［J］. 科技情报开发与经济，2005（9）.

张秀红. 中国古代科技文献概况［J］. 图书与情报，2005（5）.

张秀红. 中国古代科技文献散佚原因分析［J］.科技情报开发与经济，2005（15）.

赵濛. 《汉书·五行志》的历史价值［J］. 古籍整理研究学刊，2007（3）.

赵彦昌. 缣帛档案兴衰考（上）［J］. 山东档案，2009（3）.

郑天挺. 清史研究和档案［J］. 历史档案，1981（1）.

周积明. 《四库全书总目》的经世价值取向［J］. 中国史研究，1992（2）.

周积明. 《四库全书总目》批评方法论［J］. 历史研究，1985（5）.

周汝英. 《四库全书总目》分类法述评［J］. 温州师范学院学报（哲学社会科学版），1999（2）.

周生春. 四库全书史部地理类提要辩证［J］. 浙江学刊，1996（3）.

周生春. 四库全书史部地理类提要考辨［J］. 浙江大学学报，1997（1）.

周延良. 《楚辞·天问》与原始文明——《天问》中的原始哲学内涵考释［J］. 中国文化研究，2001（3）.

朱晓禧. 清代《畏斋日记》中天气气候信息的初步分析［J］. 古地理学报，2004（1）.

朱玉麒. 《西域水道记》稿本研究［J］. 文献，2004（1）.

索　引

E

F

G

M

R

S

T

W

X

后　记

致力于建设中国古代科技文献学体系，是笔者三十多年学术生涯的重要工作方向之一。此前，除了发表数十篇相关文章外，还先后出版了《中国科技档案史纲》（丁海斌、张克复著，甘肃文化出版社，1990 年）、《中国科技档案史》（丁海斌、陈凡编著，东北大学出版社，2007 年）、《中国古代科技档案遗存及其科技文化价值研究》（丁海斌等著，科学出版社，2011 年）、《中国古代科技文献史》（丁海斌著，上海交通大学出版社，2015 年）、《中国科技档案史（修订版）》（丁海斌、陈凡著，《档案学经典著作（第五卷）》，辽宁大学出版社，2017 年）等著作。在笔者的研究计划中，还有"中国古代科技文献研究（分学科版）"等有待出版。此次出版《中国古典科技文献学》，使笔者建设"中国古代科技文献学"初步框架的工作接近完成，这是笔者和学界关注与支持者都颇感欣慰的。

本书的初稿是由笔者的学生们协助完成的，他们是：赵薇（第一、第二章）、于聪颖（第三、第四章）、陈雯（第五章）、高源（第六章）、乔若莹（第七章）、陈雯（第八章）、周晓芸（第九章）、刘馨阳（第十章）、杜莹（第十一章）。初稿完成后，笔者又委托自己的学生刘维贵进行了数遍梳理，尤其在案例、规范性等方面做了一些增补和修改。笔者的导师陈凡教授与笔者一同进行了全书的策划和一些指导性的工作。

多年以来，中国文献学界、中国科技史界、科技哲学界没有专业性的古典科技文献学教材，这影响了相关学科的教学和研究工作，笔者和笔者的合作者能为学界填补这项空白，颇感荣幸。本书结合笔者此前出版的《中国古代科技文献史》《中国科技档案史》等相关文献，可以承担相关课程教材和参考文献的职责。

关于“中国古代科技文献”学术体系的构建是一件复杂的学术工作，由于笔者学术能力的局限和其他条件的限制，本书难免会有不足之处，欢迎学界朋友多提批评和建设性意见。本书还参考了学界的一些相关研究成果，在此一并致谢！

2018 年 8 月